Kampfarena Internet

STUDIES IN THE NEW HUMANITIES /
STUDIEN ZU NEUEN GEISTESWISSENSCHAFTEN

Edited by / Herausgegeben von

Robert Małecki, Anna Górajek & Florian Radvan

BAND 8

Berlin - Bruxelles - Chennai - Lausanne - New York - Oxford

Tomasz G. Pszczółkowski

Kampfarena Internet

Webseiten der Rechten und Linken
aus deutscher und polnischer Perspektive

Berlin - Bruxelles - Chennai - Lausanne - New York - Oxford

Bibliografische Information der Deutschen Nationalbibliothek
Die Deutsche Nationalbibliothek verzeichnet diese Publikation
in der Deutschen Nationalbibliografie; detaillierte bibliografische
Daten sind im Internet über http://dnb.d-nb.de abrufbar.

Gedruckt mit finanzieller Unterstützung des
Instituts für Germanistik der Universität Warschau.

Gutachter:
Prof. Dr. Marek Ostrowski

Prof. Dr. Anna Warakomska

Umschlagabbildung:
Mit freundlicher Genehmigung von Benjamin Ben Chaim.

ISSN 2627-5910
ISBN 978-3-631-91553-0 (Print)
E-ISBN 978-3-631-91644-5 (E-PDF)
E-ISBN 978-3-631-91645-2 (EPUB)
DOI 10.3726/b21969

© 2024 Peter Lang Group AG, Lausanne
Verlegt durch: Peter Lang GmbH, Berlin, Deutschland

info@peterlang.com - http://www.peterlang.com/

Alle Rechte vorbehalten
Das Werk einschließlich aller seiner Teile ist urheberrechtlich
geschützt. Jede Verwertung außerhalb der engen Grenzen des
Urheberrechtsgesetzes ist ohne Zustimmung des Verlages
unzulässig und strafbar. Das gilt insbesondere für
Vervielfältigungen, Übersetzungen, Mikroverfilmungen und die
Einspeicherung und Verarbeitung in elektronischen Systemen.

Inhaltsverzeichnis

Einführende Bemerkungen eines Außenbeobachters des deutschen Geschehens 9

Teil I: Die Auswirkungen der Zeitgeschichte auf die deutsche Medienlandschaft 17

1 Die Last der deutschen Geschichte in der Jetztzeit ... 19

    1.1 Der Kalte Krieg und der Ost-West-Konflikt in Deutschland ... 19

    1.2 Ernüchterung nach der Wiedervereinigung? 21

2 Der Linksruck der Mainstream-Medien und ihre Bindung an das Establishment in Deutschland 25

    2.1 Die Ungleichbehandlung von Rechten und Linken in Deutschland 27

        2.1.1 Den Linken nicht ganz genehme Deutsche mit Migrationshintergrund 29

        2.1.2 Die Dominanz der deutschen Linken aus polnischer Sicht 31

    2.2 Facetten der Freiheit und Wahrheit in den Medien 32

Teil II: Rechts und Links als politische Zuordnungsbegriffe 39

1 Was sind rechtsorientierte Medien? 41

    1.1 Themen rechtsorientierter Medien als Untersuchungsgegenstand 45

    1.2 Die Frage der Objektivität bei der wissenschaftlichen
Beschäftigung mit Medien der Rechten 47

    1.3 Exkurs: Die „Flüchtlingskrise" in rechtsorientierten und
„freien" Medien in Deutschland und in Polen 49

2 Begrifflichkeiten zum Thema Rechte und Linke im Deutschen und im Polnischen 51

    2.1 Die Bedeutung der Etiketten „rechts" und „links" und deren
Gebrauch in beiden Sprachen 51

        2.1.1 Konnotationen mit „links" und „Linken" 53

        2.1.2 Konnotationen mit „rechts" und „Rechten" 55

    2.2 „Schwarz" und „Rot" als farbliche Etikettierungen der
Rechten und Linken 58

    2.3 Zum Sprachgebrauch in den rechtsorientierten deutschen
Medien 59

    2.4 Hassrede im deutschen und im polnischen Netz 66

3 Der Nationalismus als Bezugspunkt der Rechten 71

    3.1 Wandlungen des Nationalismusbegriffs in deutschen und
polnischen Wörterbüchern der Vor- und Nachwendezeit 71

    3.2 Der Nationalismusbegriff auf deutschen und polnischen
Webseiten 75

    3.3 Exkurs über den Nationalismus der Deutschen und Polen 79

        3.3.1 Der Nationalismus der Deutschen 79

        3.3.2 Der Nationalismus der Polen 83

            3.3.2.1 Der polnische Nationalismus rechter und linker
Prägung 87

    3.4 Der Nationalismus in Polen unter der rechtskonservativen
Regierung (2015-2023) mit Blick auf Deutschland 90

4 Abschließende Betrachtungen: Rechte und linke Werte .. 95

4.1 Ein Kampf um Wörter oder um Werte? 96
4.2 Konstitutive Bestandteile rechtskonservativer
    Wertorientierung 99

Teil III: Webseiten von Rechten und deren linken Gegnern – grundlegende Überlegungen 105

1 Webseiten der Rechten 107
1.1 Die Auswahlkriterien Selbst- und Fremddarstellungen 107
1.2 Webseiten, gegliedert nach ihrer Form und ihren
    Selbstbeschreibungen 110
1.3 Webseiten, gegliedert nach ihren Inhalten 112
1.4 Deutsche und polnische Webseiten der Rechten im
    Vergleich 113
1.5 Reichweite und Empfänger der Webseiten 114
1.6 Deutsche und polnische Webseiten der Rechten in
    der Einschätzung der *Wikipedia* 117

2 Webseiten der Linken 119
2.1 Deutsche Webseiten der Linken 119
2.2 Polnische Webseiten der Linken 124

Teil IV: Kommentiertes Verzeichnis ausgewählter deutscher Webseiten von Rechten und deren linken Gegnern 129

1 Webseiten von Organisationen 131

2 Webseiten von Zeitungen und Magazinen sowie Informationsportale 165

3 Blogs 225

4 Webseiten von Gegnern der Rechten 259

Teil V: Kommentiertes Verzeichnis ausgewählter polnischer Webseiten der Rechten 307

Bibliographie 375

Liste deutschsprachiger Webseiten 379

Liste polnischsprachiger Webseiten der Rechten 383

Personenverzeichnis 385

Einführende Bemerkungen eines Außenbeobachters des deutschen Geschehens

Am Ende meines über 60-jährigen Interesses für Deutschland habe ich beschlossen, mich einem Thema zuzuwenden, das gegenwärtig sehr aktuell ist und in seiner Komplexität nicht nur diverse Kompetenzen erfordert, unter anderem politologische, kulturwissenschaftliche, medienwissenschaftliche, psychologische, sondern auch entsprechendes Einfühlungsvermögen in die zu untersuchende Materie. Meine Beobachtung dieses Landes im privaten und beruflichen Bereich, meine Kontakte zu seinen Bewohnern[1] und mein Interesse für ihre Kultur waren die Motivation für etliche Überlegungen über die Vergangenheit und Gegenwart Deutschlands und dessen Veränderungen in seiner gesellschaftlichen, politischen und kulturellen Entwicklung[2]. Es sind im Einzelnen: Erinnerungen an meine Schulzeit in Berlin (Ost) von Mitte 1961 bis Ende 1965 und ihre Fortsetzung in einem Lyzeums mit erweitertem Deutschunterricht in der polnischen Hauptstadt; mein Studium der Germanistik an der Universität Warschau; meine Arbeit als Dolmetscher und Übersetzer in mehreren staatlichen und gesellschaftlichen Institutionen; meine Tätigkeit als Redakteur einer polnischen Zeitschrift in deutscher Sprache; meine Anstellung zuerst als Deutschlektor, dann als Adjunkt und schließlich als Professor an der Universität Warschau. All das sind Stationen, die meine Sicht Deutschlands und meine Einstellung zu Deutschen in unterschiedlichen Zeiten meines Lebens prägten.

Als Germanist und Politikwissenschaftler mit Interesse an deutscher Geschichte bin ich Beobachter des politischen, gesellschaftlichen und kulturellen Geschehens in Deutschland vor und nach der Wiedervereinigung, habe wie die meisten Menschen auch meine politischen Anschauungen und Sympathien. Meine eigene Orientierung würde ich hier kurz als liberal bezeichnen, geprägt schon in den 80er Jahren des vorigen Jahrhunderts nicht zuletzt von meiner wissenschaftlichen Beschäftigung mit dem Ordoliberalismus, der gesellschaftlichen, politischen und Wirtschaftslehre des deutschen Neoliberalismus, der meine Doktorarbeit galt, in der sich neben liberalen auch konservative, dem rechten Spektrum des politischen

---

1 Mit Nennung der männlichen Funktionsbezeichnung ist in diesem Buch, sofern nicht anders gekennzeichnet, immer auch die weibliche Form mitgemeint.
2 Tomasz G. Pszczółkowski, *Berlin 1961–1989–2010. Rückblick eines polnischen Wissenschaftlers auf eine einst geteilte Stadt*, in: „Jahrbuch der Berliner Wissenschaftlichen Gesellschaft 2010/2011", Hrsg.: Berliner Wissenschaftliche Gesellschaft e.V., Berliner Wissenschafts-Verlag, Berlin 2012, S. 35–49.

Denkens und Geschehens zuzuordnende Gedankengänge finden lassen[3]. Auch meine Beschäftigung mit dem Politischen bei Friedrich Nietzsche, das zum Thema meiner Habilitationsschrift wurde und dank einem Stipendium der Alexander von Humboldt-Stiftung realisiert werden konnte, prägte mein späteres Denken[4].

Was mir in diesen 60 Jahren meiner auswärtigen Beobachtung Deutschlands und der Deutschen auffällt, sind etliche Wandlungen. Meine Studenten, angehende Germanisten und Germanistinnen sowie mittlere Jahrgänge der Germanistikabsolventen, registrieren den Jetzt-Zustand und kennen die Vergangenheit aus Geschichtsbüchern, Filmen mit historischer Thematik, aus der deutschen Literatur und nicht zuletzt aus meinen Vorlesungen und Seminaren über deutsche Geschichte, Kulturunterschiede zwischen Deutschen und Polen sowie über alternative Medien in Deutschland. Wir Älteren haben aufgrund unserer Lebenserfahrung, des Umgangs mit unseren Eltern und Großeltern, die sich noch an die beiden Weltkriege erinnerten und uns ihre Erlebnisse vermittelten, eine breitere Perspektive des Gewesenen und können durch unsere Erinnerung den aktuellen Zustand mit dem einstigen vergleichen und die Veränderungen historisch, politisch und gesellschaftlich einordnen. Der Vergleich ist auch eine sehr ertragreiche Methode, die Entwicklung von diversen Phänomenen in verschiedenen Zeiten zu diagnostizieren, und er soll auch in vorliegender Studie zur Anwendung kommen.

Ein Germanist wird die besagten Veränderungen vor allem in der Sprache finden. Wissenschaftliche Publikationen aus den Geistes- und Sozialwissenschaften der Zeit nach dem Zweiten Weltkrieg bis etwa Ende des 20. Jahrhunderts waren noch in einer Sprache verfasst worden, die auch jeder durchschnittlich gebildete Mensch verstehen konnte. Heute gehört es zur Wissenschaftlichkeit, sich für Laien unverständlich auszudrücken – in Dissertationen und Fachbüchern wimmelt es nicht nur von Fachbegriffen, sondern auch von Neologismen, die außer ihren Autoren selber oder dem engen Kreis von Fachleuten kaum jemand versteht. In den 60er und 70er Jahren war das Englische erst auf dem Vormarsch, die heute im Deutschen üblichen Anglizismen und Amerikanismen, wie auch deren übermäßiger Gebrauch, zusammengefasst in dem Kunstwort Denglisch, waren selten. Die Anglisierung und Amerikanisierung der Sprache rufen deren Gegner auf den Plan. Wolf Schneider, der um die Reinheit der deutschen Sprache bemühte Mitbegründer der Aktion „Lebendiges Deutsch", fragt in seinem Buch *Speak German!*

---

3 Vgl. die für den Druck überarbeitete und im polnischen Wissenschaftsverlag PWN erschienene Dissertation: Tomasz G. Pszczółkowski, *Ordoliberalizm. Społeczno – polityczna i gospodarcza doktryna neoliberalizmu w RFN* (Der Ordoliberalismus. Die gesellschaftlich-politische und Wirtschaftslehre des Neoliberalismus in der BRD), Warszawa–Kraków 1990.

4 Tomasz G. Pszczółkowski, *Zur Methodologie der Interpretation des Politischen bei Friedrich Nietzsche*, Peter Lang GmbH Europäischer Verlag der Wissenschaften Frankfurt a.M. u.a. 1996.

Warum Deutsch manchmal besser ist: „Warum haben die Deutschen sich der amerikanischen Invasion so viel bereitwilliger geöffnet als Franzosen, Spanier, Italiener? Natürlich, weil wir unter dem Desaster der Nazijahre litten. Aber auch, weil es noch nie deutscher Stil war, auf die Muttersprache stolz zu sein, wie es für die Franzosen selbstverständlich ist."[5] Die Rechtschreibreform von 1996 war ein weiterer Schritt zu Veränderungen in der Sprache. Auch war die politische Korrektheit ein Fremdwort, genauso wie das „Gendersternchen"[6] als Symbol des heute umstrittenen Gender-Deutschen mit seinem obersten Gebot, die Geschlechter auch in der Sprache gleich zu behandeln[7].

Hinzu kommen in letzter Zeit noch andere, uns liberal eingestellte Menschen beunruhigende Erscheinungen wie Einschränkungen der Meinungsfreiheit, Rückfall in Zeiten der Zensur in den öffentlich-rechtlichen Medien oder *Cancel Culture*, d.h. auf gut Deutsch Löschkultur. Alle diese Erscheinungen wecken unter Menschen, die glaubten, jedwede Diktatur, sei es die nationalsozialistische oder die kommunistische, würde sich nie wiederholen oder keineswegs durch eine neue ersetzt, ein Gefühl des Unmuts und der Machtlosigkeit. Das gilt übrigens nicht nur für die aktuelle Entwicklung in Deutschland, sondern auch für andere sich als demokratisch ausgebende Länder. Auf der einen Seite verlangen die Befürworter der Gleichheit, z.B. von Mann und Frau im Berufsleben, dass die Menschen unabhängig von ihrem Geschlecht behandelt werden sollten, auf der anderen Seite gibt es Menschen, die aufgrund ihres eigenen Geschlechtsempfindens in der Öffentlichkeit eine besondere Behandlung für sich beanspruchen. Die von den Liberalen geforderte Gleichheit vor dem Gesetz artet in heutiger Zeit in die von ihnen gefürchtete Gleichmacherei aus.

Die Internationalisierung Deutschlands und seiner Bevölkerung kam in den 60er Jahren durch einen massenhaften Anstieg der Einwanderung von Arbeitskräften in Fahrt. Damals sträubten sich die meisten Deutschen, ihr Land als ein Einwanderungsland zu sehen. Heute haben etwas mehr als ein Viertel Einwohner Deutschlands sog. Migrationshintergrund (neuerdings auch Migrationsgeschichte genannt), und wenn die Einwanderung anhält und die Geburtenrate in Einwandererfamilien weiterhin höher sein wird als die in den deutschstämmigen Familien,

---

5 Wolf Schneider, *Speak German! Warum Deutsch manchmal besser ist*, Rowohlt Taschenbuchverlag, Reinbek bei Hamburg 2009, S. 12.

6 Über die Verwendung des Gendersternchens und ähnlicher „Erfindungen" in den linken Medien siehe weiter unten.

7 Die Verteidigung der deutschen Sprache vor der fortschreitenden Anglisierung bzw. Amerikanisierung sowie der Kampf gegen Gender-Deutsch sind Aktivitäten des Vereins Deutsche Sprache e.V., der häufig von Seiten der Linken attackiert wird. Zu diesem Thema vgl. meinen Beitrag *Der Verein Deutsche Sprache als Beschützer des Deutschen und Zielscheibe seiner Gegner*, in: „Studia Niemcoznawcze * Studien zur Deutschkunde", Bd. LXVII, 2022, S. 261–274.

werden es bald schon ein Drittel und mehr sein. Das Gefühl, Deutscher zu sein, scheint auf den ersten Blick überwiegend Menschen ohne den besagten Migrationshintergrund eigen zu sein, denen ihre deutsche Sprache und Kultur wichtig sind. Es scheint, dass es heute zunehmend schwieriger wird, von **den Deutschen** zu sprechen, es sei denn, man meint damit Deutsche ohne den besagten Migrationshintergrund, die zudem auf ihr Deutschsein stolz sind. Viele eingebürgerte Deutsche mit Migrationshintergrund, deren Zahl rapide steigt, werden das Gefühl des Stolzes nicht mit der Zugehörigkeit zur deutschen „Volksgemeinschaft" (die Anführungszeichen sollen die Distanz zum Nationalismus signalisieren), sondern zum deutschen Sozialstaat verbinden. Aber auch unter einheimischen Deutschen fänden sich sicherlich viele, denen das Deutschsein an sich kein hoher Wert oder gleichgültig ist. Wie groß die Zahl der den Nationalstolz als Positivum empfindenden Deutschen ist, ließe sich, wenn überhaupt, nur schwer ermitteln, zumal eine diesbezügliche Umfrage die wahren Selbsteinschätzungen kaum widerspiegeln würde, etwa aus Scham, etwas eingestehen zu müssen, was in der öffentlichen oder genauer gesagt: in der veröffentlichen Meinung als Rückwärtsgewandtheit, Ewiggestrigkeit, Unzeitgemäßheit verpönt ist. Konformismus und Opportunismus sind gleichermaßen Eigenschaften von Menschen mit und ohne Migrationshintergrund. Nationale Identität in einem multikulturellen Umfeld zu bewahren, ist zu einer politischen und gesellschaftlichen Herausforderung geworden. Die Zuwanderung hat zu immer stärker werdenden Spannungen zwischen deren Befürwortern und Gegnern geführt. Die Befürworter der Einwanderung werden von den Rechten als „Gutmenschen" lächerlich gemacht, die Gegner dagegen von den Linken als „Nazis" beschimpft.

Eine derartige Polarisierung der deutschen Bevölkerung war den „Gründungsvätern des Ordoliberalismus" unvorstellbar: Der in den 30er Jahren des vorigen Jahrhunderts in der Emigration entwickelte Ordoliberalismus und das aus ihm hervorgegangene Konzept der sozialen Marktwirtschaft Alfred Müller-Armacks und Ludwig Erhards sind vom nationalistischen Denken recht weit entfernt, obwohl sie ja dem nach dem Zweiten Weltkrieg bis Ende der 60er Jahre weitgehend ethnisch homogenen deutschen Volk zu neuer Größe und zum Wohlstand verhalfen und dieses Ziel auch im Großen und Ganzen erreicht worden ist. Den Ordoliberalen war mit wenigen Ausnahmen die mit dem Nationalismus assoziierte Vaterlandsliebe wohl keine große Herzensangelegenheit. Walter Eucken, Wilhelm Röpke, Alexander Rüstow und Franz Böhm, um nur einige Hauptvertreter des als rechts und konservativ einzustufenden Ordo- bzw. Neoliberalismus zu nennen, aber auch Ludwig Mises, Friedrich August von Hayek und Ludwig Erhard waren auf Grund ihrer liberalen, weltbürgerlichen Gesinnung weit davon entfernt, dem Nationalismus, speziell dem deutschen, zu frönen[8]. Der von den Ordoliberalen

---

8 Wilhelm Röpke und Alexander Rüstow fanden nach der Machtergreifung durch die Nazis in der Türkei ein sicheres Exil, wo sie an der Istanbuler Universität ihre wissenschaftlichen Forschungen weiterführen konnten. Eine Sonderstellung in dieser Reihe

und ihren Nachfolgern, den Urhebern der sozialen Marktwirtschaft, eingeleitete Wirtschaftsaufschwung nach dem Zweiten Weltkrieg wäre ohne die zunehmende Einwanderung von ausländischen Arbeitskräften nicht möglich. Wohlgemerkt, es waren Menschen, die zum Arbeiten nach Deutschland kamen, die anders als heute gezielt angeworben und nach kurzer Vorbereitung und Einarbeitung eingesetzt wurden. Die Einwanderung sollte erst im Zuge der Familienzusammenführung die ethnische Zusammensetzung der in Deutschland lebenden Menschen verändern.

Eine Folge dieser Entwicklung ist, dass Deutschland durch die Zuwanderung von Menschen aus unterschiedlichsten Regionen der Welt seine kulturelle Homogenität allmählich aufzugeben scheint. Ein deutsches Weihnachten, wie es noch vor dem Zweiten Weltkrieg und in den ersten Jahrzehnten danach bis zur massenhaften Einreise von Gastarbeitern und ihrer Familienangehörigen aus nicht zum christlichen Kulturkreis gehörenden Ländern gefeiert wurde, ist nicht mehr eine Festzeit für alle Deutschen, sondern nur für die etwas mehr als fünfzig Prozent der in Deutschland lebenden Christen. Es wird als Fest auch von Menschen gefeiert, die vom Christentum entweder abgefallen sind, oder sich mit ihm nicht identifizieren, die sich aber mit Weihnachtstraditionen verbunden fühlen. Es ist auch schwer, von „deutschen Christen" in Deutschland zu sprechen, denn unter den Bürgern Deutschlands finden sich Tausende Christen aus allen Weltteilen. Neben ihnen leben in diesem Land auch Nichtchristen – Moslems, Juden, Mitglieder anderer Religionen und Denominationen, Agnostiker, Deisten, Atheisten, für die alle Deutschland ein „gemeinsames Haus" ist, um eine Abwandlung der Wendung vom „gemeinsamen Haus Europa" zu gebrauchen. Durch die Vielfalt und Vielheit der Konfessionen und die Konfessionslosigkeit vieler Menschen hat Deutschland vieles von seiner kulturellen Identität aufgegeben, wenn nicht gar verloren. Man kann es bedauern, man kann diesem in seiner ursprünglichen ethnischen Form nicht mehr bestehenden Land nachtrauern, aber einem Menschen, der diese alten Zustände noch in seiner Erinnerung hat, bleibt nichts anderes übrig, als sich mit diesen neuen Verhältnissen abzufinden. Menschen mit rechter Gesinnung werden dem Rückgang der christlichen Traditionen nachtrauern, anderen, linksorientierten wird diese Entwicklung gleichgültig sein, oder sie werden sie sogar unterstützen.

Eine ungemein wichtige Rolle im Prozess der Bildung von Meinungen und Einstellungen gegenüber der Einwanderung und dem bereits bestehenden Nebeneinander von Einheimischen und Zugewanderten spielen die Medien. Die Betreiber der öffentlichen Medien gehen in ihren Aktivitäten davon aus, dass deren Benutzer mit den darin verbreiteten Auffassungen übereinstimmen. Oder dass sie ihre Leser,

---

nahm Alfred Müller-Armack, der Urheber des Begriffs „Soziale Marktwirtschaft" ein, der in der Hitlerzeit zwar NSDAP-Mitglied war, aber schon Anfang der 40er Jahre über die wirtschaftliche Zukunft Deutschlands nach dem Zweiten Weltkrieg ohne nationalsozialistische Vorzeichen arbeitete.

Hörer und Zuschauer auf die rechte (oder vielmehr auf ihre eigene, die linke) Linie bringen können. Und wenn bestimmte, von den Medien und staatlichen Organen als Minderheit nicht anerkannte Personen, Organisationen und Gruppen wie PEGIDA oder Reichsbürger, ja sogar eine im Deutschen Bundestag und in den Landtagen vertretene politische Partei, die Alternative für Deutschland, mit den bestehenden politischen, gesellschaftlichen und anderen Zuständen nicht konform gehen, dann werden sie nicht nur angeprangert, sondern auch ausgegrenzt und als Feind der öffentlichen Ordnung oder gar als Staatsfeind verfolgt. Eine solche Behandlung dieser Personen und Körperschaften ruft Gegenreaktionen, Widerstände hervor, nicht zuletzt auch in der medialen Öffentlichkeit, zu der Webseiten gehören.

Im Internet, das in vorliegender Untersuchung als Kampfarena betrachtet wird, stehen sich zwei große, einander anfeindende Gruppierungen gegenüber: die Linken, die den Mainstream, d.h. die öffentlich-rechtlichen Medien und deren Informationen, Berichterstattung, Weisungen u.ä. an die Öffentlichkeit weitergeben, und die Rechten, die ihren eigenen Informationsfluss und ihre eigene Berichterstattung anbieten. Die Letzteren bezeichnen sich als alternativ oder frei. Zwischen beiden Gruppierungen besteht eine ausgesprochene Feindschaft, wobei der Mainstream, durch seine konzentrierten Aktivitäten, bislang die Oberhand hat. Webseiten der Rechten sind viel häufiger Zielscheibe von Angriffen der Linken, ja es gibt darauf spezialisierte Portale. Eine umgekehrte Relation ist selten. Auch ist die Zahl der gegen Rechts gerichteten Webseiten, die ebenfalls zum Mainstream gerechnet werden können, höher als umgekehrt, der rechten Webseiten, die die Linken angreifen.

Auslöser für alternative Medienangebote, ebenso wie für Unmut und Unzufriedenheit der Medienbenutzer, ist meistens die staatliche Politik. Zwei Probleme, die auch auf den in vorliegender Arbeit untersuchten Webseiten thematisiert werden, seien an dieser Stelle erwähnt: die Masseneinwanderung nach Deutschland seit September 2015 und die Corona-Krise. Beide Probleme, die vom Staat auf eine nicht von allen Bürgern akzeptierte Art und Weise angegangen wurden, sorgten für unterschiedliche Einstellungen: Akzeptanz bei den Linken und Ablehnung bei den Rechten und in deren Medien, wobei die Linken, mit Ausnahme der Linksextremen, die staatlichen Maßnahmen und deren mediale Verarbeitung unterstützten, während die Rechten konsequent dagegen waren und dementsprechend ihre eigenen medialen Standpunkte präsentierten. Von den beiden genannten Problemen ist die Masseneinwanderung nach Deutschland in den Kontext des Nationalismus zu stellen. Das Schlagwort der 90er Jahre „Multikulturalismus" oder kurz „Multikulti", einst gefeiert, scheint sich im Nachhinein als falsche Alternative zum Deutschsein ohne Einwanderer erwiesen zu haben. Selbst Angela Merkel hat im Oktober 2010 den Ansatz als gescheitert bezeichnet[9], was sie aber nicht daran

---

9   https://www.spiegel.de/politik/deutschland/integration-merkel-erklaert-multikulti-fuer-gescheitert-a-723532.html, Zugriff am 31.5.2023.

hinderte, fünf Jahre später die deutschen Grenzen für Massen von Einwanderern aus kulturell von Deutschland weit entfernten Regionen zu öffnen. Die aus dieser Massenimmigration entstandenen sozial-ökonomischen, politischen und nicht zuletzt logistischen Probleme sind trotz des optimistischen Rufes der damaligen Kanzlerin „Wir schaffen es" bis heute nicht gemeistert worden, auch trotz riesiger Finanzierung, guter Organisation der Aufnahme der Ankömmlinge und der Diszipliniertheit der angestammten Bevölkerung. Die zuletzt genannte Eigenschaft der Deutschen hindert sie allerdings nicht daran, sich über die aus der massenweisen Einwanderung von kulturell fremden Völkerschaften entstandenen Probleme Gedanken zu machen, Informationen über die Lage im Staate nicht nur aus sog. öffentlich-rechtlichen Quellen, den Mainstream-Medien zu schöpfen, sondern auch in alternativen oder in freien Medien zu suchen.

Die meisten Webseiten der Rechten verstehen sich als Foren der freien Meinungsäußerung, insofern ist ihre Abneigung gegen die „veröffentlichte Meinung" des Mainstreams, der „gleichgeschalteten Presse", wie sie von ihnen mitunter bezeichnet wird, verständlich. Alternative Medien sind aber nicht nur eine Sache der Rechten, sondern auch der Linken. So will z.B. das „multimediale Netzwerk unabhängiger und alternativer Medien, MedienmacherInnen, engagierter Einzelpersonen und Gruppen" *Indymedia Deutschland* „offene, nichtkommerzielle Berichterstattung sowie Hintergrundinformationen zu aktuellen sozialen und politischen Themen" bieten[10].

Die vorliegende Studie gilt nicht nur deutschen, sondern auch polnischen Webseiten. Durch die Einbeziehung der Letzteren soll der Blick auf Deutschland von einer auswärtigen Perspektive aus erweitert werden. Im Unterschied zu Deutschland, wo die Webseiten der Linken zahlenmäßig die der Rechten übertreffen, ist die Zahl der polnischen linksorientierten Seiten gering. Ein Vergleich mit der polnischen alternativen Medienlandschaft soll die Unterschiede bei der Betrachtung von ähnlichen Problemen in den besagten Medien verdeutlichen. Noch vor dem Überfall Russlands auf die Ukraine war Polen im Vergleich mit Deutschland kein Einwanderungsland. Zwar lebten östlich der Oder-Neiße-Grenze vor der russischen Invasion auf die Ukraine unterschiedlichen Angaben zufolge etwas über eine Million Wirtschaftsmigranten, aber aufgrund der bestehenden Aufenthaltsregelungen waren viele von ihnen gezwungen, alle sechs Monate das Land zu verlassen und mussten jedes Mal ein Visum neu beantragen. Ab Februar 2022 lassen die polnischen Behörden so gut wie alle Ukrainer als Kriegsflüchtlinge ins Land, verfahren also ähnlich wie seinerzeit Angela Merkel mit den Ankömmlingen aus Afrika und Asien, wobei die meisten von ihnen Wirtschaftsflüchtlinge waren. Die Zahl der von Polen aufgenommenen Flüchtlinge (überwiegend Frauen mit Kindern) betrug im September 2022 mehr als sechs Millionen[11]. Nach Angaben des

---

10 https://de.indymedia.org/mission-statement, Zugriff am 25.3.2023.
11 Siehe https://300gospodarka.pl/news/uchodzcy-z-ukrainy-w-polsce-liczba, Zugriff am 19.9.2022.

polnischen Grenzschutzes passierten vom 24.2.2022, also vom Überfall Russlands auf die Ukraine, bis zum 8.8.2023 mehr als 14,3 Millionen ukrainische Flüchtlinge die polnische Staatsgrenze[12]. 12,62 Millionen sind in die Ukraine zurückgekehrt. Wie viele von ihnen in Polen geblieben sind, kann nicht ermittelt werden. Die Hin- und Her-Bewegung der Migranten ist an den Grenzen Alltag. Außerdem werden Hunderttausende von Arbeitserlaubnissen erteilt und Arbeitskräfte aus Ländern von außerhalb Europas angeworben, darunter überwiegend alleinstehende Männer. Aktuelle Untersuchungen zur Einstellung der Polen gegenüber den Flüchtlingen und Arbeitsmigranten fehlen, nur in den Sozialen Medien und Internetforen lassen sich unterschiedliche Meinungen ausmachen, viele davon sind negativ. Das wird auch auf polnischen Webseiten in der vorliegenden Studie sichtbar. Jedenfalls waren die Polen bis zum Ausbruch des Krieges in der Ukraine von einer Masseneinwanderung wie der in Deutschland nicht betroffen. Erst durch ihre Konfrontation mit den Vorgängen in ihrem östlichen Nachbarland wird die Immigration zu einem ernsthaften Problem, das auch auf Webseiten von Gegnern der Einwanderung thematisiert wird. Der Verfasser hofft darauf, dass seine Monographie zum besseren Verständnis der aktuellen Entwicklungen in beiden Ländern beitragen wird, d.h. des Rechtsrucks in Deutschland und der Festigung rechtsorientierter Einstellungen in Polen infolge von gesellschaftlichen Prozessen, die zunehmend immer weniger Akzeptanz in der Bevölkerung finden.

---

12 https://300gospodarka.pl/news/uchodzcy-z-ukrainy-w-polsce-liczba, Zugriff am 8.8.2023.

Teil I: Die Auswirkungen der Zeitgeschichte auf die deutsche Medienlandschaft

1 Die Last der deutschen Geschichte in der Jetztzeit

1.1 Der Kalte Krieg und der Ost-West-Konflikt in Deutschland

Die vergleichende Perspektive des Autors, eines ausländischen, im konkreten Fall eines polnischen Beobachters der Veränderungen im Deutschland der letzten 60 Jahre, soll zur Begründung seiner Wahl des Themas der vorliegenden Studie dienen. Es ist der in Deutschland seit 1949 geführte ununterbrochene Kampf zwischen meinungsbildenden Persönlichkeiten, Institutionen und Anhängern von gegensätzlichen weltanschaulichen, ideologischen, politischen, gesellschaftlichen, wirtschaftlichen, kulturellen Positionen. Seit der Entstehung beider deutscher Staaten 1949 war es aus Sicht der DDR-Führung ein Kampf zwischen dem Sozialismus als einer linken Ideologie und dem Kapitalismus, seinem rechten Widerpart, die Rivalität zwischen den gegensätzlichen politischen und sozialökonomischen Systemen oder aus DDR-Sicht: der Kampf mit dem „westdeutschen Klassenfeind". Die BRD hatte ihren eigenen, von der Ideologie des Antikommunismus geprägten Sprachgebrauch nicht zuletzt deshalb, weil die Theorie des Klassenkampfes, ein fester Bestandteil des Marxismus, außerhalb des Ostblocks überwiegend unter den westdeutschen Linken als Doktrin verbreitet war. Deutschland Ost und Deutschland West waren gleichermaßen ein ergiebiger Nährboden für den Kalten Krieg und standen im Mittelpunkt des Ost-West-Konflikts. In diesem Konflikt waren die Teilnehmer des öffentlichen Lebens gefordert, sich zu positionieren. Die Meinungsbildung im Osten war eingeschränkt auf den Marxismus-Leninismus als die staatstragende und zugleich einzig zugelassene Doktrin, der Pluralismus als freiheitlich-demokratisches Prinzip im Westen war im Osten eine Chimäre. Die Vielfalt der Meinungen galt in einem Staat, der in seinem Inneren die „Klassengegensätze" als überwunden ansah, als „bürgerliche" Augenwischerei.

Ganz anders sah es im Westen aus: Die Meinungsbildung dort war nicht einer einzigen politischen Parteidoktrin untergeordnet, es gab in den Medien neben konservativen, liberalen, christlichen, nationalen Positionen und deren Kombinationen, wie z.B. die rechtskonservativen und christlich-liberalen, auch marxistisch-leninistische und kommunistische, eine im Vergleich zur Jetztzeit im Grunde unzensierte und von politischer Korrektheit, Genderdeutsch und sprachpolizeilichen Praktiken freie und vielfältige Medienlandschaft, die eine kunterbunte Welt präsentierte. Das Neben- und Gegeneinander der beiden entgegengesetzten Welten in Ost und West war für die Menschen beiderseits des Eisernen Vorhangs ein Anlass zu Vergleichen von beiden Welten, die bei vielen von ihnen im Osten zur Frustration über ihre Lebenslage und Unerreichbarkeit eines mit dem Westen vergleichbaren Lebensstandards führte. Anhänger östlicher Verhältnisse im

Westen konnten ihn ungehindert verlassen, während die Gegner der sozialistischen Gesellschaftsordnung in der DDR von der Möglichkeit, ihrer Heimat den Rücken zu kehren, äußerst selten und unter sehr eingeschränkten Bedingungen Gebrauch machen konnten.

Es gab aber in der ostdeutschen wie überhaupt in der osteuropäischen Bevölkerung auch mit ihren Lebensverhältnissen zufriedene Menschen, die zu ihren Machthabern hielten und ihnen vertrauten. Die „Ostalgie" in den neuen Bundesländern nach der Wiedervereinigung und die Sehnsucht nach den „guten alten Zeiten" der Volksrepublik in Polen nach der kommunistischen Ära wird es solange geben, bis die letzten den Realsozialismus Verklärenden verstorben sind und diese keine Nachahmer finden, obwohl es unter bestimmten Bedingungen auch zu einem Rückfall in die kommunistische Utopie kommen kann. Dass die als Linke bezeichneten Befürworter des Vorrangs des Gemeinwohls vor dem Wohl des Einzelnen trotz Scheiterns des Realsozialismus nach wie vor in den Parlamenten vertreten sind, liegt an den Unzulänglichkeiten der als sozial bezeichneten Marktwirtschaft, an der als ungerecht empfundenen Einkommensverteilung, zum Teil auch an den eingeschränkten Möglichkeiten der Teilhabe an politischen Entscheidungen. Die Grundordnung in Deutschland wird als rechtsstaatlich, freiheitlich und demokratisch bezeichnet, und auch Polen versteht sich als eine freiheitliche Demokratie. Die Wirtschafts- und Sozialpolitik ist in beiden Ländern auf ähnlichen Prinzipien aufgebaut: Die in Deutschland von den Liberalen und Christdemokratien umgesetzte soziale Marktwirtschaft ist ein Grundpfeiler der deutschen Wirtschaftsordnung, und in Polen ist sie sogar in Art. 20 der polnischen Verfassung festgeschrieben. Darin heißt es: „Die soziale Marktwirtschaft, gestützt auf die Freiheit der wirtschaftlichen Tätigkeit, Privateigentum und Solidarität, Dialog und Zusammenarbeit der sozialen Partner, bildet die Grundlage der wirtschaftlichen Ordnung der Republik Polen."[13]

Und trotzdem finden sich in freiheitlich-demokratischen Ländern Menschen, denen die besagte Grundordnung missfällt und die statt ihr andere Modelle, darunter totalitäre, aber auch überholte wie das monarchische verwirklicht sehen würden. Das hat unter anderem psychologische und historische Ursachen und wirkt sich auf die politischen Einstellungen der Menschen aus. Diejenigen, die Neuerungen, rasanten Veränderungen, Extravaganzen jeglicher Art gegenüber skeptisch oder gar feindlich eingestellt sind und der Tradition, der nationalen Identität, den überlieferten Werten, der Familie und Religion anhängen, werden dem Konservatismus, der als rechte Ideologie klassifiziert wird, zugeordnet. Und diejenigen, die Innovationen, kontroverse Einstellungen in der Öffentlichkeit, Toleranz selbst gegenüber ausgefallenen Verhaltensweisen, Irreligiosität oder religiösen Glauben als Privatsache, ferner Fortschrittlichkeit für sich beanspruchen, werden als Linke eingestuft. Dazwischen befinden sich die als Mitte definierten politisch

---

13 https://www.sejm.gov.pl/prawo/konst/niemiecki/kon1.htm, Zugriff am 31.5.2023.

Indifferenten oder gar Unpolitischen. Die beiden letzteren Gruppen von Menschen wollen bei Wahlen von den beiden großen Gegnern, den Rechten und den Linken, die auch keine homogenen Gruppierungen bilden, auf ihre Seite gezogen werden.

Die Differenzierung in wirtschaftlichen, politischen und sozialen Bereichen – und ihr hervorstechendstes Merkmal ist die Ungleichheit zwischen Menschen – ist eine nicht zu überwindende Gegebenheit. Es gab zwar in der Vergangenheit Versuche der Gleichmacherei, aber sie sind fast alle gescheitert. Die Gegensätze zwischen Rechten und Linken nehmen im Zuge der Dominanz der linken Option und des fehlenden Gleichgewichts zwischen ihnen in Deutschland zu und werden in der Öffentlichkeit vor allem in den Medien, aber auch bei Demonstrationen und Kundgebungen ausgetragen, die sehr häufig von der gegnerischen Seite gestört werden. Mitunter kommt es dabei zu Ausschreitungen und Randalen, bei denen Menschen und Objekte zu Schaden kommen. In Polen dominiert dagegen seit der Überwindung des Realsozialismus, der als Kommunismus bezeichnet wird[14], die rechte Option.

Diese unterschiedlichen Optionen in beiden Ländern spiegeln sich heute besonders deutlich im Internet. Es ist eine besondere Arena dieser Auseinandersetzungen zwischen Linken und Rechten. Zahlreiche Portale von Vereinen, Organisationen und Institutionen, Blogs, Webseiten von Zeitungen, Magazinen, Fernsehsendern sind Foren nicht nur des Informationsaustausches, sondern auch der Agitation und Propaganda. Sie vermitteln Inhalte, die den Betreibern wichtig zu sein scheinen und wollen auch die Rezipienten dafür interessieren und für ihre Denkart gewinnen. Neben Mainstream-Medien[15] – und dazu gehören so gut wie alle öffentlichrechtlichen Rundfunk- und Fernsehsender sowie Zeitungen und Zeitschriften, von denen die meisten auf Inhalte des Redaktionsnetzwerkes Deutschland zurückgreifen und somit einer Homogenisierung dieser Medien Vorschub geleistet wird – gibt es sich als unabhängig und frei bezeichnende Medien, die dem Mainstream gegenüber kritisch eingestellt sind und sich als dessen Alternative verstehen. Diese sollen auch der eigentliche Gegenstand der vorliegenden Studie sein.

1.2 Ernüchterung nach der Wiedervereinigung?

Nach der Wende von 1989/1990 sollten die Erinnerungen an die von Vielen verklärte Zeit des „real existierenden Sozialismus" auf die nun ihnen vorher nur aus

---

14 Zur Pauschalisierung der kommunistischen Herrschaft in Deutschland und in Polen sowie zu den Begrifflichkeiten in der Auseinandersetzung mit dem System des „Kommunismus" und des „real existierenden Sozialismus" siehe meinen Beitrag *Der Totalitarismusbegriff in der öffentlichen Debatte in Deutschland und in Polen nach 2000. Zur politischen Streitkultur in beiden Ländern aus vergleichender Sicht*, in: „Studia Niemcoznawcze * Studien zur Deutschkunde", Bd. LXI, 2018, S. 89–108.
15 Synonymisch wird auch der Begriff Gleichstrommedien verwendet.

den Medien (dem in weiten Teilen der DDR empfangenen Westfernsehen) oder aus westlichen Filmen und Reisen in den Westen (z.B. in Polen) bekannte Realität stoßen, in der es keine Vollbeschäftigung mehr (die übrigens illusorisch war), keine staatlich geregelten Preise, keine niedrigen Mieten und andere Vergünstigungen aus der kommunistischen Ära gibt. Dem Kampf zwischen den beiden feindlichen Ideologien des Kommunismus und Antikommunismus, zwischen der „Volksdemokratie" im Osten und der „freiheitlich-demokratischen Grundordnung" im Westen machten in der Nachwendezeit andere Konfliktfelder Platz. Es sind nicht mehr die alten Feinde Kommunisten und Antikommunisten, von der Abrechnung mit der als totalitäre Diktaturen verschrienen DDR oder Volksrepublik Polen einmal abgesehen, sondern scharfe Rivalitäten zwischen divergenten Positionen von Teilnehmern des öffentlichen Diskurses gegenüber Kernfragen des politischen und gesellschaftlichen Lebens wie Klimawandel, Energieversorgung, Geschlechterverhältnisse, ungleiche Einkommens- und Vermögensverteilung, Alterung der Bevölkerung und drohende Altersarmut, Einwanderung und Integration von Immigranten, nationale und europäische Identität u.a. Es sind denn auch Probleme, zu deren Lösung unterschiedliche Ansätze angeboten werden, über die in der Öffentlichkeit gestritten wird, wobei die Standpunkte der an der Debatte teilnehmenden Akteure je nach deren politischer Orientierung und Gesinnung auf einen Konsens oder sein Gegenteil hinauslaufen.

Was über den Konsens oder Dissens in öffentlichen Debatten entscheidet, sind überzeugende Argumente, Umsetzbarkeit und Konsequenz bei der Durchführung von Entscheidungen. Aber nur ein Teil der an den Debatten Beteiligten kann am Ende seinen Sieg oder seine Dominanz über die unterlegenen Streitparteien feiern. Die zu kurz Gekommenen haben meistens ein Gefühl der Unterlegenheit und empfinden ihre Niederlage als Frustration, der sie dann unter ihren Anhängern oder Sympathisanten mehr oder weniger öffentlich, etwa bei Kundgebungen und Demonstrationen, wie auch in alternativen, dem Mainstream gegenüber kritischen Medien, Ausdruck verleihen. Die Unzufriedenheit mit Entscheidungen, die man sich anders gewünscht hätte, ist recht häufig, und sie führt zu Unmut, Enttäuschung, Wut und nicht selten zu Hass gegen die Gewinner des Streitkampfes. Das sind alles Emotionen der vom sozialen Wandel Betroffenen und Enttäuschten, von „Wutbürgern" und anderen Unzufriedenen.

Die obigen einführenden Bemerkungen dienen der Thematisierung von gesellschaftlichen, politischen und ökonomischen Veränderungen, die von den älteren Generationen erlebt und mitunter getragen wurden. Die jüngeren Generationen erfahren von den besagten Veränderungen im Geschichtsunterricht und in der Sozialkunde. Was in den vergangenen Jahrzehnten der sozialökonomischen und politischen Entwicklung geschehen ist, vor allem nach der Wende, wirkt bis heute nach und hat bleibende Folgen hinterlassen, z.B. den hohen Anteil von Menschen mit Migrationshintergrund in Deutschland, das zu seiner Entwicklung immer mehr ausländische Arbeitskräfte brauchte, aber auch die Notwendigkeit der Nachhaltigkeit im Zuge der weltweiten Klimakrise und neuerdings auch die

Energiewende[16] – alles Probleme, die erst seit den 2000er Jahren zu eigentlichen Themen der öffentlichen Debatte geworden sind.

---

16 Angesichts des russisch-ukrainischen Krieges und der durch Russland eingeschränkten Gaslieferungen, aber auch der sich abzeichnenden Energiekrise wird die Energiewende in Deutschland neu durchdacht werden müssen.

2 Der Linksruck der Mainstream-Medien und ihre Bindung an das Establishment in Deutschland

Bevor wir auf die im Titel dieses Kapitels angesagte Problematik eingehen, sei auf die Entwicklung der modernen Kommunikationsmittel hingewiesen, die die Einstellungen der Öffentlichkeit gegenüber politischen, gesellschaftlichen, wirtschaftlichen, kulturellen und anderen Vorgängen prägen. Während bis Ende der 80er und 90er Jahre die Printmedien sowie der Hör- und Fernsehfunk diese Einstellungen beeinflussten, ist es danach zunehmend das Internet, das als führendes Medium die genannten Medien verdrängt. Durch seine Schnelligkeit, Vielfalt der Angebote, Kombination von Bild und Ton und vor allem durch seine Omnipräsenz in mobilen Geräten ist es den herkömmlichen Medien überlegen. Die medientechnischen Veränderungen führten zur technologischen Revolution in nahezu allen Lebensbereichen. Die heutige Jugend hat zu diesen Veränderungen überhaupt kein Verhältnis, für sie sind der Computer, das Internet, der Mobilfunk, soziale Netzwerke usw. eine Selbstverständlichkeit, in die sie hineingeboren worden sind. Die Abkehr von den tradierten Kommunikationsformen wie Briefeschreiben, Telefonieren in öffentlichen Fernsprechanlagen (für viele junge Menschen heute ein unbekanntes Fachwort), Faxen, Lesen von Printmedien und die Hinwendung zur elektronischen Kommunikation (E-Mail, SMS, digitale Medien) haben die Nachrichtenverbreitung und den Zugang zu sehr unterschiedlichen Kommunikationsmöglichkeiten und -kanälen eröffnet und erweitert. Heute sind Social Media oder auf gut Deutsch: Soziale Medien nicht nur eine Alternative zu den klassischen Massenmedien, sondern auch Orte, in denen die Meinungsbildung am breitesten ist.

Dass die Sozialen Medien nicht nur als Informationsquelle benutzt, sondern deren Benutzer von ihnen auch manipuliert werden, steht auf einem anderen Blatt. Jedenfalls sind digitale Medien und Kommunikationskanäle aus dem privaten und öffentlichen Leben der Menschen nicht mehr wegzudenken. Seit der Zugänglichmachung des Internets für die Allgemeinheit Anfang der 1990er Jahre sind seinen Benutzern völlig neue, vorher ungeahnte und vielfältige Kommunikationsmöglichkeiten gegeben worden. Kommunikation umfasst den Austausch und die Übertragung von Informationen, Kontaktaufnahme und -pflege, Verständigung zwischen Menschen. Sie setzt beiderseitiges Interesse am Kommunikationsprozess und Vertrauen beider Kommunikationsparteien voraus, d.h. der Sender einer Information will deren Empfänger für seine Mitteilung interessieren und tut es nach seinem besten Wissen und Gewissen, und der Empfänger sollte sie vertrauensvoll als wissenswert und wahr annehmen. So halten etwa viele Hörer und Zuschauer der öffentlich-rechtlichen Sendeanstalten die in den Mainstream-Medien gesendeten Informationen für glaubwürdig.

Es gibt aber auch Zweifler an den von diesen Medien verbreiteten Inhalten, Skeptiker, die in ihnen Manipulationsorgane des Staates sehen und zu alternativen Medien Zuflucht nehmen. M.a.W.: Der Mainstream vertritt das Establishment und sorgt für dessen Unterstützung in der Öffentlichkeit. Und umgekehrt: Die alternativen Medien informieren und organisieren die Gegenöffentlichkeit. Der Widerstreit zwischen den Mainstream-Medien und den alternativen Medien wird immer mehr zu einem Kampf zwischen beiden Varianten des Kommunikationsprozesses, wobei in Deutschland die ersteren überwiegend linke, die letzteren überwiegend rechte Positionen vertreten. Das bestätigt eine im Auftrag der Otto-Brenner-Stiftung 2017 durchgeführte Studie mit dem Titel „‚Die Flüchtlingskrise' in den Medien – tagesaktueller Journalismus zwischen Meinung und Information"[17]. In den weit über 30.000 (anderen Quellen zufolge etwa 35.000) Zeitungsberichten, die zwischen Februar 2015 und März 2016 in der Tagespresse zum Thema „Flüchtlinge" veröffentlicht worden sind, dominieren positive oder mehr positive Einschätzungen der „Willkommenskultur" – das gilt für 83 % aller Zeitungsberichte. Der Leiter der Studie, Prof. Michael Haller, konkretisiert: „Statt als neutrale Beobachter die Politik und deren Vollzugsorgane kritisch zu begleiten und nachzufragen, übernahm der Informationsjournalismus die Sicht, auch die Losungen der politischen Elite."[18] Die Ergebnisse der Studie „verweisen auf eine Sinn- und Strukturkrise der sogenannten Mainstream-Medien (...) Die von den Journalisten beschriebene Wirklichkeit ist sehr weit entfernt von der Lebenswelt eines großen Teils ihres Publikums"[19]. Die „Flüchtlingskrise" ist ein Exempel dieser das Establishment unterstützenden Einstellung der überwiegenden Mehrheit der deutschen Journalistenzunft, die den „Qualitätsjournalismus" mit dem Haltungsjournalismus gleichzusetzen scheint und von ihren Kritikern als „Haltungsjournalie", „mediale Mundwerker der Lenkungskaste", „Migrantenvergötzer in medialen Positionen" und noch weitaus kritischer bezeichnet wird. Eine lautstarke linke Minderheit maßt sich anscheinend an, der Bevölkerungsmehrheit ihre Ideen aufzuzwingen. Indem sie für die Einwanderung von Menschen aus fremdkulturellen Regionen plädiert, stellt sie die Existenz der okzidentalen Zivilisation in Frage und verleugnet deren Werte. Gegner des „Haltungsjournalismus" äußern sich überspitzt:

> „Eine feststellbare Tatsache menschlicher Kommunikation besteht darin, dass jeder Mensch eine eigene Meinung hat. (...) Im moralischen Absolutheitsanspruch der

---

17 https://www.otto-brenner-stiftung.de/fileadmin/user_data/stiftung/05_Presse/02_Pressemitteilungen/2017_07_21_PM_AH93.pdf, Zugriff am 8.8.2023.
18 Ebd.
19 Ebd. Die Studie kann von der Webseite der OBS, https://www.otto-brenner-stiftung.de/wissenschaftsportal/informationsseiten-zu-studien/studien-2017/die-fluechtlingskrise-in-den-medien/, heruntergeladen werden. Unterhalb der Meldung finden sich etliche Berichte über und Reaktionen auf die Studie, die meisten davon, selbst zu den Mainstream-Medien gehörend, scheinen die Meinung der Autoren zu teilen.

Bundesrepublik seit spätestens September 2015 ist das anders. Nur mehr die radikalsten Meinungen, vertreten von Menschen, denen Konsens und Vernunft kein Anliegen sind, gelangen an die Öffentlichkeit. Die reflektierte und sachkundige Kritik verstummt hingegen. Dieser Umstand macht es den Mächtigen leicht, jegliche Kritik an ihren Entscheidungen als rechtsradikal und verfassungsfeindlich zu denunzieren."[20]

In der Tat sind die Kritiker der Einwanderungspolitik der Bundesregierung seit September 2015 von den Befürwortern dieser Politik in die rechte Ecke gestellt worden. Es wäre schon sehr interessant zu erfahren, wie viele Nichtjournalisten die Einwanderungspolitik befürworten. Die Unterstützung, wenn nicht gar Stimmungsmache für die deutsche „Willkommenskultur" durch die deutschen Journalisten hat ihre Ursachen in der politischen Orientierung der Journalistenzunft – zwei Drittel bzw. zwischen 70 und 80 % der in den Medien Wirkenden sind linksorientiert[21]. Und der *Focus*-Kolumnist Jan Fleischhauer twittert in Anknüpfung an eine Studie der Electronic Media School über die politischen Präferenzen von redaktionellen Auszubildenden der ARD[22], „die ARD rekrutiert nicht zu 90 % Nachwuchs, der rotgrün wählt. 90 % des journalistischen Nachwuchses sind rotgrün."[23]

Rechte Positionen in elektronischen und Printmedien sind im Vergleich zu den linken in der Minderheit, sie sind auch einem ständigen Druck und Anfeindungen seitens der Linken ausgesetzt. Es gibt in allen deutschsprachigen Ländern, die meisten in Deutschland, mehrere Internetportale, die sich speziell der Aufspürung dieser Medien verschrieben haben und ihre Aktivitäten als „Kampf gegen Rechts" verstehen. Die besagten Aktivitäten werden in der vorliegenden Studie bei der Präsentation der als rechts eingestuften Medien aufgezeigt.

2.1 Die Ungleichbehandlung von Rechten und Linken in Deutschland

Die wissenschaftliche Beschäftigung mit dem Gedankengut der Rechten in Deutschland muss vor dem Hintergrund der dominierenden Mehrheit linksorientierter Medien und des von ihnen beeinflussten Publikums geführt werden. Die in der Öffentlichkeit

---

20 Dr. E. E. Nyder, *16 Jahre Angela Merkel. Die Bilanz eines Zerstörungswerks*, Rottenburg 2021, S. 190. Vgl. auch die Broschüre *Der Weg in den Mainstream. Wie linke Journalisten den Ton angeben*, hrsg. vom Verein für Staatspolitik, Institut für Staatspolitik 2021.
21 https://www.welt.de/vermischtes/plus231406453/Forscher-Die-grosse-Mehrheit-der-Journalisten-steht-links-der-Mitte.html, 1.6.2023, Zugriff am 8.8.2023.
22 Boris Rosenkranz, *Wie links ist der ARD-Nachwuchs? Viel Lärm um ein „Datenprojekt"*, https://uebermedien.de/54539/wie-links-ist-der-ard-nachwuchs-viel-laerm-um-ein-datenprojekt/, 6.11.2020, Zugriff am 23.1.2023.
23 https://twitter.com/janfleischhauer/status/1323616724130893824, Zugriff am 23.1.2023.

besonders auffälligen Rechten, speziell die als Rechtsradikale eingestuften, werden nicht nur von den Mainstream-Medien, sondern auch von staatlichen Organen, allen voran vom Verfassungsschutz und den Polizeien in Deutschland, als „Gefährder" und „relevante Personen" angesehen – beides Begriffe aus der Terminologie der Polizei, die auf „politisch motivierte Kriminalität" (PMK) und „rechtsmotivierte Straftaten" bezogen werden[24]. Zwar gehören auch Personen und Organisationen linker, vor allem linksradikaler Couleur, in die Gruppe der „Gefährder". Aber im Falle der PMK dominieren in den Statistiken rechtsmotivierte Straftaten, und man kann davon ausgehen, dass auch deren nicht als Straftaten eingestufte Aktivitäten die Mehrheit der Fälle bilden. Auf den Webseiten und in den Medien der Rechten werden wiederum die linksmotivierten Straftaten, insbesondere die gegen die Rechten gerichteten, als gefährlich angesehen, ein Umstand mehr, der den zwischen beiden Orientierungen tobenden Kampf bestätigt.

Grundsätzlich überwiegt im öffentlichen, von der linken Gesinnung getragenen Diskurs in Deutschland die Überzeugung, dass die Rechten die eigentliche Gefahr für die freiheitlich-demokratische Grundordnung, wie sie in Art. 20 des Grundgesetzes festgeschrieben ist, bilden. Es sind die inhaltlich als verfassungsfeindlich eingeschätzten Parteien, wie die NPD, die aber wegen „der Bedeutungslosigkeit im politischen Geschehen"[25] nicht verboten werden. Eine grundsätzlich andere Einstellung hat die von der linken Gesinnung dominierte Öffentlichkeit gegenüber den sog. freien oder alternativen Medien sowie Webseiten und deren Betreibern und/oder Bloggern sowie Organisationen mit rechter und insbesondere gegenüber der offiziellen deutschen Politik kritischer Orientierung, die zu den Feinden der bundesrepublikanischen Grundordnung gerechnet werden. Diese werden aber, da sie keine Parteien sind, nicht vom Bundesverfassungsgericht, das für die Parteien zuständig ist, sondern von Organen der Exekutive (Polizei, Verfassungsschutz), von Schulen und anderen Bildungseinrichtungen, wie z.B. der Bundeszentrale und den Landeszentralen für politische Bildung, auch von Initiativen und Organisationen wie Stiftungen, die vom Staat gefördert werden, streng beobachtet und scharf kritisiert.

Nicht unerwähnt bleiben sollten die Ungleichmäßigkeiten der Behandlung von Radikalen. Die radikalen Rechten stehen im Mittelpunkt der Kritik und Ahndung, die radikalen Linken scheinen unterschätzt zu werden. In der breiten Öffentlichkeit sind es Internetsuchmaschinen wie Google und seine Ableger wie YouTube sowie soziale Netzwerke wie Facebook und Twitter, auf denen bestimmte Inhalte rechtsorientierter Internetuser, Organisationen, Medien und Betreiber wegen ihrer Gesinnung auf Veranlassung ihrer linksorientierten Beobachter, darunter auch von Organisationen, blockiert werden.

---

24 https://de.wikipedia.org/wiki/Politisch_motivierte_Kriminalität, Zugriff am 8.8.2023.
25 https://de.wikipedia.org/wiki/Nationaldemokratische_Partei_Deutschlands, Zugriff am 26.9.2022.

2.1.1 Den Linken nicht ganz genehme Deutsche mit Migrationshintergrund

Inwiefern die eingebürgerten Immigrierten sich mit dem deutschen Staat und mit der deutschen Kultur identifizieren, ist nicht überprüfbar. Ebenso ungewiss ist, wie viele Ausländer sich einbürgern lassen wollen, um in den Genuss staatsbürgerlicher Rechte zu kommen. Aus der Sicht der Eingebürgerten und Einbürgerungswilligen ist Deutschland ihr Zielland und für diejenigen, die sich mit ihm integrieren und in ihm wohlfühlen, ihre neue Heimat.

Ein Paradebeispiel für die Integration von Ausländern in Deutschland ist die in der Türkei geborene Autorin, Juristin, Feministin und Moscheegründerin Seyran Ateş, die wegen ihrer islamkritischen Einstellung von ihren Landsleuten – Türken, aber auch von Kurden – angegriffen wird. Für sie ist Deutschland ihre Wahlheimat[26], und sie scheut sich auch nicht, selbst in der rechten Szene aktiv zu werden: Im November 2018 hielt sie in der Freiheitlichen Akademie Wien einen Vortrag mit dem Titel „Der politische Islam und seine Gefahren für Europa", was ihr Kritik vonseiten der Linken, ja sogar Drohungen einbrachte. Sie schloss ihren Auftritt mit den eindringlichen Worten: „Ich möchte von niemandem mehr in die linke Ecke gestellt werden, oder in die rechte, ich will einfach Mensch sein und mich den Menschenrechten verpflichten..."[27].

Auch die Autorin Necla Kelek sowie der Schriftsteller und Kommentator des politischen Geschehens Akif Pirinçci sind türkischstämmige Deutsche, die mehrfach nicht nur von ihren Landsleuten, sondern auch von Deutschen ohne Migrationshintergrund, aber mit linker Gesinnung mehr oder weniger scharf kritisiert werden. Jede von diesen Personen hat ihre eigene Lebensgeschichte, das Verbindende ist ihr Bekenntnis zu Deutschland und der deutschen Kultur, was ihnen Beifall seitens der Rechten und Verurteilung seitens der Linken einbringt. Man kann aber weder Seyran Ateş noch Necla Kelek als Rechte oder Sympathisantinnen der Rechten bezeichnen. Dies trifft aber unter Umständen auf einen dritten Deutschtürken, Akif Pirinçci, zu. In der *Metapedia*[28], einer alternativen Enzyklopädie zur *Wikipedia*, heißt es über ihn, er sei

---

26 So nennt sie Deutschland in ihrem Buch *Wahlheimat – Warum ich Deutschland lieben möchte,* Berlin 2013.
27 Ihren Vortrag leitete der damalige österreichische Vizekanzler Heinz-Christian Strache (FPÖ) ein, der die politischen Überlegungen und Maßnahmen angesichts der politischen Islamisierung in Österreich erörterte. Die Aufzeichnung der Veranstaltung ist unter https://www.youtube.com/watch?v=O59FNKMj1kQ abrufbar.
28 https://de.metapedia.org/wiki/Hauptseite, Zugriff am 25.9.2019. Näheres zur *Metapedia* siehe Teil IV.

„Aktivist gegen Genderwahn, Gutmenschentum, Heterophobie und unkontrollierte Zuwanderung" und „hielt zum Jahrestag der Abendspaziergänge am 19. Oktober 2015 eine freimütige Rede bei PEGIDA in Dresden, die von den BRD-Systemmedien durch eine entstellte Wiedergabe zur Skandalrede aufgebauscht wurde. Aufgrund dessen stellten alle großen Verlage in der BRD die Zusammenarbeit mit Pirinçci ein und nahmen seine Bücher aus dem Verkauf (einschließlich seiner frühen, sehr erfolgreichen Katzenkrimis), was dem Versuch einer Vernichtung der bürgerlichen Existenz von Pirinçci gleichkommt."[29]

Im weiteren Teil des *Metapedia*-Artikels werden Pirinçcis Aktivitäten, seine öffentliche Wirksamkeit, Strafverfahren gegen ihn und seine Einstellung gegenüber der „NWO-Agenda gegen die Völker" vorgestellt. Aus dem zuletzt genannten Abschnitt sei folgende Einschätzung zitiert, die nicht die Situation des von der *Cancel Culture* betroffenen Schriftstellers, sondern auch seiner Gesinnungsgenossen umreißt, darin eingeschlossen die deutschstämmigen Verfechter dieses Denkens über die Teilung der Deutschen in eine an die herrschenden Zustände angepasste Mehrheit und eine unangepasste Minderheit:

„Wer sich – wie Akif Pirinçci – der protestierenden Minderheit öffentlich anschließt, muß viel erklären. Die Mehrheiten wollen die Illusionen, die ihnen aufgeprägt worden sind, nicht verlieren. Sie haben sich darin eingerichtet, und sie wollen die Konsequenzen eines ehrlichen Umdenkens nicht tragen. Eine breite Majorität genießt das bundesdeutsche Lebensgefühl des ‚freien', ‚demokratischen', ‚weltoffenen' und ‚liberalen' Phrasenbürgers, der mit sich und seiner fremdbestimmten Obrigkeit vollständig im reinen ist. Die Identifikation mit den ausgegebenen Parolen suggeriert wohlige Geborgenheit im großen und ganzen, eine quasi rundum anwendbare Scheinideologie, die ganz ohne tiefere Befassung oberflächlich konsumierbar ist (und Pseudo-Intellektuellen das wunderbare Gefühl von Belesenheit und Weltgewandtheit gleich mitliefert)."[30]

Alle drei türkischstämmigen Persönlichkeiten des Kulturlebens in Deutschland sind Beispiele für gelungene Integration von Eingewanderten. Während Kelek und Ateş als ausgewogene Kritikerinnen des politischen Islam angesehen werden

---

29 https://de.metapedia.org/wiki/Pirinçci,_Akif, Zugriff am 3.12.2021.
30 Ebd. Die Autoren der *Metapedia* sind weit davon entfernt, Pirinçci als Deutschen zu akzeptieren. Sie zitieren zwar seine Sprüche zu Politik, Genderwahn, Kopftuch, Überfremdung und ähnlichen, den Rechten einen Anlass zu Kritik bietenden Phänomenen, aber sein Foto, unter dem sein Bekenntnis „Ich bin Deutscher" steht, ist mit der redaktionellen Beschreibung „BRD-Reisepassinhaber" versehen, ferner findet sich in seinem Biogramm die Bemerkung, er sei mit einer Deutschen liiert gewesen, mit der er ein „Mischlingskind" habe.
Auf vielen Webseiten der Rechten wird die Rechtschreibreform ignoriert. Der Verfasser zitiert, sofern nicht anders vermerkt, originalgetreu.

können und ihre Beziehungen zur rechten Szene eher auf gewissen Gemeinsamkeiten im Denken basieren, scheint Pirinçi ein radikaler Fürsprecher der Rechten zu sein, der ihnen nach dem Munde redet, ungeachtet deren Kritik an seinem Status als Immigrant.

2.1.2 Die Dominanz der deutschen Linken aus polnischer Sicht

In Polen sind mit den besagten Schriftstellerinnen und Schriftstellern vergleichbare Persönlichkeiten mit Migrationshintergrund nicht vorhanden, weil die Eingewanderten überwiegend aus christlich geprägten Ländern stammen, die religiös bedingten Kulturunterschiede so gut wie keine Rolle spielen und des Polnischen mächtige Eingewanderte mit schriftstellerischen Ambitionen ihre Überlegungen zum Leben in Polen oder zum Polensein noch nicht aufgezeichnet oder noch nicht veröffentlicht haben. Es ist aber nicht auszuschließen, dass sich solche Menschen unter den in letzten Jahren aus Osteuropa und Ländern der ehemaligen Sowjetunion Eingewanderten finden werden.

Aus polnischer Sicht ist die Dominanz linker Positionen im öffentlichen Diskurs in Deutschland von Vorteil, da die Erinnerungen an rechte, nationalistische und konservative Positionen in diesem Staat, die zur Hitlerdiktatur führten und in abgewandelter Form auch in der Bundesrepublik der Nachkriegszeit bis Anfang der 70er Jahre des vorigen Jahrhunderts nachwirkten, Ängste in der polnischen Öffentlichkeit schürten. Viele Polen haben nach wie vor ein ambivalentes Verhältnis zu ihren westlichen Nachbarn. Das Misstrauen ihnen gegenüber ist keineswegs überwunden – trotz veränderter geopolitischer Bedingungen, d.h. trotz Aufnahme Polens in die Nato und die Europäische Union, bei der Deutschland die Rolle eines Anwalts Polens gespielt hat, auch trotz des partnerschaftlichen Verhältnisses zwischen beiden Ländern nach der Wiedervereinigung und einer sehr guten wirtschaftlichen Zusammenarbeit usw. Dennoch ist die Haltung der polnischen Bevölkerung gegenüber dem linken Ideengut, wie es in Deutschland offiziell getragen und von der Bevölkerung weitgehend akzeptiert wird, grundsätzlich kritischer: Den Polen fehlen linke Größen wie Marx, Engels, Bebel, Karl Liebknecht, nach denen in Deutschland Straßen benannt sind. Ihr Verhältnis zu den Idealen des Sozialismus war immer ambivalent. Der Sozialdemokratie entspringende Vorbilder wie Rosa Luxemburg, Julian Marchlewski und Feliks Dzierżyński[31] sind als

---

31 Die genannten Führer der Linken waren in der DDR gefeierte Helden. Sie waren Aktivisten der 1893 gegründeten marxistischen Partei Sozialdemokratie des Königreichs Polen und Litauen und liefen in den Folgejahren zu den Kommunisten über. Eine mit der deutschen Sozialdemokratie vergleichbare, d.h. nicht auf Revolution, sondern auf Reformen des Kapitalismus ausgerichtete Bewegung, hat sich in Polen nicht herauskristallisiert.

Urheber des Kommunismus, einer als „verbrecherisch" und „totalitär" verschrienen Ideologie, in Verruf und in Vergessenheit geraten. Eine organisierte Arbeiterbewegung wie im Deutschland der 2. Hälfte des 19. Jahrhunderts hat sich in Polen in vergleichbarem Maße nicht herausgebildet. Das hängt mit der Dominanz des Bauerntums in der polnischen Geschichte, mit dem Fehlen eines kulturtragenden einheimischen, scil. polnischen, d.h. vom jüdischen und deutschen abgehobenen Bürgertums, mit fehlender Verbürgerlichung sozial niedriger stehender Schichten zusammen. Die Linken, die in Polen de facto eine seltene Spezies sind, sind aber seitens der Rechten ständigen Attacken ausgesetzt: in den staatlichen und mit dem Staat liierten Medien, im Internet, bei öffentlichen Kundgebungen wie dem „berüchtigten" Unabhängigkeitsmarsch am 11. November seit den 2000er Jahren. Polen ist ein Land, in dem der politische Feind von den Rechten außer bei den Linken auch im liberalen Lager gesucht und gefunden wird.

Beide Länder haben also ihre Rechten und Linken, deren Stellung in der Öffentlichkeit aber unterschiedlich ist. Rechts sein ist in Deutschland in breiten Kreisen ebenso verpönt wie links sein in Polen. Über die Bedeutung beider Adjektive bzw. Adverbien und ihre Konnotationen ist in Teil II, Kap. 2 die Rede.

2.2 Facetten der Freiheit und Wahrheit in den Medien

Die Problematik der vorliegenden Publikation tangiert *nolens volens* Fragen der Freiheit der Medien und zugleich auch die Meinungsbildung im Allgemeinen und die der Rechten im Besonderen sowie die Meinungsfreiheit und deren Grenzen. Neben den Mainstream-Medien gibt es in der heutigen Medienlandschaft in demokratisch regierten und den Meinungspluralismus respektierenden Ländern noch die bereits genannten alternativen Medien, deren Alternativität auf Verbreitung von im Mainstream verschwiegenen oder gegen die politische Korrektheit verstoßenden Meldungen und Meinungen beruht, und denen vorgeworfen wird, die Wirklichkeit zu verfälschen und zu manipulieren, Fake News zu verbreiten, Hass gegen Fremde zu schüren, die Demokratie zu untergraben. Vielen alternativen Medien wird seitens ihrer Kritiker zur Last gelegt, Verschwörungstheorien als Mittel zur Beeinflussung ihrer Benutzer zu verbreiten, wobei der Begriff „Verschwörungstheorie" kritisch, abwertend oder sogar als Kampfbegriff verwendet wird[32], ungeachtet der Tatsache, dass sich manche „Verschwörungstheorien" im nachhinein bewahrheitet haben[33].

---

32 So z.B. in der deutschen *Wikipedia*, vgl. https://de.wikipedia.org/wiki/Verschwörungstheorie, Zugriff am 30.9.2022.

33 Vgl. z.B. den Beitrag *Wahre Verschwörungstheorien* im schweizerischen *Tagesanzeiger* vom 17.3.2014, https://www.tagesanzeiger.ch/wahre-verschwoerungstheorien-893475343573, Zugriff am 30.9.2022. Auch der deutsche Fernsehsender ProSieben fand Verschwörungstheorien, die sich im Nachhinein als wahr erwiesen haben. Siehe

Mainstream-Medien hingegen gelten in der rechten Szene als Sprachrohr der herrschenden Eliten, die vortäuschen, die Meinungsvielfalt zu vertreten oder ihr zu dienen, in Wirklichkeit aber nicht zur öffentlichen Meinungsbildung, sondern zur Verbreitung und Festigung der sog. veröffentlichten Meinung beitragen. Arne Hoffmann unterscheidet zwischen öffentlicher und veröffentlichter Meinung: Die Erstere ist das Denken der Bevölkerung, die Letztere ist das Denken vieler Journalisten[34]. Es sei an dieser Stelle Generalleutnant a.D. Hans-Heinrich Dieter, ehemaliger Befehlshaber von internationalen Truppen und Träger des Bundesverdienstkreuzes sowie diverser Einsatz- und Verdienstmedaillen zitiert, dessen Meinung über den Grundwert Meinungsfreiheit nicht von der Hand zu weisen ist:

> „Die Meinungsfreiheit ist ein grundgesetzlich geschütztes Gut und darf deswegen nicht durch Meinungsdiktate und moralisierende Deutungshoheit politisch/medialer Eliten beeinträchtigt werden. Und zu unserer demokratischen Kultur gehört auch, dass die Meinung anders Denkender geachtet wird sowie Meinungsverschiedenheiten möglichst im Diskurs auf Augenhöhe erörtert und wenn möglich ausgeglichen werden."[35]

Denjenigen, die einen Bundeswehrgeneral als Autorität (der Rechten) vielleicht ablehnen werden, sei die Ikone der Linken Rosa Luxemburg zitiert, welche sagte, Freiheit ist immer auch die Freiheit der Andersdenkenden. Meinungsfreiheit bedeutet nicht nur die Freiheit, sich zu verschiedenen Themen mündlich und schriftlich in der Privatsphäre, sondern auch in der Öffentlichkeit ungehindert zu äußern. Unter Öffentlichkeit sind nicht nur Äußerungen vor einem bekannten oder unbekannten Publikum, in öffentlichen Foren wie Parlament, Seminarraum, Hörsaal, Kirche usw., sondern auch Stellungnahmen, Kommentare, Leserbriefe u.a. in den Medien, darunter auch der elektronischen, zu verstehen. Dass es Menschen gibt, die sog. „dummes Zeug" reden oder schreiben, aus welchen Gründen auch immer – aus mangelnder Bildung, falscher Information, aus ihrem (religiösen) Glauben oder aus ihrer Weltanschauung heraus – ist kein Grund, sie daran zu hindern. Die Meinungsfreiheit stößt dort an ihre Grenzen, wo sie die Würde, Ehre und

---

https://www.prosieben.de/tv/taff/video/unglaublich-diese-verschwoerungstheorien-sind-wahr-clip, Zugriff am 30.9.2022.

34 Arne Hoffmann, *Der Fall Eva Herman. Hexenjagd in den Medien*, Grevenbroich 2007, zit. nach Eva Herman, *Die Wahrheit und ihr Preis*, Rottenburg 2010, S. 161.

35 Hans-Heinrich Dieter, *Konservativ gleich rechts? Verwahrlosung unserer demokratischen Werte*, http://tertium-datur.com/konservativ-gleich-rechts-verwahrlosung-unserer-demokratischen-werte/, Zugriff am 31.3.2020. Dieser Eintrag ist wie viele andere in dieser Ausarbeitung derzeit nur mithilfe der Wayback Machine abrufbar unter https://web.archive.org/web/20200927161550/http://tertium-datur.com/konservativ-gleich-rechts-verwahrlosung-unserer-demokratischen-werte/, Zugriff am 8.8.2023.

Freiheit eines anderen Menschen verletzt. Mark Twain sagte einmal, „das Recht auf Dummheit wird von der Verfassung geschützt. Es gehört zur Garantie der freien Entfaltung der Persönlichkeit"[36]. In Abwandlung seiner Worte könnte man sagen, vor Dummheit ist niemand geschützt.

Übrigens verstehen sich manche staatlichen Organe als „Missionare" bei der Bekämpfung von Verschwörungstheorien. Auf der Webseite der Bundesregierung zum Thema „Umgang mit der Desinformation" werden Tipps gegeben, wie mit den Betroffenen umzugehen ist, d.h. wie sie vom „falschen Glauben" an Verschwörungen „erlöst" werden können: „Wenn Verschwörungsdenken in der Familie- oder im Freundeskreis auftritt, führt das oft zu Ratlosigkeit oder Unverständnis. Dabei ist das persönliche Gespräch mit einer vertrauten Person sehr wichtig, um Verschwörungsanhänger von ihrem **Glauben** wieder abzubringen. Aber wie redet man mit jemandem, der an **böse Mächte glaubt**?"[37] Eine gute Frage, die eine andere provoziert: Ist es Aufgabe des Staates, zweifelnde Menschen von ihrem Glauben abzubringen, also zu einem „Glauben an gute Mächte" zu „bekehren"? Diese Frage sei hier nur dahingestellt.

Natürlich haben Medien ihre eigenen Politiken des Umgangs mit ihren Rezipienten und können Aussagen, die mit ihrem Profil nicht übereinstimmen, ausschließen. Sie machen davon auch häufig Gebrauch. Wenn es sich aber um öffentlich-rechtliche Medien handelt, die von Pflichtgebühren finanziert werden, dann sollten die Grenzen der freien Meinungsäußerung der Gebührenzahler so weit wie möglich durchlässig sein. Die Empfänger des öffentlich-rechtlichen Rundfunks und Fernsehens dürfen nicht für dumm verkauft werden, indem ihnen Programme angeboten werden, die nur die Politik offizieller Stellen, der Regierung und staatsfrommer Organisationen preisen, die Politik der Opposition und der Regierungskritiker dagegen außer Acht lassen oder deren Aktivitäten anprangern, was leider im Polen der Kaczyński-Ära notorisch geschah und auch in Deutschland immer häufiger bemängelt wird. Regierungskritik wird auch im öffentlich-rechtlichen Fernsehen vorgetäuscht, indem konkrete Maßnahmen wie Waffenlieferungen der Bundesrepublik an Saudi-Arabien kritisiert werden, aber gleich im nächsten Beitrag die AfD und die hohe Unterstützung für diese Partei im Osten Deutschlands lächerlich gemacht wird[38]. Die gebührenzahlenden Fernsehzuschauer und Radiohörer fühlen sich über den Tisch gezogen.

---

36 https://www.gutzitiert.de/zitate_sprueche-dummheit.html, Zugriff am 8.8.2023.
37 https://www.bundesregierung.de/breg-de/themen/umgang-mit-desinformation/umgang-verschwoerungstheorien-1790886, Hervorhebungen vom Verf. T.G.P., Zugriff am 30.9.2022.
38 Dies zum Beispiel in der als Satire gedachten *Heute Show* des ZDF am 7.10.2022. Über die AfD machten sich die Autoren der besagten Sendung gleich zweimal lustig, ohne Rücksicht auf die Wähler dieser Partei unter den Fernsehzuschauern: Zuerst wurde sie als Partei des „Triumpf des Brüllens" bezeichnet, und die Abkürzung ihres Namens wurde als „Aus Erfahrung Wut" aufgelöst.

Anders verhält es sich mit privaten Medien, zu denen auch die der Regierung wohlgesinnte Presse gehört, die die „Linien" ihrer Publikationspolitik selbst bestimmen dürfen, weil sie sich aus dem Verkauf ihrer Produkte finanzieren und eine Klientel haben, die ihre Profile eben durch den Kauf dieser Produkte akzeptiert. Aber auch die privaten Medien verbreiten mit dem Mainstream übereinstimmende Berichte und Meinungen, die von den alternativen Medien als manipuliert, als „Meinungsmache" abgelehnt werden. Wenn man sich z.B. nacheinander die Nachrichtensendungen „RTL Aktuell" um 18.45 Uhr und „Heute" um 19.00 Uhr im ZDF ansieht, bemerkt man manchmal nicht nur Übereinstimmungen bei der Themenauswahl, sondern auch sehr ähnliche Kommentare zu den aktuellen Geschehnissen. Man fragt sich dann: Wie unabhängig voneinander sind nun das öffentlich-rechtliche und das Privatfernsehen?

Mit der Meinungsfreiheit hängt nicht nur das Verlangen zusammen, sich ungehindert über verschiedene Themen äußern zu dürfen, sondern auch das Streben nach eigener Meinungsbildung, die nicht zuletzt mit der individuellen Suche nach Wahrheit einhergeht. Die zuletzt Genannte ist im postmodernen Zeitalter weitgehend relativiert worden. Fast jeder denkende Mensch hat seine eigenen Wahrheiten, an denen er hängt, oder die er seinen Mitmenschen weitergeben will. Die absolute(n) Wahrheit(en) scheint es heute nicht mehr zu geben, oder man ist gewillt, sie nicht als solche anzuerkennen. Mit Wahrheit semantisch verwandte Begriffe sind Echtheit (Authentizität, Unverfälschtheit), Richtigkeit und Unwiderlegbarkeit. Wenn die Medien der Rechten die Mainstream-Medien als „Lügenpresse" nicht nur bezeichnen, sondern sie auch so sehen und darstellen, während die Leitmedien die alternativen Medien der Verbreitung von Fake News bezichtigen, so ist das ein Beweis für den zwischen ihnen geführten Kampf nicht nur um Worte, sondern auch um die Medienkonsumenten. Die Wahrheit geht dadurch auf beiden Seiten verloren, oder genauer – der Medienkonsument wird immer mehr bei seiner Meinungsbildung, sprich: seiner Suche nach Wahrheit verunsichert. Wahrheit wird auf Webseiten der Rechten immer wieder als deren Markenzeichen betont, z.B. steht auf der Homepage des *Compact Magazins* als dessen Markenzeichen das Schlagwort „Mut zur Wahrheit". Was nun wahr oder nicht wahr bzw. manipuliert ist, wissen vielleicht die Meinungsmacher selber. Oder auch nicht. Der besagte Medienkonsument weiß es mit an Sicherheit grenzender Wahrscheinlichkeit nicht.

Mit Wahrheit hängt auch ein anderer Pfeiler des menschlichen Orientierungsbedürfnisses in der medialen Welt zusammen: der Glaube an das, was man hört, sieht oder liest. Es ist eine Binsenweisheit, dass Menschen Autoritäten brauchen und ihnen glauben und vertrauen wollen. Es sind für gewöhnlich anerkannte Größen wie namhafte, unabhängige Journalisten (wenn es sie noch überhaupt gibt), Schriftsteller und Professoren, Staatsmänner oder Staatsfrauen (um es einmal auch „geschlechtergerecht" auszudrücken), denen die Menschen vertrauen und Glauben schenken, auf die sie hören, von denen sie sich führen und überzeugen lassen wollen. Nun sind diese Autoritäten nicht zu jederzeit und nicht für jedermann akzeptabel. Die Vielheit der Stellungnahmen zu einer Unzahl von Phänomenen, vor die die Menschen gestellt sind, lässt sie über die Richtigkeit oder Falschheit einer Pressemeldung, einer Aussage oder einer Meinung von jemandem entscheiden, ob sie ihnen glauben oder auch nicht. Autoritäten können Menschen, die auf sie hören, bei deren Entscheidungen helfen. Im Zeitalter der Meinungsvielfalt, des breit verstandenen Pluralismus von Einstellungen, Weltanschauungen, politischen Ideologien und unzähligen Lebensauffassungen gibt es Menschen, die ihren selbstgewählten Autoritäten vertrauen. Andere hingegen, und solche sind in der Minderheit, sind Menschen mit offenem Verstand, die sich ihre Meinung selber bilden, selbst wenn sie auch ihre eigenen Autoritäten haben, denen sie aber gegenüber nicht unkritisch sind. Man kann es anhand von Fernsehzuschauern des polnischen Staatsfernsehens nachvollziehen. Zuschauer von Informationssendungen des Staatsfernsehens[39] TVP werden tagtäglich mit Halbwahrheiten, aus dem Kontext gerissenen Aussagen von Oppositionspolitikern oder gar mit Fake News manipuliert. Diese manipulierten Zuschauer glauben an das, was ihnen gezeigt wird oder anders gesagt, sie betrachten das Gesagte und Gezeigte als wahr. Kritiker des besagten Fernsehens erkennen die Manipulationen, indem sie andere Informationsquellen benutzen und sich anhand von ihnen ihre eigene Meinung bilden. Letzten Endes halten sich beide Seiten für gut informiert. Von einer objektiven Berichterstattung in den Medien und von einer ihr entspringenden Wahrheit kann in heutiger Zeit aber kaum die Rede sein.

In den deutschen Medien kommt noch ein besonders gravierendes Moment hinzu, nämlich die politische Korrektheit, die darauf beruht, dass in der Öffentlichkeit des Mainstreams bestimmte Begriffe vermieden oder durch Umschreibungen bzw. Euphemismen ersetzt werden, um jemanden, auf den sie sich beziehen, nicht zu verletzen. Das ist auch schon eine Einschränkung der Meinungsfreiheit. Nicht nur das Was, sondern auch das Wie der Vermittlung von Inhalten verschmilzt in den Mainstream-Medien in eins. Die alternativen Medien haben dieses Problem mit der politischen Korrektheit nicht. Sie können in sprachlicher Hinsicht als Kehrseite des Mainstreams betrachtet werden und lassen sich keine Regeln vorschreiben.

Betrachtet man die deutschsprachigen Mainstream-Medien, speziell ihre Themen und ihren Umgang mit sozialen, politischen und ökonomischen Problemen, kann man selbst als progressiv gesinnter, der deutschen Medienlandschaft gegenüber wohlwollender Außenbeobachter sich häufig des Eindrucks nicht erwehren, dass sie nicht selten an der Meinung der Öffentlichkeit vorbei informieren und kommentieren und dass die Phrase von der „veröffentlichten Meinung" des Mainstreams ihre volle Daseinsberechtigung hat. In der rechtsorientierten *Metapedia* findet der zuletzt genannte Begriff die folgende Erläuterung:

> „Der Ausdruck veröffentlichte Meinung bezeichnet die in den Massenmedien vorherrschende oder dort vorgeblich vorherrschende Meinung zu maßgeblichen Themen. Die betreffende, zu veröffentlichende Meinung kann sich unter Umständen deutlich von

---

39 Offiziell heißt das von den Rundfunkgebühren und staatlichen Zuschüssen finanzierte polnische Fernsehen *telewizja publiczna*, also „öffentliches Fernsehen".

der tatsächlich vorherrschenden Meinung innerhalb eines Volkes unterscheiden, je nachdem, wie sehr sich die Vertreter der Medien von diesem in ihren Interessen und Abhängigkeiten unterscheiden."[40]

Die in den Medien und in der Öffentlichkeit (Hochschulen, Kirchen, Ämtern) der deutschsprachigen Länder praktizierte politische Korrektheit, ebenso wie die *Cancel culture*, die *Wokeness* und das gendergerechte Deutsch[41] bestimmen die Funktionsweise der öffentlichen Meinung und setzen ihr Grenzen. Zugleich verschärfen sich die verbalen und leider auch die nonverbalen, sprich: unter Anwendung von physischer und psychischer Gewalt betriebenen Auseinandersetzungen zwischen Rechten und Linken.

Nicht nur das Internet ist das Kampffeld zwischen Links und Rechts. Aktivitäten der radikalen Linken (z.B. der sogenannten Antifa) stehen hier als Exempel. Eine Durchsicht Dutzender von Webseiten der Rechten lässt den Schluss zu, dass in Deutschland eine Spaltung der Gesellschaft in ihrer Einstellung zu den in den Mainstream-Medien präsentierten Inhalten und Formen sowie in ihrer Einschätzung der behandelten Themen voll im Gange ist. Zwar gehört die Spaltung der Deutschen – etwa in religiöser (seit der Reformation), auch in territorialpolitischer Hinsicht (Vielzahl von deutschen Staaten) zu ihrer Geschichte, zuletzt in Form zweier deutscher Staaten. Aber diese Spaltung manifestiert sich derzeit allzu deutlich in ambivalenten Haltungen gegenüber den aktuellen politischen und sozialen Vorgängen und Zuständen. Ihr Grund sind seit Herbst 2015 die unkontrollierte Masseneinwanderung infolge der aus heutiger Sicht wenig durchdachten Einwanderungspolitik Angela Merkels und der daraus erwachsende Wandel in den Einstellungen der Deutschen gegenüber diesem für sie ganz neuen und ihnen einen Wertewandel abverlangenden Problem. Dabei wird der Begriff „Deutsche" zunehmend diskutabler, wenn man bedenkt, dass Deutschland zu einem

---

40 Die *Metapedia* beruft sich bei diesem Schlagwort auf das Sachbuch von Udo Ulfkotte, *Gekaufte Journalisten. Wie Politiker, Geheimdienste und Hochfinanz Deutschlands Massenmedien lenken*, Rottenburg 2014. Der 2017 verstorbene Autor arbeitete 17 Jahre als Journalist für die *Frankfurter Allgemeine Zeitung*. Das Buch ist in dem von den linken Medien immer wieder der Verbreitung von Verschwörungstheorien bezichtigten Kopp Verlag 2014 in drei Auflagen erschienen: „Im Januar 2015 hat Udo Ulfkotte sich in einem offenen Brief an den Bundesverband Deutscher Zeitungsverleger beklagt, die weitgehend gleichgeschaltete Presse der BRD verschweige die deutschen Islamopfer, darunter diejenigen, die – wie Ulfkotte selber, der ohne jede eigene Regelverletzung einfach nur seinem journalistischen Beruf nachgeht – seit vielen Jahren permanent unter Polizeischutz leben." https://de.metapedia.org/wiki/Veröffentlichte_Meinung, Zugriff am 28.10.2022.
41 Siehe zu diesem Thema René Pflisters *Spiegel*-Bestseller *Ein falsches Wort. Wie eine neue linke Ideologie aus Amerika unsere Meinungsfreiheit bedroht*, Deutsche Verlags-Anstalt, 2. Aufl. München 2022.

Einwanderungsland geworden ist[42]. Die Deutschen, auch die bereits in den Jahren vor 2015 Integrierten, dürfen wohl auch verstimmt, ja sogar verärgert sein, wenn ihr Lebensniveau durch die unkontrollierte Einwanderung merklich gesunken ist. Neuerdings ist auch die kontrollierte Einwanderung von Flüchtlingen aus der Ukraine ein Grund zur Sorge um den eigenen Wohlstand der deutschen Bürgerinnen und Bürger. Auch in Polen macht man sich existenzielle Sorgen im Zusammenhang mit der massenweisen Einwanderung aus dem östlichen Nachbarland.

Das Internet ist vor allem ein Bild-, Ton- und Sprachmedium. Bilder können stehend oder beweglich sein, der Ton erklingt als Musik, Geräusch, Sprache, und die zuletzt Genannte macht das Ganze zum eigentlichen Mittel der Verbreitung von Inhalten unterschiedlicher Genres, sowohl positiven als auch negativen und neutralen. Was für die Einen positiv ist, kann von den Anderen negativ aufgenommen werden. So wird eine Meldung über die Landung einer Flüchtlingsgruppe aus Nordafrika in Italien bei den Befürwortern der Einwanderung Freude und bei deren Gegnern Wut und/oder Empörung auslösen. Wer nun auf der richtigen Seite der Barrikade steht, ist Ansichtssache: Die Mainstream-Medien werden die Befürworter durch ihre Berichterstattung unterstützen und den Gegnern Rassismus, Hetze und Meinungsmache vorwerfen. Die Gegner der Einwanderung wiederum werden die besagte Meinungsmache den Leitmedien zur Last legen. In Deutschland und in Österreich haben die Mainstream-Medien in puncto Masseneinwanderung bisher die Oberhand behalten, die alternativen Medien, von ihren linken Abzweigungen, die die Masseneinwanderung begrüßen, einmal abgesehen, stehen in dieser Auseinandersetzung auf schwächeren Positionen. Es fehlen leider stichfeste Untersuchungen zur Wirksamkeit von meinungsbildenden Aktivitäten im Netz, geschweige denn zur Zahl von Benutzern der einzelnen Webseiten. Um es vorwegzunehmen: Das deutschsprachige Internet scheint viel geordneter, überschaubarer, kultivierter zu funktionieren als das polnische, nicht zuletzt was die Inhalte und Formen der Beiträge betrifft, die Wort- und Bildwahl durch die Beiträger usw.

---

42 Über die De-Nationalisierungspolitik der jetzigen Eliten in Deutschland, die Folgen der Multikulti-Gesellschaft und die Verachtung von Gegnern dieser Erscheinungen schreibt unter anderem Jost Bauch in seinem Buch *Abschied von Deutschland. Eine politische Grabschrift*, 2. Aufl. Rottenburg 2018.

Teil II: Rechts und Links als politische Zuordnungsbegriffe

1 Was sind rechtsorientierte Medien?

Rechtsorientierte oder kurz: rechte Medien werden aufgrund ihrer politischen Ausrichtung *per definitionem* mit der Rechten assoziiert. Sie bezeichnen sich selbst als alternativ oder als frei und wenden sich an eine interessierte Öffentlichkeit in Form von Zeitungen und Magazinen, darunter vielen kostenlos online zugänglichen, Blogs, Audio- und TV-Kanälen im Netz, Homepages von Personen und Organisationen. Die Bezeichnung „alternative Medien" deutet auf Konkurrenz zu sog. Leitmedien oder Mainstream-Medien hin, und die Bezeichnung „frei" suggeriert Unabhängigkeit von der offiziellen Berichterstattung, die Benutzung eigener Informationskanäle, auch ihre Selbstfinanzierung oder Finanzierung durch Spenden. Mitarbeiter und Betreiber der sog. Leitmedien könnten von sich ebenfalls behaupten, frei zu sein. Aber in ihrem Fall ist die Abhängigkeit von staatlichen Geldgebern und von Einnahmen etwa aus den Rundfunkgebühren unleugbar.

Über die Unterschiede zwischen den Leitmedien und den alternativen Medien schrieben unter anderem der bereits erwähnte ehemalige FAZ-Redakteur Udo Ulfkotte[43] und der Politikwissenschaftler Ulrich Teusch[44]. Dem erstgenannten Autor wurden Rechtspopulismus und Islamfeindlichkeit vorgeworfen, er war auch eine Zielscheibe linker Gegner. Sein Buch *Gekaufte Journalisten* wird dem Lesepublikum von linken Rezensenten als von „Verschwörungstheorien gespickt", „für die übelste Version des deutschen Stammtischs geschriebene Tirade eines gekränkten und verängstigten Kleinbürgers", ein „Amoklauf in Buchform" verübelt. Diese Anhäufung von Negativurteilen über Ulfkottes Buch aus der Feder seiner Kritiker findet sich in der für Ausfälle gegen die Rechte berüchtigten deutschsprachigen *Wikipedia*[45]. Positive Stimmen, wie etwa auf der Webseite des Versand(buch)handels „Weltbild.ch"[46] oder im Interview Martin Müller-Mertens mit dem Autor beim unabhängigen (rechten) Sender CompactTV[47] werden in der *Wikipedia* gar nicht berücksichtigt, quasi nach Anweisung von Anhängern der *Cancel culture*. Dem zweiten oben genannten Kritiker der Leitmedien, Ulrich Teusch, bleiben seitens

---

43 Udo Ulfkotte, *Gekaufte Journalisten. Wie Politiker, Geheimdienste und Hochfinanz Deutschlands Massenmedien lenken*, a.a.O.
44 Ulrich Teusch, *Lückenpresse. Das Ende des Journalismus, wie wir ihn kannten*, Westend Verlag Frankfurt 2016.
45 https://de.wikipedia.org/wiki/Udo_Ulfkotte, Zugriff am 26.9.2022. Der *Wikipedia*-Kritik ist in der alternativen Szene eine spezielle Webseite gewidmet, http://wikihausen.de, die weiter unten vorgestellt wird.
46 https://www.weltbild.ch/artikel/buch/gekaufte-journalisten_19659001-1, Zugriff am 26.9.2022.
47 https://gloria.tv/post/wtXiWoeb1Uui4YU6qxrEvZH8V#15, Zugriff am 26.9.2022.

der deutschen *Wikipedia* negative Einschätzungen erspart, die Betreiber dieser Internetenzyklopädie referieren seine Auffassungen redlich.

In einer von der linken Amadeu Antonio Stiftung durchgeführten Untersuchung werden alle gegenüber dem Mainstream und der staatlichen Politik kritischen Personen und Organisationen als „rechts-alternativ" definiert. Die Autoren einer diesbezüglichen Publikation leiten den Begriff vom Englischen „Alt-Right" ab, der laut *Oxford English Dictionary* als Abkürzung für die US-amerikanische „alternative Rechte" steht. Es sei eine ideologische Gruppierung, „der extrem konservative und reaktionäre Ansichten zugeordnet werden, die die Mainstream-Politik ablehnt und Online-Medien zur Verbreitung von bewusst kontroversen Inhalten nutzt. (...) die Bezeichnung ‚rechts-alternativ' wendet diese Zuordnung auf den deutschen Raum an."[48] In dieser Definition ist den Definierenden ein logischer Fehler unterlaufen, denn nicht die aus dem Englischen abgeleitete Bezeichnung, sondern sie selber wenden die besagte Zuordnung auf den deutschen Raum an. Sie schreiben weiter, „konkret gehören hierzu rechtspopulistische und rechtsextreme Teile der Medienlandschaft abseits des Mainstreams (z.B. Blogs), Wortführer*innen in den Sozialen Medien (besonders auf Facebook und Twitter) und politische Bewegungen wie auch rechtsradikale Politiker*innen der AfD."[49]

Die Bezeichnung „rechtsorientiert" steht in vorliegender Studie für Medien, deren Betreiber der konservativen, nationalen, patriotischen und sonstigen, dem Liberalismus, Sozialismus, Multikulturalismus oder Kosmopolitismus und dergleichen entgegengesetzten Gesinnung anhängen. Das Wort Gesinnung steht sowohl für linke als auch für rechte Positionen, wobei jedoch die Rechten den Linken den „Gesinnungsterror" vorwerfen, eine anscheinend begründete Einstellung in Anbetracht der besagten Dominanz der Linken im öffentlichen Diskurs in Deutschland. Nach einer Definition der Brandenburgischen Landeszentrale für politische Bildung ist Gesinnungsterror „ein Begriff, der sowohl von Rechtsextremisten verwendet wird als auch in Tageszeitungen und im Zusammenhang mit ‚politisch korrektem Denken' auftaucht."[50] Wir wollen hier von Tageszeitungen absehen und uns auf Webseiten der Rechten konzentrieren, die von ihren Kritikern als „rechtspopulistisch", „nationalistisch", „neofaschistisch", „rechtsradikal" und dergleichen mehr bezeichnet werden, also mit Etiketten versehen werden, die zum Vokabular der Linken gehören[51]. Der heutige Kampf um

---

48 Vgl. Miro Dittrich, Lukas Jäger, Claire-Friederike Meyer und Simone Rafael, *Alternative Wirklichkeiten: Monitoring rechts-alternativer Medienstrategien*, Berlin 2020, S. 9.
49 Ebd.
50 https://www.politische-bildung-brandenburg.de/lexikon/gesinnungsterror, Zugriff am 9.8.2023.
51 Rechts und Links sind zwei Schlagworte, die in der öffentlichen Debatte schon seit Jahrzehnten im Umlauf sind. Vgl. z.B. Klaus Hoff, *Rechts und Links – zwei Schlagworte auf dem Prüfstand*, Krefeld 1992. Zum Gebrauch beider Schlagworte im Deutschen und im Polnischen siehe Teil II, Kap. 2 vorliegender Untersuchung.

Wörter[52], der in der Publizistik sogar als Propagandakrieg[53] bezeichnet wird, spitzt sich angesichts der verstärkten Polarisierung und Positionierung, der Verhärtung der Fronten von links und rechts zu.

Tatsächlich ergibt eine Durchsicht deutschsprachiger Webseiten mit dem Schlagwort „rechte Medien" mit der Suchmaschine Google, dass sich die Linken mit ihnen sehr intensiv beschäftigen, und dies manchmal mit viel Hass und Aggression. Das ist in Ländern mit rechtsextremer und totalitärer Vergangenheit des Nationalsozialismus, also in Deutschland und Österreich zwar verständlich, aber man kann als Außenbetrachter der deutschen und österreichischen Verhältnisse staunen, dass die Erinnerung an die zwölf dunkelsten Jahre deutscher Geschichte nach über 75 Jahren seit dem Untergang der Nazidiktatur so stark verinnerlicht wird, zumal es sich im Falle der heutigen „Antifaschisten" um Menschen handelt, die die besagte Zeit selbst nicht erlebt haben. Es sind ja nicht einmal Söhne und Enkel ihrer für die Verbrechen der Hitlerzeit verantwortlich gemachten Vorfahren, die ja fast alle schon verstorben sind. Hierzu sei die Aussage vom Anfang der 90er Jahre des heutigen Politikberaters des Europäischen Gewerkschaftsbundes in Brüssel und einstigen IG-Metallers Wolfgang Kowalskys zitiert:

> „Wenn sich die meisten Strategien gegen den Rechtsextremismus als verfehlt, wirkungslos oder sogar kontraproduktiv erweisen, dann steht einem weiteren Aufstieg der extremen Rechten wenig im Wege. (...) Viele Strategien antworten auf Fragen von gestern und bewegen sich im Grunde immer noch im Rahmen eines Antifaschismus der dreißiger Jahre. (...) Eine Periode rechtsextremer Renaissance scheint angebrochen, und zwar nicht allein in Deutschland: Rechtsextremismus ist keineswegs ein Anachronismus, sondern ein Phänomen der Moderne, und die rechtsextremen Parteien in Deutschland stehen erst am Anfang."[54]

---

52 Es sei an dieser Stelle auf zwei Publikationen älteren Datums aus einer Zeit vor der Entstehung des World Wide Web hingewiesen, als nicht nur die politische und gesellschaftliche Lage in Deutschland, sondern auch die Möglichkeiten von deren Einschätzung und Kritik im Vergleich zu heute überschaubarer waren: *Kampf um Wörter. Politische Begriffe im Meinungsstreit*, hrsg. u. eingeleitet von Martin Greiffenhagen, München–Wien 1980, und Gerhard Strauß, Ulrike Haß, Gisela Harras, *Brisante Wörter von Agitation bis Zeitgeist. Ein Lexikon zum öffentlichen Sprachgebrauch*, Berlin–New York 1989. Im WWW-Zeitalter ist trotz der Vielfalt und Vielzahl von Informations- und Kommunikationsmöglichkeiten die Überschaubarkeit der Quellen gerade wegen dieser Quellenflut allerdings fraglich.

53 *Propagandakrieg in Europa: Die Medien der Rechten*, in: https://www.falter.at/archiv/wp/propagandakrieg-in-europa-die-medien-der-rechten, Zugriff am 9.8.2023.

54 Wolfgang Kowalsky, *Rechtsaußen ... und die verfehlten Strategien der deutschen Linken*, 2. Aufl., Frankfurt a.M.–Berlin 1992, S. 9.

Die zitierte Einschätzung hat ihre Gültigkeit bis heute mit zwei Einschränkungen bewahrt: Erstens ist der Rechtsextremismus in der Bundesrepublik von den Linken nach wie vor gefürchtet. Aber eine neue Furcht lebt heute auf, die Furcht vor der Neuen Rechten, die dem Rechtsextremismus auf geistiger, theoretischer und argumentativer Ebene weitaus überlegen ist. Zweitens sind durch die gewachsene Macht der Rechten, nicht zuletzt durch den Zugang zum Internet, die Linken mehr denn je herausgefordert, nicht nur ihren Gegnern die Stirn zu bieten, sondern auch die Masse der politisch nicht engagierten Bürger, die sog. schweigende Mehrheit, von der Richtigkeit und Ehrlichkeit ihrer Meinungen und Aktivitäten zu überzeugen. Radikale Rechte mit radikal linken Mitteln, wie sie die Antifa einsetzt, einzudämmen, wird zunehmend kontraproduktiv, und darin kann man mit Wolfgang Kowalsky einer Meinung sein. Als Kritiker des Rechtsextremismus sieht er das Problem mit den Augen eines Linken. Aus Gründen der Unvoreingenommenheit und wissenschaftlichen Objektivität sollte man es aber auch von der anderen Seite angehen. Es bietet sich dabei der emeritierte Professor für Politikwissenschaft Hans-Helmuth Knütter an, ein ehemaliger Extremismusforscher und ähnlich wie Ulfkotte auch Zielscheibe der deutschen *Wikipedia*-Betreiber[55], der in etwa der gleichen Zeit wie Kowalsky für staatliche Stellen arbeitete und später zum Antifa-Gegner und „Vordenker" der Neuen bzw. extremen Rechten wurde. In seinem Buch *Die linke Gefahr* schreibt Knütter, die Linke sei im Allgemeinen und besonders in Deutschland 1989/1991 politisch-moralisch-intellektuell-ideologisch zusammengebrochen, sie verfüge aber durch ihren „Marsch durch die Institutionen" über eine „institutionengestützte Stabilität (…), der zufolge die ideologisch-moralisch Gescheiterten trotzdem aktiv weiter vegetieren und Macht und Einfluss haben. Hauptinstrument ihrer Zielsetzung und ihres Wirkens sind der Antifaschismus und der ‚Kampf gegen Rechts'"[56]. Stellt man die Auffassungen Kowalskys mit denen von Knütter nebeneinander, so ergeben sich daraus zwei unterschiedliche Einstellungen gegenüber der gesellschaftlichen Realität in Deutschland: Die eine

---

55 https://de.wikipedia.org/wiki/Hans-Helmuth_Knütter, Zugriff am 26.9.2022. Hans-Helmuth Knütter war Politikwissenschaftler und Professor der Bonner Universität. Er arbeitete ab den 1960ern bis Mitte der 1990er Jahre als Extremismusforscher für den deutschen Staat: die Bundeszentrale für Politische Bildung und das Bundesministerium des Innern, bis er durch seine Bücher *Deutschfeindlichkeit* (1991) und *Wanderungsbewegungen – ein Faktum, multikulturelle Gesellschaften – eine Fiktion* (1993) wegen der darin geäußerten Auffassungen in die linke Kritik geraten ist. Er wird in der deutschen *Wikipedia* als „Referent und Publizist der extremen Rechten" bezeichnet. https://de.wikipedia.org/wiki/Hans-Helmuth_Knütter#Politische_Bildung_und_Extremismusforschung_für_den_Staat, Zugriff am 1.3.2023.
56 Hans-Helmuth Knütter, *Die linke Gefahr. Das Leichengift der gescheiterten Linken*, Die Deutschen Konservativen e.V. (Hrsg.), Sonderausgabe des Deutschland-Magazin, 1. Aufl. April 2019, Umschlagtext.

sieht die Wirklichkeit als von rechts, die andere als von links bedroht, und beide Orientierungen stehen in einem ständigen Konflikt miteinander.

1.1 Themen rechtsorientierter Medien als Untersuchungsgegenstand

Eines der Schlüsselthemen der rechtsorientierten Medien in den letzten Jahren, speziell seit Herbst 2015, ist die Masseneinwanderung aus außereuropäischen Ländern nach Europa und insbesondere nach Deutschland. Mit der sog. Migrationskrise und den mit ihr einhergehenden, verschiedene Lebensbereiche tangierenden Veränderungen der althergebrachten Zustände – der Notwendigkeit der Aufnahme, Versorgung und Unterbringung der Einwanderer, die als Grundlage ihrer späteren Integration dienen sollten – hat sich in der deutschen Öffentlichkeit m.E. eine von der offiziellen Politik und den ihr folgenden Mainstream-Medien nicht genügend beachtete Unzufriedenheit breit gemacht. Tausende von Menschen lassen ihrem Unmut freien Lauf, es kommt zu Massendemonstrationen; rechtspopulistische Gruppierungen, unter anderem die PEGIDA, die Identitäre Bewegung und last but not least die politische Partei Alternative für Deutschland bekommen neuen Zulauf. Auf die Frage des Statistik-Portals Statista: „Würden Sie in einer Volksabstimmung für oder gegen eine Begrenzung der Zuwanderung nach Deutschland stimmen?", antworteten im Jahre 2014 achtundvierzig Prozent der Befragten mit einem Ja, sechsundvierzig Prozent mit einem Nein. Die meisten Gegner der Zuwanderung waren AfD-Anhänger (84 %), die wenigsten Gegner der Einwanderung fanden sich unter Anhängern der Grünen (29 %)[57].

Viele Bundesbürger wurden gegenüber der Migrationspolitik Angela Merkels zunehmend kritischer, und die alternativen bzw. freien Medien verstärkten die migrantenskeptischen, wenn nicht gar migrantenfeindlichen Stimmungen in der Bevölkerung. Die meisten dieser Medien entziehen sich bislang der staatlichen Kontrolle, denn noch gelten in Deutschland die Vielfalt und der freie Wettbewerb auch im Bereich der Meinungsäußerung. Die Meinungsfreiheit ist laut Grundgesetz sicher, und das soll heißen, eine Zensur finde nicht statt. Doch wie ist z.B. das vom Bundestag verabschiedete „Gesetz zur Verbesserung der Rechtsdurchsetzung in sozialen Netzwerken" (Netzwerkdurchsetzungsgesetz NetzDG), das am 1.10.2017 in Kraft getreten ist, zu bewerten? Seine Gegner nennen es einen Schritt in Richtung Einschränkung der Meinungsfreiheit, obwohl seine Urheber sich von guten Vorsätzen leiten ließen, indem sie darauf zielten, „Hasskriminalität, strafbare Falschnachrichten und andere strafbare Inhalte auf den Plattformen sozialer Netzwerke wirksamer zu bekämpfen."[58] Das eigentliche Problem besteht

---

57 https://de.statista.com/statistik/daten/studie/289427/umfrage/umfrage-zu-einer-begrenzung-der-zuwanderung-nach-deutschland/, Zugriff am 9.8.2023.
58 https://www.bmj.de/DE/Themen/FokusThemen/NetzDG/NetzDG_node.html, Zugriff am 25.5.2023.

darin, dass darüber, was „Falschnachrichten" sind, häufig schwer zu entscheiden ist, zumal sich manche dieser angeblich falschen Nachrichten im Nachhinein als richtig erweisen, aber deren Verbreiter können vorher auf ungerechte Weise zur Verantwortung gezogen werden. Immer mehr Deutsche wenden sich von den Mainstream-Medien ab, weil sie in ihnen bestimmte Themen vermissen oder nicht manipuliert werden wollen[59]. Viele Bürger ziehen sich, wie einst in der DDR, in die Privatsphäre zurück; es entsteht eine parallele Öffentlichkeit oder Gegenöffentlichkeit jenseits der veröffentlichen Meinung.

Es sind aber nicht nur die von der Masseneinwanderung aus Ländern mit gänzlich unterschiedlichem kulturellem Hintergrund betroffenen „Urdeutschen" oder „Biodeutschen"[60], die dieser Masseneinwanderung ablehnend gegenüberstehen. Unter ihnen finden sich auch Persönlichkeiten mit Migrationshintergrund, die zugleich in den rechten Medien aktiv sind, wie z.B. der weiter oben bereits genannte türkeistämmige Schriftsteller, politische Kommentator und Redner auf Kundgebungen der Rechten Akif Pirinçci[61], oder der aus Polen stammende Autor und Mitherausgeber des politischen Blogs *Achse des Guten*[62] Henryk M. Broder, dem Islamfeindlichkeit nachgesagt wird.

---

59 Der Wahl zwischen Mainstream-Medien und alternativen Medien ist ein Beitrag auf der Webseite *mimikama.org* des Vereins zur Aufklärung des Internetmissbrauchs gewidmet. Darin werden Vor- und Nachteile der Benutzung beider Medienarten beschrieben. Darauf findet sich folgende Empfehlung: „Am besten ist es, Nachrichten aus verschiedenen Quellen zu lesen. Es ist gut, alternative Medien zu lesen, um verschiedene Perspektiven zu erhalten. Aber es ist auch wichtig, Mainstream-Medien und Faktenchecks zu lesen, um sicherzustellen, dass die Informationen, die wir erhalten, korrekt sind. Am wichtigsten ist, dass wir alle kritische Konsumenten von Nachrichten sein sollten. Wir sollten Fragen stellen und Informationen überprüfen. Auf diese Weise können wir ein ausgewogeneres und vollständigeres Weltbild entwickeln." https://www.mimikama.org/mainstream-faktenchecks-alternative-nachrichten/, Zugriff am 9.8.2023.
60 https://www.bento.de/politik/biodeutsch-wer-benutzt-den-begriff-und-was-bedeutet-er-a-00000000-0003-0001-0000-000001410970, Zugriff am 3.3.2019. Neben Bezeichnungen wie z.B. „Biodeutsche" oder „autochthone Deutsche" funktionieren im Deutschen noch andere Begriffe für Deutsche ohne Migrationshintergrund, wie „Standard-Deutsche", „Herkunftsdeutsche" oder ... „Deutsche mit deutscher Herkunft". Vgl. https://glossar.neuemedienmacher.de/glossar/herkunftsdeutsche-2/, Zugriff am 4.3.2019. Siehe auch das Kapitel 2.3 „Zum Sprachgebrauch in den rechtsorientierten deutschen Medien" in vorliegender Studie.
61 Seine kritische, wenn nicht gar feindliche Einstellung gegenüber dem Islam und der Einwanderung von Angehörigen dieser Religion, der er mehrfach in rechtsorientierten Medien Ausdruck verlieh, könnte Gegenstand einer separaten Publikation sein. Zu seinem Blog siehe Teil IV der vorliegenden Studie.
62 https://www.achgut.com.

Neben der Einwanderung sind die Corona-Pandemie seit ihrem Ausbruch und die mit ihr einhergehenden gesundheitspolitischen Entscheidungen von Bund und Ländern, die die Freiheiten der Bürger einschränkten (Maskenpflicht, Impfungen, Vorzeigen von Impfpässen, u.a.) Gegenstand der Kritik in den alternativen Medien gewesen. Corona als Thema scheint aber, wenn man von den Restriktionen absieht, die die Bürgerrechte schmälerten, weniger explosiv gewesen zu sein als die Einwanderungsproblematik, und deshalb wollen wir es nur vermerken. Mittlerweile sind der russische Angriffskrieg gegen die Ukraine und seine gesellschaftlichen und wirtschaftlichen Auswirkungen (Einwanderung von Kriegsflüchtlingen, Inflation, Energiekrise u.a.) das eigentlich beunruhigende Thema sämtlicher Medien, wobei die Unterschiede zwischen dem Mainstream und den alternativen Medien in der Herangehensweise an die beiden Konfliktparteien Russland und Ukraine und deren Verbündete oder Partner nicht zu übersehen sind.

1.2 Die Frage der Objektivität bei der wissenschaftlichen Beschäftigung mit Medien der Rechten

Sowohl die nationalorientierten, mitunter vom Verfassungsschutz beobachteten und von den Linken bekämpften und als extremistisch eingestuften Webseiten, als auch die der Neuen Rechten sind fester Bestandteil des Internets und aus der heutigen Medienlandschaft nicht mehr wegzudenken. Die Vielzahl und Vielfalt dieser Seiten sind sehr groß, sie unterscheiden sich voneinander in ihren Titeln und in ihrer Aufmachung, haben aber in den verbreiteten Inhalten und in den Positionen ihrer unterschiedlichen Betreiber mit gleicher oder ähnlicher politischer Gesinnung Vieles gemeinsam. Was sie verbindet, sind ihre politische, ideologische bzw. geistige Orientierung, das Festhalten an überlieferten Werten, die Verteidigung der traditionellen Nationsauffassung, des Christentums als des Fundaments der europäischen Kultur, der Familie, verstanden als Ehebund von Mann und Frau, ferner die Kritik an Gegenströmungen, allen voran an der breit gefächerten Linken und deren Staats-, Wirtschafts- und Gesellschaftskonzepten.

Die wissenschaftliche Beschäftigung mit einem Thema wie Webseiten der Rechten und Linken setzt Unvoreingenommenheit und Objektivität voraus. Ein um die Objektivität bekümmerter Forscher mit einer seinem Forschungsgegenstand zuwiderlaufenden Gesinnung kann mitunter der besagten Unvoreingenommenheit trotzen und damit dieses Kriterium der Wissenschaftlichkeit aufs Spiel setzen. Im Falle der Auseinandersetzung mit Inhalten und Formen, die ein solcher Forscher wenn nicht abstoßend, dann zumindest mit seiner Weltanschauung unvereinbar findet, ist eine Einstellung vonnöten, die dem Untersuchungsobjekt eine ähnliche Position abverlangt, wie sie etwa ein Arzt einnimmt, der einen Verbrecher behandeln muss und lediglich sein medizinisches Können einsetzt, um dem Kranken zu helfen.

Es darf auch nicht vergessen werden, dass es Wissenschaftler gibt, die aufgrund ihres Engagements in die Politik, sei es als Parteimitglieder, Politiker oder als Politikberater der jeweiligen politischen Orientierung zugeordnet werden können oder durch ihre öffentlichen Auftritte ihre Zugehörigkeit zu ihr bekunden. Ohne an dieser Stelle konkrete Namen von Wissenschaftlern zu nennen, die sich etwa eindeutig zu Verfechtern der Rechten oder der Linken erklärt haben und deren wissenschaftliche Arbeit davon betroffen ist, sei an das in Polen bei der Verleihung von Doktorurkunden abgelegte lateinische Gelöbnis erinnert, in dem sich die Promovierten verpflichten, ihre Forschungen „nicht aus Profitgier und aus eitler Ehre", sondern zur „Entdeckung und Verbreitung von Wahrheit – des größten Schatzes der Menschheit"[63] – zu führen. Bei den politisch engagierten Wissenschaftlern kann mehrfach gestritten werden, ob sie in ihrer wissenschaftlichen Arbeit dem zitierten Doktorgelöbnis Rechnung tragen.

Die Auseinandersetzung mit dem politischen Ideengut der Rechten, speziell dem nationalistischen, wie es auf den ihr zuzurechnenden Webseiten präsentiert und promotet wird, setzt aber auch die nötige Distanz gegenüber dem Forschungsgegenstand voraus. Und das bedeutet, dass der Forscher sich mit den darauf verbreiteten Inhalten nicht identifizieren sollte. Seine Kritik darf auch nicht von Positionen der einen oder der anderen Ideologie oder Weltanschauung aus formuliert werden, obwohl es einem mitunter schwer fällt, sich mit manchen Inhalten emotionslos auseinanderzusetzen. Bei der Beschäftigung mit rechten Webseiten und überhaupt mit rechten Medien kommt man auch nicht umhin, sich mit ihrem Gegenpart, das heißt mit linken Webseiten und Medien zu beschäftigen, da beide mediale Konfliktparteien paradoxerweise aufeinander angewiesen sind: Die Rechten beziehen sich kritisch, wenn nicht gar aggressiv auf die auf linken Webseiten und in linken Medien verbreiteten Inhalte, und die Linken üben ihrerseits schonungslose Kritik an den Inhalten rechter Webseiten, Medien und deren Betreibern. Es findet zwischen ihnen ein regelrechter Kampf um Wörter statt, der im Grunde ein Kampf um die von beiden Seiten vertretenen Werte ist. Die einen wie die anderen glauben an die Richtigkeit ihrer Auffassungen, ja es ist sogar mehr als ihr Glaube: Es ist die Überzeugung davon, recht zu haben, die jedoch nicht selten in Rechthaberei umschlägt und auch in den öffentlichen Auseinandersetzungen der beiden Konfliktparteien zum Ausdruck kommt. Allerdings befinden sie sich in einer ungleichen Position: Während die linke Gesinnung im öffentlichen Diskurs in Deutschland dominiert und als besser denn die rechte und als legitim angesehen wird, befinden sich die Vertreter der rechten Medien und deren

---

63 Die an polnischen Universitäten in Latein ausgesprochene Doktorgelöbnisformel mit der zitierten Stelle lautet: *Spondebitis igitur: (...) studia vestra impigro labore culturos ac provecturos non sordidi lucri causa, nec ad vanam captandam gloriam, sed quo magis veritas propagetur et lux eius, qua salus humani generis continetur, clarius effulgea. (...)*

Konsumenten in diesem Land als die „Ewiggestrigen", „Fortschrittsfeindlichen", „Fremdenfeindlichen" usw. in der Minderheit. Die Letztere ist zudem seitens der Masse linksorientierter, vom Staat unterstützter oder gar getragener Medien und Institutionen (Stiftungen, Verbänden, Organisationen) sowie deren Benutzern und Nutznießern ständigen Attacken ausgesetzt und als rechts, rechtsradikal, faschistisch, nazistisch, neonazistisch, nationalistisch, rassistisch, antisemitisch, antiislamisch, LGBT-feindlich usw. verschrien.

1.3 Exkurs: Die „Flüchtlingskrise" in rechtsorientierten und „freien" Medien in Deutschland und in Polen

Vergleicht man die Einstellung der rechtsorientierten Medien zum Schlüsselthema „Flüchtlingskrise" in den deutschsprachigen Ländern und in Polen, so ergeben sich neben Gemeinsamkeiten oder Ähnlichkeiten auch fundamentale Unterschiede. Vergleichbar sind die große Zahl dieser Medien und das breite Spektrum ihrer Kritik an den heutigen politischen, rechtlichen, sozialen und ökonomischen Zuständen. Diese Zustände sind in Polen und in den deutschsprachigen Ländern grundverschieden: Während die 2015 initiierte Masseneinwanderung nach Deutschland bei Teilen der Bevölkerung zum Unmut, zur Unzufriedenheit mit der Einwanderungspolitik, zur Abneigung gegenüber den Einwanderern und zur Fremdenfeindlichkeit geführt hat (trotz des Schlagwortes „Willkommenskultur"), war Polen vor Ausbruch des russisch-ukrainischen Krieges im März 2022 und der Masseneinwanderung von Kriegsflüchtlingen Aufnahmeland überwiegend für Arbeitsmigranten aus der Ukraine und Belarus, auch aus Indien, Bangladesch und asiatischen Ländern wie China und Vietnam. Aber infolge zahlreicher Versuche von Migranten aus Krisenregionen (Syrien, Afghanistan, Iran, einigen afrikanischen Staaten u.a.), die polnisch-belarussische Grenze illegal zu passieren, wächst die Unterstützung für ein hartes Durchgreifen gegen solche Versuche selbst bei den Gegnern der rechtskonservativen Regierung in Polen[64]. Die Fremdenfeindlichkeit richtet sich nicht gegen reale, sondern vor allem gegen potentielle Einwanderer, und diese kommen überwiegend aus den islamischen Ländern. Die in Polen bereits vor dem russisch-ukrainischen Krieg lebenden Arbeitsmigranten aus der Ukraine, aus Belarus, Vietnam, Tschetschenien, neuerdings auch aus Nepal und anderen außereuropäischen Ländern werden mehr oder weniger wohlwollend geduldet, Fremdenfeindlichkeit gegenüber diesen Immigranten ist eher selten.

Beim Thema „Flüchtlingskrise" geht es weniger um Einstellungen gegenüber den in die EU einwandernden Menschen, die mit den Begriffen „Fremdenfeindlichkeit" und „Willkommenskultur" abgedeckt werden, als vielmehr um das Selbstbewusstsein

---

64 Vgl. https://www.laender-analysen.de/polen-analysen/286/meinungen-zur-lage-an-der-grenze-zu-belarus/, Zugriff am 26.9.2022.

der europäischen Nationen, um die nationale Identität, um die Einstellung zur eigenen Kultur, aber auch zur Abstammung, Sprache, Geschichte, Tradition, Religion, die von Vielen als zu pflegende Werte angesehen werden. Die Zugehörigkeit zu einem bestimmten Kulturraum mit den ihm eigentümlichen Werten erfüllt viele Menschen mit Stolz und Freude. Es gibt aber auch Menschen, die diese Gefühle nicht teilen und eine andere Welt, nämlich der kulturellen Vielfalt, kurz Multikulturalismus genannt, anstreben, in der sie leben wollen, ohne auf die von früheren Generationen überlieferten Werte zu achten oder sie zumindest beschränkt anzuerkennen. Für diese Menschen, die vorwiegend der Linken zugeordnet werden, sind die Zuwanderer eine Bereicherung der eigenen Kultur. Das sehen die rechtsorientierten Menschen anders. Für sie sind die Einwanderer sonderbare „Kulturbereicherer", wobei diese Bezeichnung in der linksgeprägten Sprache als zynisch abgelehnt wird und in den alternativen Medien ironisch gemeint ist[65].

Beide Einstellungen zum Eigenen und Fremden sind wohl in den meisten Nationen mit unterschiedlicher Intensität vertreten. In Deutschland scheint die Offenheit gegenüber dem Fremden und Anderen zu dominieren, jedenfalls propagieren die Mainstream-Medien eine solche Einstellung, was in der weiter oben zitierten Studie der Otto-Brenner-Stiftung bewiesen worden ist. Eine vergleichbare Einstellung lässt sich in Polen in den sog. freien Medien, d.h. den Fernsehanstalten der Discovery Group TVN feststellen, die nicht aus Rundfunkgebühren finanziert und nicht vom Staat bezuschusst werden.[66] In den Sendungen von TVN werden Migranten ähnlich wie in den deutschen Mainstream-Medien behandelt. Wohlwollende Berichte und Meinungsäußerungen über die illegalen Einwanderer aus Krisenregionen und nicht nur von dort gehören zum medialen Alltag der „freien" Medien in Polen. In den deutschen „freien" oder „alternativen" Medien dagegen dienen sie als Zündstoff für negative Einstellungen gegenüber den Migranten. Damit ist hier auch die Relativität des Begriffs „freie" Medien angesprochen worden.

---

65 https://glossar.neuemedienmacher.de/glossar/kulturbereicherer-2/, Zugriff am 13.2.2022. Damit ist hier ein sprachliches Problem angesprochen, das fester Bestandteil der Auseinandersetzung zwischen Rechten und Linken ist und in vorliegender Studie an mehreren Stellen thematisiert wird.
66 Seit etwa Mitte 2021 bezeichnen sich die privaten Medien in Polen als „frei", aber diese Bezeichnung steht für Medien, die nicht zu den öffentlich-rechtlichen Medien gehören. So hören z.B. die Zuschauer des Fernsehsenders TVN am Anfang der Sendung *Kropka nad i* („Der Punkt über dem I") von der Moderatorin Monika Olejnik die Formel „Ich begrüße Sie in den freien Medien". Die Bezeichnung „freie Medien" in Bezug auf die polnischen Medien ist nicht als Alternative zu den Mainstream-Medien, sondern als Distanzierung zu den Formen und Inhalten der Berichterstattung der staatlichen Medien zu verstehen.

2 Begrifflichkeiten zum Thema Rechte und Linke im Deutschen und im Polnischen

2.1 Die Bedeutung der Etiketten „rechts" und „links" und deren Gebrauch in beiden Sprachen

„Rechts" und „links" haben im Deutschen und Polnischen nur scheinbar die gleiche Bedeutung, wenn es um die mit diesen Adjektiven bzw. Adverbien verbundenen Konnotationen geht. Als Richtungs- und Lagebezeichnungen sind sie in beiden Sprachen bedeutungsgleich, z.B. im Straßenverkehr (nach links abbiegen bezeichnet die Richtung, in der man sich bewegt; an der Kreuzung gilt rechts vor links, eine bekannte Verkehrsregel in Ländern mit Rechtsverkehr), oder bei der Beschreibung der Lokalisation von Objekten (das Haus an der rechten Straßenseite). Ursprünglich war auch die mit Politik assoziierte Bezeichnung für linke und rechte Parteien mit deren Sitzen in Parlamenten verbunden, sie bezog sich also auf ihre Lage. In der französischen Abgeordnetenkammer saßen seit 1814 – vom Präsidenten aus gesehen – Vertreter des Erhalts der bestehenden politischen und gesellschaftlichen Verhältnisse auf der rechten und Anhänger der politischen und sozialen Veränderungen auf der linken Seite des Plenarsaals[67]. Das Rechts-links-Schema, wie es auf der Webseite der Bundeszentrale für Politische Bildung erläutert wird, zeigt aber, dass sich linke Gedankengänge auch in rechten Gruppierungen ausmachen lassen (z.B. im Linksliberalismus oder Linksfaschismus) oder auch umgekehrt – rechte Denkweisen in linken Gruppierungen präsent sind, z.B. im rechten Flügel der SPD.

Zum Verhältnis von links und rechts äußerte sich unter anderem Klaus Rainer Röhl (1928–2021), Gründer und langjähriger Herausgeber der linksorientierten Zeitschrift *konkret* und privat Ex-Ehemann der Linksterroristin Ulrike Meinhof. In seinem Buch *Linke Lebenslügen ...*[68] rechnet er mit der 68er-Bewegung ab, deren Mythos die heutige Einstellung vieler Deutschen zu prägen scheint. Auf der Webseite der „Glaubensgemeinschaft ODING Deutschland" findet sich unter einer Abbildung des besagten Buches ein mit der Frage „Rechts und links?" überschriebenes Gedicht, in dem die Unterschiede zwischen beiden politischen Positionen auf überspitzte Art und Weise dargelegt werden:

---

67 https://web.archive.org/web/20191105102839/https://www.bpb.de/nachschlagen/lexika/pocket-politik/16547/rechts-links-schema, Zugriff am 9.8.2023.
68 Klaus Rainer Röhl, *Linke Lebenslügen. Eine überfällige Abrechnung*, 1. Aufl. Ullstein Verlag Frankfurt a.M.–Berlin 1994, überarbeitete Aufl. mit dem veränderten Untertitel *Der lange Marsch durch die Illusionen*, Universitas Verlag München 2001.

Begrifflichkeiten zum Thema Rechte und Linke

Was will „rechts" und was will „links",
„links", insbesondere schlechterdings?
„Rechts" warnt vor Untergangsgefahren,
will das Bewährte gern bewahren.

„Rechts" will starken Ordnungsstaat,
will Schutz und Schirm für gute Saat.
Dem Edlen Hilf –, Elendem mitnichten,
dem Gesindel drohen, mit Gerichten.

Des Volkes Leben als den ersten Wert
erachten –, wie's Väter-Weisheit lehrt,
Mutter-Sprache, wie der Mütter Sitten
ehren und jene die dafür gestritten.

Und was will „links", wir wissen's gut,
wir hör'n der „Antifanten" heißere Wut,
ihr Brüllen, Stampfen, Parolen grölen,
wenn sie kriechen aus ihren Höhlen.

Nihilisten, Chaoten, das ist „Rot-Front",
Aufbauen haben sie nirgends gekonnt!
Autos abfackeln, Häuser beschmieren,
toben, plündern in Großstadtrevieren.

Bolschewiken, Proleten, Banausen-Mob,
bankrotte Penner, ohne Ehr' und Job,
in den Traditionen des Terrors der Roten,
mit Millionen geschlachteter Toten.

„Links" will klar die Volksverödung,
Meinungsgleichheit, „Links"-Verblödung.
Und wie die als Rassisten heucheln,
„links" will weiße Menschen meucheln.

„Links" will deutsche Selbstabschaffung,
hemmungslose Steuer-Raffung,
sie schielen auf das Geld der Reichen,
die Umverteilung zu erschleichen.

Mehr haben die „Linken" nie gekonnt,
sie wühlen an des Wahnsinns Front
der Gleichmacherei. Fragt man warum,
da bleiben Moral und Logik stumm.[69]

Der Verfasser obiger Zeilen operiert mit gängigen Stereotypen der Linken und Rechten, wobei er den Linken alles Böse und den Rechten alles Gute bescheinigt. Den beiden Seiten der politischen Szene schreibt er bestimmte Eigenschaften zu. Bei den Rechten sind es: das Festhalten am Bewährten, und das heißt zugleich Skepsis gegenüber Neuerungen; der Ruf nach einem starken Staat, der für Ruhe und Ordnung sorgt; Vaterlandsliebe; Pflege der eigenen Sprache und Sitten. Den Linken widmet Röhl in seinem Gedicht gleich mehrere Strophen: Sie sind in „antifaschistischen" Organisationen vereint, die sich dem „Kampf gegen Rechts" verschrieben haben; sie randalieren, verbrennen Autos, beschmieren Wände und plündern; sie stehen in den Traditionen des kommunistischen Terrors; sie sind gegen die Vielfalt der Meinungen und für Gleichmacherei, ungeachtet der natürlichen Unterschiede zwischen Menschen; ihr Ziel ist die Abschaffung Deutschlands; im Bereich der Sozialpolitik streben sie die Enteignung der Besitzenden und die in der sozialistischen und kommunistischen Doktrin festgeschriebene Vermögensumverteilung an. All diese Charaktereigenschaften, Aktivitäten und Absichten der Linken sind nach Röhl unmoralisch und widersprechen der Logik.

Die Verbitterung des Autors über die Linke hat persönliche Ursachen. Ein namentlich nicht genannter Rezensent der linken Monatsschrift *UTOPIE kreativ* schrieb dazu Folgendes: „Es gibt unbestritten viele linke Lebenslügen. Das ist aber kein Grund, bei rechten Lebenslügen Zuflucht zu nehmen."[70] Dem Rezensenten von Röhls Buch kann sicherlich zugestimmt werden. Es sollte aber jedem überlassen bleiben, welcher politischen Orientierung er näherstehen will. Versuche, ihn der Linken oder der Rechten von oben zu verpflichten, hat es in der Geschichte vielerorts schon gegeben – mit zweifelhaftem Erfolg bei den Betroffenen wie auch bei denjenigen, die solche Anstrengungen unternehmen.

2.1.1 Konnotationen mit „links" und „Linken"

Betrachten wir zunächst einige Wendungen mit „links" und deren Bedeutungen. „Etwas mit links machen" bedeutet im Deutschen umgangssprachlich etwas mit Leichtigkeit bewältigen, also etwas Positives. Die umgangssprachliche Wendung „links sein" ist eine neutrale Bezeichnung für Linkshänder.

---

69 https://www.oding.org/index.php/poesie-2/gereimte-ruege/2608-rechts-und-links, Zugriff am 2.2.2021. Das Gedicht ist 2023 nur noch mit der *Wayback Machine* unter https://web.archive.org/web/20210127094830/https://www.oding.org/index.php/poesie-2/gereimte-ruege/2608-rechts-und-links abrufbar.
70 https://www.linksnet.de/rezension/18048, Zugriff am 26.4.2020.

„Jemanden auf links drehen" bedeutet im Umgangsdeutschen jemanden gründlich prüfen, ausfragen u.ä. Als Synonyme für „links" gelten Bezeichnungen wie kommunistisch, sozialistisch, linksgerichtet, linksorientiert und linkslastig (im Politikjargon eine abwertende Etikette[71] ebenso wie rot – siehe weiter unten)[72]. Die lexikalische Bedeutung des Adverbs „links" im Deutschen ist im Grunde genommen neutral. Auch Zusammensetzungen mit diesem Wort haben in dieser Sprache nur selten eine negative Färbung, vielmehr umschreiben sie die Sachverhalte so, wie sie sind. So bezeichnet z.B. der Begriff „Linksextremist" einen Vertreter des Linksextremismus; mit „Linksfaschismus" ist ein linksorientierter Faschismus gemeint; ein „Linksintellektueller" ist ein auf linken ideologischen Positionen stehender Intellektueller; der „Linkskatholizismus" ist eine Variante des Katholizismus usw.

Im Polnischen haben die Adjektive *lewy* und *lewicowy* (beide bedeuten „links" und gehören im Deutschen in die Wortgruppe der Adverbien) meistens eine negative Färbung. *Lewy* heißt *niezgodny z prawem* (rechtswidrig), *nielegalny* (illegal), *fałszywy* (falsch, gefälscht); *wyglądający podejrzanie* (jemand oder etwas, was verdächtig aussieht), *nienadający się do czegoś z powodu braku jakichś umiejętności* (jemand, der sich wegen fehlenden Könnens zu etwas nicht eignet). *Lewy* („links", auf Politik bezogen) heißt *mający radykalne poglądy* (jemand mit radikalen Anschauungen); *lewicowy* (linksorientiert) steht in gleicher Bedeutung wie im Deutschen. *Lewak* bezeichnet einen Menschen mit linksextremen Anschauungen, dazu gehört auch das Adjektiv *lewacki*. *Lewus* ist eine abschätzige Bezeichnung für jemanden, der verdächtig aussieht und auf Abneigung stößt. *Lewizna* bedeutet eine illegale Einnahmequelle, Schwarzarbeit u.ä.[73]

Vergleicht man die lexikalische Bedeutung der obigen deutschen und polnischen Adjektive bzw. Adverbien, so ergeben sich daraus überwiegend neutrale Anwendungen im Deutschen und meistens negative im Polnischen. Diskreditierende Bezeichnungen für Menschen mit linker Gesinnung gab es im Polnischen paradoxerweise bereits in der Volksrepublik Polen: Die heute verächtlichen Ausdrücke *lewak* (Linksradikaler, Linksextremist) und das dazugehörende Adjektiv *lewacki*, auf die Gegner der konservativen und nationalen Gruppierungen bezogen, wurden in der Volksrepublik ... für radikale Linke im Westen, z.B. in der Bundesrepublik, verwendet. Analogien zwischen den Linken in der Bundesrepublik und im heutigen Polen sind fehl am Platze, weil die

---

71 https://www.duden.de/rechtschreibung/linkslastig, Zugriff am 9.8.2023.
72 Mit „links" darf das aus der Gaunersprache stammende Adjektiv „link" in der Bedeutung „falsch", „verkehrt", „nicht vertrauenswürdig" nicht verwechselt werden, obwohl es in manchen Redensarten mit „links" verwandt zu sein scheint, etwa in den Wendungen „ein linker Hund" oder „eine linke Ratte" als Bezeichnungen für einen Betrüger, Lügner, auch für einen hinterhältigen Menschen.
73 Jedes der oben angeführten Wörter ist unter https://sjp.pl abrufbar.

als Linke beschimpften Gegner der Rechten und Nationalisten oder der rechten Nationalisten in Polen mit den Gegnern der einstigen Bundesrepublik, vor allem nach 1968, nichts zu tun haben: Den polnischen Linken von heute fehlt die Radikalität der bundesdeutschen Linksradikalen, sie sind auch nicht in der Lage, bedeutende Teile der Öffentlichkeit für sich zu gewinnen, da ihre Ideologie verschwommen und ihre Wirksamkeit sehr eingeschränkt ist. Sie sind auch mit der einstigen Demokratischen Linksallianz (SLD), die als politische Partei der Postkommunisten angesehen wurde und von 2001 bis 2005 in Polen regierte, nicht zu vergleichen, denn diese Partei ist seit 2005 in der Opposition und bis heute nicht imstande, das politische Geschehen im Lande zu beeinflussen. Die polnischen Linken sind zersplittert und nicht in der Lage, durch ein überzeugendes Programm Anhänger für ihre Ideen zu gewinnen. Nichtsdestotrotz werden die Linken in Polen bei Massenkundgebungen der rechten Nationalisten verbal angegriffen. Vielerorts hört man immer wieder aggressive Losungen gegen die Linke, z.B. *raz sierpem, raz młotem czerwoną hołotę* („einmal mit der Sichel und einmal mit dem Hammer gegen das rote Pack"), es ist von der „roten Seuche" (*czerwona zaraza*) die Rede, bei nationalistischen Aufmärschen werden Lieder gesungen, in denen den „Kommunisten", und damit sind die Linken gemeint, mit dem Tode gedroht wird.[74]

2.1.2 Konnotationen mit „rechts" und „Rechten"

Rechts, die Rechte, das Recht, rechtschaffen und andere mit dem Wortstamm „recht" verbundene Subjektive, Adjektive und Adverbien haben in beiden Sprachen ähnliche Bedeutung, obwohl die Einstellung zur Rechten als politischer Orientierung in Deutschland und in Polen ziemlich verschieden ist. Das *Deutsche Universalwörterbuch* (Duden) definiert die Rechte als „Gesamtheit der Parteien, politischen Gruppierungen, Strömungen [stark] konservativer Prägung,

---

74 In dem Lied *Zamiast liści* („Statt Blättern") des rechten Rockers *Prawe Skrzydło* (deutsch: „Rechter Flügel") heißt es in den Schlusszeilen: *na drzewach zamiast liści będą wisieć komuniści* („an den Bäumen werden statt Blättern Kommunisten hängen"). Der anonyme Rocker wird auf der Webseite der Rechten *prawicowyinternet.pl* als „fortschrittsfeindliches, radikal-konservatives, durch Elektronik unterstütztes und als Hard-Rock-stilisiertes ‚Einmannprojekt' mit lebendigem Klang" charakterisiert. Seine Texte seien sehr scharf und kritisieren mit Entschlossenheit Homosexuelle und die Linke. https://prawicowyinternet.pl/prawe-skrzydlo/, Zugriff am 9.8.2023. Es gibt in Polen etliche rechtsradikale Musikgruppen, die in Portalen der Rechten umworben werden und in einer separaten Ausarbeitung untersucht werden könnten. Eine Auswahl dieser Gruppen bietet die Webseite https://www.last.fm/pl/music/Prawe+Skrzydło/+similar, Zugriff am 9.8.2023.

die dem Kommunismus u. Sozialismus ablehnend gegenüberstehen"[75]. Die Rechte scheint vielen Deutschen suspekt zu sein, und deshalb bekennen sich die Rechten zu ihrer Gesinnung meistens unter ihresgleichen. Viel offener zeigt man sich als Anhänger des Konservatismus und des konservativen Gedankenguts, und wenn schon von der Rechten gesprochen wird, dann ist damit zumeist die rechtsradikale Szene gemeint: Neonazis, Republikaner, Identitäre u.a. Dieser Gebrauch der Bezeichnungen „Rechte" im Deutschen für Gegner der Linken und deren politische Aktivitäten mag mit der unrühmlichen Vergangenheit der Deutschen zusammenhängen, die sie in der Nachkriegszeit allem Anschein nach wirksam bewältigt haben, von Spannungen zwischen den einzelnen politischen und gesellschaftlichen Gruppierungen in Vergangenheit und Gegenwart einmal abgesehen. An dieser Stelle sei noch einmal Generalleutnant a.D. Hans-Heinrich Dieter zitiert, der sich in einem Beitrag mit dem vielsagenden Titel *Konservatismus gleich rechts? Verwahrlosung unserer demokratischen Werte* zur besagten Frage wie folgt geäußert hat:

> „‚Konservativ' wird vom links/rot/grünen Mainstream in linker Alt-68er-Tradition als Schimpfwort für heimat- und kulturorientierte, patriotisch eingestellte, islamkritische, an einem sicheren Leben in Freiheit interessierte deutsche Staatsbürger genutzt, die Recht und Gesetz bewahrt aber auch durchgesetzt wissen wollen. Und von linken Politikern und mehrheitlich links/rot/grün orientierten Journalisten werden solche ‚ewig gestrigen' Bürger als rechts oder sogar rechtsradikal eingestuft, weil man unterstellt, dass konservative Bürger zu wenig weltoffen sind und Multikulti ablehnen und weil man patriotisch mit nationalistisch verwechselt und islamkritisch mit rassistisch."[76]

Und noch ein Zitat des bereits weiter oben genannten Hans-Helmuth Knütters, der die Linken mit dem Extremismus identifiziert und über sie wie folgt urteilt:

> „Es ist den Extremisten, besonders den Linken gelungen, die angeblich abwehrbereite Demokratie als nur beschränkt abwehrbereit bloßzustellen. Der Linksextremismus wurde salonfähig, insbesondere in Medien und Bildungsinstitutionen. Die ‚Rechten' hingegen wurden diffamiert und die Diskussion über ihre Ansichten tabuisiert. Diese Polarisierung hat sich zugespitzt, die traditionelle deutsche Neigung, Politik als Weltanschauungskampf zu betreiben, und den Gegner nicht als Konkurrenten, sondern als Vertreter des absoluten Bösen hinzustellen, hat zugenommen. (...) Die dauernde, immer wiederholte Schlagwortpropaganda bewirkt,

---

75 *Duden. Deutsches Universalwörterbuch*, 7. überarb. u. erw. Aufl., Berlin–Mannheim–Zürich 2011, S. 1421.
76 http://tertium-datur.com/konservativ-gleich-rechts-verwahrlosung-unserer-demokratischen-werte/, Zugriff am 31.3.2020. Jetzt abrufbar unter https://web.archive.org/web/20200927161550/http://tertium-datur.com/konservativ-gleich-rechts-verwahrlosung-unserer-demokratischen-werte/, Zugriff am 9.8.2023.

dass allein die Erwähnung bestimmter Reizworte wie ‚Faschismus', ‚Rechts', ‚Nationalismus', ‚Ausländerfeindlichkeit' negative Assoziationen reflexiv (also unterbewusst) hervorruft und zu einem propagandakonformen Verhalten veranlasst."[77]

Mit dem Adjektiv „recht" werden im Deutschen paradoxerweise – angesichts der oben skizzierten Abneigung gegen die Rechte – positive Eigenschaften von Personen und Sachverhalten umschrieben: „1. a) richtig, geeignet, passend (…); b) richtig: dem Gemeinten, Gesuchten, Erforderlichen entsprechend (…); c) dem Gefühl für Recht, für das Anständige, das Angebrachte entsprechend (…); d) jmds. Wunsch, Bedürfnis od. Einverständnis entsprechend (…); 2.a) so, wie es sein soll; richtig, wirklich, echt (…)."[78] Das Adverb „rechts" verbindet sich im Deutschen mit viel mehr Wörtern als das Adverb „links". Neben der Bezeichnung für die Richtung oder Position eines Objekts im Verhältnis zu seiner Umgebung finden sich im *Duden* auch die politischen Gegenteile der Linken bzw. des Linksseins, also Rechtsextremismus, Rechtskonservatismus, Rechtsradikalismus, Rechtspopulismus u.a. Das Adverb „rechts" im politischen Sinne wird im *Duden* als „zur Rechten gehörend" umschrieben. „Rechts" und „recht" sind mit „rechnen" verwandt. „Rechnen" bedeutete ursprünglich „in Ordnung bringen, ordnen", bezeichnete also positive Aktivitäten. Schließlich sei noch auf das Substantiv „Recht" hingewiesen, das ebenfalls ein Positivum ist und im *Deutschen Universalwörterbuch* in drei Bedeutungen steht: „1. a) (…) Gesamtheit der staatlich festgelegten bzw. anerkannten Normen des menschlichen, bes. gesellschaftlichen Verhaltens; Gesamtheit der Gesetze u. gesetzähnlichen Normen; Rechtsordnung (…); 2. berechtigter zuerkannter Anspruch; Berechtigung od. Befugnis (…); 3. Berechtigung, wie sie das Recht(sempfinden) zuerkennt. (…)"[79] Alle diese Erläuterungen des mit dem Wortstamm „recht" zusammenhängenden Begriffes korrespondieren mit dem, was der weiter oben zitierte Hans-Helmuth Knütter über seine linke Umkehrung gesagt hat. Der *Duden* scheint die Denkweise dieses Autors zu bestätigen.

Das „Universalwörterbuch der polnischen Sprache" erläutert die deutsche Entsprechung der Rechten, *prawica*, als „politische Gruppierung, Partei mit rechtsorientiertem, konservativem Programm, die sich auf solche Werte wie Volksgemeinschaft, Familie und Privateigentum stützen"[80]. Von diesem Substantiv abgeleitete Wörter sind *prawicowiec* (der Rechte), der als „Mensch mit konservativen

---

[77] Hans-Helmuth Knütter, *Deutschland als Feindstaat. Deutschfeindlichkeit gestern und heute*, Hamburg 2020, Hrsg.: Die deutschen Konservativen e.V., Sonderausgabe des Deutschland-Magazin, S. 30 f.
[78] *Duden. Deutsches Universalwörterbuch*, 7. überarb. u. erw. Aufl., Berlin–Mannheim–Zürich 2011, S. 1421.
[79] Ebd.
[80] *Uniwersalny słownik języka polskiego*, Bd. 3, Warszawa 2003, S. 537 f.

Anschauungen; Mitglied oder Anhänger der Rechten"[81] definiert wird, das Adverb *prawicowo* (rechts) und das Adjektiv *prawicowy* (rechts), das Substantiv *prawicowość* (rechte Eigenschaften besitzend, z.B. in Bezug auf eine Organisation oder ein Programm). Im Vokabular der Linken funktioniert seit unlängst die Bezeichnung *prawak* als Gegenstück zu dem von den polnischen Rechten benutzten Etikett oder gar Schimpfwort *lewak* (der Linke). Das Adjektiv *prawy* hat sehr verschiedene Bedeutungen und steht einerseits für Charaktereigenschaften: rechtschaffen, recht, ehrlich, brav, edel, andererseits für juristisch relevante Zustände, also für legal, rechtmäßig, gesetzmäßig, legitim, ehelich usw., es ist auch ein Synonym für konservativ. Zusammensetzungen mit dem Wortstamm *prawy* bedeuten auch immer etwas Positives, zum Beispiel: *prawomocnie* steht für rechtskräftig; *prawomyślny* für gesetzestreu; *praworządność* heißt auf Deutsch Gesetzlichkeit, Rechtsstaatlichkeit; *prawowierność* – Rechtsgläubigkeit; *prawowitość* – Rechtmäßigkeit, Legitimität.

2.2 „Schwarz" und „Rot" als farbliche Etikettierungen der Rechten und Linken

Man spricht im Deutschen von politischen Farben, die eine bestimmte politische Orientierung kennzeichnen oder deren Erkennungszeichen sind. So wie für die Linken die Farbe Rot, so ist für die Rechten Schwarz das eigentliche politische Etikett im Deutschen. Die Bezeichnung Schwarzer wird aber gern von deutschen Konservativen selber benutzt, in erster Linie von engagierten Angehörigen der katholischen Kirche[82], aber auch von deren religiösen Gegnern. Schwarz ist im

---

81 Ebd., S. 538.
82 Als ich 1984 in Österreich zu einem Forschungsstipendium an der Universität Innsbruck Fachgespräche mit dortigen Wissenschaftlern führte, begegnete ich unter ihnen dem Privatgelehrten Erik Ritter von Kühnelt-Leddihn (1909–1999), der auf seinen katholisch geprägten Konservatismus sehr stolz war und von sich und seinesgleichen hin und wieder als den „Schwarzen" sprach. Der auch in Polen unter Rechtsintellektuellen bekannte Autor Kühnelt-Leddihn, der mehrere Fremdsprachen konnte, verwies in einem Gespräch mit mir darauf, dass in den slawischen Sprachen „rechts" meistens etwas Gutes und „links" meistens etwas Böses oder Falsches bedeutet. Dieser Gedanke findet sich auch in dem englischen Spruch Kühnelt-Leddihns, *right is right and left is wrong!* In der Nummer 24 der Zeitschrift „Criticón" formulierte der österreichische Denker seine Auffassung von „Rechts" und „Links" folgendermaßen: „Rechts steht für Persönlichkeit, Vertikalität, Transzendenz, Freiheit, Subsidiarität und Vielfalt, links steht für Kollektivismus, Horizontalismus, Materialismus, Gleichheit-Nämlichkeit, Zentralismus und Einfalt (in beiden Sinnen des Wortes)." Er selber sprach von sich als einem „katholischen rechtsradikalen Liberalen". Siehe Georg Alois Oblinger, *Ein „katholischer, rechtsradikaler Liberaler". Zum 100. Geburtstag von Erik von Kuehnelt-Leddihn*, in: „Sezession", 1.6.2009, https://

Deutschen auch ein Synonym für konservativ, christdemokratisch. In vorliegender Studie geht es um die Rechten und die Linken, also einerseits um die Konservativen, die vom Katholizismus der CDU/CSU-Mitglieder und der Österreichischen Volkspartei geprägt sind, und andererseits um die politische Farbe der Arbeiterbewegung unterschiedlicher Couleurs – *Nomen est omen*: der Sozialdemokraten, Kommunisten, aber auch der Nazis (mit dem auf die roten Fahnen aufgesetzten Hakenkreuz). Laut *Wikipedia* wird die Farbe Schwarz außerhalb des deutschen Sprachraums eher selten politisch verwendet[83].

Im Polnischen bezeichnet man, vor allem in antiklerikalen Kreisen, mit dem Nomen *czarni* (die Schwarzen) die Geistlichen der katholischen Kirche[84]. Der (linke) Antiklerikalismus ist denn auch eine Zielscheibe der Rechten in Polen, nicht zuletzt auch auf deren Webseiten, obwohl es unter ihnen auch Vertreter der neuheidnischen Bewegungen gibt, die auf ihren Webseiten der römisch-katholischen Kirche abhold sind und dem Neuheidentum statt dem Christentum anhängen – ein Umstand, der das Stereotyp der Rechten als praktizierenden Christen in Frage stellt. Die Verbindung von neuheidnischen Einstellungen mit dem Nationalismus auf verschiedenen Webseiten von Organisationen und Bloggern stellt den Katholizismus als die eigentliche Religion der polnischen Nation gewissermaßen in Frage.

2.3 Zum Sprachgebrauch in den rechtsorientierten deutschen Medien

Zum Abschluss der obigen linguistischen Betrachtungen sei noch auf die Sprache in den rechtsorientierten Medien hingewiesen. In diesem Bereich unterscheiden sie sich von den Mainstream-Medien grundsätzlich. Wie schon vermerkt, spielt in den alternativen Medien die politische Korrektheit so gut wie keine Rolle, wobei auch Unterschiede zwischen den einzelnen Portalen der Rechten festgestellt werden können: Manche benutzen relativ neutral klingende Bezeichnungen für Personen, Gruppen und Vorgänge, über die sie schreiben, andere scheuen sich nicht, auch verletzende Ausdrücke zu benutzen. Der Sprachgebrauch spiegelt auch das Spannungsverhältnis zwischen Rechten und Linken wider, d.h. beide einander befehdende Parteien des Konflikts versuchen, durch ihre Wortwahl und Rhetorik die Einstellung des Gegners zum jeweiligen Phänomen in schlechtem Licht erscheinen zu lassen.

---

sezession.de/wp-content/uploads/2009/06/Oblinger_Ein-katholischer-rechtsradikaler...pdf, Zugriff am 8.3.2023.
83 https://de.wikipedia.org/wiki/Politische_Farbe, Zugriff am 1.3.2023.
84 Im September 2019 erschien unter diesem Titel ein Buch von Paweł Reszka, in dessen Untertitel die sieben Sünden der polnischen Geistlichkeit aufgelistet werden: Hochmut, Habgier, Unkeuschheit, Neid, Völlerei, Zorn, Faulheit.

So heißen in den rechten Medien z.B. die Migranten „Flüchtilanten"[85], „Deluxe-Flüchtlinge mit zugesteckter Bankkarte für den Geldautomaten und geilem Smartphone"[86], „sogenannte Flüchtlinge und Asylbetrüger"[87] oder „Schein-Flüchtlinge und Schein-Asylanten"[88], „bevorzugte Klientel dieses bekloppt gewordenen Staates"[89], „exotische Handaufhalter"[90], „Krimigranten"[91] oder „Krimilinge", „Schutzsuchende in Anführungszeichen", „Invasoren und Nachzugsinvasoren"[92] (Einwanderer und deren Familienmitglieder, die nachziehen), „Merkels Gäste"[93] oder Merkels „Gäste", „art- und kulturfremde Siedler", „Asylforderer", „Herniederkunft des arabisch-afrikanischen Heilands", „Wüstensöhne (orientalische und arabische)".

Die Einwanderung nach Deutschland heißt „todbringende Messermigration", und die bereits in Deutschland lebenden Eingewanderten werden in den rechten Medien „Mihigrus" (eine Abkürzung für Menschen mit Migrationshintergrund) bezeichnet.

---

85 Es ist ein vom Schriftsteller Akif Pirinçci geprägtes Kofferwort, bestehend aus Flüchtling und Asylant. https://de.wikimannia.org/Flüchtilant, Zugriff am 9.8.2023.
86 https://der-kleine-akif.de/2018/12/01/professor-seltsam/, Zugriff am 9.8.2023.
87 https://www.deutschland-kurier.org/neuer-trick-asylbewerber-werden-kriminell-um-der-abschiebung-zu-entgehendie-deutsche-justiz-macht-sich-nur-noch-zum-narren/, Zugriff am 9.11.2019, jetzt abrufbar unter https://web.archive.org/web/20190914173226/https://www.deutschland-kurier.org/neuer-trick-asylbewerber-werden-kriminell-um-der-abschiebung-zu-entgehendie-deutsche-justiz-macht-sich-nur-noch-zum-narren/, Zugriff am 9.8.2023.
88 http://schweizblog.ch/tag/schein-asylanten/, Zugriff am 9.8.2023. Im *Deutschland-Kurier* findet sich folgende Stelle: „… die Grünen trommeln munter für die Aufnahme weiterer illegaler Migranten, die sie penetrant als ‚Flüchtlinge' beschönigen." https://www.deutschland-kurier.org/klartext-des-chefredakteurs-corona-bei-habeck-verdoppelt-sich-alle-zwei-tage-der-schwachsinn/, erster Zugriff am 19.4.2020, jetzt abrufbar unter https://web.archive.org/web/20200412003309/https://www.deutschland-kurier.org/klartext-des-chefredakteurs-corona-bei-habeck-verdoppelt-sich-alle-zwei-tage-der-schwachsinn/, Zugriff am 9.8.2023.
89 Eine Formulierung von Akif Pirinçci auf seinem Blog, https://der-kleine-akif.de/2018/12/01/professor-seltsam/, Zugriff am 9.8.2023.
90 Ebd.
91 https://blog.halle-leaks.de/tag/krimigranten/, erster Zugriff am 9.11.2019, jetzt abrufbar unter https://web.archive.org/web/20210513063415/https://blog.halle-leaks.de/tag/krimigranten/, Zugriff am 9.8.2023.
92 http://www.pi-news.net/2016/01/tv-tipp-haf-wie-viel-zeit-bleibt-merkel-noch/, Zugriff am 9.8.2023.
93 Die Bezeichnung „Merkels Gäste" taucht auf verschiedenen Webseiten auf, unter anderem als Titel eines Beitrags vom 18.7.2017 auf dem Blog von Vera Lengsfeld unter https://vera-lengsfeld.de/2017/07/18/merkels-gaeste/, Zugriff am 9.8.2023.

Diejenigen, die die Einwanderung befürworten oder unterstützen, heißen im Vokabular der Rechten „Vielfalts-Deppen"[94], „Willkommensirren"[95], „Asyllobby"[96], „Gutmenschen"[97], „Überfremdungsfanatiker"[98], „Deutschlandhasser"[99], „Deutschland- und Europaabschaffer"[100]. Deutsche, die der Einwanderung gegenüber freundlich eingestellt sind, heißen „diejenigen, die von ihrem Besitz abgeben, um islamistische Verbrecher zu alimentieren", „Hochverräter-Parteien CDU, CSU, SPD, FDP, Grüne und LINKE"[101]. Die Befürworter der Einwanderung benutzen „das grün-links versiffte Märchen-Alphabet der Willkommensirren"[102] und werden als „Gralshüter der Political correctness"[103] stigmatisiert.

Die Bundesrepublik selbst hat im Migrationskontext der alternativen Medien unter anderem folgende Bezeichnungen: „Keine-Arbeit-trotzdem-Geld-Paradies"[104], „deutsches Schlaraffenland für Wanderlustige mit eigenem Taxi-Dienst zum Arzt"[105], „(kein) Einwanderungsland"[106], „Kalifat Germanistan"[107], „BRD-

---

94 https://der-kleine-akif.de/2018/12/01/professor-seltsam/, Zugriff am 9.8.2023.
95 https://nixgut.wordpress.com/2018/12/05/akif-pirinci-professor-seltsam-investitionen-in-flchtlinge-haben-sich-immer-gelohnt/, Zugriff am 9.8.2023.
96 https://afdkompakt.de/tag/asyllobby/, Zugriff am 9.8.2023.
97 Das Wort wird in der rechten Szene häufig gebraucht. Vgl. z.B. https://www.bento.de/politik/afd-sprache-wo-das-wort-gutmensch-herkommt-afd-woerterbuch-a-00000000-0003-0001-0000-000002559971, Zugriff am 9.8.2023.
98 https://www.pinterest.de/pin/714805772084495195/, Zugriff am 9.8.2023.
99 https://volksbetrugpunktnet.wordpress.com/tag/deutschlandhasser/, Zugriff am 9.8.2023.
100 https://huetestrubbel.wordpress.com/2016/07/26/der-terror-entsetzt-aber-die-eliten-sind-das-hauptproblem/, Zugriff am 9.8.2023.
101 https://michael-mannheimer.net/2018/01/31/irrenhaus-deutschland-30-000-euro-monatlich-fuer-syrische-grossfamilie/, Zugriff am 9.8.2023.
102 Ebd.
103 Vgl. den Beitrag von Philipp Löpfe, *An die Gralshüter der politischen Korrektheit: Ihr überlasst Hasspredigern das Terrain! Ein offener Brief*, abrufbar unter https://www.watson.ch/gesellschaft%20&%20politik/social%20media/955425424-zu-viel-politische-korrektheit-macht-platz-fuer-hassprediger, Zugriff am 9.8.2023.
104 http://www.pi-news.net/2018/12/01/?print=print-search, Zugriff am 9.8.2023.
105 https://der-kleine-akif.de/2018/12/01/professor-seltsam/, Zugriff am 9.8.2023.
106 Die Diskussion darüber, ob Deutschland ein Einwanderungsland ist oder auch nicht, datiert seit einigen Jahrzehnten und hat durch die Migrationskrise des Jahres 2015 neuen Anstoß erhalten. Vgl. unter anderem http://www.tabuthemen.com/einwanderung/einwanderungsland.html, Zugriff am 9.8.2023.
107 http://rudolfvongams.com/?page_id=404, erster Zugriff am 9.11.2019, jetzt abrufbar unter https://web.archive.org/web/20190419140647/http://rudolfvongams.com/?page_id=404, Zugriff am 9.8.2023.

GmbH"[108], „Klapsmühle Deutschland"[109] oder „Irrenhaus Deutschland", „Deutschland – eine Gesinnungsdiktatur"[110], „Mama-Merkel-Rundum-Versorgungssystem"[111], „Merkel-Paradies", wo man als unerlaubt eingereister Zuwanderer den roten Teppich ausgerollt bekommt[112], „Merkels bunte Republik", „Merkels Schmelztiegelland"[113], „Merkelstan"[114]. „Deutsch-Absurdistan" oder „Absurdistan"[115], „Dtschland – wir salaffen das!"[116], „Dschörmoney", „Germoney", „Dunkeldeutschland". Ferner finden sich Ausdrücke, die Vorgänge im Zuge der Einwanderung bezeichnen wie „Zusammenwachsen von Deutschen und Islamartigen"[117], „permanente Völkerwanderei"[118] und „Umvolkung", ein in der Nazizeit verwendeter Begriff[119].

---

108 https://www.freiheit-fuer-deutschland.de/unfreiheiten-zwangsmitgliedschaften/brd-gmbh/, Zugriff am 9.11.2019.
109 https://www.lebeninfreiheit.info/klapsmuehle-deutschland-nichts-wie-weg/, Zugriff am 9.11.2019. Die Seite ist selbst mit der Wayback Machine nicht mehr abrufbar.
110 https://www.die-tagespost.de/gesellschaft/feuilleton/Vera-Lengsfeld-Deutschland-wird-zur-Gesinnungsdiktatur;art310,188306, Zugriff am 9.8.2023.
111 http://www.pi-news.net/2019/03/schweizer-kaese-abschiebezentrum-300-meter-neben-deutscher-grenze/?print=pdf, Zugriff am 9.8.2023.
112 https://www.anonymousnews.ru/2020/03/03/griechen-liquidieren-asylforderer/, Zugriff am 9.8.2023.
113 https://katholisches.info/2020/10/02/thor-kunkel-woerterbuch-der-luegenpresse/, Zugriff am 9.8.2023.
114 „... aus ‚Merkel' und dem persischen Wort ‚-stan' (soviel wie ‚Land' oder ‚Welt'), womit fälschlicherweise ein verantwortungsloser ‚Völkermord' am eigenen Volke durch unkontrollierte/unmitigierte Zuwanderung aus muslim. Ländern suggeriert werden soll", https://www.mundmische.de/bedeutung/42623-Merkelstan, Zugriff am 16.9.2021.
115 https://www.landtag.ltsh.de/presseticker/2019-11-18-12-29-19-256f/?tVon=&tBis=&paramSeite=50/, Zugriff am 9.8.2023.
116 Die Betreiber der Webseite *mundmische.de* erläutern diesen Ausdruck als „Verballhornung von Merkels bonmot angesichts der ungeregelten Einwanderung. Aus ‚schaffen' und ‚Salafisten' – jenen ultrakonservativen polit. und militärischen Islamiten, die seit 2011 versuchen, 25 Millionen Saudi-gesponserte Koran-Uebersetzungen an dt. Haushalte abzugeben." https://www.mundmische.de/synonyme/Merkel/3, Zugriff am 30.10.2022. Schreibung unverändert beibehalten – Anm. d. Verf.
117 https://der-kleine-akif.de/2018/12/01/professor-seltsam/, Zugriff am 9.8.2023.
118 Ebd.
119 Vgl. unter anderem https://www.wienerzeitung.at/meinung/glossen/2019787-Das-Wort-Umvolkung-hat-urspruenglich-etwas-anderes-bedeutet.html, Zugriff am 9.11.2019.

Auch Bezeichnungen für deutschen Mainstream und seine Sprache im Zusammenhang mit der massenweisen Einwanderung und mit der damit einhergehenden „Entdeutschung" Deutschlands spiegeln die Denkart rechtsorientierter Medien wider. Sie verstehen sich als von der staatlichen Bevormundung und Kontrolle freie Presse, die sich von den Mainstream-Medien deutlich unterscheidet. Die zuletzt Genannten heißen darin „Aufpasserpresse", „das deutsche Medien-Establishment", „der ‚Entdeutschung' Deutschlands verpflichtete Medien", „Anstalten für betreutes Denken"[120] „der politisch-mediale Komplex", „gleichgeschaltete Lücken-/Lügenpresse[121], Lei(d)presse", „Leitmedien", „Mainstream-Müllpropagandamedien"[122], „Mainstreampropaganda", „Meinungskartell", „polit-mediales Kartell", Qualitätsmedien in Anführungszeichen, die dem „Denk- und Schreibdiktat der Political Correctness"[123] untergeordnet sind und einen „Einheitsbrei" verbreiten. Der Mainstream sei „eine Einbahnstraße von Gesinnungsterror und Meinungsdiktatur"[124].

Besondere Bezeichnungen finden für das öffentlich-rechtliche[125] Fernsehen Anwendung, es heißt „öffentlich-rechtliches Zwangsgebührenfernsehen", „Zwangsgebührensender", „zwangsfinanziertes Fernsehen", „Zwangsfernsehen", „Wählertäuschungsanstalten". Die in den Mainstream-Medien arbeitenden Journalisten werden mit entsprechenden Bezeichnungen etikettiert: als „Alpha-Journalisten", „Lumpen- und Schmierenjournalisten", „Gesinnungsaufseher", „gesinnungsethische

---

120 https://www.mundmische.de/bedeutung/45905-Anstalt_fuer_betreutes_Denken, Zugriff am 30.10.2022, derzeit unter https://web.archive.org/web/20210616104834/https://www.mundmische.de/bedeutung/45905-Anstalt_fuer_betreutes_Denken abrufbar, Zugriff am 9.8.2023.
121 „Lügenpresse" wurde zum Unwort des Jahres 2014.
122 http://www.spuelgel.de/wir-sind-nicht-allein/die-alternative-kanalliste-zu-den-mainstream-muellpropaganda-medien/, Zugriff am 9.11.2019, derzeit abrufbar unter https://web.archive.org/web/20191126040143/http://www.spuelgel.de/wir-sind-nicht-allein/die-alternative-kanalliste-zu-den-mainstream-muellpropaganda-medien/, Zugriff am 9.8.2023.
123 https://www.deutschland-kurier.org/deutschland-kurier-unabhaengig-unkonventionell-erschwinglich/, Zugriff am 9.11.2019. Die Seite ist nicht mehr abrufbar, die Formulierung findet sich aber auf anderen Webseiten, z.B. auf https://www.wiwo.de/politik/deutschland/deutschland-kurier-eine-mischung-aus-breitbart-und-bild/20053842.html, Zugriff am 9.8.2023.
124 https://www.wissensmanufaktur.net/eva-herman-ueber-rassismus-im-alltag-neueweltordnung/, Zugriff am 9.8.2023.
125 Michael Klonovsky schreibt: „Öffentlich-Rechtlich heißt: vom Bürger zwangsarbeiterhaft finanziert und mit dem Programmauftrag ausgestattet, den Zuschauern und Zuhörern ‚umfassende und ausgewogene Information, Bildung, Kultur und Unterhaltung' anzubieten." https://www.klonovsky.de/2023/02/23-februar-2023/, Eintrag vom 23.2.2023, Zugriff am 27.2.2023.

Sprachkosmetiker", „Gesinnungstexter", „Hofschranzen", „Journalistenknechte", „lohnabhängige Presstituierten, die nur schreiben, um zu überleben"[126], „mediale Mundwerker der Lenkungskaste", „Merkels Hofschreiber".

Viele dieser oben angeführten Bezeichnungen sind emotional gefärbt, und die Emotionen, die sie hervorrufen, sind negativ. Wörter wie „Terror", „Diktatur", „Propaganda", „Fanatiker", „Hasser" und Zusammensetzungen mit ihnen wecken eindeutig negative Assoziationen. Manche haben ironischen Charakter, z.B. „Merkels Hofschreiber", andere wirken beleidigend, z.B. „lohnabhängige Presstituierte"[127]

Neben der Ablehnung von politischer Korrektheit, gendergerechter Sprache, „geschlechtergerechter Schreibung" mit dem „Gendersternchen"[128] wie auch der männlichen Berufsbezeichnungen für Frauen (z.B. Frau Bundeskanzler Merkel statt Bundeskanzlerin Merkel), äußert sich der Konservatismus der Autoren rechter Medien vielerorts im Gebrauch der deutschen Schreibung aus der Zeit vor der Rechtschreibreform von 1996. Die politische Korrektheit im deutschen Sprachgebrauch von heute scheint ein später Ausfluss der Re-Education aus der Nachkriegszeit zu sein. Die Umkehr vom Einfluss der einstigen Besieger Deutschlands auf die deutsche Sprache wird auch in Eindeutschungen von englischen oder amerikanischen Bezeichnungen sichtbar, z.B. in folgenden Wörtern: Weltnetztagebuch oder Netztagebuch für Webblog, Nachrichtenanwendung für Nachrichtenapp, Netzdienstanbieter für Webhosting u.a.

Lächerlich gemacht werden englischsprachige Bezeichnungen wie *Hate speech*, die nicht als Hasssprache, sondern als „Hasssprech" (in Anknüpfung an Orwells „Neusprech") übersetzt werden, und parallel dazu der Begriff „Schlechtdenk" benutzt wird. Die Bezeichnung „(Bunt)Menschinnen" ist eine Verdrehung der gendergerechten Sprache. Autoren rechter Medien verspotten die „positive Diskriminierung", worunter im Mainstream-Deutsch erlaubte Kritik an den Rechten, und „Rassismus gegen Deutsche" gemeint sind. Der Name der Bundeskanzlerin Merkel wird in „Merkill" umgewandelt. Linke Kritiker der Rechten heißen in den rechten Medien „Nazifizierer", „Antifanten", und diejenigen, die überwiegend im Internet agieren, werden als „Netzantifanten" und „Netzjäger" bezeichnet.

Manchmal verwenden nicht nur alternative, eindeutig der Rechten zugeordnete Medien Bezeichnungen, die in den Mainstream-Medien nicht verwendet werden (dürfen), sondern auch andere, anscheinend vom Mainstream kaum beeinflusste Webseiten Wendungen, die als ironisch, scherzhaft oder gar boshaft gedeutet werden können. Eine dieser Webseiten ist die bereits genannte *mundmische.de* mit

---

126 Thor Kunkel, *Das Wörterbuch der Lügenpresse*, 2. Aufl. Rottenburg 2020, S. 145.
127 Auch im Polnischen gibt es eine Anspielung auf das horizontale Gewerbe in Bezug auf die einem Regime dienenden Journalisten, sie lautet *prestytutki*.
128 https://conservo.wordpress.com/eine-seite/, Zugriff am 9.8.2023. Zum Gebrauch der gendergerechten Sprache siehe https://geschicktgendern.de/.

etlichen Bezeichnungen, die sich auch auf Webseiten der alternativen Medien würden sehen lassen, aber auch ganz neue. Zum Beispiel hat die *Süddeutsche Zeitung* den Namen „Bayern-Prawda" oder „Alpen-Prawda", *Der Spiegel* heißt dort „Der Lügel"[129].

Es seien nachstehend einige Bezeichnungen mit dem Namen der Bundeskanzlerin aufgelistet und zitiert. Als „Merkeldeutsche" werden auf der nun beschränkt abrufbaren Webseite *mundmische.de*[130] „naive Deutsche" bezeichnet, die „auf Merkels gutmenschliche Weisheiten/volkpädagogische Info-Unterschlagungen/Einstellungen vertrauen"[131]; die „Merkel-Medien" verbreiten „die beschönigte, auf die allzeitoptimistische Willkommenskultur-,Wir schaffen das'-Volksparteilinie gebrachte, zusammengestutzte Wahrheit, die sich in verniedlichenden Verschleierungs-Ausdrücken wie ‚die Großfamilie', ‚der Bochumer', ‚der Religionsfolklorist', ‚der psychologisch Verwirrte', der ‚19jährige', ‚der vorderorientalische Brauchtumspfleger', ‚der schutz- und versorgungssuchende Flüchtling', wohlintegrierte, friedensbewegte ‚Messer- und Säbel-Facharbeiter' oder eben dem volkspädagogisch sprachgeregelten ‚psychisch verwirrten Einzelfall' niederschlägt"[132]. Die Ex-Kanzlerin selbst hat unter anderem die Beinamen „Volks-Abkanzlerin"[133], „die Mutti aller Probleme"[134], „Mutter

---

129 Eine andere, ironische Bezeichnung für den *Spiegel* ist der „Spülgel" mit dem Zusatz „an der Lein", einst unter *www.spuelgel.de*, heute nur noch mit der *Wayback Machine* abrufbar.
130 *Mundmische.de* wird von einer Berliner GbR als Online-Wörterbuch und deutsches Pendant zum *Urban Dictionary* geführt. Siehe https://www.mundmische.de/presse, Zugriff am 16.9.2021. Zum Zeitpunkt einer erneuten Durchsicht der Webseite am 10.8.2023 ist die Seite nur beschränkt mit der *Wayback Machine* abrufbar.
131 https://www.mundmische.de/bedeutung/45281-Merkeldeutsche, Zugriff am 16.9.2021. Schreibung wie im Original.
132 https://www.mundmische.de/synonyme/Merkel, Zugriff am 16.9.2021.
133 „[...] A Merkel verstanden als ‚Volksabkanzlerin', brutalistische Entindustrialisierin à la Grünem Morgenthau-Plan, 68er- und gender gaga Hofiererin, als Demokratie- und Redefreiheitsabwrackerin, Land-Entsichernde Volkzuhälterin, öffentl.-rechtl. Merkel-Medien- Schleuder, Imam- und migrantische Gewalttäter (Migrafa) – und Schlag- und Klingen-Kulturbotschafter-Polizei-Spuckniks-Islamikaze-Einlader- und Verniedlicherin, alte Salaffel, Klima-Alibi-hysterische Zeugin Gretas, ‚das schaffende' linksrutschende Sozialismus 0.2 Einführerin, Israel-averse Ausrichterin der EU auf die finanzielle Unterstützung arabischen Terrors gegen Israel, Macht-Usurpatorin der von ihren Gründungsvätern eigentlich nur als Zollunion und Grenzverkehr-Erleichterungsbund unabhängiger Staaten konzipierten EU?", https://www.mundmische.de/bedeutung/45647-Volks_Abkanzlerin, Zugriff am 16.9.2021. Die Sprachfehler im Eintrag wurden nicht korrigiert (Anm. d. Verf.).
134 https://www.mundmische.de/bedeutung/42918-die_Mutti_aller_Probleme, Zugriff am 16.9.2021.

Blamage"[135]. Einige dieser Bezeichnungen sind in die Alltagssprache der Deutschen eingegangen.

Vergleicht man das auf Deutschland und die Kanzlerin bezogene und anderes, politisch relevantes Vokabular auf Webseiten der Rechten mit dem auf der Webseite *mundmische.de* geführten, so fällt ins Auge, dass die Ersteren mit provokantem Sprachgebrauch vollen Ernstes ihrer Frustration und ihrem Unmut wegen der in Deutschland geführten Politik Ausdruck verleihen, während die letztgenannte Webseite, deren Wörterbucheinträge von den Usern beigesteuert werden, es eher scherzhaft, ironisch meinen, obgleich sie für die Betroffenen (Politiker) mitunter peinlich sein können. Jedenfalls würde sich Angela Merkel, wie sie auf den hier vorgestellten Webseiten bezeichnet worden ist, sicherlich nicht wohl fühlen.

2.4 Hassrede im deutschen und im polnischen Netz

Eines der kontroversen Probleme auf den von Rechten, aber auch von Linken betriebenen Webseiten ist die bereits angesprochene *Hate Speech*, deutsch: Hassrede, an der sich die linken und rechten Geister besonders scharf scheiden, indem sie von den gleichen Instrumenten der Verleumdung und Verunglimpfung ihres Gegners, wenn nicht gar Feindes Gebrauch machen.

Hate Speech[136] ist zwar in beiden Ländern ein Problem, aber seine Ausmaße sind unvergleichlich. Hasserfüllte, mitunter vulgäre Kommentare von zumeist anonymen Usern in Online-Ausgaben sogar führender polnischer Zeitungen, die gegenseitige Anfeindung von Gegnern und Befürwortern bestimmter gesellschaftlicher

---

135 „... die willkommensbesoffene, Islam und Menschengeschenke anhimmelnde, altgediente ehemalige FDJ-Propaganda-Funktionärin, die mehr rea- als regierende Bundeskanzlerin und matriachalische Weltenlenkerin Angina Merkel; jetzt sind sie halt da: die Problemhamedaner, ach." https://www.mundmische.de/bedeutung/42965-Mutter_Blamage, Zugriff am 16.9.2021. Die Sprachfehler im Eintrag wurden nicht korrigiert (Anm. d. Verf.). *Mutter Blamage. Warum die Nation Angela Merkel und ihre Politik nicht braucht* ist auch der Titel eines Buches von Stephan Hebel, der die Einstellung des Verfassers zur damaligen Bundeskanzlerin zum Ausdruck bringt.

136 Im nordrhein-westfälischen Portal für Medienkompetenz wird *Hate Speech* in der Kategorie Dossier erläutert: Der Begriff Hassrede „beinhaltet zum einen eindeutig sexistische oder rassistische Beleidigungen oder die Anstiftung zur Gewalt, Hate Speech kann aber auch subtilere Formen annehmen." Darunter fallen nicht nur der Antisemitismus und der Antiislamismus, sondern auch misogyne, homo- und transphobische Einstellungen, ebenso wie Hass gegen politisch Aktive, also feministische oder rassismuskritische Aktivisten oder Politiker. https://web.archive.org/web/20191012084949/https://www.medienkompetenzportal-nrw.de/themen-dossiers/hate-speech.html, Zugriff am 10.8.2023.

Erscheinungen, z.B. der in Polen seinerzeit öffentlich diskutierten LGBTQ-Paraden (*Pride Parades*) in verschiedenen Städten des Landes oder der Frauenproteste gegen das Abtreibungsverbot, auch im Netz, sind an der Tagesordnung. Verbalattacken, Angriffe in Form von filmischen Aufzeichnungen des Gegners und anschließend seine Erniedrigung, mitunter Aufrufe zu seiner physischen Vernichtung, gehören zum medialen Alltag. Sie sind aber das Resultat einer in dem jeweiligen Land herrschenden Einstellung gegenüber einem konkreten Phänomen, das anderswo nicht besteht oder mit anderer Intensität wahrgenommen wird.

So ist etwa die Abneigung gegen die besagten LGBTQ-Paraden in weiten Kreisen Polens auf den in diesem Land herrschenden Männlichkeitskult, den Traditionalismus der katholisch erzogenen Bevölkerungsmehrheit, den übermäßigen Einfluss der katholischen Kirche in moralischen Fragen usw. zurückzuführen. Im Zuge der Aufdeckung von pädophilen Geistlichen ist die Position der katholischen Kirche in Polen aber als moralische Instanz schwächer geworden. In den deutschsprachigen Ländern, in denen Gay-Pride-Paraden seit Jahrzehnten zum festen Bestandteil der großstädtischen Kultur gehören, ist die Akzeptanz für solche Events größer als in Polen, obgleich sie von Menschen mit konservativer Gesinnung als anstößig empfunden werden. Homophobe Gewalt und Attacken seitens rechter Hooligans sind in beiden Ländern nicht selten. Webseiten der polnischen Rechten sind voll von etlichen Auswüchsen verbaler Gewalt und unermesslichen Hasses gegen Andersartige und Fremde.

In Deutschland und in Österreich gibt es Vorschriften, die die Hassrede eindämmen sollen[137], und auch die Impressumspflicht ist eine Schranke der ungehinderten Meinungsäußerung. In Deutschland ist der Begriff Hassrede juristisch nicht definiert. Er steht aber im Kontext der Meinungsfreiheit, d.h. die freie Meinungsäußerung gelte nicht uneingeschränkt, was die Betreiber und Benutzer von Webseiten nicht wahrhaben wollen. Laut Art. 1 des bundesdeutschen Grundgesetzes sei die Menschenwürde unantastbar, so dass jeder von der Hassrede Betroffene dagegen rechtlich vorgehen kann. Öffentliche Aufforderungen zu Straftaten,

---

137 Im Deutschen funktionieren neben der Lehnübersetzung des Englischen *hate speech* „Hassrede" noch die juristischen Begriffe der „Volksverhetzung" (in der Bundesrepublik) und „Verhetzung" (Österreich). Die meisten deutschsprachigen Publikationen über die Hassrede handeln von deren rechtlichen Aspekten oder betrachten sie aus sprachwissenschaftlicher Perspektive.
Unter den polnischen Veröffentlichungen zum Thema Hassrede im Internet sei auf das Buch von Alina Naruszewicz-Duchlińska hingewiesen. Nach einer allgemeinen Charakteristik des Phänomens analysiert die Autorin seine Entstehungsursachen, sie zeigt die häufigsten Ziele der Verbalattacken auf und veranschaulicht ihre Ausführungen mit etlichen Beispielen. Siehe Alina Naruszewicz-Duchlińska, *Nienawiść w czasach Internetu*, Verlag Novae Res, Gdynia 2015.

Volksverhetzung, Beleidigung, üble Nachrede, Verleumdungen sind von der Meinungsfreiheit nicht gedeckt.

In Polen ist die Nichtachtung der politischen Korrektheit in den rechten Medien allgegenwärtig. Im polnischen Strafrecht finden sich zwei von Amts wegen verfolgte Verbrechen und zwei weitere, die im Wege der Privatklage verfolgt werden können. Im Falle der zwei Ersteren werden die öffentliche Propagierung von totalitären Ordnungen, Aufrufe zum Hass aus Gründen der nationalen, ethnischen, rassischen, konfessionellen Unterschiede oder wegen der Konfessionslosigkeit der betroffenen Personen (Art. 256 des polnischen StGB) sowie die öffentliche Beleidigung einer Bevölkerungsgruppe oder einer Einzelperson wegen ihrer nationalen, ethnischen, rassischen, konfessionellen Zugehörigkeit oder wegen deren Konfessionslosigkeit verfolgt, oder wenn es aus den obigen Gründen zur Verletzung der körperlichen Unversehrtheit einer solchen Person kommt (Art. 257 des polnischen StGB). Wohlgemerkt sind im polnischen Strafrecht Hassdelikte wegen des Geschlechts und der sexuellen Ausrichtung des Opfers von der Strafverfolgung ausgenommen. Versuche der liberalen und linken Bürgerbewegungen in Polen, z.B. der nichtstaatlichen Organisation „Kampagne gegen die Homophobie" (poln. *Kampania Przeciwko Homofobii*), auch diese Delikte zu kriminalisieren, schlugen in Polen bislang fehl. Und Politiker der bis 2023 regierenden PiS-Partei, z.B. der einstige Innenminister Joachim Brudziński, wetterten gegen den „Terror der politischen Korrektheit"[138]. Selbst der polnische Staatspräsident Andrzej Duda sagte am 15.6.2020 bei einem Treffen mit seinen Anhängern in der Stadt Brzeg, LGBT seien nicht Menschen, sondern es sei eine mit dem Bolschewismus vergleichbare Ideologie[139].

Während in den deutschsprachigen Ländern vor Ausbruch der Corona-Pandemie die unkontrollierte Masseneinwanderung und die damit einhergehenden Probleme die eigentlichen Themen im rechten Winkel des Netzes bildeten, ist die Netzdebatte in Polen von ganz anderen Fragen bestimmt. Wie bereits gesagt, ist es ein Land, in dem die Linke im Grunde bedeutungslos ist, eine radikale Antifa wie in Deutschland fehlt, ein Land, in dem die regierende Equipe verfassungswidrige Gesetze durchgesetzt hat und von einer festen Anhängerschaft unterstützt wird. Polen ist ein Land, wo die Rechten nicht nur ihre eigenen, sondern auch die sog. öffentlichen Medien fest in ihrer Hand hatten. In der rechtsorientierten Publizistik wurden sie auch als „nationale" Medien bezeichnet, allen voran das Staatsfernsehen. Die Anhänger der Regierungsequipe, die zwischen 2015 und 2023 regierte, schienen das Problem der Freiheit der Medien nicht ernst zu nehmen. Auch die Journalistenzunft sollte unter die Fittiche des Staates kommen, indem

---

138 https://oko.press/krzysztof-smiszek-ma-racje-nalezy-karac-za-mowe-nienawisci-takze-te-homofobiczna/, Zugriff am 10.8.2023.
139 https://www.rp.pl/wydarzenia/art8909311-andrzej-duda-o-lgbt-probuja-wmowic-ze-to-ludzie-to-ideologia, Zugriff am 10.8.2023.

unter dem Vorwand der Sorge um die journalistische Freiheit Maßnahmen zur Disziplinierung von (regimekritischen) Journalisten angekündigt wurden. Im Programm der PiS-Partei von 2019 hieß es dazu wörtlich: „Das Hauptziel der Veränderung sollte die Gründung einer Selbstverwaltung sein, die sich um die ethischen und beruflichen Standards kümmern, die Selbstregulation vollziehen würde und für den Prozess der Formierung von angehenden Journalisten verantwortlich wäre."[140] Die Benutzung der Schlagwörter „Selbstverwaltung" und „Selbstregelung" sollte suggerieren, dass die Journalisten nach ähnlichen Vorbildern organisiert und vor allem diszipliniert werden sollten, wie sie bei Ärzten und Juristen funktionieren. Dass es aber gravierende Unterschiede bei den Berufen des öffentlichen Vertrauens gibt und der Journalistenberuf keineswegs mit dem Arzt- oder Juristenberuf vergleichbar ist, schienen die Autoren des Parteiprogramms zu ignorieren. M.a.W. würde die nationalkonservative bzw. rechtskonservative Koalition auch die sich als frei bezeichnenden Medien unter ihre Kontrolle bringen. Das sollte die alternativen Fernsehanstalten *TVN* und *WP* betreffen, die gegenüber der besagten Regierungskoalition allzu kritisch eingestellt waren und deren Bestehen und Funktionieren den Pluralismus der Medien in Polen gewährleistete. Die im PiS-Programm vorgeschlagenen Maßnahmen zur Disziplinierung der Journalisten sind allerdings nicht umgesetzt worden.

Fassen wir zusammen. Im Vergleich zu den Medien in Deutschland, die sich in linke Mainstream-Medien und in alternative oder freie rechte Medien einteilen lassen und die zum politischen und gesellschaftlichen Geschehen eine grundverschiedene Einstellung haben, waren die polnischen „öffentlichen" Medien von 2015 bis 2023 überwiegend rechts orientiert. Der polnische Mainstream war seit 2015, der Machtübernahme durch die rechtskonservative bzw. nationalkonservative Regierung, bis zu den Wahlen im Oktober 2023 in einen rechten und in einen oppositionellen Part aufgeteilt. Die PiS-Regierung und ihre Verbündeten waren darauf bedacht, nationale Anliegen in den Mittelpunkt der Berichterstattung und Publizistik zu stellen. Sie propagierten in den sog. öffentlichen Medien, die *de facto* staatliches Fernsehen und Radio umfassten, rechtskonservative und nationalistische Einstellungen[141]. Der oppositionelle Mainstream, der gegen die PiS und ihre Satellitenparteien gerichtet war, basierte auf mehreren Privatsendern sowie Print- und Netzmedien. Nach dem Machtwechsel im Oktober 2023 war die Übernahme der öffentlichen Medien durch die neue Regierungskoalition eine der ersten Maßnahmen, um die der Hetze gegen die Opposition, der Beeinflussung von Wahlen und anderer Ungesetzlichkeiten beschuldigten staatlichen Medien,

---

140 http://pis.org.pl/dokumenty, Zugriff am 26.9.2019. Der Text ist auf der Webseite der PiS-Partei nicht mehr abrufbar.

141 Das wurde unter anderem im Gebrauch von Bezeichnungen mit dem Adjektiv „national" für mehrere Institutionen deutlich, die zuvor die Wörter „staatlich" oder „polnisch" in ihren Namen hatten.

vor allem das Polnische Fernsehen TVP und das Polnische Radio, unterzuordnen. Damit entbrannte ein neuer Konflikt zwischen der einstigen PiS-Regierung, die die staatlichen Medien fest in ihrer Hand hatte, und der nun siegreichen Opposition, die diese Medien übernimmt. Ob diese Übernahme der Meinungsfreiheit in Polen dienen wird, sei dahingestellt.

Dass aber die bis 2023 bestehende polnische Regierung in ihrer Politik nicht konsequent nationalkonservativ war, davon zeugen Manipulationen bei bestimmten Themen. So wurde z.B. die unkontrollierte Einwanderung, insbesondere an der polnisch-belarussischen Grenze, als staatsgefährdend dargestellt. Andererseits wurden zur Zeit der PiS-Regierung Hunderttausende Migranten ins Land gelassen, ohne dass darüber die staatlichen Medien berichteten.

Die Einteilung in Mainstream-Medien und freie rechte Medien ist in Polen unscharf, weil sie in ihrem Verhältnis zum besagten Geschehen in vielen Punkten ähnliche Standpunkte einnehmen. Die Oppositionalität der Betreiber rechter Medien in Polen, und das sind vor allem Webseiten, aber auch zwei größere Fernsehanstalten, *Republika* und das katholische Fernsehen *Trwam*, bezieht sich auf ihr Verhältnis zum Mainstream, der ihnen in der Kritik der Linken, aber auch der Opposition gegen die rechtskonservative bzw. nationalkonservative Regierung der Partei Recht und Gerechtigkeit und deren Koalitionspartner zu lasch erscheint. Die polnischen Staatsmedien (vor allem Rundfunk und Fernsehen), die einer breiten Öffentlichkeit zugänglich sind, bemühten sich in ihren Programmen nicht einmal, zumindest den Anschein der Objektivität zu wahren und in gewissem Maße politisch korrekt zu sein. Sie manipulierten nicht selten die Öffentlichkeit durch Verbreitung von falschen oder nicht ausreichend dokumentierten Meldungen, durch Vermischung von Informationen und Kommentaren, durch Sendungen, die die politische Pluralität von Meinungen missachteten, indem etwa die Leistungen der regierenden Politiker übermäßig gelobt und die Kritik der Opposition an der aktuellen Politik der Regierung bagatellisiert oder als staatsfeindlich und antipatriotisch abgetan wurde. Sie kritisierten oppositionelle Fernsehanstalten, allen voran den Privatsender *TVN*, sprachen von Zensur und gefährdeter Meinungsfreiheit, was aus den oben genannten Gründen, des Hand-in-Hand-Gehens von de facto staatlichen Medien und den Medien der Rechten als pure Übertreibung anzusehen war. Was den rechten Medien in Polen allgemein eigen ist, ist deren Konservatismus und Verhältnis zum Nationalgedanken oder zum Nationalismus. Aus ihm ergeben sich Einstellungen gegenüber dem Nationalstaat, der nationalen Identität, der Einwanderung, dem Eigenen und Fremden. Diesem Problemkreis gilt das nächste Kapitel.

3 Der Nationalismus als Bezugspunkt der Rechten

3.1 Wandlungen des Nationalismusbegriffs in deutschen und polnischen Wörterbüchern der Vor- und Nachwendezeit

Das Verhältnis zu nationalen Belangen ist je nach politischer Gesinnung derer, die sich darüber äußern, unterschiedlich. Während die Nation von der Linken als überholte, wenn nicht gar reaktionäre Organisationsform einer Gemeinschaft angesehen wird, ist sie für die Rechte aller Couleurs von größtem Wert, den es zu pflegen und zu schätzen gilt. Die Pflege und Wertschätzung der Nation finden im Nationalismus ihren politischen und medialen Ausdruck.

Bevor wir auf das heutige Verständnis des Nationalismusbegriffs eingehen, d.h. darauf, wie er von Betreibern der Webseiten der Rechten im Zeitalter des WWW verstanden wird, wollen wir diesen für die vorliegende Untersuchung fundamentalen Begriff erläutern. Dabei werden wir ausgewählte deutsche und polnische Nachschlagewerke aus der Zeit vor und nach der historischen Wende des Jahres 1989 in Deutschland und in Polen benutzen. Erläuterungen des besagten Begriffs unterscheiden sich nämlich je nach den jeweiligen gesellschaftlichen und politischen Verhältnissen, unter denen sie formuliert worden sind. Während die Wörterbücher und Lexika aus der Zeit der DDR und der VR Polen die Ideologie des damals herrschenden sog. Realsozialismus widerspiegeln, vielerorts auf die etwas irreführende Bezeichnung „Kommunismus" reduziert, sind die Nachschlagewerke der Nachwendezeit im wiedervereinigten Deutschland und in der nun nicht mehr sozialistischen Republik Polen frei von ideologischen Einschränkungen des Marxismus-Leninismus, der den einst „kommunistischen" Ländern zugrunde lag. Das bedeutet allerdings nicht, dass die einstigen ideologischen Einschränkungen nicht durch bestimmte andere Doktrinen ersetzt worden sind, nämlich im Kontext vorliegender Betrachtungen insbesondere in der auffälligen, in den Mainstream-Medien forcierten Geschichts- oder Vergangenheitspolitik, die in der Nachwendezeit ins Gegenteil des einstigen Kommunismus umgeschlagen hat, und zwar in den freiheitlich-demokratischen Antikommunismus[142].

Beginnen wir mit der heute geltenden Erläuterung des Nationalismusbegriffs, wie er im *Deutschen Universalwörterbuch* (*Duden*) definiert wird. Die

---

142 Der Antikommunismus der Vorwendezeit ist durch den Ost-West-Konflikt nach dem Zweiten Weltkrieg und den Kalten Krieg geprägt. Der freiheitlich-demokratische Antikommunismus basiert auf der Kritik der kommunistischen Herrschaft in der besagten Zeit und auf der Abrechnung mit den in ihr begangenen Verbrechen.

Sprachwissenschaftler definieren den Nationalismus zum einen als „übersteigertes Nationalbewusstsein" und versehen den Begriff mit dem Zusatz „meist abwertend", zum anderen als das „erwachende Selbstbewusstsein einer Nation mit dem Bestreben, einen eigenen Staat zu bilden"[143]. Das „Universalwörterbuch der polnischen Sprache" hingegen erläutert den besagten Begriff als „eine gesellschaftliche und politische Einstellung sowie Ideologie, die das Interesse der eigenen Nation als höchsten Wert betrachtet und verkündet, dass der souveräne Nationalstaat die eigentümlichste Organisationsform der jeweiligen Gemeinschaft ist, die durch gemeinsame Abstammung, Sprache, Geschichte, Kultur verbunden ist"[144]. In der polnischen Definition fehlt der Hinweis „abwertend", die Autoren des Wörterbuchs verweisen auf die französische Herkunft des Wortes und ordnen es der Politik zu. Interessanterweise findet sich in dem älteren „Wörterbuch der polnischen Sprache" aus der Zeit der Volksrepublik eine von Grund auf andere, kritische Definition des Nationalismus: „eine gesellschaftlich-politische Einstellung und Ideologie, die den Vorrang von Interessen der eigenen Nation verlangt, die im nationalen Egoismus, in der Diskriminierung anderer Nationen, in der Intoleranz und Feindschaft gegenüber den Ersteren zum Ausdruck kommt (Gegenteil des Internationalismus)"[145]. Die angeführte Definition aus der Zeit Volkspolens hat eine gewisse Ähnlichkeit mit der aus dem *Großen Fremdwörterbuch* des Bibliographischen Instituts Leipzig (DDR), worin der Nationalismus zum einen als „Überbewertung u. Idealisierung der eigenen Nation u. Missachtung u. Diskreditierung der anderen Nationen u. Völker" und zum anderen als „Negierung der bestimmenden Rolle der sozialen gegenüber der nationalen Frage" definiert wird[146].

Die Frage, warum die ältere, die negativen Aspekte des Nationalismus berücksichtigende Definition in der neuen Fassung des „Wörterbuchs der polnischen Sprache" nach 1989 aufgegeben wurde, so dass der Begriff im heutigen Polnisch salonfähig geworden ist und seine abwertende Konnotation verloren hat, kann mit dem Systemwechsel in Polen erklärt werden. Nach 1989 wurde der Nationalismus zum festen Bestandteil der staatlichen Geschichtspolitik, die polnische Nation wurde zum Subjekt der internationalen Politik erklärt – in Abgrenzung zur einstigen Rolle der Nation als Teil der „sozialistischen Völkergemeinschaft", reduziert auf die Formel des sog. proletarischen Internationalismus. In den deutschen Wörterbüchern sowohl vor als auch nach der Wende von 1989 soll der Begriff des Nationalismus bei den Benutzern eindeutig kritische Konnotationen wecken. Inwieweit diese negative Bewertung des Begriffes von den Deutschen verinnerlicht und internalisiert worden sind, ist schwer abzuschätzen.

---

143 Duden. *Deutsches Universalwörterbuch*, 7., überarb. u. erw. Aufl., Berlin–Mannheim–Zürich 2011, S. 1243.
144 *Uniwersalny słownik języka polskiego*, Bd. 2, Warszawa 2003, S. 767.
145 *Słownik języka polskiego*, Bd. 2, Warszawa 1978, S. 243.
146 *Großes Fremdwörterbuch*, Leipzig 1977, S. 506.

Der Nationalismus wird nicht nur in allgemeinen Wörterbüchern, sondern auch in Fachlexika definiert. Wir wollen hier das deutsche *Kleine Lexikon der Politik* mit dem polnischen „Lexikon der Politologie" vergleichen, beide ungefähr zur gleichen Zeit bereits im vereinigten Deutschland und in der Republik Polen erschienen, also schon in der postkommunistischen Ära.

Die Autorin des Schlagwortes „Nationalismus", Gisela Riescher, definiert ihn als „Ideologie und/oder soziale Bewegung, die territorial und werteorientiert auf die Nation bzw. den Nationalstaat orientiert ist und eine bewusste Identifikation und Solidarisierung mit der nat. Gemeinschaft voraussetzt"[147]. Im weiteren Teil ihrer Erläuterung unterscheidet die Autorin zwei Varianten des Nationalismus: Die erste bildet der „inklusive Nationalismus", „eine moderate Form von Nationalbewusstsein oder Patriotismus, die alle polit.-kulturellen Gruppen einschließt und damit für das Politische System eine in hohem Maße integrierende und legitimierende Wirkung entfaltet."[148] Ein so verstandener Nationalismus sei mit modernen Formen des Funktionierens des Staates auf liberaler Grundlage vereinbar, in dem auch demokratische politische Institutionen, das Sozialstaatsprinzip und eine effektive Wirtschaftsordnung zu seinem internationalen Ansehen beitragen. Die zweite Variante bildet nach Riescher der „exklusive Nationalismus",

„gekennzeichnet durch ein übersteigertes Wertgefühl, das in Abgrenzung zu anderen Staaten oder Nationen die eigenen nat. Eigenschaften überhöht bzw. sie anderen gegenüber als höherrangig ansieht. Die Forderung nach Übereinstimmung von ethnischen und polit. Grenzen korreliert mit der Ausgrenzung anderer Ethnien und der radikalen Ablehnung von Fremdherrschaft'."[149]

Die Autorin nennt die Vertreibung und Vernichtung ethnischer Minderheiten im deutschen Nationalsozialismus und dem italienischen Faschismus sowie ethnische Säuberungen in den sowjetischen und jugoslawischen Nachfolgestaaten als brutale Übersteigerungen des exklusiven Nationalismus.

Im polnischen „Lexikon der Politologie" definiert Kazimierz Dziubka den Nationalismus als einen vieldeutigen Begriff, der „meistens eine gesellschaftlich-politische Einstellung oder Ideologie bezeichnet, in der die Interessen der eigenen Nation gegenüber sämtlichen anderen Werten den Vorrang genießen, die die Unterordnung anderer Nationen unter die eigene Nation verlangt, die Abneigung, Intoleranz und Fremdenfeindlichkeit anderen Nationen gegenüber verkündet."[150] Im weiteren Teil seiner Ausführungen nennt der Verfasser Formen des Nationalismus, zunächst den Tribalismus (z.B. in Afrika) und den Kommunalismus (z.B. in

---

147 Dieter Nohlen (Hrsg.), *Kleines Lexikon der Politik*, München 2001, S. 314.
148 Ebd.
149 Ebd.
150 *Leksykon politologii*, Sammelband in der Redaktion von Andrzej Antoszewski u. Ryszard Herbut, 2., verb. Aufl. Wrocław 1996, S. 218.

Indien), d.h. Ideologien, die infolge fehlenden oder unterentwickelten Nationalgefühls entstanden; des Weiteren Extremformen des Nationalismus wie Chauvinismus und Rassismus. Außerdem erwähnt der Autor den Ethnozentrismus als eine der Eigenschaften des Nationalismus und nennt Faktoren, die auf dessen Entstehung und Entwicklung im Europa des 19. und 20. Jahrhunderts einen Einfluss hatten, z.B. die Entwicklung des Kapitalismus und die Entstehung von „nationalen Märkten", das steigende Gefühl der kulturellen und sprachlichen Eigenständigkeit, den Zerfall von Vielvölkerstaaten und die Entstehung von ethnisch homogenen Gesellschaften u.a. Vermerkt werden auch einige Forscher, die sich mit den Ursachen des Nationalismus beschäftigten (E. Gellner, J. Breuilly, H. Arendt, E. Fromm, E. Kedourie), außerdem auch seine Auswirkungen auf einige gesellschaftlichpolitische Theorien und politische Bewegungen wie den Panslawismus, den Pangermanismus, den Irredentismus.

Ein Vergleich der angeführten deutschen und polnischen politologischen Lexikoneinträge zum Nationalismusbegriff zeigt, dass beide den Nationalismus als Ideologie oder soziale Bewegung betrachten, die die Interessen der eigenen Nation in den Mittelpunkt stellen. Im deutschen Lexikon wird zwischen einem „guten" und einem „schlechten" Nationalismus[151] unterschieden, wobei der Erstere mit dem Patriotismus verbunden werden kann, ungeachtet der ethnischen Zugehörigkeit der Mitglieder der nationalen Gemeinschaft, der Letztere dagegen eine ethnische Homogenität anstrebt. In der polnischen Definition fehlt dagegen die Unterscheidung zwischen einem „guten" und einem „schlechten" Nationalismus, er wird eindeutig als negatives Phänomen betrachtet und mit negativen Attributen versehen (Unterordnung, Fremdenfeindlichkeit, Intoleranz).

Wörterbücher und Lexika dienen meistens dazu, den Benutzern Erklärungen für Begriffe zu liefern, die sie entweder nicht kennen oder nicht verstehen, diese aber verwenden wollen. Die weiter oben angeführten Definitionen sind nicht als endgültig, vollständig, überzeitlich oder allgemeingültig zu lesen. Die Unterschiede zwischen den Erläuterungen derselben Begriffe in unterschiedlichen historischen Epochen zeigen, dass sich die Begriffe in ihren Bedeutungen verändern oder dass sie von ihren Benutzern unterschiedlich verstanden und benutzt werden. Die für diesen Abschnitt ausgewählten Nachschlagewerke sollten die Gemeinsamkeiten, Ähnlichkeiten und vor allem die Unterschiede zwischen den Begriffserläuterungen vor und nach der historischen Wende des Jahres 1989 in Deutschland und in Polen veranschaulichen, ohne dass die Zuverlässigkeit, Exaktheit, Vollständigkeit usw.

---

151 Die Unterscheidung wird nicht selten auch in der Publizistik verwendet, z.B. in den „Westfälischen Nachrichten" vom 12.5.2018 in dem Beitrag von Elmar Ries, „Guter Nationalismus, schlechter Patriotismus. Was bestimmt das eine, was das andere und wo verläuft die Grenze?", https://www.wn.de/Muenster/Katholikentag/Foren-und-Debatten/3294436-Guter-Nationalismus-schlechter-Patriotismus-Was-besti mmt-das-eine-was-das-andere-und-wo-verlaeuft-die-Grenze, Zugriff am 10.8.2023.

der Nachschlagewerke überprüft oder kritisiert worden wäre. Es ließen sich noch andere Nachschlagewerke zur Analyse heranziehen, doch darauf wurde unter der Voraussetzung verzichtet, dass die zur Hilfe herangezogenen Publikationen, die in angesehenen Verlagen erschienen sind, den Kriterien der wissenschaftlichen Redlichkeit genügen.

3.2 Der Nationalismusbegriff auf deutschen und polnischen Webseiten

Der Nationalismusbegriff wird auf verschiedenen Webseiten in unterschiedlichem Umfang und zu diversen Zwecken thematisiert. So findet sich auf der Webseite der Bundeszentrale für Politische Bildung eine kurze Erläuterung des Nationalismusbegriffs, entnommen aus einem von dieser Institution herausgegebenen Taschenbuch:

„Übersteigertes Bewusstsein vom Wert und der Bedeutung der eigenen Nation. Im Gegensatz zum Nationalbewusstsein und zum Patriotismus (Vaterlandsliebe) glorifiziert der Nationalismus die eigene Nation und setzt andere Nationen herab. Zugleich wird ein Sendungsbewusstsein entwickelt, möglichst die ganze Welt nach den eigenen Vorstellungen zu formen."[152]

Auf der Webseite des Bayerischen Landesamts für Verfassungsschutz steht ein viel umfangreicherer Beitrag zum besagten Thema. Nach einer kurzen Definition – „Ideologie, die die Merkmale der eigenen ethnischen Gemeinschaft (z.B. Sprache, Kultur, Geschichte) überhöht bzw. absolut setzt"[153], folgt eine Einschätzung der Ziele von deren Anhängern:

---

152 https://www.bpb.de/nachschlagen/lexika/pocket-politik/16503/nationalismus, Zugriff am 23.12.2021. Es muss an dieser Stelle angemerkt werden, dass die Inhalte auf verschiedenen Seiten variieren. Der angegebene Link führt zur Definition des Nationalismus vom Ende 2021. Nach Anklicken dieses Links im Juni 2023 findet der Leser die aktuelle Version der besagten Definition, die folgenden Wortlaut hat: „N. [scil. Nationalismus – Anm. d. Verf. T.G.P.] bezeichnet eine Ideologie, die die Merkmale der eigenen ethnischen Gemeinschaft (z.B. Sprache, Kultur, Geschichte) überhöht, als etwas Absolutes setzt und in dem übersteigerten (i. d. R. aggressiven) Verlangen nach Einheit von Volk und Raum mündet." Diese neue Version der Nationalismus-Definition ist eindeutig auf die Ideologie Hitlerdeutschlands zugeschnitten, in der die Einheit von Volk und Reich (und eines Führers) in der Trias „Ein Volk, ein Reich, ein Führer!" als Fundament der Politik galt. https://www.bpb.de/kurz-knapp/lexika/politiklexikon/17889/nationalismus/, Zugriff am 2.6.2023.

153 https://www.verfassungsschutz.bayern.de/rechtsextremismus/definition/ideologie/nationalismus/index.html, Zugriff am 10.8.2023.

„Diese Ideologie gipfelt in dem übersteigerten Verlangen nach der Einheit von Volk und Raum. Nationalisten erheben die eigene Nation über andere und definieren sie als höchstes Ziel, dem der einzelne alle anderen Ziele unterzuordnen habe. Diejenigen, die angeblich nicht zur deutschen Nation gehören, werden ausgegrenzt, als minderwertig angesehen oder gar verfolgt."[154]

Dieser Zweckbestimmung folgt ein kurzer Abschnitt über die Geschichte des Nationalismus und ein Vergleich seiner Entwicklung in Frankreich und in Deutschland. Im folgenden Abschnitt verweisen die Autoren des Artikels auf die nationalsozialistische Blut- und Boden-Ideologie und auf deren Fortsetzung in der Identitären Bewegung von heute. Der Beitrag schließt mit dem Verweis auf den Zusammenhang von Nationalismus und aggressiver Fremdenfeindlichkeit der Rechtsextremisten.

Auch auf der Webseite der CDU-nahen Konrad-Adenauer-Stiftung findet sich eine Erläuterung dessen, was der Nationalismus ist. Ihr Autor, Rudolf van Hüllen, erkennt zwar die Nationalstaaten als „primäre Bezugspunkte der politischen Ordnung" an, aber den Begriff des Nationalismus hält er für einen „Anachronismus, dessen sich in erster Linie Rechtsextremisten bedienen"[155]. Der Verfasser verweist auf die beiden Weltkriege, die nach dominierender Auffassung von Deutschland ausgegangen seien, auf die Unterschiede zwischen Rechtsextremisten und Demokraten, wobei die Ersteren mit dem Blut- und Boden-Nationalismus der NSDAP in Zusammenhang gebracht werden und die Letzteren ihre einstige Fixierung auf die Nation aufgegeben hätten.

Dass der Nationalismus keineswegs nur ein deutsches Problem ist, zeigt eine von der besagten Stiftung veröffentlichte Studie, *Nationalismus in Europa – Einheit in Vielfalt?*, in der nationalistische Parteien, Bewegungen und gesellschaftliche Akteure in zehn europäischen Ländern, darunter in Polen, vorgestellt werden[156]. Die Autorin des Beitrags über Polen, Angelika Klein, überschätzt die Wirksamkeit der nationalkonservativen Partei Recht und Gerechtigkeit (PiS), z.B. in der Corona-Krise, und unterschätzt zugleich die nationalistische Ausrichtung dieser Partei, die unter dem Vorzeichen des Schutzes der nationalen Interessen Polens betrieben wird. Die aktuelle, aus dem russischen Angriffskrieg gegen die Ukraine resultierende Politik der Öffnung der polnischen Staatsgrenze und die Aufnahme von Millionen von Ukrainern ist alles andere als ein Zeichen für den Nationalismus der von der PiS geführten polnischen Regierung. Ungeachtet des sich allmählich ausbreitenden Unmutes in Teilen der polnischen Bevölkerung erhalten die

---

154 Ebd.
155 https://web.archive.org/web/20210615112017/https://www.kas.de/de/web/rechts extremismus/was-ist-nationalismus-, Zugriff am 10.8.2023.
156 https://www.kas.de/documents/252038/7995358/Nationalismus+in+Europa +als+pdf-Datei.pdf/c5f0265e-0499-280b-0513-eeee80d34e78?version=1.1& t=1601296496517, Zugriff am 10.8.2023.

Eingewanderten, vor allem Frauen und Kinder, von der Regierung die gleichen sozialen Leistungen wie polnische Bürgerinnen und Bürger mit der Begründung, die in der Ukraine verbliebenen und gegen die russischen Invasoren kämpfenden Männer würden auch Polen vor einem russischen Angriff beschützen, die Verteidigung der Ukraine sei zugleich eine Verteidigung Polens. Diese Argumentation verbreiten auch die öffentlichen Medien aller Couleurs, auch die sich als „frei" bezeichnenden wie die Fernsehanstalt TVN. Lediglich auf Webseiten von rechtsorientierten Betreibern und in Sozialen Medien sind mitunter sehr kritische, oft hasserfüllte Einträge zu lesen, in denen die aus der Ukraine Geflüchteten als Nachfahren der an den Massenmorden an Polen in Wolhynien beteiligten ukrainischen Verbrecher und als unnötige Belastung für das polnische Sozialsystem bezeichnet werden. Angelika Klein misst in ihrer Untersuchung zugleich der nationalistischen Kleinpartei Konföderation Freiheit und Unabhängigkeit[157] eine übermäßige Rolle im politischen Leben Polens bei, denn die PiS betreibt durchaus eine dem nationalistischen polnischen Katholizismus entspringende konservative Politik, die sämtlichen Merkmalen des Nationalkonservatismus entspricht. Was die Autorin über die Konföderation schreibt, sind zum Teil grobe Verallgemeinerungen, denn nicht alle Politiker dieser Partei sind Antisemiten, LGBT-Feinde und fromme Kirchengänger, die die Abtreibung ausnahmslos ausschließen, und diejenigen unter ihnen, die solche Einstellungen verkörpern, sind eher in der Minderheit. Die überwiegende Mehrheit der Mitglieder sind vielmehr Anhänger der freien Marktwirtschaft, ohne den sozialen Zusatz, die Nationalisten sind unter ihnen eine Minderheit, und ihr Vorzeigepolitiker Krzysztof Bosak macht den Eindruck eines ausgewogenen Politikers, der übrigens niemals zu scharfen Tönen gegriffen hatte. Ganz anders tritt sein Kollege Robert Winnicki von der politischen Kleinstpartei Nationale Bewegung auf, der sich nicht scheut, Papst Franziskus wegen seiner Politik gegenüber Migranten aus nichtchristlichen Ländern zu kritisieren und seine Position als Oberhaupt der katholischen Kirche deshalb in Frage zu stellen[158]. Die Kleinpartei Konföderation Freiheit und Unabhängigkeit ist auf jeden Fall nationalkonservativ, sie ist jedoch wenig einflussreich, weil sie an der Regierung nicht beteiligt ist. Einflussreich in der polnischen Politik ist dagegen eine andere Kleinpartei, Solidarisches Polen unter der Führung des Justizministers und Generalstaatsanwalts Zbigniew Ziobro, der der eigentliche EU-Gegner und Totengräber der richterlichen Unabhängigkeit in Polen ist.

Der Nationalismusbegriff zählt in der deutschen *Wikipedia* etwa neuneinhalb DIN-A4-Seiten[159] und nimmt so gut wie keinen Bezug auf deutsche Verhältnisse.

---

157 Sie war de facto mit elf Abgeordneten im Sejm der 9. Legislaturperiode eine Kleinpartei. Bei den Parlamentswahlen im Oktober 2023 hat die Konföderation die Zahl ihrer Mandate verdoppelt.
158 Winnicki hat im Mai 2023 aus gesundheitlichen Gründen seinen Posten als Vorsitzender der Nationalen Bewegung aufgegeben.
159 https://de.wikipedia.org/wiki/Nationalismus, Zugriff am 10.8.2023.

Lediglich einige Fakten aus der deutschen Geschichte (Befreiungskriege, Revolution von 1848/1849, Zweiter Weltkrieg) und einige deutsche Denker (J. G. Herder, J. G. Fichte, F. Meinecke, E. Lemberg), werden als mit dem deutschen Nationalismus in einem gewissen Zusammenhang stehend dargestellt.

In der polnischen *Wikipedia* hat das Nationalismus-Schlagwort einen Umfang von fünf Seiten und einen deutlichen Bezug zu Deutschland und Polen. Der Nationalismus wird darin auf das Luthertum und den Kalvinismus zurückgeführt und mit der Übersetzung der Bibel ins Deutsche im Zusammenhang gesehen. Als weitere historische Fakten werden die Französische Revolution, die Jakobinerdiktatur, die Revolutionskriege Frankreichs sowie die Napoleonischen Kriege als Ereignisse angesehen, in deren Folge in Europa das Zeitalter der Nationalismen angebrochen sei. Die polnischen *Wikipedia*-Autoren zählen unter anderem folgende Typen von Nationalismen auf: den nationalen Konservatismus, den nationalen Liberalismus, den nationalen Radikalismus, den Nationalsozialismus, den Faschismus, den nationalen Bolschewismus und den nationalen Kommunismus. Als extreme Form des Nationalismus nennen sie den Chauvinismus und verbinden den Nationalismus mit dem Sozialdarwinismus und Rassismus. Sie verweisen auch darauf, dass im Polnischen und im Deutschen der Nationalismusbegriff negativ gefärbt ist, während er im Französischen und Englischen lediglich beschreibenden Charakter hat. Einen Abschnitt widmen sie dem Nationalismus im Polen zwischen den beiden Weltkriegen und seinen Symbolen damals und heute. Der Vergleich des Schlagworts „Nationalismus" in der deutschen und polnischen *Wikipedia* verdeutlicht die Unterschiede in der Darstellung des Phänomens für Rezipienten in beiden Ländern. Während die Autoren der deutschen Version es in den internationalen Kontext stellen und seine Ausprägungen in verschiedenen Wissenskulturen darzustellen versuchen, richten die Autoren der polnischen Fassung ihr Augenmerk auf nur wenige seiner historischen und geistigen Aspekte.

Es sei noch auf ein Schlagwort in der deutschsprachigen *Wikipedia,* auf den „Deutschen Nationalismus"[160], hingewiesen. Der Begriff hängt mit dem ethnischen Zusammengehörigkeitsgefühl der Deutschen zusammen, also wird der deutsche Nationalismus zu „volksbezogenen Nationalismen" gerechnet.

Ein von den in Wörterbüchern überwiegend kritischen Definitionen des Nationalismus abweichendes Verständnis dieses Begriffes findet sich in der von Rechten betriebenen *Metapedia*. Er wird darin definiert als

> „eine Weltanschauung, wonach Erhalt und Würdigung des eigenen Volkes in seiner Gesamtheit unter Achtung und Wertschätzung sonstiger Völker im Vordergrund des politischen Handelns steht. Die Entwicklung des Nationalismus in Europa ging einher mit der fortschreitenden Ausbildung weitgehend geschlossener Volkskörper insbesondere seit dem Beginn des 19. Jahrhunderts. Der unversöhnliche Gegenspieler des regional wirkenden und völkisch inspirierten Nationalismus ist der global agierende

---

160 https://de.wikipedia.org/wiki/Deutscher_Nationalismus, Zugriff am 10.8.2023.

Imperialismus. Nationalismus ist für das Fortleben eines jeden Volkes unverzichtbar und nicht mit Chauvinismus zu verwechseln."[161]

Die Autoren der *Metapedia* unterscheiden noch zwei Varianten des Nationalismus: einen „völkischen Nationalismus", in dem „die Belange des eigenen Volkes im Vergleich zu denjenigen sonstiger Völker bzw. Fremdvölker als vorrangig erachtet werden und dem heimischen Volk somit echte Liebe zuteil wird", und einen „staatlichen Nationalismus", bei dem die „Imperialisten" (die Gegner des Nationalismus) versuchen, „die Unterworfenen eine internationalistische Ideologie zu lehren, um ihren Kampfeswillen zu schwächen und sie gefügig zu machen"[162].

In Teil IV der vorliegenden Studie werden unter anderem Webseiten deutscher Nationalisten ausgewertet, ungeachtet der Einteilung nach Ländern (Deutschland, Österreich, deutschsprachige Schweiz), denn der Nationalismus von Angehörigen dieses Kulturraumes ist das verbindende Element aller sich mit ihm identifizierenden Anhänger. Ob Deutscher, Österreicher[163] oder Deutschschweizer – alle Nationalisten deutscher Zunge fühlen sich in ihrer Zugehörigkeit zum deutschen Volk und zu seiner Kultur vereinigt, wenngleich auch ihre regionale Identität gewahrt bleiben soll und worauf sie auch Wert legen. Es sind Webseiten, deren Betreiber auf ihr Deutschsein stolz sind, die das Christentum allgemein und nicht etwa eine christliche Religion wie den Katholizismus als verbindendes Element begreifen, was in Ländern, die die Reformation erlebt haben, verständlich ist. Parallel zu deutschen Webseiten werden in vorliegender Untersuchung auch polnische Seiten mit nationalistischer Ausrichtung untersucht. Es sind meistens in Polen betriebene Seiten, es gibt aber auch im Ausland sesshafte Betreiber, z.B. in den USA, die den polnischen Nationalismus propagieren.

3.3 Exkurs über den Nationalismus der Deutschen und Polen

3.3.1 Der Nationalismus der Deutschen

Bei der Auseinandersetzung mit dem Nationalismus der Deutschen und Polen kommt man als Außenbetrachter nicht umhin, sich zunächst mit der Geschichte seines westlichen Nachbarn zu beschäftigen. Das Ostfrankenreich war eine

---

161 https://de.metapedia.org/wiki/Nationalismus, Zugriff am 14.10.2019 und 2.6.2023. Im Unterschied zur Webseite der Bundeszentrale für Politische Bildung, auf der sich die Definition des Nationalismus veränderte, ist die Definition in der *Metapedia* von 2019 und 2023 dieselbe.
162 Ebd.
163 Vor gut 40 Jahren sah ich in Wien einen Aufkleber mit dem Länderkennzeichen A (für Austria-Österreich), auf dem rings um diesen Buchstaben „Auch wir sind Deutsche" zu lesen war.

Vorstufe des späteren, von der Italienpolitik der Ottonen geprägten Heiligen Römischen Reiches, das auf imperiale Ziele ausgerichtet war. Seine Anfänge reichen schon ins 10. Jahrhundert zurück und beginnen mit Spannungen zwischen deutschen Königen und römischen Bischöfen, also den Päpsten, die sich mehrmals als Gegner des Kaisertums profilierten. Auch ist die Ostexpansion unter den Ottonen ein Anzeichen für die Tendenz zur Domination der Deutschen in Ost- und Südeuropa. Die Historiker verweisen darauf, dass es die Italienpolitik zuerst der Ottonen und Salier war, die ihre Macht und ihre Einflüsse auch auf Italien ausdehnen und sich das Papsttum unterordnen wollten, also im Grunde expansionistische Ziele hatten, die zur Zeit der Staufer allmählich aufgegeben wurden. Die Beziehungen zwischen dem von deutschen Kaisern regierten Heiligen Römischen Reich seit der Kaiserkrönung Ottos I. 962 bis zum Wormser Konkordat 1122, das den Investiturstreit, eine Auseinandersetzung um die Besetzung kirchlicher Ämter und die Positionierung in damaligen Kräfteverhältnissen der Mächtigen beendete, basierten auf ihrem Anspruch, ein universelles christliches Europa anzuführen, in dem es zwar selbständige Staaten wie Frankreich, Polen, Dänemark oder England gab, die sich aber noch nicht von ihren eigenen, nationalen, sondern von dynastischen Interessen leiten ließen. Man kann die Geschichte Europas bis zum Ende des Mittelalters nur beschränkt als eine von Nationalstaaten betrachten. Die mittelalterlichen Historiker, vor allem geistliche und weltliche Chronisten, zeichnen überwiegend Geschichten weltlicher Herrschergeschlechter, geistlicher Feudalherren und mitunter auch von Städten auf.

Auch in der mittelalterlichen Kultur kann nicht ohne Einschränkungen von nationalen Entwicklungen gesprochen werden. Im Ostfränkischen Reich, das nach dem Vertrag von Verdun 843 zum späteren Deutschland werden sollte, war zwar das Althochdeutsche die Sprache des Volkes, diese setzte sich aber relativ langsam gegen das Latein in der Hochkultur durch. In der deutschen Kulturgeschichte des Hochmittelalters entstehen neben lateinischen Literaturwerken (z.B. Chroniken, philosophische und theologische Schriften) auch Texte im Mittelhochdeutschen, der nächsten Phase der deutschen Sprachgeschichte. Die Überwindung der Latinität erfolgte allmählich erst seit der zweiten Hälfte des 11. Jahrhunderts, wobei zwischen der höfischen und der dörflichen Epik und Lyrik zu unterscheiden ist[164].

Ein Umstand unterscheidet Polen von Deutschland *in puncto* Sprache wesentlich, und das ist die Vielzahl der deutschen Mundarten, die in den einzelnen deutschen Territorien gesprochen und bis zur Entstehung einer vereinheitlichten deutschen Schriftsprache nach Luthers Bibelübersetzung auch geschrieben wurden. Die mundartlichen Unterschiede wie auch die unterschiedlichen Traditionen in den deutschen Ländern waren denn auch bis zur napoleonischen Ära in Deutschland ein Zeichen der Vielfalt. Wenn ein in Mittelhochdeutsch schreibender Autor wie

---

164 Leo Stern, Horst Gericke, *Deutschland von der Mitte des 11. bis zur Mitte des 13. Jahrhunderts*, Berlin 1983, S. 241.

Walter von der Vogelweide (um 1170–um 1230) sich in seinen *Reichs- und Kaisersprüchen* auf die Seite des deutschen Königs gegen den Papst stellte, so wurde er in einem DDR-Geschichtsbuch als „Künder eines Nationalgefühls" bezeichnet, das sich angeblich „trotz aller Widrigkeiten auch in Deutschland langsam herauszubilden begann"[165]. Diese Einschätzung scheint übertrieben zu sein, es sei denn, die DDR-Historiker meinten damit die damalige geistige und politische Elite, aber sicherlich nicht das einfache Volk. Erst im 15. Jahrhundert wird die Bezeichnung Heiliges Römisches Reich mit dem Zusatz „deutscher Nation" versehen, der sich aber nicht auf alle Schichten, sondern nur auf den Adel und das Bürgertum bezieht.

Während von einem Nationalgefühl um die Wende des 12. und 13. Jahrhunderts zu sprechen eine Übertreibung ist, scheint es berechtigt zu sein, frühestens seit Anfang der Neuzeit diesen Begriff zu benutzen. Die *Gravamina Nationis Germanicae* spiegeln das erwachende Bewusstsein der Deutschen wider, eine eigenständige Nation zu werden und gelten als Zeugen ihres aufkommenden Nationalgefühls. Sicherlich hatte Martin Luther die besagten Akten gekannt und bei den Deutschen das Gefühl gestärkt, dass es sich im Falle des Ablasshandels im Auftrag des Papsttums um Ausbeutung durch eine nichtdeutsche Institution handelte. Luthers Reformschrift des Jahres 1520 *An den christlichen Adel deutscher Nation von des christlichen Standes Besserung*, in der er die Deutschen aufrief, die Vormundschaft Roms abzuschütteln, kann entweder als patriotisch oder gar als nationalistisch gewertet werden, denn er wendet sich darin an die „edle deutsche Nation"[166]. Selbst wenn die Rolle Luthers bei der Entstehung eines deutschen Nationalgefühls überschätzt wird, weil noch andere, äußere Faktoren dazu beigetragen haben können, so hat er doch durch seine Bibelübersetzung, die einen Anstoß für Übersetzungen in andere Sprachen gab, nicht nur zur Entstehung einer überregionalen deutschen Hochsprache, des Neuhochdeutschen, sondern auch zur Entwicklung von Schriftsprachen anderer Nationen wesentlich beigetragen. Damit hat Luther die Nationwerdung europäischer Völker beeinflusst und deren Bewusstsein nationaler Eigenart gestärkt.

Im 17. Jahrhundert sollte die Entwicklung der deutschen Nationalsprache von Sprachreinheitsgesellschaften wie der Fruchtbringenden Gesellschaft oder den Pegnitzschäfern und ähnlichen Vereinen, die das Deutsche von fremden Einflüssen, vor allem dem „Welschen" reinigen wollten, verstärkt werden. Derartige Aktivitäten können als der Nationsbildung förderlich betrachtet werden. Aber in Zeiten der Zersplitterung Deutschlands, seiner Aufteilung in über 300 Reichsstände, die erst durch die „napoleonische Flurbereinigung" teilweise überwunden wurde, waren etwaige Konflikte bzw. Animositäten zwischen dem Heiligen Römischen Reich Deutscher Nation und seinen Nachbarn nicht auf nationaler (deutscher), sondern territorialstaatlicher (preußischer, bayerischer, württembergischer

---

165 Ebd., S. 201.
166 Wolfgang Landgraf, *Martin Luther. Reformator und Rebell*, 2. Aufl. Berlin 1982. S. 147.

usw.) Grundlage ausgetragen worden. Erst die napoleonische Besatzung Deutschlands (im geographischen, nicht im politischen Sinne, weil es einen solchen Staat damals nicht gab) weckte bei Teilen der Untertanen von Herrschern deutscher Territorialstaaten das Nationalgefühl, aus dem sich im Laufe des 19. Jahrhunderts ein mehr oder weniger ausgeprägtes Nationalbewusstsein der Deutschen entwickelte. Dabei spielten Persönlichkeiten des öffentlichen Lebens eine herausragende meinungsbildende Rolle: Ernst Moritz Arndt (1769–1860) mit seinen *Liedern für Teutsche* wie *Was ist des Deutschen Vaterland* oder *Der Gott, der Eisen wachsen ließ*; der Organisator des deutschen Turnwesens Friedrich Ludwig Jahn (1778–1852); Heinrich von Kleist (1777–1811), Verfasser unter anderem des *Katechismus der Deutschen*; Johann Gottlieb Fichte (1762–1814), der in seinen *Reden an die deutsche Nation* (1807–1808) die Gründung eines deutschen Nationalstaates erwog. Auch Studenten, die an den Befreiungskriegen teilnahmen und sich auf der Wartburg 1817 in einer gesamtdeutschen Organisation, der Allgemeinen Deutschen Burschenschaft[167], zusammenschlossen, waren Vorreiter nicht nur der Nationalstaatsidee, sondern auch des Nationalismus als politischer Idee. Nicht zu übergehen ist der preußische Nationalismus, aus dem nach der Reichsgründung von 1871 ein deutscher Nationalismus erwachsen ist. Allerdings darf er nicht als Gedankengut aller Deutschen pauschalisiert werden. Die Aktivitäten der Patrioten der Befreiungskriege und der Zeit danach sollten im Laufe des 19. Jahrhunderts und im 20. Jahrhundert Früchte tragen: die Gründung eines deutschen Nationalstaates; den Reichsnationalismus als Krönung der besagten Bestrebungen und den völkischen Nationalismus, entstanden noch im ausgehenden 19. Jahrhundert und voll entwickelt in der Zeit zwischen den beiden Weltkriegen.

Nach dem Zweiten Weltkrieg ist der deutsche Nationalismus ebenso wie der deutsche Militarismus und Imperialismus in Verruf geraten, nicht zuletzt durch weiter oben bereits erwähnte Re-Education-Maßnahmen. Nur partiell wurde in Westdeutschland die Entnazifizierung durchgeführt, viele ehemalige Nazis waren in staatlichen Ämtern und in der Politik tätig. Erst durch die 68er-Revolte wurden diese Entwicklungen augenscheinlich und durch die Töchter und Söhne der Vorkriegsgeneration verinnerlicht.

Ein weiterer Linksruck ist in den 2000er Jahren zu beobachten, als es verstärkt zur Verunglimpfung Deutschlands als eines freiheitlichen und demokratischen Staates kommt. Davon zeugen Internetportale junger Autoren und Wissenschaftler

---

167 Die Wartburg wird als Gründungsort der Allgemeinen Deutschen Burschenschaft in *Meyers Kleinem Lexikon Geschichte*, hrsg. von Meyers Lexikonredaktion, Mannheim u.a. 1987, genannt. Das *Wörterbuch der Geschichte* des Dietz Verlages Berlin 1983 datiert dieses Ereignis auf 1818. *Wikipedia* schreibt dagegen von der „Urburschenschaft", die sich auf der Wartburg die „Zusammenführung der Studentenschaft in eine einheitliche Organisation" zum Ziel setzte. https://de.wikipedia.org/wiki/Urburschenschaft, Zugriff am 4.6.2023.

wie z.B. *zeitgeschichte-online*, wo ein Podcast mit dem Titel „Über Rechte reden. Der deutsche Nationalismus nach 1945" des Leibnitz-Zentrums für Zeithistorische Forschung Potsdam abrufbar ist[168], der die Liberalisierung der Bundesrepublik Deutschland relativiert. Oder es werden „rechtsextremistische Auswüchse und Europa-feindliche Positionen" im heutigen Deutschland bemängelt und linksextremistische Aktivitäten gar nicht erwähnt, wie z.B. auf der Webseite der Landeszentrale für politische Bildung Baden-Württemberg[169]. Das Schlüsselwort der späten Nachkriegszeit in Deutschland ist „Vergangenheitsbewältigung", das nach *Wikipedia* falsch sei, weil „bewältigen" als „endgültig erledigt" verstanden werden kann, und stattdessen es nun richtiger sei, von der „Vergangenheitsaufarbeitung" zu sprechen[170]. Man muss den *Wikipedia*-Autoren dankbar sein, dass sie wenigstens die alten, heute angeblich als nicht mehr zeitgemäß benutzten Begriffe aus ihrer Enzyklopädie nicht streichen. Die Auseinandersetzungen um die Richtigkeit oder Falschheit von Begriffen liegen heute ganz auf der Linie der Streitigkeiten um politische Korrektheit, *Cancel Culture* und Gender-Deutsch, und es sind Auswüchse der Dominanz der Linken in der öffentlichen Debatte.

3.3.2 Der Nationalismus der Polen

Die Geschichte des polnischen Nationalismus ist viel kürzer. Durch das Fehlen des polnischen Staatswesens zwischen 1795 und 1918 und dadurch, dass die sozialen Schichten – Adel, Geistlichkeit und Bürgertum, die die nationale Idee auf polnischen Gebieten in der Zeit der preußischen, russischen und österreichischen Fremdherrschaft hätten tragen können, zahlenmäßig schwach und politisch einflusslos waren, konnten nationalistische Gedankengänge, ausgenommen im Exil, nicht einmal keimen. Die vom Adel und der Geistlichkeit unterdrückten Bauern, denen der nationale Gedanke angesichts ihrer Ausbeutung fremd war, standen den Erhebungen der Adligen von 1830 und 1863 gegen die russische Fremdherrschaft ablehnend gegenüber. Die politisch aktiven Polen – Adlige, Geistliche und vereinzelt auch Bürger und Arbeiter – konnten nur in Organen der drei Teilungsmächte wirken[171]. So standen im Mittelpunkt der Aktivitäten polnischer Politiker in Preußen und im Deutschen Reich der Kaiserzeit die nationale Frage und der Kampf gegen die Germanisierung, weniger die sozialen Konflikte zwischen Arbeit

---

168 https://zeitgeschichte-online.de/themen/ueber-rechte-reden-der-deutsche-nation alismus-nach-1945, Zugriff am 4.6.2023.
169 https://www.lpb-bw.de/kriegsende-1945undheute, Zugriff am 4.6.2023.
170 https://de.wikipedia.org/wiki/Vergangenheitsbewältigung, Zugriff am 4.6.2023.
171 1849 entstand die polnische Fraktion im Preußischen Landtag, und seit 1871 gab es eine ebensolche auch im Deutschen Reichstag. Zur Entwicklung der Aktivitäten polnischer Abgeordneter in Deutschland siehe Albert S. Kotowski, *Zwischen Staatsräson und Vaterlandsliebe. Die Polnische Fraktion im Deutschen Reichstag 1871–1918*, Düsseldorf 2007.

und Kapital. Erst die Entstehung eines polnischen Vielvölkerstaates nach dem Ersten Weltkrieg war der eigentliche Auslöser für nationalistisches Gedankengut und dessen Verbreitung durch mehrere Organisationen.

Die ethnische Differenzierung im Polen vor dem Zweiten Weltkrieg war den nationalen Kräften im Lande ein Dorn im Auge. Hinzu kamen die unterschiedlichen Vorstellungen führender polnischer Politiker bezüglich der Existenz des polnischen Staates, der gesellschaftlichen Verhältnisse, nicht zuletzt der Rechte der nationalen Minderheiten. Józef Piłsudski, einem einstigen Sozialisten, dem die Idee der Unabhängigkeit wichtiger war als die des Sozialismus, war es an der Westbindung Polens und an guten Beziehungen speziell zu Deutschland gelegen, und Roman Dmowski, einem Gegner des Erstgenannten, schwebte ein Bündnis Polens mit Frankreich und Russland vor. Die unterschiedlichen Vorstellungen der beiden führenden Politiker des wiedererstandenen polnischen Staates wirkten sich auf das Denken und Handeln politischer Eliten und insbesondere auf die Nationsauffassung aus. Das Piłsudski-Lager war allem Anschein nach weniger nationalistisch orientiert, es gruppierte sich um die Person seines Führers und unterordnete alle seine Aktivitäten seinem Willen und seinen politischen Vorstellungen. Demgegenüber stellte die Ende des 19. Jahrhunderts auf Initiative Dmowskis entstandene Nationale Demokratie, eine nationalistische, konservative und antisemitische Bewegung, die Festigung des Polentums, die Beseitigung jüdischer Einflüsse und die Stärkung des Katholizismus in den Mittelpunkt ihrer Aktivitäten. Zudem radikalisierte sie sich nach dem Maiumsturz Piłsudskis von 1926 und wurde zur außerparlamentarischen Opposition, anfangs als Großpolnisches Lager und 1934 einige Monate lang als Nationalradikales Lager (ONR), bis es bald verboten wurde und in den Untergrund ging. Dmowski war wohl der erste polnische Politiker, der anstelle der Russen die Deutschen als die eigentlichen Feinde der Polen sah. Diese Vorstellung von Deutschen ist nach wie vor fester Bestandteil des politischen Denkens polnischer Rechts- und Nationalkonservativer, auch in der PiS-Regierung und speziell im Denken des Führers dieser Partei, Jarosław Kaczyńskis, dessen Äußerungen über Deutschland ins Absurde und Abstruse reichen[172].

Die Bevölkerung Polens der Zeit zwischen den beiden Weltkriegen war ethnisch sehr differenziert – unterschiedlichen Angaben zufolge bewohnten das Land 65–69 % Polen, 14–16 % Ukrainer, 8,5–10 % Juden, mehr als 3–5 % Ruthenen oder

---

172 Um nur ein Beispiel zu geben: Am 25.9.2022 erzählte Kaczyński öffentlich bei einem Treffen in Opole/Oppeln von einem angeblichen Vorfall, bei dem polnische Europaabgeordnete auf Verlangen deutscher Reisender aus Waggons der 1. Klasse der Deutschen Bahn hinausgebeten wurden. Die Deutsche Bahn lehnte diese Anschuldigung ab und versicherte, dass sie Diskriminierung und Intoleranz nicht dulde. https://dziennikzachodni.pl/przewoznik-deutsche-bahn-reaguje-na-slowa-jaroslawa-kaczynskiego-czy-polacy-sa-usuwani-z-wagonow-pierwszej-klasy/ar/c1-16911689, Zugriff am 15.8.2023.

Weißrussen und sog. Einheimische (*tutejsi*), also Menschen ohne herauskristallisiertes Nationalbewusstsein, des Weiteren 2–4 % Deutsche, von denen nicht wenige ausgewandert sind, sowie als kleinere Minderheiten Russen, Litauer, Tschechen, Slowaken, Armenier, Tataren, Karäer, Roma, die alle die polnische Staatsbürgerschaft besaßen. Auch die geographische Verteilung der Bevölkerung im Vorkriegspolen hat zu ihrer sozialen und politischen Differenzierung beigetragen – im Osten des Landes, außer der Wojewodschaft Tarnopol (heute ukrainisch), waren die Polen eine Minderheit und die Ukrainer eine Mehrheit, in Westpolen dagegen überwog der Anteil der Polen. Von Gleichberechtigung aller Volksgruppen konnte nicht immer die Rede sein, denn die nationalistisch gesinnten, politisch einflussreichen Kreise der polnischen Bevölkerungsmehrheit wollten den Minderheiten nicht die gleichen Rechte einräumen, stattdessen kam es mehrfach zur Diskriminierung, z.B. zur Ausgrenzung von Juden an den polnischen Universitäten seit den 30er Jahren des 20. Jahrhunderts, der Ghettoisierung von jüdischen Studierenden[173], die darauf beruhte, dass jüdische Studenten und Studentinnen in den Hörsälen nur bestimmte Sitze benutzen durften[174] – eine „Erfindung" der polnischen rechtsextremen Organisation Nationalradikales Lager (*Obóz Narodowo-Radykalny*, Abk. ONR), die im heutigen Polen wieder zu Ansehen und Geltung gelangt.

Es sind überwiegend katholische Denker, die sich über den Nationalismus äußerten, was mit der verwobenen Geschichte Polens, seiner 123-jährigen Unfreiheit infolge der Teilungen der polnischen Adelsrepublik zusammenhängt. Die meisten polnischen Denker der Zeit nach der Wiederentstehung Polens nach dem Ersten Weltkrieg strebten einen polnischen Nationalstaat an, der sich auf die katholische Kirchenlehre stützen sollte, manchen von ihnen schwebte gar der Katholizismus als Staatsreligion vor. So war z.B. für den Dominikanerpater Jacek Woroniecki (1878–1949) der Nationalismus eine „doktrinäre Begründung von Tugenden, die allesamt den Patriotismus ausmachten. [...] der gesunde Patriotismus ist das Ergebnis tiefschürfender Überlegungen über die Nation und ihre Rolle im moralischen Leben des Menschen."[175] Ein anderer, ebenfalls der katholischen Kirche sehr nahe stehender Denker, der Juraprofessor Antoni Peretiatkowicz

---

173 Der polnische Begriff *getto ławkowe* ist ins Deutsche nicht übersetzbar. Die englische Bezeichnung in *Wikipedia* lautet *ghetto benches,* siehe https://en.wikipedia.org/wiki/Ghetto_benches, Zugriff am 15.8.2023.

174 Die Ausgrenzung jüdischer Studierender an den polnischen Hochschulen wurde im September 1937 vom polnischen Minister für Religiöse Fragen und Öffentliche Erziehung genehmigt. Die Rektoren durften die Sitzordnung in den Hörsälen nach Abstammung der Studierenden regeln. An der Universität Warschau hat der damalige Rektor am 5.10.1937 von dieser Maßnahme Gebrauch gemacht. https://www.jhi.pl/artykuly/lux-in-tenebris-lucet-rocznica-wprowadzenia-getta-lawkowego-na-uniwersytecie-warszawskim,1579, Zugriff am 15.8.2023.

175 https://prawy.pl/102445-patriotyzm-i-nacjonalizm/, Zugriff am 15.8.2023.

(1884–1956), meinte, ein so verstandener Nationalismus verteidige die Kirche und negiere keine universalen Ideen, er wisse um die Bedeutung der Religion für das nationale Leben[176]. Und der Jesuitenpater Jan Rostworowski (1887–1963) urteilte, der Nationalismus müsste zu einer katholischen Philosophiedoktrin werden, er verwirkliche nämlich die Durchsetzung von objektiven „nationalen Rechten" und komme auch der Demokratie gleich[177].

Die hier zitierten und resümierten Stellungnahmen zum Nationalismusbegriff stammen von angesehenen Persönlichkeiten der Vorkriegszeit und sind als Spiegelung des damaligen Verständnisses dieses Begriffes zu bewerten. Es war eine Zeit, in der der Nationalismus so gut wie keine Alternative kannte, weil außer der Sowjetunion, in der von einem „neuen, sowjetischen Menschen" die Rede war, und wo alle Einwohner dieses Vielvölkerstaates anscheinend rechtlich gleich waren, unabhängig von ihrer ethnischen Zugehörigkeit, der Nationalismus die dominierende Form der Organisation von Nationen bildete.

Die Idee eines katholischen Nationalstaates Polen oder gar eines katholischen Großpolens (*Wielka Polska Katolicka*) verkörpern Betreiber diverser Portale. Auf der Webseite des Sanktuariums der Gnädigen Muttergottes, der Schutzpatronin von Warschau *laskawa.pl* wird der ehemalige Primas von Polen, Kardinal Stefan Wyszyński (1901–1981) zitiert, der im Jahre 1957, also in der Zeit des politischen Tauwetters, in Anlehnung an den polnischen Jesuitenpater und Schriftsteller Piotr Skarga (1536–1612) die These formulierte, Polen werde entweder katholisch sein oder es werde gar nicht bestehen[178]. Das ist auch ein Kerngedanke der Anhänger eines katholischen Polens. Das nationalistische Portal *nacjonalista.pl* schreibt unverhohlen, „unser Ziel ist ein katholisches Großpolen"[179]. Ein anderes, von einem privaten User betriebenes Portal, *Katolicka Polska*, erhebt Forderungen wie die Krönung Jesu zum König von Polen[180]. Die Gleichsetzung von Polen mit dem

---

176 Ebd.
177 Ebd.
178 Im Polnischen lautet die These: *Albo Polska będzie katolicka, albo nie będzie jej wcale.* Piotr Skarga schrieb: „diese alte Eiche (also Polen) ist so gewachsen und kein Wind hat sie umgestürzt, weil Christus ihre Wurzel ist" (im Original: „*Ten stary dąb (czyli Polska) tak urósł, a wiatr jego żaden nie obalił, bo jego korzeń jest Chrystus.*") Zit. nach Aleksander Jacyniak, *Niepoprawny politycznie prorok*, https://www.laskawa.pl/node/374, Zugriff am 15.8.2023.
179 Mateusz Liwski, *Nasz cel to Wielka Polska Katolicka,* https://www.nacjonalista.pl/2016/10/29/mateusz-liwski-nasz-cel-to-wielka-polska-katolicka/, Zugriff am 15.8.2023.
180 https://katolickapolska.pl/jezus_krol_polski_1.html#a, Zugriff am 15.8.2023. Die Muttergottes Maria trägt seit der 2. Hälfte des 16. Jahrhunderts den Titel „Königin von Polen". Am 1.4.1656 wählte der polnische König Johann II. Kasimir Wasa Maria zu seiner Patrona und zur Königin seiner Lande.

Katholizismus ist im nationalistischen polnischen Ideengut ziemlich verbreitet. Allerdings gibt es unter den polnischen Rechten – wie bereits erwähnt – auch Befürworter von neuheidnischen Positionen, die aber eher zum äußersten Rand der rechten Szene gehören.

3.3.2.1 Der polnische Nationalismus rechter und linker Prägung

Der Nationalismus um die Wende des 20. und 21. Jahrhunderts ist eine soziale und politische Orientierung bzw. Strömung in erster Linie der Rechten und entfaltet sich außer in deren diversen Publikationen (Büchern, Broschüren, Manifesten, Plakaten und Flugschriften) in ihren Organisationen (Parteien, Vereinen) und Institutionen (Verlage, Stiftungen) sowie in den Medien. Kritiker des Nationalismus sprechen und schreiben vorwiegend über den rechten Nationalismus. Der linke Nationalismus wird eher marginal behandelt, obwohl er auch mit linkem Gedankengut konform gehen kann, etwa wenn er für die sozial benachteiligten Schichten des (eigenen) Volkes Sozialprogramme entwickelt, die seinen Angehörigen zugute kommen sollen[181].

Von einer ideologischen Polarisierung, wie sie in Deutschland seit der Bismarckzeit bis heute zum Alltag der Deutschen gehört, konnte erst nach der Wiedererstehung des polnischen Staates die Rede sein. Eine deutliche Abgrenzung zwischen Links und Rechts ist auch eines der markantesten Merkmale der politischen Szene in Polen bis heute, obwohl der heutigen Linken, wie bereits weiter oben erläutert, die zur Einflussnahme auf das politische Geschehen nötige Durchschlagskraft fehlt. In der Zwischenkriegszeit war das linke Ideengut in breiten Schichten des Volkes präsent, aber auch rechtsorientiertes Denken war in großen Teilen der Nation verbreitet. Der erste Premierminister, Jędrzej Moraczewski (1870–1941), war Sozialist, seine angekündigten Reformen stießen jedoch auf Widerstand der Kommunisten. Streitigkeiten gab es vom Anbeginn des polnischen Staatswesens 1918 bis zu seiner Niederlage 1939 sowohl zwischen den Linken selber als auch zwischen den Linken und Rechten.

Die tonangebende Kraft im Polen der Zwischenkriegszeit war die nationalkonservative und nationalistische Rechte, gestützt auf die katholische Kirche, die einen großen Einfluss auf das Kirchenvolk hatte, welches damals 62 % der Bevölkerung ausmachte. Eine progressive, weltoffene Linke hatte nach der Wiedererlangung der Unabhängigkeit Polens marginale Bedeutung. Die polnische Linke, und damit sind vor allem die Sozialisten gemeint, stellten übrigens die soziale Frage über die nationale. Dem anderen Part der Linken, den Kommunisten, war wiederum die Idee des Internationalismus näher als die des Nationalismus. Und die Tatsache,

---

181 Zur Begriffserläuterung siehe z.B. https://de.wikipedia.org/wiki/Linksnationalismus. Das Thema „linker Nationalismus" war unter anderem Gegenstand einer Tagung im März 2016 in Schwerte. Siehe https://www.hsozkult.de/conferencereport/id/tagungsberichte-6521, Zugriff am 15.8.2023.

dass die erstere Linie besonders von Aktivisten mit jüdischer Abstammung lanciert wurde, die für nationale Belange wenig Gespür hatten, war auch ein Umstand, der dem Gedeihen des Antisemitismus unter den national Gesinnten, aber auch unter vielen politisch uninteressierten Polen Vorschub leistete.

Der Nationalismus ist keineswegs nur eine Eigenschaft der Rechten, er hat auch unter den Linken seine Anhänger. Am Anfang der kommunistischen Herrschaft in Polen Ende der 40er Jahre des vorigen Jahrhunderts kam das Schlagwort von der „rechts-nationalistischen Abweichung" (*odchylenie prawicowo-nacjonalistyczne*) in die politische Debatte. Es ging dabei um den Kampf polnischer Stalinisten gegen den Führer der Polnischen Arbeiterpartei (*Polska Partia Robotnicza*, PPR) Władysław Gomułka und seine Gesinnungsgenossen, denen vorgeworfen wurde, beim Aufbau des Kommunismus nicht genügend engagiert gewesen zu sein und sich der Idee des Internationalismus zu widersetzen. Als rechts galt damals Gomułkas Zögern bei der Kollektivierung der Landwirtschaft in Polen, die letzten Endes nur partiell durchgeführt wurde, und seine Offenheit gegenüber einer Annäherung an die nichtkommunistische Bauernpartei (*Stronnictwo Ludowe*). In der Plenarsitzung des Zentralkomitees der Polnischen Arbeiterpartei hatte der Stalinist Bolesław Bierut Gomułka unter anderem eine nationalistische Einstellung gegenüber globalen Problemen vorgeworfen. Erst mit dem Ende des Stalinismus, im Zuge des sog. politischen Tauwetters 1956 wurde Gomułka rehabilitiert. Es wäre allerdings falsch, anzunehmen, Gomułka wäre tatsächlich ein „rechter Nationalist", vielmehr hatte der Begriff „rechts-nationalistische Abweichung", von Gegnern des damaligen Parteichefs geprägt, eine Propagandafunktion im Kampf gegen die Anhänger einer gegenüber der Sowjetunion angestrebten autonomen Entwicklung Polens.

Von einem linken Nationalismus unter den kommunistischen Führern in Zeiten der Volksrepublik Polen kann erst in den 60er Jahren gesprochen werden. Es sind die sog. Partisanen, Anhänger des kommunistischen Funktionärs Mieczysław Moczar, der damals Innenminister war und an der Spitze einer informellen Fraktion in der Polnischen Vereinigten Arbeiterpartei (PZPR) stand, die gegenüber „Liberalen" und „Kosmopoliten" in der Partei feindlich eingestellt war und die Partei dominieren wollte, indem sie sich der „national-patriotischen" und im Grunde einer nationalistisch-kommunistischen Rhetorik bediente. Nach dem Sechstagekrieg im Nahen Osten im Juni 1967 waren die Sympathien für Israel unter der Fraktion der „Liberalen" und „Kosmopoliten" in der Partei deutlich hervorgetreten und lösten bei den „Partisanen" negative Emotionen aus. Im März 1968 kam es zu einer offenen Auseinandersetzung zwischen den beiden Fraktionen, die mehrere kommunistische Funktionäre jüdischer Abstammung zur Emigration aus Polen zwang.

Rechtsorientiertes Verständnis des Nationalismus würden polnische Nationalkonservative wohl teilen. Auf der Webseite *Myśl Konserwatywna*, einem Forum polnischer Konservativer[182], finden sich Betrachtungen über den Nationalismus

---

182 https://myslkonserwatywna.pl. Der Untertitel der Webseite ist vielsagend: „Tradition hat Zukunft". Die Betreiber verstehen sich als Menschen, die an Gott glauben

aus der Feder von Jacek Bartyzel (geb. 1956), dessen Ansichten über den Nationalismus – unter ganz anderen äußeren Umständen formuliert, d.h. in Zeiten der Globalisierung, des weltanschaulichen und politischen Pluralismus, der europäischen Integration und der Idee der Überwindung von Nationalstaaten – als Rückfall in altes, nationalstaatliches Denken aus der Zeit vor der europäischen Integration zu bewerten sind[183]. Er definiert den Nationalismus als eine Anschauung, eine Einstellung und eine Bestrebung, die Nation als eine Art gesellschaftliche Bindung aufzufassen, die auf Loyalität von Individuen und kleineren Gruppen beruhe, auch als eine gesellschaftlich-politische Lehre und mitunter eine Ideologie, die sich zum Ziel setze, das nationale Bewusstsein und die nationale Solidarität zu wecken. Die besagte Lehre gebiete es, die Nation als eigentlichen Bezugspunkt für die Politik zu behandeln. Die Politik sollte sich dabei vom Interesse der Nation oder vom Wohl der Nation leiten lassen. Das setze die Existenz eines unterschiedlich verstandenen Nationalstaates voraus und bedeute eine polemische Ablehnung von politischen Anschauungen, Ideologien und Bewegungen, die die Existenz der nationalen Zusammengehörigkeit leugnen oder den nationalistischen Anschauungen zuwiderlaufende Konzeptionen gegenüberstellen: universalistische (z.B. den traditionalistischen Konservatismus), kosmopolitische (z.B. die freimaurerische Weltanschauung), individualistische (den Liberalismus) oder auf antagonistischen Klassengegensätzen beruhende (wie den Sozialismus)[184].

Die hier resümierte Einschätzung des Nationalismus aus der Feder eines dem Konservatismus geistig verpflichteten Wissenschaftlers kann man als neutrale Interpretation des besagten Begriffes lesen, im nächsten Abschnitt aber lassen sich einige gemeinsame Gedankengänge zwischen ihm und den Autoren der weiter oben zitierten *Metapedia* erkennen. Sein Verständnis des Nationalismusbegriffs liegt den heutigen Rechten nahe, er selbst versteht sich als Monarchist, seit 2013 ist

---

und über einen Staat nachdenken, der dem göttlichen Vorhaben gerecht wird. https://myslkonserwatywna.pl/idea/, Zugriff am 15.8.2023.

183 Nicht von ungefähr findet sich auf der Webseite der rechtsnationalen Organisation „Szturmowcy" (dt.: die Sturmmänner) eine Verteidigung Bartyzels, der im März 2019 auf Facebook einen antisemitischen Eintrag gepostet hat, der ein Disziplinarverfahren gegen ihn an seiner Universität in Thorn nach sich zog. Diese Verteidigung, die als „Wir stehen voll und ganz hinter Professor Bartyzel" überschrieben ist, endet mit der Forderung, dass die polnischen Hochschulen und Wissenschaftler vom „demoliberalen Gift" befreit werden und statt der Politik der Wissenschaft dienen sollten, wozu sie berufen seien. Die Seite ist nicht mehr abrufbar, der Text findet sich aber unter https://m.facebook.com/SzturmowcyNR/posts/murem-za-profesorem-bartyz elemiii-rzeczpospolita-i-jej-elity-w-totalnym-skarleniu/389003918594376/, Zugriff am 30.8.2023.

184 https://myslkonserwatywna.pl/prof-bartyzel-pojecie-nacjonalizmu-nacjonalizm-a-szowinizm-nacjonalizm-a-patriotyzm/, Zugriff am 15.8.2023.

er Ehrenmitglied des polnischen Kongresses der Neuen Rechten[185]. Bartyzel sieht im Nationalismus ein pejoratives, vor allem in „linken und extrem liberalen Kreisen" gängiges Epitheton, mit dem die Überbewertung oder gar Verabsolutierung der eigenen Nation bezeichnet und Hass gegenüber anderen Nationen und ethnischen Minderheiten gepriesen werde, die unterjocht und im Extremfall ausgerottet werden sollten. Was in dieser Erörterung des Nationalismusbegriffs auffällt, ist ihre scheinbare Objektivität, denn durch Stigmatisierung von „linken und extrem liberalen Kreisen" offenbart der Autor seine rechtskonservative Gesinnung. Das wird gleich am Anfang seines Beitrags deutlich, in dem er den polnischen Episkopat von heute den katholischen Lehren des Papstes Pius IX. (1792–1878) und des polnischen Primas Kardinal Stefan Wyszyński gegenüberstellt, die den Nationalismus und Patriotismus anders begriffen hätten und nicht den Lehren Josef Stalins gefolgt seien, der den Patriotismus und Internationalismus als etwas Gutes und den Nationalismus und Kosmopolitismus als etwas Böses verstanden habe. Der Gebrauch von anthropologischen und ethischen Kategorien wie „gut" und „böse" ist auch fester Bestandteil der von den Rechten vorgenommenen Einschätzungen politischer und gesellschaftlicher Ordnungen und ist hier deshalb nicht weiter verwunderlich.

3.4 Der Nationalismus in Polen unter der rechtskonservativen Regierung (2015-2023) mit Blick auf Deutschland

Während in Deutschland der Nationalismus in der Mehrheitsgesellschaft heute obsolet erscheint und überwiegend in Rechtskreisen verbreitet ist, wobei seine Anhänger nach außen hin den Eindruck erwecken, eher um die Aufrechterhaltung der deutschen Kultur, vor allem die Erhaltung und Pflege von Sprache, Sitten und Bräuchen besorgt zu sein, sind im heutigen Polen nationalistische Aufmärsche wie der bereits erwähnte sog. Unabhängigkeitsmarsch am 11.11. jeden Jahres von Losungen gekennzeichnet wie *Polska dla Polaków* (Polen für die Polen), die die Forderung nach Ausgrenzung von Nichtpolen einschließen. Dieser Marsch wird von der rechtskonservativen Regierung in Polen unterstützt, obwohl es dabei immer wieder zu Ausschreitungen und Exzessen kommt, darunter auch rassistischen, LGBT-feindlichen und antisemitischen. Im polnischen Staatsfernsehen wird der Aufzug in Schlagzeilen unterhalb des Fernsehbildschirms als „Großes Fest polnischer Patrioten" (*wielkie święto polskich patriotów*) gepriesen, während in dem sich als „frei" bezeichnenden Sender TVN vom „Marsch der Nationalisten" (*marsz narodowców*) gesprochen wird. Die beiden Losungen werden sicherlich bei denjenigen polnischen Nationalisten auf Ablehnung stoßen, denen die Öffnung polnischer Grenzen im letzten Jahrzehnt für über eine Million in Polen lebende

---

185 http://www.legitymizm.org/bartyzel, Zugriff am 15.10.2019.

Ukrainer, Weißrussen, Georgier und andere aus der ehemaligen UdSSR stammende Menschen, aber auch für Einwanderer aus islamischen Ländern zu weit gegangen ist. Die meisten dieser Einwanderer sind zur Regierungszeit der PiS-Partei nach Polen gekommen. Diese Öffnung Polens nach Osten hin (bei gleichzeitiger verbaler, aber nicht faktischer Ablehnung von Migranten aus islamischen Ländern) steht paradoxerweise im Widerspruch zum nationalen Denken der als nationalistisch geltenden Rechten. Schlagworte, die von Gegnern dieser Migranten nur leise ausgesprochen werden, wie *Ukry won* („Ukrainer raus") oder *Stop ukrainizacji Polski* („Stopp für die Ukrainisierung Polens") sind bei den Massenaufmärschen am 11.11., dem Nationalen Feiertag der Unabhängigkeit[186], (noch) nicht zu hören. Aber der Unmut der Polen über die in ihrem Land lebenden Ausländer aus der ehemaligen Sowjetunion ist unterschwellig vorhanden, wobei rassistische Vorfälle, etwa unter Fußballhooligans in polnischen Fußballstadien abgesehen, rudimentär sind.

Ein neuer Faktor, der die Einstellung von national gesinnten Polen zunehmend prägt, sind einige Millionen Ukrainer, die infolge des russischen Angriffskrieges nach Polen gezogen sind. Wenn sie länger oder für immer hier bleiben werden, wird in Polen die Zahl der Polen ukrainischer Herkunft[187] durch die ukrainischen Migranten um das Vielfache wachsen. Eine Regierung, die für sich beansprucht, die Belange der Nation vordergründig zu behandeln und durch Unterstützung der Eingewanderten die bereits bestehenden Engpässe beispielsweise bei der medizinischen Versorgung der Bevölkerung vertieft, kann sich den Vorwurf einhandeln, die Interessen der einheimischen Bürgerinnen und Bürger hintanzusetzen. Und diese Einstellung vieler Polen wird in den Sozialen Medien und in Kommentaren der User diverser Webseiten immer deutlicher.

Der Nationalismus der Rechten oder Rechtsnationalismus bedeutet, dass seine Ideologen und Anhänger ihr eigenes Volk in den Mittelpunkt des internationalen Gefüges stellen, es im „Völkerkonzert" die erste Geige spielen sehen wollen, ihrer Nation den gebührenden „Platz an der Sonne" sichern, ihr Territorium, früher auch „Lebensraum" genannt, sich als „Vaterland" Teil eines Ganzen (z.B. Europas) wünschen oder zumindest als solches erscheinen lassen wollen. Eine so verstandene Position der eigenen Nation in einer größeren Staaten- und Völkergemeinschaft ist auch mit der Idee eines Europa der Vaterländer vereinbar, die als Alternative zum

---

186 Die offizielle polnische Bezeichnung des polnischen Nationalfeiertags am 11.11. lautet *Narodowe Święto Niepodległości*. Sie wird in der deutschen *Wikipedia* fälschlicherweise als „Polnischer Unabhängigkeitstag", ohne das im Kontext dieser Betrachtungen wichtige Schlüsselwort *narodowe*, dt. „national", übersetzt. https://de.wikipedia.org/wiki/Unabhängigkeitstag_(Polen), Zugriff am 3.6.2023.

187 Es handelt sich um Nachfahren von Ukrainern, die im Zuge der „Aktion Weichsel" nach dem Zweiten Weltkrieg aus Südostpolen in die ehemals deutschen Ostgebiete zwangsumgesiedelt wurden.

Konzept der Vereinigten Staaten von Europa projiziert wird, die von den Nationalisten durchweg abgelehnt wird.

Die rechtsnationalen Positionen in Polen, etwa nationaldemokratische, sind ein geistiges Relikt aus der von ihren Anhängern verklärten Zwischenkriegszeit und leben unter der Regierung der Rechten in Polen wieder auf. Zum ersten Mal wandte sich der polnische Präsident Andrzej Duda anlässlich des Unabhängigkeitsmarsches, der am 11.11.2015 unter der Losung „Polen für die Polen, die Polen für Polen" stattfand, an seine Teilnehmer mit einem Unterstützungsschreiben, in dem er den Marsch als „ein schönes Fest junger inbrünstiger polnischer Herzen" bezeichnete. Die führende Kraft bei diesem Marsch waren Mitglieder der an die Nationale Demokratie aus der Vorkriegszeit anknüpfenden Nationalen Bewegung[188], also polnische Nationalisten, die auch in den Folgejahren die eigentlichen Veranstalter und Stimmungsmacher der Unabhängigkeitsmärsche sind. Ihr Bild wird fast jedes Mal von an diesen Manifestationen beteiligten randalierenden Hooligans verzerrt, aber neben Randalen sind auch antisemitische, antieuropäische, LGBT- und fremdenfeindliche Transparente und Parolen fester Bestandteil der Umzüge. 2021 hatte der Vorsitzende des Marsches, Robert Bąkiewicz (geb. 1976), am Anfang der Veranstaltung seine Teilnehmer in Warschau mit dem Ruf *Czołem Wielkiej Polsce!* (Sei gegrüßt, Großes Polen!) begrüßt und im Laufe seiner Ansprache gesagt, Polen werde durch Moskau mit Unterstützung von Belarus angegriffen[189]. Es werde auch von Deutschland attackiert, das europäische Institutionen nutze, um dem polnischen Staat die Souveränität zu rauben. Nicht nur an der polnisch-belarussischen Grenze tobe der Krieg, sondern auch mit der Europäischen Union. Die USA würden ihre hegemoniale Position aufgeben, und die Polen sollten die „Fackel der Bildung, der Zivilisation und des Christentums" in den Westen tragen, den es in mentaler, moralischer und zivilisatorischer Hinsicht nicht mehr gebe[190]. In seinen weiteren Auslassungen griff der damalige Chef des von der rechtskonservativen Regierung unterstützten Unabhängigkeitsmarsches die Deutschen als Urheber multikultureller und anderer Ideologien an, die zur Zerstörung von ganz Europa führen sollen, wie die LGBT-Ideologie und der von der EU-forcierte sog. Grüne Deal. Die Deutschen würden den Polen nicht nur ihre nationale, kulturelle, sondern auch ihre Geschlechtsidentität rauben, und diejenigen, die den Premierminister Mateusz Morawiecki kritisieren, allen voran

---

188 Adam Balcer, *W Polsce odradza się myśl endecka. Nie bez konsekwencji* (In Polen lebt das nationaldemokratische Denken wieder auf. Nicht ohne Konsequenzen), zuerst erschienen in der Zweimonatsschrift *Nowa Europa Wschodnia*, Nr. 3–4, 2016, siehe https://www.polityka.pl/tygodnikpolityka/historia/1660372,1,w-polsce-odradza-sie-mysl-endecka-nie-bez-konsekwencji.read, Zugriff am 15.8.2023.
189 Gemeint sind etliche Versuche von Migranten aus weit liegenden Ländern, die polnische Staatsgrenze von Belarus aus illegal zu passieren.
190 https://www.youtube.com/watch?v=7l-S0vxxXxM, Zugriff am 3.6.2023.

oppositionelle polnische Mitglieder des EU-Parlaments, aber auch die Opposition im Lande, nannte Bąkiewicz ein Polnisch sprechendes Gesindel (hołota)[191].

Außerhalb von Warschau finden am Nationalen Feiertag der Unabhängigkeit in mehreren Städten in Polen kleinere Aufmärsche statt. 2021 zog besonders der Umzug der Nationalisten in Kalisz die Aufmerksamkeit der polnischen und internationalen Öffentlichkeit auf sich. Dort rief der Anführer der Demonstration und Organisator zahlreicher Aufmärsche polnischer Nationalisten Piotr Rybak, der 2015 wegen der Verbrennung der Figur eines Juden auf dem Breslauer Marktplatz bekannt geworden war, zur Vertreibung der angeblich alle wichtigen Ämter und Stellen bekleidenden Juden aus Polen auf. Während dieser Kundgebung wurde statt einer „Juden-Puppe" eine Kopie des Statuts von Kalisz aus dem Jahr 1264 verbrannt, das eine Art Judenschutzbrief war. Die Verbrennung erfolgte unter Rufen der Beteiligten „Hier ist Polen, nicht Polin"[192].

Mit dem polnischen Unabhängigkeitsmarsch vergleichbare Aufmärsche von Nationalisten in Deutschland oder in Österreich sind erstens nicht so spektakulär groß, zweitens rufen sie sogleich ihre linken Gegner auf den Plan, drittens stoßen sie in der Öffentlichkeit oft auf Empörung und werden viertens von den staatlichen und kommerziellen Fernsehsendern nicht übertragen. Man kann diesen Sachverhalt als Ergebnis der jahrzehntelangen *Re-Education* der Deutschen[193] und deren Staatsfrömmigkeit, verstanden als Vertrauen in den Staat und Handeln nach Vorschrift, interpretieren.

Eine Durchsicht der mit Google gesuchten Ergebnisse bei der Phrase „Nationalismus heute in Deutschland" hat ergeben, dass das Thema überwiegend zur Geschichte gerechnet wird. Es finden sich dazu Verweise auf historische Publikationen und Medienbeiträge, auf Webseiten zur politischen Bildung u. ä. Auf der Suche nach deutschsprachigen Informationen zum Nationalismus wird der Benutzer auf Webseiten über den Nationalsozialismus und Rechtsextremismus umgeleitet, darunter auf Webseiten der Landesämter für Verfassungsschutz – in Hessen, das über „nationalistische Bestrebungen" im Kontext des „Extremismus mit Auslandsbezug" informiert[194], und in Bayern, das rechtsorientierte Ideologien,

---

191 https://dorzeczy.pl/opinie/224869/robert-bakiewicz-na-mn-na-to-nie-mozemy-pozwolic.html, Zugriff am 3.6.2023.
192 *Polin* ist die jiddische und hebräische Bezeichnung für Polen.
193 Zum Thema *Re-education* siehe das Buch des konservativen Schriftstellers und Verlegers Caspar von Schrenck-Notzing *Charakterwäsche. Die Re-education der Deutschen und ihre bleibenden Auswirkungen*, Graz 2004 und einige Sonderauflagen beim Kopp Verlag Rottenburg.
194 https://web.archive.org/web/20220929075943/https://lfv.hessen.de/extremismus/ausländerextremismus/erscheinungsformen/nationalistische-bestrebungen, Zugriff am 15.8.2023. Allerdings handelt es sich dabei nicht um deutsche, sondern um türkische Extremisten.

darunter den Nationalismus, beschreibt[195]. Auch der Antisemitismus wird auf der Suche nach Seiten über den „Nationalismus heute in Deutschland" thematisiert[196]. Alles in allem ist das Interesse am besagten Thema auf wenige Bereiche beschränkt und in der breiten Öffentlichkeit wohl nicht allzu aufsehenerregend.

---

[195] https://www.verfassungsschutz.bayern.de/rechtsextremismus/definition/ideologie/nationalismus/index.html, Zugriff am 15.8.2023.
[196] https://www.anders-denken.info/informieren/moderner-antisemitismus, Zugriff am 15.8.2023.

4 Abschließende Betrachtungen: Rechte und linke Werte

Der Nationalismus ist ein „Zwillingsbruder" des Konservatismus, bei dem althergebrachte Werte und Normen, Vaterlandsliebe, nationale Identität samt dazugehörigen Aspekten wie Sprache und Kultur, auch Respekt vor der nationalen Geschichte und ähnliche, das Denken seiner Ideologen und Anhänger prägende Gedankengänge als seine Grundpfeiler anzusehen sind. Er ist zum einen eine dem klassischen Liberalismus entgegengesetzte Strömung, da er nicht das Individuum, sondern die Gemeinschaft, im gegebenen Fall die Nation, das Volk, in der Nazizeit auch Volksgemeinschaft genannt, in den Mittelpunkt seines Denkens und Fühlens stellt. Zum anderen kennen wir aus der Vergangenheit auch politische Gruppierungen der Nationalliberalen im Deutschland des 19. Jahrhunderts, wie die Nationalliberale Partei (gegr. 1867) und die spätere Deutsche Volkspartei (gegr. 1919), oder die kurzlebige Nationale Reichspartei (1924–1933), die alle die Festigung der nationalen Gemeinschaft auf liberaler Grundlage anstrebten, ohne jedoch in den Nationalismus oder gar Chauvinismus zu verfallen.

Der Nationalismus ist in der vorliegenden Studie einer der Kernpunkte der Untersuchung. Die wirtschaftliche Entwicklung Deutschlands erforderte einen Rückgriff auf ausländische Arbeitskräfte, womit eine verstärkte Einwanderung sowohl dieser Arbeitskräfte als auch von deren Angehörigen verbunden war und wodurch Deutschland zu einem Einwanderungsland geworden ist. Während noch in den 80er und 90er Jahren dieser Begriff in Bezug auf die Bundesrepublik umstritten war, wird er seit der Jahrtausendwende immer häufiger benutzt und spiegelt die Realien wider[197].

---

197 Die 2022 auf 23,8 Mio. geschätzte Zahl von Menschen mit sog. Migrationshintergrund in Deutschland, das sind 28,7 % der Gesamtbevölkerung, ist keine feste Größe, weil die Zuwanderung anhält und die besagte Zahl steigen wird. 11,6 Mill., das sind 14,6 % der Einwohner Deutschlands, sind Ausländer. Auf der Webseite der Bundeszentrale für Politische Bildung findet sich zum 29.4.2023 zur sozialen Situation in Deutschland folgende Konstatierung: „Mittelfristig wird sich der Anteil der Personen mit Migrationshintergrund weiter erhöhen: Im Jahr 2022 hatten in Deutschland 41,6 % aller Kinder unter fünf Jahren einen Migrationshintergrund – in der Gruppe der 45- bis unter 55-Jährigen lag der entsprechende Anteil im selben Jahr bei 29,9 % und bei den 85- bis unter 95-Jährigen bei 9,7 %." https://www.bpb.de/nachschlagen/zahlen-und-fakten/soziale-situation-in-deutschland/61646/migrationshintergrund, Zugriff am 15.8.2023.

4.1 Ein Kampf um Wörter oder um Werte?

Ein Außenbeobachter der politischen und gesellschaftlichen Szene in Deutschland wird immer wieder mit gegenseitigen Angriffen von Linken und Rechten konfrontiert. Das hat eine lange Tradition in Deutschland, angefangen im Kaiserreich (z.B. Bismarcks Kampf gegen die Sozialdemokraten oder der Kulturkampf), in der Weimarer Republik (blutige Auseinandersetzungen zwischen radikalen Rechten und Kommunisten) mit Unterbrechungen in der Nazizeit und in der DDR. In der Bundesrepublik vor der Wiedervereinigung lebte der Kampf zwischen Links und Rechts im Zuge der 68er Bewegung wieder auf, allerdings nicht mehr so gewalttätig wie in der Weimarer Republik (von den Aktivitäten der Roten Armee Fraktion einmal abgesehen).

Über den Kampf um Wörter gibt es bereits mehrere Publikationen, darunter das mit diesem Schlagwort betitelte und weiter oben bereits erwähnte Buch von Martin Greiffenhagen[198]. Und die Suche mit der Google-Suchmaschine ergibt auch mehrere Treffer, darunter solche wie „besetzte Begriffe in der Politik" sowie weitere Schlagworte wie politische Korrektheit, ideologische Sprache (DDR) u.a.

Speziell der Konfrontation von Rechten und Linken widmete sein Buch Klaus Hoff (Jg. 1936), ehemaliger Mitarbeiter Helmut Kohls und Alfred Dreggers, in dem er die fundamentalen Gegensätze zwischen beiden Gesinnungen auf lapidare Weise thematisiert[199]. Im ersten Teil stellt er die Grundlinien linksorientierter Menschen dar: 1. den Glauben an das Gute des Menschen, den J. J. Rousseau repräsentiert; 2. den Hang zur Herstellung von Tugend und Moral durch Terror, verkörpert von M. de Robespierre; 3. den „messianischen Machtanspruch" von K. Marx. Die Grundlinien rechter Orientierung würden Gegenstücke linken Denkens sein, also die Skepsis gegenüber dem Glauben an das Gute des Menschen, das Misstrauen gegenüber der Überzeugung, dass Menschen mit politischen Machtmitteln zum moralischen Handeln verleitet werden und den im Grunde irrationalen Glauben an die Machbarkeit eines neuen Menschen und einer neuen Menschheit aufgeben.

Im zweiten Teil umreißt Hoff die Welt der Rechten: 1. ihre Ablehnung der Revolution und ihren Hang zu Reformen, verkörpert von E. Burke; 2. die Überlegenheit der Freiheitsidee gegenüber der „Knechtschaft" – als Pate steht im Buch A. de Tocqueville, wobei der Autor noch andere Denker hätte hinzurechnen können, allen voran F. A. von Hayek und die Ordoliberalen.

Im dritten Teil exemplifiziert Klaus Hoff Konfrontationen zwischen Linken und Rechten aus seiner Zeit und davor. Sie gelten Auseinandersetzungen mit Th. Adorno, M. Horkheimer, H. Marcuse und dem Denken der Frankfurter Schule, unter anderem mit K. Popper, die in der Maxime gipfeln sollten, „das Maß aller

---

198 *Kampf um Wörter? Politische Begriffe im Meinungsstreit*, hrsg. u. eingel. von Martin Greiffenhagen, zuerst erschienen 1980 in München im Hanser Verlag, dann im selben Jahr in der Schriftenreihe der Bundeszentrale für Politische Bildung in Bonn.
199 Klaus Hoff, *Rechts und Links – zwei Schlagworte auf dem Prüfstand*, a.a.O.

Dinge" sollte nicht die Menschheit (das ist die Auffassung der Linken), sondern der Mensch sein, was eine Forderung der Rechten ist. Der Autor geht auch in Anlehnung an E. Fromm und K. Lorenz der Frage auf den Grund, ob die Destruktivität und Grausamkeit des Menschen erworben oder angeboren seien, aber auch auf den Glauben an die „Veränderbarkeit" des Menschen und der Welt, an die „Machbarkeit" einer „idealen Gesellschaft", welcher die Linken zustimmen und welche die Rechten ablehnen. Der Abschnitt „Das gute Sein und das böse Haben" bringt die Auseinandersetzung zwischen Rechten und Linken auf den Punkt: Die Idealisierung des Seins und die Verdammung des Besitzens durch die Linken sind Einstellungen, die die Rechten nicht akzeptieren können. In Wirklichkeit sind Habsucht, Egoismus, Neid und ähnliche Charaktereigenschaften sehr vielen Menschen auch mit linker Gesinnung eigen (nur wollen sie diese nicht eingestehen). Anfang der 70er Jahren des vorigen Jahrhunderts wurde z.B. in Hessen versucht, die Schüler durch linke, d.h. die obige ambivalente Einstellung zum Sein und Haben verändernde Erziehung zu beeinflussen. Hoff überschrieb diesen Abschnitt seines Buches als „Die Schule der Indoktrination". Nur war damit nicht etwa die Schule in der DDR, sondern die in der alten Bundesrepublik gemeint. Das Beispiel bezog sich auf Hessen, das anscheinend von den Denkern der Frankfurter Schule in seiner geographischen und geistigen Nähe beeinflusst gewesen sein musste, obwohl angenommen werden darf, dass auch in anderen Bundesländern derartige Gedankengänge unter linken Politikern verbreitet waren.

Die Politik im Westdeutschland der 70er Jahre stand unter dem allgegenwärtigen Einfluss der 68er-Bewegung, und eine der Früchte damaliger Zeit war die besagte „Schule der Indoktrination". Im Abschnitt „Revolte gegen die Natur" greift Hoff die Frage nach dem Geltungsbereich des fundamentalen politischen Grundbegriffes der Demokratie und seiner zwei Kategorien – der Freiheit und der Gleichheit – auf. Die damaligen Versuche der „Demokratisierung aller Lebensbereiche" beruhten auf der falschen Vorstellung, die Demokratisierung sollte nicht nur die Politik, sondern auch die Familie, die Arbeitswelt, die Schulen und Universitäten umfassen: „Zu behaupten, dass sich der Mensch von den Fesseln jeglicher Erziehung, Führung und Belehrung durch Ältere befreien müsse, weil er sich erst dann voll entfalten könne, sei nichts anderes als eine ‚Revolte gegen die Natur': Hass auf die natürlichen Bedingungen unseres Lebens."[200] Man kann sich als Linker gegen die These von der natürlichen, also angeborenen Ungleichheit der Menschen sträuben. Dass es aber zwischen den Menschen Unterschiede jeglicher Art gibt, und zwar im physischen Bereich etwa in Größe, Gewicht, Hautfarbe, körperlicher Leistungsfähigkeit, Gesundheit, Charaktereigenschaften, auch im geistigen Bereich etwa in Begabung, Lernfähigkeit, Ausbildung u.a., wird wohl kein denkender Mensch in Frage stellen. Aber diese Unterschiede können nicht durch menschliches Wollen und Handeln ausgeglichen werden, obwohl es in der

---

200 Klaus Hoff, *Rechts und Links*..., a.a.O., S. 96.

Geschichte schon mehrmals Versuche gegeben hat, die Menschen gleichzumachen. Letzten Endes scheiterten sie, aber die Opfer solcher Versuche konnten von diesem Scheitern, von unternommenen Wiedergutmachungen einmal abgesehen, kaum oder gar nicht mehr profitieren.

Klaus Hoff schrieb sein Buch, das 1992 erschienen ist, in einer Zeit, in der nicht so sehr die Auswirkungen von Ideen der 68er-Bewegung im Mittelpunkt der Debatte über Links und Rechts standen, sondern die Wiedervereinigung Deutschlands, die das Denken und Fühlen der Deutschen bestimmte. Die Lektüre seiner Ausführungen nach dreißig Jahren seit deren Veröffentlichung erlaubt es, die darin enthaltenen Überlegungen mit Distanz zu betrachten. Sie sind aus konservativer Position geschrieben, war doch der Verfasser selbst Politiker und politischer Berater konservativer Politiker, der zugleich als ehemaliger Journalist beim Schreiben im publizistischen Stil viele detaillierte Quellen zum Thema „Rechts" und „Links" berücksichtigte, die auch heute zum Nachdenken über beide Schlagworte und die mit ihnen bezeichneten politischen Gegner anregen. Das Buch kann auch als eine Sammlung von Grundideen gelesen werden, die die Rechten von den Linken trennen.

Das Schlagwort vom Kampf um Wörter ist aus der öffentlichen Debatte wohl nicht mehr wegzudenken, und es prägt auch die Einstellungen der Konfliktparteien zueinander. Heute scheint es ein Kampf um Werte zu sein, von denen sich die Menschen in ihrem Leben leiten lassen sollten in einer Zeit der Wiederkehr des Irrationalismus, der Preisgabe aufklärerischer Ideen: der Vernunft, des selbständigen Denkens, der Selbstverantwortung, der Freiheit und des Mutes zur Kritik (Immanuel Kant lässt grüßen!). Bislang spielt sich dieser Kampf in gedruckten und elektronischen Publikationen und im Internet ab, neuerdings aber auch auf Straßen und Plätzen, obwohl gerade die Gegner der vom Staat eingeführten Maßnahmen als die Unvernünftigen, Ungebildeten und Unangepassten vom Mainstream beschimpft und lächerlich gemacht werden. Die Minderheit der Ungeimpften und Impfungsunwilligen etwa wird von Vertretern des Staates als Querdenker und Unvernünftige, ja sogar als Mörder bezeichnet, so etwa ein Polizist im sächsischen Pirna am 29.11.2021[201].

Medien sind mittlerweile zum Schauplatz von psychischer Gewalt geworden – man denke etwa an *Hate speech*, die den Rechten von den Linken vorgeworfen wird, obwohl die Letzteren sich auch beleidigender Ausdrücke bedienen, um den Gegner schlecht zu machen. Man denke an *Cancel culture*, die von den Linken als Maßnahme gegen diejenigen angewandt wird, die sich durch den Gebrauch ihrer Freiheitsrechte unbeliebt gemacht haben. Die davon betroffenen Menschen werden verunglimpft, mitunter ökonomisch geschädigt, und das unabhängig von deren politischer Orientierung und weltanschaulicher Gesinnung. Kritiker des

---

201 https://www.berliner-zeitung.de/news/polizist-sie-sind-ein-indirekter-moerder-weil-sie-hier-andere-leute-anstecken-li.199382, Zugriff am 15.8.2023.

politischen und kulturellen Mainstreams sind davon besonders betroffen. Man denke auch an Hetzkampagnen gegen Journalisten, die gegen den Strom, den Mainstream schwimmen, wie Eva Herman, die in ihrem Buch *Die Wahrheit und ihr Preis* als von einer gegen sie gerichteten Kampagne Betroffene folgende überzeugenden Worte über die Sonderstellung der Deutschen schrieb:

> „Die Art und Weise, mit der hier gegen Andersdenkende vorgegangen wurde, sollte uns mahnen und unsere Wahrnehmung schärfen. Denn wir Deutsche sind nun einmal eine Gesellschaft mit einer extrem belasteten, schwierigen Vergangenheit, in der mit mörderischen Verhaltensweisen, mit Zynismus und tief verletzender Überheblichkeit über Leben und Tod gerichtet wurde. [...] Wir dürfen nicht vergessen, dass wir und auch unsere Eltern nun einmal die Nachfolgegenerationen der Nazizeit sind. Wir tragen nicht nur die schwere Schuld mit, wir stehen auch in der Verantwortung, künftige Sachverhalte genauestens zu prüfen, bevor wir sogenannte Andersdenkende gemeinschaftlich richten und erledigen. Und wir dürfen niemals aufhören, uns weiterhin konsequent einzusetzen für jene wahren Werte, die die Menschen nun einmal zusammenhalten: für die Liebe, die Gerechtigkeit und für die Freiheit, wobei ich hier über die Freiheit des Geistes spreche."[202]

Freiheit des Geistes schließt auch Meinungs- und Redefreiheit mit ein. Eine Umfrage des Instituts für Demoskopie Allensbach vom Dezember 2023 hat gezeigt, dass sich Ende dieses Jahres nur 44 Prozent der Deutschen trauen, frei zu reden. 1990 waren es 78 %. 40 % meinen heute, es sei besser, vorsichtig zu sein, 1990 dachten so nur 19 %.[203] Es sieht danach aus, dass eine der Bürgerfreiheiten in Deutschland gefährdet ist.

4.2 Konstitutive Bestandteile rechtskonservativer Wertorientierung

Bei der Beschäftigung mit dem Gedankengut der Rechten lassen sich seine axiologischen Grundpfeiler und Abzweigungen herausarbeiten. Rechte Intellektuelle in rechtsorientierten Organisationen wie dem Institut für Staatspolitik[204] gliedern sie in einige konstitutive Bereiche, die zwar auch in anderen politischen Orientierungen, darunter den linken, präsent sind, die aber ihre eigentümlichen rechtskonservativen Konnotationen haben. Das besagte Institut arbeitet über folgende Themen, die alle zusammen die „staatspolitische Ordnung" ausmachen: Staat und

---

202 Eva Herman, *Die Wahrheit und ihr Preis*, a.a.O., S. 259.
203 Die obigen Angaben stammen aus der Fernsehsendung RTL-Aktuell vom 19.12.2023. Siehe auch https://www.zeit.de/politik/deutschland/2023-12/meinungsfreiheit-zensur-studie-freiheitsindex-deutschland-2023, Zugriff am 26.12.2023.
204 Zu den Arbeitsgebieten des IfS siehe https://staatspolitik.de/arbeitsgebiete/, Zugriff am 15.8.2023.

Gesellschaft, Politik und Identität, Zuwanderung und Integration, Erziehung und Bildung, Krieg und Krise, Ökonomie und Ökologie[205]. Jedes dieser Doppelthemen wird aus dem Blickwinkel der Rechten angegangen, und dieser bestimmt die Einstellung zu den jeweiligen Phänomenen. Betrachten wir die einzelnen Themenbereiche auf der Webseite des IfS näher.

Beim Thema **Staat und Gesellschaft** gehen die Betreiber der Webseite von der Annahme aus, dass der Staat nach wie vor Garant für Recht und Ordnung bleiben müsse, wobei das Verhältnis des Staates zur Gesellschaft gestört sein kann, wenn diese überansprucht wird. Demographie, Wirtschaft, Kriminalität und Parallelgesellschaft sind weitere Themen in dieser Sparte, wobei Betrachtungen über die demographische Entwicklung im Angesicht der Masseneinwanderung sogleich von Befürchtungen um die wirtschaftliche Entwicklung begleitet sind, besonders wenn statt hochqualifizierten Arbeitskräften Menschen ohne Ausbildung ins Land kommen, die erst mit hohem Zeit- und Geldaufwand auf ihre Berufstätigkeit vorbereitet werden müssen. Ausländerkriminalität und die Entstehung von Parallelgesellschaften gehören ebenfalls zu den Fundamentalthemen rechter Debatte. Was die Autoren der „Denkfabrik der Neuen Rechten", wie das IfS in *Wikipedia* bezeichnet wird, über die Rolle des Staates und dessen Gefährdung durch Interessengruppen, Lobbyisten, aber auch über die Beeinflussung des Rechtsstaates durch die Politik schreiben, haben bereits in den dreißiger und vierziger Jahren des 20. Jahrhunderts die Gründungsväter des Ordoliberalismus wie Wilhelm Röpke, Alexander Rüstow und Franz Böhm geschrieben. Ihre Überlegungen fanden dann im Konzept der sozialen Marktwirtschaft Alfred Müller-Armacks und Ludwig Erhards ihre Ausprägung, bis Ende der 60er Jahre durch die Studentenrevolte dem Konzept Einhalt geboten wurde, zum Leidwesen nicht nur seiner Gründungsväter, sondern wohl auch der um eine Trennung von Staat und Wirtschaft, von Politik und Rechtsetzung, ebenso wie um eine authentisch freie Meinungsbildung und Presse bemühten liberaldemokratischen Öffentlichkeit. Hätten die Ordoliberalen ihre Ideen nicht vor 70–80 Jahren, sondern heute erst verbreitet, wären sie wahrscheinlich als Rechte verschrien worden – zu ihren Lebzeiten war das kein Schimpfwort der Linken, zumal diese damals, in Zeiten des Kalten Krieges und der in der öffentlichen Debatte dominierenden antikommunistischen Rhetorik, auch nicht allzu lautstark ihre Positionen präsentieren durften.

Das Thema **Politik und Identität** wird aufs Engste mit der nationalen Identität verbunden. Die Betreiber der Webseite stellen kategorisch fest: „Ohne eine nationale Identität wird es für Deutschland keine Zukunft geben."[206] Und dieser konservative Wert werde nicht nur wie schon immer von der politischen Linken bedroht, welcher ja bekanntermaßen eine (kommunistische) Internationale vorschwebte, sondern heute auch von der „Sozialdemokratisierung der sogenannten Mitte", worunter

---

205 https://staatspolitik.de/arbeitsgebiete/, Zugriff am 15.8.2023.
206 https://staatspolitik.de/arbeitsgebiete/, Zugriff am 15.8.2023.

die Übernahme von linken Gedankengängen auch in den christlich-konservativen und konservativ-liberalen Kreisen der CDU/CSU und FDP sowie ihrer Anhänger „Allgemeingut" geworden sei. Es überwiegt in der deutschen Gesellschaft eine dem Multikulturalismus gegenüber aufgeschlossene Einstellung bei gleichzeitigem „geschichtspolitischem Missbrauch der deutschen Vergangenheit", worunter „Irrtümer, Lügen und gutgemeinte Halbwahrheiten" gemeint sind – man darf annehmen: in der Geschichtsschreibung, der historischen Publizistik, in der Literatur und der breit verstandenen Kunst mit historischer Thematik.

Im Mittelpunkt der Arbeit des IfS wie überhaupt rechter Organisationen, Institutionen, Medien und deren Webseiten steht das Thema **Zuwanderung und Integration**. Zur Begründung seiner Wichtigkeit heißt es auf der Homepage des IfS: „Viele Migranten kommen aus ganz anderen Kulturkreisen, haben vollkommen andere ethische Maßstäbe, was die mangelnde Wertschätzung des Staates einschließt, bedrohen den Rechtsfrieden und verachten die deutsche Mehrheitsgesellschaft."[207] Im Vergleich zu vielen Internetportalen rechter Organisationen, Blogs und Medien, die an das Thema stark emotional herangehen, klingt die obige Beschreibung der Einwanderungsrealien in Deutschland nahezu beschwichtigend. Linke Befürworter der Einwanderung werden solche Behauptungen anstößig finden, sind sie doch von der „Bereicherung" der heimischen Kultur durch die Migranten und von Möglichkeiten deren langfristiger Anpassung an ihre neue Lebenswelt überzeugt.

Den Bereich **Erziehung und Bildung** sehen die Betreiber der IfS-Webseite als „beliebteste Spielwiese für gesellschaftliche Utopien", worunter die „jahrzehntelange Misswirtschaft" an Schulen und Universitäten mit implizierter Dominanz der Linken gemeint ist, die überwunden werden müsse.

Beim Thema **Krieg und Krise** handelt es sich um eine Erweiterung des bislang in der Diskussion dominierenden Themenkomplexes „Krieg und Konfliktforschung". Das IfS will das Thema „Krieg" zur Staatspolitik in Bezug setzen – eine sowohl in den Leitmedien als auch in der Wissenschaft in Deutschland schier totgeschwiegene Denkart angesichts der historischen Erfahrungen im 20. Jahrhundert. Die Betreiber der Webseite geben zu, die Konsequenzen des „staatlich verordneten Pazifismus"[208] oder die Auswirkungen von Auslandseinsätzen der Bundeswehr auf die psychische Verfassung der Deutschen nicht in den Mittelpunkt ihrer Interessen stellen zu wollen. Stattdessen beabsichtigen sie, den unterschiedlichen Facetten der Krisen und ihren politischen Auswirkungen auf Deutschland mehr Aufmerksamkeit zu widmen.

Die Themen **Ökonomie und Ökologie** sind neue Arbeitsgebiete des IfS, wobei deren Verknüpfung anderen Gedankengängen entspringt als etwa bei den Linken und Grünen, die sie nach Ansicht der Autoren der Webseite monopolisierten. Das neue und andere Verständnis von Ökologie als einer „Form des Heimatschutzes und der

---

207 https://staatspolitik.de/arbeitsgebiete/, Zugriff am 15.8.2023.
208 Der Pazifismus der Deutschen kommt unter anderem in der Losung der Ostermärsche „Für Frieden und gegen Waffenlieferungen" zum Ausdruck.

Schöpfungsbewahrung" deutet auf die Verbundenheit von Wirtschaft und Umwelt hin, in der sie sich entweder entwickelt oder zugrunde geht. Bemängelt wird in diesem Zusammenhang die „zunehmende Selbstentmündigung des deutschen Bürgertums", also der klassischen Gesellschaftsschicht, auf die das Wirtschaftsleben aufgebaut war, ohne Rücksicht auf andere soziale Schichten und Gruppen.

Mag die obige Zusammenstellung von Schlüsselthemen nur eines einzigen Internetportals fragmentarisch wirken und das Denkspektrum seiner Betreiber nicht ausschöpfen, es mag auch nicht originär, sondern ein kompilatorisches Sammelsurium von Ideen, Denkanstößen und Überlegungen früherer Denker sein – Fakt ist, dass bestimmte Gedanken, Auffassungen, Standpunkte in bestimmten Kreisen wiederkehren und neu formuliert zur Debatte kommen. Das, was sie voneinander unterscheidet, ist der Zeitpunkt, zu dem sie zur Diskussion gestellt werden, die Form, in der es getan wird, und nicht zuletzt die Wirkung, die sie auslöst. Im Falle der Webseiten von rechtsorientierten Organisationen bzw. Institutionen, Medien und Blogs, die Gegenstand der nachstehenden Dokumentation sind, handelt es sich um inhaltlich und formell Gemeinsamkeiten aufweisende Publikationsplattformen, die der interessierten Öffentlichkeit Einblicke in deren Gedankenwelt geben. Ihre Anhänger werden sich bei der Beschäftigung mit ihnen in ihrer eigenen Denkart bestätigt fühlen, zufällige Betrachter werden vielleicht zu Sympathisanten, während ihre Gegner oder gar Feinde auf diesen Webseiten zu Aktivitäten gegen die Betreiber der Seiten herausgefordert werden[209].

Als Außenbetrachter kann man sich bei der Untersuchung rechter deutscher Webseiten und deren Einschätzungen durch ihre Gegner des Eindrucks nicht erwehren, dass sie eine Parallelwelt abbilden oder als Alternative zu der vorherrschenden althergebrachten, „amtlichen" deutschen Politik, aber auch des breit verstandenen Mainstreams funktionieren – der Medien, der Geschichtsschreibung, Pädagogik u.a., die als Leitpresse und *per analogiam* als Leitgeschichtsschreibung, Leitpädagogik usw. bezeichnet werden können. Sie werden von der im öffentlichen Diskurs dominierenden Linken, die auch in der deutschen Version der *Wikipedia* den Ton angibt, worauf die Betreiber dieser Webseiten mehrfach hinweisen, drangsaliert, sind Angriffen nicht nur seitens sog. Qualitätsmedien, sondern auch vonseiten staatlicher (Verfassungsschutz) sowie privater und gesellschaftlicher Organisationen, wie der Amadeu Antonio Stiftung unter Druck gesetzt, die z.B. gerichtliche Entscheidungen zuungunsten der Betroffenen erwirken (Strafgelder, einstweilige Verfügungen u.a.).

---

209 In der *Heute*-Sendung des ZDF vom 26.4.2023 wurde bekanntgegeben, dass das IfS sowie zwei weitere Organisationen, die auch in vorliegender Studie vorgestellt wurden, nämlich *Ein Prozent* und die Jugendorganisation der AfD, *Junge Alternative*, vom Verfassungsschutz „jeweils als gesichert rechtsextremistische Bestrebung eingestuft und weiterbearbeitet" werden. https://www.verfassungsschutz.de/SharedDocs/pressemitteilungen/DE/2023/pressemitteilung-2023-2-ifs-ein-prozent-ja.html, Zugriff am 26.4.2023.

Dass die sog. Qualitätsmedien nur scheinbar das Prädikat „Qualität" für sich in Anspruch nehmen können, haben Aussteiger aus diesen Medien wie Udo Ulfkotte oder Eva Herman[210] bewiesen. In Zeiten der im öffentlichen Leben – Medien, Hochschulen, Politik, Organisationen – allgegenwärtigen politischen Korrektheit und der *Cancel culture*, der Ausgrenzung und des Boykotts von Personen, die sich nicht scheuen, ihre der veröffentlichen und im Mainstream dominierenden Meinung entgegengesetzten Positionen zu artikulieren, wird die Meinungs- und Redefreiheit zur Illusion. Die Rücksicht auf politische Korrektheit und die Angst vor *Cancel culture* lässt so manchen Journalisten, Wissenschaftler oder eine andere öffentliche Person überlegen, wie und ob überhaupt sie etwas sagt oder schreibt. Menschen, die kein Blatt vor den Mund nehmen, werden in der „offiziellen Öffentlichkeit", so paradox diese Formulierung auch klingen mag, seltener. Parallel dazu gibt es die „inoffizielle Öffentlichkeit", deren Vertreter sich aus den immer häufiger zensierten sozialen Netzwerken wie Facebook, Twitter, Instagram und dem Videoportal YouTube in die russischen Alternativen *VK* und *Telegram* flüchten, die doch alle keineswegs Horte der freien Meinungsäußerungen sind. Nicht von ungefähr steht in dem deutschen *Wikipedia*-Artikel über *Telegram* im Abschnitt „Kritik" ein Verweis auf deutsche „Rechtsextreme" und „Verschwörungstheoretiker". Dass dieser Instant-Messaging-Dienst von ihnen genutzt wird, scheint den Autoren ein Dorn im Auge zu sein. Sie werden von ihnen unter anderem neben Terroristen und Pädophilen verortet. Das ist ein Beweis mehr unter vielen anderen für die Abneigung der deutschen *Wikipedia*-Autoren gegen Aktivitäten der Rechten.

---

210 Siehe das bereits erwähnte Buch von Eva Herman, *Die Wahrheit und ihr Preis. Meinung, Macht und Medien*, Rottenburg 2010. Auf der letzten Umschlagseite wird die Frage gestellt: „Wie viel Meinungsfreiheit und Toleranz gegenüber Andersdenkenden gibt es in den deutschen Medien?" Die Autorin beschreibt darin, wie sie wegen angeblicher Verherrlichung der Hitlerzeit 2007 als *Tagesschau*-Sprecherin und Moderatorin des NDR entlassen wurde und wie die Mainstream-Medien aufgrund von gekürzten Zitaten ihrer Äußerungen gegen sie eine Verleumdungskampagne gestartet haben und was sich danach ereignete. Hier einige Äußerungen Eva Hermans aus dem besagten Buch: „Man darf heute nicht anderer Meinung sein als die große Masse. Wehe, wenn doch!" (S. 80). In den deutschen Medien herrsche „Rudeljournalismus" (S. 118), „der mediale Aufschrei, die unsägliche Hetzjagd waren schon schlimm genug, die kollektive, dabei pauschale Ausgrenzung durch die öffentliche Herde tat richtig weh!" (S. 152). „Ich warne vor dem unheilvollen Mechanismus, dass man kaum noch öffentlich über Werte sprechen könne, ohne dass man mit der braunen Keule angegriffen wird." (S. 183) In Deutschland gibt es Menschen, die „wegen einiger Zitate, Reden oder Berichte, die angeblich ‚politisch nicht korrekt' gewesen seien, bisweilen auf mörderische Weise wie armes Vieh durch das Land gejagt und durch Falschbehauptungen in aller Öffentlichkeit menschlich und teilweise wirtschaftlich erledigt worden" sind. (S. 259)

Teil III: Webseiten von Rechten und deren linken Gegnern – grundlegende Überlegungen

Wie bereits vermerkt, haben im Zeitalter des Internets sehr viele private und staatliche Institutionen sowie Organisationen und viele Privatpersonen ihre eigenen Webseiten. Es wäre sehr mühsam, alle für das Thema der vorliegenden Untersuchung relevanten Webseiten zusammenzutragen, um sie anschließend unter verschiedenen Aspekten zu analysieren. Die Auswahl der Webseiten soll deren qualitative Vielfalt, die Unterschiedlichkeit der Inhalte und Formen sowie die Gemeinsamkeiten, Ähnlichkeiten und Unterschiede bei der Herangehensweise an die behandelten Gegenstände deutlich machen.

Ausgewählt worden sind zunächst Informationsportale, Webseiten von Organisationen, Institutionen und Privatpersonen, die der rechten Szene zugeordnet werden können und die mit ihrer Präsenz im World Wide Web das Gedankengut der Rechten vorstellen, propagieren und vor Angriffen seitens ihrer Gegner verteidigen. Im kommentierten Verzeichnis der Webseiten in Teil IV sind diese zwar alphabetisch angeordnet, aber sie lassen sich auch in einige Gruppe einteilen. Die erste Gruppe bilden die sog. alternativen oder freien Medien, die sich in ihren Positionen als Informationsportale einerseits gegen die Mainstream-Medien abgrenzen und diese häufig in ihrer Berichterstattung, in ihren Kommentaren und Polemiken als Zielscheibe benutzen, und andererseits mit ihrer Nachricht – im Sinne des Sender-Empfänger-Modells, und damit sind die auf den Webseiten vermittelten Inhalte gemeint – ihnen ideenmäßig nahestehende Empfänger oder solche, die sie für ihre Ideen gewinnen wollen, zu erreichen versuchen. Die zweite Gruppe bilden Webseiten, die zu Zwecken der Kommunikation, aber auch der Öffentlichkeitsarbeit und/oder der Propaganda entstanden sind und zugleich als offizielle Webseiten von Institutionen oder Organisationen fungieren. Die dritte Gruppe bilden Blogs rechtsorientierter Einzelpersonen oder Gruppen.

Nicht außer Acht gelassen werden auch Webseiten von Gegnern der Rechten, die mit ihrer Öffentlichkeitsarbeit und/oder Propaganda sich an Gleichgesinnte wenden oder die öffentliche Meinung für ihre Positionen zu gewinnen suchen. Inwiefern die Öffentlichkeitsarbeit von Linken und Rechten für die jeweilige Partei des medialen Widerstreits erfolgreich ist, lässt sich schwer ausmachen.

1 Webseiten der Rechten

1.1 Die Auswahlkriterien Selbst- und Fremddarstellungen

Als das eigentliche Kriterium der Zuordnung von Webseiten zur jeweiligen Gruppe gelten in der vorliegenden Untersuchung die Selbst- und Fremdeinschätzung als rechts, rechtskonservativ oder rechtsextremistisch (die letztgenannte ist meistens eine Fremdeinschätzung). Seiten, die keinen Angriffen aus entgegengesetzten Positionen ausgesetzt sind, werden nur dann als zum rechten Spektrum gehörend gerechnet, wenn sie sich selbst als solche kennzeichnen. Viele dieser Webseiten werden von linken, den Rechten gegenüber feindlich eingestellten Personen, Organisationen und Portalen als rechts, rechtskonservativ oder gar als rechtsextremistisch eingestuft, während deren Betreiber selbst sich als patriotisch, deutsch, national u.dgl.m. verstehen. Hierbei stoßen Fremd- und Selbsteinschätzung aufeinander. Die Zuordnung mancher Seiten ist manchmal problematisch, weil sie sich nicht nur selbst, sondern auch von außen nicht eindeutig als national oder rechts klassifizieren lassen. Sind z.B. Islamfeindlichkeit, Impfgegnerschaft, Klimawandelskeptizismus und der Glaube an eine neue Weltordnung Merkmale der Zugehörigkeit zur Rechten? Diese Frage würden linke Kritiker solcher Einstellungen bejahen, deren Anhänger aber eher verneinen.

Die obige Frage stellt sich etwa bei der Lektüre von Beiträgen des politischen Blogs *Achse des Guten*, über dessen politische Orientierung unterschiedliche Meinungen herrschen. Er selbst definiert sich als ein Zusammenschluss unabhängiger Autoren, der Blog sei für viele Leser zu einem Leitmedium für politische Analyse und Kritik geworden und biete Raum für unabhängiges Denken: „Die Autorinnen und Autoren lieben die Freiheit und schätzen die Werte der Aufklärung. Sie versuchen populären Mythen auf den Grund zu gehen, und sind skeptisch gegenüber Ideologien."[211] Die Berufung auf Freiheit und Werte der Aufklärung involviert die Nähe der Autoren zum Liberalismus, und die Skepsis gegenüber Ideologien kann eine breite Palette von Weltanschauungen von links nach rechts umfassen. Die Lektüre der Beiträge des Blogs bestätigt dessen Hang zur Kritik von gesellschaftlichen, politischen und wirtschaftlichen Erscheinungen und Entwicklungen in der heutigen Welt, insbesondere in Deutschland.

Ein Vergleich der Selbstdarstellung des Blogs mit dessen Fremddarstellungen zeigt die gravierenden Unterschiede, wenn nicht gar Diskrepanzen bei der Einschätzung von dessen politischem Standort. Der Artikel über die *Achse des Guten* in der deutschen *Wikipedia* enthält einen Überblick über die Fremdeinordnungen

---

211 https://www.achgut.com/seite/achgut_unerhoert, Zugriff am 10.6.2023.

des Blogs. Anhand einer Analyse von einigen Medien wird ihm unter anderem bescheinigt, er wolle eine liberale Gegenöffentlichkeit im Internet bilden, die Webseite sei scharf nach rechts abgebogen, sie sei der einflussreichste deutsche Autorenblog, seine Autoren hätten sich die Anliegen der amerikanischen Neocons auf ihre Fahnen geschrieben, neben ziemlich rabiatem Antiislamismus stünden zahlreiche klimawandelskeptische Einlassungen, der Blog sei eine antiislamische Webseite[212]. Die hier angeführten Fremdeinschätzungen des Blogs verbinden seine Autorinnen und Autoren einerseits mit dem Liberalismus und Neokonservatismus, die sich in Reinkultur ausschließen, andererseits mit Islamfeindlichkeit, die dem Rechtsextremismus angelastet wird, und dem Klimawandelskeptizismus, der überwiegend mit konservativen Einstellungen assoziiert wird – alles in Allem ein Durcheinander von Einschätzungen, die den Benutzer einer von interessierten Laien betriebenen Internetenzyklopädie verwirren können. Auf Webseiten der Rechten wird *Achse des Guten* dagegen vor allem wegen ihrer Kritik der Linken gelobt: Ein Beitrag im Portal *Telepolis* trug den vielsagenden Titel: „Die Achse des Guten im Kampf gegen das linke Böse"[213].

Ein anderes Beispiel für die Fragwürdigkeit der Einstufung eines Internetmediums als rechtsorientierte Quelle ist die österreichische journalistische Rechercheplattform *Addendum*, in der vom September 2017 bis September 2020 Ergebnisse von 112 Projekten[214] über diverse Themen publiziert worden sind. Mehrere dieser Themen waren kontrovers, dazu gehörten unter anderem Asyl, Sozialstaat, Feminismus, E-Mobilität, Türken in Österreich, Gentechnik, Antisemitismus im 21. Jahrhundert, Kampf gegen Cannabis, Impfpflicht, Sterbehilfe, Plastikpanik, Missbrauch in der Kirche, Islamunterricht in Österreich, Klimawandel, Flüchtlinge[215]. Eine kritische Auseinandersetzung mit diesen Themen, und das bedeutet: keine Verharmlosung etwa der „Flüchtlingskrise", Skepsis gegenüber der Impfpflicht und der Nutzung von erneuerbaren Energien, Ablehnung des Multikulturalismus u.a., bringt den Kritikern dieser Erscheinungen vonseiten ihrer Gegner den Vorwurf ein, sie wären rechts oder gar rechtsradikal. So ist es nicht verwunderlich, dass der Journalist und Publizist Jens Jessen *Addendum* in der Wochenzeitschrift *Die Zeit* als „Illusion einer objektiven Berichterstattung" bezeichnete, „die benutzt werden würde, ‚um die Reste bürgerlicher Presse zu denunzieren' und ‚in letzter Konsequenz die bürgerliche Öffentlichkeit von rechts zu zersetzen'"[216]. Kurzum: Die den

---

212 https://de.wikipedia.org/wiki/Die_Achse_des_Guten, Zugriff am 16.8.2023.
213 https://www.heise.de/tp/features/Die-Achse-des-Guten-im-Kampf-gegen-das-linke-Boese-3568857.html, Zugriff am 16.8.2023.
214 https://www.addendum.org/uber-addendum/, Zugriff am 16.8.2023. Die Seite wurde letztmalig am 15.9.2020 aktualisiert und wird nicht mehr erneuert.
215 https://www.addendum.org/projekte-ubersicht/, Zugriff am 16.8.2023.
216 Zit. nach https://de.wikipedia.org/wiki/Addendum_(Medienprojekt), Zugriff am 16.8.2023.

Tatsachen entsprechende, d.h. nach objektiven Kriterien erfolgte Zuordnung einer Webseite zum rechten Spektrum, ist im Grunde nicht möglich, vielmehr entscheiden darüber Weltanschauung, Lebenseinstellung und Überzeugungen derer, die eine solche Klassifizierung vornehmen. Das bedeutet, dass Fremdeinschätzungen von Seiten mit kontroversen Inhalten, die aus unterschiedlichen weltanschaulichen Positionen entweder als rechts oder als nicht rechts bewertet werden, nur beschränkten Gültigkeitswert haben. Die Grenzen zwischen rechts und nicht rechts sind mitunter fließend.

Bedeutsamer für die Einordnung einer Webseite als rechts ist die Selbstdarstellung von deren Betreibern. Weder die *Achse des Guten* noch *Addendum* verstehen sich als rechtsorientiert. Demgegenüber finden sich im Netz etliche Webseiten, deren Betreiber sich offen zum rechten Ideengut bekennen, und diese Seiten werden im Mittelpunkt der vorliegenden Untersuchung stehen. Ein weiteres Kriterium der Zuordnung einer Webseite zum rechten oder rechtsextremen Spektrum sind die darauf präsentierten Inhalte und die Form von deren Darstellung, darunter die Wortwahl. Webseiten, auf denen z.B. Straftaten der Migranten im Mittelpunkt stehen, sind emotionsgeladen, um den Leser aufzuwühlen[217]. Ein solcher

---

217 Auf der deutschen Webseite *anonymousnews.ru* findet sich ein Bericht über eine Vergewaltigung in Ulm. Unter der Überschrift „10-fache Vergewaltigung in Ulm: ‚Flüchtlinge' schänden 14-jährige Deutsche brutal" findet sich nach einer detaillierten Tatbeschreibung ein Fazit, in dem Politiker für die Straftat verantwortlich gemacht werden: „Insgesamt wurde die 14 Jahre alte Deutsche von den importierten Triebtätern 10 Mal vergewaltigt. Die eiskalten Kinderschänder stammen aus Afghanistan, dem Irak und dem Iran. Somit hat die Grenzöffnung durch Angela Merkel ein weiteres deutsches Opfer gefordert. Ohne Merkels Einladung zur ungehinderten Einreise in die Bundesrepublik wäre das kleine Mädchen heute kein Fall für den Psychologen. Die Krone aufgesetzt hatte diesem Fall jedoch der Ulmer Oberbürgermeister Gunter Czisch. Der erbarmungslose CDU-Bonze schockierte mit einer BRD-typischen Täter-Opfer-Umkehr. Anstatt die brutale Vergewaltigung zu verurteilen und die sofortige Abschiebung der importierten Sextäter zu fordern, sagte Czisch: ‚Ich frage mich allerdings, was ein 14-jähriges Mädchen nachts in Ulm will.' Es soll also folglich die Schuld der 14-Jährigen und ihrer Eltern gewesen sein, dass sie von fünf illegalen Einwanderern auf brutale Art und Weise geschändet wurde." Unter dem besagten Bericht fanden sich mehrere Leserkommentare, z.B.: „es ist so einfach – von der kanaille merkel gewollt & unterstützt, das deutsche volk morden ist ihr ein genuss – mehr brauch man nicht hinzufügen!"; „Diese SCHEISS EINWANDERER sollte man im EINWOHNER-MELDEAMT entmannen!"; „Der Bürgermeister gehört nackt in Ulm an den Pranger gestellt um danach, nach Sibirien ins Arbeitslager zu Fuß zu gehen."; „... Und der Familie dieses Herrn Bürgermeisters wünsche ich selbst eine Brutale Vergewaltigung durch Merkels Gäste." Die Schreibweise der Einträge wurde beibehalten. https://www.anonymousnews.ru/2020/03/04/vergewaltigung-ulm-fluechtlinge/, Zugriff am 6.3.2020. Die Leserkommentare sind

Sprachgebrauch wird jemandem, der die Meinungen der Betreiber solcher Seiten teilt, gefallen, und er wird sich in seinen eigenen Auffassungen über die beschriebenen Vorfälle bestätigt fühlen. Gegner einer solchen Berichterstattung werden sich darüber empören. Kriminelle Handlungen jeglicher Art werden in der breiten Öffentlichkeit verurteilt. Werden sie von Fremden begangen, stößt dies auf noch größere Ablehnung, und diese ist das Wasser auf die Mühlen der Betreiber von rechtsradikalen Webseiten.

1.2 Webseiten, gegliedert nach ihrer Form und ihren Selbstbeschreibungen

Gegenstand der Ausarbeitung sind vor allem frei zugängliche Webseiten und Netzwerke, die keiner speziellen Anmeldung bedürfen. Ausgenommen sind deshalb z.B. Facebook und Twitter als Plattformen der Rechten oder Seiten, die nur registrierten Benutzern zugänglich sind. Die zu untersuchenden Seiten haben unterschiedliche Form: Es sind Onlinezeitungen und -Magazine, mitunter auch mit Video- oder TV-Beiträgen, mit vordergründig meinungsbildender Funktion zur Vermittlung von gesellschaftlichen, politischen, wirtschaftlichen Nachrichten, Dokumentationen und Kommentaren, des Weiteren Kulturmagazine, Blogzeitungen, Blogs, Vlogs und Videoportale, Rechercheplattformen, Dokumentationsseiten, Bürger- und Diskussionsforen, Webseiten von Menschenrechtsorganisationen und Bürgernetzwerken, Webshops und Portale, die bestimmte Dienstleistungen im Bereich der Verteidigung von Rechten der von staatlichen oder anderen Einschränkungen Betroffenen anbieten. Nach ihrer Selbsteinschätzung sind sie „unzensiert", „frei", „unangepasst", „unabhängig", „unbequem", „unkonventionell" „mainstreamunabhängig", „kritisch", „systemkritisch", „konstruktiv", „querdenkerisch", „alternativ", „konservativ", wertkonservativ", „liberal", „liberal-konservativ", „libertär", „nonkonformistisch", „nationalistisch", „patriotisch", „überparteilich", „politisch unkorrekt", „investigativ", „kontrovers", „islamkritisch", „rechtspopulistisch" (sic), „rechtsintellektuell", „deutschnational", „freisinnig". Diese Adjektive, die wohlgemerkt nicht alle für jede der untersuchten Webseiten gelten, stehen für die von den Rechten vertretenen Werte, die den Linken abgesprochen werden. Den Letzteren wären also zensierte Medien, Anpassung, Abhängigkeit, Bequemlichkeit, Antiliberalismus, Konformismus, Parteilichkeit, politische Korrektheit, Islamfreundlichkeit, mangelnde Systemkritik, Internationalismus und Kosmopolitismus sowie ähnliche Einstellungen eigen.

Die besagten Eigenbezeichnungen zeugen im Falle deutschsprachiger Webseiten der Rechten[218] davon, dass deren Betreiber in Opposition zu den staatlichen

---

nicht mehr abrufbar. Der Bericht aus Ulm ist derzeit unter https://www.anonymousnews.org/deutschland/vergewaltigung-ulm-fluechtlinge/ abrufbar.

218 Wenn in dieser Publikation von deutschsprachigen Seiten die Rede ist, so sind damit Webseiten deutscher, österreichischer und deutschschweizerischer Betreiber

bzw. öffentlich-rechtlichen oder den Staat unterstützenden Medien stehen, ihnen nicht vertrauen und ihrer Arbeit und Funktionsweise gegenüber kritisch, mitunter feindlich eingestellt sind. Sie verstehen sich als die eigentlichen Wahrheitsträger, die eine Alternative zu den „Manipulationen der öffentlichen Medien" bilden. Ein auswärtiger Betrachter der deutschen Medienlandschaft wird sich beim Lesen der alternativen deutschen Medien des Eindrucks nicht erwehren, dass die Meinungsfreiheit in Deutschland, Österreich und der Schweiz eine scheinbare ist, dass es in diesen Ländern eine Zensur gibt, dass bestimmte Informationen manipuliert, dass Tatsachen verschwiegen werden usw.

Für Zwecke der Untersuchung wurden 101 Webseiten in Deutsch, darunter einige von außerhalb des deutschen Sprachraums, sowie 47 Webseiten in Polnisch gesichtet. Die deutschsprachigen Seiten sind aufgeteilt in: a) Webseiten von Organisationen (21), Webseiten von Zeitungen, Magazinen und Informationsportalen (34), c) Blogs von rechtsorientierten Personen (18), d) Webseiten von Gegnern der Rechten (Stiftungen, Vereine u.a., insgesamt 28). Manche Social-Media-Seiten, wie die *Deutsche Salongutmenschen Union*[219] oder *Patrioten NRW*[220], wurden nicht berücksichtigt, obwohl sie für die vorliegende Webseitenauswahl der Rechten wichtig wären und womöglich radikalere Stellungnahmen offenlegen könnten, die die Benutzer mit freiem Zugang zu ihnen vielleicht schockieren könnten. Das gleiche gilt für die nur in den deutschsprachigen Ländern herunterladbaren, mit der sog. Identitären Bewegung liierten Anwendungen für Mobiltelefone wie die „erste patriotische Nachrichtenapp" *okzident.news*[221]. Nur am Rande berücksichtigt werden ferner Videoblogs oder -Portale, weil das Anschauen ihrer Aufzeichnungen viel mehr Zeit in Anspruch nimmt als das Lesen von Online-Zeitungen und -Magazinen. Dabei sind Videobeiträge, häufig einstündige und längere, durch die Verbindung von Bild und Ton aussagekräftiger als die übrigen Medien. Wie wirksam diese Webseiten sind, entzieht sich aber der Kenntnis des Betrachters, es darf angenommen werden, dass die besagten Seiten an Gleichgesinnte gerichtet sind und überwiegend von diesen benutzt werden. Ausgeklammert werden außerdem Webseiten politischer Parteien, wie z.B. der rechtsextremen neonazistischen Kleinpartei Der III. Weg[222] oder der Jugendorganisationen von rechtsextremen

---

gemeint, nur vereinzelt handelt es sich um in deutscher Sprache erscheinende Webseiten von außerhalb der deutschsprachigen Länder.
219 https://www.facebook.com/SalongutmenschenUnion, Zugriff am 2.3.2019.
220 https://vk.com/patriotennrw, eine Webseite auf der russischen Plattform *VK* (Abkürzung für *В Контакте*).
221 www.okzident.news, Näheres über diese Anwendung unter https://de.metapedia. org/wiki/Okzident_News, Zugriff am 10.6.2023.
222 https://der-dritte-weg.info, Zugriff am 10.6.2023. Die Partei fand unter anderem bei den polnischen Nationalradikalen Anerkennung. Auf der Webseite *Nationalista.pl* findet sich folgende Einschätzung: „*W pewnych sprawach nie zgadzamy się z niemieckimi nacjonalistami, jednak potrafimy docenić dobre rzeczy, a taką jest niewątpliwie*

bzw. rechten Organisationen oder Parteien wie Junge Nationalisten[223] (NPD) oder Junge Alternative[224] (AfD).

1.3 Webseiten, gegliedert nach ihren Inhalten

Untersucht wurden regelmäßig erscheinende Webseiten mit aktuellen Inhalten (Informationen. Nachrichten, Rezensionen, Kommentaren u.a.), vorwiegend aus der Zeit nach 2010. Der Untersuchungszeitraum umfasst die Jahre 2019–2023. In mehreren Fällen sind die ursprünglichen Inhalte auf den untersuchten Webseiten nicht mehr auffindbar oder nur mit der *Wayback Machine* abrufbar, wobei manche Inhalte modifiziert worden sind. Nur vereinzelt werden Webseiten berücksichtigt, die nicht mehr funktionieren.

Als Auswahlkriterium gelten für die Gesinnung der Rechten relevante Themen: Berufung auf nationale Belange, Ablehnung von ethnischer, religiöser und kultureller Vielfalt, Kritik an Migration und Einwanderungspolitik, Ablehnung von Globalismus, Kapitalismus und Kommunismus, Kritik an der Europäischen Union und der Idee der Vereinigten Staaten von Europa, Antiamerikanismus, mitunter Russlandfreundlichkeit, Klimawandel (sog. Klimalüge), Impfpflicht, Freimaurer, Leitmedien bzw. sog. gleichgeschaltete Lücken- oder Lügenpresse, Kritik an den Juden und an Israel, Neue Weltordnung (von Gegnern als Verschwörungstheorie abgetan), Bilderberger, George Soros, Frühsexualisierung von Kindern u.v.a.

Die Zuordnung bestimmter Webseiten zur Rechten ist im Falle deutschsprachiger Seiten ziemlich schwierig, besonders wenn deren Beobachter selber von der Existenz oder von der Wirkung bestimmter Phänomene nicht gänzlich überzeugt

---

Centrum NR utworzone w Erfurcie przez działaczy Der Dritte Weg (Trzecia Droga). Widać tu wyraźnie pewne wzorowanie się na doświadczeniach CasaPound, ale nie ma w tym nic złego. Jeśli się uczyć, to od najlepszych. Jak widać niemieccy NR postawili na promocję Idei i totalne zaangażowanie w budowę zdyscyplinowanego Ruchu (...)." (Poln. Übers.: In gewissen Fragen stimmen wir mit den deutschen Nationalisten nicht überein, dennoch verstehen wir es, gute Dinge wertzuschätzen, und dazu gehört zweifelsohne das von den Aktivisten des Dritten Weges gegründete Nationalrevolutionäre Zentrum in Erfurt. Darin wird die Nutzung von vorbildhaften Erfahrungen der CasaPound deutlich, aber das soll ihnen nicht zum Nachteil gereichen. Man sollte von den Besten lernen. Es sieht danach aus, dass die deutschen Nationalrevolutionäre auf die Förderung der IDEE und auf ein totales Engagement in den Aufbau einer disziplinierten BEWEGUNG gesetzt haben.") http://www.nacjo nalista.pl/2019/02/08/nacjonalistyczna-europa-centrum-nr-w-erfurcie/, Zugriff am 10.6.2023.

223 https://junge-nationalisten.de, Zugriff am 2.3.2019. Die Webseite funktioniert seit einigen Jahren nicht mehr.
224 https://netzseite.jungealternative.online, Zugriff am 10.6.2023.

oder ihnen gegenüber skeptisch eingestellt sind. Die in der Öffentlichkeit deutschsprachiger Länder praktizierte Meinungsvielfalt spiegelt sich in der rechten Szene in unterschiedlichen Positionen wider. Dabei ist einerseits zwischen rechten und extrem rechten bzw. rechtsradikalen Positionen zu unterscheiden. Andererseits ist auch die Neue Rechte herauszusondern, die rechtes Ideengut mit intellektuellen Ambitionen vertritt und über ihre Medien verbreitet.

So kann z.B. die Skepsis gegenüber dem Klimawandel oder den Schutzimpfungen aus Unwissen oder aus Leugnung von wissenschaftlichen Erkenntnissen resultieren, und wenn sie dann in der Öffentlichkeit (z.B. auf Webseiten) verbreitet wird, dann haben wir es mit einer Einstellung zu tun, die der Rückständigkeit (Fortschrittsfeindschaft) zugeordnet werden kann. Die besagte Skepsis kann aber nicht nur eine Eigenschaft von Rechten, sondern auch von Linken sein, denen Fortschrittsglaube nachgesagt wird, sie fehlt dagegen den Rechtsradikalen, die es nicht bei ihrer Kritik bewenden lassen, sondern mit radikalen Aufrufen ebenso radikale Veränderungen der Einstellungen ihrer Anhängerschaft herbeiführen wollen.

1.4 Deutsche und polnische Webseiten der Rechten im Vergleich

Vergleicht man die polnischen und deutschen Webseiten der nationalistischen Rechten, so ergeben sich daraus Ähnlichkeiten, Gemeinsamkeiten, aber auch Unterschiede.

Im Vergleich zu Deutschland, wo fast über jede Webseite auch externe Einschätzungen auf eigens dazu geschaffenen Portalen (z.B. INRUR, siehe weiter unten) nachzulesen sind, stehen polnische Webseiten der Nationalisten ohne vergleichbare kritische Hinterfragung da. Der Internetuser ist im Falle polnischer Webseiten auf Eigenauskünfte der jeweiligen Portale angewiesen. Eine Suche nach ideologischen Einschätzungen polnischer Webseiten bleibt erfolglos.

Ein weiterer Unterschied ist, dass die deutschsprachigen Betreiber der nationalistischen Webseiten – Personen, Gruppen oder Einrichtungen bzw. Institutionen – meistens unter ihren Namen auftreten und der Impressumspflicht unterliegen. Die polnischen Betreiber agieren überwiegend anonym, so dass die Ermittlung der Urheber von Inhalten auf den polnischen Webseiten, sofern sie nicht mit echten Namen unterzeichnet sind, so gut wie unmöglich ist. Diese ihre Anonymität verleitet sie auch dazu, auf ihren Seiten Inhalte zu veröffentlichen, die manche User als verletzend empfinden werden. Hinzu kommt, dass während die deutschen rechten Webseitenbetreiber sich mitunter Regeln der politischen Korrektheit zu unterwerfen scheinen, indem sie auf allzu scharfe Formulierungen, Vulgarismen u.ä. verzichten, auf polnischen Seiten ähnlicher Art solcher Sprachgebrauch recht häufig ist.

Der fundamentale Unterschied zwischen deutschsprachigen und polnischen Webseiten ist, dass auf den Letzteren beispielsweise die Kritik an der Einwanderung von Migranten aus Afrika und Asien selten ist, da es eine solche Einwanderung in Polen in vergleichbaren Quoten (noch) nicht gibt. Stattdessen dominieren auf polnischen Webseiten antideutsche, antisemitische und antiukrainische Posts, die sich weniger auf die Gegenwart (von aktuellen Ereignissen einmal abgesehen) als vielmehr auf die Vergangenheit, die historischen Aversionen und Animositäten zwischen Polen einerseits sowie Deutschen, Juden und Ukrainern andererseits beziehen.

Auf polnischen wie auf deutschsprachigen Webseiten finden sich die gleichen Schlagworte und Losungen, um die sich die Inhalte der Seiten drehen, wobei auf polnischen Seiten, entgegen den Regeln der polnischen Rechtschreibung, Nation und Vaterland fast ausnahmslos groß geschrieben werden, genau so, wie man im Polnischen Gott und Kirche groß schreibt, was die Hochachtung gegenüber diesen Subjekten zum Ausdruck bringt[225].

Leitthemen auf polnischen Portalen sind generell Nationalismus und Patriotismus (unter der Losung: Gott, Ehre, Vaterland), Tradition, Katholizismus, Kirche, Familie, Staat, Polenfeindschaft, Zivilisation des Todes, Entkommunisierung, kommunistische Verbrechen, Genderismus, LGBT, Einwanderung, national gesinnte Polen als Auswanderer im Westen, Islam, Israel und Juden, Russland, Ukraine, Neue Weltordnung, Antikapitalismus, auch Prokapitalismus, Antiimperialismus, Antiglobalismus, Ethnopluralismus, islamischer Terrorismus, Katyn „verstoßene Soldaten", Antiliberalismus, in einigen Portalen auch Slawophilie und Russophilie, Kritik an der EU u.a. Wie die genannten Themen auf verschiedenen Seiten präsentiert werden, hängt von deren Schwerpunkten ab, d.h. nicht alle Themen werden auf jeder Seite behandelt. Sie erwachsen aus politischen Ideologien der polnischen Rechten: dem nationalen Katholizismus, Konservatismus, Euroskeptizismus, Antizionismus, mitunter auch dem Antiamerikanismus.

1.5 Reichweite und Empfänger der Webseiten

Bei der Beschäftigung mit den im Internet verbreiteten Inhalten und deren Formen erheben sich einige für die Methodologie der Untersuchung wichtige Fragen: 1. Wer sind die Adressaten der jeweiligen Seiten? 2. Inwieweit werden sie von deren Betreibern beeinflusst? und 3. Wie wirksam ist diese Beeinflussung?

Zu 1: Von Seiten abgesehen, die anmeldepflichtig und nur mit Kennwort zugänglich sind, und dazu gehören auch die im Darknet betriebenen Seiten, stehen die frei zugänglichen Seiten allen offen. Es kann angenommen werden, dass die darauf vermittelten Inhalte bei Usern, die ihren Betreibern geistig und politisch nahe stehen,

---

225 In den ersten Jahren nach dem Zweiten Weltkrieg schrieb man in der polnischen Presse die Namen Deutscher (*Niemiec*) und Deutsche (*Niemcy*) klein, was die Verachtung gegenüber den Deutschen als Aggressoren ausdrücken sollte. Ähnlich werden nach dem russischen Überfall auf die Ukraine 2022 heute die Substantive Russland und Russen auf vielen polnischen Webseiten und in den Sozialen Medien klein geschrieben.

auf Akzeptanz, bei Benutzern aber, die diese Inhalte aus welchen Gründen auch immer nicht teilen, auf Ablehnung oder zumindest auf Gleichgültigkeit stoßen werden. User, die die auf den fraglichen Seiten vermittelten Inhalte akzeptieren, ja sich in ihren Anschauungen bestätigt fühlen, oder sogar zu Aktivitäten angeregt werden, ihre Anschauungen in Taten umzusetzen, werden die besagten Seiten aus eben diesen Motiven aufsuchen, und das wird wohl die Mehrheit der Besucher dieser Seiten sein. Wer diese Besucher sind, lässt sich schwer ermitteln. In Deutschland, wo der Mainstream nicht nur die politische Meinungsbildung dominiert hat und Verstöße gegen die politische Korrektheit zwar nicht kriminalisiert werden, aber auf jeden Fall auf Ablehnung stoßen, werden User das Aufsuchen dieser Seiten vielleicht verschweigen. In Polen dagegen, wo die politische Korrektheit so gut wie ein Fremdwort ist[226] und der Mainstream, jedenfalls seitdem die Rechtskonservativen um die Partei Recht und Gerechtigkeit (PiS) und ihre Satellitenparteien die Macht ausgeübt haben, rechtskonservative, nationalistische Einstellungen propagierte, scheuen sich die Betreiber und User dieser Webseiten nicht, ihre Meinungen und Standpunkte im Internet unverhüllt zu präsentieren. Jedenfalls sollten Nachforschungen zu den Usern dieser Seiten in beiden Ländern in Angriff genommen werden.

Betrachtet man dagegen diejenigen Webseitenbetreiber und -User, die den vermittelten Inhalten gegenüber kritisch eingestellt sind, so handelt es sich um Menschen, die die fraglichen Seiten anstößig, auch moralisch zweifelhaft finden werden, z.B. wegen rassistischer oder antisemitischer Einträge, oder als mit Regeln der politischen Korrektheit unvereinbar. Die zuletzt Genannte ist im Falle deutscher Webseiten für deren Betreiber und Benutzer tatsächlich ein Problem, denn politische Korrektheit, die in den Mainstream-Medien ein Muss ist, erscheint auf diesen Seiten als das eigentliche Hindernis der freien Meinungsäußerung. Dieses Problem kennen die polnischen Webseitenbetreiber der rechten Szene so gut wie gar nicht: Sie machen aus ihrem Antisemitismus, Antifeminismus, aus Fremden- und LGBT-Feindlichkeit keinen Hehl, lassen ihrer Intoleranz, ja mitunter ihrem Hass gegenüber den Fremden und Anderen freien Lauf, nehmen keine Rücksicht auf christliche Werte wie Nächstenliebe, Unterstützung von Schwachen und Bedürftigen, wobei sie immer wieder ihre Verbundenheit mit dem Christentum und insbesondere mit der katholischen Kirche betonen. Dass es sich nur um ein Lippenbekenntnis zum Katholizismus handelt, liegt auf der Hand. Lediglich die dem Panslawismus und den vorchristlichen slawischen Glaubensströmungen verschriebenen Rechten, die allerdings nur einen Bruchteil der rechten Szene in Polen bilden, stehen dem Katholizismus feindlich oder zumindest kritisch gegenüber. Aber auch sie huldigen den bei den national gesinnten, rechtsorientierten Katholiken üblichen, weiter oben genannten, auf Feindschaft begründeten Einstellungen.

---

226 Vgl. Tomasz G. Pszczółkowski, *Deutschland–Polen: Eine kulturkomparatistische Untersuchung*, transcript Verlag Bielefeld 2015, darin das Kapitel 4.2: Unterschiedlicher Gebrauch von gleichbedeutenden Begriffen im Deutschen und im Polnischen – das Beispiel „politische Korrektheit" und *poprawność polityczna*, S. 160 ff.

Zu 2: Die Frage, inwieweit die User rechter Seiten – ob Anhänger oder Sympathisanten oder nur Neugierige – von den fraglichen Seiten beeinflusst werden, entzieht sich der Kenntnis eines externen Betrachters, denn hierzu müssten demoskopische Untersuchungen durchgeführt werden. Ob die Befragten aber auf Fragen, welche ihnen gestellt würden, ehrliche Antworten geben würden, ist zweifelhaft, denn diese Fragen betreffen sehr persönliche Meinungen und Einstellungen, die preiszugeben nicht unbedingt im Interesse der Befragten liegen wird. Die besagten Seiten dienen aber vielerorts der Organisation und/oder der Gewinnung von Anhängern, aber auch der Information über Veranstaltungen, ferner der Vermittlung von Wissen über vergangenes und aktuelles politisches Geschehen der Rechten, kurzum der Meinungsbildung und stehen in Opposition zum Mainstream. Die Oppositionalität gegenüber dem Mainstream und der offiziellen Politik des Staates ist eines der hervorstechendsten Merkmale der national gesinnten deutschen Rechten, und diese Eigenschaft ist denn auch ihr konstitutives Element.

In Polen dagegen, wo der Mainstream, d.h. das staatliche polnische Fernsehen und das staatliche polnische Radio, beide euphemistisch „öffentliche Medien" genannt, von 2015 bis 2023 vorwiegend rechtskonservative und nationale Positionen verbreiteten und Grundpfeiler der staatlichen Ordnung resp. Propaganda waren, bilden rechtsorientierte Webseiten eher eine Ergänzung zu den staatlichen Medien, wobei die besagten Webseiten unverblümt, häufig in aggressiver Form oder jedenfalls unter Missachtung jeglicher Regeln der politischen Korrektheit radikale Positionen vertreten und verbreiten. Angesichts der Schwäche der Linken in Polen überhaupt, die im polnischen Parlament nur eine schwache Vertretung hat, und angesichts der relativen Ineffizienz der vom Staat unabhängigen Medien war die Beeinflussung der Menschen durch die staatlichen Medien viel breiter und – wie es scheint – auch wirksamer als in Deutschland, wo jedenfalls zumindest der Anschein der Überparteilichkeit der öffentlich-rechtlichen Medien gewahrt bleibt, indem man auch Vertreter von systemkritischen Organisationen in den Leitmedien zu Wort kommen lässt.

Zu 3: Damit kommen wir zur letzten Frage, inwieweit die Beeinflussung der Öffentlichkeit durch die rechts- und nationalorientierten Webseiten wirksam ist. Auch hierzu fehlt es an einschlägigen Untersuchungen, die jedoch in Gang gesetzt werden sollten. Wie bei den beiden vorigen Fragen kann man auch hier darüber nur spekulieren. Die Propagandafunktion deutscher und polnischer nationalistischer Webseiten steht im Vordergrund, selbst wenn auf vielen dieser Seiten auch aktuelle Informationen, historische Beiträge, Kommentare und Rezensionen gebracht sowie Diskussionen und Polemiken geführt werden. Hauptziel der Betreiber dieser Seiten ist, ihre politische Klientel auf dem Laufenden zu halten und etwaige neue Anhänger für ihre Ideen zu gewinnen. Ein kritischer Betrachter der rechten Szene und ihrer Medien, darunter auch der Webseiten, lässt sich von seiner Voreingenommenheit – im guten Sinne des Wortes – gegenüber den Ideen der Rechten nicht abbringen. So wie ein standhafter Katholik oder Protestant sich von seinem Glauben durch falsche Versprechungen, Indoktrination, rationale oder andere Argumente nicht abbringen lassen wird, so wird auch ein Linker durch Umgang mit Webseiten der Rechten eher selten zum Konvertiten eines für ihn neuen politischen Glaubens.

1.6 Deutsche und polnische Webseiten der Rechten in der Einschätzung der *Wikipedia*

Eine der Informationsquellen über deutsche Webseiten der Rechten ist die deutsche *Wikipedia*, die weitgehend von Linken dominiert ist, worauf die Betreiber der besagten Webseiten vielerorts selber verweisen. In der polnischen Version dieser Internetenzyklopädie fehlen Informationen über Webseiten polnischer Rechten, vielmehr finden sich darin eher positive Konnotationen in Posts über rechtsorientierte Personen und Institutionen.

Webseiten der Rechten werden in der deutschsprachigen und polnischen *Wikipedia* unterschiedlich betrachtet. So wird z.B. das Schlagwort „Autonome Nationalisten" in der deutschen Version recht ausführlich, auf achteinhalb DIN-A4-Seiten beschrieben und umfasst ihre Entstehung und Entwicklung, ihr Auftreten, ihre Ideologie, ihr Verhältnis zur rechtsextremen Szene und zur NPD. Links zu eigenen Seiten der Autonomen Nationalisten fehlen, und auch die Suche mit der Google-Suchmaschine bleibt hierbei erfolglos[227]. Dadurch soll vielleicht der Eindruck erweckt werden, die deutschen Angehörigen dieser Bewegung hätten keine eigenen Seiten geführt. In der deutschen *Wikipedia* heißt es über die Autonomen Nationalisten, „so bezeichnen sich zumeist jugendliche Neonazis aus den Reihen der freien Kameradschaften in Deutschland. Sie greifen seit etwa 2002 bei ihrem Auftreten und ihren Aktionsformen bewusst auf das Vorbild der politisch linken autonomen Bewegung zurück und vertreten dabei unter anderem antizionistische sowie antiimperialistische Argumentationsmuster."[228]

Auch finden sich im deutschen *Wikipedia*-Artikel weiterführende Schlagworte, die eine geistige Verwandtschaft dieser Gruppierung mit anderen Strömungen und Organisationen der Rechten suggerieren: Rechtsextreme Netzwerke, Querfront, Nationaler Sozialismus, Nationalbolschewismus, Nationalanarchismus, Nationaler Widerstand, Der III. Weg.

Dass die deutschsprachige *Wikipedia* dem Mainstream verpflichtet ist, davon zeugen Weblinks über Autonome Nationalisten am Ende des obigen Artikels: eine PDF-Datei des Bundesamtes für Verfassungsschutz, der Lexikoneintrag *Autonome Nationalisten* der Brandenburgischen Landeszentrale für Politische Bildung, einige Zeitschriftenbeiträge und last but not least eine Übersichtskarte der Amadeu Antonio Stiftung, *Braune Kameraden. Eine Bedrohung für die Demokratie*[229].

---

227 Lediglich über das Internetarchiv *Wayback Machine* lassen sich mehrere Webseiten der Autonomen Nationalisten aus der Zeit vor 2018 finden, darunter auch der deutschen, aber die zuletzt Genannten sind meistens nicht einsehbar (es erscheinen Error-Meldungen u.ä.) oder schwer lesbar.
228 https://de.wikipedia.org/wiki/Autonome_Nationalisten, Zugriff am 5.11.2022.
229 https://www.amadeu-antonio-stiftung.de/w/files/pdfs/braune_kameraden.pdf, Zugriff am 10.6.2023.

Die polnischen Autoren des anderthalb Seiten langen Artikels über die Autonomen Nationalisten definieren sie als „Nationalisten und Nationalsozialisten, die keine formalisierten Organisations- oder Parteistrukturen bilden und in vielen Ländern Europas wirken."[230] In dem Eintrag wird nur eine nationalistische polnische Gruppe, die schlesischen „Weißen Adler" erwähnt. Neben einer sehr kurzen Information über die Geschichte der Autonomen Nationalisten, die zuerst in Deutschland um das Jahr 2000 zu wirken begannen und die Taktik der anarchistischen (auch antifaschistischen) Bewegungen übernommen haben, wie „der schwarze Block", enthält der polnische Artikel eine kurze Charakteristik von deren Anschauungen und Aktivitäten. Zu den Gemeinsamkeiten gehören deren Antikapitalismus, Antikommunismus, Antizionismus, Demokratiefeindlichkeit und Nationalismus. Weitere ideologische Merkmale der Autonomen Nationalisten sind deren Ablehnung des Multikulturalismus und Globalismus, die eine Gefahr für die europäische Zivilisation und die nationalen Identitäten bilden. Die Expansion des Islam und die aktuelle Politik der USA und Israels sind weitere Gefahren. Sie stehen auch ideologischen Positionen des Nationalsozialismus, wie sie die Brüder Strasser vertraten, nahe und bedienen sich deren Symbole, des Schwertes und des Hammers. Der Artikel enthält auch Links zu vier Webseiten polnischer Autonomer Nationalisten, von denen nur eine einzige[231] aktuell ist.

Die inhaltlichen und formellen, die Einstellung gegenüber dem Thema betreffenden Unterschiede zwischen der polnischen und der deutschen Fassung des *Wikipedia*-Artikels über die Autonomen Nationalisten sprechen für die These, dass sich die deutschen *Wikipedia*-Autoren mit dem Problem intensiver befassen, seine Entwicklung verfolgen und auf seine Aktualität hinweisen. Allerdings beschäftigen sich die deutschen Autoren nur mit den lokalen, deutschen Aktivitäten der autonomen Nationalisten, während die polnischen mehr auf die internationale Ausrichtung dieser Szene verweisen. Wohlgemerkt handelt es sich im Falle der gleichen Stichworte um in verschiedenen Ländern agierende unterschiedliche Organisationen. An dieser Stelle sei nochmals vermerkt, dass die deutsche *Wikipedia* von linksorientierten Autoren dominiert zu sein scheint, die in ihren Artikeln die Webseiten der Rechten selbst kritisieren oder auf deren Kritik bei anderen verweisen[232]. Gleichzeitig unterlassen sie jegliche Kritik der Linken. Die Autoren der polnischen *Wikipedia*-Version vertreten überwiegend rechte Positionen, so dass an der Kritik der Rechten interessierte polnischsprachige Leser bei ihren *Wikipedia*-Recherchen zu kurz kommen.

---

230 https://pl.wikipedia.org/wiki/Autonomiczni_nacjonaliści, Zugriff am 5.11.2022.
231 http://autonom.pl, Zugriff am 17.8.2023.
232 Über *Wikipedia* und „die dunklen Seiten der Gutmenschen-Enzyklopädie" (eine Formulierung aus dem Umschlagtext) schreibt sehr kritisch der Wirtschaftsjournalist und Verfasser mehrerer Bücher zu Finanz-, Europa- und Marketingthemen Michael Brückner in seinem Buch *Die Akte Wikipedia,* erschienen im Kopp Verlag Rottenburg 2014.

2 Webseiten der Linken

2.1 Deutsche Webseiten der Linken

Der Nationalismus als ein Grundpfeiler der Rechten hat seine Gegner unterschiedlicher politischer Couleurs. Es sind vor allem die Linken, speziell die Linksradikalen, die sich als zeitgenössische Antifaschisten verstehen und nicht nur die „traditionellen", als rechtsextrem bzw. neofaschistisch bezeichneten Parteien und Bewegungen wie die Nationaldemokratische Partei Deutschlands (NPD, neuer Name der Partei: Die Heimat), die Republikaner (REP), die Identitäre Bewegung (IB), Der III. Weg bekämpfen, sondern auch Gegner der heute in der politischen Szene erfolgreichen Alternative für Deutschland (AfD) sind. Diese Linken haben auch ihre eigenen „antifaschistischen" Webseiten, auf denen sie sich mit den Rechten auseinandersetzen, oder – in ihrem Sprachgebrauch – diese „entlarven". Außer den linken Gegnern der Rechten agieren im Netz auch mit der Linken und dem Mainstream zu assoziierende Organisationen wie der *AfD Watch*, die Amadeu Antonio Stiftung, der *Blick nach Rechts* und andere, die in dieser Studie noch vorgestellt werden. Bereits an dieser Stelle kann die These aufgestellt werden, dass das deutsche bzw. österreichische und schweizerdeutsche Internet zwei vergleichbar starke Gegner auf dem Plan erkennen lässt, die ihre Aktivitäten mit wachsamem Auge und spitzer Feder beobachten, ja ausspähen und in Wort und Bild über diese berichten. Seiten von Anhängern der Einwanderung nach Deutschland, z.B. die Seite mit Ratschlägen für deutsche Flüchtlingshelfer[233], die mit dem Deutschen Bildungsserver[234] verlinkt ist, rufen Gegner der Einwanderung auf den Plan und können von ihnen als Provokation angesehen werden. Wie schon angemerkt, tobt im deutschsprachigen Netz ein regelrechter Kampf zwischen den Nationalisten resp. den Rechten und den Antinationalisten, Antifaschisten resp. den Linken. Im Deutschen gibt es dafür sogar ein besonderes Wort, „Meinungskampf", das sogar in einem Gerichtsurteil[235] aufgetaucht ist.

Viele Seiten der Rechten haben ihre Gegenseiten in der linken Szene. Opfer von Attacken der Linken werden dabei häufig auch Menschen, denen die Zugehörigkeit

---

233 https://www.juraforum.de/ratgeber/fluechtlingshelfer-und-betreuer/.
234 https://www.bildungsserver.de.
235 Es handelt sich um die Begründung der Ablehnung einer Beschwerde der bereits in dieser Arbeit vorgestellten ehemaligen ARD-Moderatorin Eva Herman durch das Bundesverfassungsgericht: „Die Beschwerdeführerin, der es nicht gelungen war, sich unmissverständlich auszudrücken, muss die streitgegenständliche Passage als zum ‚Meinungskampf' gehörig hinnehmen." https://www.bundesverfassungsgericht.de/SharedDocs/Pressemitteilungen/DE/2012/bvg12-079.html, Zugriff am 17.8.2023.

zur rechten Szene zugeschrieben wird, die sich aber selber keinesfalls mit ihr verbunden fühlen. So wurden z.B. 2014 zwei Professoren der Berliner Humboldt-Universität angegriffen: der Politikwissenschaftler Herfried Münkler und der Osteuropahistoriker Jörg Baberowski[236]. Es waren linksradikale Aktivisten, die durch Verbreitung manipulierter Aussagen beider Wissenschaftler ihrem Ruf schaden und unter Wissenschaftlern diskutierte strittige Fragen nach ihren eigenen politischen Vorstellungen gelöst sehen wollten. Der bereits zitierte Hans-Helmuth Knütter, wohlgemerkt ein ehemaliger Extremismusexperte der Bundeszentrale für Politische Bildung und des Bundesministeriums des Inneren, beschäftigt sich heute überwiegend mit dem Linksextremismus. Auf seiner Webseite *links-enttarnt.net* dokumentiert er die linke Szene in der heutigen Welt, die nach seiner Auffassung ein breites Spektrum von Körperschaften umfasst, und schreibt über sie kritisch:

> „Der Linksextremismus umfasst europaweit und besonders in Deutschland ein Spektrum von gewaltbereiten ‚Autonomen' bzw. radikalen ‚Antifaschisten', bis hin zu gesellschaftlich etablierten Parteien und Organisationen, wie etwa Gewerkschaften und Medien. Ziel der linken Ideologen ist es, konservative demokratische Strömungen als ‚rechtsextrem' zu diffamieren. Nach der Verschiebung des politischen Koordinatensystems wird unter dem Begriff des ‚Rechtsextremen' alles eingereiht, was politisch nicht eindeutig links ist. Der Zweck dieser Aktivitäten ist die Bestätigung der These des ‚Faschismus aus der Mitte der Gesellschaft'".[237]

Es sind also immer wieder Angriffe von Linken auf die Rechten und umgekehrt, deren häufiger Schauplatz Webseiten beider politischen Gegner sind. Nur sind die Linken in Deutschland seit geraumer Zeit auf dem Vormarsch, ja sogar dominierend, ihre Übermacht wirkt auf die Demokratie als freiheitliches und pluralistisches System destruktiv. Es sei an dieser Stelle Cora Stephan zitiert, die sich in ihrer hochinteressanten politischen Sittengeschichte dazu folgendermaßen äußerte:

> „Es ist ja gerade die gesinnungsferne Formorientiertheit der Demokratie, die Spielräume eröffnet. Es ist ja gerade der Unterschied zwischen Gedanke und Tat, der demokratische Gemeinwesen von erziehungsdiktatorischen Systemen unterscheidet, denen es nicht reicht, ihre Untertanen am bösen Tun zu hindern, sondern die auch

---

236 Näheres zu diesem Thema siehe Friederike Haupt, *Unser Professor, der Rassist*, FAZ, 15.5.2015, https://www.faz.net/aktuell/politik/inland/attacken-gegen-professoren-muenkler-und-baberowski-13596126-p2.html, Zugriff am 30.11.2019, jetzt mit Bezahlschranke. Ein anderes Beispiel für Einschränkungen der Meinungsfreiheit in Deutschland war die studentische Kampagne gegen den Soziologieprofessor Jost Bauch an der Universität Konstanz 2010. Siehe https://jungefreiheit.de/debatte/interview/2010/steckbriefe-an-jeder-wand/, Zugriff am 16.8.2023.

237 https://web.archive.org/web/20000823140041/http://www.links-enttarnt.de/, Zugriff am 16.8.2023. Die Webseite Knütters www.links-enttarnt.de funktionierte bis Mitte 2020 und ist derzeit nur über *Wayback Machine* abrufbar.

ihre Gedanken zensieren wollen. Das Schöne an der Demokratie ist, dass sie dem Bürger erlaubt, im Rahmen der Regeln oder im Schutz der Privatsphäre nach Herzenslust fies zu sein."[238]

Jost Bauch schätzt seinerseits die unter dem Einfluss der Linken geführte bundesdeutsche Politik als „Sachwalter des Wahren und Guten (glücklicherweise fehlt noch das Schöne), und das erklärt den abgrundtiefen Hass, die Verfolgungswut, die Kultur der Denunziation und Verleumdung des politischen Gegners."[239] Dem Urheber dieses Satzes folgend kann man sagen, dass die der Hassrede bezichtigten Rechten aufgrund ihrer Verstöße gegen die politische Korrektheit geahndet, als öffentliche Personen durch Praktiken der Löschkultur ausgestoßen und verleumdet werden. Er sieht einen der Gründe dieses Sachverhalts in der Moralhypertrophie als einer Folge der 1968er Revolution in Deutschland, in der Überbewertung der Menschenrechte, die der Immunisierung des Humanitarismus, einer „moralisierenden Verfallsform des Humanismus" dienen[240]. Bauch resümiert seine Ausführungen wie folgt:

„Die Moralhypertrophie und der Humanitarismus haben in Deutschland nicht nur die Exekutive und Legislative erfasst, sie dominieren auch zunehmend die Judikative, und

---

238 Cora Stephan, *Der Betroffenheitskult. Eine politische Sittengeschichte*, Reinbek 1993, zit. n. Jost Bauch, *Abschied von Deutschland. Eine politische Grabschrift*, a.a.O., S. 127.
239 Jost Bauch, *Abschied von Deutschland*, a.a.O., S. 135.
240 Jost Bauch zitiert im o.g. Buch am Anfang des Kapitels über die Menschenrechte Jean-Jacques Rousseau: „Hütet euch vor den Kosmopoliten, die vorgeben, die Menschheit zu lieben, um aus der Pflicht konkreter politischer Solidaritäten zu desertieren." Man kann diesen Satz aufgrund der Lektüre von Bauchs Buch dahingehend interpretieren, dass die deutschen Linken, die die Einwanderung von Menschen aus anderen Kulturräumen als Menschenrecht unterstützen, für die Bedürfnisse der einheimischen Bevölkerung nicht das gleiche Gespür haben. Die Menschenwürde als Grundlage des Menschenrechts und ihre Verteidigung als Grundlage der linken Moral bestimmen mithin die bundesdeutsche Politik. Das zeigt auch ein Urteil des Kölner Verwaltungsgerichts vom März 2022, in dem der von der Identitären Bewegung verwendete „ethnokulturelle Volksbegriff" als Verstoß „gegen die Grundsätze" der „Menschenwürde" im Grundgesetz gedeutet wurde. Dieses Urteil weckt auf der rechten Seite nicht nur Empörung, sondern veranlasst sie zum Handeln: „In der Frage des ethnokulturellen Volksbegriffes braucht das konservativ-rechte Lager eine ganzheitliche geistige Kraftanstrengung. Der Deutungsmacht über den Volksbegriff ist eine der entscheidensten Schlüsselressourcen im geistigen und inhaltlich-programmatischen Kampf für unser Volk." https://web.archive.org/web/20221201080210/https://www.identitaere-bewegung.de/allgemein/kommentar-das-afd-urteil-vor-der-verwaltungsgericht-koeln/. Im letzten Satz sollte vor „Deutungsmacht" der weibliche Artikel stehen. (Anm. d. Verf.)

damit stehen Politikalternativen, die Politik wieder für die eingesessene Bevölkerung machen wollen, vor einer beängstigenden moralischen Einheitsfront."[241]

Auf Webseiten der Linken wimmelt es förmlich vor moralischen Kampfbegriffen, die im besagten Humanitarismus ihre Wurzeln haben. Die manichäische Struktur der Moral (gut/böse) erlaubt es nach Bauch, auf der einen Seite die eigene Position zu legitimieren und auf der anderen Seite gleichzeitig die Position des politischen Gegners zu delegitimieren. Es gibt mehrere Begriffe, „die durch die politische Öffentlichkeit in Deutschland geistern" und die angeblich die gesellschaftlichen Tatbestände markieren, in Wahrheit aber „ideologische Nebelkerzen" sind, die „einzig die Funktion haben, den Blick auf die Wirklichkeit zu erschweren und den politischen Gegenentwurf zu diffamieren"[242]. Jost Bauch nimmt die Begriffe „Fremdenfeindlichkeit", „menschenverachtend", „islamophob", „rechts/links" und „Populismus" unter die Lupe, die alle auch zum festen Wortschatz der Linken gehören und auf deren Webseiten präsent sind.

Für einen Außenbetrachter der deutschen Wirklichkeit ist Bauchs Bemerkung über die Grundhaltung im Nachkriegsdeutschland hochinteressant, die auch bei anderen, nicht unbedingt nur bei rechten, konservativen und – ohne politische Zuordnung – bei bürgerlichen Beobachtern der Menschen in diesem Land anzutreffen ist. Bauch schreibt:

„In Deutschland herrscht ein kollektiver moralischer Masochismus, eine autodestruktive Vorstellung von der Wertlosigkeit und Gefährlichkeit des eigenen Volkes. Diese masochistische Grundhaltung macht aggressiv, es kommt zu Verdrängungen, Verleugnungen und Verlagerungen, um mit dieser Aggressivität in sich selbst fertigzuwerden."[243]

Und noch die Meinung des Psychotherapeuten und Psychoanalytikers Hubert Speidel:

„Masochismus und Sadismus sind Geschwister, und wo Masochismus, verborgen in seinen honorigen Verkleidungen wie Antinationalismus, Politische Korrektheit, Antifaschismus und anderes mehr, blüht, ist sein sadistisches Pendant nicht weit ... Denn Kollektivschuld und moralischer Masochismus bedürfen zu ihrer Aufrechterhaltung einer Verdrängung und Verleugnung, und deren Gegner müssen mit denselben totalitären Handlungen und dazu passenden Methoden bestraft werden, die dem bekämpften Weltbild zugeschrieben werden."[244]

---

241 Jost Bauch, a.a.O., S. 147.
242 Ebd., S. 148.
243 Ebd., S. 150.
244 H. Speidel, „‚Nation im Negativ'", in: *Junge Freiheit,* 52/2017–01/2018, S. 22, zit. n. J. Bauch, a.a.O., S. 151.

Immerhin haben die heutigen Deutschen, überwiegend die linksorientierten der 68er-Generation und ihre sich als Antifaschisten ausgebenden Nacheiferer, tatsächlich das Gefühl der Kollektivschuld, das sie aber nicht zur Verdrängung im psychologischen Sinne dieses Wortes, sondern zu eben den genannten totalitären Handlungen gegen die vermeintlichen Anhänger des Nationalismus drängt.

Und noch eine Beobachtung Jost Bauchs, mit der wir übereinstimmen und die für die Untersuchung von Webseiten der linken Gegner der Rechten methodologisch wichtig zu sein scheint:

„Was rechts und was links ist, dekretiert ausschließlich die Linke. Die politische Realpräsenz dieser fundamentalen Unterscheidung in der Politik wird dabei unterlaufen: Die Rechte existiert gar nicht mehr als Akteur, sie wird von der Linken konstruiert, und zwar so, wie man die Rechte gerne hätte, um mit ihr ein leichtes Spiel zu haben. Wenn die Linke bestimmt, was rechts ist, so bestimmt sie auch, und das erst recht, was links ist. Der Selbst-Idiolatrie sind keine Grenzen gesetzt. Dass bei einer solchen verzerrten politischen Leitunterscheidung die Demokratie, deren Grundprinzip die Gleichheit in der Freiheit ganz unabhängig von politischen Anschauungen ist (Art. 3 Abs. 3 GG), am Ende ist, dürfte einsichtig sein."[245]

Um diese Ausführungen noch abschließend auf den Gegenstand der vorliegenden Untersuchung zurückzuführen, d.h. auf die Webseiten der Rechten und die dem Mainstream gegenüber kritischen alternativen Medien: Jost Bauch meint, die Bezeichnungen „rechts" oder „links" sagen viel über diejenigen, die beide Begriffe verwenden. „Die Bezeichner sind das Problem: die Establishment-Politiker und ihre devote ‚Lügenpresse', die jede Abweichung von ihrem ‚menschenverachtenden' Kurs der kulturellen Selbstvernichtung als rechts bezeichnet."[246] Auch andere Begriffe aus dem linken Vokabular, mit Bauch gesprochen, „aus der ‚Phob-Klasse' (islamophob, homophob, xenophob etc.)"[247] sind ständige Etikettierungen der Rechten. Last but not least ist der Begriff des „Populismus", auf Webseiten der Linken häufiger mit dem Präfix „Rechts-" zu lesen, ein „sprachliches Artefakt, das denjenigen politisch identifizieren und abwerten soll, auf den man ihn anwendet"[248]. Dazu schreibt Bauch Worte, die für einen jeden Kritiker der Linken ein Ohrenschmaus sein werden:

„Nichts fürchtet der Hegemon mehr als das Volk. Und so ist es nicht verwunderlich, dass die Vertreter des derzeit herrschenden Politikbetriebes mit ihren gemieteten Politologen zurückschlagen, um die politischen Bewegungen in Deutschland und Europa, die der herrschenden Politik Einhalt gebieten wollen, zu schwächen."[249]

---

245 J. Bauch, a.a.O., S. 152 f.
246 Ebd., S. 154.
247 Ebd., S. 151.
248 Ebd., S, 155.
249 Ebd., S. 154.

2.2 Polnische Webseiten der Linken

Vergleicht man die Zustände auf deutschen resp. österreichischen und schweizerdeutschen Seiten mit denen auf den polnischen Seiten, fehlt es auf den Letzteren grundsätzlich an publikumswirksamer linker Konkurrenz, d.h. es gibt nur sehr wenige Gegenseiten der Linken, weil die Linke in Polen nach 1989, wie bereits gesagt, kaum Anhängerschaft gefunden hat und zu schwach ist, um sich mit ihren Positionen in der Öffentlichkeit durchzusetzen oder zumindest einen beachtenswerten Anhang zu finden. Außerdem wird die Linke in Polen allzu sehr mit dem „Kommunismus" oder dem sog. Realsozialismus assoziiert, der nach 1989 als politisches und ökonomisches Übel verschrien wird, nach dessen Überwindung neue, kapitalistische Verhältnisse entstanden sind, die von der Masse der Bevölkerung als die gewünschte Gesellschaftsform begrüßt worden seien[250]. Die sozialistische Idee erfreut sich in der polnischen Öffentlichkeit nur in Teilen der älteren Generation, die die Zeit der Volksrepublik erlebt hat und zu den Nutznießern des einstigen Systems gehörte, einer gewissen Beliebtheit. Die jüngeren Generationen sind an sozialistischen Idealen so gut wie kaum interessiert.

Es sei hier nur auf vier Webseiten hingewiesen, die der Linken zugeordnet werden können: die Seite der polnischen Antifa https://antifapolska.wordpress.com, die Seite des Vereins „Offene Republik" http://www.otwarta.org, die Seite „Stopp dem Nationalismus" unter https://stopnacjonalizmowi.wordpress.com, die Seite des Vereins „Nie wieder" unter http://www.nigdywiecej.org. Eine besonders aktive unabhängige NGO, die sich der Bekämpfung von Rassismus, Fremdenfeindlichkeit und Intoleranz verschrieben hat, ist das Zentrum für Monitoring von rassistischen und fremdenfeindlichen Verhaltensweisen (poln. *Ośrodek Monitorowania Zachowań Rasistowskich i Ksenofobicznych*). Auf der Webseite dieser Organisation findet sich folgende Selbstbeschreibung: „Das Zentrum stellt sich der braunen Welle, die Polen überschwemmt, in den Weg. Durch uns kommt es zu Prozessen gegen die Führer und Ideologen neofaschistischer Schlägertrupps. Tagtäglich bearbeiten wir neue Meldungen über begangene Hassverbrechen. Wir helfen Opfern

---

250 Allerdings werden die vom führenden Überwinder der sozialistischen Planwirtschaft durchgeführten Reformen, die zum Übergang zur sozial gedachten (nach deutschem Vorbild), aber die soziale Komponente im Grunde vernachlässigenden Marktwirtschaft von der polnischen Öffentlichkeit der Transformationszeit als allzu hart und unmenschlich eingeschätzt. Der Urheber dieser Reformen, Prof. Leszek Balcerowicz, wurde von seinen Gegnern als „Mengele der polnischen Wirtschaft" bezeichnet. Der Vergleich Balcerowicz' mit dem Lagerarzt von Auschwitz entstand bereits in den 90er Jahren des 20. Jahrhunderts und lebt in der Öffentlichkeit weiter. Neuerdings hat sich die polnische Organisation Junge Linke von der Verwendung dieser beleidigenden Bezeichnung durch einen ihrer Aktivisten distanziert. Vgl. https://gospodarka.dziennik.pl/news/artykuly/8136667,mloda-lewica-leszek-balcerowicz-josef-mengele-nazisci.html, Zugriff am 16.8.2023.

der Verfolgungen und erstellen Reporte über die aktuelle Situation in Polen."[251] Merkwürdigerweise steht das besagte Zentrum nicht auf der von den Linken geführten Liste linker Organisationen[252], ein Beweis mehr, dass es an einer Kooperation zwischen Linken hapert. Die genannte Liste enthält mehrere Vereine, die es nicht mehr gibt oder deren Webseiten nicht funktionieren, was ein weiteres Indiz für die Schwäche der Linken im heutigen Polen sein kann. Die Organisationen werden ungeachtet dieser Mängel nachstehend aufgezählt, um dem Leser wenigstens einen Einblick in das Vereinsleben der Linken in Polen zu geben:

- Linke Alternative (poln. *Lewicowa Alternatywa*), https://www.facebook.com/lewicowa/?locale=pl_PL;
- Anarchistisches Schwarzes Kreuz (poln. *Anarchistyczny Czarny Krzyż*, in Deutschland unter der englischen Bezeichnung *Anarchist Black Cross* bekannt), http://www.ack.org.pl;
- *ATTAC Polska* (polnischer Ableger der Vereinigung zur Besteuerung von Finanztransaktionen im Interesse der Bürger), https://www.facebook.com/attacpolska/?locale=pl_PL;
- Zentrum für Frauenrechte (poln. *Centrum Praw Kobiet*), https://cpk.org.pl;
- Demokratischer Studentenverband (poln. *Demokratyczne Zrzeszenie Studenckie*), https://www.flickr.com/photos/demokratycznezs/;
- Anarchistische Föderation (poln. *Federacja Anarchistyczna*) und deren Filialen, https://federacja-anarchistyczna.pl;
- Föderation Junger Sozialdemokraten (poln. *Federacja Młodych Socjaldemokratów*, die Jugendorganisation der politischen Partei Demokratische Linksallianz SLD), https://www.nowyfms.pl;
- Föderation für Frauen und Familienplanung (poln. *Federacja na rzecz Kobiet i Planowania Rodziny*), https://federa.org.pl;
- Föderation der Grünen – Białystok (poln. *Federacja Zielonych – Białystok*), http://www.federacjazielonych.pl;

---

251 https://omzrik.pl/informacje, Zugriff am 14.11.2019. Zum Zeitpunkt vorliegender Untersuchung (Juni 2023) schreiben die Betreiber des Zentrums über sich in einer anderen Tonart: „Jedes Jahr beschäftigen wir uns mit etwa 500 neuen Fällen von Hassverbrechen. Ohne die Unterstützung des Staates und uns häufig der verpolitisierten Staatsanwaltschaft entgegenstellend. Wir siegen mit dem Ministerium Ziobros (des poln. Justizministers – Anm. d. Verf.), der Rassisten und Homophoben vor strafrechtlicher Verantwortlichkeit schützt. Das Zentrum [...] ist eine unabhängige Nichtregierungsorganisation, die sich der Beseitigung und Bekämpfung von Erscheinungsformen des Rassismus, der Xenophobie und der Intoleranz widmet." https://omzrik.pl/informacje.
252 http://lewica.pl/?s=katalog&pod=organizacje+spo%B3eczno-polityczne&kat=polityka, Zugriff am 16.8.2023.

- Forum des Dialogs zwischen den Nationen (poln. *Forum Dialogu Między Narodami*), Homepage fehlt;
- Rosa-Luxemburg-Stiftung (Vertretung in Polen), http://rls.pl;
- Frauenstiftung eFKa (poln. *Fundacja Kobieca eFKa*), https://efka.org.pl;
- Gruppe für eine Arbeiterpartei (poln. *Grupa na rzecz Partii Robotniczej*)[253], https://alternatywasocjalistyczna.pl;
- Kommunistische Jugend Polens (poln. *Komunistyczna Młodzież Polski*), https://www.facebook.com/Komunistyczna.Mlodziez.Polski/?locale=pl_PL[254];
- Polnischer Antimobbing-Verein (poln. *Krajowe Stowarzyszenie Antymobbingowe*), http://ksa-mobbing.pl;
- Verein linkszentristischer Intelligenzler *Kuźnica* mit Sitz in Krakau, https://www.kuznica.org.pl;
- Soziales Zentrum Lodz (poln. *Łódzkie Centrum Społeczne*), Homepage fehlt;
- Internationaler Arbeiter- und Arbeitnehmerverein (poln. *Międzynarodowe Stowarzyszenie Robotników i Pracowników*), Homepage fehlt;
- Junge Sozialisten (poln. *Młodzi Socjaliści*), https://www.facebook.com/mlodzisocjalisci/?locale=pl_PL;
- Strömung der Revolutionären Linken (poln. *Nurt Lewicy Rewolucyjnej*), Homepage fehlt;
- Jugendorganisation der Gesellschaft der Arbeiteruniversität (poln. *Organizacja Młodzieży Towarzystwa Uniwersytetu Robotniczego*), Homepage fehlt;
- Proletarische Plattform (poln. *Platforma Proletariacka*), https://twitter.com/PlatformaProlet;
- Fortschrittliche Jugend Polens (poln. *Postępowa Młodzież Polski*), https://www.instagram.com/postep1917/;
- Arbeitnehmerdemokratie (poln. *Pracownicza Demokracja*), https://pracowniczademokracja.org;
- Bewegung der Linken (poln. *Ruch Lewicy*), Homepage fehlt;
- Soziale Bewegung NEIN – Jelenia Góra (poln. *Ruch Społeczny NIE – Jelenia Góra*), Homepage fehlt;
- Verein „Junge Sozialdemokraten" (poln. *Stowarzyszenie „Młoda Socjaldemokracja"*), Homepage fehlt;
- Verein Polnischer Marxisten (poln. *Stowarzyszenie Marksistów Polskich*), https://smp.edu.pl;

---

253 Die Organisation heißt aktuell Sozialistische Alternative (poln. *Alternatywa Socjalistyczna*) und ist eine Filiale der *International Socialist Alternative*, was die Betreiber der Webseite *lewica.pl* übersehen haben.

254 Letzte Einträge im Herbst 2017. Wahrscheinlich wurde die Webseite wegen des seit Juni 2018 in Polen geltenden Verbots der kommunistischen und totalitären Propaganda eingestellt.

- Patientenverein „Primum Non Nocere" (poln. *Stowarzyszenie Pacjentów „Primum Non Nocere"*), https://www.sppnn.org.pl;
- Warschau in Europa (poln. *Warszawa w Europie*), https://www.facebook.com/Warszawa.w.Europie/;
- Warschauer Mieterverein (poln. *Warszawskie Stowarzyszenie Lokatorów*), https://www.facebook.com/lokatorzy/?locale=pl_PL;
- Verein Grünes Masovien (poln. *Zielone Mazowsze*), https://zm.org.pl;
- Syndikalistenverband Polens (poln. *Związek Syndykalistów Polski*), https://zsp.net.pl.

Teil IV: Kommentiertes Verzeichnis ausgewählter deutscher Webseiten von Rechten und deren linken Gegnern

Die nachstehende Dokumentation ist ein kommentiertes Verzeichnis deutscher Webseiten der Rechten sowie deren linker Gegner. Es sind Webseiten von Organisationen, Zeitungen und Zeitschriften, Magazinen und elektronischen Medien sowie Blogs. Die Zuordnung der jeweiligen Seite zur Rechten oder zur Linken erfolgte anhand der Selbst- und Fremdbeschreibung der jeweiligen Portale. Damit der Leser die besagte Zuordnung nachvollziehen kann, findet er zuerst die Selbstbeschreibung der Betreiber, Initiatoren bzw. Organisatoren o.ä. der jeweiligen Seite, welcher Fremdeinschätzungen folgen. Anschließend werden Inhalt und Form jeder Webseite charakterisiert und ausgewertet. Die Webseiten wurden erstmals 2019 untersucht und 2022–2023 noch einmal durchgesehen. Ein Teil der Webseiten, die 2019 noch funktionierten, ist 2022–2023 nicht mehr vorhanden. Manche Webseiten sind nur über das Internetarchiv *Wayback Machine* abrufbar. Im Zeitraum der Untersuchung fand außerdem eine Verschiebung der thematischen Schwerpunkte der analysierten Seiten statt. Während 2019 die Folgen der Migration von Hunderttausenden infolge der Öffnung deutscher Grenzen im Mittelpunkt des öffentlichen Diskurses standen, waren bis zum 24.2.2022, dem Tag des Überfalls Russlands auf die Ukraine, Corona und danach der Krieg in der Ukraine die Hauptthemen. Die Inhalte der Webseiten variieren ständig, ihre Aktualität ist oft kurzlebig, weil deren Betreiber auf Fakten reagieren müssen, die sich bald als überholt und der sprichwörtliche „Schnee von gestern" erweisen. Die wissenschaftliche Beschäftigung mit ihnen, die Notwendigkeit der Momentaufnahme von Fakten, von denen viele einmalig waren oder keine Fortsetzung fanden, führt deshalb beim Forscher zu seinem Unbehagen, einem Dauerzustand, der ihn angesichts der Fülle von Ereignissen deprimiert. Nichtsdestotrotz wollten wir die Momentaufnahmen wagen, weil bestimmte Themen ihre Gültigkeit bewahren. Selbst wenn sie als überholt erscheinen, hat der Betrachter doch einen Einblick in eine Wirklichkeit, die vom Standpunkt einer konkreten Gesinnung – der Rechten oder der Linken – von Bestand ist.

Die Analyse der Webseiten ist mit bestimmten Schwierigkeiten verbunden. Informationsportale enthalten Nachrichten, Kommentare, Userstimmen usw., meistens zu aktuellen und ständig wechselnden Ereignissen, die häufig auch nach Monaten und Jahren abrufbar sind. Webseiten von Organisationen enthalten zumeist für die Öffentlichkeit bestimmte Informationen und Stellungnahmen zu diversen Themen, die in ihrem Wirkungsbereich liegen. Sie ändern sich je nach den äußeren und inneren Umständen. Unter den Blogs finden sich solche, die regelmäßig oder sporadisch geführt werden. Ein Analytiker der Webseiten als eines medialen Formats, der ihre festen Bestandteile und ihre Orientierung ausarbeiten will, stößt also auf Hindernisse, die generalisierende Aussagen über die Inhalte und Formen der untersuchten Webseiten erschweren. Nichtsdestotrotz können insbesondere bei Seiten, die seit längerer Zeit geführt werden, bestimmte programmatische bzw. ideologische Linien ausgemacht werden.

1 Webseiten von Organisationen

Abgeordnetencheck, https://www.abgeordneten-check.de/
Betreiber der Seite ist die Zivile Koalition e.V. „ein Zusammenschluss von Bürgern, die sich für mehr zivilgesellschaftliches Engagement in Deutschland einsetzen. Gemeinsam treten wir für Reformen ein, die die Menschen in Deutschland wirklich wollen und brauchen."[255] Gegründet wurde die Organisation 2005 von Beatrix von Storch, heute führende AfD-Politikerin. Ihr Hauptmedium ist der Autorenblog „*Die freie Welt*" (siehe weiter unten). Der Abgeordnetencheck wird von Sven von Storch vertreten.

Auf der genannten Webseite findet sich folgende Selbstbeschreibung: „... Der Abgeordnetencheck steht auf Seiten der Bürger und der Zivilgesellschaft, die den Mut und die Entschlossenheit haben, sich für unser Land einzubringen. Von Reformen soll nicht bloß geredet werden, sondern die Politik soll das Notwendige – und nicht das Überflüssige! – endlich tun. Der Abgeordnetencheck respektiert dabei das freie Mandat des Bundestagsabgeordneten nach Art. 38 GG, denn die Abgeordneten sollen ‚Vertreter des ganzen Volkes' sein, und an ‚Aufträge und Weisungen nicht gebunden und nur ihrem Gewissen unterworfen' sein. Der Abgeordnete darf kein Abgeordneter der Regierung, sondern muss ein Abgeordneter der Bürger sein! (...) Den Wählern gibt der Abgeordnetencheck ein Instrument an die Hand, um einfach, schnell und von zu Hause aus seine Forderungen gezielt und nachhaltig einzubringen. Dabei muss er kein festes Programm unterschreiben – der Abgeordnetencheck ist weder parteilich noch an bestimmte Interessengruppen gebunden. Jedem Bürger steht es frei, diejenigen Initiativen des Abgeordnetenchecks auszuwählen und zu unterstützen, die er vertreten will. Unsere Leitlinien sind der Schutz der Bürgerrechte, die Prinzipien des demokratischen Rechtsstaats, der Gewaltenteilung und der sozialen Marktwirtschaft. Wir fordern: Freiheit statt Bevormundung! Wir bieten: Zivilgesellschaftliches Engagement statt bürokratischer Gängelei! Nur so kommt der Erneuerungsprozess in Deutschland voran."[256]

Neben dem eigentlichen Abgeordnetencheck, in dem 99 deutsche Abgeordnete im Bundestag mit Angabe ihrer Parteizugehörigkeit aufgelistet sind[257], findet der User eine Liste von Initiativen sowie die Kategorie Kampagnen[258], zu denen er als Teilnehmer eingeladen wird. Die Kampagnen sind wie folgt gruppiert: Aktuellste, Euro und EU, Innenpolitik, Familien-Schutz, Meinungsfreiheit, Migrationspolitik, Islamisierung, Christenschutz. Hier einige Namen dieser Kampagnen: Rettet den

---

255 https://www.zivilekoalition.de/wir/, Zugriff am 16.8.2023.
256 https://www.abgeordneten-check.de/ueber-uns/, Zugriff am 16.8.2023.
257 https://www.abgeordneten-check.de/abgeordnete/, Zugriff am 16.8.2023.
258 https://www.abgeordneten-check.de/kampagnen/alle/liste/, Zugriff am 16.8.2023.

Industriestandort Deutschlands; Staatliche Finanzierung von Abtreibung stoppen; Finanzielle Unterstützung für Migranten und Flüchtlinge jetzt reduzieren; Bargeld erhalten; Gendersprache stoppen; Diskriminierung gegen Christen stoppen u.a. 2019 fand der User eine Auflistung von Entscheidungsträgern samt vorgegebenen Suchkriterien, gegliedert nach Posten (z.B. Bundespräsident, Bischof) und Position der jeweiligen Personen gegenüber der jeweiligen Forderung, z.B. Abtreibung kein Menschenrecht, Betreuungsgeld, Diesel-Fahrverbote, Gefährder abschieben u.v.a. Die Entscheidungsträger wurden in die Gruppen Befürworter, Blockierer und Unentschieden eingeordnet[259]. Die Kategorie „Entscheidungsträger" ist 2022 nicht mehr vorhanden.

Anti-Zensur-Koalition, https://www.anti-zensur.info

2008 von Ivo Sasek ins Leben gerufene Anti-Zensur-Koalition. 2019 fand die 17. und erst im November 2022 die 18. AZK-Konferenz[260] statt.

Aus der Selbstdarstellung: „AZK – Anti-Zensur-Koalition ist die europaweit größte unabhängige Aufklärungsplattform für unzensierte Berichterstattung."[261] Aus der Kurzzusammenfassung: „Ziel der Anti-Zensur-Koalition ist nicht die Bildung einer Partei, Volksverschwörung oder dergleichen, sondern lediglich die Schaffung einer Plattform, die die Möglichkeit einer vom Mainstream unabhängigen, freien, unzensierten Meinungsbildung garantiert. [...] Jeder Mensch hat auch ein Recht auf jene Informationen, die den allgemeinen offiziellen Versionen widersprechen."[262]

Die AZK gliedert ihre Beiträge – es sind lauter Videos, mehrere davon unter dem Logo von Kla.tv (siehe weiter unten https://www.kla.tv/) – in folgende acht Themenkomplexe: Politik und Geschichte, Recht und Meinungsfreiheit, Gesundheit und Ernährung, Gesellschaft und Familie, Forschung und Energie, Umwelt und Pharmaindustrie, Wirtschaft und Finanzen, Sonstige Themen.

Bürgerbewegung Pax Europa e.V., http://paxeuropa.de/

2019 lautete der Untertitel der Seite „Menschenrechte achten, die Scharia ächten". 2022 war ihr Motto: „Für den Schutz und Erhalt Europäischer Werte und Freiheiten! Gegen den Politischen Islam". Im Grundsatzprogramm beschreibt sich die Organisation wie folgt: „Die BÜRGERBEWEGUNG PAX EUROPA e.V. (im Folgenden kurz ‚BPE'), ist eine islamkritische Menschenrechtsorganisation, die das Glaubens-, Rechts- und Politiksystem Islam durchleuchtet und hinterfragt.

---

259 https://www.abgeordneten-check.de/entscheidungstraeger/, Zugriff am 30.11.2019, derzeit mit der *Wayback Machine* abrufbar unter https://web.archive.org/web/20190418221118/https://www.abgeordneten-check.de/entscheidungstraeger/.
260 https://www.anti-zensur.info/azk18/, Zugriff am 5.7.2023.
261 https://www.anti-zensur.info/#, Zugriff am 5.7.2023.
262 https://www.anti-zensur.info/?page=werazk, Zugriff am 5.7.2023.

Sie klärt über die vom Islam ausgehenden Menschenrechtsverletzungen auf und warnt vor den Gefahren, die für die Menschenrechte und die Demokratie durch eine wachsende gesellschaftliche und politische Einflussnahme des Islam in den freien Gesellschaften Europas entstehen. Die BPE entwickelt Lösungsstrategien, wie unter Ausschöpfung aller rechtsstaatlichen und demokratischen Mittel einer Islamisierung Europas begegnet werden kann. Sie setzt sich zusammen aus Bürgern unterschiedlicher politischer Überzeugung und Weltanschauung. Die Arbeit der BPE ist politisch unabhängig und überkonfessionell. Die BPE ist in der Liste der eingetragenen Verbände beim Deutschen Bundestag registriert und nimmt als Nichtregierungsorganisation (NGO) unter anderem an Konferenzen der Organisation für Sicherheit und Zusammenarbeit in Europa, OSZE, teil."[263]

In ihrer Satzung heißt es unter anderem: „Zweck des Vereins ist es, das demokratische Staatswesen im Geltungsbereich des Grundgesetzes der Bundesrepublik Deutschland dadurch zu fördern, dass er die Öffentlichkeit unabhängig von politischen Parteien oder sonstigen Interessengruppen wertneutral über die Ausbreitung des Islam in Europa und die damit verbundenen Folgen für das Staatswesen unterrichtet."[264]

Es sind nachstehend nur einige Aktivitäten des Vereins und seiner Gegner in Deutschland aufgezählt worden. Er ist über seine Landesverbände in allen Bundesländern aktiv. Die Webseite der BPE enthält neben der üblichen Kategorie „Das sind wir" folgende Unterkategorien: „Aktuelles" mit neuesten Meldungen über Aktivitäten aus der (anti)islamischen Szene in Deutschland und in anderen Ländern Europas; „Termine" mit einem Kalender der Kundgebungen in verschiedenen Städten oder mit Mahnwachen, z.B. in Köln zum Thema Muezzinruf; 2019 gab es „Standpunkte" mit einer kritischen Stellungnahme von Autoren der *PI-News* Observer und Michael Stürzenberger zu einem Pfarrbrief des Coesfelder Pfarrers Johannes Hammans', der den Bau der DITIB-Moschee in Coesfeld als „Bereicherung unserer Stadt" bezeichnete[265] – es war der einzige „Standpunkt" für das Jahr 2019; auf der Unterseite „Aktionen" fanden sich ebenfalls Informationen über Aktivitäten des Vereins und seiner Gegner. Die Unterseite „Infomaterial" enthält eine Darlegung der geistigen Grundlagen der Islamkritik und einen „Argumentationshilfekatalog" zur Begegnung von gängigen Scheinargumenten in der öffentlichen Debatte über den politischen Islam, des Weiteren mehrere Plakate zum Downloaden[266], einige Dutzend Faltblätter unterschiedlichen Inhalts, z.B. gegen

---

263 https://paxeuropa.de/bpe/grundsatzprogramm/, Zugriff am 5.7.2023.
264 https://paxeuropa.de/wp-content/uploads/bpe-satzung.pdf, Zugriff am 17.8.2023.
265 https://paxeuropa.de/2019/01/11/pfarrer-coesfeld-bau-der-ditib-moschee-bereicherung-fuer-unsere-stadt/, Zugriff am 4.12.2019.
266 2019 befand sich auf der Webseite ein Plakat mit einem Spruch von Karl Marx, „Der Islam schafft einen Zustand permanenter Feindschaft zwischen Moslems und Ungläubigen". 2022 waren es ausschließlich „Zitate führender Vertreter des Politischen Islams". https://paxeuropa.de/pax-plakate-sammlung/, Zugriff am 19.11.2022.

die „staatlich legitimierte Tierquälerei" (gemeint ist das betäubungslose Schächten von Tieren). 2019 fand der User drei Broschüren über den Islam als Bedrohung für die Freiheit, eine totalitäre Ideologie und als Gewaltordnung, 2023 gibt es sie nicht mehr. Auf der Unterseite „Infoquellen" findet der User eine Liste von Links zu alternativen Medien, in denen der Islam und die Islamisierung thematisiert werden. Die Kategorie „Mitmachen!" 2019 heißt jetzt „Aktiv werden!" und führt zum Spendenkonto der BPE und zum Mitgliedsantrag. In der aktuellen Version der Webseite 2023 finden sich noch die Kategorien „Videos" mit den Unterkategorien „BPE Vorstand", „Kundgebungen", „BPE-Studio", es fehlen die einstigen Unterkategorien „YouTube" und „BPE Shorts", die Aufzeichnungen von für die Organisation relevanten Ereignissen enthalten. Neu im Vergleich mit der Version von 2019 war im Jahre 2022 die Kategorie „Nachrichten und Hintergründe", in der über Aktuelles berichtet wird, z.B. über die Warschauer Menschenrechtskonferenz der OSZE vom 27. bis 30.9.2022[267]. Die letztgenannte Kategorie fehlt zum Zeitpunkt einer erneuten Durchsicht der Webseite (5.7.2023).

In der deutschen *Wikipedia* wird die BPE als „rechtspopulistischer Verein" bezeichnet, der „gegen die angebliche schleichende Islamisierung Europas" demonstriere. Er trete mit dem Blog *Politically Incorrect* im Verbund auf und unterhalte Verbindungen zur Partei „Die Freiheit". Der Landesverband Bayern werde vom Bayerischen Verfassungsschutz beobachtet, er sei auch ein Ableger der PEGIDA. Von der *taz* und der *Berliner Morgenpost* werde der Verein als islamfeindlich bezeichnet. Auch ein Publizist der „Zeit" kritisiert den Verein, insbesondere seinen früheren Mitbegründer Udo Ulfkotte, der bis 2007 einen eigenen Verein, „Pax Europa", gründete, welcher mit dem Bundesverband der Bürgerbewegungen e.V. 2009 fusionierte[268].

Das den Rechtsextremismus verfolgende Portal „Blick nach rechts"[269] nannte den Verein „stramm rechtslastig"[270]. Die „Badische Zeitung" vom 4.10.2019 berichtete über den Protest gegen eine von der BPE organisierte Anti-Islam-Kundgebung in Lahr[271]. Eine ähnliche Gegendemonstration fand in Straubing 12.7.2019 statt,

---

Zum Zeitpunkt einer erneuten Durchsicht der Webseite (5.7.2023) können die Plakate nicht heruntergeladen werden.

267 https://paxeuropa.de/2022/10/24/bericht-zur-warschauer-menschenrechtskonferenz-der-osze/, Zugriff am 16.8.2023.
268 https://de.wikipedia.org/wiki/Bürgerbewegung_Pax_Europa, Zugriff am 16.8.2023.
269 2022 fusionierte das Portal *bnr* mit dem Infoportal *Endstation rechts*. Siehe weiter unten.
270 https://www.bnr.de/artikel/aktuelle-meldungen/pax-europa-auf-provokationstour, Zugriff am 16.8.2023.
271 https://www.badische-zeitung.de/lahrer-protestieren-friedlich-gegen-pax-europa-177967739.html, auch die *Lahrer Zeitung* meldete über diese Demonstration, https://www.lahrer-zeitung.de/inhalt.lahr-100-lahrer-singen-gegen-pax-europa-an.2e4198c3-f2b0-408b-bbfb-a8862cd5658f.html, Zugriff am 4.12.2019.

wovon das Portal *idowa* berichtete[272]. Am 25.10.2019 wurde auch in Offenbach eine Veranstaltung der BPE, eine siebenstündige Kundgebung zum Thema „politischer Islam", von linken Aktivistinnen und Aktivisten gestört[273].

Bürgerforum Altenburger Land, https://bürgerforum-altenburg.de

„Das Bürgerforum Altenburger Land hat sich gebildet, um NEIN zur derzeitigen Asylpolitik der Bundesregierung zu sagen, und hierzu überparteilich Farbe zu bekennen. – Wir sind für Asyl echter Kriegsflüchtlinge – Wir sind nicht fremdenfeindlich – Wir sind gegen die unkontrollierte Aufnahme von Wirtschaftsflüchtlingen – Wir wehren uns gegen die durch die Bundesregierung/Merkel begangenen Gesetzesbruch – Wir wehren uns gegen die Anzahl der für den Landkreis Altenburg vorgesehenen Flüchtlinge."[274] Diese seit 2015 bestehende Organisation mit einem 2023 nicht mehr abrufbaren Portal – der letzte Eintrag stammt vom 2.1.2019 – hat zwar regionale Bedeutung, steht aber stellvertretend auch für andere gegenüber der Einwanderungspolitik der Bundesregierung kritische Bürgerinitiativen und versteht sich als „außerparlamentarische Opposition".

Über das Thüringer Bürgerforum schrieb *focus online*, es werde vom neurechten und AfD-nahen *COMPACT*-Magazin (s.u.) unterstützt[275]. Kritik am Forum übte in der „Ostthüringer Zeitung" ein evangelischer Diakon des Kirchenkreises Altenburger Land[276], das linke Portal *Blick nach rechts* nennt es „rechtslastig". Auch in einer wissenschaftlichen Studie des Komrex – Zentrum für Rechtsextremismusforschung, Demokratiebildung und gesellschaftliche Integration der Friedrich-Schiller-Universität Jena hat das Forum in der „Topographie des Rechtsextremismus und der gruppenbezogenen Menschenfeindlichkeit in Thüringen"[277]

---

272 https://www.idowa.de/inhalt.kundgebungen-in-straubing-wir-sind-bunt-mit-strassenmalereien-gegen-pax-europa.dd579a26-c8dd-43b9-a892-0c4f451a0897.html, Zugriff am 4.12.2019.

273 https://www.fr.de/rhein-main/offenbach/offenbach-ort29210/offenbach-sieben-stunden-streit-kundgebung-aliceplatz-13168429.html, Zugriff am 4.12.2019.

274 https://bürgerforum-altenburg.de, Zugriff am 4.12.2019.

275 https://www.focus.de/politik/deutschland/in-altenburg-buergerforum-in-thueringen-will-grundstein-fuer-afd-ministerpraesidenten-legen_id_8763846.html, Zugriff am 4.12.2019.

276 https://www.meine-kirchenzeitung.de/altenburger-land/c-kirche-vor-ort/diakon-buergerforum-greift-die-kirche-an_a3600, Zugriff am 4.12.2019.

277 So der Titel eines Forschungsberichts des besagten Zentrums vom Dezember 2018, verfasst von Heinrich Best, Marius Miehlke und Alex Salheiser. Das Forum wird darin als eine vom Deutschen Zivilschutz e.V. getragene Organisation dargestellt und dem Rechtsextremismus zugeordnet. https://www.komrex.uni-jena.de/komrexmedia/Literatur/PROJEKTBERICHT_TOPOGRAFIE_DEZ2018.pdf, Zugriff am 17.8.2023.

einen Platz. Das linksorientierte Portal *humanistisch.net* sieht im Bürgerforum Altenburger Land eine Bedrohung – nicht im politischen, sondern im Kulturbereich[278] – diesmal im Kontext der Vorgänge um das Theater Altenburg Gera, zu dessen Boykott das Forum Anfang 2017 wegen der Besetzung eines Schwarzen in der Rolle des Hauptmanns von Köpenick aufgerufen hatte[279]. Derzeit ist die Seite nicht abrufbar.

Crime Kalender, https://crimekalender.wordpress.com

Untertitel „Wer hat sie ins Land gelassen?" Die Seite versteht sich als „Kriminal-Dokumentation"[280] und registriert Fälle von Ausländerkriminalität in Deutschland. Kategorien: Einzelfälle melden; Phantombilder und Fahndungsfotos; Kriminalstatistik; Statistik Sexualstraftaten; Crimekalender Auswertungen; Abschiebung; Sexual-Prozesse; Schutzsuchende Syrer; Einzelfälle NRW; 108 dokumentierte Tötungen; Seitenstatistik; 199 dokumentierte Vergewaltigungen; Einzelfall-Dokumentation vor 2015. Letzte Einträge: Anfang 2018. Unter den registrierten Verbrechen finden sich unter anderem auch solche, die von Polen begangen wurden[281].

Deutsche Burschenschaft, https://www.burschenschaft.de

„An deiner Universität findest du nur Oberflächlichkeit ohne geistigen Tiefgang? Das Leben um dich herum ist geprägt von Werteverfall, Gutmenschentum, Genderwahnsinn und linker Lebenslüge? Wähle deine Gegenkultur, wir sind auch in deiner Stadt! Die Lösung: Burschenschafter werden."[282] Die obigen Worte fanden sich Anfang 2019 auf der Webseite der Organisation. Im Kurzporträt stellte sich die Deutsche Burschenschaft (Abk.: DB) wie folgt vor: „Die Deutsche Burschenschaft ist heute ein Verband mit etwa 7.000 jungen und alten Mitgliedern in fast 70 Burschenschaften. Mitglied in einer Burschenschaft zu werden ist mehr als nur einem Verein beizutreten. Es bedeutet vor allem die freiwillige Verpflichtung, sich für ideelle Ziele einzusetzen, die im Wahlspruch der Deutschen Burschenschaft ‚Ehre – Freiheit – Vaterland' umrissen werden."[283] In einer undatierten Stellungnahme der Vorsitzenden Burschenschaft wird auf die schon 2013 absehbare „Asylkrise"

---

278 https://www.humanistisch.net/37286/rechter-kulturkampf-bedroht-freiheit-der-kunst-aber-die-wehrt-sich/, Zugriff am 4.12.2019.
279 https://www.sueddeutsche.de/kultur/theater-wie-de-aussiehst-so-wirste-anjesehen-1.3394174, Zugriff am 4.12.2019.
280 https://crimekalender.wordpress.com/ueber-diese-seite/, Zugriff am 5.7.2023.
281 https://crimekalender.wordpress.com/category/taeterbeschreibung/auslaendische-herkunft/osteuropaeisch/polnisch/, Zugriff am 5.7.2023.
282 https://www.burschenschaft.de, Zugriff am 19.1.2019.
283 https://www.burschenschaft.de/burschenschaft-was-ist-das/kurzportrait-der-db.html, Zugriff am 7.12.2019.

in der Bundesrepublik und in Österreich hingewiesen, die für beide Länder mit „deutsch geprägter kultureller Identität" mit großer Sorge zur Kenntnis genommen wird, weil sie das tägliche Leben und die Zukunft „als selbstbestimmtes Souverän gefährdet, gar unmöglich macht"[284].

2022 sind es nicht mehr 7.000, sondern 4.500 Mitglieder „aller Altersgruppen", und auch das Vorwort der Vorsitzenden gibt es nicht mehr. Über die Gründe des Rückgangs der Mitgliederzahl und der Streichung der Worte der Vorsitzenden kann nur spekuliert werden. Auch hat sich die Rhetorik der Betreiber gewandelt. Statt vom Werteverfall, Gutmenschentums usw. ist nun von der Wichtigkeit die Rede, „sich neben dem Studium an der Universität auch mit ideellen Wertvorstellungen auseinanderzusetzen und sich eine fächerübergreifende Allgemeinbildung anzueignen. Die Universitäten, die sich zu Massenausbildungsstätten entwickelt haben, bieten hierzu wenig Chancen. In einer Gemeinschaft dagegen ergeben sich vielfältige Möglichkeiten geistiger Anregungen auf allen Ebenen. Junge und alte Burschenschafter, die ‚Aktiven' und ‚Alten Herren', bleiben auch nach dem Studienabschluss als ‚Bundesbrüder' freundschaftlich fest verbunden. Dies führt zu einem ständigen lebendigen Gedanken- und Erfahrungsaustausch zwischen jung und alt, zwischen Fakultäten und Berufen. Der junge Burschenschafter erweitert dadurch fächerübergreifend seinen Horizont und formt seine Persönlichkeit."[285]

Die Betreiber der Webseite sahen sich 2019 gezwungen, dem Vorwurf des Rechtsextremismus zu widersprechen und verleugneten die Zuordnung des Verbands zum Rechtsextremismus auf der Unterseite „Fakten Vorurteile". Damals hieß es dort: „In Zeiten des ‚Kampfes gegen Rechts' neigen nicht nur interessengetriebene politische Kreise, sondern auch zahlreiche Medien dazu, der Deutschen Burschenschaft oder deren Mitgliedsburschenschaften Extremismus zu unterstellen."[286] Dieser bestünde in der Ablehnung des demokratischen Verfassungsstaates, in rassistischen Haltungen der Mitglieder. Auf der Webseite wurden beide rechtsextremistische Positionen mit dem Hinweis darauf abgewiesen, dass die Burschenschafter Wegbereiter des deutschen Verfassungsstaates gewesen seien, „an der Wiege des Grundgesetzes steht die Deutsche Burschenschaft"[287]. 2022 fehlt auch diese Unterseite.

Man kann also eine Verweichlichung der Positionen des Verbandes konstatieren, so dass seine Kritik von Links heute als ungerechtfertigt abgetan werden

---

284 https://www.burschenschaft.de/aktuelles/die-vorsitzende-informiert.html, Zugriff am 7.12.2019.
285 https://burschenschaft.de/die-burschenschaft, Zugriff am 19.11.2022.
286 https://www.burschenschaft.de/burschenschaft-was-ist-das/fakten-statt-vorurteile/ extremismusvorwurf.html, Zugriff am 7.12.2019. Der Link funktionierte zum Zeitpunkt einer erneuen Durchsicht der Seite (5.7.2023) nicht.
287 https://www.burschenschaft.de/burschenschaft-was-ist-das/fakten-statt-vorurteile/ burschenschaft-grundgesetz.html, Zugriff am 7.12.2019.

kann. In der deutschen *Wikipedia* wird der Verband trotz scheinbarem Objektivitätsanspruchs ihrer Autoren kritisch beschrieben und bewertet. Seine Zugehörigkeit zum rechten Spektrum der politischen Szene wird durch Hinweise auf „Richtungskämpfe" und „umstrittene Äußerungen einzelner Personen von Mitgliedsburschenschaften" suggeriert, des Weiteren durch Berufung auf Beobachtungen von Landesämtern für Verfassungsschutz wegen möglicher rechtsextremistischer Bestrebungen. Allerdings lehnt das Bundesamt für Verfassungsschutz eine Beobachtung der DB ab. In dem Abschnitt „Kontroversen und Kritik" wird in dem *Wikipedia*-Artikel unter anderem auf kritische Stellungnahmen von (linken) Sozialwissenschaftlern und auf öffentliche Ereignisse hingewiesen, die die Burschenschaft in ein schlechtes Licht stellten[288].

Nicht nur die *Wikipedia*, sondern auch Pressemedien ordnen die Deutsche Burschenschaft der Rechten zu, z.B. das *Deutsche-Welle*-Portal[289], der *SWR-Aktuell*[290], die *taz*[291], *Belltower. News*[292], *RP Online*[293] u.a.

Deutschland braucht uns, http://deutschlandbrauchtuns.org/
Das Motto der zuletzt am 19.12.2019 abrufbaren Webseite[294] war: „Wir sind gegen Gewalt. Deutschland braucht uns" und „Gemeinsam sind wir stark". Ihr Betreiber, Frank Spickermann, schrieb: „Es ist an der Zeit Menschen zu unterstützen, die für unser Land auf die Straße gehen, gewaltlos für die Änderung der politischen Verhältnisse und die Installation einer direkten Demokratie demonstrieren. Seit 2015 sammle ich Informationen zu **P**olitisch **M**otivierten **S**traftaten **(PMS)** begangen durch die linksextreme Szene (...) Die Angst vor einer Islamisierung Deutschlands wächst in Zeiten, in denen Hetzer, Hassprediger, Salafisten und Terroristen in deutschen Städten gewaltbereit ihr Gedankengut für einen islamischen Staat auf den Weg bringen, in denen Linksradikale/-extreme ‚bestimmen', wer Nationalsozialist, Neonazi ist oder zur Neuen Rechten Gewalt gehört, dem deutschen Volk den Tod wünschen."[295] Einige Zeilen weiter unten erteilt er dem Rechtsextremismus

---

288 https://de.wikipedia.org/wiki/Deutsche_Burschenschaft#Kontroversen_und_Kritik, Zugriff am 7.12.2019.
289 https://www.dw.com/de/rätselhafte-männerbünde-burschenschaften/a-42439283, Zugriff am 7.12.2019.
290 https://www.swr.de/swraktuell/baden-wuerttemberg/suedbaden/Jahrestag-der-Deutschen-Burschenschaft-verhindert-Elsaessische-Gastgeber-stornieren-Reservierungen,jahrestag-deutsche-burschenschaft-verhindert-102.html, Zugriff am 7.12.2019.
291 https://taz.de/Burschentag-in-Eisenach/!5040220/, Zugriff am 7.12.2019.
292 https://www.belltower.news/ursprung-entwicklung-und-werte-von-burschenschaften-51582/, Zugriff am 7.12.2019.
293 https://rp-online.de/thema/deutsche-burschenschaft/, Zugriff am 7.12.2019.
294 https://deutschlandbrauchtuns.org/das-ziel/, Zugriff am 7.12.2019.
295 Ebd.

und dem heutigen deutschen Staat, dessen Aktivitäten er als „Regierungsbankextremismus" und „Gesinnungsterror" bezeichnet, eine klare Abfuhr.
Die ständigen Kategorien bzw. Topseiten des heute nur über die Wayback Machine abrufbaren Portals waren: „Willkommen", „Gegen Gewalt", „Nachrichten", „Beiträge", „Sicherheit", „Extremismus", „Linksextremismus „Roland Dellago", „Netzwerk", Mediathek.

Ehrenmord.de, http://www.ehrenmord.de

„Dies ist die Dokumentation der Ehrenmorde in Deutschland. Hier finden Sie Informationen zu jedem Fall, der bekannt wurde: Wer ist das Opfer, wer der Täter? Wie viele Kinder sind beteiligt, gibt es ein Urteil? Dazu die Vorgeschichte der Morde, Daten und Links."[296] Inhaltlich verantwortlich: Uta Glaubitz, Berlin. Auf der Webseite sind Ehrenmorde von 1981 bis 2017 dokumentiert. Der User findet darauf außer den obigen Antworten zu folgenden Fragen: Was ist Ehre? Wann ist ein Ehrenmord ein Ehrenmord? Was unterscheidet den Ehrenmord von einer „normalen" Beziehungstat? Wie viele Ehrenmorde gibt es? Soll man Ehrenmorde überhaupt Ehrenmorde nennen?

Eigentlich ist die Webseite nur bedingt der rechten Internetszene zuzuordnen, aber die meisten der darauf gesammelten Fälle werden der Fremdenfeindlichkeit Vorschub leisten. Es handelt ich nämlich um von Moslems begangene Straftaten, die von den Rechten als Beweis für die religionsbedingte, im Widerspruch zur westlichen Zivilisation stehende Gewalt gegen Frauen betrachtet werden, die den männlichen Angehörigen des Islams eigen sei.

Ein Prozent e.V., https://www.einprozent.de/

Die Webseite stellt sich selbst wie folgt vor: „Deutschlands größtes patriotisches Bürgernetzwerk. Es ist an der Zeit, dass die Stimme des Volkes wieder Gehör findet. Wir vernetzen den Widerstand."[297]

Mit Filmen unter https://odysee.com/@EinProzent:c, dort auch die Selbstdarstellung: „Die Bürgerinitiative ‚Ein Prozent' versteht sich als professionelle Widerstandsplattform für deutsche Interessen. Als erste seriöse Lobbyorganisation für verantwortungsbewusste, heimatliebende Bürger arbeiten wir daran, einer schweigenden Mehrheit von unzufriedenen Demokraten endlich wieder eine Stimme zu schenken und ihnen Gehör zu verschaffen."[298] Schlagworte der Seite sind Widerstands- und Gegenkultur, Gegenöffentlichkeit.

Die Seite wird von der Bürgerinitiative „Ein Prozent" getragen, der der freie Autor und Verleger Philipp Stein vorsteht und der auch das gleichnamige Projekt leitet. „Der patriotische Protest gegen die verantwortungslose Politik der

---

296 https://www.ehrenmord.de/index.php, Zugriff am 6.1.2021.
297 https://www.einprozent.de, Zugriff am 5.7.2023.
298 https://odysee.com/@EinProzent:c?view=about, Zugriff am 7.1.2021.

Masseneinwanderung und die stetig wachsende Kluft zwischen regierender politischer Kaste und dem eigentlichen Souverän – dem Volk – wird von uns kanalisiert, professionalisiert, medial aufgearbeitet und so in die Mitte der Gesellschaft getragen. Wir helfen ‚denen da unten', bei ‚denen da oben' endlich wieder ernst genommen zu werden! Dazu bedarf es einer grundsätzlichen und graswurzelartigen Lobbyarbeit für unsere Interessen. Vernetzung, Finanzierung und Organisation sind somit die wesentlichen Grundpfeiler eines professionellen Widerstands."[299] Der Name „Ein Prozent" ist auch das Ziel der Initiative: „Wir brauchen die Unterstützung von einem Prozent der Deutschen, nicht mehr. Ein Prozent reicht aus! Ein Prozent bedeutet nicht mehr als 80 Unterstützer aus Meßkirch, 250 aus Naumburg, 580 aus Frankfurt/Oder, 1.000 aus Trier und 5.000 aus Dresden. Ein Prozent für Deutschland? Machbar! Lasst uns beginnen – kreativ, finanzstark und so groß, dass wir nicht mehr ignoriert werden können! Jeder, dem unser Land am Herzen liegt, kann sich beteiligen."[300]

Auf der Unterseite „Blog" findet der User Meldungen aus alternativen Medien, die allerdings alle mit dem Logo von „Ein Prozent" beschildert sind, z.B. über die Prügelattacke eines 17-jährigen Mannes mit deutscher, libanesischer und türkischer Staatsbürgerschaft auf einen Feuerwehrmann in Augsburg am 7.12.2019, die mit dem Tod des Betroffenen endete. Der Autor der Meldung vom 10.12.2019 unter dem Titel „Augsburg: Problem multiple Staatsbürgerschaft" hält den Unglücksfall für eine „unmittelbare Folge einer langjährigen Politik, die ihre **Multikulti-Ideologie über die innere Sicherheit und das Wohlbefinden der Bürger** stellt"[301]. Er bezweifelt zugleich die in den Mainstream-Medien lancierte These von deutschen Jugendbanden, die für ähnliche Attacken verantwortlich seien. In die besagte Meldung ist ein Aufruf an die User eingebettet, über Gefahren für Einsatzkräfte, Polizisten, Sanitäter, Feuerwehrleute zu berichten. Im Fazit schreibt der Autor: „Der Fall Augsburg zeigt, dass es nicht ausreicht, die deutsche Staatsbürgerschaft mit all ihren rechtlichen Vorzügen ‚zum Sparpreis' zu verschleudern. Denn die **Folgen einer kopflosen Migrations- und fehlgeleiteten Integrationspolitik** lassen sich nicht durch ein Stück Papier aufheben. Die **Ghettoisierung** und die **zunehmende Verwahrlosung des öffentlichen Raumes**, der stillschweigende **Rückzug der Sicherheitskräfte** und **politische Korrektheit** ermöglichen die **Entstehung von Parallelgesellschaften**, denen man sich entweder anpassen oder aber Konsequenzen spüren muss. Nicht erst seit der Migrationskrise 2015 sind die Probleme einer **zunehmenden sozialen Heterogenisierung** spürbar. Augsburg hat das bewiesen."[302]

---

299 https://www.einprozent.de/ueber-uns, Zugriff am 13.12.2019.
300 Ebd.
301 https://www.einprozent.de/blog/migrantenkriminalitaet/augsburg-problem-multiple-staatsbuergerschaft/2573, Zugriff am 13.12.2019.
302 Ebd.

Auf der Unterseite „Film", die mit dem Kanal von „Ein Prozent" auf YouTube verlinkt war[303] und nun unter https://www.frei3.de/channel/571d451f-1249-4733-9c38-9e6676a14beb abrufbar ist, findet der User Kurzfilme und Videos über Themen, die zum Interessenspektrum der Betreiber gehören.

Auf der Unterseite „Projekte" werden die Aktivitäten der Organisation überschaubar gemacht. Es sind im Einzelnen: Wahlbeobachtung (seit 2016); Deutsche als „Opfer von Ausländergewalt", aber auch als „Opfer der bundesdeutschen Politik und Justiz"; „patriotische Gegenkultur" (mit Links zum Jugendmagazin *Arcadi*[304], zu „patriotischen Musikern" des Kabarettvlogs und des Musikprojekts *Varieté Identitaire*[305] (eine Anknüpfung an die Identitäre Bewegung); informative YouTuber *Laut gedacht*[306] mit Dutzenden von kurzen Videos zu aktuellen Themen, die „satirisch und überspitzt kommentiert werden"[307]. Unter den zum Zeitpunkt der erneuten Durchsicht der Webseite gefundenen Themen stechen Beiträge über die „Hammerbande" hervor, eine Gruppe internationaler Antifaschisten, darunter mehrere Deutsche, die in Deutschland und Ungarn als „maskierte Täter" „hinterhältige Angriffe" auf Menschen verübten, die „mit einer Bomberjacke und Tarnhose bekleidet" waren[308]. Auf der Unterseite „Material" kann der User allerlei Sachen erwerben, die der Unterstützung der Betreiber und deren Programms dienen: Aufkleber z.B. mit folgenden Aufschriften: „Hasserfüllt und gewaltbereit. Antifa Merkels Schlägertrupps. Einprozent.de"[309], „Verfassungsschutz. Wir unterdrücken Sie seit 1950!", „Europa verteidigen!", „Deutschland, steh auf!"; Herrenshirts mit Werbung für Einprozent; diverse Materialien, z.B. Bierdeckel, Flugblätter, Plakate, Türhänger u.a.; des Weiteren verschiedenes Schriftmaterial, z.B. die Studie *Asylfakten*, die Magazine *Arcadi*, *Freilich*, *Die Kehre* und *Compact*. Zum Zeitpunkt der erneuten Durchsicht der Webseite waren nicht alle Produkte im Angebot.

---

303 Der YouTube-Kanal von „Ein Prozent" heißt *einprozentfilm* und war unter https://www.youtube.com/channel/UCDVMut6Xd5duYCxBHHwwJTA/featured abrufbar, bis er von YouTube wegen „Hassrede" gesperrt wurde. Er zählte 10.100 Abonnenten (Stand am 13.12.2019).
304 https://arcadi-online.de, Zugriff am 13.12.2019.
305 https://www.youtube.com/channel/UCqpbWV0azdv9jN58LdmIGzA, Zugriff am 13.12.2019.
306 https://www.youtube.com/channel/UCII9X0AMyy21VRwSVBjeBrw/featured, Zugriff am 13.12.2019. Die Seite wurde von YouTube gesperrt. Die Filme werden nun unter https://www.frei3.de abrufbar.
307 https://www.youtube.com/channel/UCII9X0AMyy21VRwSVBjeBrw/about, Zugriff am 14.12.2019. Auch diese Seite wurde von YouTube gesperrt. Die Filme werden nun unter https://www.frei3.de abrufbar.
308 https://www.einprozent.de/blog/recherche/antifa-terror-in-ungarn-war-es-die-hammerbande/3063, Zugriff am 5.7.2023.
309 Der genannte Aufkleber ist 2022 nicht mehr im Angebot.

Ein Prozent e.V. war mit der Webseite *Werde Betriebsrat!* liiert und unter https://werdebetriebsrat.de/ abrufbar. Die zuletzt genannte Webseite lief unter dem Motto „Patrioten schützen Arbeitsplätze!"[310] und verstand sich als Alternative zu den von den Linken dominierten Gewerkschaften. Die Seite war auf die bundesweit durchgeführten Betriebsratswahlen vom 1.3. bis 31.5.2018 ausgerichtet und wurde nicht weiter fortgesetzt.

Die *Wikipedia* charakterisiert die Organisation Ein Prozent e.V. als „rechtes Kampagnenprojekt", „Netzwerk äußerst rechter Politiker und Aktivisten" oder „neurechte Bürgerinitiative"[311]. Das Magazin *Belltower.News* der Amadeu Antonio Stiftung bringt *Ein Prozent* in die Nähe gewaltbereiter Neonazis und des Altenburger Bürgerforums (s.o.).

Die Webseite *bnr.de* schreibt über die Organisation: „Die neurechte Initiative ‚Ein Prozent für unser Land' entpuppt sich als strategisches Instrument zur Kontaktaufnahme mit Neonazi-Aktivisten. Auch die AfD könnte von den Kooperationen profitieren."[312]

Facebook-Sperre – Wall of shame, https://facebook-sperre.steinhoefel.de
Webseite von Rechtsanwalt Johann Nikolaus Steinhöfel, der von der Facebook-Sperre Betroffene unterstützt. Aus der Selbstdarstellung: „Facebook löscht Beiträge und sperrt Profile, auch wenn die darin enthaltenen Äußerungen in Einklang mit deutschen Gesetzen stehen. Gleichzeitig bleiben selbst strafbare Posts oder Kommentare, auch nach Hinweisen, online, weil sie offenbar nicht gegen die

---

310 Unter dem Motto der Webseite fand sich die folgende Selbstbeschreibung: „Jeder von uns hat mittlerweile einen Freund oder Bekannten, der seine Arbeitsstelle aus politischen Gründen verlor. Es trifft immer die kleinen Leute, deren Existenz vernichtet wird, weil sie vielleicht jeden Montag zu PEGIDA gehen, offen die Alternative für Deutschland (AfD) unterstützen oder einfach nur mit dem Kollegen in der Pause über politische Probleme reden. [...] Das Establishment hat seine Gesinnungswächter auch am Fließband, im Büro und in der Werkstatt untergebracht: Am Arbeitsplatz wachen linke Betriebsräte und Gedankenpolizisten über jedes kritische Wort. Es wird dokumentiert, befragt und schlussendlich auch gerne fristlos gekündigt. Damit ist jetzt Schluss: Um diese Willkür zu beenden, werden wir eigene Kandidaten und Vertrauensleute in den Betrieben wählen. So gewinnen wir unsere Selbstbestimmung zurück und entmachten zeitgleich das Kartell der Gesinnungswächter. Es gilt, Betriebsrat zu werden!" https://web.archive.org/web/20180110153109/http://werdebetriebsrat.de/, Zugriff am 19.11.2022.
311 Alle Bezeichnungen stammen wie in der deutschsprachigen *Wikipedia* üblich von eher linksorientierten Wissenschaftlern, https://de.wikipedia.org/wiki/Ein_Prozent_für_unser_Land, Zugriff am 14.12.2019.
312 Andrea Röpke, „*Patriotisches Bürgernetzwerk*", https://www.bnr.de/artikel/hintergrund/patriotisches-b-rgernetzwerk, 8.2.2018, Zugriff am 18.12.2019.

schwammigen ‚Gemeinschaftsstandards' Facebooks verstoßen. In einem Rechtsstaat darf jedoch nicht bestraft werden, wer sich rechtstreu verhält. Diese Seite dokumentiert Fälle, die diesen Grundsatz verletzen."³¹³ Jeder Betroffene kann sich an den Rechtsanwalt Steinhöfel durch Ausfüllen eines Formulars wenden, in dem er rechtswidriges Verhalten von Facebook meldet.

Freiheit für Deutschland, https://www.freiheit-fuer-deutschland.de

Untertitel: „Für die Souveränität Deutschlands und die seiner Bürger". Aus der Selbstdarstellung: „Wir sind eine Gruppe von Personen, die sich für mehr Transparenz und Kostenkontrolle gegenüber den Bewohnern Deutschlands einsetzt. Wir wollen genauer wissen, wofür unsere Steuern ausgegeben werden mit direktem Bezug auf den einzelnen. Dadurch können wir dazu beitragen, die individuelle Lebensqualität besser einzuschätzen und gegebenenfalls zu verbessern. Die düstere Aussicht, auch in Zukunft ein Massen-Staatsgefängnis Deutschland mit unsichtbaren Fesseln und immer genauerer Überwachung zu finanzieren, halten wir weder für menschenrechtskonform, noch für weiterhin zukunftsfähig, weil dadurch vor allem für junge Menschen Perspektiven infrage gestellt und immer mehr ältere um ihren verdienten Lebensabend gebracht werden. Chancengleichheit wird für Studierende, Arbeitnehmer, Selbstständige und Mittelständler zunehmend abgebaut. Das muss sich ändern. Bei uns sind alle Meinungen erlaubt. Ob Bildung, Politik, Forschung und Entwicklung – nur wer offen ist für Neuerungen, ermöglicht individuellen und wirtschaftlichen Fortschritt. Nur daran kann eine Gesellschaft wachsen. Dafür brauchen wir einen verlässlichen Staat mit einer vom Volk in Freiheit gewählten Verfassung."³¹⁴

In der Kategorie Ziele/Parteipolitik sind die Ziele der Webseitenbetreiber formuliert: „Wir wollen ein Deutschland schaffen, in welchem die Macht vom Volk ausgeht ... Besatzung beenden ...". Es folgen die Forderungen: Unterstützung von Gesetzgebung, Exekutive, Legislative und Judikative darin, dass sie eine bessere Arbeitsgrundlage haben, nämlich „eine Deutsche Verfassung nach Art. 146 des Grundgesetzes"³¹⁵. Eine Rechtsprechung, in welcher das eine Gesetz das andere aufhebt, berge nachhaltige Probleme in sich. „Eine Arbeitsbeschaffung, die die auf diesem Wege den wirtschaftlichen und gesellschaftlichen Fortschritt einschränkt

---

313 https://facebook-sperre.steinhoefel.de, Zugriff am 21.11.2022.
314 https://www.freiheit-fuer-deutschland.de/über-uns/, Zugriff am 28.12.2019. Nach eigener Angabe befindet sich der Verein FFD in Auflösung, und seine „Webseite bleibt als Comedy vorübergehend online, denn eine staatliche Souveränität (Freiheit) korreliert in der BRD-Verwaltung mit dem Art. 146 Grundgesetz." https://www.freiheit-fuer-deutschland.de/about/, Zugriff am 6.7.2023.
315 https://www.freiheit-fuer-deutschland.de/über-uns/ziele-parteipolitik/, Zugriff am 21.11.2022.

oder verhindert, wollen wir nicht."³¹⁶ Weiter unten werden die Hauptziele aufgeführt: „In einem Land in welchem wir gerne leben, wollen wir mit unserem aller gemeinsamen Staat freundschaftlich verbunden sein. Dazu gehört auch, dass wir überall dort Kritik üben müssen, wo es angebracht ist. Nur so kann man ein Zusammenleben unter ‚Freunden' zum Nutzen aller verbessern und intensivieren. Eine Abkehr vom Staat sehen wir nicht als Lösung. Daher unterstützen wir das Bestreben nach der Souveränität Deutschlands, damit durch die Verfassung der Verfassungsschutz etwas Reales zu schützen hat und das Verfassungsgericht eine zum Grundgesetz übergeordnete Grundlage für ein verfassungsmäßigeres Arbeiten bekommt. Es gilt die über viele Jahrhunderte bei uns erkämpften Werte der Freiheit in unserer Gesellschaft zu wahren, zu verbessern und zu verteidigen, ja sogar durch die immer mehr fortschreitenden Verschlechterungen wieder herzustellen. Für uns ist es sehr wichtig, dass der Sinn der Arbeit des Einzelnen nicht verloren geht. Jeder ist für uns wichtig. Wir wollen den Menschen die Möglichkeit geben, sich frei zu entwickeln, unabhängig ihrer Herkunft und ihres finanziellen Standes. Die Freiheit des Wissens und der uneingeschränkte Zugang dazu sind notwendig, damit menschliches Leben erhalten werden kann. Kriege hingegen sind für uns eine geistige Armutserklärung."³¹⁷

Die Lektüre dieser sehr friedlich klingenden Forderungen und Ziele führt zu der Überlegung, dass deren Autoren lauter gute, neutral formulierte, aber doch etwas naive Absichten haben. Die Webseite ist zwar immer noch abrufbar, aber sie wird nicht aktualisiert. Sie enthält mehrere Kategorien, denen man im Grunde einen rechtsorientierten Hintergrund nachweisen kann. Es überwiegen Plattheiten. Zum Beispiel ist die Kategorie „Sinn und Zweck" mit „Wir wollen gedankliche Barrieren abbauen helfen" überschrieben. Beim Thema „Atomausstieg" wird die Unvereinbarkeit des Verzichts auf AKW und die Stationierung von Atomwaffen kritisiert. In der Kategorie „Russland" finden sich unter anderem eine Liebeserklärung Putins an Deutschland und der Verweis auf etwa acht Millionen Russlanddeutsche³¹⁸ in der Bundesrepublik, die sich integriert hätten. Dem werden in der Kategorie „Türkei" die Türken gegenübergestellt, deren Integration zu wünschen übrig lasse. Die Zuordnung der Webseite zur Rechten erfolgt auf der Grundlage ihrer Nichtübereinstimmung mit den bestehenden deutschen Gesetzen oder mit der Rechtslage in

---

316 Ebd. Die genannten Forderungen sind etwas chaotisch – ein Zusammenhang zwischen der Erwähnung von Rechtsprechung und der Arbeitsbeschaffung fehlt und auch die Formulierung im Nebensatz (Wiederholung von „die") ist grammatikalisch falsch.

317 Ebd.

318 Acht Millionen sind wohl eine Übertreibung. Die Zahlen schwanken zwischen drei und sechs Millionen. https://www.stuttgarter-zeitung.de/inhalt.russen-in-deutschland-migranten-russen-russlanddeutsche.f9ff2df0-bc46-495f-af08-ba1875576840.html, Zugriff am 21.11.2022.

Deutschland, z.B. durch die Behauptung, dass die BRD kein souveräner Staat sei. Nur vereinzelt lassen sich auf der Webseite fremdenfeindliche Inhalte ausmachen.

Geschichten aus Wikihausen, http://wikihausen.de

Untertitel: „Groteske und postfaktische Inhalte aus der Wikipedia". Verantwortlich für die Seite: Markus Fiedler. Mitbetreiber: Dirk Pohlmann und Franz-Michael Speer.

Aus dem Impressum vom März 2019: „Wir bezwecken die Förderung der Meinungsvielfalt und treten für ein gesellschaftliches Miteinander und würdevolles Leben – weltweit – ein, und zwar in didaktischer, künstlerischer, medialer, organisatorischer und wirtschaftlicher Hinsicht durch Veranstaltung von Vorträgen, Diskussionen, Interviews, Publikation in Schrift, Bild und Ton, vor allem unter Einbeziehung des Internets."[319] Die obige Kurzbeschreibung der Webseitenbetreiber fehlt in der Ausgabe von Ende 2022. Nach wie vor werden die drei Betreiber vorgestellt, ein jeder von ihnen mit einem beachtenswerten Lebenslauf. Aber über das Objekt ihrer Kritik schreiben die Betreiber 2019 und 2022 dasselbe: „In der Wikipedia stimmt etwas nicht. Die Wikipedia ist ein Scheinlexikon, eine Meinungsmanipulationsmaschine. Im naturwissenschaftlichen und technischen Bereich findet man zwar in der überwiegenden Mehrzahl sachliche und informative Einträge. In gewissen Bereichen ist das Lexikon jedoch zum Pseudolexikon verkommen und wird in diesen Sparten schon seit Jahren von einer kleinen Gruppe, bestehend aus ca. 200 Personen, dominiert. Das einzig verbliebene Etwas, das so aussieht wie ein Nachschlagewerk, befindet sich in der Hand von Dogmatikern und Leuten, die rund um die Uhr in die Wikipedia schreiben, und nicht selten keinerlei Qualifikation auf den Gebieten haben, über die sie schreiben. Immer wenn es in der Wikipedia um Geld, Weltanschauungen, Politik und Geostrategien geht, sind die betroffenen Artikel zumeist nicht als Informationsquelle zu gebrauchen und entpuppen sich allzu oft als reine Propaganda. So werden beispielsweise unliebsame Personen über die Wikipedia mittels Etikettierung als Rechtsradikale, Verschwörungstheoretiker, Antisemiten oder Antiamerikaner diskreditiert. Wir beleuchten in jeder Folge von ‚Geschichten aus Wikihausen' einen Artikel von den dunklen Seiten der Wikipedia und zeigen auf, was dort nicht stimmt. Folgen Sie mit uns in die Abgründe der Meinungsmanipulationsmaschine."[320] Diese „Abgründe" werden in der Kategorie *Wikikausen – Video Blog* exploriert, bis Juli 2023 sind es 84 Videos, die so gut wie alle die *Wikipedia* als Quelle zum Thema haben. Das letzte Video erschien am 6.6.2023 und galt Manipulationen beim Thema Klimawandel[321].

---

319 https://web.archive.org/web/20190321135306/https://wikihausen.de/impressum/, Zugriff am 4.1.2022.
320 https://wikihausen.de, Zugriff am 21.11.2022.
321 http://wikihausen.de/2023/06/06/prof-quaschning-prof-gantefoer-und-die-wikipedia-als-quelle-84-wikihausen/, Zugriff am 6.7.2023.

Die Zuordnung der Seite zur rechten Szene scheint ungerecht und unfair zu sein. Die Betreiber scheinen sich nämlich mit den Manipulationen der deutschen Wikipedia, mit ihrem Linksruck sehr kritisch auseinanderzusetzen, und dadurch sind sie seitens der Linken Anfeindungen ausgesetzt. Markus Fiedler ist Urheber und Produzent der Filmdokumentationen „Die dunkle Seite der Wikipedia" und „Zensur – die organisierte Manipulation der Wikipedia und anderer Medien", die von der linken Webseite *Psiram*[322] als Teil rechtsextremer Szene eingestuft wird. Über „das Projekt" *Wikihausen* schreibt *Psiram*, die Videoreihe weise Merkmale einer Menschenjagd auf[323] und stützt diese als Vorwurf verstandene Anschuldigung mit dem Hinweis auf einen angeblichen „Kopfgeldaufruf" zur Identifizierung einer *Wikipedia*-Autorin. Selbst wenn es einen solchen Auftrag gegeben hätte, ist die Kritik an der Anonymität der *Wikipedia*-Autoren wohl berechtigt, zumal ihnen tatsächlich Manipulationen, die aus deren politischer Orientierung oder Gesinnung resultieren, vorgeworfen werden können. Markus Fiedler nennt seinerseits das ebenso wie die *Wikipedia* von anonymen Machern betriebene *Psiram* ein „Rufmordportal"[324].

Pohlmann wiederum wird in der *Wikipedia* vorgeworfen, er trete regelmäßig in digitalen Alternativmedien auf und habe zwei russischen Staatssendern wiederholt Interviews gegeben. Es fehlen in dem Artikel über den Mitbetreiber der Webseite auch nicht andere Bezeichnungen wie die im *Tagesspiegel* benutzte „Verschwörungsideologe"[325]. Der dritte Betreiber von *wikihausen.de*, Franz-Michael Speer, bleibt von ähnlichen Angriffen bisher ausgenommen. Eine Auseinandersetzung mit den „Geschichten aus Wikihausen" selber, wie sie in der sonst sehr inhaltsreichen *Wikipedia* zu erwarten wäre, fehlt aus naheliegenden Gründen gänzlich. Alles in allem sind die hier genannten Portale miteinander verfeindet und ein beredtes Beispiel für die auf deutschen Seiten ausgetragenen ideologischen Kämpfe.

---

322 Näheres zu *Psiram* siehe weiter unten.
323 https://www.psiram.com/de/index.php/Markus_Fiedler, Zugriff am 21.11.2022.
324 Fiedler deckt die Verbindungen zwischen *Wikipedia* und *Psiram* auf und schreibt unter anderem, dass das Letztere in ca. 3.400 deutschsprachigen Artikeln kein Thema oder keine Person positiv behandeln würde: „Leider kann man gegen diesen Rufmord durch *Psiram* nicht vorgehen, weil die illegalen Macher es sehr gut verstehen, sich zu verstecken. So ist der Internetprovider von *Psiram* anscheinend eine Briefkastenfirma auf Island. Die Server, auf dem die Seiten des Rufmordprangers *Psiram* gespeichert sind, findet man irgendwo in Ost-Europa. Verantwortliche für das Denunziationsprojekt sind nicht auffindbar, sie verwischen gekonnt ihre Spuren in der digitalen Welt." https://markus-fiedler.de/psiram-com-ein-rufmordportal/, Zugriff am 21.11.2022.
325 https://de.wikipedia.org/wiki/Dirk_Pohlmann, Zugriff am 21.11.2022.

Gesellschaft für freie Publizistik e.V., http://www.gfp-netz.de/
Motto der Webseite: Gedanken sind frei! Die Betreiber der Seite des 1960 gegründeten Vereins schreiben über sich, „die GfP versteht sich als Dachverband der Verlage und Autoren, die sich der Meinungsfreiheit verschrieben haben, und sieht ihre Aufgabe darin, sich für die Freiheit und Wahrheit des Wortes einzusetzen."326 Unter dem Schlagwort „Wahrheit und Freiheit für das Wort" verweisen sie auf die heutigen Einschränkungen der Meinungsfreiheit: „Vom ‚Zeitgeist' abweichende Meinungen werden kaum noch geduldet. Wer Unerwünschtes mündlich oder schriftlich zum Ausdruck bringt, muss damit rechnen, ehrenrührig angeprangert zu werden. Rufmord, gesellschaftliche Ausgrenzung, Berufsverbote, Boykottkampagnen und sogar strafrechtliche Sanktionen nehmen in besorgniserregender Weise zu und widersprechen dem Bild vom ‚freiesten Staat deutscher Geschichte'."327 In der Selbstdarstellung der Betreiber ist weiter von Denkvorschriften und Sprachregelungen die Rede, vom eingeschränkten Austausch unterschiedlicher Meinungen, vom Gebrauch des „Volksverhetzungs"-Paragraphen, der die zeitgeschichtliche Forschung behindert und den Vorgaben des UN-Menschenrechtsausschusses widerspricht. „Sogar Texte der Weltliteratur werden nachträglich von ‚falschen' Begriffen und Formulierungen ‚gesäubert'. Zensur und Bevormundung machen sich breit."328 Das alles sind kaum zu leugnende Tatsachen, die Meinungs- und die Pressefreiheit sind eingeschränkt durch Sprachtabus und Vorgaben, wie man sich in der Öffentlichkeit äußern soll, eine Folge der politischen Korrektheit.

Die *Wikipedia* verortet den Verein natürlich auf der „rechten Seiten des politischen Spektrums" und beruft sich auf eine Einschätzung des Bundesamts für Verfassungsschutz, wonach die GfS „die größte rechtsextreme Kulturvereinigung in Deutschland"329 gewesen sei. Die *Wikipedia* verweist auf ehemalige Angehörige der NSDAP und der SS, die die GfP gegründet haben sollen, sowie auf deren Vorsitzende und Vorstandsmitglieder, die von den linken Autoren der Internetenzyklopädie der rechtsextremen Szene zugeordnet werden.

Außer Berichten von GfP-Kongressen (der letzte fand 2022 statt), findet der Webseitenbenutzer aktuelle Informationen (von anderen Webseiten), das „Mitteilungsblatt der Gesellschaft für Freie Publizistik e.V:", herunterladbar unter Download Freies Forum, die Rubrik „Unser Nachrichten-Archiv", Hinweise auf Buchveröffentlichungen der GfP, deren Titel zugleich Themen der Vereinskongresse von 2016, 2017 und 2018 waren: *Die neue Völkerwanderung; Deutsche*

---

326 http://www.gfp-netz.de, Zugriff am 28.11.2022.
327 Aus der Sparte „Wir", http://www.gfp-netz.de, Zugriff am 19.5.2022.
328 Ebd.
329 https://de.wikipedia.org/wiki/Gesellschaft_für_freie_Publizistik, Zugriff am 28.11.2022. Merkwürdigerweise ist der fragliche *Wikipedia*-Artikel über die Gesellschaft mit dem Icon eines Ausrufezeichens versehen, das für „umstrittene Neutralität" eines Artikels verwendet wird.

Identität – 500 Jahre nach Luther; Europas Reconquista – Von der Überfremdung zur Selbstbehauptung! Eine Durchsicht der auf der Webseite der GfP publizierten Beiträge zeigt, dass deren Autoren unter anderem über Fragen der nationalen Identität und der Entnationalisierung der Europäer, über die unkontrollierte Masseneinwanderung, das internationale Kräftespiel, Geopolitik und die Rivalitäten der Großmächte mit Nachteilen für Deutschland nachsinnen.

Identitäre Bewegung, https://www.identitaere-bewegung.de

Die Betreiber stellten sich 2019 auf YouTube in einem nicht mehr herunterladbaren knapp zweiminütigen Videobeitrag vor, in dem folgende Slogans dominierten: „Europas am schnellsten wachsende Jugendbewegung!", „Aktivismus", „Aufbau einer identitären Gegenöffentlichkeit", „Professionalisierung des Widerstands", „Mobilisierung für eine patriotische Zivilgesellschaft"[330]. 2019 fand sich auf der Webseite noch die Losung „Sichere Grenzen – sichere Zukunft." Davon fand sich noch eine Spur in der Kategorie „Aktionen" über „Erfolgreiche ‚Grenzgänge' in Sachsen und Brandenburg" über „Grenzwanderung" der Aktivisten an der deutsch-polnischen Grenze und das Aufspüren von illegalen Einwanderern, die über Belarus in die EU geschleust werden[331]. In der Kategorie „Theorie" fanden sich Beiträge über den Volksbegriff, die nationale und ethnokulturelle Identität, den Verfassungsschutz und seine Aktivitäten gegen die Identitären, Linke und deren Gewalt, Konservative, Meinungsfreiheit u.v.a. Es wurden auch fünf Aktivisten im Alter zwischen 21 und 38 Jahren präsentiert, allem Anschein nach die Betreiber der Webseite. Ferner wurden in dem Netzauftritt identitäre Strukturprojekte unter der Überschrift „Schanze eins" angesagt: „Damit verbunden ist der Anspruch, eine ehrliche, mitreißende und lebendige Gegenkultur in Deutschland zu etablieren."[332]

Die erneute Durchsicht der Seite im Juli 2023 ergab, dass die Webseite ihr Äußeres deutlich verändert hat. Unter ihrem Titel „Identitär" stehen drei Schlagworte: Analyse, Kampagne, Aktion, und sie ist in drei Rubriken aufgeteilt: Themen mit einem „Überblick zu unseren zentralen politischen Inhalten, Forderungen und Positionen"; Mission – „Unser strategisches Selbstverständnis und Vorgehen für die metapolitische Wende"; Neuigkeiten, unter anderem mit Beiträgen über den Bevölkerungsaustausch, die Massenmigration nach Europa und die identitäre Aufklärungskampagne „No Way – Do not come to Europe" in Afrika.

Die Identitäre Bewegung wird vom Verfassungsschutz beobachtet und zur Gruppe „Sonstige Rechtsextremisten" gezählt, weil sie sich zum Prinzip des Ethnopluralismus bekennt, der von der „Idealvorstellung einer staatlichen und gesellschaftlichen Ordnung in einem ethnisch und kulturell homogenen Staat" ausgeht,

---

330 https://www.identitaere-bewegung.de/ueber-uns/, Zugriff am 28.11.2022.
331 https://www.identitaere-bewegung.de/allgemein/erfolgreiche-grenzgaenge-in-sachsen-und-brandenburg/, Meldung vom 24.10.2021, Zugriff am 28.11.2022.
332 https://schanze-eins.de/#services, Zugriff am 28.11.2022.

was nach amtlicher deutscher Auslegung als mit der Menschenwürde und dem Demokratieprinzip unvereinbar sei[333].

Institut für Staatspolitik, https://staatspolitik.de

Das im Mai 2000 gegründete Institut wird von der deutschen *Wikipedia* eine „Denkfabrik der Neuen Rechten"[334] genannt. Diese Fremdbezeichnung wird von den Betreibern der Seite nicht verleugnet, das IfS versteht sich selbst als ein „Reemtsma-Instituts von rechts"[335].

Auf der Webseite des IfS, das sich für die „staatspolitische Ordnung" einsetzt, werden seine Arbeitsgebiete vorgestellt: Staat und Gesellschaft, Politik und Identität, Zuwanderung und Integration, Erziehung und Bildung, Krieg und Krise, Ökologie und Ökonomie[336]. Es gibt verschiedene Publikationen heraus, darunter die Zweimonatsschrift *Sezession* und eine Wissenschaftliche Studienreihe, von der bereits vergriffene Hefte heruntergeladen werden können. Des Weiteren erscheinen im IfS *Berliner Schriften zur Ideologienkunde*. Das fünfbändige *Staatspolitische Handbuch* des Antaios-Verlags subsumiert die Aktivitäten des Instituts.

Der Verfassungsschutz von Sachsen-Anhalt stuft das Institut für Staatspolitik als „gesichert rechtsextremistisch" ein. Wie im Falle der Identitären Bewegung erkennt er in dem vom Institut vertretenen Konzept des Ethnopluralismus „fremdenfeindliche, antiegalitäre und den völkischen Kollektivismus betreffende Elemente"[337].

Islam*nixgut, https://nixgut.wordpress.com

Die Webseite bezeichnet sich als eine „AfD-freundliche und islamkritische Webseite"[338] und enthält etliche Videos mit unterschiedlicher Länge – z.B. kurze Aufzeichnungen von Polizeieingriffen und längere Interviews mit mehr oder weniger bekannten Persönlichkeiten zu aktuellen Themen. Fremddarstellungen der Webseite konnten nicht gefunden werden.

Nürnberg 2.0 Deutschland, http://wiki.artikel20.com

Die bis Oktober 2021 ungehindert und heute nur mit der Wayback Machine abrufbare Webseite des „Projekts Nürnberg 2.0 Deutschland" versteht sich als „Netzwerk

---

333 https://www.verfassungsschutz.de/DE/themen/rechtsextremismus/begriff-und-erscheinungsformen/begriff-und-erscheinungsformen_node.html, Zugriff am 28.11.2022.
334 https://de.wikipedia.org/wiki/Institut_für_Staatspolitik, Zugriff am 19.1.2019.
335 https://staatspolitik.de/chronik-2000/, Zugriff am 19.1.2021.
336 https://staatspolitik.de/arbeitsgebiete/, Zugriff am 1.2.2021.
337 https://www.faz.net/aktuell/politik/inland/verfassungsschutz-institut-fuer-staatspolitik-ist-rechtsextrem-17570482.html, 5.10.2021, Zugriff am 28.11.2022.
338 https://nixgut.wordpress.com, Zugriff am 4.1.2022.

demokratischer Widerstand"[339]. Die Urheber setzen sich folgendes Ziel: „Aufbau einer Erfassungsstelle zur Dokumentation der systematischen und rechtswidrigen Islamisierung Deutschlands, der grundgesetzfeindlichen Entdemokratisierung, der Entrechtung des Bürgers und der Straftaten linker Faschisten zur Unterdrückung des Volkes."[340] Der Name des „Projekts" knüpft an die Nürnberger Kriegsverbrecherprozesse an: „Aufgabe des Projektes ‚Nürnberg 2.0 Deutschland' ist es, diese Rechtsverstöße zu erfassen, die Verantwortlichen, Täter und Mittäter zu benennen und sie zu einem geeigneten Zeitpunkt öffentlich dafür, nach dem Muster des Nürnberger Kriegsverbrecher-Tribunals von 1945, diesmal aber mit rechtsstaatlichen und völkerrechtskonformen Prinzipien zur Verantwortung zu ziehen."[341]

Die Webseite enthält mehrere denunziatorische Unterkategorien, auf denen nach dem Verständnis ihrer Betreiber Verantwortliche und deren Delikte aufgelistet werden. Es sind Staatsanwälte und Richter, die „deutsches Recht gebeugt oder verletzt haben, um damit dem Vordringen des Islams in Deutschland (und anderen westlichen Ländern) Vorschub zu leisten", Politiker, Wissenschaftler, Kirchenvertreter, die „die wahren Informationen und Daten über verschiedene Aspekte der Islamisierung (z.B. Sozialkosten der Immigration, Statistiken der Migrantenkriminalität (insbesondere der Kriminalität durch islamische Immigranten) beschönigen oder verfälschen", Politiker, „die Maßnahmen oder Gesetze initiieren mit dem Ziel, dass eine Erfassung von Straftaten und sonstigen demografischen Aspekten aus Gründen der Verschleierung nicht nach Herkunft und Religion der zu untersuchenden Bevölkerungsgruppen erhoben werden darf", „Journalisten, die aus Gründen der ‚political correctness' bei Berichten über Migrantenkriminalität die wahre Herkunft der Täter verschleiern und damit ihre Leser massiv täuschen"[342]. Die Webseite enthält eine „Schwarze Liste" mit Namen von Journalisten, Autoren, Wissenschaftlern und anderen Personen, „die über den Islam bzw. die Islamisierung Deutschlands und Westeuropas erkennbar beschönigend oder verfälschend berichten"[343]. Es werden „Akten" über solche Personen geführt, wobei jeder Person ein Attribut zugeschrieben wird, z.B. Extremist, Linksextremist, oder es wird ihr Beruf angegeben (z.B. Politiker, Migrationsforscher, Journalist, Polizeibeamter).

Die Aktualität der Einträge lässt zu wünschen übrig, viele von ihnen sind mehrere Jahre alt. Beispielsweise enthält die Akte Daniel Cohn-Bendit einen

---

339 https://web.archive.org/web/20211025154611/http://wiki.artikel20.com/, Zugriff am 6.7.2023.
340 http://wiki.artikel20.com/?n=Main.HomePage, Zugriff am 22.1.2020.
341 http://wiki.artikel20.com/?n=Main.HomePage, Zugriff am 22.1.2020.
342 http://wiki.artikel20.com/?n=Main.Verantwortliche, Zugriff am 22.1.2020, nach Sperrung der Seite nur über die Wayback Machine abrufbar unter https://web.archive.org/web/20210919130402/http://wiki.artikel20.com/?n=Main.Verantwortliche, Zugriff am 6.7.2023.
343 Ebd.

„Steckbrief" mit dem Namen des Politikers, seinem Geburtsdatum und Geburtsort, seiner Staatsangehörigkeit, seinem Beruf und seiner Parteizugehörigkeit. In der Schwarzen Liste wird er als Landesverräter, Linksfaschist, Pädophilen-Lobbyist und Mitglied im „Bündnis90/Pädophilen" vorgestellt. Die nächste Kategorie seines „Steckbriefs" sind „Einlassungen", und darin stehen seine Äußerungen darüber, dass viele Ausländer nach Deutschland eingelassen werden sollten, die anschließend das Wahlrecht erhalten sollten, „um diese Republik zu verändern"[344]. Die zweite „Einlassung" ist, dass Cohn-Bendit sexuelle Handlungen mit Kindern befürwortete. Die dritte Kategorie des „Steckbriefs" heißt „Vorwurf" und beinhaltet Beihilfe zum Völkermord und Verbrechen gegen die Menschlichkeit, Pädophilie und sexuellen Missbrauch von Schutzbefohlenen mit den dazugehörenden Gesetzesparagraphen. Die letzten drei Kategorien, d.h. „Beweise", „Begründung" und „Stimme des Volkes" sind bislang leer und haben den Status „In Bearbeitung". Die Akte Daniel Cohn-Bendit wurde zuletzt am 6.1.2012 modifiziert.

Das Register der „Schwarzen Liste" gliedert die Inhalte nach mehreren Kriterien: in Bezug auf Personen alphabetisch, nach Tatort, nach Ereignis, nach Gruppe, in Fahndung; in Bezug auf Firmen und Organisationen alphabetisch, nach Tatort, nach Körperschaft. Das Verzeichnis der Körperschaften enthält alphabetisch geordnete Listen von etwa zwei Dutzend namentlich genannten Firmen und Organisationen, denen die von den Betreibern der Seite als rechtswidrig eingestuften Delikte zur Last gelegt werden. Zu den Firmen werden ein Bauhandwerksunternehmen, Busunternehmen, Cateringfirmen, Gastronomiebetriebe, Hotels, Medien, Sicherheitsfirmen, „Soziale" Vereinigungen gerechnet, wobei nur das zuerst Genannte und das Letztere konkrete Namen und deren Delikte enthält[345]. Die besagten Listen geben einen Einblick in die als links eingestuften Firmen und Organisationen. Dadurch wird die Polarisierung der Deutschen in Linke und Rechte deutlich.

Die *Süddeutsche Zeitung* vom 8.4.2020 meldet nicht ohne Genugtuung, das „Pranger-Portal landet auf Index"[346], d.h. auf dem Index für jugendgefährdende Medien.

---

344 http://wiki.artikel20.com/?n=Akten.AkteCohnBenditDaniel, Zugriff am 22.1.2020, abgerufen am 6.7.2023 unter https://web.archive.org/web/20210117021813/http://wiki.artikel20.com/?n=Akten.AkteCohnBenditDaniel.

345 Im ersten Fall handelt es sich um die Nuding GmbH des Meßkircher Unternehmers und Stadtrats Thomas Nudings, der „als Kapitän der „Sea-Eye" über 5.568 Invasoren, Asyl- oder Flüchtlingsbetrüger (Stand 2016) rechtswidrig und illegal nach Europa geschleust" habe. Bei der o.g. Vereinigung handelt es sich um die in Bayern agierende Bellevue di Monaco eG, „führenden Organisator" der „Integrationsindustrie". http://wiki.artikel20.com/?n=SL.FirmenKschaft, Zugriff am 22.1.2020.

346 https://www.sueddeutsche.de/muenchen/dachau/dachau-rechtsextremismus-internet-1.4871130, Zugriff am 28.11.2022.

PatriotPetition.org, https://www.patriotpetition.org

Die Webseite trägt den Untertitel „Wir sind das Volk!" und enthält eine Reihe von Petitionen an diverse staatliche, öffentlich-rechtliche und private Institutionen in den deutschsprachigen Ländern und im Ausland, zu deren Unterzeichnung die User des Portals bewogen werden sollen. Jede Petition gleicht einem Aufruf und ist zugleich eine Parole, unter der die Unterschriften gesammelt werden. Unterhalb der Begründung einer jeden Petition finden sich auch Zahlen der Unterzeichner.

Die Seite versteht sich als „eine Initiative aufrechter Patrioten, deren Ziel es ist, dem Volk in der Öffentlichkeit wieder eine starke Stimme zu verleihen. Während die sogenannten ‚Volksvertreter' und Massenmedien nur den Interessen globalistischer Eliten dienen, setzt sich PatriotPetition.org für die Anliegen der Bürger in den deutschsprachigen Ländern ein, indem wir gemeinsam mit Ihrer Unterstützung gegen den um sich greifenden Kulturmarxismus und für folgende Ziele kämpfen: Für die christlich-abendländische Kultur unseres Vaterlandes (...) Für Ehe und Familie (...) Für das Leben (...) Für die Freiheit (...) Für die Souveränität der Vaterländer und das Selbstbestimmungsrecht der Völker (...)".[347] Die Initiative sammelt Unterschriften unter anderem unter folgenden Petitionen: „Schützt unsere Kinder, Mädchen und Frauen vor dem gefährlichen Transgender-Gesetz!"; „Gender-Sprache hat im Duden nichts verloren!"; „Elternentrechtung stoppen – keine Pseudo-Kinderrechte im Grundgesetz!"; „Impfpflicht – Nein danke!"; „Corona-Ermächtigungsgesetz verhindern – Freiheit und Grundrechte verteidigen!"; „Stoppt den Terror – entschlossene Maßnahmen gegen islamistische Gefährder jetzt!"; „Bargeld erhalten – digitalen Euro stoppen!"

Die Initiative war bereits mit einigen Petitionen erfolgreich, so bei der Einführung von Corona-Immunitätsnachweisen und geplanter Impfpflicht[348] und bei den Kampagnen „Schützt unsere Passwörter vor dem Zugriff durch die Regierung!"[349] und „Schützt unsere Kinder vor sexuellem Missbrauch im Kindergarten – ‚Original Play' sofort verbieten!"[350]

Unter den zum Zeitpunkt der ersten Durchsicht der Seite gefundenen Petitionen (Januar 2020) fanden sich folgende Initiativen: „Keine türkischen Erdogan-Schulen in Deutschland!", gerichtet an den Bundesaußenminister Maas. Die Begründung: „Erdogan reicht offenbar sein Einfluss auf Deutschland über das DiTiB-Moscheenetzwerk[351] nicht mehr aus, jetzt will er auch noch türkische Schulen!"

---

347 https://www.patriotpetition.org/uber-uns/Zugriff am 11.3.2021.
348 https://www.patriotpetition.org/2020/05/07/immunitaetsnachweis-und-impfpflicht-verhindern-stoppt-spahns-gefaehrlichen-vorschlag/, Zugriff am 11.3.2021.
349 https://www.patriotpetition.org/2020/02/13/schuetzt-unsere-passwoerter-vor-dem-zugriff-durch-die-regierung/, Zugriff am 11.3.2021.
350 https://www.patriotpetition.org/2019/10/31/schuetzt-unsere-kinder-vor-sexuellem-missbrauch-im-kindergarten-original-play-sofort-verbieten/, Zugriff am 11.3.2021.
351 DİTİB steht für *İşleri Türk İslam Birliği*, die Türkisch-Islamische Union der Anstalt für Religion, die größte sunnitisch-islamische Organisation in Deutschland.

„Jetzt GEZ-System kollabieren lassen – Zahlungen an den ‚Beitragsservice' einstellen!", gerichtet an den Beitragsservice von ARD, ZDF und Deutschlandradio in Köln mit der Begründung: Die Beitragszahler sollten die Rundfunkbeiträge statt per Bankeinzug in bar bezahlen dürfen.

Die nächste Petition ist an Ted Sarandos, Chief Content Officer von Netflix, gerichtet gewesen. Die Unterzeichner forderten: „Blasphemische Netflix-Komödie verhöhnt Jesus als Schwulen – sofort aus dem Programm nehmen!"[352] Zur Begründung ihrer Forderung schrieben die Betreiber der Seite unter anderem Folgendes: „Ausgerechnet in der Adventszeit, der Zeit eines der höchsten christlichen Feste, hat die Streaming-Plattform Netflix einen äußerst anstößigen und blasphemischen ‚Weihnachts-Special'-Film veröffentlicht, in dem Jesus als Homosexueller und die seligste Jungfrau Maria als Ehebrecherin dargestellt werden. Verteidigen wir jetzt gemeinsam unseren christlichen Glauben gegen diesen ungeheuerlichen und gotteslästerlichen Angriff von Netflix!"[353]

Unter der Losung „Österreichs berüchtigtste Abtreibungsklinik jetzt schließen" wandten sich die Betreiber der Seite an die österreichischen Bauunternehmer Erich und Peter Halatschek, die eine ihrer Immobilien dem „Abtreibungsarzt" und „Lobbyisten der Abtreibungsindustrie" Christian Fiala vermieteten. Die Urheber der Petition forderten, dass die beiden Unternehmer den Mietvertrag mit Fiala kündigen, weil sie durch die Vermietung ihrer Immobilie an Fiala das „Blutgeld, das Fiala für das Töten unschuldiger Kinder erhält, zur Begleichung der Mietschuld" annehmen würden.[354] Der Kampf gegen die Abtreibung ist eines der Schlüsselthemen rechtskonservativer Internetportale. Eine andere Petition zum ähnlichen Thema war an die saarländische Gesundheitsministerin Monika Bachmann (CDU) gerichtet. Darin wurde verlangt, der „Abtreibungsorganisation Pro Familia Saarland" sofort die Zulassung als Schwangerschaftskonfliktberatungsstelle abzuerkennen.[355] Begründung: Pro Familia unterhält neben einer Beratungsstelle eine Abtreibungsklinik.

---

352 Es handelt sich um den brasilianischen Streifen *The First Templation of Christ*, deutsch: Die Erste Versuchung Christi, in dem „Jesus als Homosexueller und die seligste Jungfrau Maria als Ehebrecherin dargestellt werden." Die Betreiber der Seite rufen: „Verteidigen wir jetzt gemeinsam unseren christlichen Glauben gegen diesen ungeheuerlichen und gotteslästerlichen Angriff von Netflix!" https://www.patriotpetition.org/2020/01/01/blasphemische-netflix-komoedie-verhoehnt-jesus-als-schwulen-sofort-aus-dem-programm-nehmen/, Zugriff am 28.1.2020.
353 Ebd.
354 https://www.patriotpetition.org/2019/12/12/oesterreichs-beruechtigtste-abtreibungsklink-jetzt-schliessen/, Zugriff am 28.1.2020.
355 https://www.patriotpetition.org/2019/11/20/abtreibungsorganisation-pro-familia-saarland-sofort-die-zulassung-als-schwangerschaftskonfliktberatungsstelle-aberkennen/, Zugriff am 29.1.2020.

Unter dem Aufruf „Entschließung des EU-Parlaments zu den ‚Afrika-Grundrechten' umgehend widerrufen!" wollten die Betreiber der Webseite dagegen protestieren, dass das EU-Parlament „nicht nur umfangreiche Sonderrechte für afrikanische Einwanderer beschlossen, sondern auch der völlig grenzenlosen Masseneinwanderung aus Afrika Tür und Tor sperrangelweit geöffnet"[356] habe. Die Petition war an das EU-Parlament gerichtet und kritisierte nicht nur dessen Entschließung, sondern auch es selbst, dem eine den Europäern feindliche Gesinnung nachgesagt wird.

In einer weiteren Petition an die Bildungsministerien von Deutschland und Österreich wurde verlangt, eine umstrittene Kita-Spielmethode, „Original Play"[357], zu verbieten. Zur Begründung dieser erfolgreichen Unterschriftensammlung hieß es: „Ohne Wissen und Zustimmung der Eltern werden bei diesem angeblich ‚therapeutischen Spiel' kleine Kinder dazu angehalten, am Boden liegend mit wildfremden Männern in engem körperlichen Kontakt zu ‚kuscheln' – offenbar bis hin zur Vergewaltigung."[358] Bei dieser Petition handelte es sich um den von den Rechten häufig geforderten Schutz vor sexuellem Missbrauch von Kindern. Die Autoren üben auch Kritik an der „übergriffigen, frühkindlichen Sexualerziehung im Rahmen der Genderideologie und Pädophilie"[359].

Andere Petitionen betrafen unter anderem: Sanktionen gegen Erdoğan (an die Regierungen von Deutschland, Österreich und der Schweiz)[360]; den sofortigen Baustopp für die Mega-Moschee in Klagenfurt (an die Klagenfurter Bürgermeisterin Marie-Luise Mathiaschitz)[361]; die Nichteinführung von „Pseudo-Kinderrechten" ins Grundgesetz (an die Unionsfraktion im Deutschen Bundestag)[362]; die EU-Anti-Extremismus-Richtlinie, die laut Signataren die Redefreiheit und die

---

356 https://www.patriotpetition.org/2019/12/05/entschliessung-des-eu-parlaments-zu-den-afrika-grundrechten-umgehend-widerrufen/, Zugriff am 29.1.2020.
357 Das Konzept dieses aus den USA stammenden Spiels ist, dass in Kitas fremde Männer nach kurzen Seminaren als „Lehrlinge" mit Kindern kuscheln, was deren Sehnsucht nach Körperkontakt befriedigen soll. https://jungefreiheit.de/kultur/gesellschaft/2019/einladung-fuer-paedophile-nrw-will-original-play-verbieten/, Zugriff am 29.1.2020.
358 https://www.patriotpetition.org/2019/10/31/schuetzt-unsere-kinder-vor-sexuellem-missbrauch-im-kindergarten-original-play-sofort-verbieten/, Zugriff am 29.1.2020.
359 Ebd.
360 https://www.patriotpetition.org/2019/10/17/destabilisierung-des-nahen-ostens-durch-die-tuerkei-stoppen-sanktionen-gegen-erdogan-jetzt/, Zugriff am 3.2.2020.
361 https://www.patriotpetition.org/2019/10/10/sofortiger-baustopp-fuer-die-mega-moschee-in-klagenfurt/, Zugriff am 3.2.2020.
362 https://www.patriotpetition.org/2019/09/26/staatlichen-zugriff-auf-unsere-kinder-abwehren-keine-pseudo-kinderrechte-ins-grundgesetz/, Zugriff am 3.2.2020.

Religionsfreiheit der Bürger einschränke (an das EU-Parlament)[363]; die Eintragung der Antifa in die EU-Terroristenliste (an den EU-Ministerrat)[364] u.a. Generell betreffen die Petitionen die Durchsetzung von bereits in den Gesetzen festgeschriebenen Grundrechten, auch wenn diese missbraucht werden (z.b. die Meinungsfreiheit im Internet), Forderungen nach Verboten (z.b. des Baus von Moscheen), aber auch gegen Verbote (z.b. das Dieselfahrverbot), ferner die Migrationspolitik, die Aufrechterhaltung des traditionellen Familienmodells, die Ablehnung der Gleichstellung der Geschlechter und stattdessen Befürwortung des Genderismus[365], Aktivitäten der radikalen Linken usw.

Unter den Petitionen des Jahres 2022 fanden sich unter anderem folgende: „Asylstopp jetzt" (für die Aussetzung des Asylrechts), „Bibeltext am Berliner Stadtschloss bleibt – alle Ehre dem Christkönig!" (Gegen die Verhüllung der christlichen Inschrift am Berliner Schloss durch Claudia Roth) und „Ende der Zeitumstellung jetzt" (für die Abschaffung der Sommerzeit).

PEGIDA, https://www.pegida.de

Die Abkürzung PEGIDA steht für Patriotische Europäer gegen die Islamisierung des Abendlandes. Aus den Dresdner Thesen: „PEGIDA versteht sich als politische Bewegung, welche ideologiefrei die aktuellen politischen und gesellschaftlichen Probleme unserer Zeit aufgreift und gemeinsam mit der Bevölkerung Lösungen finden und umsetzen will. Durch unsere Wirtschaftspolitik verarmen der Mittelstand und die Arbeiterklasse zunehmend. Löhne und Renten stehen in einem immer schlechteren Verhältnis zu den Lebenshaltungskosten. Statt Mittel für dringend benötigte Projekte zur Verfügung zu stellen, werden horrende Summen verschwendet. Die steigende Kriminalität, soziale Brennpunkte sowie stetig wachsende Parallelgesellschaften beunruhigen die Menschen. Das Sicherheitsrisiko steigt ständig und die globalen Konflikte verschärfen sich aufgrund unverantwortlicher Innen- und Außenpolitik. Eine friedliche Zusammenarbeit souveräner Nationen weltweit ist die Grundlage einer sicheren Zukunft für uns alle."[366]

Zwar wird die PEGIDA vor allem mit Massenkundgebungen ihrer Mitglieder und Sympathisanten assoziiert, z.B. mit dem „Großen Dresdner Abendspaziergang"[367], aber neben dieser öffentlichen Veranstaltung kann über die Ideen der

---

363 https://www.patriotpetition.org/2019/09/17/redefreiheit-und-religionsfreiheit-sind-unverhandelbare-menschenrechte/, Zugriff am 3.2.2020.
364 https://www.patriotpetition.org/2019/08/22/die-linksterroristische-antifa-gehoert-endlich-als-terrororganisation-eingestuft/, Zugriff am 3.2.2020.
365 https://genderdings.de/gender-politik/genderismus/, Zugriff am 3.2.2020.
366 https://www.pegida.de, Zugriff am 6.7.2023.
367 Die Dresdner Kundgebung findet seit Oktober 2014 statt und wurde Anfang 2020 zum 200. Male abgehalten. Sie wird direkt gestreamt und ist auch auf YouTube abrufbar.

Organisation auch auf deren Webseite nachgelesen werden. Neben aktuellen Informationen (über die jeweils nächste Demo in Dresden) findet der User auch Nachrichten aus Sachsen und aus ganz Deutschland, die mit den Meinungen der Betreiber korrespondieren. Wie auf anderen Webseiten der Rechten finden sich auf der PEGIDA-Homepage die gleichen Themen: Kritik an der Politik der Regierung (seinerzeit Merkels, des Dresdner Oberbürgermeisters), vor allem an der Migrationspolitik, Einschränkungen der Meinungsfreiheit, Kritik an der EU. Die Inhalte in den Sparten Home und Aktuelles sind ähnlich, in der Letzteren finden sich unter anderem ein Kommentar zum Kinderchorskandal im WDR („Meine Oma ist'ne alte Umweltsau")[368] und ein historischer Vergleich zwischen der Weichsel-Oder-Operation der Roten Armee, die zum Nikolaustag 1944 viele Opfer deutscher Soldaten forderte, und den blutigen Angriffen zwischen dem 5. und 9.12.2019 (26 Messerattacken in Deutschland).

Die Sparte „Programm" enthält die Dresdner Thesen der PEGIDA. Das Zehnpunkte-Programm beginnt mit einer Erklärung: „Eine friedliche Zusammenarbeit souveräner Nationen weltweit ist die Grundlage einer sicheren Zukunft für uns alle."[369] In den einzelnen Punkten finden sich die Schlüsselthemen des Vereins: Schutz und Erhalt der deutschen Identität, „respektvoller Umgang mit unserer Kunst, Kultur, Sprache und unseren Traditionen. Stopp dem politischen oder religiösen Fanatismus, Radikalismus, der Islamisierung, der Genderisierung und der Frühsexualisierung von Kindern (…) Der sorgsame Umgang mit Steuergeldern (…); Reform des Steuersystems, Zuwanderungsgesetz „nach demographischen, wirtschaftlichen und kulturellen Gesichtspunkten"; die Notwendigkeit der Regelung der Asylkrise mit detaillierten Vorschlägen, Reform und gerechtere Gestaltung der Familienpolitik, des Bildungssystems und des Rentensystems; Einführung von Volksentscheiden auf der Bundesebene als „zweites Standbein der Demokratie"; konsequente Anwendung des Rechts; staatliche Organe wie Polizei, Gerichte, Staatsanwaltschaft sollten materiell und finanziell besser ausgestattet werden[370]. Die letzten zwei Punkte sollen hier wörtlich zitiert werden, da sie aus der Sicht eines Außenbetrachters sehr aufschlussreich sind und die künftige Stellung Deutschlands in der Völkergemeinschaft nach eventueller Erfüllung von Vorstellungen der Autoren des PEGIDA-Programms umreißen: „9. Freundschaftliche Beziehungen zu allen Ländern der Erde! Sofortige Normalisierung der Verhältnisse zur russischen Föderation und Beendigung jeglicher Kriegstreiberei. Stopp allen Waffenverkäufen in Krisengebiete! Deutschland muss sich aus allen kriegerischen Konflikten heraushalten und sollte neutralen Status anstreben. 10. Es soll einen europäischen Bund geben! Es soll ein Bund starker, souveräner Nationalstaaten

---

368 „Welches Kind würde seine Oma als ‚Umweltsau' bezeichnen?", 28.12.2019, https://www.pegida.de/, Zugriff am 3.2.2020.
369 https://www.pegida.de/programm.html, Zugriff am 19.8.2023.
370 Ebd.

und Vaterländer entstehen, freundschaftlich verbunden in freier politischer und wirtschaftlicher Selbstbestimmung und dem gegenseitigen Respekt und Beistand verpflichtet. Eine Reglementierung aus Brüssel ist nicht notwendig."[371] Man kann diese Erklärung auf die in Deutschland gar nicht so seltene Erwartung reduzieren, das Land als Teil eines Europas der Vaterländer zu positionieren, wobei die Russische Föderation als Pate eines neutralen, von der EU distanzierten deutschen Nationalstaates erscheinen würde.

2022 findet sich in der Sparte „Aktuelles" zum 15.11.2022 unter „Neuigkeiten vom Orga-Team" die Losung: „Deutschland zuerst!", gefolgt vom Hinweis „zum Nachhören". Der Seitenuser kann sich die jeweils letzte Veranstaltung der PEGIDA auf dem Videoportal BitChute[372] ansehen und anhören. Zuerst aber wird über die aktuelle Situation in der Organisation informiert: „Eine überaus erfolgreiche und vielbeachtete Veranstaltung in Erfurt hat den nächsten Schritt eingeläutet: Die gezielt herbeigeführte Spalterei, auch Distanzeritis genannt, scheint überwunden. Die führenden Bürgerbewegungen der letzten Jahre vereinten sich auf einem Spaziergang, umrahmt von geschichtsträchtigen Redebeiträgen."[373]

Die Fremdeinschätzungen PEGIDAs sind aus linker Sicht erwartungsgemäß kritisch. Die deutsche *Wikipedia* nennt sie eine „islam- und fremdenfeindliche (...) völkische, rassistische und rechtspopulistische Organisation"[374], wobei diese kritischen Epitheta weniger aus der Lektüre von ihren Programmen hervorgehen, als vielmehr auf öffentliche Äußerungen von ihren führenden Vertretern und auf Beobachtungen von Außenbetrachtern zurückzuführen sind. Merkwürdigerweise finden sich über PEGIDA nach 2015 immer weniger Informationen nicht nur auf Portalen der Linken oder auf der Webseite der Bundeszentrale für Politische Bildung[375], sondern z.B. auch auf der Seite der evangelisch-lutherischen Landeskirche Hannover[376], die die PEGIDA und ihre Ableger in anderen deutschen Städten (Bogida in Bonn, Mügida in München, Bragida in Braunschweig, Hagida in Hannover u.a.) kritisiert.

---

371 Ebd.
372 Die *Wikipedia* schreibt über *BitChute*, dass in diesem Portal rechts-terroristische und rechtsextreme Inhalte veröffentlicht würden. https://de.wikipedia.org/wiki/BitChute, Zugriff am 30.11.2022.
373 https://www.pegida.de/, Zugriff am 30.11.2022.
374 https://de.wikipedia.org/wiki/Pegida, Zugriff am 3.2.2020.
375 https://www.bpb.de/themen/rechtsextremismus/dossier-rechtsextremismus/500 835/pegida/, Zugriff am 30.11.2022.
376 https://www.landeskirche-hannovers.de/evlka-de/positionen/fluechtlinge/pegida, Zugriff am 30.11.2022.

Refcrime, http://www.refcrime.info/de/Home/Index

Die bis zum 13.12.2020 funktionierende und nun lediglich mit der Wayback Machine abrufbare Seite[377] hat den Untertitel „Refugee and Migrant Crime Map" und ist ein Archiv, das den Versuch darstellt, „systematisch das Versagen des Staates im Hinblick auf Flüchtlinge, Migranten und Integration zu dokumentieren. [...] Jede Straftat ist durch eine seriöse Quelle belegt. Tathergang, Tatort, Datum, Typ, Täternationalität, Alter und Geschlecht von Täter und Opfer sowie Zeugenaufrufe der Polizei sind zu jedem Datensatz vermerkt. Zudem wird jede Quelle archiviert, um auch bei Zensur der Originalseite weiterhin die Echtheit der Meldung belegen zu können."[378]

Auf der Homepage werden Straftaten der Flüchtlinge und Migranten nach Datum und Relevanz angezeigt und in verschiedenen Kategorien dokumentiert: Brennende Unterkünfte, Vergewaltigungen, Überfälle auf Senioren, sexuelle Übergriffe in Schwimmbädern, Mord und Terror, sexuelle Belästigung, Gewalt in Unterkünften, Flüchtlinge als Drogendealer. Außerdem gibt es auf der Webseite auch Aufrufe zu Zeugenaussagen, Links zu Pressemeldungen über Straftaten sowie Statistiken der einzelnen Delikte.

In der Kategorie „Straftaten nach Relevanz" werden 81.479 Fälle (Stand am 19.2.2020) mit Nummer, Ort, Datum, Staatsflagge des Täters, zuweilen mit Aufnahmen der Opfer, Täter oder Tatorte versehen, kurz beschrieben. Der Benutzer der Seite konnte selber Straftaten melden, wozu ein spezielles Formular[379] diente. In der Kategorie „Chronologie" konnte der User detaillierte Angaben zu den einzelnen kriminellen Vorfällen zwischen dem 1. Januar 2015 bis heute finden. In der Kategorie „Karte" finden sich Kartenumrisse von Deutschland, Österreich und der Schweiz sowie von deutschen Bundesländern mit Zahlen der Straftaten sowie deren prozentualem Anteil am Gesamtvolumen der Delikte. In der Kategorie „Themen" wurden neben den weiter oben aufgelisteten Kategorien Brennende Unterkünfte, Vergewaltigungen usw., Flüchtlinge als Täter von Diebstahl, Raub und Einbruch kategorisiert, des Weiteren tunesische, afrikanische, afghanische, syrische, pakistanische, marokkanische, libysche und arabische Flüchtlinge, rumänische und bulgarische Täter, arabische Intensivtäter sowie als besondere Kategorien Ehrenmorde, Messerattacken, Linker Terror gegen die AfD sowie Linksextremismus und Gesinnungsterror erfasst. Die nächste Kategorie ermöglicht die Suche nach Straftaten, dem Ort der Straftat und der Nationalität der Täter, wobei das Geschlecht und das Alter sowohl des Opfers als auch des Täters bestimmt werden können; zur Auswahl standen der Typ der Straftat (z.B. Sexualdelikte wie Exhibitionismus) und als weiteres Kriterium der Typ der Straftat (Flüchtlings- und Migrantenkriminalität

---

377 https://web.archive.org/web/20201213101225/http://www.refcrime.info/de/Home/Index, Zugriff am 11.7.2023.
378 http://www.refcrime.info/de/Home/Index, Zugriff am 19.2.2020.
379 http://www.refcrime.info/de/Crime/Create, Zugriff am 19.2.2020.

oder nur Flüchtlingskriminalität oder nur Migrantenkriminalität). Die Kategorie „Statistiken" bot einen Überblick über die bis dahin manuell gesichteten insgesamt 130.473 Straftaten, wovon 81.479 nach den von den Betreibern der Webseite aufgestellten Kriterien als Flüchtlings- und Migrantenkriminalität eingeordnet worden sind, wobei sie von der „Spitze des Eisberges" schreiben, also damit Daten meinen, die dem Durchschnittsbürger zugänglich sind[380]. Die Statistiken zeigen die Einordnung der Straftaten, die Altersstruktur der Opfer und der Täter, Straftaten nach Uhrzeit, Täternationalitäten (Top 50), Straftaten nach Typen.

Die Seite fand bei den Rechten in Deutschland Unterstützung, unter anderem bei der „Freiheit für Deutschland" (siehe weiter oben) wie auch in Polen (auf der Webseite *Nie dla islamizacji Europy*[381]). Kritische Stimmen zur besagten Seite waren selten. Am Anfang ihres Bestehens erschien auf der Webseite *Jetzt*, einer Partnerseite der *Süddeutschen Zeitung*, ein Beitrag, der die Kriminalität der Flüchtlinge und Migranten zu verharmlosen schien. Insbesondere wurde die von *Refcrime* gezeigte Kriminalitätskarte als „fremdenfeindlich" bezeichnet[382].

Ein ähnliche Inhalte verbreitendes Portal ist „Crime Kalender" mit dem Untertitel „Wer hat sie ins Land gelassen", abrufbar unter https://crimekalender.wordpress.com/ (siehe oben). Die letzten Einträge darauf stammen vom Februar des Jahres 2018.

Staats- und Wirtschaftspolitische Gesellschaft e.V./SWG,
http://www.swg-hamburg.de/

Verein zur Durchführung von staatsbürgerlicher Bildung mit Sitz in Hamburg, gegründet 1962 in Köln. Die Webseite der SWG wurde in den letzten zwei Jahren wesentlich überarbeitet. Anfang 2020 stellte sie ihre Positionen wie folgt vor: „Wir werben dafür, dass wir Deutschen selbstbewusst zu unserer über 1100-jährigen Kultur und ihrem ‚spezifischen Beitrag zur Weltzivilisation' (der Schweizer Dichter Adolf Muschg) stehen und damit zu unseren Tugenden, die ein wichtiger Teil unserer Eigenart sind. Denn nur so können wir den inneren Frieden gegenüber Anfechtungen erhalten und die Einwanderer an uns binden, die wir haben wollen.

---

380 http://www.refcrime.info/de/Crime/Stats, Zugriff am 19.2.2020.
381 Dt. Titelübersetzung: Nein zur Islamisierung Europas! Am 25.6.2018 erschien auf dieser Webseite ein Beitrag über Vergewaltigungen und sexuelle Belästigung durch „Ausländer" in deutschen Bahnhöfen und Zügen. Siehe https://ndie.pl/niemcy-632-gwalty-i-molestowania-seksualne-na-dworcach-pociagach-rocznie/, Zugriff am 19.2.2020.
382 Der Beitrag erschien am 31.10.2016 unter dem Titel *Wie Karten mit angeblicher „Flüchtlingskriminalität" hetzen*. Er kann aber heute angesichts der Migrationskrise und der zahlreichen Übergriffe in der Flüchtlings- und Migrantenszene als überholt angesehen werden. https://www.jetzt.de/fluechtlinge/fremdenfeindliche-karten, Zugriff am 19.2.2020.

Nur so können wir auch unsere Interessen in Europa und der Welt wahrnehmen. Wir sind für eine Europäische Union demokratisch selbstbestimmter Vaterländer. Ihr Wettbewerb um die besten Lösungen gibt Europa die nötige Kraft, um sich in der Welt zu behaupten."[383]

Etwa ein Jahr später stellt sich der Verein wie folgt vor: „Die SWG wirbt für ein Deutschland, dessen Bürger wissen und danach handeln, dass Gesellschaft und Staat ihre Sache sind. ‚Seinem Vaterland zu dienen' und ‚zum Wohl der Gesellschaft beizutragen' ist ‚Pflicht jedes guten Staatsbürgers'. So steht es im politischen Testament Friedrichs des Großen von 1768. Wir wollen einen Staat, in dem gemäß des Art. 2 unseres Grundgesetzes jeder Bürger ‚nach seiner Fasson selig werden kann', soweit er nicht die Freiheit anderer verletzt. Ebenso wollen wir die Gewährleistung nach Art. 5, dass die Meinungsfreiheit von amtlicher oder gesellschaftlicher Ächtung frei ist. Die grundgesetzliche Rechtsstaatlichkeit wollen wir in Gesetzen, in der Rechtsprechung und im politischen sowie gesellschaftlichen Handeln gewahrt sehen. Von der Politik erwarten wir, dass sie unsere christlich-abendländischen Traditionen und Werte bewahrt, sich an Tatsachen orientiert und sachgerechte Entscheidungen trifft, frei von Ideologie."[384]

Das Portal der SWG e.V. Hamburg verstand sich vor 2022 als „ein Forum zur Information"[385] und enthielt 12 Hauptkategorien: Willkommen, Aktuelles, Politik, Wirtschaft, Prominente, Deutschland-Journal, Geschichte, Kultur, Links, Vorträge, Bücher, Archiv mit Inhalten aus den Jahren 2018–2020. In der Kategorie Aktuelles fand der Leser diverse Beiträge aus aktuellem Anlass, Leserbriefe, Filmbeiträge und Kommentare, z.B. einen Kommentar von Henryk M. Broders „Spiegel" auf YouTube über das Massaker in Hanau, dessen Bewertungen durch Politiker des Mainstreams der Publizist als „Schäbiges Instrumentalisieren" bezeichnet; Kommentare zu anderen aktuellen Themen, z.B. zum 75. Jahrestag des Bombardements der Stadt Meßkirch durch angloamerikanische Bomber unter der Überschrift „Apropos westliche Werte – kaltblütiger Mord und Kulturvernichtung"; die ARTE-Dokumentation „Gulag" auf YouTube; Beiträge aus der *Jungen Freiheit*; über Hamburgs Steueraffäre und Parteispenden, durch die die SPD in Bedrängnis geraten ist; über deutsche Interessen in Nahost u.a.

In der Kategorie Politik fanden sich einige Hundert diverse Beiträge bzw. Links zu Beiträgen aus verschiedenen Medien mit aktueller und historischer Thematik, eigentlich ein Sammelsurium von Inhalten, wie sie in der Kategorie Willkommen umrissen worden sind. Ähnliches galt für die Kategorien Wirtschaft, wobei außer wirtschaftlichen auch politische Themen aufgenommen worden sind. Die Kategorisierung der Meldungen, Kommentare und Filmbeiträge auf dem Portal ließ

---

383 http://www.swg-hamburg.de/index.html, Zugriff am 27.2.2020.
384 Aus: „Was wir wollen", https://www.swg-hamburg.de, Zugriff am 27.3.2021.
385 Ebd.

einiges zu wünschen übrig. Erst dank der Suchfunktion lassen sich aus der Fülle der Seiten konkrete Inhalte herausfiltern.

In der Kategorie Prominente fanden sich Nachrufe für die dem Verein nahen Verstorbenen und Jubilare.

Die Kategorie Geschichte hielt auch, was sie versprach, d.h. sie enthielt Beiträge bzw. Links zu Beiträgen mit historischen Themen, die der offiziellen deutschen Geschichtspolitik an so manchen Stellen zuwiderlaufen, mehr noch, deren Autoren sich dadurch den Vorwurf des Geschichtsrevisionismus einhandeln. Wie in den weiter oben beschriebenen Kategorien handelte es sich bei der Kategorie Geschichte außer vereinzelten Beiträgen eigener Mitwirkender des Portals überwiegend um Beiträge aus diversen Medien mit sehr unterschiedlicher politischer Orientierung, wodurch eine Art pluralistische Weltsicht angeboten zu werden schien, die jedoch mit der ideologischen Ausrichtung des Portals korrespondierte[386]. Das Gleiche galt für die Kategorie Kultur. Die Kategorie Vorträge informierte über Veranstaltungen der Gesellschaft in den Regionen Hamburg, Kiel und Hannover. In der Kategorie Bücher fand der Leser Buchtipps und Rezensionen zu historischen, politik- und wirtschaftswissenschaftlichen Publikationen, die mit den von der SVG vertretenen Werten korrespondieren.

Die Webseite der SWG 2022 präsentiert sich inhaltlich bescheidener als die oben beschriebene. Die Startseite enthält Aktuelle Nachrichten – jeweils eine führende täglich, und nach ihrem Anklicken öffnen sich die einzelnen Kategorien: Aktuelles, Aus den sozialen Netzwerken, Buchrezensionen, Geschichte, Kommentare, Kultur, Lage Ukraine, Politik, Prominente, Wirtschaft. Die meisten Beiträge finden sich in der Kategorie Politik (307), die wenigsten in der Kategorie Kommentare (2) – Stand: 1.12.2022[387].

Eine hauseigene Publikation des Vereins ist das *Deutschland-Journal*, das zuerst einmal und nun zweimal jährlich erscheint und dessen Jahresausgaben von 1995 bis 2022 und Sonderausgaben von 2005 bis 2021 auch kostenlos herunterladbar sind. Die Jahresausgaben enthalten Beiträge und Interviews zu Themen, die im Profil

---

386 Neben Beiträgen aus der *Jungen Freiheit*, der *Preußischen Allgemeinen Zeitung*, *PI-News*, *Tichys Einblick*, *World Economy*, *NEOPresse*, *Jouwatch*, *kath.net*, auch Fernsehsendern wie *mdr aktuell*, *Phoenix* u.a. sowie Netzwerken wie dem Gemeindenetzwerk findet man z.B. eine Reportage aus dem Jahre 1945 unter dem Titel *Aus einem Totenland*, die im Spiegel vom 1.6.2002 abgedruckt wurde. Ihr Autor, Robert Jungk, beschreibt darin die Verbrechen der Polen an Deutschen unmittelbar nach dem Zweiten Weltkrieg. Die Neuveröffentlichung dieses polenfeindlichen Textes fügt sich in das ideologische Profil des Portals. https://www.spiegel.de/spiegel/spiegelspecial/d-22937254.html, Zugriff am 27.2.2020.

387 Zum Zeitpunkt einer erneuten Durchsicht der Webseite am 11.7.2022 war sie nicht abrufbar.

des Portals behandelt werden. Aus der Jahresausgabe 2019[388] sei beispielsweise auf folgende Publikationen hingewiesen: Manfred Backerra, „Traditionswürdiges der Wehrmacht", Bernd Kallina, „Der Kampf um ‚kulturelle Hegemonie', Interview mit Martin Sellner von der Identitären Bewegung"; Manfred Ritter, „Bündnis 90/Die Grünen: Gefahr im Verzug. Schafft sich Deutschland als Industrienation ab?"; Günter Scholdt, „So geht totalitär – Die Ausgrenzung der ‚Identitären'"; Josef Schüßlburner, „Latenter Antisemitismus: Der ‚Kampf gegen rechts'"; Gerd Schultze-Rhonhof, „Deutschlands falsches Geschichtsbild: Ein Grund für die nationale Selbstverachtung der Deutschen"; Rolf Stolz, „Der Hass auf das Eigene – Über Deutschfeindlichkeit bei Deutschen". Die herunterladbare Sonderausgabe 2019 ist 146 Seiten stark und enthält die Dokumentation zum Seminar am 23.3.2019, das als „Was tun – für Deutschland" überschrieben war. Die Sonderausgabe erscheint in der Kleinen swg-Reihe als Heft 97 in der Redaktion von Bernd Kallina[389] und enthält Beiträge über einen Rechtsstaat der praktischen Vernunft, über die Krise der Währung und den Ausstieg aus dem Euro, über einen möglichen Dexit, die Einwanderung nach Deutschland, Betrachtungen über die Bildungskrise, eine Kritik des Bundesverfassungsschutzes, außerdem Beiträge über den Klimawandel, die Bewältigung des deutschen Schuldkomplexes, ein Doppelinterview über die „Bundeswehrreform an Haupt und Gliedern" sowie zwei Buchbesprechungen: die erste gilt einem historischen Thema, d.h. der US-amerikanischen Umerziehung in Westdeutschland und deren Scheitern in der DDR, die zweite mit dem vielsagenden Titel „Merkel am Ende". Außerdem enthält die Sonderausgabe 2019 Buchempfehlungen einiger Verlage, die inhaltlich mit den Zielen und Aktivitäten der SWG übereinstimmen.

Das *Deutschland-Journal* hat jedes Jahr einen anderen Schwerpunkt: 2020 war sein Motto „Unser Staat braucht Grenzen. Danke, Thilo Sarrazin!", 2021 waren es „Corona, Klima, Great Reset: Deutschlands Wege ins Abseits", und 2022 war es der Russland-Ukraine-Konflikt.

Die Kritik der SWG kommt in erster Linie von der deutschen *Wikipedia*, die der Organisation Nähe zum Geschichtsrevisionismus und enge Verbindungen zu Militärs bescheinigt[390]. Tatsächlich sind manche Aktivitäten der SWG, wie z.B. ihr Protest gegen die Wehrmachtausstellung des Hamburger Instituts für Sozialforschung 1999 oder die Anwesenheit von Holocaust-Leugnern bei Veranstaltungen der Gesellschaft problematisch. Auch die von Brooke Kramer (USA) betriebene

---

388 http://www.deutschlandjournal.de/Deutschland_Journal_-_Jahresau/Deutschland_Journal_-_Jahresau/deutschland_journal_-_jahresausgabe_2019.html, Zugriff am 27.2.2020.

389 http://www.deutschlandjournal.de/Deutschland_Journal_-_Sonderau/Deutschland_Journal_-_Sonderau/2019_So_SWG_gesamt.pdf, Zugriff am 28.2.2020.

390 https://de.wikipedia.org/wiki/Staats-_und_Wirtschaftspolitische_Gesellschaft, Zugriff am 28.2.2020.

Webseite *Dokumentieren gegen Rechts*[391] verortet die SWG nicht nur im „rechtsextremen Spektrum", sondern verweist auch auf deren personelle Verbindungen mit der AfD und ihrer Desiderius-Erasmus-Stiftung[392] sowie mit der CDU. Kramer verweist auf Politiker der Rechten, die an den Veranstaltungen als Vortragende teilnahmen, unter anderem auf Erika Steinbach und Vera Lengsfeld, und auf den geschäftsführenden Vorstand der SWG, den ehemaligen Chefdozenten des Militärischen Nachrichtenwesens an der Führungsakademie der Bundeswehr, Oberst a.D. Manfred Backerra, der unter anderem gegen die Entlassung eines Offiziers aus der Bundeswehr wegen „Beteiligung an rechtsextremistischen Bestrebungen" protestierte. Für Kramer reicht es aus, als Rechtsextremist eingestuft zu werden, wenn der Betroffene in rechtsorientierten Medien schreibt oder auf andere Weise mit ihnen verbunden ist.

---

[391] https://bkramer.noblogs.org/thread-ueber-die-staats-und-wirtschaftspolitische-gesellschaft-swg/, gepostet am 6.6.2019, Zugriff am 28.2.2020.

[392] Auf der Webseite der 2017 gegründeten Stiftung heißt es: „Wir sind die jüngste politische Stiftung Deutschlands und stehen ideell der Alternative für Deutschland (AfD) nahe. Als parteinahe Stiftung sind wir bundesweit tätig, agieren aber gemäß den rechtlichen Vorgaben unabhängig und selbständig. Wir setzen uns für die Festigung und Erneuerung der Demokratie durch mehr direkte Bürgerbeteiligung und durch weniger EU-Bevormundung ein." https://erasmus-stiftung.de, Zugriff am 28.2.2020.

2 Webseiten von Zeitungen und Magazinen sowie Informationsportale

Alternative Presseschau, https://alternative-presseschau.com
Die zuletzt im Mai 2021 abrufbare *Alternative Presseschau* wurde am 20.8.2018 ins Leben gerufen und setzte sich zum Ziel, „über alle News bekannter alternativer Medien zu informieren."[393] Ihre Inhalte sind derzeit nur über die *Wayback Machine*[394] zugänglich. Das impressumlose Portal verstand sich als Plattform vom Mainstream unabhängiger Medien und sammelte „neueste Artikel freier Medien"[395], die alle zehn Minuten aktualisiert wurden. Auf der Startseite fand der User die Kategorien „Start" mit aktuellen Meldungen, „Webseiten"[396], aus denen die Presseschau schöpfte, und einige „Videokanäle"[397] mit thematisch ähnlichen Inhalten, wie sie in den benutzten Webseiten gepostet worden sind. Die *Alternative Presseschau* bot einen schnellen Überblick über die in den alternativen Medien behandelten Themen.

Anonymous News, früher https://www.anonymousnews.ru, jetzt https://www.anonymousnews.org
„In Zeiten universeller Täuschung (auf einigen Seitenvarianten steht auch: der Lüge – Anm. d. Verf.) wird das Aussprechen der Wahrheit zu einem revolutionären Akt. Wir sind viele. Wir vergeben nicht. Wir vergessen nicht. Erwartet uns!"[398] Dieses Motto aus den ersten Jahren des Bestehens der Webseite ist als Selbstdarstellung zu verstehen. Eine Selbstdarstellung der Webseite *Anonymous News* im Jahre 2022, die zuerst als *Anonymus.Kollektiv*, später als *anonymous.de* funktionierte und seit Mai 2016 mit der Top-Level-Domain .ru abrufbar war, fehlt.

---

393 https://alternative-presseschau.com/ueber-diese-seite/, Zugriff am 4.1.2019.
394 https://web.archive.org/web/20210521115225/https://alternative-presseschau.com/, Zugriff am 2.12.2022.
395 https://alternative-presseschau.com, Zugriff am 24.3.2020.
396 Die Webseiten waren: *Achgut* (Achse des Guten), *Compact Online*, *EIKE* (Europäisches Institut für Klima und Energie), *Freie Welt*, *Jouwatch* (journalistenwatch.com), *Junge Freiheit*, *PI-News* (Politically Incorrect), *Philosophia Perennis*, *Politikstube*, *Tichys Einblick* und *Vera Lengsfeld*. Stand: 24.3.2020.
397 Es waren folgende Kanäle: AfD-Fraktion im Bundestag, Epoch Times, FPÖ TV, Gerald Grosz, Markus Gärtner, Martin Sellner, Neverforgetniki, Oliver Janich, Stefan Bauer, Tim Kellner. Stand: 24.3.2020.
398 https://web.archive.org/web/20160929152723/http://www.anonymousnews.ru/, Zugriff am 9.3.2022.

In *Wikipedia* folgt nach einer sehr kurzen Charakteristik der Seite „als scharfes Schwert gegen die systematische Manipulation, Propaganda und Volksverdummung durch den (...) politisch-medialen Komplex" sogleich ihre Fremdeinschätzung: Sie „wuchs rasch und etablierte sich in der rechten Szene. Sie verbreitet wie die Vorgängerseite Falschmeldungen (Fake News), Rassismus und Verschwörungstheorien, hetzt regelmäßig gegen ‚kriminelle Flüchtlinge', warnt vor ‚vergewaltigenden Migrantenhorden' und warb online und über einen Newsletter für den Onlineshop ‚Migrantenschreck'"[399].

Da auf ihrer Homepage weder ein Impressum noch eine Selbstbeschreibung zu finden sind, ist es schwierig, die Leitideen des Portals zu ermitteln. Diese lassen sich erst durch die Durchsicht ihrer acht Kategorien ausmachen: Deutschland, International, Meinung, Hintergründe, Medien, Netzwelt, Gesundheit, Videos und zuletzt auch Hörbücher. Darin werden aktuelle und ältere Wort- und Bildmaterialien dargeboten. Anfang März 2020 standen folgende Themen im Fokus der Webseite: Zwei Berichte über Vergewaltigungen durch „importierte Triebtäter"; Sturm auf Europa durch Öffnung der Grenzen für syrische Flüchtlinge durch den türkischen Präsidenten Erdoğan; zwei Artikel über Angela Merkels Politik – Kritik der „importierten Sicherheitsprobleme" in Deutschland und der geplanten Verschärfung des Netzwerkdurchsuchungsgesetzes; über ein Politiker-Trio der Grünen, das Deutschland vernichten wolle; über die drohende rot-rot-grüne Regierung auf Bundesebene; über Bundespräsident Steinmeier, der in der Vergangenheit für eine „linksextreme" Zeitschrift schrieb; über angeblichen Klimanotstand in Deutschland[400].

Die Beiträge in der Kategorie Deutschland handelten überwiegend über Straftaten der Immigranten (Vergewaltigungen, Randale, Überfälle), verschiedene Aspekte von Angela Merkels Politik (Einwanderung, Zensur, „Rückkehrmanagement" für IS-Terroristen, kritikwürdige Verhaltensweisen von Politikern verschiedener Parteien, ausgenommen die AfD), den Fall der Hamburger Senatorin der Grünen Katharina Fegebank, die statt mit einem Elektroauto einen Ferrari fährt u.a.

In der Kategorie „International" fanden sich ausländische Themen, wobei auch hier Migrationsprobleme behandelt wurden (illegale Grenzübertritte, Erleichterungen für Einwanderer in Deutschland auf Kosten der einheimischen Bevölkerung, nigerianische Mafia in Europa), des Weiteren auch das Lob des Brexit, ebenso Donald Trumps Kritik an europäischer Einwanderungspolitik.

In der Kategorie „Meinung" fanden sich Kommentare zu aktuellen politischen Entwicklungen in Deutschland und außerhalb seiner Grenzen. Die Beiträge waren weniger zahlreich als die in den vorigen Kategorien, und sie kritisierten konkrete Missstände in der deutschen Einwanderungspolitik Angela Merkels, z.B. in den

---

399 https://de.wikipedia.org/wiki/Mario_Rönsch#„Anonymous.Kollektiv", Zugriff am 6.3.2020.
400 https://www.anonymousnews.ru/deutschland/, Zugriff am 6.3.2020.

Texten unter der Überschrift „250 Milliarden für ‚Flüchtlinge' – Peanuts für das Gesundheitssystem" von John Wittich[401] oder „Willkommen in der linksgrünen Merkel-Diktatur – die Demokratie ist endgültig Geschichte"[402].

In der Kategorie „Hintergründe" wurden ausgewählte Probleme der Jetztzeit analysiert. Es waren jedes Mal den Leser aufwühlende Beiträge, die ähnlich wie die in den anderen Kategorien von illegaler Einwanderung und deren Folgen, aber auch von einem erwarteten Blackout in Deutschland, der Rolle Bill Gates' und seiner Stiftung bei der Corona-Virus-Pandemie, dem islamischen Terrorismus u.a. handelten. Außerdem wurden hier diverse politische Erscheinungen erläutert, z.B. im Beitrag von Stefan Schubert „Von wegen Verschwörungstheoretiker – Coronakrise zeigt: Die Prepper hatten Recht!"[403], oder in einem Interview mit dem Titel „Experte deckt auf: Wie die linksterroristische ANTIFA mit Steuergeld gefördert wird", das ein Mitarbeiter des Portals mit den Autoren des Buches *Der Links-Staat* von Christian Jung und Thorsten Große zum besagten Thema durchgeführt hat[404].

In der Kategorie „Medien" wurden deutsche Medien kritisch unter die Lupe genommen. Es wurden kritikwürdige Praktiken der sog. Lügenpresse und der GEZ angeprangert, z.B. die Nichtachtung eines Urteils des Bundesverfassungsgerichts, das den Bürgern Barzahlungen für Rundfunkgebühren erlaubt, während die GEZ bargeldlose Entrichtungen fordert, auch Hetzen gegen die AfD, die Übernahme von zwei Tageszeitungen durch einen Ex-Kommunisten, Auflagenverluste bei großen Tageszeitungen u.a.

In der Kategorie „Netzwelt" fand der User Beiträge über diverse Aspekte des Funktionierens von verschiedenen Internetmedien wie Wikipedia, YouTube, Google, Facebook, Amazon u.a., wobei wieder über deren negative Seiten geschrieben wurde („Ende der Privatsphäre", „Zensur von unliebsamen Kritikern", „Wikipedia-Artikel zum Klima gefälscht", „Warnung vor Chrome", „Mainstream-Journalisten zensieren …", „Datenklau bei der Bundesagentur für Arbeit" u.a.

In der Kategorie „Gesundheit" wurde der User auf positive Eigenschaften von bestimmten Mitteln wie OPC, MSM, Omega-3-Fettsäure u.a. hingewiesen, zugleich aber durch Meldungen über gewisse Behandlungsmethoden, z.B. Schutzimpfungen gegen Grippe, Zahnfüllungen aus Amalgam oder über die Schädlichkeit des Süßstoffes Aspartam, verunsichert.

---

401 https://www.anonymousnews.ru/2020/03/10/milliarden-fluechtlinge-gesundheit/, Zugriff am 25.3.2020.
402 https://www.anonymousnews.ru/2020/02/10/willkommen-in-der-merkel-diktatur/, Zugriff am 25.3.2020.
403 https://www.anonymousnews.ru/2020/03/23/verschwoerungstheoretiker-prepper/, Zugriff am 25.3.2020.
404 https://www.anonymousnews.ru/2020/03/13/terroristische-antifa-steuergeld/, Zugriff am 25.3.2020.

Die Kategorie „Videos" war im Vergleich zu den vorangegangenen Kategorien 2020 recht spärlich. Unter anderem war damals ein Video über das berüchtigte Rheinwiesenlager der Alliierten für deutsche Gefangene gepostet, in dem nach Angaben der Betreiber der Seite zwei Millionen Deutsche verhungert seien[405]. Historische Videobeiträge gibt es auf dem Portal mehrere. Darüber hinaus auch solche zu aktuellen Themen wie dem Krieg in der Ukraine, Massenprotesten in Tschechien im September 2022, Ausschreitungen beim Eritrea-Festival in Gießen, Corona und Risiken bei Impfungen, Migrantenstürme an der östlichen Grenze Polens (und zugleich der EU) u.v.a.

Die ganz neue Kategorie „Hörbuch" enthält zum Zeitpunkt der Untersuchung fünf Hörbücher: *Adolf Hitler – mein Jugendfreund* von August Kubizek[406], *Unternehmen Patentenraub 1945* von Friedrich Georg, *Der letzte Zeuge – Erinnerungen Rochus Mischs*, des Leibwächters, Kuriers und Telefonisten Adolf Hitlers, *Im Spinnennetz der Geheimdienste* von Robert E. Harkavy und Patrik Baab über „Schattenkrieger", d.h. Agenten von CIA, Mossad und BND, und *Das Ende des Bösen* von Jeremy Locke, ein Buch, das die Absicht hat, „die Lehre von der Freiheit zu definieren und für immer die Lüge der Kultur zu zerstreuen, dass irgendjemand einen rechtmäßigen Anspruch auf dein Leben hätte"[407].

Unter den einzelnen Beiträgen aus allen Kategorien gab es 2020 noch Userkommentare, die meisten davon entsprachen dem Grundtenor des Portals. Sie waren gleichermaßen emotionsgeladen, häufig hasserfüllt und fern von der in den Mainstream-Medien gängigen politischen Korrektheit. Der User fand sich in seinen Einstellungen gegenüber den geschilderten Vorkommnissen und Entwicklungen bestätigt. Unter den Beiträgen des Portals 2022 gibt es derzeit keine Kommentare.

Das Webportal kann als eine Plattform für Information und Meinungsäußerungen der rechtsextremen und nationalistischen Szene angesehen werden. Durch die vermittelten Inhalte und aussagekräftigen Formen ist sie für Gleichgesinnte eine Alternative zu den Mainstream-Medien.

Anti-Spiegel, https://www.anti-spiegel.ru

Der Webseitenbetreiber Thomas Röper (Jg. 1971) verortet sein Portal unter „fundierter Medienkritik" und stellt sich als Experte für Osteuropa vor, der in Finanzdienstleistungsunternehmen in Osteuropa und Russland Vorstands- und

---

405 Die Schätzungen schwanken zwischen 4.000 und 40.000 Verstorbenen. *Wikipedia* schreibt von höchstens 10.000 Menschen, die in den Rheinwiesenlagern verstorben seien. https://de.wikipedia.org/wiki/Rheinwiesenlager, Zugriff am 7.3.2020.
406 Das besagte Hörbuch ist dem bereits seit einigen Jahren gesperrten Portal *unglaublichkeiten.com* entnommen. Bestimmte Inhalte dieses Portals sind unter dem Link https://archive.ph/unglaublichkeiten.com einsehbar, Zugriff am 2.12.2022.
407 https://www.anonymousnews.org/hoerbuecher/das-ende-des-boesen-von-jeremy-locke/, Zugriff am 2.12.2022.

Aufsichtsratspositionen bekleidet habe und seit über 20 Jahren in Russland, aktuell in seiner „Wahlheimat St. Petersburg", lebt. Seine Abneigung gegen den *Spiegel*, den er als „Sturmgeschütz der Nato" beschimpft, resultiert aus seiner Sympathie für Russland, aus der er keinen Hehl macht, indem er schreibt: „Es geht dabei nicht um eine ‚pro-russische' Berichterstattung (auch wenn diese oft im Ergebnis dabei herauskommt), es geht mir um folgendes: Wer sich in bei einem Streit eine Meinung bilden will, muss beide Seiten anhören und da die westlichen Medien die russischen Argumente verschweigen, bringe ich sie."[408]

Als Schwerpunkte seiner medienkritischen Arbeit nennt Röper „das (mediale) Russlandbild in Deutschland, Kritik an der Berichterstattung westlicher Medien im Allgemeinen und die Themen (Geo-)Politik und Wirtschaft."[409]

Die Webseite umfasst fünf Kategorien: chronologisch gegliederte „Alle Beiträge", „Meldungen der russischen Medien", „Den Spiegel vorgehalten", „Hintergrundanalysen" und „Russland-Blog", wobei manche Beiträge in einigen Kategorien wiederholt werden, z.B. findet sich der Beitrag „Wer profitiert eigentlich von dem Krieg in der Ukraine?" in den Kategorien „Meldungen der russischen Medien" und „Hintergrundanalysen"[410].

Neben russlandfreundlichen Beiträgen bringt der Webseitenbetreiber auch Texte zu innerdeutschen Themen, z.B. zu Corona und der deutschen Impfpraxis, die im Nachhinein selbst in einem Mainstream-Medium als fraglich eingeschätzt wird: Unter der Überschrift „mdr-Artikel bestätigt: Die Querdenker hatten in fast allem recht"[411] findet sich ein ausführlicher Beitrag, durch den die Corona-Leugner sich in ihren Überzeugungen bestätigt fühlen werden.

Unterhalb der einzelnen Beiträge gibt es Userkommentare, die meisten korrespondieren mit den Auffassungen des Autors.

Die Webseite Röpers findet auch Unterstützung seitens Gleichgesinnter, z.B. des Portals *unzensiert*[412]. Der Betreiber von *Anti-Spiegel* wird darin als derjenige präsentiert, der dem Leser seit Jahren einen ungefilterten Blick auf die russische Sicht

---

408 https://www.anti-spiegel.ru/ueber-anti-spiegel/, Zitat unverändert wiedergegeben, Zugriff am 2.12.2022.
409 https://www.anti-spiegel.ru/ueber-anti-spiegel/, Zugriff am 25.2.2022.
410 https://www.anti-spiegel.ru/2022/wer-profitiert-eigentlich-von-dem-krieg-in-der-ukraine/, Zugriff am 2.12.2022.
411 Der Beitrag „Corona-Impfung – Ungeimpfte zu Unrecht beschuldigt?" erschien auf der Webseite des Mainstream-Portals des mdr unter https://www.mdr.de/nachrichten/deutschland/panorama/corona-impfung-wirkung-kritik-ungeimpft-100.html, *Anti-Spiegel* berichtet darüber unter https://www.anti-spiegel.ru/2022/mdr-artikel-bestaetigt-die-querdenker-hatten-in-fast-allem-recht/, Zugriff am 2.12.2022.
412 Es präsentiert sich als Medium, das „unzensierte Informationen abseits der Massenmedien... das, was Dir sonst nicht NICHT erzählt wird...", bietet. https://www.unzensiert.info, Zugriff am 2.12.2022.

der Welt gebe, mit Übersetzungen russischer Nachrichtenmeldungen und Berichten, „die man so im Westen nicht zu hören bekommt"[413].

Anti-Spiegel gilt in der linken Kritik als Desinformationsmedium, das russische Propaganda und Verschwörungsmythen verbreite[414]. Die *Wikipedia* nennt seinen Betreiber einen „Kreml-treuen" Verbreiter von Desinformation und bringt Beispiele seiner auf Falschbehauptungen russischer Medien beruhenden Manipulationen zu Themen wie Coronavirus-Pandemie und russischer Einmarsch in die Ukraine[415]. In *Wikipedia* finden sich weitere Beispiele für Kritik an Röper, darunter einige aus den Leitmedien (Austria Presse Agentur, ZDF, ARD) und last not least von „Faktenprüfern" des Webblogs *Volksverpetzer*[416].

Apolut net, https://apolut.net, früher **KenFM**, https://kenfm.de

Der wegen angeblicher Verstöße gegen die Community-Richtlinien im November 2020 gesperrte YouTube-Kanal KenFM ist jetzt als *Apolut* abrufbar. Die Selbstdarstellung des einstigen Portals lautete: „KenFM ist ein freies Presseportal, eine Nachrichtenplattform, die bewusst das Internet als einziges Verbreitungsmedium nutzt und damit im gesamten deutschsprachigen Raum ‚empfangen' werden kann. Darüber hinaus agiert KenFM zunehmend im internationalen Rahmen: Unsere Beiträge werden bereits in verschiedene Sprachen übersetzt, englischsprachige Interviews finden in der Rubrik ‚KenFM-International' ihren Platz. [...] Bei uns landen harte Themen nicht im Giftschrank. Wir sind nicht auf Quote aus. Uns geht es um Relevanz und darum, in einer zunehmend eindimensionalen Debattenkultur des Mainstreams die Sichtweise auf politische Ereignisse um alternative Blickwinkel zu erweitern."[417]

Der Betreiber des Portals, Ken Jebsen, hat iranisch-deutsche Wurzeln und war unter anderem Fernsehreporter bei der Deutschen Welle TV, Moderator beim ZDF sowie Produzent und Moderator des Hörfunksenders „Fritz", eines Teils der Landesrundfunkanstalt rbb (Rundfunk Berlin-Brandenburg).

Auf der heute funktionierenden Webseite *apolut.net* findet sich folgende Selbstdarstellung: „Demokratie lebt von Transparenz und Meinungsvielfalt. Eine komplexe Gesellschaft kann den inneren und äußeren Frieden nur dann bewahren, wenn es ihr dauerhaft gelingt, eine positive Streit- und Debattenkultur zu pflegen. Dieser Erkenntnis fühlt sich apolut verpflichtet! [...] Apolut hat eine bewegte Geschichte hinter sich. Das erfolgreiche Presseportal KenFM war 10 Jahre lang das

---

413 https://www.unzensiert.info/pages/posts/putinversteher-oder-russophobie-100.php, Zugriff am 2.12.2022.
414 https://www.belltower.news/desinformations-medien-der-anti-spiegel-russische-propaganda-und-verschwoerungsmythen-132357/, Zugriff am 2.12.2022.
415 https://de.wikipedia.org/wiki/Thomas_Röper, Zugriff am 2.12.2022.
416 https://www.volksverpetzer.de/?s=Anti-Spiegel, Zugriff am 2.12.2022.
417 https://kenfm.de/ueber-kenfm/, Zugriff am 22.12.2019.

Flaggschiff der konzernunabhängigen Medienszene. Der Gründer Ken Jebsen hat im Jahr 2021 beschlossen, dass die Zeit für eine Transformation gekommen ist. Was ändert sich und was bleibt gleich? Ken Jebsen bleibt als Berater für das apolut-Team im Hintergrund aktiv. Sein Ziel war es immer, ein durch User finanziertes Portal auf die Schultern einer breiten Autorenschaft und auf eine von ihm unabhängige Redaktion zu stellen. Dies ist 2021 mit der Gründung von apolut gelungen. Apolut fühlt sich dem Frieden verpflichtet und zwar ohne Ausnahme! Apolut wird niemals Krieg als Mittel der Politik akzeptieren und publizistisch verkaufen. Apolut garantiert im Geiste ein Bollwerk gegen Kriegspropaganda, Feindbildkonstruktion und Fremdenhass zu sein."[418]

Die Inhalte des Portals sind in einige Kategorien gegliedert: Podcast, Videos, Artikel, Tipps, Begegnungen und Archiv. Sie alle sind in der Kategorie „Über Apolut" genau beschrieben und lassen sich kurz einordnen als gegen den Mainstream in Politik und Medien gerichtet. Unter den Autoren des Portals finden sich Männer und Frauen, deren Lebensläufe von ihren Kritikern als kontrovers bezeichnet werden könnten und deren Auffassungen aus ihren jeweiligen Werdegängen zu verstehen sind. Rainer Rupp etwa war ein ehemaliger DDR-Agent, der in der Bundesrepublik für den Warschauer Pakt spionierte und nun russlandfreundliche und ukrainekritische Beiträge für *Russia Today Deutschland* schreibt[419]. Peter Haisenko, Sohn eines russischen Vaters und einer deutschen Mutter, sieht in den USA die eigentliche Gefahr für die Welt und verharmlost zugleich die russischen Hegemonialbestrebungen[420]. Das sind nur zwei Namen von Autoren, die auf *Apolut* schreiben, in deren Beiträgen eine kritische Einstellung gegenüber der Ukraine und die Idealisierung Russlands überwiegen. Allerdings finden sich auf *Apolut* neben politischen und die Politik tangierenden Bereichen wie Geschichte („HIStory") und Mainstream-Medien („Die Macht um Acht") auch weniger politische Themen aus den Bereichen Wirtschaft („The Wolff of Wall Street") und Gesellschaft („M-Pathie").

Die einzelnen Beiträge können von den Usern kommentiert werden, so dass die Webseite auch zu einem Forum des Meinungsaustausches über die behandelten Themen wird.

Kritische Stimmen zu *Apolut* als Portal sind auf von Linken betriebenen Seiten so gut wie nicht vorhanden. Es werden von ihnen lediglich einige Autoren angefeindet, z.B. Haisenko auf *Psiram*[421] und Rupp in *Wikipedia*[422].

---

418 https://apolut.net/ueber-apolut/, Zugriff am 5.12.2022.
419 https://apolut.net/woran-merkt-man-dass-selenskij-luegt-von-rainer-rupp/, Zugriff am 5.12.2022.
420 https://apolut.net/der-unterschied-zwischen-der-russischen-und-der-us-kriegsstrategie-von-peter-haisenko/, Zugriff am 5.12.2022. Haisenko ist Betreiber des Portals AnderweltOnline.com, das mit dem Verlag für Kritischen Journalismus und Meinungsbildung liiert ist, und wird derzeit als Autor von *apolut.net* nicht genannt.
421 https://www.psiram.com/de/index.php/Peter_Haisenko, Zugriff am 5.12.2022.
422 https://de.wikipedia.org/wiki/Rainer_Rupp, Zugriff am 5.12.2022.

Blaue Narzisse, https://www.blauenarzisse.de

Die *Blaue Narzisse* ist ein „Magazin für Jugend, Identität und Kultur", dessen Online-Version den Untertitel „Lesen und handeln" trägt. Es versteht sich als ein konservatives Jugendmagazin der Neuen Rechten und erscheint seit 2004 in Chemnitz. Im Unterschied zur *Alternativen Presseschau* oder zu *Anonymus News* sind die Beiträge in den Kategorien „Anstoß", „Gesichtet" und „Rezension" auf einem sprachlich und inhaltlich qualitativ recht hohem Niveau. Scharfe, politisch inkorrekte Formulierungen scheinen den Autoren bei ihrer Argumentation und Beweisführung nicht allzu dienlich zu sein. Das Onlinemagazin der *Blauen Narzisse* „beschäftigt sich mit kontroversen Fragen der Politik, Kultur, Geschichtsschreibung und Jugend. (...) Sie versteht sich als eine dezidiert kulturelle und nonkonforme Zeitschrift. Die Internetausgabe als eine Weiterentwicklung der Blauen Narzisse versteht sich als ein Projekt, das jungen Schülern und Studenten erste Erfahrungen im Online-Journalismus vermitteln soll."[423] Ob es sich bei den Autorinnen und Autoren der einzelnen Beiträge tatsächlich um Schüler und Studenten handelt, lässt sich aus der Webseite nicht herauslesen. Georg Immanuel Nagel ist es jedenfalls nicht mehr, vielmehr ist der Beiträger nach seiner Selbstdarstellung ein „Alt-Right Publizist und Aktivist"[424]; Personeninformationen zu Gerold Althaus oder Johannes R. Constantin, um nur zwei weitere Autorennamen zu nennen, fehlen.

In der Kategorie „Anstoß" findet der User mehrere Beiträge aus aktuellem Anlass, unter anderem über die Corona-Krise, einen Überfall von Antifa-Aktivisten auf Lesbos, Migrantenkriminalität (sexuelle Belästigung einer Frau in Leipzig), den Grenzsturm in Griechenland, die Instrumentalisierung des Mordes von Hanau im Februar 2020 u.a.

In der Kategorie „Gesichtet" finden sich neben aktuellen Berichten mit Kommentaren auch Beiträge, in denen konservative oder nationalkonservative Werte thematisiert werden. Dazu gehört z.B. der Beitrag „Die Doppelmoral der Moderne"[425] vom 23.3.2020, in dem über Kinderrechte, Abtreibung, Emanzipation, Prostitution, Klimaschutz und Konsumgesellschaft aus konservativer Sicht nachgedacht wird. Weitere Beiträge spiegeln ebenfalls konservative Positionen, z.B. „Die Moderne als antichristliche Revolte", „Monarchisten in Deutschland", „Deutschland im Kreuzfeuer moderner Ideologien", „,Religion' ohne Gott: Ein zeittypisches Phänomen". Auch Themen aus dem Ausland fehlen nicht: Ein Beitrag handelt von der konservativen Revolution in Tunesien.

In der Kategorie „Rezension" findet der Leser Besprechungen von Büchern sowie Präsentationen von Autoren und Verlagen, die dem national-konservativen Profil der Webseite entsprechen: Dominique Venners Essay „Was ist Nationalismus"; Hermann Hellers „Sozialismus und Nation"; einen Auszug aus dem Buch

---

[423] https://www.blauenarzisse.de/impressum/, Zugriff am 25.3.2020.
[424] http://www.georgimmanuelnagel.at, Zugriff am 25.3.2020.
[425] https://www.blauenarzisse.de/die-doppelmoral-der-moderne/, Zugriff am 26.3.2020.

Gereon Breuers *Die ganze Wahrheit. Meinungsfreiheit als Herrschaftsinstrument*; außerdem eine Rezension des Filmes *Der Joker* von Joaquin Phoenix und Betrachtungen über den „(r)echten Rapp". An literaturinteressierte Leser wendet sich Marko Feldgiebel, der die Rubrik „Jenseits des Kanons" führt und darin Werke von Schriftstellern vorstellt, die heute zum Teil vergessen sind: Paul Heyse, Joseph Georg Oberkofler, Rudolf G. Binding, Karl Benno von Mechow. Der Rezensent übt sich auch als Gesellschaftskritiker, indem er unter der vielsagenden Überschrift „Wie man unsere Jugend demoralisiert und verdirbt"[426] aktuelle Entwicklungen anprangert: die Behandlung von Schulen als wirtschaftliche Ausbildungszentren, Dominanz „linksintellektueller Kultur-Eliten", „YouTube als geistige Heimat" junger Menschen, „Online-Spiele als Volkssport"[427] u.a. Warum gerade diese Betrachtungen in der Rubrik Rezension stehen, lässt sich nicht ausmachen; es sind Überlegungen des Autors ohne Hinweise auf irgendwelche Lektüre.

In der letzten Kategorie der Webseite, „Verkauf", werden Publikationen feilgeboten, die dem Profil des Portals entsprechen. Sie läuft unter der Überschrift „Nonkonform Denken.de"[428] und umfasst etwas über ein Dutzend Publikationen, darunter Hefte aus der Reihe „Recherche D"[429] zu diversen Themen: Sozialpolitik, Ökologie, Propaganda, Organisation und Hierarchie, Landtagswahlen und Situation in den neuen Bundesländern, Gleichheit u.a. Einige Hefte tragen den Untertitel „patriotisches Wirtschaftsmagazin". Neben den genannten Heften werben die Betreiber der Seite für einige Buchveröffentlichungen, unter anderem auch eigener Autoren. Darunter sticht ein Paket, bestehend aus vier Publikationen, zum 15. Jahrestag des Erscheinens der *Blauen Narzisse* hervor[430], ferner die Artikelsammlung von sechs Autoren mit dem Titel „Rechts. Eine Strategiedebatte".

Die deutsche *Wikipedia* verweist in ihrem Artikel über die *Blaue Narzisse* darauf, dass die Zeitschrift in einigen Chemnitzer Gymnasien verboten wurde. Von kritischen Einschätzungen und Kontroversen, die dem Magazin vor 2015 bescheinigt wurden, ist in seiner derzeitigen Form nicht viel zu spüren. Die Zugehörigkeit des Magazins zur Neuen Rechten wird den Linken nicht schwer fallen. Das sich

---

426 https://www.blauenarzisse.de/wie-man-unsere-jugend-demoralisiert-und-verdirbt-i/, Zugriff am 26.3.2020.
427 https://www.blauenarzisse.de/wie-man-unsere-jugend-demoralisiert-und-verdirbt-ii/, Zugriff am 26.3.2020.
428 https://nonkonform-denken.de, Zugriff am 26.3.2020.
429 Das D im Titel der Zeitschrift steht für Dresden. Der Name Recherche Dresden steht für eine „Denkfabrik für Wirtschaftskultur. Ihr geht es um die Bewahrung des historisch Gewachsenen und die Ausarbeitung von Alternativen zum Globalismus." https://recherche-dresden.de/verkauf/, Zugriff am 7.12.2022.
430 Es ist die Druckausgabe der *Blauen Narzisse* vom Dezember 2008, der *Thesenanschlag zu Europa und Globalisierung* von 2012, die „PEGIDA"-Ausgabe von 2015 und die besagte Publikation *Rechts!? Eine Strategiedebatte* vom Oktober 2017.

als unabhängig beschreibende Nachrichtenportal *Die Tagesstimme* bezeichnet das Magazin dagegen als eine der „wichtigsten Plattformen der konservativen Gegenöffentlichkeit in Deutschland", einige seiner Autoren seien „mittlerweile zu fixen Größen des patriotischen Milieus und der konservativen Publizistik geworden"[431]. Wie die Selbst- und Fremdeinschätzungen des Portals auch ausfallen mögen, seine Rezipienten, vor allem Menschen mit konservativer und nationaler Gesinnung, werden an den darin präsentierten Inhalten keinen Anstoß nehmen.

Bundesdeutsche Zeitung, https://bundesdeutsche-zeitung.de

Ursprüngliche Selbsteinschätzung unterhalb des Zeitungstitels: „Qualitätsjournalismus durch Wissensvorsprung". Aus der „Blattlinie": „Die Bundesdeutsche Zeitung (BZ) ist unabhängig von politischen Parteien, Institutionen und Interessengruppen und wendet sich an alle Leserinnen und Leser, die hohe Ansprüche an eine gründliche und umfassende Berichterstattung sowie an eine fundierte, sachgerechte Kommentierung auf den Gebieten von Wirtschaft, Politik, Kultur und Gesellschaft stellen."[432] Der Vorstand der sich als liberal bezeichnenden Zeitung plädiert für einen **„anwaltschaftlichen Journalismus, der die Interessen der Machtlosen** im allgemeinen Meinungsbildungsprozess zur Sprache bringt" und für die „absolute Pressefreiheit", die er „als unabdingbar für eine pluralistische Demokratie" erachtet"[433].

Seit Anfang des Jahres 2022 funktionierte die Seite nicht. Die letzten Beiträge, abrufbar mit der *Wayback Machine*, handelten von den damals aktuellen Ereignissen, z.B. von antiisraelischen Ausschreitungen der in Deutschland lebenden Moslems[434], von Kritik an „brutaler Grenzverletzung" des „Migranten-Taxis" Sea Watch 3 an der Küste Italiens[435], von Kritik an den stufenweisen Lockerungen in der Corona-Pandemie[436]. In der Onlineausgabe der Zeitung sind die genannten Nachrichten auf einer Webseite vermischt, obwohl sie Ereignisse aus verschiedenen

---

431 https://www.tagesstimme.com/2019/09/01/15-jahre-blaue-narzisse-das-konservative-magazin-feiert-jubilaeum/, Zugriff am 26.3.2020.
432 https://bundesdeutsche-zeitung.de/blattlinie, Zugriff am 5.1.2021, derzeit allerdings nur mit der *Wayback Machine* unter https://web.archive.org/web/20220111032819/https://bundesdeutsche-zeitung.de/blattlinie abrufbar, Zugriff am 11.7.2023.
433 Ebd. Hervorhebungen wie im Original.
434 https://web.archive.org/web/20211226182205/https://bundesdeutsche-zeitung.de/headlines/national-headlines/joerg-meuthen-afd-zu-judenhass-eine-schande-fuer-unser-land-975384, Zugriff am 7.12.2022.
435 https://web.archive.org/web/20211017032411/https://bundesdeutsche-zeitung.de/allgemein/migranten-taxi-sea-watch-3-mit-brutaler-grenzverletzung-in-italien-gelandet-973469, Zugriff am 7.12.2022.
436 https://web.archive.org/web/20211226175055/https://bundesdeutsche-zeitung.de/headlines/economy-headlines, Zugriff am 7.12.2022.

Zeiten betreffen. Dennoch lässt sich anhand der Durchsicht von ihren Inhalten die Linie der Zeitung als eines gegen das deutsche Establishment gerichteten Blattes ausmachen. Zum Zeitpunkt einer erneuten Durchsicht des Portals (11.7.2023) sind von den sich darauf befindenden Rubriken Home, Top News, World, Economy, Science, Tech, Sport, Entertainment nur die zwei ersten abrufbar. Sonderbar ist auch, dass ihre Titel in Englisch sind.

Burschenschaftliche Blätter, https://burschenschaft.de/b_blaetter

Webseite der Zeitschrift der Deutschen Burschenschaft mit offiziellen Informationen über deren Aktivitäten. Die viermal jährlich erscheinende Druckversion kann abonniert und ausgewählte Artikel sowie eine Ausgabe als e-Papier können heruntergeladen werden.

Die *Wikipedia* enthält eine Einschätzung der Zeitschrift durch einen Experten für Studentenverbindungen, der sie „wegen der Haltung einiger Schriftleiter [...] und Aussagen aus ihren Artikeln als stramm rechts'"[437] einordnet.

COMPACT Magazin, https://www.compact-online.de

Die Online-Version des Magazins präsentierte sich im März 2020 im Impressum wie folgt: „Lesen, was andere nicht schreiben dürfen. Für alle, die Mut zur Wahrheit haben, ist COMPACT[438] das scharfe Schwert gegen die Propaganda des Imperiums: Eine Waffe namens Wissen, geschmiedet aus Erz wirtschaftlicher und geistiger Unabhängigkeit. Monat für Monat neu, kompetent und souverän."[439] 2023 findet sich folgende Selbstdarstellung: „COMPACT gibt also keine politische Linie vor, sondern eine Haltung: Magazin für Souveränität. Das ist der aufrechte Gang, das ist der Geist der Freiheit und der Stolz auf unsere Geschichte. Der Souveränist weiß: Positive Veränderungen sind nur aus dem Volk, durch das Volk und für das Volk möglich. Patriotismus ist für uns keine Ideologie, sondern eine Herzenssache. Wir sind eben Deutsche, und das wollen wir bleiben. Unter den Linden, wo wir uns finden – da ist auch Platz für jeden Einzelnen und seine Eigenheiten."[440]

Es ist die stark gekürzte Internet-Version des in gedruckter Form erscheinenden Magazins, und sie dient vornehmlich der Werbung für das besagte Printmedium. Die wenigen längeren Beiträge in der Online-Version spiegeln aber das rechtskonservative, wenn nicht gar nationalistische Profil des Magazins wider.

Die deutsche „*Wikipedia*" bewertet die Zeitschrift unter Berufung auf Wissenschaftler (Alexander Häusler, Sören Stumpf u.a.) und Journalistinnen (Antonie Rietzschel, Anette Langer u.a.) als rechtspopulistisches und „verschwörungsideologisches Querfront-Magazin", als Sprachrohr der AfD und der islamfeindlichen

---

437 https://de.wikipedia.org/wiki/Burschenschaftliche_Blätter, Zugriff am 7.12.2022.
438 Die Großschreibung des Namens des Magazins ist dessen eigene Schreibung.
439 https://www.compact-online.de/thema/wir-ueber-uns/, Zugriff am 27.3.2020.
440 https://www.compact-online.de/wir/, Zugriff am 11.7.2023.

PEGIDA-Bewegung[441]. Die Online-Version des Magazins *Vice* nennt *Compact* „das Zentralorgan der deutschen Asyl-Kritiker- und -Verschwörerszene"[442]

Der Präsident des Bundesamts für Verfassungsschutz Thomas Haldenwang erklärte Anfang März 2020, „das Magazin bedient sich revisionistischer, verschwörungstheoretischer und fremdenfeindlicher Motive"[443] und wird seitdem als rechtsextremer Verdachtsfall, seit Dezember 2021 als „gesichert rechtsextrem" gelistet. *Der Spiegel* nennt den Chefredakteur von *Compact* den „Stichwortgeber der Neuen Rechten"[444], und das „antifaschistische" Magazin *Der rechte Rand* schreibt in seinem Fazit über *Compact*: „Die neue soziale Bewegung von Rechts hat mit ‚Compact' ein publizistisches Sprachrohr gefunden. Der offen völkische Flügel der AfD wird hier nach Kräften unterstützt, so lange es opportun erscheint. Im Zusammenspiel von Partei und Bewegung kommt dem Magazin derzeit eine Schlüsselrolle zu."[445]

All diese und mehrere andere hier nicht weiter angeführten kritischen Bezeichnungen und Einschätzungen des *Compact*-Magazins zeugen von dessen nicht zu unterschätzendem Einfluss auf Teile der deutschen Öffentlichkeit, die in alternativen Medien nach Inhalten suchen, die sie in den Mainstream-Medien vermissen. Dass das Magazin zum Verdachtsfall erklärt worden ist, wird seiner Popularität vielleicht nicht allzu abträglich sein, ja diese Tatsache kann das Interesse der Öffentlichkeit für das Magazin und seine Online-Version noch steigern.

Kehren wir noch einmal zur Selbstdarstellung des Magazins zurück, werden doch darin die gegen es erhobenen Vorwürfe abgelehnt. In der Kategorie „Wir über uns" stellte das Magazin im Jahre 2020 seine im August 2011 formulierten Prinzipien vor: Es ist „… ein UNABHÄNGIGES Monatsmagazin, das sich nicht den Vorgaben der Political Correctness beugt", „… ein einzigartiges publizistisches Experiment, weil es demokratische Linke und demokratische Rechte, Moslems und Islamkritiker im offenen Dialog zusammenbringt", „… attackiert den Totalitarismus der Neuen Weltordnung und wirbt für die Vielfalt der Kulturen und Identitäten […]"[446]. Die Betreiber von *Compact* weisen auch einige gegen das Magazin

---

441 https://de.wikipedia.org/wiki/Compact_(Magazin), Zugriff am 27.3.2020.
442 https://www.vice.com/de/article/yvkapy/wir-haben-das-compact-magazin-durch gelesen-damit-ihr-es-nicht-tun-muesst, Zugriff am 27.3.2020. Der ausführliche Beitrag in „Vice" enthält eine Charakteristik des Magazins und ihres Chefredakteurs Jürgen Elsässer.
443 https://www.spiegel.de/politik/deutschland/das-magazin-das-jetzt-auch-der-verfas sungsschutz-liest-a-2dd9ac07-47bc-4461-9962-b9078274b925, Zugriff am 27.3.2020.
444 Ebd.
445 Mai-Juni-Ausgabe 2018, https://www.der-rechte-rand.de/archive/3557/compact-volk/, Zugriff am 27.3.2020.
446 https://web.archive.org/web/20221209092412/https://www.compact-online.de/was-wir-wollen/, Zugriff am 11.7.2023.

gerichtete Vorwürfe zurück, und zwar, dass es rechtspopulistisch oder gar rechtsradikal, antisemitisch, ausländerfeindlich oder rassistisch, islamfeindlich und vom Kreml finanziert sei. Alle diese Vorwürfe werden mit einem Nein des Chefredakteurs abgelehnt, der auf seine eigenen Aussagen, auf Behauptungen aus der Wochenzeitung *Die Zeit*, einen Richterspruch des Oberlandesgerichts München und den Branchendienst *meedia* verweist. Allerdings stammen alle diese Verweise aus den Jahren 2014 bis 2016, und eine Durchsicht von Veröffentlichungen des Magazins danach lässt den Schluss zu, dass es doch hin und wieder Beiträge enthält, die die genannten Vorwürfe bekräftigen. Von einem Dialog von Linken und Rechten oder von Moslems und Islamkritikern findet sich in dem Magazin oder jedenfalls in seiner Online-Version keine Spur.

Das *Compact*-Portal hatte 2020 neun Kategorien, wovon eine, „Themen", in sechs Unterkategorien aufgeteilt war und den Benutzer über aktuelles Geschehen, deutsche und internationale Politik, Wirtschaft, Kultur und Netzwelten informierte. In der ersten Unterkategorie wurde zum Zeitpunkt des Schreibens dieses Buches Corona thematisiert (mit Bezeichnungen wie Corona-Wahn, Corona-Krise, Corona-Geheimpläne, Corona-Lüge, Corona-Fashion u.ä. in den Meldungen). Außerdem wurde über den Angriff der Türkei auf EU-Grenzen „im Schatten von Corona"[447] und über die Aufnahme neuer Migranten in Kärnten berichtet (Zitat: „Der Asylbetrieb läuft weiter wie geschmiert"[448]). Beide Beiträge sind auch 2023 unter denselben Links abrufbar.

Die Unterkategorie „Innenpolitik" enthielt einige Artikel, die bereits in der Unterkategorie „Aktuell" gepostet worden sind, was übrigens auch für die Unterkategorie „Internationale Politik" gilt. Auch die Unterkategorie „Wirtschaft" beinhaltete Beiträge aus aktuellem Anlass, wobei Auswirkungen der beschriebenen Ereignisse auf das Wirtschaftsleben im Mittelpunkt der Darstellung standen.

Auch die Beiträge in der Kategorie „Kultur" waren nicht frei vom aktuellen Geschehen. Der Beitrag „Lektüre für die Quarantäne": „Libro e Moschetto – Lebensbilder von Dichtersoldaten"[449] tangierte die Corona-Krise ebenso, wie der Beitrag „GEZ-,Satire': Danke, Corona, Du raffst die Alten dahin![450] Andere Themen waren die „Jagd auf Naidoo"[451] über Zensur in Deutschland und ein Eklat im RTL

---

447 https://www.compact-online.de/steine-panzerwagen-traenengas-wie-die-tuerkei-europas-grenze-angreift/, Zugriff am 28.3.2020.

448 https://www.compact-online.de/oesterreich-skandal-foto-aufgetaucht-laesst-kanzler-kurz-immer-noch-illegale-migranten-ins-land/, Zugriff am 28.3.2020.

449 https://www.compact-online.de/lektuere-fuer-die-quarantaene-libro-e-moschetto-lebensbilder-von-dichtersoldaten/, Zugriff am 28.3.2020.

450 https://www.compact-online.de/gez-satire-danke-corona-du-raffst-die-alten-dahin/, Zugriff am 28.3.2020.

451 https://www.compact-online.de/xavier-naidoo-neuer-hammer-song-gegen-asylpolitik-vorankuendigung-compact-edition-xavier-naidoo-sein-leben-seine-lieder-seine-wut/, Zugriff am 28.3.2020.

bei der Sendung „Deutschland sucht den Superstar": „RTL ersetzt Asylkritiker Naidoo durch Traumschiff-Kapitän Silbereisen"[452] und „Politisch korrekte Säuberung bei DSDS: Bohlen wirft Naidoo ‚Hass und Hetze'"[453] vor. In der Kategorie „Kultur" wurde des vor 125 Jahren geborenen Schriftstellers Ernst Jünger gleich in zwei Beiträgen gedacht: „Im Babylon Berlin: Rausch und Revolution bei Ernst Jünger"[454] und in „Martin Sellner stellt Ernst Jünger vor: Ein Literat in Stahlgewittern"[455]. Es wurde auch der am 17.3.2020 verstorbene russische Schriftsteller und „Querfront-Provokateur" Eduard Limonow vorgestellt[456] – vornehmlich wegen seiner „patriotischen Haltung" und seiner Kritik am westlichen Kapitalismus, insbesondere der USA (im Roman *Fuck off, Amerika*).

Historische Themen waren in der besagten Kategorie ebenfalls präsent, z.B. der Beitrag „Deutsche Frauen der Geschichte: Margarethe von Parma wäre heute in der AfD"[457], die 4-teilige Reihe „Logen, Magier & Geheimbünde: Was die ‚Bild'-Zeitung verschweigt" über Freimaurer (Folge 1), Rosenkreuzer und Illuminaten (Folge 2), Jüdische Kabbala und B'nai B'rith (Folge 3) und Skull & Bones – Bruderschaft des Todes (Folge 4). Im Grunde sind alle diese Texte Einführungen in größere Beiträge, die in der Printversion unter dem Titel „*COMPACT*-Spezial" nachzulesen sind. Jeder Text enthält einen Link zu den gedruckten Ausgaben.

In der Unterkategorie „Netzwelten" ist der Wirbel in den Sozialmedien über den Linken-Kandidaten und *Fridays for Future*-Aktivisten Tom Radtke ein Thema. Auf Facebook schrieb er vom Klima-Holocaust und wurde wegen dieses historischen Vergleichs kritisiert. Das Ziel dieser Beschäftigung mit dem 18-Jährigen wird in dem Magazin wie folgt umschrieben: „COMPACT hat die in rasend schneller Abfolge begangenen Affronts von Tom Radtke chronologisch geordnet und für die auf Twitter weniger aktiven Leser noch einmal ausführlich erklärt."[458] Die im Grunde lappalienhafte „Affäre" Radtke war gewiss für diejenigen Leser des Magazins interessant, die sich über jeden Ausrutscher der Linken freuen.

---

452 https://www.compact-online.de/eklat-bei-dsds-rtl-ersetzt-asylkritiker-naidoo-durch-traumschiff-kapitaen-silbereisen/, Zugriff am 28.3.2020.

453 https://www.compact-online.de/politisch-korrekte-saeuberung-bei-dsds-bohlen-wirft-naidoo-hass-und-hetze-vor/, Zugriff am 28.3.2020.

454 https://www.compact-online.de/im-babylon-berlin-rausch-und-revolution-bei-ernst-juenger/, Zugriff am 28.3.2020.

455 https://www.compact-online.de/martin-sellner-stellt-ernst-juenger-vor/, Zugriff am 28.3.2020.

456 https://www.compact-online.de/das-politische-untier-zum-tod-von-eduard-limonow/, Zugriff am 28.3.2020.

457 https://www.compact-online.de/deutsche-frauen-der-geschichte-margarethe-von-parma-waere-heute-in-der-afd/, Zugriff am 28.3.2020.

458 https://www.compact-online.de/die-radtkeleaks-was-bisher-geschah/, Zugriff am 28.3.2020.

Die übrigen Kategorien der Online-Version von *Compact* dienten eher der Information über Aktivitäten der Betreiber des Magazins. In der Kategorie „Konferenzen" wurde eine Geschichtskonferenz über Verbrechen an Deutschen angekündigt, die am 9.5.2020 in Brandenburg/Havel stattfinden sollte, aber abgesagt wurde[459]. Auch über früher organisierte Konferenzen wurde informiert.

Die Kategorie „COMPACT Live" enthielt Informationen über stattgefundene und künftige Veranstaltungen. In der Rückschau wurde an Events erinnert wie „Dresden 1945" (mit den Titeln „Eines der größten Kriegsverbrechen" und „Gegen die Verharmlosung des alliierten Bombenterrors" – auch als 43-minütiger Mitschnitt zu sehen), und über die Leipziger Buchmesse im März 2019, auf der das Magazin präsent war.

In der Kategorie „COMPACT-TV" gab es mehrere Fernsehaufzeichnungen zu diversen Themen zu sehen, die mit dem Profil des Magazins korrespondieren: „Corona – Von der Krise in die Diktatur"[460]; in der Reihe „Die Woche COMPACT": „Corona: Offene Grenzen, leere Straßen"[461], „Corona: Kommt der Euro-Crash?"[462], „Asyl-Tsunami: Rückkehr der Bahnhofsklatscher?, Corona: Todesfälle Globalisierung? Die Woche COMPACT"[463], „Hanau: Spuren der Hintermänner, Antifa auf Journalisten-Jagd"[464] u.a.

In der Kategorie „COMPACT-Club" können Abonnenten der Zeitschrift durch Einzahlung von 500 Euro die goldene Clubmitgliedschaft des „stärksten Oppositionsmediums Deutschlands"[465] erwerben. Davon, dass das Magazin auf Gewinn orientiert ist, zeugen die sehr zahlreichen Angebote in der Kategorie „COMPACT Shop". Sie umfassen nicht nur die Zeitschrift und deren Ausgaben „Spezial", „Geschichte" und „Pirinçci" (Untertitel: „Magazin für echte Männer und wahre Frauen") sowie die Reihe „COMPACT Edition"[466], sondern auch Filme auf DVD, Bücher, sog. Fanartikel (Plakate, Aufkleber, T-Shirts u.a.).

---

459 https://www.compact-online.de/verbrechen-an-deutschen-compact-geschichtsko nferenz-zum-75-jahrestag-des-kriegsendes/, Zugriff am 29.3.2020.
460 https://www.compact-online.de/corona-von-der-krise-in-die-diktatur-compact-tv-live-heute-um-2015-uhr/, Zugriff am 29.3.2020.
461 https://www.compact-online.de/corona-offene-grenzen-leere-strassen-die-woche-compact-video/, Zugriff am 29.3.2020.
462 https://www.compact-online.de/corona-kommt-der-euro-crash-die-woche-comp act-video/, Zugriff am 29.3.2020.
463 https://www.compact-online.de/asyl-tsunami-rueckkehr-der-bahnhofsklatscher-corona-todesfalle-globalisierung-die-woche-compact/, Zugriff am 29.3.2020.
464 https://www.compact-online.de/hanau-spuren-der-hintermaenner-antifa-auf-journ alisten-jagd-die-woche-compact/, Zugriff am 29.3.2020.
465 https://abo.compact-shop.de/club-compact-online-de/, Zugriff am 29.3.2020.
466 Zum Zeitpunkt des Verfassens dieses Kapitels (Ende März 2020) waren fünf Hefte im Angebot: „Naidoo", „Höcke", „NSU – Die Geheimakten", Reden Donald Trumps,

In der Kategorie Buchdienst findet der User einen Überblick über Themen, die im Programm des Magazins liegen oder mit seinem Ideengehalt korrespondieren. Es handelt sich dabei auch um Publikationen anderer Verlage. Eine Liste mit dem Namen „Produkt Schlagwörter" spiegelt diese Themen wider[467].

Zum Zeitpunkt einer erneuten Durchsicht der Webseite (Juli 2023) ist sie anders gegliedert. Der Benutzer findet folgende Rubriken: „Aktuell" mit aktuellen Meldungen; „Magazine" mit COMPACT-Publikationen; „COMPACT+" – für Abonnenten der Online-Ausgabe; „TV" mit kurzen Videobeiträgen zu diversen Themen; „Abo" mit Angeboten der Produkte der COMPACT-Magazin GmbH; „Shop", „Veranstaltungen", „Unterstützen", „Wir" und „Club".

Der Eckart, http://www.dereckart.at

Untertitel: „Monatszeitung für Politik, Volkstum und Kultur", 2021 noch mit dem Zusatz „Soweit die deutsche Sprache reicht". Eigentümer, Herausgeber und Verleger: Österreichische Landsmannschaft Wien. Online-Ausgabe einer Zeitschrift, in deren Programm „Politik, Volkstums- und Kulturarbeit entsprechend den Satzungen"[468] stehen.

Im Januar 2021 fand sich auf der Webseite der Zeitschrift die heute nicht mehr auffindbare Selbstdarstellung: „So wie die drittstärkste Fraktion im österreichischen Parlament bekennt sich auch unsere Zeitschrift zu unserem Heimatland als Teil der deutschen Sprach- und Kulturgemeinschaft. ‚Der Eckart' ist und bleibt eine deutsche Stimme aus Österreich."[469] Dieser Verzicht auf die Hervorhebung der Verbundenheit der Zeitschriftbetreiber mit dem Deutschtum sowohl im Untertitel als auch in der Selbstdarstellung bedeutet allerdings nicht, dass die Monatsschrift sich nun auf „rein österreichische" Themen konzentriert. Im Gegenteil, eine Durchsicht der einzelnen Rubriken zeigt, dass sich die Herausgeber und Autoren nach wie vor mit deutschen Themen beschäftigen. Das gilt besonders für drei Rubriken: Volkstum, Kultur und Geschichte. In der erstgenannten finden sich z.B. folgende Texte: „Zur deutschen Volksgruppe in Slowenien" von Ch. Lautischer (Chefredakteur der *Laibacher Zeitung*), „Schlesien in uns selbst" von Friedrich Helbig (einem sich als Schlesier fühlenden Deutschen aus Görlitz) und „Elsaß-Lothringen", eine historische Skizze dieser Region von Joseph Limberg[470]. Auch

---

Schwarzbuch Angela Merkel, Schwarzbuch Lügenpresse und Wladimir Putins Reden an die Deutschen.
467 https://www.compact-shop.de/pdf-buchdienst/, Zugriff am 29.3.2020.
468 https://dereckart.at/impressum/, Zugriff am 9.12.2022.
469 https://www.dereckart.at/2021/01/01/der-eckart-wegweiser-durch-schwere-zeiten/, Zugriff am 6.1.2021.
470 https://dereckart.at/volkstum/, Zugriff am 9.12.2022. Zum Zeitpunkt einer erneuten Durchsicht der Seite finden sich andere Texte als die oben Genannten in der Rubrik „Volkstum", z.B. „Deutsch in Ostpreußen heute" (11.3.2023), „Historische Streiflichter aus der Steiermark" (26.4.2023).

in der Rubrik Kultur finden sich Texte, die vorwiegend Phänomenen und Persönlichkeiten des deutschen Kulturraums gelten, z.B. eine Erinnerung an Karl May zu seinem 180. Geburtstag, zwei Beiträge über den „Vater der Genetik" Johann Gregor Mendel, zwei Texte über Veränderungen in der deutschen Sprache nach 1945[471]. In der Rubrik Geschichte finden sich zwei Beiträge: „Deutsche Indianer in den USA und der DDR" über die Beliebtheit der Indianerproblematik in der DDR von Christoph Bathelt und „Außer Raum Dresden" über die Besonderheit der sächsischen Landeshauptstadt und einstigen Bezirkshauptstadt der DDR, verfasst von Susanne Dagen, einer in Dresden geborenen und dort lebenden Buchhändlerin und Verlegerin, zugleich Stadträtin der Freien Wähler e.V.

Außer den besagten Rubriken findet der User auf der Webseite *dereckart.at* Kolumnen: das Kalendarium Kandili von Mario Kandil, unter anderem mit historischen Kurzbeiträgen über Otto den Großen, Gustav Adolfs Tod, den Beginn der Ära Helmut Kohl und über 500 Jahre Bibelübersetzung; die Kolumne „Kaisers Zone" des aus der DDR stammenden Autors Benedikt Kaisers über wachsende Proteste im Osten der Bundesrepublik; in der Sprachkolumne unter anderem zwei Beiträge: „Von Polacken und Frycen" von Caroline Sommerfeld darüber, wie sich Polen und Deutsche gegenseitig beschimpfen und „Wenn der gallische Hahn auf Deutsch kräht" derselben Autorin über Gallizismen im Deutschen.

Die besagte Webseite bietet nur einen Einblick in die Thematik der Printversion der Zeitschrift, die abonniert werden kann. Sie wird von der *Wikipedia* der Neuen Rechten zugeordnet. Die rechte Konkurrentin der *Wikipedia*, die *Metapedia*, bezeichnet die Zeitschrift als „deutschnational"[472].

Deutschland-Kurier, https://www.deutschlandkurier.de

Der Untertitel der Seite, „Konservativ. Freiheitlich. Unabhängig", suggeriert die politische Orientierung der Online-Zeitung. David Bendels, ihr Chefredakteur, wendet sich an die Leserinnen und Leser mit folgendem Versprechen: „Sie haben die Nase voll vom Einheitsbrei, der Ihnen von den Mainstream-Medien vorgesetzt wird? Sie wollen Nachrichten lesen, die nicht ‚gefärbt' sind? Sie wollen Einblicke in Themen gewinnen, die normalerweise totgeschwiegen oder nur am Rande berührt werden? Sie wollen Meinungen lesen, die unabhängig und unkonventionell sind? Dann sind Sie mit dem Deutschland-Kurier bestens bedient. (...) Der Deutschland-Kurier sagt das, was bislang von Mainstream-Medien totgeschwiegen, einseitig oder verspätet dargestellt wurde. Der Deutschland-Kurier weiß, welche Themen Ihnen unter den Nägeln brennen."[473]

Das Portal führte 2020 fünf Kategorien, die weiter in Unterkategorien geteilt waren. Die erste Kategorie bildeten Videos, in denen 16 quasi-Kanäle zu sehen

---

471 https://dereckart.at/kultur/, Zugriff am 9.12.2022.
472 https://de.metapedia.org/wiki/Der_Eckart, Zugriff am 9.12.2022.
473 https://www.deutschland-kurier.org/redaktion/, Zugriff am 8.4.2020.

waren, von denen etwa ein Dutzend von Berichterstattern und/oder Kommentatoren firmiert wird, andere dagegen wie „Deutschland im Sinkflug" und „Der sächsische Kanal" nicht an konkrete Autoren gebunden sind. Der Grundtenor der Videos war die Kritik an aktueller Politik der Bundesrepublik und Politikern der regierenden Koalition, auch an den Grünen und Linken, vor allem im Zusammenhang mit der Corona-Epidemie. Dabei wurden Informationen nicht nur aus eigenen, sondern auch aus anderen Quellen genutzt. Der Betreiber des „Sächsischen Kanals" etwa, Johannes Schüller, verwies nach drei einführenden Sätzen mit der Überschrift „Asylbewerber rebellieren gegen die Corona-Quarantäne" auf neun Links aus diversen deutschen Zeitungen und sozialen Netzwerken Facebook und Twitter zum besagten Thema, denen Überschriften vorangestellt waren: Der Titel „Entlarvend ehrliche Worte zur multikulturellen Gesellschaft" leitete zum anschließenden Beitrag aus der *Zeit* von 1991 über damalige Vorstellungen über die multikulturelle Gesellschaft weiter[474]. Der Text der Befürworter des Multikulti-Konzepts Cohn-Bendits und Thomas Schmids bildet gewissermaßen den Ausgangspunkt zu weiteren Zeitungsartikeln, die die Folgen des besagten Konzepts in der Jetztzeit überaus kritisch thematisieren. Es sind im Einzelnen: „Deutschlands erster Corona-Knacki" – über die Entlassung eines Mannes mit südländischem Äußeren und schlechtem Deutsch, der die Ausgangssperre missachtet hatte[475]; „Bürgermeister schlagen wegen ignoranten Asylbewerbern Alarm" über die Missachtung des Kontaktverbots durch viele Asylbewerber[476]; „Bereitschaftspolizei im Einsatz" zum gleichen Thema[477]; „Asylanten demonstrieren in Bremen und verstoßen gegen Mindestabstände" über die Schließung einer Erstaufnahmeeinrichtung für Geflüchtete[478]; „Fehlende Quarantänemaßnahmen in Schwerin" über die wachsende Zahl von Infizierten in der Schweriner Asyl-Erstaufnahme[479]; „Viele arabische und türkische Restaurants in Berlin weiter geöffnet" über die Nichtbeachtung

---

[474] Daniel Cohn-Bendit und Thomas Schmid, *Wenn der Westen unwiderstehlich wird*, https://www.zeit.de/1991/48/wenn-der-westen-unwiderstehlich-wird/komplettansicht, Zugriff am 8.4.2020.

[475] https://www.bild.de/video/clip/news-inland/verstoss-gegen-ausgangsbeschraenkung-erster-corona-knacki-wieder-frei-69826632.bild.html, Zugriff am 8.4.2020.

[476] https://www.tag24.de/nachrichten/regionales/erzgebirge-nachrichten/schneeberg-zschorlau-asylbewerber-halten-sich-nicht-an-kontaktverbot-coronavirus-1469328, Zugriff am 8.4.2020.

[477] https://jungefreiheit.de/politik/deutschland/2020/bereitschaftspolizei-im-einsatz-asylbewerber-ignorieren-corona-kontaktverbot/, Zugriff am 8.4.2020.

[478] https://www.weser-kurier.de/region/die-norddeutsche_artikel,-100-bewohner-wechseln-in-jugendherberge-_arid,1905150.html, Zugriff am 8.4.2020.

[479] https://www.sueddeutsche.de/politik/fluechtlinge-schwerin-zahl-der-infizierten-in-asyl-erstaufnahme-auf-43-gestiegen-dpa.urn-newsml-dpa-com-20090101-200407-99-618868, Zugriff am 8.4.2020.

von Vorschriften über Öffnungszeiten von Gastwirtschaften in zwei Berliner Bezirken[480]; „Schockierendes Video aus Neukölln" mit Aufnahmen einer großen Menge von Menschen mit anscheinend fremder Herkunft, die sich an das Kontaktverbot nicht halten[481]; „Polizei beendet Massenauflauf vor Moschee nach Rücksprache mit Imam" über das fehlende Abstandhalten von Teilnehmern eines moslemischen Gebets in Neukölln[482].

Neben den Genannten gab es in der Kategorie Video noch mehrere Dutzend ähnlicher Beiträge über Nichtachtung deutscher Vorschriften durch Einwanderer, Asylbewerber und andere Menschen mit Migrationshintergrund. Hier nur einige Titel, die die kritische, wenn nicht gar rechtspopulistische Einstellung der Betreiber des „Sächsischen Kanals" widerspiegeln: „Attacke auf Griechenland. Diese Hintergründe werden verschwiegen", „Ausländerkriminalität, Hamburg und Co. – Haltungsmedien vertuschen Fakten". Andere Themen sind: „Corona-Fake-News gegen Ungarn", „Höcke bei PEGIDA: So tricksen die Mainstream-Medien bei Teilnehmerzahlen", „75 Jahre nach der Bombardierung Dresdens: Das denken die Bürger". Die genannten Titel von Videobeiträgen stehen hier als Exempel für die Linie des Portals, wobei jeder Autor seinen eigenen Stil und eigene Schwerpunkte hat. Die Leser wurden an mehreren Stellen auf Facebook verwiesen, wo die einzelnen Beiträger mit ihren Materialien präsent sind. Die Kategorie Videos gibt es auf der Webseite des *Deutschland-Kuriers* nicht mehr, was nicht bedeutet, dass Videos nicht mehr gezeigt werden. Im Gegenteil, es gibt sie nach wie vor, nur sind sie in der Rubrik „Neuste Beiträge" zu finden, z.B. ein ironischer Kommentar des Kolumnisten Gerald Grosz mit der Überschrift „‚Staatsstreich' in letzter Sekunde verhindert!"[483] über die Verhaftung von 25 Reichsbürgern bei Razzien mit 3.000 Polizisten und Polizistinnen oder ein Interview von Uta Ogilvie mit dem EU-Abgeordneten der AfD Bernhard Zimniok über die Migrationspolitik der EU und die Vorreiterrolle Deutschlands bei der Aufnahme von Migranten[484].

Die zweite Kategorie, Politik, war 2020 in fünf Sparten unterteilt: Deutschland, EU, Ausland, Migration und Wirtschaft. Manche Inhalte fanden sich in einigen Sparten gleichzeitig, z.B. stand die Meldung über einen Staatskredit für den Reisegiganten TUI in den Sparten Deutschland und Wirtschaft. In der Sparte EU fanden sich Meldungen über die Europäische Union und ihre Politiker, z.B. über das

---

480 https://www.berliner-zeitung.de/mensch-metropole/trotz-verbots-haben-restaurants-und-imbisse-offen-li.79126, Zugriff am 8.4.2020.
481 https://www.facebook.com/100001692784953/posts/2933512020048529/?d=n, Zugriff am 8.4.2020.
482 https://twitter.com/PolizeiBerlin_E/status/1246140615936573440, Zugriff am 8.4.2020.
483 https://media.deutschlandkurier.de/2022/KW49/grosz2.mp4, Zugriff am 11.12.2022.
484 https://deutschlandkurier.de/2022/12/bernhard-zimniok-afd-die-bevoelkerung-soll-ersetzt-werden-uta-ogilvie-in-bruessel/, 10.12.2022, Zugriff am 11.12.2022.

Konzept „White Deal" Ursula von der Leyens zur europäischen Gesundheitsvorsorge, das von der Online-Zeitung kritisiert wurde. In der Sparte Ausland fanden sich Meldungen zur Situation in Griechenland und an der griechisch-türkischen Grenze im Zusammenhang mit dem Zustrom von Migranten aus Syrien und anderen Ländern, außerdem über die Politik Recep Tayyip Erdoğans, Donald Trumps und Boris Johnsons. Ältere Meldungen, aus der Zeit vor der Corona-Epidemie, galten ebenfalls den Flüchtlingen, aber auch der Islamkritik, der Kritik der Politik des Papstes Franziskus und anderen Themen. In der Sparte Migration waren verständlicherweise ebenfalls Migranten das eigentliche Thema, z.B. in dem Beitrag „Ihr ‚Kinderlein' kommet: Regierung gibt grünes Licht" über die Aufnahme von 50 unbegleiteten Minderjährigen „aus sogenannten Flüchtlingslagern auf den griechischen Ägäis-Inseln"[485]. Charakteristisch für die Berichterstattung im *Deutschland Kurier* sind kurze, lapidare Meldungen ohne Kommentar, wobei sich die Autoren der Ironie bedienen (z.B. im Titel der weiter oben zitierten Meldung „Kinderlein kommet", durch den Gebrauch von Anführungsstrichen bei Wörtern wie Flüchtling, Rettung oder Fracht im Falle von Menschen, die auf hoher See von „Migrantenrettungsschiffen" aufgenommen werden usw.)

Beim Anklicken der nächsten Kategorie, DK[486] Brennpunkt, wurde der User auf einige aktuelle Beiträge verwiesen. Im April 2020 war es die Corona-Krise mit folgenden Titeln: „Halal-Extrawurst zum Ramadan?"[487] über die erwartete Nichteinhaltung der Kontaktsperre durch deutsche Muslime; ein Videobeitrag, in dem ein Schwindelexperte (Spezialist für Übelkeit) sich über die kollektive Corona-Hysterie äußert; eine Kritik an Max Raabes Auftritt im ZDF-Morgenmagazin am 9.4., in dem er für sogenannte Euro- bzw. Corona-Bonds (Anleihen) warb. Andere Beiträge in der Kategorie DK Brennpunkt deckten sich mit denen in anderen Kategorien.

In der Kategorie Mehr fand der Leser die Sparte Aufgespießt, in der „Die Mainstream-Medien-Flops der Woche" aufs Korn genommen werden. In der Ausgabe vom 7.4.2020 waren es zum einen die „Focus Online"-Korrespondentin Margarete van Ackeren[488], die die Bundeskanzlerin in ihrem Beitrag „Merkel in

---

485 https://www.deutschland-kurier.org/ihr-kinderlein-kommet-regierung-gibt-gruenes-licht/, Zugriff am 9.4.2020.
486 DK steht hier für Deutschland-Kurier.
487 Unter dem besagten Titel findet sich die folgende Auflösung: „Keine Ostergottesdienste, keine Familienfeiern! Die Shutdown-Kanzlerin hat gesprochen. Frage an Radio Eriwan: ‚Gilt die Kontaktsperre auch für den am 23.4. beginnenden sogenannten Fastenmonat Ramadan?' Antwort: ‚Im Prinzip ja – es sei denn, es gibt eine Halal-Extrawurst und die deutsche Polizei drückt wieder einmal beide Augen zu.'" https://www.deutschland-kurier.org, Zugriff am 9.4.2020.
488 https://www.deutschland-kurier.org/aufgespiesst-die-mainstream-medien-flops-der-woche-11/, Zugriff am 9.4.2020.

blendender Spätform: Als Corona-Kanzlerin zeigt sie plötzlich neue Seiten"[489] lobpreiste, sowie zum anderen die beiden „Zwangsgebührensender" ARD und ZDF, die „beim regierungsfrommen Verherrlichen der Kanzlerin" (...) sich „auch nicht die Butter vom Brot nehmen"[490] ließen.

In der Sparte Berlin intim fanden sich Beiträge zu aktuellen Themen. Im März 2020 waren es zwei Kommentare: „In dieser Woche verabschiedet der Bundestag die Notgesetze: Die größte Corona-Party der Republik?"[491] (23.3.2020) über die Ansteckungsgefahr der Abgeordneten bei der Beschließung von Notgesetzen durch den Bundestag und „Wie Verwandlungskünstler Söder die Krise für sich ausnutzt: Vom Fiesling zum Corona-Kanzler?"[492] (31.3.2020) über Schmeicheleien des saarländischen Regierungschefs gegenüber dem CSU-Vorsitzenden, den er als Kanzlerkandidaten unterstützen würde.

In der Sparte Buchtipp fand der User eine Reihe von Publikationen, überwiegend aus dem rechten Spektrum, die von der Zeitung in kurzen Besprechungen empfohlen werden, z.B. Markus Kralls Buch *Die bürgerliche Revolution* über die herannahende „Großkrise", Thor Kunkels *Wörterbuch der Lügenpresse: Deutsch–Lügenpresse, Lügenpresse–Deutsch*, Michael Berendts *Die arabische Gefahr* über kriminelle Familienclans in Berlin u.a.

Die nächste Sparte hieß „Das Irrenhaus-Tagebuch" und war mit Angela Merkels Fotomontage (die Kanzlerin in Zwangsjacke) illustriert. Es handelte sich um täglich erscheinende Beiträge zu ausgewählten Ereignissen mit der Überschrift „Masseneinwanderung, Multikulti, Euro-Irrsinn, Gender-Gaga: Im 15. Jahr der Kanzlerschaft von Angela Merkel (CDU) ist Deutschland reif für die Klapse."[493] Von den Betreibern der Seite wurden Missstände und Unregelmäßigkeiten in Deutschland kritisch unter die Lupe genommen[494], wobei sie sich auf Informationen aus

---

489 https://www.focus.de/politik/deutschland/analyse-merkel-in-blendender-spaetform-als-corona-kanzlerin-zeigt-sie-ploetzlich-neue-seiten_id_11854983.html, Zugriff am 9.4.2020.
490 https://www.deutschland-kurier.org/aufgespiesst-die-mainstream-medien-flops-der-woche-11/, Zugriff am 9.4.2020.
491 https://www.deutschland-kurier.org/in-dieser-woche-verabschiedet-der-bundestag-die-notgesetze-die-groesste-corona-party-der-republik/, Zugriff am 9.4.2020.
492 https://www.deutschland-kurier.org/wie-verwandlungskuenstler-soeder-die-krise-fuer-sich-ausnutzt-vom-fiesling-zum-corona-kanzler/, Zugriff am 9.4.2020.
493 https://www.deutschland-kurier.org/das-irrenhaus-tagebuch-99/, Zugriff am 19.4.2020.
494 Unter dem Datum 17.4. 2020 steht eine Meldung über den Berliner Salafisten Ahmad Armih, der sich laut *Berliner Zeitung* 18.000 Euro Corona-Soforthilfe erschlichen haben soll. Kritik geübt wird auf der Webseite des *Deutschland-Kuriers* nicht nur an Menschen mit „Migrationshintergrund", sondern auch an „Biodeutschen": Unter dem Datum 16.4.2020 steht unter der Überschrift „Der Corona-Sheriff" die Meldung über den CDU-Landrat des thüringischen Saale-Orla-Kreises Thomas Fügmann,

anderen Medien beriefen. Es waren jedes Mal den Leser aufwühlende Nachrichten. Der Titel der Sparte war zugleich eine These der Betreiber der Seite.

Die nächste Sparte hieß Klartext des Chefredakteurs. Darin kommentierte David Bendels ausgewählte aktuelle Begebenheiten. Am 7.4.2020 kritisierte er den Grünen-Chef Robert Habeck, der im „Zwangsgebührenfernsehen" fehlende Sachkenntnis über das Corona-Virus unter Beweis gestellt hat und auch mit anderen seinen Äußerungen in der Öffentlichkeit sich als wenig kompetenter Politiker erwiesen haben soll[495].

Noch weiter gehen die Autoren der Webseite in ihrer Kritik von unliebsamen Politikern des Regierungslagers in der Sparte „Vollpfosten der Woche". Zu dieser Kategorie werden jede Woche drei Personen ausgewählt. So waren es z.B. am 17.4.2020 Tilman Kuban (CDU), Sven Giegold (Grüne) und Alexander Graf Lambsdorff (FDP). Der Erstere erhielt den Beinamen Überwachungsstaats-Fanatiker, weil er sich dafür aussprach, dass eine App zur Kontrolle von Kontakten mit Corona-Infizierten auf Mobiltelefonen der Bürger obligatorisch installiert werden müsste. Der EU-Parlamentarier Giegold bekam den Beinamen „Migranten-Messias", weil er „die humanitären Schleuserorganisationen für gottgewollt hält". Die Kritik von Betreibern des Portals richtete sich also gegen die Unterstützer der Einwanderung nach Europa, speziell nach Deutschland. Der dritte im Bunde, Neffe des ehemaligen Wirtschaftsministers in den 80er Jahren Otto Graf Lambsdorffs, bekam den Titel „Filz-Finanzierer", weil er die Weltgesundheitsorganisation nach der Ankündigung Trumps, diese nicht mehr zu finanzieren, mit deutschen Steuergeldern unter die Arme greifen wollte. In dem Beitrag wurde erklärt, dass der „global-lobbyistische Filz bei der WHO einfach zu dicht" sei, „was den FDP-Grafen an dieser Organisation so fasziniert"[496].

2021 zählte die Liste der „Vollpfosten" 50 „Pfeifen, auf die wir 2021 pfeifen", darunter Politiker wie die Altbundeskanzlerin Merkel und der aktuelle Bundeskanzler Scholz, Bundespräsident Steinmeier, der Bundesgesundheitsminister Lauterbach und die Außenministerin Baerbock, aber auch Persönlichkeiten, die (scheinbar) nichts mit der Politik zu tun haben, wie der Fußballtrainer Joachim „Jogi" Löw, die „internationale Klima-Scheinheilige" Greta Thunberg, auch einige Vertreter und Vertreterinnen der Journalistenzunft wie Anne Will als Debütantin in der „Kategorie Gender-Gaga", Dunja Hayali als „systemrelevante ‚ZDF'-Journalistin" und „das Kursivgesicht vom ‚heute journal'" Claus Kleber. Den Leser der Sparte „Vollpfosten der Woche" hat ihr ironischer und satirischer Einschlag vielleicht amüsiert,

---

der den Bürgern zu Ostern eine totale Ausgangssperre verordnete, selber aber ein ungenehmigtes Privatkonzert mit 24 Teilnehmern besucht habe.

495 https://www.deutschland-kurier.org/klartext-des-chefredakteurs-corona-bei-habeck-verdoppelt-sich-alle-zwei-tage-der-schwachsinn/, Zugriff am 19.4.2020.
496 https://www.deutschland-kurier.org/die-drei-vollpfosten-der-woche-tilman-kuban-cdu-sven-giegold-gruene-alexander-graf-lambsdorff-fdp/, Zugriff am 19.4.2020.

obwohl viele darin vermittelte Inhalte keineswegs nur Schmunzeln auslösen werden, da von der Redaktion des Portals doch jede Woche kritische Vorfälle angeprangert werden.

Die letzte Sparte in der Kategorie Mehr bildeten „Wahre Worte". Darin wurden Politiker und deren Sentenzen in Erinnerung gebracht, die auch heute ihre Gültigkeit bewahrt haben. Es sind nicht nur konservative Staatsführer, die hier zitiert wurden, sondern auch Sozialdemokraten wie der fünfte Bundeskanzler der Bundesrepublik Helmut Schmidt, dessen Satz „In der Krise beweist sich der Charakter" in die heutige Zeit sehr gut passt[497]. 2022 gibt es diese Sparte nicht mehr, es findet sich aber eine neue, Berlin intim, in der oft über interne Angelegenheiten der jetzigen Koalition berichtet wird, z.B. über den Machtkampf bei den Grünen[498], neue Einstellungen im Beamtenapparat[499], die Fortsetzung von Merkels Politik durch Scholz[500], den Hauskauf von Bundesfinanzminister Lindner[501] u.v.a.

Wie gesagt, unterscheiden sich die Webseiten des *Deutschland-Kuriers* von 2020 und 2022. Die neuen Themen spiegeln auch die veränderten Schwerpunkte des Magazins wider. Das Thema E-Auto enthält eine Kritik am Konzept elektrisch angetriebener Fahrzeuge, was z.B. in folgenden Titeln der Beiträge zum Ausdruck kommt: „E-Auto: Stromer verlieren weiterhin schneller an Wert als Verbrenner"[502]; „Lang lebe der Verbrenner: Strompreis-Horror macht E-Autos immer unattraktiver!"[503]; „E-Auto: Mehrheit der Deutschen zweifelt an Alltagstauglichkeit und hält am Verbrenner fest"[504].

Beim Thema Corona gilt nach wie vor die Kritik an den Maßnahmen der politischen Entscheidungsträger, was z.B. in den Beiträgen „Corona-Impfschäden: Viele Opfer hoffen jetzt auf Blutreinigung"[505] und „Keine Immunkräfte gegen harmlosen

---

497 https://www.deutschland-kurier.org/wahre-worte-315/, Zugriff am 19.4.2020.
498 https://deutschlandkurier.de/2022/12/machtkampf-bei-den-gruenen/, 8.12.2022, Zugriff am 11.12.2022.
499 https://deutschlandkurier.de/2022/11/mehr-buerokratie-wagen-ampel-schafft-6-500-neue-stellen/, 21.11.2022, Zugriff am 11.12.2022.
500 https://deutschlandkurier.de/2022/11/merkel-reloaded-es-regiert-olaf-scherkel/, 13.11.2022, Zugriff am 11.12.2022.
501 https://deutschlandkurier.de/2022/10/christian-lindner-und-sein-hauskauf-oder-die-vielen-geschmaeckles-der-altparteien/, 28.10.2022, Zugriff am 11.12.2022.
502 https://deutschlandkurier.de/2022/09/e-auto-stromer-verlieren-weiterhin-schneller-an-wert-als-verbrenner/, 29.9.2022, Zugriff am 11.12.2022.
503 https://deutschlandkurier.de/2022/10/lang-lebe-der-verbrenner-strompreis-horror-macht-e-autos-immer-unattraktiver/, 20.10.2022, Zugriff am 11.12.2022.
504 https://deutschlandkurier.de/2022/10/e-auto-mehrheit-der-deutschen-zweifelt-an-alltagstauglichkeit-und-haelt-am-verbrenner-fest/, 29.10.2022, Zugriff am 11.12.2022.
505 https://deutschlandkurier.de/2022/12/corona-impfschaeden-viele-opfer-hoffen-jetzt-auf-blutreinigung/, 2.12.2022, Zugriff am 11.12.2022

Schnupfen mehr: Was haben Lauterbach & Co. unseren Kindern angetan"[506]. Beim Thema Gesundheit knüpfen die Autoren des *Deutschland-Kuriers* auch an Corona an, z.B. in den Meldungen „Kinderärztepräsident: Maskenpflicht schuld an Krankheitswelle!"[507] und „Lauterbach als Pharma-‚Hausierer': Senioren werden per Post zur Corona-Impfung gedrängt"[508].

Das Thema Migration war bereits 2020 auf der Webseite des *Deutschland-Kuriers* häufig präsent und ist es auch 2022 in einer separaten Rubrik. Außer dem oben genannten Interview mit einem AfD-Politiker findet der Leser auch andere Meldungen wie „Gruppenvergewaltigung in Illerkirchberg: Faeser lehnt Abschiebung ab!"[509], „Bert Brecht lässt grüßen: Die Regierung sucht sich ein neues Volk qua Staatsbürgerschaftsrecht"[510], „Kriminalität & Masseneinwanderung: Zahlen, über die Frau Faeser nicht so gerne redet!"[511]

Auch beim Thema Finanzen wird auf der DK-Webseite an der staatlichen Politik in Deutschland Kritik geübt. Zu diesem Thema findet sich zum Zeitpunkt vorliegender Untersuchung allerdings nur ein einziger Beitrag: „Steuer-Abzocke: Wie sich der ‚Ampel'-Staat schamlos an den Energiekosten bereichert"[512].

Die deutschsprachige *Wikipedia* nennt den *Deutschland-Kurier* eine „rechtspopulistische Publikation", eine „Unterstützer-Zeitung" für die AfD[513], und der Medienwissenschaftler Lutz Frühbrodt verbindet sie sogar mit dem „völkisch-nationalistischen ‚Flügel' der Partei". Ein anderer „Analytiker" der rechten Medienszene, Stefan Winterbauer, Chefredakteur der „Meedia", die sich als „Medien-Branchendienst" beschreibt, sieht in der Zeitung „gefärbte Realsatire unterhalb der Stammtisch-Kante"[514]. Auch die Konkurrenz des *Deutschland-Kuriers*,

---

506 https://deutschlandkurier.de/2022/12/keine-immunkraefte-gegen-harmlosen-schnupfen-mehr-was-haben-lauterbach-co-unseren-kindern-angetan/, 2.12.2022, Zugriff am 11.12.2022.

507 https://deutschlandkurier.de/2022/12/kinderaerztepraesident-maskenpflicht-schuld-an-krankheitswelle/, 9.12.2022, Zugriff am 11.12.2022.

508 https://deutschlandkurier.de/2022/10/lauterbach-als-pharma-hausierer-senioren-werden-per-post-zur-corona-impfung-gedraengt/, 11.10.2022, Zugriff am 11.12.2022.

509 https://deutschlandkurier.de/2022/12/gruppenvergewaltigung-in-illerkirchberg-faeser-lehnt-abschiebung-ab/, 10.12.2022, Zugriff am 11.12.2022.

510 https://deutschlandkurier.de/2022/12/bert-brecht-laesst-gruessen-die-regierung-sucht-sich-ein-neues-volk-qua-staatsbuergerschaftsrecht/, 9.12.2022, Zugriff am 11.12.2022.

511 https://deutschlandkurier.de/2022/12/kriminalitaet-masseneinwanderung-zahlen-ueber-die-frau-faeser-nicht-so-gerne-redet/, 8.12.2022, Zugriff am 11.12.2022.

512 https://deutschlandkurier.de/2022/08/steuer-abzocke-wie-sich-der-ampel-staat-schamlos-an-den-energiekosten-bereichert/, 15.8.2022, Zugriff am 11.12.2022.

513 https://de.wikipedia.org/wiki/Deutschland-Kurier, Zugriff am 23.4.2020.

514 http://meedia.de/2017/07/12/die-afd-nahe-wochenzeitung-deutschland-kurier-gefaerbte-realsatire-unterhalb-der-stammtisch-kante/, Zugriff am 23.4.2020.

Welt[515], *NZZ am Sonntag*[516] und *Weltwoche*[517], bringen die Zeitung in die Nähe eines Boulevard-Blattes wie *Bild*. *Stern* nannte die Zeitung eine „Bild von rechts"[518]. Alle diese Zuordnungen entstanden Mitte 2017, zum Zeitpunkt der Entstehung der Zeitung, und können mittlerweile als überholt angesehen werden, enthält sie doch auch seriöse Meldungen, Berichte und Kommentare. Tatsächlich finden sich unter ihren Autoren und Kolumnisten einige, die Mitglieder der AfD sind oder ihr nahe stehen. Die deutsche *Wikipedia* versäumte es nicht, in ihrer Darstellung der Zeitung auf von Gerichten abgewiesene Forderungen nach einstweiligen Verfügungen hinzuweisen.

Die sich als investigatives, unabhängiges, gemeinnütziges Recherchezentrum ausgebende Initiative Correctiv[519] wollte ebenfalls 2017 beweisen, dass die in der Zeitung verbreiteten Informationen falsch seien. Seit dieser Zeit lassen sich im Internet so gut wie keine negativen Einträge über die Zeitung finden. Erst 2020 wird sie wieder kritisch hinterfragt. Zwar finden sich auch positive Meldungen über den *Deutschland-Kurier*, so dass die einst negativen Konstatierungen von *Wikipedia* und Correctiv nur beschränkte Gültigkeit haben, ja Correctiv erkennt sogar an, dass die Parteispitze der AfD die Gefährlichkeit des Corona-Virus nicht in Frage stellt und ihre Fraktion im Bundestag nicht gegen das Maßnahmenpaket der Bundesregierung stimmte[520]. Aber im April 2020 erscheinen in dem Factchecking-Blog Volksverpetzer.de gleich mehrere Anschuldigungen gegen die Zeitung unter der Überschrift „Exklusiv: Facebook lässt sich von AFD-naher Zeitung bezahlen, Corona-Fakes zu verbreiten"[521].

Der Betreiber eines Tools zur Bewertung der Glaubwürdigkeit von Nachrichtenseiten, NewsGuard, empfiehlt Vorsicht bei der Nutzung der Webseite deutschland-kurier.org: „Artikel auf Deutschland-Kurier.org beinhalten manchmal Interviews aus erster Hand, diese oft mit AfD-Politikern. Artikel stützen sich in erster Linie auf Inhalte von anderen Nachrichtenseiten, darunter seriöse Medien wie Welt und FAZ. Die Webseite veröffentlicht jedoch gelegentlich Artikel, die

---

515 https://www.welt.de/kultur/medien/article166562243/Wie-die-Titanic-Nur-ernst-gemeint.html, Zugriff am 23.4.2020.
516 https://nzzas.nzz.ch/notizen/die-afd-erhaelt-unterstuetzung-aus-der-schweiz-ld.1303862, Zugriff am 23.4.2020.
517 http://www.wiwo.de/politik/deutschland/deutschland-kurier-eine-mischung-aus-breitbart-und-bild/20053842-all.html, Zugriff am 23.4.2020.
518 https://www.stern.de/kultur/-deutschland-kurier-was-sie-ueber-das-rechte-revolverblatt-wissen-sollten-7535148.html, Zugriff am 24.4.2020.
519 https://correctiv.org, Zugriff am 23.4.2020.
520 https://correctiv.org/aktuelles/neue-rechte/2016/08/26/frauke-petry-kommt-nach-anklam, Zugriff am 23.4.2020.
521 https://www.volksverpetzer.de/analyse/facebook-afd-deutschland-kurier/, Zugriff am 24.4.2020.

auf der Berichterstattung von Webseiten basieren, bei denen NewsGuard festgestellt hat, dass sie falsche Inhalte veröffentlichen, wie z.B. der deutschen Ausgabe von Epoch Times sowie JournalistenWatch. Die Webseite selbst hat unbegründete und falsche Behauptungen über Flüchtlinge, Klimawandel und das Coronavirus veröffentlicht."[522] Dieser Einschätzung folgen Beispiele aus einigen Ausgaben der Zeitung. Nichtsdestotrotz scheint es verständlich zu sein, dass es angesichts der Übermacht der Mainstream-Medien, die die deutsche Politik offiziell unterstützen, Zeitungen wie den *Deutschland-Kurier* gibt, die auch ihre Netzauftritte haben und gegen den Strom der vom Staat unterstützten und den Staat unterstützenden Berichterstattung schwimmen.

Die Freie Welt, https://www.freiewelt.net

Untertitel: „Internet- und Blogzeitung für die Zivilgesellschaft". Herausgeber: Sven von Storch. Aus dem Impressum: „Deutschland befindet sich in einem Erneuerungsprozess. Alte Strukturen und verkrustete Entscheidungsprozesse geben mangelhafte oder verzögerte Antworten und Lösungen auf politische, soziale, kulturelle und wirtschaftliche Fragen und Probleme der Bürger von heute. Die FreieWelt.net will dazu beitragen, den Erneuerungsprozess in dieser Aufbruchszeit, in der Überholtes durch Neues ersetzt wird, den Erneuerungskräften und Bewegungen aus der Zivilgesellschaft den Weg zu öffnen und eine Bühne zu bieten, so dass sie an der Gestaltung von Antworten und Lösungen aktiv mitwirken können. Unsere Leitlinien sind die Prinzipien des demokratischen Rechtsstaats und der Gewaltenteilung, der sozialen Marktwirtschaft im Geiste Ludwig Erhards und das Menschenbild der jüdisch-christlichen Tradition in seiner historischen Vielfalt, sowie der Schutz der Bürgerrechte."[523]

Der AfD-nahe Blog enthält Beiträge, von denen manche als links und andere als rechts eingestuft werden können. Der Blog bewahrt ein gewisses Gleichgewicht zwischen beiden Polen. Als Beispiele seien der prorussische Beitrag von Dr. Klaus Peter Klause „Menschen, die Putin für glaubwürdiger halten"[524] und der im Grunde russlandkritische Beitrag von Wolfgang Hebold „Ukraine-Krieg: Putins Freund Kadyrow fordert Auslöschung ganzer Städte" genannt[525]. In dem erstgenannten Blogbeitrag findet der User außer der Rechtfertigung von Putinverstehern und der Kritik der US-Vorherrschaft in der Welt auch kritische Beobachtungen über

---

522 https://www.newsguardtech.com/wp-content/uploads/2020/03/DE-deutschland-kurier.org-UPDATED.pdf, Zugriff am 26.4.2020.
523 https://www.freiewelt.net/impressum/, Zugriff am 10.11.2022.
524 https://www.freiewelt.net/blog/menschen-die-putin-fuer-glaubwuerdiger-halten-10091312/, Zugriff am 13.7.2023.
525 https://www.freiewelt.net/blog/ukraine-krieg-putins-freund-kadyrow-fordert-ausloeschung-ganzer-staedte-10091183/, Zugriff am 10.11.2022. Der Beitrag ist derzeit selbst mit der Wayback Machine nicht abrufbar.

die „Lückenmedien", ihre Quellen – fragwürdige Meinungsforschungsinstitute[526] und das RedaktionsNetzwerk Deutschland, das den Redaktionen von „Tageszeitungen für deren überregionale Berichterstattung sogenannte Mantel-Seiten liefert, so dass sich diese eine dafür eigene Redaktion sparen und sich [auf – T.G.P] das Lokale und Regionale konzentrieren können."[527] Das bedeutet, dass Tageszeitungen eine einheitliche Information über überregionales Geschehen liefern und damit der Medienpluralismus illusorisch wird. Stattdessen kann deren Propaganda die Medienkonsumenten im ganzen Lande mit den gleichen Inhalten versorgen und einheitlich beeinflussen.

eigentümlich frei, https://ef-magazin.de

„Erfrischend libertär seit 1998". Online-Ausgabe der gleichnamigen politischen Monatsschrift mit zehn Ausgaben pro Jahr und zwei Doppelnummern, von manchen Politologen zur Neuen Rechten gerechnet[528].

„Eigentum ist der Schlüssel zur Freiheit. Um Eigentum und Freiheit dreht sich in eigentümlich frei vieles. Denn Menschen unterscheiden sich in ihrer Vorstellung vom Glück. Erst mit seinem Eigentum kann jeder tun und lassen, was er für richtig hält, ganz eigentümlich und freisinnig – wofür die Buchstaben ef auch stehen. Der Massenmensch dagegen ist eine Nummer, austauschbar und gewöhnlich. Er muss andere um Erlaubnis bitten. Und er wird dabei zwangsläufig feige und verlogen. [...] Wir sind auf dem besten Wege in den totalitären Sozialismus. Ein Symptom ist die politisch gewollte Massenzuwanderung aus Vorderasien und Afrika in den Sozialstaat – der ‚große Austausch'. Skurrilerweise wird uns dabei täglich ein Gespenst des ‚Neoliberalismus' an die Wand gemalt, das allenfalls in den Köpfen der Staatsverdienerklasse existiert. eigentümlich frei steht auf der Seite der libertären Gegenwehr. Gegen die zunehmende Enteignung und Entmündigung. ef zeigt auf, inwiefern Staatsprofiteure und ihre willfährigen Medien den ehrlich arbeitenden Bürgern viel mehr schaden als nutzen. Denn Politik ist nicht die Lösung, sondern das Problem. [...] ef ist das Magazin für Libertäre, Eigentumsbefürworter, Unkorrekte, GEZ-Geschädigte, Christen, Kapitalisten, Ästheten, Anarchisten, Piusbrüder, Punkrocker, Liberale, IHK-Verweigerer, Waffenfreunde, Freiheitliche, Marktwirtschaftler, Männer, Frauen, Konservative, Klimaskeptiker, Medienopfer,

---

526 Gemeint ist das *Center für Monitoring, Analyse und Strategie* (CeMAS), das sich mit den Themen Verschwörungsideologien, Desinformation, Antisemitismus und Rechtsextremismus auf „zentralen digitalen Plattformen" befasse, um für aktuelle Entwicklungen „innovative Analysen und Handlungsempfehlungen abzuleiten". Es sieht sich auch als Berater für „Entscheidungsträger aus Zivilgesellschaft, Medien und Politik". https://kpkrause.de/2022/11/03/menschen-die-putin-fuer-glaubwuerdiger-halten/#more-12953, Zugriff am 10.11.2022.
527 Ebd.
528 https://de.wikipedia.org/wiki/Eigentümlich_frei, Zugriff am 7.1.2021.

Monarchisten, Raucher, Lebensunternehmer, Tea-Party-Bewegte, Genussmenschen, Nettosteuerzahler und andere zuweilen auch ganz Stinknormale."[529] Diese provokante Selbstdarstellung soll Leser heranlocken, die dem liberalen Gedankengut nahe stehen und den Sozialismus aller Schattierungen ablehnen. Chefredakteur und Herausgeber der Zeitschrift ist André F. Lichtschlag (Jg. 1968).

Eingeschenkt TV, https://eingeschenkt.tv
Betreiber der Webseite ist Thomas Schenk. Aus der Selbstdarstellung: „Was möchten wir voranbringen? Investigativen, ehrlichen Journalismus. Unser Motto lautet: ‚Reiner Wein in Politik, Medien und Gesellschaft'. Dabei muss es nicht immer ernst zugehen. Wir veröffentlichen auch Satirebeiträge und möchten mit Humor den einen oder anderen zum Nachdenken anregen. Wir produzieren für Euch Interviews, Artikel, Presseanalysen, Dokumentationen. Wir sind viel unterwegs, um vor Ort zu berichten. Aber auch der Humor fließt ins Programm. Satire trifft Ernst – das ist unser Credo."[530]

Das TV-Portal umfasst zum Zeitpunkt seiner Durchsicht einige Hundert Beiträge in folgenden Kategorien: Alle Beiträge (607 an der Zahl), Live vor Ort (285), Interviews (163), Vorträge (57), Satire (33), Artikel und Beiträge (32), Doku am Sonntag (30), Friedensfahrt Berlin–Moskau 2016 (22), Bilderberg Konferenz (19), Gastbeiträge (15), Freundschaftsfahrt Berlin–Moskau 2017 (12), Alternative Presseschau (11), Am Telefon (7), Dresdner Konzerte – Künstler sagen Danke (7), Praxis Falkenstein (7), ABORA IV[531] (7).

Die Rechtsorientierung des Portals ist an seinen Beiträgen erkennbar. So wird in dem von Alex Quint geführten Interview mit Ullrich Mies „Das verlogene System bringt uns Krieg!"[532] am Rande des Buches *Auswandern oder Standhalten... Politisches Exil oder Widerstand*[533] über Motive der Auswanderung aus Deutschland diskutiert, dessen Bürger „verkohlt", „ausgemerkelt" und zuletzt „endgescholzt" werden. Sie leben in einem vom „Staatsterrorismus" beherrschten Land, das den „Corona-Ausnahmezustand" ausruft, um seine Einwohner in die Fremde zu treiben. Ullrich Mies ist Mitautor bzw. Herausgeber von systemkritischen Publikationen zu solchen Themen[534].

---

529 https://ef-magazin.de/webwarum-ef/, Zugriff am 7.1.2021.
530 https://eingeschenkt.tv/wir-ueber-uns/, Zugriff am 6.2.2021.
531 Es ist der Name eines interdisziplinären Forschungsprojekts von Dr. Dominique Görlich, „das sich mit dem Vermächtnis der Zivilisationen der Menschheit beschäftigt." https://www.abora.eu, Zugriff am 13.7.2023.
532 https://eingeschenkt.tv/ullrich-mies-das-verlogene-system-bringt-uns-krieg/, 20.6.2023, Zugriff am 15.7.2023.
533 Ullrich Mies (Hg.), *Auswandern oder Standhalten... Politisches Exil oder Widerstand*, Rottenburg 2023.
534 Ullrich Mies, *Das 1x1 des Staatsterrors. Der Neue Faschismus, der keiner sein will*, Hamburg 2023; Flo Osrainik, *Das Corona-Dossier. Unter falscher Flagge gegen Freiheit,*

Eine als rechtsorientiert eingestufte Autorin von *eingeschenkt.tv* ist die bereits zitierte Eva Herman, die im Gespräch „Was kommt auf uns zu?" mit Alex Quint über ihren Weg „vom Mainstream in die Freiheit" berichtet[535]. Auch wird über den unabhängigen TV-Sender AUF1[536] informiert, dem das öffentlich-rechtliche Fernsehen die weitere Ausstrahlung seiner Programme gerichtlich verbieten wollte[537].

Die sich auf „Entlarvung" von Rechtsextremismus wie überhaupt von Rechten spezialisierte *Wikipedia* nennt *eingeschenkt.tv* einen „rechtsesoterischen Internetkanal"[538], allerdings nicht in einem eigenständigen Artikel, sondern am Rande des oben genannten AUF1. Etwas weiter geht in seiner Einschätzung des Kanals das polnische Zentrum für Oststudien, das ihn als prorussisches deutschsprachiges Portal bezeichnet und suggeriert, es wäre nicht von Deutschen betrieben worden[539]. Die Desinformation der polnischen Ostforscher scheint hier kompromittierend zu sein.

Und zuletzt einige Epitheta von Seiten eines Portals, das sich angeblich der Emanzipation und Aufklärung widmet: ein „brauner Video-Chanel", „antisemitisch", „verschwörungsideologisch", „rechtsoffen", „Friedens-Querfront" sind die von InRuR verwendeten Bezeichnungen für *eingeschenkt.tv*[540]. Selbst wenn so manche Fernsehbeiträge eine Nähe zu derartigen Einstellungen erkennen lassen, ist eine solche Verallgemeinerung ein Beweis mehr für Manipulationen der Linken in ihrem „Kampf gegen Rechts".

Menschenrechte und Demokratie, Neuenkirchen 2021, mit einem Vorwort von Ullrich Mies; Ullrich Mies (Hg.), *Schöne Neue Welt 2030. Vom Fall der Demokratie und dem Aufstieg einer totalitären Ordnung* mit Aufsätzen von Jens Bernert, Matthias Burchardt, Hannes Hofbauer, Caitlin Johnstone, Anneliese Fickentscher u.a., Wien 2021; Ullrich Mies (Hg.), *Der Tiefe Staat schlägt zu. Wie die westliche Welt Krisen erzeugt und Kriege vorbereitet*, Wien 2019, mit Aufsätzen unter anderem von Nicolas J. S. Davies, Eugen Drewermann, Tilo Gräser, Annette Groth, Chris Hedges.

535 https://eingeschenkt.tv/eva-herman-die-veraenderung-beginnt-bei-dir/, 12.7.2023, Zugriff am 15.7.2023.
536 Die Abkürzung steht für Alternatives Unabhängiges Fernsehen auf Kanal 1, einen „rechtsextreme Inhalte" verbreitenden und „Corona-Leugner, Klimawandelleugner, Verschwörungstheoretiker sowie Putin-Anhänger" ansprechenden Sender ohne Fernsehlizenz, der seit November 2022 auch in Deutschland eine eigene Sendung, *Berlin Mitte AUF1* hat. https://de.wikipedia.org/wiki/AUF1, Zugriff am 15.7.2023.
537 https://eingeschenkt.tv/ard-klage-gegen-auf1/, 2.12.2022, Zugriff am 15.7.2023.
538 https://de.wikipedia.org/wiki/AUF1, Zugriff am 15.7.2023.
539 Eine solche Einschätzung findet sich in einem Beitrag über Proteste gegen die Covid-Einschränkungen im September 2020 in Berlin. https://www.osw.waw.pl/en/node/28255, Zugriff am 15.7.2023.
540 https://inrur.is/wiki/EingeSCHENKt.tv, Zugriff am 15.7.2023.

Extrem News, https://www.extremnews.com

Aus der Selbstdarstellung: „Die Redaktion setzt sich aus freiberuflichen Journalisten zusammen, die sich als Ziel gesetzt haben, mit einer alternativen und vollkommen unabhängigen Nachrichtenseite zur Medienvielfalt beizutragen. Es geht uns dabei um den echten und wahren Journalismus, der heutzutage leider in vielen Redaktionen anderen Interessen weichen musste. Wir weisen deshalb ausdrücklich darauf hin, dass wir politisch und religiös absolut neutral sind und es keinesfalls in unserem Interesse liegt für irgendeine Gruppierung als Sprachrohr und meinungsbildendes Medium zu dienen."[541]

Dieser Selbstdarstellung widerspricht in gewissem Maße die Präsenz russischer Positionen auf der Webseite, z.B. in der Rubrik „Gern gelesene Artikel" der folgende Titel: „In eigener Sache RT DE weiterhin über Alternativen zu erreichen"[542] und „Medwedew reagiert auf angebliche ‚Umsturzpläne' in Deutschland"[543]. Allerdings findet der Leser unterhalb dieser sensationellen Meldung den kommentarlosen Wortlaut der Äußerung des russischen Politikers, dem eine „ihn kennzeichnende bissige Art" nachgesagt wird. Darin finden sich unter anderem ironische Bemerkungen in der Art: „Den Deutschen mangelt es eindeutig an Blutwurst. Überall gibt es nur (beleidigte) Leberwurst. Und das ist ein guter Grund, die Leberwurst des jetzigen Bundeskanzlers mit lebendigem Blut aufzufrischen. [...] Wir werden es weiter versuchen, Germanialand auf seine Stabilität zu testen. Wie wäre es, wenn es wieder eine Monarchie wird?"[544]

Auch wird russische Propaganda verbreitet, z.B. in dem Beitrag „Chef des russischen Auslandsgeheimdienstes: Polen will Referenden in der Westukraine abhalten"[545] über angebliche Pläne Polens, Teile der Westukraine an diesen Staat anzuschließen.

Die Webseite enthält folgende Kategorien: Nachrichten, Berichte, Meinungen/Kommentare, Ratgeber, Erotik, Tipps & Tricks, Lifestyle, Archive, Videos, Termine, Linkliste, In eigener Sache, Service und Impressum.

Die Spezialisten für Verschwörungstheorien und Fake News von *Psiram* nennen die Betreiber der Webseite und decken deren personelle und organisatorische Verbindungen auf. Sie berufen sich dabei statt auf eigene Ermittlungen auf Untersuchungsergebnisse des Onlinemagazins *Oberhessen-Live* vom September 2014,

---

541 https://www.extremnews.com/in-eigener-sache/7e01129038c8467/, Zugriff am 15.7.2023.
542 https://www.extremnews.com/nachrichten/medien/305218b028d86c8, 2.7.2022, Zugriff am 15.7.2023.
543 https://www.extremnews.com/nachrichten/weltgeschehen/c2b18e43fbe743, 8.12.2022, Zugriff am 15.7.2023.
544 Ebd.
545 https://www.extremnews.com/nachrichten/weltgeschehen/1f5018e1e82b589, 30.11.2022, Zugriff am 12.12.2022.

das dem Netzauftritt Amerikaabgeneigtheit und Berufung auf russische Quellen bescheinigt[546]. Das besagte Onlinemagazin nannte *Extremnews* „Eine Seite für Corona-Leugner, made im Vogelsberg"[547] und brachte sie seinen Lesern in einem längeren Beitrag näher. Wie bei Mainstream-Medien nicht anders zu erwarten, finden sich darin die auch auf *Psiram* zusammengetragenen Anschuldigungen, dass die Webseitenbetreiber – im Original: „Macher des Portals" – an eine „große Weltverschwörung glauben, sich der Esoterik näher fühlen als der seriösen Wissenschaft und Reichsbürgern ohne groß zu zweifeln abnehmen, der gesamt deutsche Staat sei lediglich eine Firma, die von den Siegmächten des Zweiten Weltkriegs geleitet wird."[548]

Gute Nacht Deutschland, https://gutenachtdeutschland.com
Die Untertitel des Portals sind verschieden: „Einigkeit und Recht und Freiheit. Die politische, wirtschaftliche und kulturelle Entwicklung Deutschlands | nicht links – nicht rechts – nur einfach kritisch!"[549] und „Wir publizieren und archivieren Wahrheit"[550]. Der Betreiber, Herrmann Mathias, gibt als seine Adresse die Philippinen an. Auf der Startseite verspricht er dem Benutzer unter der Überschrift „Es wird immer verrückter" unter anderem: „Trotz vieler Steine, die uns seitens der Sozialen Medien und weiter führenden ‚linientreuen' Plattformen in den Weg gelegt werden, bleiben wir stark, dich mit mahnender Stimme zu informieren."[551] Rechts im Bild findet sich ein Zitat aus einer Aussage von Bundesaußenministerin „Pannalena" (sic!) Baerbock: „Ich werde die Ukraine an die erste Stelle setzen, egal was meine deutschen Wähler denken oder wie schwer ihr Leben wird."[552]

---

546 https://www.psiram.com/de/index.php/Extremnews, Zugriff am 12.12.2022.
547 https://www.oberhessen-live.de/2020/06/02/eine-seite-fuer-corona-leugner-made-im-vogelsberg/, Zugriff am 12.12.2022.
548 Ebd.
549 https://web.archive.org/web/20211130035124/https://gutenachtdeutschland.com/, 30.11.2021, Zugriff am 16.12.2022.
550 https://web.archive.org/web/20200520082039/https://www.gutenachtdeutschland.com/, 20.5.2022, Zugriff am 16.12.2022.
551 https://gutenachtdeutschland.com, Zugriff am 16.12.2022.
552 In der Presse kursieren einige Varianten dieser aus dem Englischen übersetzten Aussage, z.B. im Schweizer News Portal *Blick*: „Wenn ich den Menschen in der Ukraine das Versprechen gebe: ‚Wir stehen an eurer Seite, solange ihr uns braucht', dann werde ich dieses Versprechen einhalten. Egal, was meine deutschen Wähler denken." https://www.blick.ch/ausland/nach-diesem-satz-wird-deutsche-aussenministerin-annalena-baerbock-massiv-kritisiert-egal-was-meine-deutschen-waehler-denken-id17841891.html, Die *Berliner Zeitung* schrieb: „Auf Twitter ging eine gekürzte Version der Aufnahme von Baerbocks Äußerungen auf der Podiumsdiskussion mit einer falschen Übersetzung viral. Demnach habe Baerbock gesagt: ‚Ich werde die Ukraine an erste Stelle stellen, egal, was meine deutschen Wähler denken und egal,

Unterhalb dieser beiden Einträge findet der User unter der Überschrift „Aus dem Tollhaus Deutschland" Fotos deutscher Politiker im Kabinett Scholz mit folgendem Kommentar: „Ja, hier sind sie, die Polit-Clowns, Abkassierer ohne Leistung und Studienabbrecher. Die wirklich schrecklichste Regierung, die Deutschland je gesehen hat! Was können wir von diesen Figuren erwarten – nichts! Hat jemals einer von denen etwas über Volkswirtschaft gesehen, von studiert will ich gar nicht reden."[553] Dieser einführenden Einschätzung des Kabinetts Scholz folgen auf der Webseite Aussagen von Mitgliedern der Bundesregierung sowie von deren Kritikern. Der Webseitenbetreiber hat es vor allem auf zwei Kabinettsmitglieder abgesehen, die er in schlechtem Licht darstellt. Zum Beispiel wird über den Bundeskanzler eine Aussage des Rechtsanwalts, Medienrechtlers und Publizisten Joachim Steinhöfel zitiert: „Scholz ist kein Staatsmann, er ist ein Versager, ein Zwergenkanzler. Sein Scheitern wirft einen dunklen Schatten auf unser Land."[554] Vom Stellvertreter des Bundeskanzlers Robert Habeck, der als „der Verlogene" bezeichnet wird, wird folgende Aussage zitiert, die ihn als deutschen Politiker disqualifizieren soll: „Vaterlandsliebe fand ich stets zum Kotzen. Ich wusste mit Deutschland noch nie etwas anzufangen und weiß es bis heute nicht."[555]

Das zweite Thema, das vom Seitenbetreiber kritisiert wird, ist die EU: „Eigentlich muss man zum grössten Molloch aller Zeiten nicht viel erklären. Es ist eine Geschichte der Geldverschwendung geworden. Und die über 30.000 Beamte müssen sich die Frage gefallen lassen, was sie denn so den lieben langen Tag machen? Klar gibt es auch Vorteile (einheitliche Währung, Reisefreiheit usw.) Um das zu verwalten, braucht man bestimmt nicht 10 Milliarden Euro im Jahr!"[556] Nach dieser Einführung findet der User Aussagen von Publizisten über die EU. Henryk M. Broder schreibt: „Die EU löst keine Probleme, sie ist ein Problem. Seit dem Ende des real existierenden Sozialismus […] ist die EU der massivste Versuch, die Bürger zu entmündigen und die Gesellschaft zu entdemokratisieren."[557] Und noch ein Zitat aus der österreichischen Nachrichtenseite *eXXpress*: „Die Empörung ist enorm: Nun sollen die Steuerzahler auch noch gewaltige Gehaltssteigerungen der EU-Angestellten um satte 8,5 % finanzieren. Üppig wird es für Ursula von der Leyen: Sie darf sich über zusätzliche 2.483 Euro im Monat freuen."[558]

---

wie hart es wird." https://www.berliner-zeitung.de/news/egal-was-meine-deutschen-waehler-denken-annalena-baerbocks-aeusserung-sorgt-fuer-wirbel-li.262685, Zugriff am 16.12.2022.
553 https://gutenachtdeutschland.com/kabinett-scholz/, Zugriff am 16.12.2022.
554 Ebd.
555 Ebd.
556 https://gutenachtdeutschland.com/eu/, Zugriff am 16.12.2022. Rechtschreibfehler wurden in diesem Zitat nicht korrigiert – Anm. d. Verf.
557 Ebd.
558 Ebd.

Die anderen Sparten der Webseite sind: Klima/Umwelt/Energie; Kultur – Gesellschaft; Ausbildung, Schulen, Studium; Corona/Gesundheit. In allen diesen Rubriken wird so gut wie alles kritisiert: Klimaaktivisten, Gendern[559], „verquere Geschlechterrollen", Prioritäten in der Bildung, „die mit Ausbildung wenig zu tun haben"[560], die Gesundheitspolitik der Bundesregierung[561]. Mitunter finden sich auf der Webseite auch kritische Stimmen von Persönlichkeiten, die weit weg sind vom Radikalismus des Seitenbetreibers, die aber seine Meinungen zu den behandelten Problemen teilen. Zum Beispiel postet er Beiträge aus Zeitungen, die den Rechten nicht allzu genehm sind, wie *Emma*, in der die Biologin und Nobelpreisträgerin Christiane Nüsslein Volhard sich in einem Interview nur für zwei Geschlechter ausspricht[562]. Oder Titelseiten von Zeitungen, die der Regierung nicht genehm sind, z.B. „Deutschland stürzt ab. Merkel hat das Grab ausgehoben, Grünrot beerdigt Deutschland" aus der *Bild*[563].

Die Webseite ist ziemlich unübersichtlich. Neben den genannten Kategorien findet der User die darin enthalten Beiträge in der Rubrik „Alle Beiträge", ein Sammelsurium von Inhalten. Der Betreiber distanziert sich zwar von der AfD, sieht aber in dieser Partei „die einzige Alternative in der politischen Landschaft in Deutschland" – wegen der Qualifikationen ihrer Parlamentarier, die er den „Hausmüttern" und „Studienabbrechern" der Grünen entgegenstellt.

Info direkt, https://www.info-direkt.eu

Online-Ausgabe eines Printmagazins mit beschränktem Zugang zu seinen Inhalten, zuerst mit dem Untertitel „Das Magazin für eine freie Welt", ab August 2020 „Das Magazin für Patrioten". Aus der Blattlinie: „Info-DIREKT bezweckt die Stärkung der unabhängigen und überparteilichen Publizistik in Österreich, die Förderung der freien Meinungsäußerung und der pluralistischen Gesellschaft, sowie den Erhalt von Demokratie, Frieden, Religions- und Gewissensfreiheit. Es ist dabei grundsätzlich unabhängig von politischen Parteien, Institutionen und Interessengruppen. [...] Info-DIREKT bekennt sich zum europäischen Gedanken und einer freundschaftlichen Beziehung aller Völker, sowie zu einer rechtsstaatlichen und demokratischen Grundordnung."[564] Zu den als rechtskonservativ einzustufenden Themen gehören unter anderem der „Bevölkerungsaustausch" (durch massenhafte Einwanderung) und unliebsame Verhaltensweisen von Asylanten sowie

---

559 https://gutenachtdeutschland.com/kultur/, Zugriff am 17.12.2022.
560 https://gutenachtdeutschland.com/ausbildung/, Zugriff am 17.12.2022.
561 https://gutenachtdeutschland.com/corona/, Zugriff am 17.12.2022.
562 Chantal Louis, *Viele Geschlechter? Das ist Unfug*, https://www.emma.de/artikel/viele-geschlechter-das-ist-unfug-339689
563 https://gutenachtdeutschland.com/ausbildung/m Zugriff am 17.12.2022.
564 https://www.info-direkt.eu/ueber-info-direkt/, Zugriff am 17.12.2022.

Aktivitäten ihrer Gegner; Kritik an Corona-Maßnahmen und -Schutzregeln; Schikanen der deutschen Behörden gegen die AfD.

Wikipedia nennt *Info-direkt-eu*, einem Journalisten der *Zeit* folgend, eine „kremltreue Plattform"[565]. Der TV-Sender *Arte* widmete dem Blatt mehr Aufmerksamkeit in dem Beitrag „Österreichs rechte Medienwelt. Wie EU und die österreichische Regierung Hetzblätter mitfinanzieren"[566]. Darin heißt es unter anderem, „info-Direkt ist politisch eindeutig positioniert. Laut Einschätzungen der Forschungsstelle Dokumentationsarchiv des österreichischen Widerstands bewegen sich die Inhalte des Magazins an der Grenze zum Neonazismus. [...] Es ist paradox: Steuergeld von EU-Bürgern fließt an ein Medium, das nicht nur gegen Migranten, sondern auch regelmäßig gegen die EU hetzt und die Rückkehr zum völkischen Nationalstaat propagiert."[567]

Eine andere Rechercheplattform gegen die Rechte, das Dokumentationsarchiv des Österreichischen Widerstands, schreibt über *Info-Direkt*: „Die Zeitschrift kleidet klassisch rechtsextreme Weltanschauung [...] in ein modernes Gewand und lotet insbesondere in Form von omnipräsentem Antisemitismus, Volksgemeinschaftsdünkel, einer teils offen vertretenen antidemokratischen Stoßrichtung und quasi-revolutionärem Impetus die Grenze zum Neonazismus aus, was auch der politischen Vita zentraler Akteure entspricht"[568]. Die besagten Inhalte seien „Postulat der natürlichen Ungleichheit von Menschengruppen", „Rassismus" „Volksgemeinschaftsdünkel", „Antifeminismus", „Antisemitismus", „Demokratiefeindlichkeit, Elitarismus und Autoritarismus", „Gewaltakzeptanz und Märtyrerkult", „NS-Relativierung", „Verschwörungsphantasien", außerdem eine „prononcierte Kremltreue". Interessant und paradox scheint allerdings die Schlussbemerkung der Betreiber des besagten Dokumentationsarchivs: „die Nennung von AutorInnen in rechtsextremen Publikationen bedeutet nicht, dass alle Genannten als RechtsextremistInnen qualifiziert werden. Gleiches gilt für die in dieser Rubrik angeführten Gruppen: Nicht jede Organisation oder Partei mit Kontakten zum organisierten Rechtsextremismus ist selbst als rechtsextrem einzustufen. **Rechtsextremismus wird in keiner Weise mit Nationalsozialismus, Neonazismus oder Neofaschismus gleichgesetzt** (Hervorhebung des Verf. T.G.P.)."[569] Also geben die Betreiber des Archivs zu, dass auf als rechts eingeordneten Webseiten wie *Info-Direkt* auch Autoren und Autorinnen publizieren, die die Kriterien des Rechtsseins erfüllen, aber sich selbst nicht als rechts vereinnahmen und einstufen lassen.

---

565 https://de.wikipedia.org/wiki/Verteidiger_Europas, Zugriff am 17.12.2022.
566 https://www.arte.tv/de/articles/oesterreichs-rechte-medienwelt, Zugriff am 17.12.2022.
567 Ebd.
568 https://www.doew.at/erkennen/rechtsextremismus/rechtsextreme-organisationen/info-direkt, Zugriff am 17.12.2022.
569 Ebd.

Um bei den oben genannten Inhalten zu bleiben: Nicht jeder, der die natürliche Ungleichheit zwischen den Menschen als Gegebenheit akzeptiert, ist ein Rechter. Menschen sind doch von Natur ungleich, sei es in ihrem Äußeren (schön, hässlich, schlank, fettleibig usw.), sei es in ihrem Inneren (gute und schlechte Charaktereigenschaften, Klugheit und Dummheit usw.). Antifeminismus kann eine Folge der übermäßigen Aufdringlichkeit mancher Aktivistinnen sein; feministische Denkart muss nicht von allen geteilt werden. Und das Gefühl der nationalen Zusammengehörigkeit ist nicht allein den Rechtsextremisten, sondern auch Menschen eigen, denen ihr Vaterland wichtig ist. Mangelnde Judenfreundlichkeit oder gar Judenliebe sind auch nicht immer mit dem Antisemitismus gleichzusetzen.

Journalistenwatch/JouWatch, https://www.journalistenwatch.com
Eine Selbstdarstellung der Webseite, die sich als „Portal für Medienkritik und Gegenöffentlichkeit" versteht und vom *Journalistenwatch e.V.* getragen wird, findet der User im Impressum vom Anfang 2021: *„Der Journalistenwatch e.V. verfolgt ausschließlich und unmittelbar gemeinnützige Zwecke [...], und zwar durch die Förderung der demokratischen und staatsbürgerlichen Volksbildung [...]* Zur demokratischen und staatsbürgerlichen Volksbildung gehört zweifelsfrei die Aufklärung, die unabhängig von aktuellen politischen Machtverhältnissen, also Regierungsbildungen, zu erfolgen hat. Die Aufklärung, vor allen Dingen die mediale Aufklärung, ist in dieser Zeit ganz besonders wichtig, weil die meisten großen Medien nicht mehr unabhängig berichten, sondern es als ihren Auftrag betrachten, im Sinne der herrschenden Politik die Bürger zu beeinflussen, zu manipulieren. Hier stellt der Journalistenwatch e.V. ein Gegengewicht, sozusagen eine Gegenöffentlichkeit dar, die es dem Bürger ermöglicht, sich umfassend zu informieren, und sich so auch über andere Sichtweisen auf die aktuellen Geschehnisse einen Überblick zu verschaffen. Wir ermitteln journalistisch in alle Richtungen, bilden das gesamte Meinungsspektrum ab, sehen uns als Nachrichtenergänzungsmittel. Um unseren Bildungsauftrag zu erfüllen, verfechten wir ebenfalls die im Grundgesetz verankerte Meinungs- und Pressefreiheit, die aufgrund bestimmter politischer Verhältnisse immer mehr in Gefahr gerät. Es ist uns ein gemeinnütziges Anliegen, zivilgesellschaftliche Bereiche zu unterstützen und gleichzeitig gesellschaftliche Diskussionen zu ermöglichen. Zur Förderung der demokratischen und staatsbürgerlichen Volksbildung ist es für den Journalistenwatch e.V. ein ganz besonderes Anliegen, jegliche Form des immer wieder aufflammenden Antisemitismus zu benennen und darüber in kritischen Berichten aufzuklären. Wohl auch deshalb wird Journalistenwatch e.V. von jüdisch-amerikanischen Organisationen unterstützt."[570]

Die Schaffung einer Gegenöffentlichkeit, die in den Mainstream-Medien die sie interessierenden Informationen und die ihr zusagenden Meinungen vermisst, ist

---

570 https://web.archive.org/web/20220131045539/https://journalistenwatch.com/impressum/, 31.1.2022, Zugriff am 22.12.2022.

ein achtbares Ziel, zumal nicht geringe Teile der Öffentlichkeit sich von den Leitmedien manipuliert fühlen. Wie in der Wirtschaft, so auch auf dem Medienmarkt tut der Wettbewerb zwischen den Medien not. Dass ein Betreiber wie *JouWatch* auf die Leitmedien zurückgreift und deren Inhalte auf seine eigene Art und Weise nutzt, scheint durchaus berechtigt.

Kritische Informationen über *Journalistenwatch* finden sich auf linksorientierten Seiten. *Wikipedia* nennt es einen „Internet-Blog, der vorwiegend die Berichterstattung anderer Medien behandelt"[571]. Diese Behauptung suggeriert, die Betreiber der Seite würden Berichte von Mainstream-Medien auf ihre eigene Art und Weise benutzen. Sicherlich liefern die besagten Medien genügend Stoff für kritische Kommentare, und insofern ist diese Behauptung richtig. Die zweite Behauptung von Kritikern des Portals lautet, es werde inhaltlich als „rechtspopulistisch bis rechtsextrem und islamkritisch" angesehen[572]. Nach *Psiram* werde auf der Webseite Werbung für die AfD, für die „Identitäre" und die „Bürgerbewegung Pax Europa" gemacht. Die Betreiber dieser linken Seite nehmen an kritischen Beiträgen zum Thema Islam sowie zur „angeblichen" Kriminalität von Ausländern und Migranten Anstoß. „Dabei werden die Aktivitäten von Staaten, Parteien, Organisationen wie auch Einzelpersonen ausschließlich negativ beleuchtet und kritisiert. [...] Die dabei verwendeten Formulierungen und Aussagen sind bisweilen sehr aggressiv und entsprechen damit auch der im rechten Umfeld oft verwendeten Rhetorik."[573] Ist das ein Grund, warum im Oktober 2016 „die Seiten von Jouwatch wie auch des ideologisch nahe stehenden Portals PI-News in den deutschen McDonalds-Filialen nicht über die dort zur Verfügung stehenden WLAN-Hotspots erreichbar waren? [...]. Begründet wurde dies mit dem Verstoß gegen die Leitlinien des Jugendschutzes."[574] An welchen Inhalten von *JouWatch* stoßen sich seine Kritiker? Vielleicht an der Videoaufnahme eines islamistischen Angriffs auf den Publizisten Michael Stürzenberger am 17.12.2022 auf der Kundgebung der Bürgerbewegung Pax Europa e.V. in Bonn[575]?

JouWatch gliedert seine Inhalte in sieben Kategorien: Aktuelles, Corona, Islam, Klima, Kriminalität, Migration, Ukraine, Freie Medien und Themen. Der User findet in der vorletzten Kategorie eine Liste von alternativen Medien mit den zu ihnen führenden Links, und in der letztgenannten Kategorie Themen, die auch als Rubriken gelesen werden können: AfD, Analyse, Brisant, Gender, Gespräch, Hintergrund, International, Justiz, Kommentar, Kritik, Linke Nummern, Medienkritik, Meinung, Politik, Satire, Sicherheit, spiegelbildnews (die Kleinschreibung

---

571 https://de.wikipedia.org/wiki/Journalistenwatch, Zugriff am 22.12.2022.
572 Ebd.
573 https://www.psiram.com/de/index.php/Jouwatch, Zugriff am 22.12.2022.
574 https://www.psiram.com/de/index.php/Jouwatch, Zugriff am 22.12.2022.
575 https://journalistenwatch.com/2022/12/18/zu-viel-aufklaerung-moslem-schlaegt-in-bonn-michael-stuerzenberger-ins-gesicht/, Zugriff am 22.12.2022.

ist original – Anm. d. Verf.), Terror, Wahlkampf, Wirtschaft. Die Aktualität der Beiträge lässt mitunter zu wünschen übrig, manche sind älter als ein Jahr.

Klagemauer TV, https://www.kla.tv/

Das Portal präsentiert sich selbst als TV-Sender für unzensierte Berichterstattung: „Immer mehr Menschen erleben in der Praxis, dass die hochgelobte Medienvielfalt eine einzige Täuschung ist. Die sogenannte ‚Medien-Klagemauer' – kurz Kla.TV – nimmt Klagen von jedermann aus aller Welt entgegen. Wenn die Hauptmedien oder namhafte Politiker usw. die Öffentlichkeit irreführen, wichtige Tatsachen zensieren, verfälschen und unterschlagen, findet man bei Kla.TV eine unabhängige Berichterstattung zur freien Meinungsbildung."[576]

Die Betreiber rühmen sich, seit 2012 über 14.000 klarstellende Sendungen produziert und veröffentlicht zu haben. Das Sendegebiet des in 74 Sprachen[577] empfangenen Senders ist groß und umfasst über 200 Länder, in denen täglich hunderttausende Videos aufgerufen werden. Sein Ziel: „Entwirrung, Durchblick, freilösende klare Berichterstattung für alle. Kla.TV ist ein historisches Archiv und Nachschlagewert zur Dokumentation unserer Zeitgeschichte."[578]

Die etwa 620 Themen der Webseite sind sehr unterschiedlich, und deren Durchsicht unter dem Aspekt des Nationalismus und der Fremdenfeindlichkeit, die auf Webseiten der Rechten präsent sind, bleibt erfolglos. Stattdessen finden sich etliche Beiträge zu Corona, Klimawandel, Bargeldabschaffung, Pädophilie, einzelnen Ländern wie Russland und Ukraine (Polen fehlt), einzelnen Politikern wie Angela Merkel, Olaf Scholz, Wladimir Putin, Viktor Orbán, historische Themen wie Zweiter Weltkrieg, Parteien wie AfD, Organisationen wie CIA u.v.a. Sie sind in zwölf Rubriken gegliedert: Bildung, Gesundheit, Ideologie, Kultur Medien, Politik, Recht & Unrecht, Terror, Umwelt, Technik, Wirtschaft, Wissenschaft[579].

Außerdem ist *kla.tv* ein Forum der Anti-Zensur-Koalition (AZK), die sich als „eine der größten Plattformen Europas für unzensierte Berichterstattung" präsentiert und von deren Gegnern als „Propagandaplattform" und „eine Art Kongress der OCG-Sekte" bezeichnet wird. Die Abkürzung OCG steht hier für die von Ivo Sasek gegründete „Organische Christus-Generation". Laut ihrer Selbstbeschreibung ist die OCG „keine neue Denomination oder Kirche. Sie ist nicht eine in der Schweiz gegründete Bewegung, sondern eine geistliche Wirklichkeit. Die OCG führt jede Art von Mensch, gleich welchen Hintergrundes, zurück zur vollkommenen Einheit, zur Schwarmintelligenz, zur naturgesetzmäßigen Intuition"[580]. Ihre

---

576 https://www.kla.tv/index.php?a=showaboutus#ourvision, Zugriff am 28.12.2022.
577 https://www.kla.tv/index.php?a=showaboutus#ourvision. Diese Zahl steht in der Selbstdarstellung, nach Anklicken der Sparte DE erscheint die Zahl +86, Zugriff am 20.8.2023.
578 Ebd.
579 https://www.kla.tv/playlists, Zugriff am 18.7.2023.
580 https://ro.ocg.life, Zugriff am 28.12.2022.

Kritiker nennen sie eine „Sekte"[581], eine „hierarchisch organisierte neureligiöse extrem-evangelikale Sekte mit neupfingstlerischen Elementen"[582]; für die Evangelische Kirche im Rheinland ist sie „brandgefährlich", und ihr Führer ist für sie Begründer des „Sasekismus"[583].

Die Betreiber der Plattform *Belltower.News* werfen der *Klagemauer.tv* „offenen Antisemitismus" vor und begründen dies damit, dass Sasek der „Holocaustleugnerin Sylvia Stolz" eine Bühne bei seiner AZK geboten habe, ferner würde es auf der Webseite „antisemitische Dogwhistles und Chiffren wie #GeorgeSoros, #GreatReset, #Bilderberger und #WEF" geben, und ein Sohn des Organisationsgründers, der „aus der Sekte ausgestiegen" sei, erzählte, der Vater habe seinen Kindern Hitlers *Mein Kampf* als Lektüre empfohlen[584]. Die Betreiber von *Belltower.News* stoßen sich außerdem an der Unvorstellbarkeit von Schwangerschaftsabbrüchen, an der Befürwortung von Kindesmisshandlung und Züchtigung, an der Forderung Saseks, Waffenlieferungen und Unterstützung der Ukraine zu beenden. Die Kritik von *kla.tv* an Aktivitäten im Bereich der Corona-Pandemie, ihre Warnungen vor 5G- und Mikrowellen-Strahlung, ihre Kritik an der Medienzensur, an der Bargeldabschaffung und etlichen weiteren Entwicklungen in der Gegenwart[585] werden von den Kritikern des Portals und seiner Betreiber nicht weiter verfolgt.

Kommunikationsstelle Demokratischer Widerstand e.V. Berlin, https://www.nichtohneuns.de/

Die Webseite führt auch den Namen „Demokratiebewegung seit 28.3.2020"[586]. Zum Zeitpunkt ihrer ersten Durchsicht am 13.1.2021 fand sich eine „Proklamation": „NICHT OHNE UNS (zu fragen)! → NICHT MIT UNS (DemokratInnen)! | seit 28.3.2020 | Art. 20 Abs. 4 des Grundgesetzes ist ausgelöst | Art. 146 des Grundgesetzes dient unserer Neuverständigung auf Basis des Grundgesetzes | Jede Beamtin, jeder Beamter unterliegt dem Amtseid, der Remonstrationspflicht, dem Grundgesetz, der Landesverfassung, dem Menschenrecht | Jeder Staatsmitarbeiter, ganz gleich an welcher Stelle oder in welchem Rang, ist zuerst jedem einzelnen Bürger verpflichtet und erst in zweiter Linie der Regierung oder Dienstanweisungen. Der Demokratische Widerstand besteht weiterhin auf die ersten 20 Artikel

---

581 https://www.belltower.news/klagemauer-tv-eine-rechtaussen-sekte-und-ihre-verschwoerungserzaehlungen-134727/, Zugriff am 28.12.2022.
582 https://www.psiram.com/de/index.php/Organische_Christus-Generation, Zugriff am 28.12.2022.
583 https://www.ekir.de/weltanschauungen/interview.php, Zugriff am 28.12.2022.
584 https://www.belltower.news/klagemauer-tv-eine-rechtaussen-sekte-und-ihre-verschwoerungserzaehlungen-134727/, Zugriff am 28.12.2022.
585 https://www.kla.tv/playlists, Zugriff am 28.12.2022.
586 Das Datum steht für die „weltweit erste Demonstration gg. den Corona-Putsch". https://www.anselmlenz.de/zeitung/, Zugriff am 30.12.2022.

unserer Verfassung! auf die Würde der Alten & der Kranken! auf Beendigung des obrigkeitsstaatlichen Terrors! auf Beendigung des Notstands-Regimes! auf Wahlen & umfassende Transparenz! auf demokratische Regeln für unser künftiges Wirtschaftssystem!"[587]

Anfang 2022 steht Corona im Mittelpunkt der Seite: „DIE ROTE LINIE SIND WIR". „Wir sind überall GEGEN Massenmord und ‚Impf'-Zwang sowie FÜR Nürnberger Kodex, Menschenrecht, Grundgesetz in dessen Sinngehalt und Verfassungserneuerung von unten."[588]

Ende 2022 findet sich auf der Webseite des Demokratischen Widerstands ein Fünf-Punkte-Plan mit „Zielen der labellosen Demokratiebewegung" seit 28.3.2020: „1. Sofortiges Ende der Corona-Maßnahmen auch in Deutschland. 2. Wiedereinhaltung des Grundgesetzes, des Nürnberger Kodexes und des Menschenrechtes in Wortlaut und Sinn. 3. Neuwahlen, Brechung des Parteienprivilegs, imperatives Mandat. 4. Volksentscheide über alle Grundlegenden Angelegenheiten. 5. Verfassungserneuerung auf Basis des Grundgesetzes mit Wirtschafts- und Sozialcharta."[589]

Die Webseite enthält außerdem einen Demokalender zur Weiterverbreitung sowie einen Link zur Online-Ausgabe der Zeitschrift *Demokratischer Widerstand*, die sich als „auflagenstärkste Print-Wochenzeitung in deutscher Sprache"[590] nennt. Sie erscheint seit dem 28.3.2020 und versteht sich als „Stimme der parteiunabhängigen liberalen Opposition und der kritischen Intelligenz in der Bundesrepublik Deutschland auf Basis des Grundgesetzes seit 17.4.2020"[591]. Die sechzehn Seiten starke Zeitschrift kann auch als E-Paper gelesen werden[592].

Kopp Report, https://kopp-report.de

News-Portal des von den Linken als „rechtslastig" bezeichneten Kopp-Verlags, gegründet im September 2017 anstelle des im August 2016 geschlossenen Portals „Kopp-Online"[593]. Die Nachrichtenbeiträge sind etlichen Zeitungen, sowohl dem Mainstream als auch den alternativen Medien zuzuordnenden, entnommen und gelten den aktuellen Entwicklungen, denen gegenüber die Betreiber kritisch eingestellt sind. Zum Zeitpunkt der Untersuchung, Anfang Januar 2023, sind es unter anderem Silvesterkrawalle unter besonderer Berücksichtigung des

---

587 https://web.archive.org/web/20210127073937/https://www.nichtohneuns.de/, Zugriff am 18.7.2023.
588 https://www.nichtohneuns.de, Zugriff am 5.1.2022.
589 https://www.nichtohneuns.de, Zugriff am 30.12.2022.
590 https://demokratischerwiderstand.de/aktuelle-ausgabe, Zugriff am 30.12.2022.
591 https://www.anselmlenz.de/zeitung/, Zugriff am 30.12.2022.
592 Ebd.
593 http://koppverlagwatch.blogsport.eu/2017/09/19/kopp-verlag-startet-kopp-report/, Zugriff am 28.12.2018.

Migrationshintergrunds ihrer Teilnehmer, kaputte Puma-Panzer, totale Medienkontrolle in der Ukraine, Russlands Raketenangriffe, neue radikale Aktivitäten der Klimaaktivisten, Verweigerung der Angabe von Kosten der Corona-Impfungen durch die Bundesregierung. Auf der Webseite findet der User auch Werbung des Kopp-Verlags e.K., in dessen Programm außer Büchern zur Medizin und Gesundheit, Lebenskunst, Geschichte, Politik, Mystery und Enthüllungen sowie anderen Medien Produkte der Kategorien Wohlbefinden, Selbst- und Krisenvorsorge vertrieben werden.

Metapedia, https://de.metapedia.org/wiki/Hauptseite

Metapedia versteht sich als alternative Enzyklopädie, „vorrangig für Kultur, Philosophie, Wissenschaft, Politik und Geschichte"[594]. Ihr Signet zeigt einen Ausschnitt aus der Skulptur „Jünglingsgestalt" des behördlich als „Mitläufer" der Nazis eingestuften und von großen Künstlern wie Jean Cocteau und Salvatore Dali hochgeschätzten Bildhauers Arno Breker. In der Selbstdarstellung ist *Metapedia* eine „Weltnetz-Enzyklopädie mit Schwerpunkt auf den Themenbereichen Kultur, Geschichte, Politik, und Wissenschaft. Sie besteht seit 2007 und ist Teil eines größeren internationalen Netzwerkes. Dieses bezweckt die Unterrichtung der Öffentlichkeit durch Bereitstellung wahrheitsgemäßer lexikalischer Informationen, wie konforme Medien sie nicht bieten."[595] Die Enzyklopädie ist in zwölf Sprachen zugänglich, allerdings fehlen in der uns besonders interessierenden polnischen Version jegliche Inhalte.

Die *Metapedia* ist für rechtsorientierte Webseitenbetreiber und Benutzer eine zuverlässige Wissensquelle. Für die Kritiker der rechten Szene ist sie aber auch eine unermessliche Quelle mit Informationen über die Denkart und Weltsicht der Rechten. Das wird in den Inhalten der mehr als 76.000 Artikel (Stand: 18.7.2023) deutlich. Die Enzyklopädie will dazu beitragen, „das deutsche Kulturerbe zu bewahren und zugleich die deutsche Sprache zu schützen. Metapedia stellt auch Sachverhalte und Positionen dar, die anderweitig bewusst tabuisiert werden. Hierzu gehört die Beschreibung politischer Begriffe, und nicht zuletzt klärt Metapedia über antideutsche Vorurteile auf."[596]

Die Themen der einzelnen Artikel kreisen überwiegend um Souveränität Deutschlands, Überfremdung, antideutsche Propaganda, Antikommunismus ebenso wie Antirassismus, Antijudaismus, Zionismus, Mohammedanismus, NWO, Populismus, Geschichtsverfälschung, Kriegsschuldlüge, Verbrechen der Alliierten, Linksextremismus, Zensur. Sie sind alle kategorisiert und sowohl alphabetisch als auch systematisch abrufbar. Mehrere Themen tangieren die Zeit des

---

594 https://de.metapedia.org/wiki/Hauptseite, Zugriff am 18.7.2023.
595 https://de.metapedia.org/wiki/Hauptseite, Zugriff am 18.7.2023.
596 Ebd.

Nationalsozialismus[597], die in den einschlägigen Artikeln verklärt wird, z.B. bei den Schlagwörtern „Blutzeugen der Bewegung", „Frau und Nationalsozialismus", „Nationalsozialistische Erziehung", „Rassenlehre".

Die Pflege des Deutschtums, wenn nicht gar Deutschtümelei wird auch in einigen Sparten der Enzyklopädie deutlich. Hierzu gehören einige Rubriken auf der Hauptseite. Die Rubrik „Was geschah am ...?" ruft wichtige Daten aus deutscher Kultur-, Kunst-, Militär- und Wirtschaftsgeschichte in Erinnerung (Geburts- und Todesdaten namhafter Deutscher, zu denen auch Österreicher und Deutschschweizer gerechnet werden, ferner Gründungen von Parteien, Erinnerung an wichtige Ereignisse wie Schlachten, Erfindungen u.a.). In der Rubrik „Denk Mal nach ..." wird in Wort und Bild an besonders gravierende historische Ereignisse erinnert, wie z.B. an das „Versailler Diktat"[598]. In der Rubrik „Medienfenster" werden unter anderem schöne deutsche Landschaften gezeigt, z.B. im heute polnischen und tschechischen Riesengebirge.

Die *Metapedia* wird aus linken Positionen kritisiert. Ihre Konkurrentin, die *Wikipedia*, nennt sie eine „rechtsextreme Online-Enzyklopädie", die „eindeutige geschichtsrevisionistische und das NS-Regime verharmlosende Züge"[599] trage, was im Bericht des Verfassungsschutzes NRW 2008 festgestellt wurde. Eine weitaus differenziertere Analyse von Inhalten der *Metapedia* liefert die *WikiMANNia*, eine sich als „einzigartige Wissens-Datenbank über Benachteiligungen von Jungen und Männern, sowie Bevorzugungen von Maiden und Frauen" verstehende Webseite, die von der Bundesprüfstelle für jugendgefährdende Medien indiziert wurde[600]. Zu *Metapedia* schreibt *WikiMANNia* unter anderem: „In Metapedia wird ein unrealistisches Weltbild vermittelt. Man könnte dies leichtfertig als ‚nationalsozialistisches Weltbild' abtun, wobei die Frage offenbliebe, ob das nicht eine verharmlosende Umschreibung wäre. Wenn der Verfassungsschutz Metapedia ‚eindeutige geschichtsrevisionistische und das NS-Regime verharmlosende Züge' zuschreibt, dann könnte dieses Internetportal als neonazistische Webseite eingestuft und entsprechend behandelt werden. [...] Metapedia mit Revisionismus [...] und mit

---

597 https://de.metapedia.org/wiki/Metapedia:Kategorieverzeichnis, Zugriff am 18.7.2023.
598 Der Begriff „Diktatfrieden" wird übrigens keineswegs nur in der revisionistischen Geschichtsliteratur, sondern auch in deutschen Geschichtslehrbüchern und in historischen Publikationen staatlicher Institutionen in Deutschland verwendet, weil in ihm die damaligen Empfindungen der Deutschen zum Ausdruck kommen. Aus der Sicht der Siegermächte und der Nutznießer der auferlegten Lasten, darunter Polens, ist der Begriff „Versailler Friedensvertrag" eine neutrale Bezeichnung dieses historischen Dokuments.
599 https://de.wikipedia.org/wiki/Metapedia, Zugriff am 18.7.2023.
600 https://at.wikimannia.org/WikiMANNia:Hauptseite, Zugriff am 18.7.2023. Näheres über *WikiMANNia* weiter unten.

Verharmlosung des NS-Regimes zu charakterisieren, greift eindeutig zu kurz und ist wohl auch den standardisierten ‚Kampf-gegen-Rechts'-Mechanismen geschuldet. Metapedia ist darüber hinaus von einer bis zum Realitätsverlust reichenden naiven Weltsicht geprägt, wie man sie aus den alten Western [...] kennt: Hier die guten ‚Cowboys' und ‚weißen Siedler', dort die unberechenbaren und bösen ‚Rothäute'. Psychologisch erklären könnte das vielleicht das in dem kindlichen Bedürfnis nach einer überschaubaren Welt, in der die Grenzen zwischen Gut und Böse klar und eindeutig erkennbar sind. Das in Metapedia vermittelte Weltbild ähnelt darin dem Feminismus, der die Welt klar in böse Männer (= Täter) und gute Frauen (= Opfer) einteilt oder einer linken Weltsicht, die Kapitalisten (Bourgeoisie, Ausbeuter) und ‚Arbeiter und Bauern' (Sowjetmensch, Ausgebeutete), beziehungsweise gute Revolutionäre (Che Guevara, Gutmensch) und schlechte Konterrevolutionäre (Schlechtmensch) unterscheidet. Auch das grüne Weltbild (Ökologismus) teilt die Welt ein in gute Umweltschutzaktivisten (Greenpeace, Tierschützer) und in Umweltverschmutzer (Kernkraftwerkbetreiber, Automobilindustrie)."[601]

Die deutsche *Metapedia* fand auch Interesse eines polnischen Wissenschaftlers. Es war der Politologe Sławomir Ozdyk, der ihrem Polenbild einen kritischen Beitrag[602] widmete. Allerdings wird dem Beiträger auf einer als links einzustufenden Webseite vorgeworfen, er selbst hätte Verbindungen zur neonazistischen Szene[603], wodurch seine wissenschaftliche Redlichkeit in Frage gestellt wird. In dem besagten Beitrag setzt sich Ozdyk aber mit antipolnischen Stereotypen der *Metapedia* und mit deren historischem Revisionismus in Bezug auf Polen durchaus objektiv auseinander.

PI-News Politically Incorrect, http://www.pi-news.net

PI-News versteht sich zwar als ein Blog, aber im Grunde ist das ein Pressemedium. Seine Leitlinien gelten bis heute und sind in folgenden Stichpunkten festgeschrieben: „Gegen den Mainstream", „Proamerikanisch und -israelisch"[604], „Grundgesetz und Menschenrechte", „Gegen die Islamisierung Europas"[605]. Diese Leitlinien werden detailliert erläutert. Ein Thema steht im Mittelpunkt: „die Beeinflussung der Bevölkerung im Sinne von politischer Korrektheit durch Medien und Politik. Es

---

601 https://at.wikimannia.org/Metapedia, Zugriff am 18.7.2023.
602 Sławomir Ozdyk, *Poland in the entries of German Metapedia*, http://cejsh.icm.edu.pl/cejsh/element/bwmeta1.element.ojs-doi-10_15804_rop201309/c/21-32ad91b2-e762-4d4a-b7a8-9352bcb873c0.pdf.pdf, Zugriff am 18.7.2023.
603 Tomasz Piątek, *Doktor Ozdyk między Brauem, Łukaszenką, terroryzmem i wódką* ((in dt. Übers.: Doktor Ozdyk zwischen Braun, Lukaschenka, Terrorismus und Wodka), https://resetobywatelski.pl/dr-ozdyk-miedzy-braunem-lukaszenka-terroryzmem-i-wodka/, Zugriff am 6.1.2023.
604 Dieser Stichpunkt fehlt auf der am 18.7.2023 erneut durchgesehenen Seite.
605 https://www.pi-news.net/leitlinien/, Zugriff am 18.7.2023.

scheint uns wichtiger als je zuvor, Tabuthemen aufzugreifen und Informationen zu vermitteln, die dem subtilen Diktat der politischen Korrektheit widersprechen."[606]

Die Israelfreundlichkeit der Webseite hat ihre Beweggründe in der unverhohlenen Islamkritik der Webseitenbetreiber, und deren positive Einstellung zu den USA scheint ein Gegenstück zur negativen Einstellung der vom linken Denken dominierten Mainstreamjournalismus gegenüber dieser Großmacht zu sein.

Beim Thema Grundgesetz und Menschenrechte stehen der Multikulturalismus und die Gefahr der Islamisierung im Vordergrund, außerdem die Warnung vor der Übermacht des Staates, vor der Einschränkung der Rechte und Freiheiten der Bürger.

Die Warnung vor der Islamisierung ergibt sich aus Beobachtungen der aktuellen Entwicklungen in Deutschland: „Die Ausbreitung des Islam bedeutet folglich, dass unsere Nachkommen – und wahrscheinlich schon wir selbst – aufgrund der kulturellen Expansion und der demographischen Entwicklung in zwei, drei Jahrzehnten in einer weitgehend islamisch geprägten Gesellschaftsordnung leben müssen, die sich an der Scharia und dem Koran orientiert und nicht mehr am Grundgesetz und an den Menschenrechten. Wir sehen es daher aus staatsbürgerlichen und historisch gewachsenen Gründen als unsere Verpflichtung an, einer sich ankündigenden religiösen Diktatur in Deutschland durch Information und Aufklärung gemäß dem Motto entgegen zu treten: ‚Nie wieder!'"[607]

Ständige Rubriken der *PINews* sind Siedlungspolitik, Kriminalität, Islam, Linke, Altmedien, Aktivismus. In der Statistik der „beliebten Kategorien" findet der User folgende Schwerpunkte: Deutschland (12.869 Beiträge), Islam (7.114), Video (6.297), Asyl-Irrsinn (4.180), Islamisierung Europas (3.664), Migrantengewalt (3.497) Altmedien (3.471), und Linksfaschismus (3.343)[608]. Eine Durchsicht dieser Beiträge lässt die konsequente Übereinstimmung zwischen den Leitlinien des Mediums und seiner Thematik erkennen. Die Betreiber erkennen die Gefahren der unkontrollierten Einwanderung nach Deutschland seit 2015, die Migrantenkriminalität, die Ausweitung des Islams, Manipulationen in der Berichterstattung der Leitmedien sowie die Dominanz der Linken im öffentlichen Diskurs als Bedrohungen des gesellschaftlichen Zusammenhalts nicht nur in Deutschland, sondern auch in anderen Ländern Europas.

PINews sind auch in 20 anderen Sprachen zu lesen, darunter in Tschechisch, Dänisch, Niederländisch, Englisch, Französisch, Griechisch, Hebräisch, Ungarisch, Italienisch, Polnisch, Russisch, Spanisch und Schwedisch. Wie viele Menschen dieser Sprachen das Medium benutzen, entzieht sich der Kenntnis des Verfassers. Jedenfalls ist das Portal eine alternative Informationsquelle über Deutschland und seine Probleme.

---

606 Ebd.
607 Ebd.
608 Alle Angaben zum Zeitpunkt der Untersuchung am 18.7.2023.

PINews sind auch Gegenstand linker Kritik. Das diesbezügliche Schlagwort in *Wikipedia* lautet „Politically Incorrect" und wird als „rechtsextremes Blog" bezeichnet, „das sich der Selbstbeschreibung nach gegen eine vermeintliche ‚Islamisierung Europas' richtet. [...] Der Bundesverfassungsschutz stellte den Blog 2021 unter Beobachtung und bewertete es als ‚erwiesen extremistisch'."[609] Weitere Epitheta, die dem Blog von *Wikipedia* verliehen werden, sind „islamfeindlich" und „rechtspopulistisch". Wie auch bei anderen rechtsorientierten Webseiten werden gegen *PINews* dieselben Autoritäten zu Hilfe gezogen: Stefan Niggemeier, der den Blog in der FAZ 2007 als „Extremismus aus der Mitte der Gesellschaft" bezeichnete und seine Betreiber (und wohl auch seine Leser) als „unverhohlen rassistischen Mob"[610] beschimpfte. Die Bezeichnung „rechtsradikaler Mob" in Bezug auf *PINews* benutzte auch der Islamwissenschaftler Michael Kiefer, der sich vor allem wider die Anfeindungen von Muslimen wendet.

Auch die sich als „Netz für digitale Zivilgesellschaft" verstehende Webseite *Belltower News* übt an den publizistischen Aktivitäten von *PINews* Kritik. Das Portal analysiert ausgewählte Beiträge in *PINews* unter dem Aspekt der darauf verbreiteten Antiwerte Hass, Hetze, Hate Speech, Desinformation, Rassismus, Menschenfeindlichkeit u.a.

Tatsächlich können viele Beiträge auf *PINews* bei deren Lesern Angst, Unruhe und Unzufriedenheit auslösen, nicht zuletzt wegen der als wenig wirksam empfundenen Maßnahmen des Staates gegen die steigenden Migrantenzahlen und die damit einhergehenden Belastungen des Sozialsystems, gegen Kriminelle mit Migrationshintergrund, gegen die „Kulturbereicherung" durch Einwanderer aus anderen Kulturräumen, die nicht von jedermann akzeptiert wird.

Die Kritik oder gar Beobachtung durch Staatsschutzorgane von Webseiten wie *PINews*, die für die Kritiker etwa der staatlichen Migrationspolitik eine zuverlässige Informationsquelle bilden, sollte nicht am Grundsatz der Meinungsäußerungsfreiheit rütteln, soweit diese nicht gegen die bestehenden Gesetze verstößt. Solche Verstöße zu beweisen, ist Sache des Staates, und allem Anschein nach ist dies im Falle von *PINews* schwierig, denn obwohl der Blog seit 2004 besteht, wird er erst seit 2021 vom Verfassungsschutz beobachtet. Kontroversen um *PINews* gab es laut *Wikipedia* erstmals 2008, und es waren vornehmlich die Linken, die das Portal unter die Kontrolle des Staates nehmen wollten. Somit scheint der Schluss berechtigt, dass die Aktivitäten der Gegner des Blogs sich in den in Deutschland geführten „Kampf gegen Rechts" einfügen.

Politikversagen, http://www.politikversagen.net
Untertitel des laut Impressums in Basel eingetragenen Portals ist „Die systemkritische Presseschau". Leitlinien oder Selbstdarstellung der Webseite fehlen.

---

609 https://de.wikipedia.org/wiki/Politically_Incorrect, Zugriff am 7.1.2023.
610 Ebd.

Sparten: Kompakt mit den wichtigsten Meldungen und Meinungen des jeweiligen Tages in den Kategorien Meinung, Kriminalität, Vergewaltigung und Islamisierung; Forum; Videos mit Kommentaren zu Ausschnitten aus öffentlichen Medien; Demos und Streams; Rubriken; Autoren; Archiv; Suche; Umfragen.

Die Sparte Rubriken ist in mehrere Kategorien unterteilt, gegliedert nach der Zahl der Einträge zu den einzelnen Themen: Asyl (13.922), Ausländerkriminalität (12.896), Gewalt (10.724), Islamisierung (5.111), Vergewaltigung (4.220), Epidemie (3.028), Gesellschaftskritik (3.010), Realsatire (2.792), Zwischen den Zeilen (2.490), Justiz (2.235), Mainstream-Propaganda (2.070), SPD (1.671), Polizei (1.626), Grüne (1.448), EU (1.340), Terror (1.307), Videos (1.297), Linksterrorismus (1.237), Grenzschutz (1.210), Meinungsfreiheit (1.127), Wirtschaft (1.101), Mainstream-Kritik (1.099), Wohnungsnot (975), Zensur (960), Undank (889) und mehrere andere. Die Reihenfolge der Rubriken ergibt sich aus der Zahl der Beiträge – zum Zeitpunkt der Untersuchung (18.7.2023) war Asyl das Hauptthema, am Ende der Liste stand das Thema Schweiz mit 5 Beiträgen. Alle Themen sind mehr oder weniger kritisch gegenüber den aktuellen Zuständen in Deutschland. Unter den mehreren Dutzend Autoren, die nach der Zahl der Einträge und alphabetisch sortiert sind, finden sich neben etlichen Kritikern der Bundesregierung auch Politiker wie Sigmar Gabriel mit einem Beitrag aus der *Welt* vom 4.6.2015, in dem er Europa als eine Sozialunion sehen will[611], und Andrea Nahles, über deren Forderung, ausgebildeten Asylbewerbern das Bleiberecht zu gewähren, die *Junge Freiheit* vom 16.6.2015 berichtete[612]. Die Äußerung Gabriels findet sich in den Rubriken EU, Eurokrise, Mainstream-Propaganda, und die Meldung über die Forderung von Nahles steht in den Rubriken Asyl, Mainstream-Propaganda und Realsatire. Die Zuordnung zu den einzelnen Rubriken wird von den Betreibern durchgeführt, die Autoren selber wären mit ihr wohl nicht immer einverstanden. Darüber hinaus findet der User Texte von Menschen mit Migrationshintergrund, die die Einwanderungspolitik der Bundesregierung kritisieren wie Necla Kelek sowie Wissenschaftler von internationalem Rang wie Basam Tibi u.a. Ihre Beiträge stammen aus diversen Quellen und dienen so gut wie alle der Kritik der Zustände in den von der Migration betroffenen Ländern Europas.

Politikversagen.net hat vielleicht nicht die Breitenwirkung wie etwa *PINews*, aber der Vorzug des Ersteren ist, dass dieses Portal zum großen Teil Informationen auch aus Mainstream-Medien übernimmt, wobei es sich – dem Untertitel „die systemkritische Presseschau" entsprechend – lediglich um Meldungen handelt, die in der Öffentlichkeit auf Empörung und Missfallen stoßen. Hierzu einige Beispiele. Aus der Rubrik Asyl: „Schwere Silvester-Krawalle in Bonn: Alle Täter

---

611 https://www.politikversagen.net/search/node/Sigmar%20Gabriel, Zugriff am 7.1.2023.
612 https://www.politikversagen.net/search/node/Andrea%20Nahles, Zugriff am 7.1.2023.

polizeibekannte Mihigrus"[613]; aus der Rubrik Ausländerkriminalität: „Vor Silvester-Mob! Polizei flieht in Imbiss"[614]; aus der Rubrik „Epidemie": „Stadt Stuttgart: acht Mitarbeiter im besten Alter sterben innerhalb von vier Wochen"[615]; aus der Rubrik „Undank": „Seniorin (87) am Rollator zeigt gutes Herz und wird bestohlen"[616].

Preußische Allgemeine, https://www.preussische-allgemeine.de/
Früherer Titel: „Das Ostpreußenblatt", eine Vertriebenenzeitung, Organ der Landsmannschaft Ostpreußen. Heute mit dem Untertitel: „Zeitung für Deutschland Das Ostpreußenblatt Pommersche Zeitung". Onlineausgabe der Wochenzeitung für Politik, Kultur und Wirtschaft.

2018 schrieb die Zeitung in der Rubrik „Wer wir sind" Folgendes: „Daher gilt der Grundsatz preußisch korrekt statt politisch korrekt. Unsere preußisch-wertkonservative Berichterstattung bietet Ihnen einen ungeschönten Blick auf das Zeitgeschehen und Woche für Woche Orientierung in der Flut oft belangloser Nachrichten."[617] 2021 heißt es in ihrer Selbstdarstellung unter anderem: „In ihrer Arbeit fühlt sich die Redaktion dem traditionellen preußischen Wertekanon verpflichtet: Das alte Preußen stand und steht für religiöse und weltanschauliche Toleranz, für Heimatliebe und Weltoffenheit, für Rechtsstaatlichkeit und intellektuelle Redlichkeit sowie nicht zuletzt für ein von der Vernunft geleitetes Handeln in allen Bereichen der Gesellschaft."[618] Sie distanziert sich auch zur „neuen Rechten": „Diese Zeitung ist in guter preußischer Tradition der Idee der Aufklärung in besonderem Maße verpflichtet. Die Ideen des Liberalismus, des Universalismus

---

613 Aus *Focus online* vom 6.1.2023, https://www.politikversagen.net/rubrik/asyl, Zugriff am 7.1.2023. Der Beitrag findet sich auch in den Rubriken „Ausländerkriminalität", „Gewalt" und „Islamisierung". Der Originaltitel bei *Focus online* ist weniger emotional und lautet „Neue Erkenntnisse zu Tatverdächtigen nach Silvester-Krawallen in Bonn".

614 Aus *BZ* vom 5.1.2023, https://www.politikversagen.net/rubrik/auslaenderkriminalit aet, Zugriff am 7.1.2023. Der Beitrag findet sich auch in den Rubriken „Gewalt" und „Polizei". Der Originaltitel in der *BZ* lautet „Vor 200-köpfigen Silvester-Mob! Polizei flieht in Imbiss".

615 Aus *Report 24* vom 1.1.2023, https://www.politikversagen.net/rubrik/epidemie, Zugriff am 7.1.2023. Der Beitrag findet sich auch in der Rubrik „Zwischen den Zeilen".

616 Aus *Merkur.de* vom 31.12.2022, https://www.politikversagen.net/rubrik/undank, Zugriff am 7.1.2023. Der Beitrag findet sich auch in der Rubrik „Ausländerkriminalität". Der Originaltitel in *Merkur.de* lautet „Seniorin (87) aus Bichl zeigt ein gutes Herz – und wird zum Dank bestohlen". Die Überschrift bei *politikversagen.net* ist stärker und steigert die Empörung des Lesers.

617 https://www.preussische-allgemeine.de/ueber-uns.html, Zugriff am 1.12.2018.

618 https://paz.de/ueber-uns.html, Zugriff am 18.3.2021.

und des Pluralismus werden von ihr ausdrücklich und nachdrücklich unterstützt und verteidigt. Die Behauptung, die *PAZ* sei der ‚neuen Rechten' zuzuordnen, ist daher abwegig."[619]

Die obigen Beteuerungen, die Zeitung sei „preußisch korrekt" und distanziere sich von der „neuen Rechten" finden sich in der Selbstdarstellung Anfang 2023 nicht. Im Juli 2023 schreiben die Betreiber der Webseite: „Jenseits des Tagesgeschehens fühlt sich die PAZ der Erinnerung an das historische Preußen und der Pflege seines kulturellen Erbes verpflichtet. Mit diesen Grundsätzen ist die Preußische Allgemeine Zeitung eine einzigartige publizistische Brücke zwischen dem Gestern, Heute und Morgen, zwischen den Ländern und Regionen in West und Ost – sowie zwischen den verschiedenen gesellschaftlichen Strömungen in unserem Lande."[620]

In der Rubrik „Mediadaten" wird die politische Ausrichtung der Zeitung noch verdeutlicht: „Die PAZ ist ihrem Namen verpflichtet, sie vertritt die Werte Preußens. Sie hat darüber hinaus eine christliche und nationalliberale Ausrichtung. Für uns hat sich der Nationalstaat nicht überlebt. Das zusammenwachsende Europa kann nur ein Europa der Vaterländer sein, mit einer gemeinsamen Außen- und Sicherheitspolitik. Wie kaum eine andere Zeitung ist die *Preußische Allgemeine* dem Gemeinwohl und der Zukunftsfähigkeit des deutschen Volkes verpflichtet. Andere wertkonservative Zeitungen in Deutschland sind bildungsbürgerlich, konfessionell oder parteilich gebunden, aber nur die *PAZ* ist schlicht und einfach preußisch. Damit ist die *Preußische Allgemeine Zeitung* in Deutschland ohne direkte Konkurrenz."[621]

In allen Kategorien der Online-Ausgabe: Politik, Kultur, Wirtschaft, Panorama, Gesellschaft, Leben, Geschichte, Ostpreußen, Pommern, Berlin-Brandenburg, Schlesien, Danzig und Westpreußen, Bücher werden Themen behandelt, die in irgendeiner Weise mit den Regionen Berlin-Brandenburg sowie den ehemaligen deutschen Ostgebieten in Verbindung stehen. Einen polnischen Leser werden Beiträge über heute polnische Orte besonders interessieren. So findet er eine Meldung über eine fertiggestellte Gedenkstätte für den ehemaligen evangelischen Friedhof am Bahnhof Allenstein-Mitte. Auffallend ist die Detailliertheit der Meldung, in der alte deutsche Straßennamen Hindenburgstraße und Bahnhofstraße verwendet und des Weiteren technische Einzelheiten des Unternehmens genannt werden[622]. Ein

---

619 https://www.preussische-allgemeine.de/nachrichten/artikel/presseerklaerung-die-preussische-allgemeine-zeitung-gehoert-nicht-zur-neuen-rechten-kopie-1.html, Zugriff am 1.12.2018.
620 https://paz.de/ueber-uns.html, Zugriff am 18.7.2023.
621 https://paz.de/mediadaten.html, Zugriff am 18.7.2023.
622 „In den vergangenen Wochen wurden mehr als 50 auf dem Gelände befindliche Garagen und Nebengebäude abgerissen. Außerdem wurde ein Regenwasserabflusssystem installiert, sodass die Keller der umliegenden Gebäude bei starken Regenfällen nicht mehr überflutet werden." Dawid Kazanski, *Gedenkstätte am Bahnhof fertiggestellt. Arbeiten am Haltepunkt Allenstein-Mitte schreiten voran – Bauvorhaben*

anderes Beispiel für das Interesse der *PAZ* an den Entwicklungen in den ehemaligen deutschen Ostgebieten ist ein Beitrag über Bauarbeiten im heute polnischen Międzyzdroje, dem einstigen Misdroy. Der deutsche Verfasser schreibt respektvoll über den Elan polnischer Bauunternehmer und Investoren[623]. Jedwede Kritik an Polen, die heute das berühmte Ostseebad ausbauen und sich um die Wiederherstellung historischer Villen, Häuser und Parks kümmern, fehlt. Der Beitrag kann als Anregung zum Besuch Misdroys gelesen werden.

Um noch bei den heute polnischen West- und Nordgebieten zu bleiben: Nach Eingeben des Stichworts „Polen" in die Suchmaske bekommt der User mehrere Beiträge zu lesen, die sich mit der Jetztzeit dieser Gebiete befassen. Hier seien nur Titel vom Dezember 2022 aufgelistet, die aber auch als repräsentativ für die Einstellung der Zeitung zu den heutigen Zuständen gedeutet werden können: „Allenstein: ‚Steine können nicht schweigen'. Eine Ausstellung im städtischen Kulturzentrum zeigt zerstörte Alltagsgegenstände aus der Ukraine" (Dawid Kazanski, 3.1.2023)[624]; „Sanktionsfolgen: Schwedt in der selbstgestellten Falle. Die brandenburgische Raffinerie kann nur noch mit Polens Hilfe versorgt werden. Warschau wittert Chancen" (Hermann Müller, 30.12.2022)[625]; „Östlich von Oder und Neiße: Die Gold-Rosi Oberschlesiens. Aus einer alten Scheune wird das Heimatmuseum der Deutschen in der Republik Polen schlechthin" (Chris W. Wagner 30.12.2022)[626]; „Östlich von Oder und Neiße: Die ‚Lex Czarnek' behindert den Deutschunterricht an polnischen Schulen. Polens Bildungsminister argumentiert abenteuerlich. Mit NGO-Passus will er die Deutsche Minderheit ausbremsen" (Chris W. Wagner, 27.12.2022)[627]; „Archäologische Funde: Schätze aus dem Nidaino-See. Äußerst wertvolle Gegenstände: ‚Ausstellung ... von Anbeginn bis heute' im Museum Sensburg eröffnet" (Uwe Hahnkamp, 26.12.2022)[628]; „Allenstein: Leben unter schwierigen Umständen. Ukrainerinnen im südlichen Ostpreußen können sich trotz Arbeit ein selbstständiges Leben kaum leisten" (Dawid

---

wurde von Archäologen begleitet, PAZ 6.1.2023, https://paz.de/artikel/gedenkstaette-am-bahnhof-fertiggestellt-a8143.html, Zugriff am 9.1.2023.

623 Alfred Rosenthal, *Misdroy – Traditionelles trifft Modernes. Das Wolliner Ostseebad Misdroy ist zur Boomtown geworden, es platzt aus allen Nähten*. https://paz.de/artikel/misdroy-traditionelles-trifft-modernes-a8160.html, Zugriff am 9.1.2023.

624 https://paz.de/artikel/steine-koennen-nicht-schweigen-a8102.html, Zugriff am 9.1.2023.

625 https://paz.de/artikel/schwedt-in-der-selbstgestellten-falle-a8080.html, Zugriff am 9.1.2023.

626 https://paz.de/artikel/die-gold-rosi-oberschlesiens-a8082.html, Zugriff am 9.1.2023.

627 https://paz.de/artikel/die-lex-czarnek-behindert-den-deutschunterricht-an-polnischen-schulen-a8059.html, Zugriff am 9.1.2023.

628 https://paz.de/artikel/schaetze-aus-dem-nidaino-see-a8053.html, Zugriff am 9.1.2023.

Kazanski, 14.12.2022)[629]; „Ostpreußische Jugend: Traditionell den Advent begrüßt. Musik, Tanz und Basteln: In Osterode traf sich die Jugend der Deutschen Minderheit zum feierlichen Auftakt zur Weihnachtszeit" (Uwe Hahnkamp, 11.12.2022)[630]; „Östlich von Oder und Neiße: Lichterglanz nach Berliner Vorbild. In Oberschlesiens Städten ist Energiesparen bei Weihnachtsillumination überhaupt kein Thema" (Chris W. Wagner, 10.12.2022)[631]; „Zeitgeschichte: Weiße Flecken in der Erinnerung Die Osteuropahistorikerinnen Franziska Davies und Katja Makhotina haben mit ihren Studenten Orte von Kriegsverbrechen in Osteuropa aufgesucht", (Dagmar Jestrzemski, 5.12.2022)[632]; „Östlich von Oder und Neiße: ‚Niemandsland Niederschlesien' setzt aufs Lokale. Eine Schule in Waldenburg wird nach Fürstin Daisy Hochberg von Pless benannt" (Chris W. Wagner, 1.12.2022)[633]. Von den neueren Beiträgen sei auf die Besprechung eines Buches des ehemaligen deutschen Botschafters in Warschau, Rolf Nikel, hingewiesen. Der Verfasser, Karlheinz Lau, schreibt darüber in seinem Artikel „Erkenntnisse über ein ambivalentes Verhältnis"[634]. Ein anderer Beitrag erinnert an den ersten protestantischen Gottesdienst vor 250 Jahren in Allenstein, der durch einen Festakt in der Burg gefeiert wurde[635]. In der Rubrik Touristenmagnet findet sich eine Meldung über den Stettiner Bismarckturm, der wieder zu einem Ausflugsziel werden könnte[636]. Viele Berichte und Meldungen dieser und ähnlicher Art zeugen von einer wohlwollenden Einstellung der Beiträger wie der Redaktion der *PAZ* gegenüber Polen.

Fürwahr, keiner der genannten Beiträge trägt nur einen Schimmer von Revisionismus oder Revanchismus, die einer rechtskonservativen Zeitung mitunter angelastet werden können. Die Behauptung etwa in der *Wikipedia*, die Zeitung sei „neurechts" oder „rechtskonservativ" ausgerichtet[637], basiert auf Einschätzungen

---

629 https://paz.de/artikel/leben-unter-schwierigen-umstaenden-a7994.html, Zugriff am 9.1.2023.
630 https://paz.de/artikel/traditionell-den-advent-begrueszt-a7979.html, Zugriff am 9.1.2023.
631 https://paz.de/artikel/lichterglanz-nach-berliner-vorbild-a7973.html, Zugriff am 9.1.2023.
632 https://paz.de/artikel/weisze-flecken-in-der-erinnerung-a7944.html, Zugriff am 9.1.2023.
633 https://paz.de/artikel/niemandsland-niederschlesien-setzt-aufs-lokale-a7921.html, Zugriff am 9.1.2023.
634 Rolf Nikel, *Feinde, Fremde, Freunde. Polen und die Deutschen*, München 2023, https://paz.de/artikel/erkenntnisse-ueber-ein-ambivalentes-verhaeltnis-a9041.html, 16.6.2023, Zugriff am 18.7.2023.
635 https://paz.de/artikel/des-einen-freud-des-anderen-leid-a9202.html, 16.7.2023, Zugriff am 18.7.2023
636 https://paz.de/artikel/hoffnung-fuer-stettiner-bismarckturm-a9165.html, 9.7.2023, Zugriff am 18.7.2023.
637 https://de.wikipedia.org/wiki/Preußische_Allgemeine_Zeitung, Zugriff am 9.1.2023.

von Wissenschaftlern aus den 2000er Jahren und scheint überholt zu sein. Es ist ein Zeichen der Manipulation und Unredlichkeit, wenn die genannte Enzyklopädie ihre Einträge nicht aktualisiert. Eigentlich könnte man die *PAZ* in die vorliegende Untersuchung nicht aufnehmen, vertritt sie doch weder revisionistische noch nationalistische Positionen, und viele ihrer Beiträge könnten genauso gut in einem Mainstream-Medium erscheinen. Der einzige Hinweis darauf, dass die Zeitung als rechtes Medium angesehen werden kann, ist ihr in der Selbstdarstellung formuliertes und weiter oben zitiertes Anliegen, „dem Gemeinwohl und der Zukunftsfähigkeit des deutschen Volkes verpflichtet"[638] zu sein.

Reitschuster.de, https://reitschuster.de/

Untertitel der Webseite: „Kritischer Journalismus. Ohne ‚Haltung'. Ohne Belehrung. Ohne Ideologie."[639] Boris Reitschuster war mehrere Jahre Focus-Korrespondent in Moskau. Sein Mission Statement: „Vielleicht bin ich ein Auslaufmodell: Aber ich habe Journalismus noch so gelernt, dass er vor allem die Regierenden kontrollieren und kritisieren soll, nicht die Opposition. Dass er alles in Zweifel ziehen soll, und nicht gegen Zweifler agitieren und Wahrheiten zementieren. Dass man als Journalist gegen den Strom schwimmen soll, und sich nicht von ihm treiben lassen darf. (...) In 16 Jahren als Korrespondent in Moskau bin ich allergisch geworden gegen Ideologen, Sozialismus-Nostalgiker und Journalisten-Kollegen, die brav die Regierung loben und umso heftiger die Opposition kritisieren. Auf meiner Seite hier will ich einen Kontrast setzen zum ‚betreuten Informieren'."[640] Und noch ein Zitat von Reitschuster, das die heutige Medienlandschaft charakterisiert: „Wer beim Thema ‚Corona' auch nur Zweifel am offiziellen Kurs laut werden lässt – in meinen Augen eine Pflicht als Journalist – wird sofort als ‚Corona-Leugner' diffamiert. Beim Thema ‚Migration' hatten wir das Gleiche – mit der Diffamierung als ‚Nazi'."[641]

Die beiden Reitschuster-Zitate weisen den Journalisten als Kritiker nicht nur des Mainstreams, sondern auch der offiziellen Politik Deutschlands in Sachen Corona und Migration aus. Eigentlich verdient er es nicht, zu den Rechten gezählt zu werden, denn sein Kritizismus gilt auch der russischen und der amerikanischen Politik, auch der in anderen Ländern, in denen die Regierenden die demokratischen Regeln verletzen. Er vertritt einen Journalismus, der dem Objektivismus der Berichterstattung und einem ausgewogenen, die unterschiedlichen Standpunkte berücksichtigenden Kommentieren verpflichtet ist. Das ist aus der Lektüre seiner Beiträge noch aus der Zeit seiner Arbeit als *Focus*-Korrespondent in

---

638 https://paz.de/mediadaten.html, Zugriff am 18.7.2023.
639 https://reitschuster.de/, Zugriff am 19.7.2023.
640 https://www.economy4mankind.org/wichtigste-blogs-politik-wirtschaft-deutsch/, Zugriff am 19.7.2023.
641 https://reitschuster.de/ueber-die-seite/, Zugriff am 19.7.2023.

Russland als auch auf seiner Webseite ersichtlich. Seine Zurechnung zu den Rechten bzw. Rechtskonservativen durch linke Medien und zu den Populisten durch linke Rechtsextremismusexperten, ebenso wie der Vergleich seiner Arbeitsmethoden mit Techniken russischer Trollfabriken[642] zeugen von Boshaftigkeit. Sind etwa Persönlichkeiten, die Reitschuster loben, wie Helmut Markwort, mit den Rechten gleichzusetzen?

Zwei Bücher Reitschusters sind in Polen erschienen: *Russki Extrem. Wie ich lernte, Moskau zu lieben* und *Russki Extrem im Quadrat: Was von meiner Liebe zu Russland geblieben ist* – beide im renommierten PWN-Verlag. Ist das ein Beweis dafür, dass der besagte Verlag einen rechten Populisten fördert? Dass Reitschuster ein scharfsinniger Beobachter und Kritiker von Missständen in der Welt ist, hat er mit seinen zahlreichen Büchern und Artikeln bewiesen, allen voran mit solchen, in denen er auf das heute größte Problem der Weltpolitik aufmerksam gemacht hat, nämlich auf den Aufstieg Putins und die Entwicklung in Russland unter seiner Führung. Eine Kritik am Journalisten und Schriftsteller, der die Öffentlichkeit schon vor einigen Jahren vor dem Putinismus gewarnt hat, nur deshalb, weil er gegen die Corona-Politik der Bundesrepublik eingestellt ist, ist Verharmlosung echter Gefahren. Seine Kritiker, wie Stefan Lauer[643] bei *Belltower.News*, können nur ihren Frust über ihr eigenes Unvermögen ausleben, etwas dem Autor Reitschuster Ebenbürtiges zu schaffen und vergleichbare Publizität zu erreichen, indem sie kritische Beiträge über ihn schreiben.

Signal, https://www.signal-online.de

Aus „Wir über uns": „Seit dem Jahr 2015 wächst in Deutschland die Unsicherheit. Menschen verstärken die Schutzvorrichtungen ihrer Häuser und Wohnungen. Hunderttausende haben einen ‚Kleinen Waffenschein' beantragt und führen Gaspistolen mit sich. Gleichzeitig radikalisieren sich die politischen Auseinandersetzungen, und die Zahl der politisch motivierten Straftaten steigt an: 41.500 waren es im Jahr 2016 gegenüber 38.000 im Vorjahr. Mehr als 10 % davon – 4.311 – waren Körperverletzungs-Delikte, die mehrheitlich von Linksextremisten begangen worden sind."[644] Diese Anfangszeilen aus der Selbstdarstellung der Webseite des eingetragenen Vereins Signal deuten bereits deren Hauptthema an. Sein Vorstand und zugleich Herausgeber der Webseite Manfred Rouhs wird von der *Wikipedia* als

---

642 https://de.wikipedia.org/wiki/Boris_Reitschuster#cite_note-19; Stefan Lauer, *Verunsicherung als Geschäftsmodell*, https://www.belltower.news/boris-reitschuster-verunsicherung-als-geschaeftsmodell-117261/, Zugriff am 14.1.2023.

643 Die weiter oben erwähnte *WikiMANNia* nennt Lauer einen „Journalistendarsteller, Mietschreiber und Hassprediger aus Berlin. [...] Seit 2017 schreibt er als Redakteur für die Hetzplattform *belltower.news* der denunziatorisch operierenden Amadeu-Antonio-Stiftung." https://at.wikimannia.org/Stefan_Lauer, Zugriff am 14.1.2023.

644 https://www.signal-online.de/wir-ueber-uns/, Zugriff am 9.1.2023.

„Funktionär des rechtsextremen Spektrums in Deutschland" angesehen und ist zugleich Autor des Online-Blogs *PI-News* und Verfasser von islam- und fremdenfeindlichen Artikeln[645].

Unter dem Namen *Signal* erscheint auch eine gleichnamige Zeitschrift, und unter https://kostenloses-fernsehen.de ist ein kostenloses Fernsehen zugänglich. Darin findet der Benutzer Videos von allgemein zugänglichen Kanälen.

Unser Mitteleuropa, http://unser-mitteleuropa.com

Untertitel: „Mit vereinten Kräften für ein Europa der Vaterländer". Das Portal als „eine neue, nationalistische Internetplattform will Ungarns Jobbik, Österreichs Freiheitliche und die deutsche AfD auf eine gemeinsame Linie bringen."[646] Bei der Gründung der Webseite standen Meldungen aus diesen drei Ländern im Mittelpunkt der Berichterstattung. Seit April 2020 sind in dem Webportal neben Deutschland, Österreich-Südtirol auch die Visegrád-Staaten und Europa mit Meldungen aus diesen Ländern und Regionen präsent. Mitte des Jahres 2020 kommen weitere Länder und Regionen hinzu: Statt der Visegrád-Staaten sind es nun Ungarn, Polen, Tschechien, die Slowakei, des Weiteren die Schweiz, Siebenbürgen, Slowenien, Kroatien, Westbalkan; statt Österreich-Südtirol stehen Österreich und Südtirol nun getrennt in separaten Rubriken. Neu ist auch Italien in der Runde. 2023 steht Balkan als separate Region da, hinzugekommen ist das Baltikum.

Die Seite funktioniert in vier Sprachfassungen: in Deutsch, Ungarisch, Polnisch und Englisch. Die Ausgaben von 2021 haben außerdem die Rubriken „Studien", „Satire", „Pressespiegel multilingual", der Letztgenannte heißt 2023 „Unser mehrsprachiger Pressespiegel"[647]. Die Nachrichten in der polnischen Version sind nicht up to date (Mitte 2023 finden sich darin Meldungen von März 2023 und frühere). Die Inhalte in den einzelnen Sprachversionen sind nicht aufeinander abgestimmt.

Die deutsche Version der Webseite enthält Berichte und Kommentare über aktuelles Geschehen in Deutschland und in der Welt. Zum Zeitpunkt der Untersuchung (16.1.2023) fanden sich unter anderem folgende Themen in der besagten Version: CO2-Strafsteuern; Auseinandersetzung zwischen Polizei und Klimaaktivisten bzw. -terroristen[648] in Lützerath; zehntes EU-Sanktionspaket gegen Russland; Corona-Wahn in Bildern; Hochhaus in Dnipro (angeblich) von

---

645 https://de.wikipedia.org/wiki/Manfred_Rouhs, Zugriff am 14.1.2023.
646 https://www.tagesanzeiger.ch/ausland/standard/Europas-Rechte-vernetzt-sich/story/19044780, 5.5.2016, Zugriff am 19.7.2023.
647 Mehr über die Webseite „Unser Mitteleuropa" aus linker Sicht unter https://rechtemedieninfo.blogspot.com/2019/10/unser-mitteleuropa.html?utm_source=feedburner&utm_medium=feed&utm_campaign=Feed:+Rechtemedieninfo+(RechteMedienInfo)&m=1, Zugriff am 9.4.2021
648 Andere Bezeichnungen sind „Ökoterroristen" und „Klimakriminelle". https://unser-mitteleuropa.com/deutschland/, Zugriff am 16.1.2023.

einer ukrainischen Rakete getroffen; Islamisten-Aufmarsch in Dortmund; Anti-Russland-Sanktionen werden von 97 % der Ungarn abgelehnt; spanische Rechtspartei Vox schützt ungeborenes Leben; Ukrainische Drohnen zerfetzen russische Soldaten; Russlands Handel mit China steigt; USA inszenieren in Taiwan künftigen Krieg; Mainstream hält Vornamen des Lehrerinnen-Killers von Ibbenbüren geheim; Klima-Kinderkreuzzug mit Kinder-Barrikaden-Brechern; Polizei: Bei radikalen Klima-Terroristen Hosen voll – gegen friedliche Corona-Demonstranten stark; Lauterbach für Beibehaltung der Maskenpflicht im Fernverkehr[649]. Die Durchsicht der obigen Themen lässt den Schluss zu, dass die Betreiber der Webseite gegen die Politik der rotgrünen Koalition, insbesondere gegen ihre Klima- als auch die Anti-Corona-Politik eingestellt sind. Im Ukraine-Russland-Krieg lassen sie ihre prorussische Einstellung und in der Migrationspolitik bzw. bei deren Folgen in Deutschland ihre antiislamistische Position erkennen.

Auch Polen ist ein Thema in der deutschen Version der Webseite. Am 8.1.2023 erschien ein Beitrag mit dem Titel „Gedenkfeiern für Stepan Bandera in der Ukraine kommen in Polen schlecht an"[650], in dem sachlich über die schmerzhafte Geschichte der polnisch-ukrainischen Beziehungen während des Zweiten Weltkriegs berichtet wird. Der anonyme Verfasser erinnert an die grausamen Morde ukrainischer Nationalisten an schätzungsweise 100.000 Polen und zitiert aus einem Befehl, den die Organisation Ukrainischer Nationalisten (OUN) an ihre Mitglieder erteilte: „Liquidieren Sie alle Spuren des Polentums. Zerstört katholische Kirchen und andere polnische Gebetsstätten (…) Zerstört die Häuser, so dass es keine Spuren mehr gibt, dass dort jemand gelebt hat (…) Bedenkt, dass, wenn etwas Polnisches übrig bleibt, die Polen kommen werden, um unser Land zu beanspruchen."[651] Für diese Verbrechen wird Stepan Bandera verantwortlich gemacht, dessen 114. Geburtstag am 1.1.2023 in der Ukraine gefeiert wurde, was zu offiziellen Protest des polnischen Außenministeriums geführt hat. Auch die Ernennung des ehemaligen Botschafters der Ukraine in Deutschland, Andriy Melnyk, zum stellvertretenden Außenminister Ende 2022 sorge für Unmut in Polen, weil dieser Politiker Banderas Verantwortlichkeit für die Massaker an Polen, aber auch an Juden, in Frage stellte. Am 2.1.2023, erklärte der polnische Ministerpräsident Mateusz Morawiecki, dass die Verherrlichung von Stepan Bandera unzulässig sei, und betonte, dass Polen die Massaker in Wolhynien als Völkermord betrachte und

---

649 Die obigen Themen fanden sich auf der Webseite mit den Daten 13. bis 16.1.2023.
650 https://unser-mitteleuropa.com/gedenkfeiern-fuer-stepan-bandera-in-der-ukraine-kommen-in-polen-schlecht-an/, Zugriff am 16.1.2023. Die Seite ist inzwischen blockiert worden und kann selbst mit der *Wayback Machine* nicht abgerufen werden. Unter demselben Titel findet man den Artikel aber auf der Webseite der „Viségrad Post" unter https://visegradpost.com/de/2023/01/08/gedenkfeiern-fuer-stepan-bandera-in-der-ukraine-kommen-in-polen-schlecht-an/, Zugriff am 4.7.2023.
651 Ebd.

dass die polnische Regierung in diesem Punkt hart bleiben werde.[652] Zum 80. Jahrestags des „Verbrechens von Wolhynien", am 11.7.2023, sagte Morawiecki, dass es ohne das Auffinden aller sterblichen Überreste der Opfer des Verbrechens von Wolhynien keine polnisch-ukrainische Versöhnung geben werde und dass dieses Verbrechen ein „schrecklicher, grausamer Völkermord" gewesen war.[653]

Unser Mitteleuropa ruft auch ihre Kritiker auf den Plan. So findet sich auf *medienwoche.ch* ein Beitrag über die Webseite mit dem Titel „Wie ‚Unser Mitteleuropa' ein Netzwerk rechter Medien in Europa aufbaut". Darin heißt es unter anderem: „Sie hetzen gegen Migration oder verbreiten Falschinformationen: Medien aus elf europäischen Ländern kooperieren, um ihren Einfluss zu vergrößern. Sie stehen Parteien wie der FPÖ, AfD oder Fratelli d'Italia nahe. Im Zentrum stehen die Webseite ‚Unser Mitteleuropa' und ein toter Österreicher, der Kontakte in die rechtsextreme Szene hatte."[654]

Auch *Psiram* ist bei den Kritikern des Portals mit von der Partie: „Über *Unser Mitteleuropa* werden Falschinformationen und Desinformation zu den Themen Flüchtlinge, Klimawandel, ‚LGBT' oder ‚Islam' (warum in Anführungszeichen? – Anm. d. Verf. T.G.P.) verbreitet, sowie explizit Zweifel an der Wirksamkeit von Impfungen gegen das neue Coronavirus. Zur Zeit des russischen Überfalls auf die Ukraine wird (sic!) die russische Regirung (sic!) und Staatspräsident Putin gegen Kritik in Schutz genommen. Auch werden bereits bekannte kursierende Desinformationen russischer Propaganda weiterverbreitet und somit ‚multipliziert'. Mehrere Presseberichte zeigen eine Zusammenarbeit mit der deutschen rechtspopulistischen Partei AfD und der österreichischen FPÖ."[655]

Sicherlich werden insbesondere die Leserkommentare zu den auf der Webseite publizierten Texten bei ihren linken Kritikern für Empörung sorgen, z.B. in einem Eintrag unterhalb eines Artikels vom 13.1.2023 mit der Überschrift „Treppenwitz der Geschichte: Von der Leyen stellt EU als pazifistische, wertevermittelnde ‚Friedensunion' dar". Der Leser egon samu postete Folgendes: „Wiedervereinigung? Der 2+4-Vertrag sagt schon alles. Zwei unsouveräne staatsähnliche Gebilde wurden unter Aufsicht der 4 Besatzungsmächte zwangsweise zu einer US-Provinz verheiratet. Sowjets/Russen sind vertragsgemäß nach Hause gefahren, die Amis breiten sich seitdem vertragswidrig in Richtung Osten weiter aus … und bauen seit knapp 30 Jahren in der Ukraine einen militärischen Brückenkopf gegen Russland

---

652 Ebd.
653 https://www.gov.pl/web/premier/premier-mateusz-morawiecki-nie-bedzie-pojedna nia-polsko-ukrainskiego-do-konca-bez-odszukania-wszystkich-szczatkow-ofiar-zbrodni-wolynskiej, 11.7.2023, Zugriff am 20.7.2023.
654 https://medienwoche.ch/2022/09/29/wie-unser-mitteleuropa-ein-netzwerk-rechter-medien-in-europa-aufbaut/, 29.9.2022, Zugriff am 16.1.2023.
655 https://www.psiram.com/de/index.php/Unser_Mitteleuropa, Zugriff am 16.1.2023.

aus. Ich hätte an Russlands Stelle schon früher in Notwehr gehandelt."[656] Das ist ein Beispiel unter vielen anderen Posts, die die Souveränität des heutigen Deutschlands in Frage stellen und für Russland und gegen die USA Partei ergreifen.

Unzensuriert, https://www.unzensuriert.de/german

Untertitel: „Demokratisch, kritisch, polemisch und selbstverständlich parteilich". *Unzensuriert.de* wurde im April 2017 zusätzlich zur bereits seit 2009 existierenden österreichischen Webseite *unzensuriert.at* gestartet, „um der stetig anwachsenden bundesdeutschen Leserschaft thematisch gerecht zu werden."[657] Allerdings sind auf der deutschen Webseite österreichische Themen überrepräsentiert, z.B. in der Rubrik Einzelfälle Meldungen über kriminelle Handlungen von Ausländern bzw. Migranten in Österreich und nur vereinzelt in Deutschland. Beide Versionen der Webseite bringen Nachrichten über Themen, die vom Mainstream gar nicht oder nur einseitig behandelt werden. Über das Projekt *unzensuriert.at* heißt es im Impressum: „Aus einem kleinen Internet-Blog ist eine ansehnliche Internet-Zeitung geworden, die tagesaktuell über Themen aus Politik und Gesellschaft, Wirtschaft und Wissenschaft, Kultur und Medien berichtet – sowohl aus Österreich als auch international."[658] Und zum deutschen Projekt *unzensuriert.de* heißt es: „Mit diesem Konzept ist die Internet-Zeitung zu einem der erfolgreichsten alternativen Medienprojekte geworden und erfreut sich weit über die österreichischen Grenzen hinaus unzähliger treuer Leser."[659] In der deutschen Version finden sich insbesondere Hintergrundinformationen zur deutschen Innenpolitik, Chronik, Wirtschaft und vor allem auch Medienlandschaft.

Rubriken in den Ausgaben von 2021 waren: Politik, International, Medien, Wirtschaft, Chronik, Kultur, Einzelfälle, Hass im Netz, Meinung und Quiz. 2023 fehlen die Rubriken Hass im Netz und Quiz. Anders als auf linksorientierten Webseiten zu erwarten, standen in der Rubrik Hass im Netz keine Meldungen über Verletzungen von Regeln der politischen Korrektheit oder über Angriffe auf Minderheiten oder Migranten, sondern Beiträge über Meinungsfreiheit, linksextreme Gewalt, Missstände in der Justiz, Zensur im Internet u.ä.

Die Einschätzung der Webseite in der *Wikipedia* hat sich innerhalb von drei Jahren gewandelt. Im Januar 2021 fand sich darin folgende Passage: „In der Gefährdungseinschätzung des Bundesamts für Verfassungsschutz und Terrorismusbekämpfung heißt es, dass *unzensuriert.at* dem rechten und nationalistischen Lager zugerechnet werden könne. Die in dem Medium veröffentlichten Inhalte wären ‚zum Teil äußerst fremdenfeindlich und weisen antisemitische Tendenzen auf'.

---

656 https://unser-mitteleuropa.com/treppenwitz-der-geschichte-von-der-leyen-stellt-eu-als-pazifistische-wertevermittelnde-friedensunion-dar/, Zugriff am 16.1.2023.
657 https://www.unzensuriert.de/impressum/, Zugriff am 19.1.2023.
658 https://www.unzensuriert.de/impressum, Zugriff am 19.1.2023.
659 Ebd.

Auch ‚verschwörungstheoretische Ansätze und eine pro-russische Ideologie' würden vertreten."[660] Anfang 2023 findet sich im Abschnitt „Rezeption und Kritik" folgende Einschätzung der Webseite: Sie sei ein „Desinformationsprojekt am rechten Rand" (Dokumentationsarchiv des österreichischen Widerstandes)[661].

Der weiter oben bereits genannte Stefan Lauer von *Belltower.News* schrieb 2017 über den „deutschen Ableger" von *unzensuriert.at*, an seiner Ausrichtung habe sich nichts geändert: „Pro-Trump, Pro-Putin und gegen Geflüchtete. Und es gibt eindeutige Verbindungen zur Neuen Rechten in Deutschland und zur AfD."[662]

Etwas erheiternd ist die Einschätzung von *unzensuriert.de* auf *Psiram*. Das sonst sehr rechtsfeindliche Portal bescheinigt der Webseite nur in der Überschrift vor einem Zitat über ihre Anfänge die „Nähe zur österreichischen rechten FPÖ", und beschränkt sich dabei auf den Hinweis, in der deutschen Version „fallen immer wieder Formulierungen und Begriffe auf, die nur in Österreich gebräuchlich sind wie ‚Jänner' oder ‚Spital'."[663]

WikiMANNia, https://at.wikimannia.org/WikiMANNia:Hauptseite

„WikiMANNia ist ein Online-Lexikon, das einen schnellen Zugriff auf männerpolitisch relevante Fakten bietet. Schwerpunktthemen sind die Bevorzugung der Frauen und Benachteiligung der Männer in Politik, Rechtsprechung und Gesellschaft. Stell Dir eine Welt vor, in der jeder freie Mann feminismusfreies Wissen mit anderen teilen kann. Dies ist unser Auftrag. – Leitbild WikiMANNia. Ziel von WikiMANNia ist, einen Überblick über Männerbewegung, Frauen in der Arbeitswelt, Falschbeschuldigungen, Familienrecht und Feminismuskritik zu bieten. Es soll allen, die sich gegen Ungerechtigkeiten in den genannten Bereichen wehren, eine Argumentationshilfe sein."[664]

WikiMANNia ist nach eigener Einschätzung die Antithese zur feministischen Opfer- und Hassideologie. In der Selbstdarstellung schreiben die Betreiber der Seite: „WikiMANNia schützt die Jugend vor familienzerstörender Familienpolitik und staatlicher Indoktrination. All die Dinge, wovor Jugendliche geschützt werden müssen – Hass, Hetze, Aufruf zur Gewalt und Pornographie – gibt es hier nicht. WikiMANNia dokumentiert lediglich die Wirklichkeit, ohne sich mit dem Abgebildeten, Zitierten gemein zu machen, ohne sich das Dargestellte zu eigen zu machen. In WikiMANNia erfahren Sie all das, was Sie aus Gründen der Staatsräson nicht erfahren sollen."[665]

---

660 https://de.wikipedia.org/wiki/Unzensuriert.at, Zugriff am 4.1.2019.
661 https://de.wikipedia.org/wiki/Unzensuriert.at, Zugriff am 20.7.2023.
662 https://www.belltower.news/expansion-unzensuriert-gibt-es-jetzt-auch-in-deutschland-43502/, Zugriff am 20.1.2023.
663 https://www.psiram.com/de/index.php/Unzensuriert, Zugriff am 20.7.2023.
664 https://at.wikimannia.org/WikiMANNia, Zugriff am 20.7.2023.
665 https://at.wikimannia.org/WikiMANNia:Über_WikiMANNia, Zugriff am 20.7.2023.

Die Navigation im Portal ist überschaubar in einige Kategorien eingeteilt. Seine Themen sind: Frau, Mann, Familie, Feminismus, Männerbewegung, Familienrecht, Gesellschaft, Sprache, Wissenschaft, Staat. Die Kategorie Portale enthält die Abteilungen Bildung und Erziehung, Familie, Familienrecht, Falschbeschuldigung, Feminismuskritik u.a. In der Kategorie Neue Artikel finden sich Biogramme von diversen Persönlichkeiten des öffentlichen Lebens, Essays sowie Erläuterungen von Begriffen, die mit der Thematik der Webseite korrespondieren. Die Benutzer können sich nach Anlegung eines Kontos an der Erstellung von Einträgen beteiligen.

Erwartungsgemäß wird *WikiMANNia* von der weiter oben genannten linksorientierten Webseite *Psiram* als „rechtsextremistisch einzuordnendes, maskulistisches und antifeministisches Wiki-Portal" eingeschätzt. Die besagte Webseite nennt *WikiMANNia* in Anlehnung an die *taz* und die *Süddeutsche Zeitung* ein „Hetzportal" und setzt sie zur Reichsbürgerszene in Bezug[666]. Auch *Belltower.News* definiert die *WikiMANNia* als „rechtsextremistisch einzuordnendes, maskulistisches Wiki-Portal"[667] und mit den Worten ihres Autors Stefan Lauer als eine „Plattform von Rechtsaußen-Männerrechtlern"[668].

Zuerst!, http://zuerst.de

Untertitel: „Deutsches Nachrichtenmagazin", Online-Ausgabe der gleichnamigen Monatsschrift, hrsg. von Dietmar Munier. Ständige Rubriken sind Startseite, National, International, Wirtschaft, Kultur & Gesellschaft, Geschichte und Kommentare.

Schon eine flüchtige Durchsicht zeigt die Ausrichtung des Magazins. Es überwiegen Meldungen und Kommentare über Ereignisse und Entwicklungen, die für gesellschaftliche Spannung und Frustration sorgen, z.B.: „Schonungslose Aufarbeitung" der „Pandemie"; vier Millionen Ukraine-Flüchtlinge in der EU 2023; Bargeld-Abschaffung; österreichischer Außenminister für „Augenmaß im Umgang mit Russland"; Italien verhandelt mit Tunesien über noch mehr legale Zuwanderung[669]. Die Webseite macht auch Reklame für die Printausgabe der Zeitschrift *Zuerst!* Das Umschlagsblatt der Ausgabe vom Januar 2023 verrät die Einstellung der Herausgeber zur aktuellen politischen Lage in Europa: „Von Freunden umzingelt. Deutschland bleibt die Melkkuh der EU". Darunter findet sich der Umschlag des Sonderheftes: „Verbrecher-Paradies Deutschland" mit der Darstellung eines beide Fäuste ballenden Mannes und Ausschnitten aus Überschriften: „Köln und die Folgen", „Organisierte Banden", „No-go-Areas", „Angriffe auf Polizisten",

---

666 https://www.psiram.com/de/index.php/WikiMANNia, Zugriff am 20.1.2023.
667 https://www.belltower.news/lexikon/wikimannia/, Zugriff am 20.1.2023.
668 https://www.belltower.news/hagen-grell-er-ist-wieder-da-126993/, Zugriff am 20.1.2023.
669 https://zuerst.de, Zugriff am 23.1.2023.

„Islamischer Terrorismus" u.a. Keiner der links von der Werbung in der aktuellen Ausgabe angekündigten Titel der Zeitschriftartikel verspricht ruhige Lektüre, im Gegenteil: alle sorgen für Unruhe, flößen dem Leser Angst und Schrecken ein, z.B. aus der Sparte Deutschland: „Von Freunden umzingelt" (über Deutschland zum 30. Jahrestag des Vertrags von Maastricht), „Bitte noch einmal neu" (über die Wiederholung der Wahlen von 2021 in Berlin), „Ausländer im Polizeidienst?" (über die Anwerbung ausländischer Staatsangehöriger), „Der Verfassungstreue-Check" (über Pläne Brandenburgs, angehende Beamte zu durchleuchten). In der Rubrik Geschichte findet sich ein Nachruf auf den vor 100 Jahren geborenen Mitbegründer und späteren Bundesvorsitzenden der Partei „Die Republikaner" Franz Schönhuber. Ein Beitrag, der den Leser positiv stimmen kann, gilt der „Renaissance der Straßenbahn" in Kiel.

Benutzer der Webseite und Leser des Magazins sollen nach *Wikipedia* konservative Demokraten und Rechtsextremisten sein[670]. 2023 beruft sich die Internet-Enzyklopädie auf seine „Selbstdarstellung", dass es „das Magazin für deutsche Interessen" sei. Seine Ausrichtung sei nach „Fachjournalisten für Rechtsextremismus" „rechtsextrem", nach Stefan Aust und Per Hinrich „rechtskonservativ", nach dem Dossier *Rechte Medien* zu einem „Netz aus rechter Propaganda zu rechnen"[671]. Namentlich nicht genannte Wissenschaftler und das Dokumentationszentrum des österreichischen Widerstandes verorten *Zuerst!* „im Rechtsextremismus, wenngleich auf dezidiert rechtsextreme Agitation verzichtet werde"[672]. Es muss zugegeben werden, dass *Wikipedia* eine der wenigen Internetquellen ist, in der dem Magazin eine größere Aufmerksamkeit gewidmet wird.

Der einzige ausführlichere und zugleich kritische Beitrag über die Zeitschrift findet sich auf *Belltower.News*[673]. Die alternative Enzyklopädie *Metapedia* vermerkt die „Hetze gegen das Magazin": „Personen aus dem linken Spektrum diffamieren das Blatt und bezeichneten es als ‚nationalistische Propaganda'. [...] Günther Deschner, der Chefredakteur des Magazins, der zuvor auch bei der Tageszeitung *Die Welt* arbeitete, konterte in einem Interview jedoch, dass man nichts anderes in *Zuerst!* schreibt als damals bei der *Welt*, und wenn man dies nun als rechts oder rechtsextrem sehe, zeige das nur, dass sich das politische Gleichgewicht immer mehr nach links verschoben habe."[674] Der zuletzt geäußerten These kann wohl zugestimmt werden, wenn man die Art und Weise der Aufarbeitung von

---

670 https://de.wikipedia.org/wiki/Zuerst!, Zugriff am 1.12.2018.
671 https://de.wikipedia.org/wiki/Zuerst!, Zugriff am 23.1.2023.
672 Ebd.
673 Tilman Tzschoppe, „Magazin ‚Zuerst!'", https://www.belltower.news/wider-die-herrschende-meinungsdiktatur-der-politischen-korrektheit-magazin-zuerst-32194/, Zugriff am 23.1.2023.
674 Deschner war bis Anfang 2011 Chefredakteur von *Zuerst!* https://de.metapedia.org/wiki/Zuerst!, Zugriff am 23.1.2023.

für die Öffentlichkeit wichtigen Themen in *Zuerst!* heute mit der in der *Welt* vor 50–60 Jahren vergleicht. Ihre Kritik der Studentenproteste und der sozialliberalen Koalition der Ära Brandt zeugt sicherlich von Konservatismus, der eindeutig als rechte Ideologie verstanden wird.

3 Blogs

Akif Pirinçci, https://der-kleine-akif.de
Blog des türkischstämmigen Autors Akif Pirinçci, der von sich kurz schreibt, „über mich gibt es viel zu sagen, jaja ..."[675]. Der 1959 geborene erfolgreiche Autor, der von sich behauptet, ein reicher Mann zu sein, ist nach seinen eigenen Bekundungen in Deutschland verliebt, und es ist seine Heimat, die ihm am Herzen liegt und um die er sich Sorgen macht. Das folgende Zitat vom Ende des Jahres 2022 ist eine eigenartige Liebeserklärung und enthält zugleich seine kritische Einstellung gegenüber seiner neuen Heimat, in die er mit zehn Jahren gezogen ist und die sich bis heute sehr verändert hat: „Zu Deutschland und zu den Deutschen gibt es momentan auch nicht viel zu sagen. Eigentlich ist alles gleich geblieben seit Der-kleine-Akif (d.h. sein Blog – Anm. d. Verf.) existiert. Jedenfalls wenn man sich die Sympathiewerte für das Parteienkartell in den wöchentlichen und monatlichen Umfragen anguckt. Das bedeutet, es haben zwar große Veränderungen und Umwälzungen der brachialen Art stattgefunden. Aber die Deutschen wähnen sich offenkundig immer noch auf einer rosaroten Wolke des Wohlstands (‚Wir sind ein reiches Land'), der inneren Sicherheit, auch wenn auf den Straßen nunmehr täglich in Serie geraubt, vergewaltigt, gemessert, abgeschlachtet und geköpft wird (‚Wir haben Platz'), und der Heilung der ganzen Welt zum Preis der Verarmung und Verwahrlosung ihrer selbst. Ihr kennt mich als jemanden, der Deutschland von ganzem Herzen liebt. Dass ihr euch aber da nicht mal täuscht. Ich liebe das alte Deutschland – das verschwundene. Das heutige Deutschland ist nur eine beliebige Geographie, in der irgendwelche miteinander nichts zu tun habende und meist illegal ins Land eingedrungene Gruppen mehr oder weniger mit einer devoten, verblödeten, sich von einer kommunistisch gesinnten Medienmeute von einer Fake-Krise in die nächste gescheuchten einheimischen Mehrheit zusammenleben. Auf Kosten der Letzteren. Von meinem Deutschland, mit dem ich aufgewachsenen bin, ist nix mehr übriggeblieben. Man schaue sich nur einst atemberaubende deutsche Landschaften an, die mit diesen gruseligen Windmühlen und Solarfarmen zugekackt und zu Industrieparks umfunktioniert worden sind. Man will es offenkundig so. Die Heilung Deutschlands kann nur erfolgen, wenn nicht nur die GRÜNEN, sondern komplett alles, was von ihnen bis jetzt ins deutsche Bewusstsein gelogen wurde, verboten wird. Zum Beispiel indem sämtliche Umweltgesetze und das Justiz- und Bildungssystem auf den Stand der 70er Jahre zurückgeführt werden."[676]

---

675 https://der-kleine-akif.de/ueber-mich/, Zugriff am 27.1.2023.
676 https://der-kleine-akif.de/2022/11/27/dog-pig-und-alpha/, Zugriff am 27.1.2023. Solche und andere Ausführungen, in denen Pirinçci die 70er Jahre in Deutschland zu verklären scheint und das Übel der heutigen Zeit im Multikulturalismus, in unkontrollierter Einwanderung, im Feminismus und in der übermäßigen Toleranz

Das obige Zitat erklärt sich einem kritischen Betrachter der deutschen Jetztzeit, der die Siebziger- und Achtzigerjahre erlebt hat, von selbst. Die jüngeren Generationen, und das sind die heute Dreißig-, Vierzig- und Fünfzigjährigen, haben keinen Vergleich zu dem, was die Älteren in Erinnerung haben und als wertvoll ansehen. Pirinçcis erschreckende Worte über fehlende innere Sicherheit, unkontrollierte Einwanderung, die medialen Umtriebe der überwiegend linksorientierten Journalistenzunft, die die Berichterstattung dominiert hat, auch über die Verunstaltung der deutschen Landschaft durch Anlagen, die es früher nicht gegeben hat, schließlich seine radikale Forderung nach Wiederherstellung von Zuständen aus den 70er Jahren sind Manifestationen eines Denkens, das ebenso berechtigt erscheint wie das der jüngeren Generationen, die sich an die rasche Entwicklung in allen Lebensbereichen gewöhnt haben und Nebenwirkungen dieser Entwicklung in Kauf nehmen. Es ist ein Zeichen der Intoleranz und von oben, durch politische Korrektheit eingeschränkter Meinungsfreiheit, wenn Pirinçcis Äußerungen wie die obigen vom Mainstream angeprangert und vom Staat kriminalisiert werden. Man hat dem Autor Vieles vorgeworfen, die *Wikipedia* zählt alle seine „Sünden" auf: Islamfeindlichkeit, Konservatismus, Rechtspopulismus, Beleidigungen, Homophobie, Hang zu Verschwörungstheorien, Volksverhetzung. Seine Bücher seien „von einer derben, polemischen Ausdrucksweise geprägt", „menschenverachtend und hasserfüllt"[677]. Des Weiteren wird dem Autor zur Last gelegt, er nehme Einladungen zu Veranstaltungen der Rechten wie den Burschenschaften und der AfD an und lese aus seinen Büchern vor einem rechtsorientierten Publikum, darunter PEGIDA-Funktionären und PEGIDA-Anhängern. *Wikipedia* widmet einen Abschnitt des Pirinçci-Biogramms negativen Reaktionen auf die Auftritte des Autors und zählt pingelig genau alle Strafverfahren gegen ihn und seine Verurteilungen auf. Dabei spart sie nicht mit Zitaten, die von einem kritischen Publikum als anstößig empfunden werden können. Pirinçci selbst sieht sich als ein Opfer der Zensur und der Cancel Culture, was objektiv als zutreffend bezeichnet werden kann, betrachtet man den Vertriebsstopp seiner belletristischen Titel und die Beendigung seiner Zusammenarbeit sogar mit den als rechts orientierten Verlagen Manuscriptum und Kopp bei anderen Titeln wie dem Buch *Die große Verschwulung*[678]. Pirinçci ist ein Paradebeispiel der Intoleranz selbst gegenüber Menschen, die ihre nichtdeutsche Herkunft nicht verleugnen und in ihrer Assimilation in den Augen der vom

---

gegenüber Homosexuellen sieht, finden sich auch in seinem in mehreren Auflagen erschienenen Buch *Deutschland von Sinnen. Der irre Kult um Frauen, Homosexuelle und Zuwanderer*, Waltrop und Leipzig 2014, das auch lautstarken Kritiken ausgesetzt war. Siehe z.B. https://de.wikipedia.org/wiki/Deutschland_von_Sinnen:_Der_irre_Kult_um_Frauen,_Homosexuelle_und_Zuwanderer, Zugriff am 5.11.2023.
677 https://de.wikipedia.org/wiki/Akif_Pirinçci, Zugriff am 27.1.2023.
678 Akif Pirinçci, *Die große Verschwulung. Wenn aus Männern Frauen werden und aus Frauen keine Männer*, Waltrop und Leipzig 2015.

Mainstream dominierten Öffentlichkeit zu weit gegangen sind, weil sie sich der deutschen Rechten „anbiedern". Seine Kritiker können ihm vorwerfen, dass er sich von den besagten Rechten manipulieren lasse, indem er als assimilierter Ausländer ihre eigenen Meinungen verbreite.

Pirinçci kann aber auch als Sprachrohr der schweigenden Mehrheit gelten, wenn er am 22.1.2023 auf seinem Blog in der Polemik mit einem iranischen Journalisten und Schriftsteller unter dem Titel „In Silvestergewittern"[679] einerseits mit den zweifelhaften Thesen dieses Kommentators der deutschen Zustände im Zusammenhang mit den Silvesterkrawallen in vielen deutschen Städten und andererseits mit dem Selbsthass der Deutschen abrechnet, der ihnen im Zuge der Umerziehung nach dem Zweiten Weltkrieg aufoktroyiert wurde. Manche Formulierungen in diesem Text sind ziemlich scharf, z.B.: „[...] der gewöhnliche Alman (türkisch: der Deutsche – Anm. d. Verf.) wird dich nicht kennen, aber was kennt der schon außer Malochen, Steuern zahlen und Dschungelcamp? Der glaubt vermutlich auch, dass die tagtäglichen Messerstechereien, Vergewaltigungen und die Abschlachtungen, vornehmlich an ungläubigen Fotzen, auf Schritt und Tritt und tagtäglich sowas wie eine ‚Truman Show' sei, um sein Unterhaltungsbedürfnis zu befriedigen, ihn ansonsten aber nichts angingen. Außerdem hat es das ja schon immer gegeben, sagen wir mal bei Gladiatorenkämpfen im Forum Romanum im alten Rom."[680]

Dann folgt seine Diagnose dessen, was deutsche Kultur heute sei: „Du [gemeint ist der besagte Iraner – Anm. d. Verf.] weißt, dass eine deutsche Kultur längst nicht mehr existiert und nur grün-linke Funktionäre darüber entscheiden, was gerade als Kunstkacke zu gelten habe und steuergeldlich zu honorieren ist. Erst waren es die Frauen, also sehr komische, sehr seltsam aussehende Frauen mit ihrem unfassbar langweiligen Frauen-Scheiß, die deutsche Gegenwartskultur zu repräsentieren hatten, dann kamen die Ausländer so wie du, die Lesungen für teures Geld in der Friedrich-Ebert-Stiftung halten durften, und heute sind es Männer mit Langhaarperücken und in Frauenkleidern, die in sind. Das alles wandelt sich fix, mein Freund. Erinnere dich an Feridun Zaimoğlu, auch so ein zorniger Ausländer wie du, angeblich die Wiedergeburt Goethes noch vor ein paar Jahren, von dem man nix mehr hört. Außerdem ist aktuell der Klimakatastrophen-Wahn up to date – und noch außerdem, Bücher liest heutzutage eh keine Sau mehr."[681]

Ein weiterer Aspekt ist das Verhältnis der Deutschen zu den Ausländern, das von politischer Korrektheit gezeichnet ist und der freien Meinungsäußerung Grenzen setzt: „Aber als Voll-Assimilierter weißt du natürlich, dass man hierzulande bei jedem Kommentar zum immer bedrohlicher werdenden Ausländerproblem mit

---

679 https://der-kleine-akif.de/2023/01/22/in-silvestergewittern/, Zugriff am 27.1.2023. Es handelt sich um den Beitrag von Behzad K. Khani zur Silvesternacht *Integriert euch doch selber!* in der *Berliner Zeitung* vom 10.1.2023.
680 Ebd.
681 Ebd.

der Holocaust-Keule anfangen muss, damit der Kritiker ob des Hinweises auf den Schuld-Kult von vornherein das Maul hält."[682] Pirinçci stellt mehrere Behauptungen des iranischen Verteidigers der Silvester-Randalierer richtig, der fälschlicherweise behauptet, dass z.B. der Wiederaufbau Deutschlands nach dem Zweiten Weltkrieg von Gastarbeitern bewerkstelligt worden sei. Er verteidigt auch den Staat Israel, dem der iranische Beiträger die Schuld für die seit 2015 andauernde Flüchtlingskatastrophe in Deutschland zuschreibt. Die schweigende Mehrheit wird Pirinçci recht geben, wenn er schreibt, dass „der wahre Grund, weshalb sie alle hier sind und die Bevölkerung Deutschlands inzwischen auf 84,3 Millionen angewachsen ist, unser üppiges Sozialsystem ist, das jeden Glücksritter lebenslänglich mit allem Drum und Dran vollversorgt, ohne dass er das deutsche Wort Arbeit auch zu kennen braucht."[683] Er schreibt weiter vom „linken Geschwätzkatalog der deutschen Medien-Heinis", die grün-links abgekartete Polit-Talk-Shows inszenieren. Seinem iranischen Kollegen wirft er vor, „durch und durch neudeutsch" zu denken, also das Land weder zu lieben noch dem So-Sein seiner Bewohner und deren Kultur etwas abgewinnen zu können. Er sei „die Imitation des deutschhassenden Deutschen", der durch seinen migrantischen Style nichts Neues zum Diskurs und zur Kultur beitrage. Stattdessen wiederhole er „die Phrasen von irgendwelchen Irren aus den 80ern, die, weil sie halt für wertschöpfende Arbeit nicht zu gebrauchen waren, eine eigene Partei gründeten, mit Lügen über jeden Augenblick zu explodieren drohende Kernkraftwerke, Frauenunterdrückung und last not least den wie bekloppt bereichernden Ausländer – je mehr, desto bereichernder – an Staatskohle in Milliardendimension rankamen."[684]

Pirinçci lehnt auch die Behauptung seines polemischen Gegners ab, dass die Eingewanderten Deutschland eines Tages, wenn die Deutschen (aufgrund der niedrigen Geburtenrate – Anm. d. Verf.) ausgestorben sind, dieses Land erben würden: „Der springende Punkt ist, dass Deutschland mit seinen sozialen, infrastrukturellen, rechtsstaatlichen Annehmlichkeiten und seinem immer noch funkelnden Wohlstand größtenteils immer noch so aussieht, weil darin mehrheitlich Deutsche leben."[685] Zuletzt polemisiert Pirinçci mit Behzad, der „noch die üblichen Textbausteine von wegen NSU, ‚faschistische Chats der Polizei', ‚1.000 registrierte, fremdenfeindliche Anschläge' pro Jahr, Thilo Sarrazin usw." runterrattere, ohne das stetige Lebenslicht-Ausknipsen der anderen Seite zu erwähnen. „Das alles ergibt jedoch immer noch keinen Sinn, weshalb mehrheitlich von deutschen Steuergeldern (damit ist auch das Steuergeld der hier arbeitenden Leute mit migrantischen Wurzeln gemeint) alimentierte ‚Männer' solch einen Hass auf die deutsche Gesellschaft schieben, dass sie schon kleine Bürgerkriege, die in Zukunft in richtige

---

682 Ebd.
683 Ebd.
684 Ebd.
685 Ebd.

Kriege ausarten werden, anzetteln. Aber ich habe da einen Verdacht ..."[686] Der Beitrag Pirinçcis wird auf Verständnis bei denjenigen stoßen, die seine Sicht der Silvesterereignisse von 2022 teilen, und zugleich auf Widerspruch derer, die ihn als Fürsprecher der Rechten denunzieren.

Aktive Patrioten, http://www.aktive-patrioten.de

Untertitel: „Zivilcourage für Deutschland". Blog von Frank Borgmann, Wuppertal, geführt seit Juni 2012. Zuletzt war die Seite im Oktober 2019 erreichbar und kann derzeit nur mithilfe der *Wayback Machine* abgerufen werden. Im Mittelpunkt der Beiträge stehen die Ausländerkriminalität in Deutschland, Kritik an der deutschen Einwanderungspolitik wie überhaupt an den politischen Zuständen in Deutschland. Nachstehend einige Titel von Beiträgen: „Kurden randalieren in Köln", „Verbotspartei schwächelt", „Feige Kurden mit viel Ehre", „Sven Liebich – Halle-Amoklauf", „Der Fall Anis Amri", „NMR Impfung", „Schweinefleischverbot", „Abschiebeverpflichtung", „AfD ist im Bundestag die unschuldigste Partei", „Buntkriminellenrepublik", „Kinderficker fangen klein an", „Kriminalisierung der Deutschen", „Kriminelle mit Bleiberecht", „Postfaktische Bundesregierung", „Tag der Koranverbrennung"[687].

Alles Schall und Rauch, https://alles-schallundrauch.blogspot.com

Abkürzung: ASR. Motto des von einem Schweizer anonym werbefinanzierten Blogs unterhalb seiner Überschrift: „Es ist die Pflicht eines jeden Menschen immer gut informiert zu sein, damit man die richtigen Entscheidungen treffen kann." Schwerpunkte des seit Juni 2007 geführten (oder die Zugriffe registrierenden) Blogs sind: 9/11, Krieg, Klimahysterie, Neue Weltordnung (NWO), Alternative Lebensführung[688]. Außerdem bietet der Betreiber den Benutzern die Rubrik „Stammtisch", die dem (Gedanken)Austausch der Leser dienen soll, ferner den „Volksreporter", der „als direkte Berichterstattung aus erster Hand von den Lesern"[689] gedacht ist. Des Weiteren gibt es vier Videokanäle, die inhaltlich mit dem Blog übereinstimmen.

In der „Leseliste für Neueinsteiger" findet der User das Credo des Blogbetreibers: „Ich interessiere mich für alle Weltgeschehnisse die jetzt ablaufen und für alles was in der Weltgeschichte in der Vergangenheit passiert ist, aber so wie es wirklich passiert ist. Ich bin der Meinung, dass uns allgemein ein völlig falsches Bild der Welt und der Geschichte erzählt wird und das ganze nur Schall und Rauch ist, deshalb der Name des Blogs. Diese Welt ist ein grosses Theater, wo wir die

---

686 Ebd.
687 https://web.archive.org/web/20191020173315/http://www.aktive-patrioten.de/, Zugriff am 13.2.2023.
688 https://alles-schallundrauch.blogspot.com/2010/01/einfuhrung-fur-neueinsteiger.html, Zugriff am 13.2.2023.
689 Ebd.

‚dummen' Zuschauer auf der Bühne die Schauspieler (Politiker) agieren sehen, die uns ein künstliches Schauspiel (was wir glauben sollen) vormachen und tatsächlich von den unsichtbaren Regisseuren (die Mächtigen der Welt) per Regieanweisungen ferngesteuert werden. Diese Illusion wird durch die Massenmedien aufrechterhalten und die Wahrheit komplett verdeckt. Weil die etablierten Medien schon lange nicht mehr dem Volk dienen und als vierte Macht im Staat keine Kontrollfunktion ausüben, sondern nur noch als Propagandainstrument und Lügenverbreiter fungieren, sehe ich es als meine Aufgabe mit diesem Blog hinter die Kulissen zu schauen, die tatsächlichen Macher und ihre Motive zu entblössen und was wirklich in der Welt passiert zu berichten und zu kommentieren."[690]

Unter den zahlreichen Themen des Blogs seien nur solche mit den meisten Einträgen (mindestens 100) erwähnt. Es sind in alphabetischer Anordnung folgende Themen (in Klammern die Zahl der Einträge): Afghanistan (101), Bilderberg (263), Deutschland (477), Diktatur (315), Finanzen (372), Frankreich (110), Gesellschaft (164), Gesundheit (131), Griechenland (103), Humor (163), Irak (161), Iran (333), Klima (228), Krieg (559), Medien (450), Menschenrechte (161), Mord (119), Naher Osten (248), NATO (169), Neue Weltordnung (197), Obama (144), Pandemie (113), Propaganda (121), Protest (196), Russland (443), Schweiz (266), Syrien (292), Terror (298), Trump (128), Türkei (118), Ukraine (229), USA (836), Verbrechen (118), Wahlen (128), Wirtschaft (369)[691].

Eine Durchsicht der Beiträge zeigt, dass der Blogger konservativ orientiert ist und seinen linken Kritikern Argumente liefert, die ihn als Anhänger von Verschwörungstheorien ausweisen.[692] Dass eine solche Zuordnung des Bloggers einseitig und damit übertrieben ist, beweisen seine Posts. Der User findet in seinem Blog aktuelle Meldungen und Kommentare, die sich auch in renommierten konservativen Medien sehen lassen würden. Er greift übrigens auf solche Medien zurück und versieht die daraus geschöpften Meldungen mit seinen eigenen kritischen Kommentaren, z.B. zu Vorgängen im russisch-ukrainischen Krieg, Entwicklungen in Afghanistan nach dem Rückzug der Amerikaner, aber auch in Deutschland und der Schweiz, dem Heimatland des Bloggers.

Ansage!, https://ansage.org/
„Politik- und gesellschaftskritischer Meinungsblog mit Zielgruppe und Themen wie bei *Tichys Einblick*, *Achgut* und *Hallo Meinung*"[693], gegründet von Daniel Matissek und geführt von zehn Autoren, die ihre Meinungen 2022 in fünf Rubriken – Politik,

---

690 Ebd. Die Fehler in der Zeichensetzung wurden nicht korrigiert. Anm. d. Verf.
691 Alle Angaben zum Zeitpunkt der Durchsicht der Webseite am 20.7.2023.
692 https://www.psiram.com/de/index.php/Alles_Schall_und_Rauch, siehe auch https://inrur.is/wiki/Manfred_Petritsch, Zugriff am 13.2.2023.
693 https://www.economy4mankind.org/wichtigste-blogs-politik-wirtschaft-deutsch/, Zugriff am 6.12.2021.

Corona, Gesellschaft, Umwelt, Freakshow, Video – zum Besten gaben. 2023 sind die Inhalte der Webseite in die Kategorien Politik, Gesellschaft, Kultur, Medien und Video aufgeteilt, wobei die Erstgenannte in die Unterkategorien Ausland, Bildung, Corona, Krieg, Migration, Sicherheit sowie Umwelt und die Kategorie Gesellschaft in die Unterkategorien Freakshow, Gender, Islam, Justiz und Sport unterteilt ist.

Es gibt zwei Sorten von Publizisten der Webseite. Die erste bilden hauseigene Autoren, die auch auf einer Unterseite vorgestellt werden. Daniel Matissek präsentiert sich darauf als „freier Journalist und Blogger mit ausgeprägtem Drang zur Unruhestiftung, zeitlebens Stoffsammler der eigenen Autobiographie, sieht sich als Wanderer zwischen Welten und Milieus, konservativ im besten Sinne als Bewahrer des Bewährten, strikter Freiheitsverteidiger, polemischer Chronist des täglichen Wahnsinns. Hat Ansage v.a. gegründet, um Gescheiten Gescheites in Zeiten zunehmender Social-Media-Zensur zugänglich zu halten."[694] Max Erdinger ist „Mittelfranke mit Leib und Seele, dennoch gesamtfränkischer Kosmopolit, Blogger und Autor, versucht trotz widrigster Umstände, bei der schonungslosen Betrachtung der Dinge den Humor nicht zu verlieren. Erdinger ist überzeugt: Jemanden auszulachen ist kultivierter, aber genauso vernichtend, wie ihn physisch umzubringen. Erdinger hält sich für kultiviert."[695] Mirjam Lübke ist „unheilbarer, wortreicher Facebook-Junkie und lebensbejahender niederrheinischer Ausbreitungstyp. Als transformierte Ex-Linke neigt sie zur Polemik und diskutiert leidenschaftlich. Mangels klassischer Bildung bezieht sie ihre Philosophie hauptsächlich aus mehr oder minder guten Science-Fiction Filmen – daher ist sie auf jede gesellschaftliche Fehlentwicklung glänzend und mit Pathos vorbereitet [...]"[696] Albrecht Künstle, „Jahrgang 1950, ist im Herzen Südbadens daheim, hat ein außergewöhnlich politisches Erwerbsleben mit permanent berufsbegleitender Fortbildung hinter sich. Im Unruhezustand schreibt er für Internetzeitungen und Nachrichtenblogs der Freien bzw. Alternativen Presse zu den ihm vertrauten Themen Migration, Religionsfragen, Islam, Kriminalität, Renten, Betriebliche Altersversorgung, Wirtschaftsthemen u.a. Zuvor schrieb er für Fachzeitschriften und seine Regionalzeitung, fiel aber bei ihr politisch in ‚Ungnade'."[697] Jürgen Stark: „Der Hamburger Autor und Journalist lebt schon seit Jahren im Schwarzwald und findet Weinberge inspirierender als den Dunst von Schickeria und Schaumwein in deutschen Metropolen. Er hält Parteien für Relikte aus vergangener Zeit und das rinkslechte politische Gesäßsystem für einen Schatten vergangener Epochen. Liberaler Freigeist würde er als Kennzeichen akzeptieren, denn Freiheit ist für Jürgen Stark eine Entscheidung, und die muss immer und überall verteidigt werden."[698] Jörg Gastmann: „Der

---

694 https://ansage.org/autoren/, Zugriff am 12.1.2022.
695 Ebd.
696 Ebd.
697 Ebd.
698 Ebd.

Buchautor und Sprecher von economy4mankind.org vertritt neben einem alternativen Wirtschaftssystem ein demokratisches System ohne Berufspolitiker und Parteien. Noch mehr als Analysen interessieren ihn neue Lösungen und Alternativen. Als sozialliberal-freiheitlicher Mensch stemmt er sich gegen den linken wie rechten Totalitarismus in aller Welt. 2020/2021 ist für ihn die ultimative Desillusionierung über den Zustand unserer Gesellschaft."[699] „Maria Schneider ist freie Autorin und Essayistin. In ihren Essays beschreibt sie die deutsche Gesellschaft, die sich seit der Grenzöffnung 2015 in atemberaubendem Tempo verändert. Darüber hinaus verfasst sie Reiseberichte und führt neben ihrer Berufstätigkeit seit November 2020 den Blog Conservo, der 2010 von Peter Helmes gegründet wurde."[700] Über Uwe G. Kranz heißt es: „Pensionär mit Aufgaben. Kriminalist von der Pike auf; Gründer und ex-Präsident des Landeskriminalamtes Thüringen; langjähriger Aufbauhelfer/Projektmanager Europols; Redner in 20 Jahren bei Europäischen Polizei- und Sicherheitskongressen; Autor für Europarat, Fachzeitschriften, Behördenspiegel oder hallo-meinung; Schwerpunkte: Organisierte Kriminalität, Extremismus/Terrorismus, Menschen- und Drogenhandel, (sexueller) Kindesmissbrauch, Migration und (neu) Themen rund um die Covid-Plandemie; Motto: Wehret den Anfängen!"[701] Friedemann Wehr: „Ex-Unternehmenschef, der jetzt froh ist, dass er in dieser irren Zeit nichts mehr unternehmen muss, was mit Verstand und Ratio nicht begründbar ist. Hat leider erst im letzten Lebenssiebtel manche Fichte erkannt, hinter die er einst geführt wurde. Ein undogmatischer Selbstdenker, der nicht mehr sozialisierbar ist. Blickt gerne in Abgründe und hofft, dass er nicht eines Tages in einen stürzt. Liebt Leute, die erkennen, dass Nachrichten von ‚nachrichten' kommt."[702] Zu diesen 2022 für *Ansage!* schreibenden Autoren und einer Autorin kommen zwei neue Namen hinzu: Beate Steinmetz, „Rheinhessische Vollzeit-Mama zweier Kleinkinder, die ihre spärliche Freizeit am liebsten mit dem Lesen und Hören von politischen Beiträgen verbringt und neuerdings die Ansage-Leser an ihren politisch-inkorrekten Gedankengängen teilhaben lassen möchte. Beates Tätigkeit als Autorin gibt ihr die Möglichkeit, das loszuwerden, was uns in dieser gender-konformen, corona-wahnsinnigen und zunehmend ‚anti-deutschen' Gesellschaft oftmals verwehrt wird. Mit ihren journalistischen Beiträgen möchte sie die Menschen nicht nur zum Nachdenken, sondern auch zum Handeln anregen. Zwar ist ihr bewusst, dass sie allein als kleines Lichtchen nichts ausrichten kann – aber viele kleine Lichter können zu einer ernstzunehmenden Lichterflut werden."[703] Und last but not least Jens Woitas, der auf *Ansage!* recht ausführlich vorgestellt wird: „Der Blogger und Buchautor (*Schattenwelten* 2009, *Revolutionärer*

---

699 Ebd.
700 Ebd.
701 Ebd.
702 Ebd.
703 Ebd.

Populismus 2021) ist vom Geburtsjahrgang her ein ‚echter' 1968er. Er ist auf der beständigen Suche nach Alternativen zur proklamierten Alternativlosigkeit unserer Staats-, Wirtschafts- und Gesellschaftsordnung und versucht durch Studium fremdsprachiger Nachrichtenquellen, in seiner Bewertung der politischen Lage immer auch die Außensicht auf Deutschland zu berücksichtigen. Als Physiker gewann er durch eine zehnjährige Tätigkeit an Sternwarten interessante, ‚überirdische' Erkenntnisse. Schwerere Lebenskrisen führten ihn einerseits in die Erwerbsunfähigkeitsrente, andererseits zu einer inneren Neuorientierung im Sinne eines aufgeklärten Konservatismus und der Traditionalistischen Philosophie. Dennoch war er bis 2020 politisch aktiv in der Partei ‚Die Linke'."[704]

Diese etwas selbstironischen Kurzporträts der hauseigenen Autoren und zweier Autorinnen verraten nicht nur deren Interessen, sondern auch deren Lebenseinstellung. Ihre Beiträge wären in den Mainstream-Medien unpassend, z.B. wenn Daniel Matissek am 11.1.2022 über die damalige Corona-Situation in Deutschland schrieb: „Bald schon künstlich hochgetriebene Hospitalisierungs-Inzidenzen dank Omikron"[705] und sich als sog. Corona-Leugner präsentierte. Der Text gehört in die Rubriken Corona und Politik, weil diese beiden Bereiche 2022 eng zusammengehörten. Auch andere Blogautoren äußern sich zu diesem Thema. Aus den Kurzporträts kann auch erschlossen werden, worüber sie schreiben. Außer von hauseigenen finden sich auf der Webseite auch Beiträge von anderen Autoren, die mitunter radikalere Ansichten vertreten. Unter anderen ist es Peter Haisenko, ein deutscher Pilot und Sachbuchautor, der sich unter anderem in russisch-ukrainischen Fragen zu spezialisieren scheint und sich in seinen 73 Beiträgen[706] mehrmals für Russland und gegen die Ukraine ausspricht[707]. Ein anderer Autor ist Jochen Sommer, Verfasser von 193 Beiträgen, in denen er häufig gegen den Corona-, Gender- und Woke-Wahn, die politische Korrektheit und Cancel Culture zu Felde zieht. Ein überaus produktiver *Ansage!*-Autor ist Theo-Paul Löwengrub, der den Usern mit 628 Beiträgen aufwartet, darunter mehrere über Corona, Migration, Klima-Wahn, Selbstabschaffung Deutschlands u.a. Auch Alexander Schwarz, Verfasser von 381 Beiträgen, kommentiert kritisch aktuelle Ereignisse und Vorgänge in Deutschland und in der Welt. Andere recht produktive Autoren sind Beate Steinmetz (136 Beiträge)[708] und Jason Ford (141

---

704 Ebd.
705 https://ansage.org/bald-schon-kuenstlich-hochgetriebene-hospitalisierungs-inzidenzen-dank-omikron/, 12.1.2023, Zugriff am 21.7.2023.
706 Alle Zahlenangaben zum Zeitpunkt der Untersuchung am 21.7.2023.
707 Haisenko wird zum negativen Helden bei *Psiram,* dessen Betreiber ihm Geschichtsrevisionismus sowie Abneigung gegen die Finanz- und Außenpolitik Großbritanniens und der USA zur Last legen. https://www.psiram.com/de/index.php/Peter_Haisenko, Zugriff am 14.2.2023.
708 Als Leseprobe ihrer Texte sei der Anfang ihres Artikels *Augenfällige Parallelen zwischen Corona und Ukraine-Krieg* vom 30.1.2023 zitiert: „Erst sagten sie, Masken

Beiträge)[709]. Bei *Ansage!* stechen auch Rocco Burggraf (62 Beiträge)[710] und ein unter dem Namen Cantaloop schreibender Autor (62 Beiträge)[711] hervor.

---

würden nicht helfen, dann wurden sie sogar Pflicht. Erst galt der Lockdown als Verschwörungstheorie, dann kam er doch. Monate später galt erneuter Komplett-Shutdown als Verschwörungstheorie, dann wurde er abermals Realität. Monatelang wurde eine Impfpflicht als Fake-News abgetan, dann wurde sie allenthalben gefordert und wäre fast Realität geworden. Die Liste der sogenannten ‚Verschwörungstheorien' während der Corona-‚Pandemie', die zum Zeitpunkt ihrer ersten öffentlichen Artikulierung von Politikern und Medien stets als absurd, bösartig oder paranoid abgetan wurden, bevor sie dann doch Realität oder zumindest nicht mehr ausgeschlossen wurden, ist schier endlos." https://ansage.org/augenfaellige-parallelen-zwischen-corona-und-ukraine-krieg/, Zugriff am 21.7.2023.

[709] Aus dem Beitrag *Klein-Annalena sorglos* vom 11.2.2023: „Von deutschen Journalisten erneut mit ihren unüberlegten und unverantwortlichen Aussagen zum westlichen Bündnis und dem Verhältnis zu Russland (‚We are fighting a war against Russia') konfrontiert, flüchtet sich Annalena Baerbock nun in Küchenkalender-Weisheiten: ‚Wer keine Fehler macht, der lebt nicht', sagte sie. Das ist alles, was ihr dazu an Selbstkritik einfällt. Vermutlich will sie damit auch gleich ihren nächsten Kurswechsel rechtfertigen – denn in demselben Interview moniert die Außenministerin erstmals Bedachtsamkeit in der Debatte um Waffen für die Ukraine, wie die *Welt* überrascht feststellt." https://ansage.org/klein-annalena-sorglos/, Zugriff am 15.2.2023.

[710] Aus dem Beitrag *Quote erat demonstrandum* vom 10.1.2023: „Das Matriarchat, liebe Freunde und Freundinnen, ist die älteste Gesellschaftsform der Welt. Und nun sind wir zurück. Bei unseren Wurzeln. Nicht so sehr im Mütterlichen – schließlich wäre das unter den letzten Generationen kontraproduktiv –, aber doch im Femininen. Genauer gesagt – dem Feministischen. Dem kategorischen Imperativ im Weibe. Wer mit offenen Augen durch die Republik streift, stellt fest: Die Politik wird durchs Feminat bestimmt, während die sexuellen Leerstellen abwechselnd von der LGBTQ-Bewegung oder den Freiberuflerinnen auf ‚*Onlyfans*' abgedeckt werden. Aus den früheren Männern, die deutschen Eichen glichen, sind kümmerliche Randfichten geworden. Aus Kohl und Kinkel wurden Kühnert und Kellermann." https://ansage.org/quote-erat-demonstrandum/, Zugriff am 21.7.2023.

[711] Aus dem Beitrag *Das Können ist des Dürfens Maß* vom 13.2.2023: „Ginge es nach der titelgebenden hehren Maxime von Paul Preuß (siehe oben), so müsste hierzulande mindestens die Hälfte der derzeit in politischer Verantwortung Stehenden augenblicklich in den Ruhestand verabschiedet werden. Selten zuvor gab es in der Regierung, in politischen Schlüsselpositionen und in höchsten Ämtern mehr Inkompetenz, Unvermögen und schlichte Überforderung wie derzeit. Darüber wurde hier und auch an anderer Stelle bereits reichlich berichtet. Die Anmaßung der Gegenwart: Jeder meint, alles zu können in dieser taumelbunten Republik. Es geht nicht um erwiesene Fähigkeiten, sondern darum, was sich der einzelne ‚zutraut'. Und baut

Außerdem publizieren im Portal Autoren mit nur wenigen Beiträgen, die aber so gut wie alle durch ihre Kritik der heutigen, von den Linken geprägten und von den Mainstream-Medien erklärten Wirklichkeit ihre Leser für ihre Argumente gewinnen oder in ihrer gleichermaßen kritischen Einstellung bestätigen wollen.

Conservo, https://conservo.wordpress.com/
Untertitel: „Ein konservativer u. liberaler Blog", gegründet 2010 von Peter Helmes und seit dem 1.11.2020 in seinem Sinne geführt von Maria Schneider. Aus der Selbstbeschreibung der Betreiberin: „Dieser Blog ist konservativ, er ist christlich, und er ist abendländisch. Allein das macht ihn in diesen unruhigen Zeiten zu einem Exoten. Heute steht alles auf dem Kopf. Was früher noch galt, gilt heute nicht mehr. Grenzen wurden aufgehoben, Geschlechter abgeschafft, die traditionelle Familie ist unter Dauerbeschuss, wer am meisten Minderheitenmerkmale auf sich vereint, darf – zumindest in Deutschland – fordern, was er will. Das Christentum steht weltweit mit dem Rücken zur Wand. Lau sind sie geworden – die Christen hier im Lande, aber auch die orientalischen Christen, die sich nach der Flucht aus dem Orient hier ein neues Leben aufbauen konnten, und dennoch angesichts der Islamisierung schweigen. Finanzstarke und einflussreiche Interessengruppen unter Klaus Schwab, Bill Gates, George Soros u.v.m. setzen weltweit den Great Reset mit seiner neofeudalistischen Ökodiktatur mittels Massenmigration, Globalisierung, Plandemien und mit Hilfe gekaufter Politiker, Journalisten und ‚Sozialen' Medien gegen die Interessen der Völker mit nie gekannter Brutalität durch. Die geistige und seelische Not der Menschen steigert sich tagtäglich inmitten dieser finsteren Zeit. Gerade westliche Menschen scheinen jeglichen Halt, Glauben und ihre natürliche Wehrhaftigkeit verloren zu haben. Jeder wird im Leben auf seinen Platz gestellt."[712]

Der Blog ist nicht up to date, die letzten Beiträge sind mit dem Datum 7.11.2021 versehen. In 64 Kategorien von AfD bis Wirtschaft werden sehr unterschiedliche Themen behandelt. Es sind überwiegend Beiträge über die Machenschaften der Linken und speziell die Attacken der Antifa gegen Andersdenkende, aber auch Texte über die Einwanderungspolitik, die zur „Entdeutschung" Deutschlands führen kann, sowie die Corona-Politik der deutschen Behörden. Die Gefährlichkeit der Antifa wird z.B. in dem Beitrag „Antifa-Todesliste im Nazi-Sprech: 250 Rechte,

---

er Mist, dann heißt es: ‚Fehler machen gehört dazu', ‚Irren ist menschlich', ‚Nobody's perfect'. Regieren als Trainee-Programm, als eine Art zwangloses Praktikum für Zivilversager, die sich einmal in Führungsämtern versuchen wollen: Es geht ja um nichts weiter als das Schicksal Deutschlands!" https://ansage.org/das-koennen-ist-des-duerfens-mass/, Zugriff am 21.7.2023.

712 https://conservo.wordpress.com/uber-mich-conservo-nachfolge-ab-nov-2020/, Zugriff am 21.7.2023.

Impfkritiker und Konservative sollen der Gesellschaft ‚entnommen' werden"[713] thematisiert. Auf der besagten Todesliste stehen unter anderem die in vorliegender Untersuchung präsenten Persönlichkeiten wie Roland Tichy, Boris Reitschuster und Henryk M. Broder. Die Folgen der gegen die eigene, d.h. deutschstämmige Bevölkerung gerichteten Politik in Deutschland sind Gegenstand z.B. des Beitrags „ICE-Messerattacken, Massenmigration und Massenimpfung – Opfer sind immer die Deutschen"[714]. Und die Corona-Politik ist Gegenstand einer Rezension von Wolfgang Kaufmann, „Die Corona-Diktatur – Der Staatsstreich von Merkel, Christunion & Co"[715].

Deutsche Lobby, https://deutschelobbyinfo.com

Untertitel: „Ja zum Deutschen Reich. Sich erheben ... Immer und immer wieder... Bis aus Lämmern Löwen werden" mit dem Zusatz: „Für das Deutsche Reich in den Grenzen vom 31.8.1939." Seit Juli 2020 lautet der Zusatz nunmehr „Für das Deutsche Reich seit 1871"[716]. Ab 2023 ist die Webseite privat und nicht ohne Anmeldung einsehbar. Ihre früheren Inhalte sind mithilfe der *Wayback Machine*[717] zugänglich.

Der ziemlich unübersichtlich, wenn nicht gar chaotisch gegliederte Blog erleichtert seinem Benutzer die Suche nach konkreten Themen nicht. Hinzu kommen technische Unzulänglichkeiten wie leere Rahmen, die erst durch Anklicken mit Inhalten gefüllt werden. Zwar wird man über die Funktion „Suchen..." auf konkrete Inhalte verwiesen, aber es ist recht mühsam. Eine etwas bessere Orientierung über die auf der Webseite vermittelten Inhalte findet der User in der Kategorie „Menü-Themen...". Es sind im Einzelnen: [Forum], Startseite, Deutschland – Deutsches Reich mit den Unterkategorien Deutsche Soldaten und Patrioten; Deutsche Helden und Vorbilder; Deutsches Reich – Wirtschaft und Wissenschaft; Die Identität des

---

713 Beitrag vom 29.9.2021, https://conservo.wordpress.com/2021/09/29/antifa-todesliste-im-nazi-sprech-250-rechte-impfkritiker-und-konservative-sollen-der-gesellschaft-entnommen-werden/, Dem Beitrag lag ein Artikel im Nachrichtenportal exxpress.at zugrunde: https://exxpress.at/schock-im-wahlkampf-finale-todesliste-mit-250-namen-aufgetaucht/, Zugriff am 15.2.2023.

714 Beitrag vom 7.11.2021, https://web.archive.org/web/20221203194145/https://conservo.wordpress.com/2021/11/07/messerattacken-massenmigration-und-massenimpfung-opfer-sind-immer-die-deutschen/, Zugriff am 15.2.2023.

715 Beitrag vom 2.11.2021, https://conservo.wordpress.com/2021/11/02/die-corona-diktatur-der-staatsstreich-von-merkel-christunion-co/, Zugriff am 15.2.2023. Rezensiert wurde das Buch Helmut Roewers *Corona-Diktatur. Der Staatsstreich von Merkel, Christunion & Co 2020//21: Ein Bericht*, Dresden und Weimar 2021.

716 https://deutschelobbyinfo.com/deutschland-deutsches-reich/, Zugriff am 13.8.2020.

717 https://web.archive.org/web/20221217221330/http://deutschelobbyinfo.com/, Zugriff am 15.2.2023.

Deutschen Volkes; Was ist deutsch – eine Serie über uns; Gedenktage aus der deutschen Geschichte; Deutsche Geschichte.

Chaotisch an dem Blog ist, dass z.B. dem Menüthema Deutsche Geschichte nicht alle historisch relevanten Themen zugeordnet werden, sondern bestimmte historische Inhalte in separaten Unterkategorien behandelt werden. Das gilt beispielsweise für die Themen „Süd-Tirol... immer schon Österreich/Ostmark/Deutsches Reich", „Germanen – unsere Vorfahren", „[Das} Dritte Reich – wahre Zeitgeschichte" und die beiden Weltkriege, wobei den Letzteren eine überproportionale Anzahl von Einträgen gewidmet ist. Weitere, nicht nur historisch relevante Menü-Themen sind unter anderem „Feinde Deutschlands", „Zionisten, Zionismus", „Globale Eliten", „NWO", „Freimaurer", „Bilderberggruppe", „Klimalüge, HAARP, ChemTrails, Erdbeben", „Windräder, Windenergie, Windparks", „Islam – Ursprünge und Fakten" mit einigen Unterkategorien, „Jörg Haider... ein schlecht vertuschter Mord", „Kirsten Heisig – der vertuschte Mord", „Gender Mainstreaming... der weltweite Wahnsinn", „Angela Merkel Biografie", „,EU' ein Konstrukt durch Angst, Erpressung und Lügen". Zuletzt enthält der Blog Rubriken zu den einzelnen politischen Orientierungen und ihren Vertretern: den Grünen („Die Entlarvung der Grünen") und der Antifa („Anti-Fa = HSR = Hirnlose-Straßen-Ratten"). Die zuletzt mit der *Wayback Machine* abrufbare Ausgabe vom 18.1.2022 enthält unter anderem Lobsprüche auf Wladimir Putin, entnommen der rechtskonservativen *Jungen Freiheit* vom April 2014: „Putin... wertkonservativ, pro-national... unterstützt Rechtsparteien in Europa... unsere Hoffnung"; „Nicht nur in heimischen Gefilden, auch in der EU positioniert sich Präsident Putin als Kämpfer gegen den westlichen Zeitgeist"; „Putin bei einer Rede an die Nation: Der ‚geschlechtslosen, unfruchtbaren Toleranz' des Westens Paroli bieten"[718].

Die Heimkehr, https://web.archive.org/web/20211017123606/https://die-heimkehr.info/

„Das Ziel dieser Netzseite ist es, den Aufwachprozess von allen aufrichtig nach Wahrheit und wahren Werten Suchenden zu fördern. Denn das weitere Anwachsen der Anzahl der Aufwachenden erfüllt eine weitere Voraussetzung für das offene Eingreifen der Kräfte, welche die natürliche Ordnung letztendlich wiederherstellen werden."[719]

Der Blog ist seit Oktober 2021 nur noch mithilfe der *Wayback Machine* zugänglich. Die letzten Einträge galten unter anderem folgenden Themen: „Heute vor 75 Jahren" (über die Auflösung der geschäftsführenden Reichsregierung Dönitz am

---

718 https://web.archive.org/web/20220000000000*/http://deutschelobbyinfo.com/2014/01/19/putin-wertkonservativ-pro-national-unterstutzt-rechtsparteien-in-europa-unsere-hoffnung/, Zugriff am 9.12.2022.

719 http://die-heimkehr.info/ueber-diese-seite/, Zugriff am 9.6.2019.

23.5.1945 in Flensburg)[720]; „Hohen Maien, Walpurgisfest, Pfingsten" („anlässlich der Mai-Zeit und zwecks Erinnerung an die Wurzeln unseres Volkes")[721]; „Ostara – Das wahre Osterfest unserer Ahnen" (über die vorchristlichen Wurzeln der Ostern)[722]; „Rudolf Heß, ein großer Sohn des deutschen Volkes" (in Memoriam Rudolf Heß')[723]; „Der 20. April" (eine Lobpreisung Hitlers und über den Umgang mit ihm im heutigen Deutschland)[724]; „Multimediale Massenverarschung in Echtzeit ... oder wie die ‚westliche Demokratie' ihre Zinssklaven in-FORM-iert" – über massenmediale Propaganda[725]; „Die Dämonisierung des Deutschen Volkes ... oder wie die Ereignisse in Hanau das Fass überlaufen lassen" – über die berüchtigte Schießerei in Hanau, bei der elf Menschen ums Leben kamen[726]. Die Betreiber der Webseite verherrlichen einerseits die Hitlerzeit und äußern sich in ihren Beiträgen andererseits äußerst kritisch gegenüber den heutigen Entwicklungen in Deutschland.

Die Unbestechlichen, https://dieunbestechlichen.com
Untertitel: „Unzensierte Nachrichten – politisch unkorrekt und kostenlos". Betreiber: Hanno Vollenweider (Ps.) u. Jan Udo Holey[727]. Aus dem Leitbild des Blogs: „In

---

720 https://web.archive.org/web/20211026233705/https://die-heimkehr.info/geschichte/heute-vor-75-jahren/, Zugriff am 15.2.2023.
721 https://web.archive.org/web/20211017123059/https://die-heimkehr.info/armanentum/hohen-maien-walpurgisfest-pfingsten/, Zugriff am 15.2.2023.
722 https://web.archive.org/web/20211006171452/https://die-heimkehr.info/die-heimkehr/ostara-das-wahre-osterfest-unserer-ahnen-2/, Zugriff am 15.2.2023.
723 https://web.archive.org/web/20211027135445/https://die-heimkehr.info/ahnengedenken/rudolf-hess-ein-grosser-sohn-des-deutschen-volkes-2/, Zugriff am 15.2.2023.
724 In dem Beitrag stehen unter anderem folgende Formulierungen: „Es überrascht nicht, dass die gegenwärtigen Volkszertreter, die Hitler hassen, auch Deutschland hassen: ‚Deutschland verrecke! Deutschland, du mieses Stück Scheiße!' (Teilnehmer dieser Fäkalistenhorde war u.a. die Vizepräsidentin des sogenannten ‚Bundestages', Claudia Roth). Und es ist auch kein Zufall, dass Hitler für eine Volksgemeinschaft arbeitete, in der die Arbeiter der Stirn und Faust zum Wohl des ganzen Volkes gleich unentbehrlich waren, während die gegenwärtigen Vasallen der Besatzer nur Ausländer und den Judaslohn lieben: ‚Vaterlandsliebe fand ich stets zum Kotzen. Ich wusste mit Deutschland nichts anzufangen und weiß es bis heute nicht.' (Diese Kotzbrocken quollen aus dem Mund des Grünen-Chefs Robert Habeck)." https://web.archive.org/web/20211006144808/https://die-heimkehr.info/meinungen-und-kommentare/der-20-april/, Zugriff am 15.2.2023.
725 https://web.archive.org/web/20211027122128/https://die-heimkehr.info/die-heimkehr/multimediale-massenverarschung-in-echtzeit-2/, Zugriff am 20.2.2023.
726 https://web.archive.org/web/20211027011013/https://die-heimkehr.info/meinungen-und-kommentare/die-daemonisierung-des-deutschen-volkes/, Zugriff am 20.2.2023.
727 Zu Holey siehe https://www.psiram.com/de/index.php/Jan_Udo_Holey.

Zeiten, in denen kritische Meinungen von Mainstream-Medien ignoriert, als ‚Fake News' bezeichnet, aus den sozialen Netzwerken verbannt oder als ‚Hate Speech' abgestempelt und politisch wie juristisch verfolgt werden, ist es umso wichtiger, dafür zu sorgen, dass für solche Nachrichten eine Plattform existiert, die der sich auf dem Vormarsch befindlichen Zensur Paroli bietet. Die Seite dieunbestechlichen.com ist so eine Seite, geschaffen für Whistleblower, kritische Journalisten und Autoren aller Themenbereiche – und damit meinen wir wirklich alle Themenbereiche von Politik über Islam und Flüchtlinge bis hin zu Grenzwissenschaften. Wir sind uns der Bedeutung der Meinungs- und Denkfreiheit bewusst, deshalb sehen wir diese als unseren Auftrag an und versuchen sie nach bestem Wissen und Gewissen zu verfolgen. Denn was bringen Enthüllungen, wenn sie für niemanden zugänglich sind? Qui tacet, consentire videtur – Wer schweigt, scheint zuzustimmen."[728]

Der Blog ist ein Forum für 46 Autoren (Stand: 20.2.2023), von denen viele von ihren linken Gegnern dem Rechtspopulismus und Rechtsextremismus zugeordnet und als Anhänger von Verschwörungstheorien und der „Klimalüge" abgestempelt werden[729]. Die Zahlen ihrer Beiträge sind sehr unterschiedlich, manche werden nur auf der Autorenliste vorgestellt, manche sind mit einigen Texten präsent, andere mit Dutzenden.

Die Webseite ist in Kategorien unterteilt: Politik; Wirtschaft und Finanzen; Gesundheit, Natur und Spiritualität; Verschwörungen, Enthüllungen und Unglaubliches. Daneben gibt es den News-Ticker und News mit aktuellen Texten aus anderen Medien, z.B.: „‚Grüne' Technologien sind gefährlich und keinesfalls als Haupt-Sache geeignet"[730] von der Webseite des Europäischen Instituts für Klima und Energie (EIKE)[731]; den Wortlaut der Rede des ungarischen Ministerpräsidenten Viktor Orbán zur „Lage der Nation: ‚Der Westen hat sich in Richtung Wilder Westen bewegt!'"[732] vom unabhängigen News- und Infos-Portal *Uncut-News*.

Neben Texten findet der Blog-Benutzer auch Videos aus fremden TV-Portalen, z.B. in der Kategorie Politik und Aktuelles unter der Überschrift „Dramatischer

---

728 https://dieunbestechlichen.com/unser-leitbild/, Zugriff am 20.2.2023.
729 So z.B. die Betreiber von *Psiram*, die 71 Autorinnen und Autoren ausgemacht haben. https://www.psiram.com/de/index.php/Die_Unbestechlichen#Autoren, Zugriff am 20.2.2023.
730 https://eike-klima-energie.eu/2023/02/20/gruene-technologien-sind-gefaehrlich-und-keinesfalls-als-haupt-sache-geeignet/, Zugriff am 7.1.2021.
731 Das Institut wird von der *Wikipedia* nicht als wissenschaftliche Einrichtung, sondern als Lobbyorganisation diffamiert und der „organisierten Klimaleugnerszene" in Deutschland zugerechnet.
732 https://uncutnews.ch/die-rede-von-ministerpraesident-viktor-orban-zur-lage-der-nation-der-westen-hat-sich-in-richtung-wilder-westen-bewegt/, Zugriff am 20.2.2023.

als 2015': So lenkt Nancy Faeser von der neuen Flüchtling-Krise ab" einen Videobeitrag vom YouTube-Kanal „Achtung Reichelt!" über illegale Migration nach Deutschland[733]. Darin wird die These vertreten, dass die besagte Migration bei Wahlen entgegen der Behauptung, dass man mit diesem Thema keine Wahlen gewinnen könne, falsch liegt, was die Wahlergebnisse in Berlin bewiesen haben.

Ein anderes Thema des Blogs ist Corona. In dem Beitrag „‚Corona war ein Probelauf!' – Jetzt kommt die Panik vor der Welt-Klima-Apokalypse!" wird vor weiteren Einschränkungen der Freiheits-, Menschen- und Bürgerrechte gewarnt[734]. Unter der Überschrift „Unvergessene Schande: Die Diskriminierung von Corona-Ungeimpften!" findet der User einen Beitrag von Guido Grandt[735] zum im Titel angekündigten Thema[736]. Der Beitrag ist mit einigen Aufnahmen illustriert. Auf einer sieht man ein Schild am Eingang in ein Freiburger Café, auf dem ein Männchen mit Aluhut mit einem roten Luftballon gezeichnet steht, darunter die Unterschrift: „Wir müssen draußen bleiben". Unter dem Aufsteller ist ein Hundetrinknapf zu sehen. Der Kommentar des Autors: „Menschenverachtender geht es nicht mehr! Ungeimpfte mit Tieren, mit Hunden zu vergleichen ist ein absoluter Tiefpunkt und doch eigentlich strafbar oder etwa nicht?"[737] Ein anderes Foto erinnert den Verfasser an die NS-Zeit: Darauf ist ein Gelsenkirchener Laden abgebildet, in dessen Schaufenster die Worte „Ungeimpfte unerwünscht" zu lesen sind. Die Diskriminierung von bestimmten Menschensorten wird auch in anderen Bereichen sichtbar. Zum Beispiel ist Guido Grandts Beitrag mit einem Foto eines Kreuzberger Cafés illustriert, das bestimmte Menschengruppen diskriminiert: „Kein Kaffee für Schwurbler, Möchtegern-Experten und rechtes Pack"[738]. Außer den genannten finden sich unterhalb des Beitrags von Grandt auch andere Videos zum Thema Corona.

Die Betreiber der Seite sind um redliche Informationsvermittlung bemüht, so dass sie auch über die Aktivitäten der in den Mainstream-Medien verpönten AfD

---

733 Der Betreiber des Kanals, Julian Reichelt, wird in *Wikipedia* als „deutscher Journalist, Kriegsreporter und Webvideoproduzent" beschrieben, und sein Kanal werde „von mehreren Medien als rechtspopulistisch" bezeichnet. https://de.wikipedia.org/wiki/Julian_Reichelt, Zugriff am 22.8.2023.

734 https://dieunbestechlichen.com/2022/12/corona-war-ein-probelauf-jetzt-kommt-die-panik-vor-der-welt-klima-apokalypse-video/, Zugriff am 12.12.2022.

735 Linke Kritiker Guido Grandts beschreiben ihn als „Autor von Sachbüchern und verschwörungstheoretischen Werken". https://www.psiram.com/de/index.php/Guido_Grandt, Zugriff am 20.2.2023. Guido Grandts *Schwarzbuch Freimaurerei* ist 2010 auch in polnischer Übersetzung im Wektory-Verlag Bielany Wrocławskie erschienen.

736 https://dieunbestechlichen.com/2023/02/unvergessene-schande-die-diskriminierung-von-corona-ungeimpften-video/, Zugriff am 20.2.2023.

737 Ebd.

738 Ebd.

und über andere oppositionelle Gruppierungen berichten. So findet der User am 27.6.2023 einen kommentierten Beitrag von Nicki Vogt über das Vorhaben der Bundesinnenministerin Faeser, die AfD wegen Rechtsextremismus zu verbieten[739]. Auch an Maßnahmen gegen die (vermeintlichen) Feinde der Bundesrepublik, die Reichsbürger, wird Kritik geübt, übrigens unter Berufung auf Leitmedien wie die *Berliner Zeitung*, z.B. in dem Beitrag des bereits zitierten Niki Vogts, „Reichsbürger-Razzia: Operetteninszenierung oder echter Terrorismus?"[740] Interessanterweise findet sich auf der Webseite außer einem ironischen Kommentar von Simone Solga zum Verhinderten „Staatsstreich"[741] ein Ausschnitt aus der ZDF-Heute-Sendung über diesen Vorfall[742], wodurch das Portal einen pluralistischen Anstrich bekommt.

Eva Herman, https://www.eva-herman.net
Webseite der ehemaligen Tagesschausprecherin und ARD-Moderatorin. Aus der Selbstdarstellung der Betreiberin: „Auf meiner Webseite finden Sie meine Artikel und Interviews, die ohne Denkverbot und Maulkorb zustande kommen. Die Sichtweise, die ich hier vertrete, ist die Grundlage meines Weltbildes, mit welchem nicht jeder Leser übereinstimmen muss. Ich distanziere mich dabei von jeglicher Form von Extremismus, ob er aus dem linken oder rechten Lager stammt. Ebenso gehöre ich weder irgendwelchen Parteien, Vereinigungen, Religionsgemeinschaften oder Sekten an: Ich bin frei!"[743]

Die Selbstbeschreibung Eva Hermans spiegelt sich in ihren Beiträgen wider, die sie in einigen Kategorien präsentiert. Neben der Schilderung persönlicher Erfahrungen wie ihrer Entlassung aus dem öffentlich-rechtlichen Rundfunk[744] setzt sich

---

739 Der Beiträger schreibt darüber mit scharfer Feder unter anderem: „Wie schön, wenn man AfD wegliquidieren könnte und die Linke nicht mehr lästig wird, dann ist man ja unter sich und kann ein paar Show-Diskussionen zur Volksbelustigung abhalten und ansonsten ohne ernsthafte Opposition durchregieren und Deutschland weiter in Grund und Boden wirtschaften. In einer solchen Situation muss die ‚Meinungsmache für das einfache Dummvolk', die BILD, an die Front. Nachdem Julian Reichelt abgesägt wurde als Chefredakteur, bläst der neue, system-folgsamere Chefredakteur des Blattes, Marion Horn, in dasselbe, um die Jagd auf die AfD zu eröffnen." https://dieunbestechlichen.com/2023/06/faeser-will-die-afd-zweitstaerkste-partei-in-umfragen-wegen-rechtsextremismus-verbieten/, Zugriff am 21.7.2023.
740 https://dieunbestechlichen.com/2022/12/reichsbuerger-razzia-operetteninszenierung-oder-echter-terrorismus-videos/, Zugriff am 12.12.2022.
741 Simone Solga, *Schau mal wer da putscht*, Folge 61, https://www.youtube.com/watch?v=Dck4mF1JpBs, Zugriff am 21.7.2023.
742 *ZDF spezial: Umsturzpläne und Terrorverdacht – Razzia gegen Reichsbürger*, https://www.youtube.com/watch?v=lPZ2xsyDTzIm, Zugriff am 21.7.2023.
743 https://www.eva-herman.net/eva-herman/, Zugriff am 21.7.2023.
744 Zur ZDF-Show „Johannes B. Kerner" wurde die Autorin am 9.10.2007 als Gast eingeladen und in deren Verlauf von Kerner ausgeladen. Sie erinnert sich daran unter

Herman in ihrem Blog mit drei Themenkomplexen auseinander: Politik/Medien; Familienpolitik; Gesundheit und Spiritualität. Die Beiträge der Bloggerin sind nicht up to date. Ihr vorletzter Beitrag zum erstgenannte Themenkomplex stammt vom 10.8.2021 und trägt den Titel „JFK: die Geburt der ‚Verschwörungstheorie'[745] erneut unter der Lupe"[746]. Der letzte Beitrag, „Stabil durch den Wandel" erschien am 6.5.2023. Nach Anklicken der Kategorie Politik/Medien erscheinen Unterkategorien: Sozialpolitik, Gesellschaftspolitik, Geopolitik, Globale Migrationspolitik, Abschied von Deutschland, Parteien, Lobbypolitik, Politische Umerziehung durch die Medien, Öffentlich-Rechtliche und kommerzielle Medien, Andere Medien über Eva Herman. Der letzte Beitrag aus dem Themenkomplex Familienpolitik stammt vom 11.2.2019 und ist als „Teil 20: Frauen denken um"[747] überschrieben. Die Autorin präsentiert darin ihre Überlegungen zur Rolle der Frauen in der Gesellschaft. Der besagte Themenkomplex ist in Unterkategorien aufgeteilt: Sexualisierungs-Politik, Krippenpolitik, Mutter-Kind-Bindung, Bevölkerungspolitik, Männer, Frauen-, Kinder-, Genderpolitik, Die missbrauchte Republik, Eva Herman und Kristina Schröder[748]. Beim Themenkomplex Gesundheit/Spiritualität findet der

---

anderem mit folgenden Worten: „Am späten Abend des 9.10.2007 starb in Deutschland die Meinungsfreiheit ganz offiziell, vor den Augen von Millionen Zuschauern,- in einer gebührenfinanzierten, öffentlich-rechtlichen Sendeanstalt, dem ZDF. Viele Menschen bezeichnen diese Sendung bis heute als ‚Tribunal'. Für mich fühlte es sich damals sehr ähnlich an. Sämtliche Teilnehmer des Geschehens, einschließlich des Moderators, wirkten auf mich irgendwie merkwürdig ferngesteuert. Ich kann mich bis heute der Empfindung nicht wehren, dass man mich schon von Beginn der Sendung an gerne losgeworden wäre. Aber wozu hatte man mich dann eigentlich eingeladen? Um ein Exempel zu statuieren? Wer weiß das heute schon. Es macht mich sehr froh, dass ich hier die einzige, ungekürzte Fassung (3 Teile) zeigen kann, die derzeit existiert. Bei diesem Video handelt es sich inzwischen längst um ein historisches Dokument, die Sendung ist Gegenstand zahlreicher Untersuchungen und Prüfungen von Hochschulen und Universitäten geworden. Auch habe ich ein Buch um die Vorgänge geschrieben [:] *Die Wahrheit und ihr Preis.* Wie hat es der ehemalige US-Politiker und Top Journalist Paul Craig Roberts so richtig formuliert? ‚Die Wahrheit ist gefallen und hat die Freiheit mit sich gerissen!'" https://www.eva-herman.net/ungekuerzte-fassung-eva-herman-bei-johannes-b-kerner-am-9-10-2007, Zugriff am 20.2.2023.
745 Die Autorin verweist darauf, dass der besagte Begriff von der CIA am 1.4.1967 kreiert wurde, was den linken Gegnern des von ihnen so häufig kritisierten Phänomens zu Denken geben sollte.
746 https://www.eva-herman.net/jfk-die-geburt-der-verschwoerungstheorie-erneut-unter-der-lupe/, Zugriff am 20.2.2023.
747 https://www.eva-herman.net/familienpolitik/, Zugriff am 20.2.2023.
748 Es handelt sich um die ehemalige Bundesministerin für Familie, Senioren, Frauen und Jugend, die von 2002 bis 2017 Mitglied des Bundestags war.

User folgende Unterkategorien: Hildegard von Bingen, Pharma-Industrie, Naturheilkunde, Spiritualität, Nächstenliebe, Naturheilkunde für die Seele. Der letzte Beitrag in diesem Themenkomplex stammt vom 20.11.2020 und enthält eine Aufzeichnung der Bloggerin, in der sie „vom wundersamen Wirken der spirituellen Heilerin Hildegard von Bingen" erzählt. Es ist die 25. Folge ihres Berichts, in der sie aus dem Buch von Wighard Strehlow *Die Psychotherapie der Hildegard von Bingen. Heilen mit der Kraft der Seele* liest.

Es gibt auf der Webseite Eva Hermans aber auch aktuelle Beiträge. Diese sind Verweise einerseits auf die „Wissensmanufaktur"[749] (Untertitel: Neue Ansätze für eine neue Zeit), auf den vom 10. bis 12.3.2023 geplanten Online-Kongress der „Wissensmanufaktur" (Titel: „Stabil durch den Wandel – Konkret!", andererseits auf die Podcasts Hermans und Popps, die unter #StabildurchdenWandel abrufbar sind. Die Audiodatei vom 20.2.2023 umfasst unter anderem folgende Themen: „Krieg der Medien: Wenn sich das System selbst zerlegt"; „EU-Parlament verhindert Anhörung: Welche Rolle spielt von der Leyen bei Pfizer-Deal?"; „Marburg-Virus-Impfstoff in Phase-I ‚erfolgreich': WHO und Bill Gates daran beteiligt"; „Überraschungsgast Biden verspricht in Kiew: Westliches Bündnis wird Ukraine 700 Panzer liefern", „Bündnis zwischen Russland und China? Dann fürchtet Selenskyj Weltkrieg"; „Münchner Sicherheitskonferenz: China ruft zu Verhandlungen und Frieden auf"; „Internationale Energieagentur warnt: Gasversorgung für Deutschland wird schwierig"[750]. Des Weiteren macht Eva Herman auf ihrer Webseite Werbung für ihre eigenen Bücher: *Das Eva Prinzip. Für eine neue Weiblichkeit* und *Die Wahrheit und ihr Preis* sowie für die in ihrem Verlag Edition Eva Herman erscheinenden Publikationen.

Wikipedia verbindet Eva Herman mit Feminismuskritik, Bekenntnis zum Christentum, „konservativer Familienpolitik", dem Kopp Verlag und dem russischen Staatssender RT Deutsch, ferner mit Geschichtsrevisionismus, Unterstützung für Rechtsradikale und Verschwörungstheoretiker[751]. *Psiram* konstatiert bei ihr „konservativ-christliche Orientierung und Verbindungen zu rechten Parteien" sowie „Engagement gegen die Gleichberechtigung von Frau und Mann"[752]. Auch werden Eva Herman Kritik am „kulturellen und geistigen Absturz einer ganzen Gesellschaft", „Äußerungen zur COVID-19 Pandemie-Pandemie 2019/2020",

---

749 https://www.wissensmanufaktur.net, Zugriff am 20.2.2023. Die Wissensmanufaktur wird vom Institut für Wirtschaftsforschung und Gesellschaftspolitik getragen, das von Andreas Popp konzipiert wurde. Popp fungiert mit Eva Herman auf ihrer Webseite als Mitautor ihres politischen Podcasts.
750 https://www.eva-herman.net/stabil-durch-den-wandel-2023-02-20/, Zugriff am 20.2.2023.
751 https://de.wikipedia.org/wiki/Eva_Herman, Zugriff am 22.2.2023.
752 https://www.psiram.com/de/index.php/Eva_Herman, Zugriff am 22.2.2023.

„Engagement für Scharlataneriemittel MMS" und „Verschwörungstheorien zum russischen Überfall auf die Ukraine"[753] zur Last gelegt.
Eva Hermans Buch *Das Eva-Prinzip. Für eine neue Weiblichkeit* wurde 2008 in polnischer Übersetzung vom Sensus-Verlag Gliwice/Gleiwitz dem Publikum in Polen zugänglich gemacht.

Fassadenkratzer, https://fassadenkratzer.wordpress.com
Untertitel: „Blicke hinter die Oberfläche des Zeitgeschehens". Blog des ausgebildeten Rechtspflegers, Pädagogen und Autors Herbert Ludwig.

Die Erklärung des Blogtitels findet der User in der Selbstdarstellung des Autors: „In allem, was ist und geschieht, muss man die Oberfläche vom Inhalt, den Schein von der Wirklichkeit unterscheiden. Die Verlautbarungen der Politiker, der verschiedenen gesellschaftlichen Interessengruppen, die Meldungen und Kommentare der Medien, kurz: die veröffentlichte Meinung, die als öffentliche Meinung ausgegeben wird und Meinung und Bewusstsein der Menschen prägt, sind vielfach nur die Oberfläche dessen, was in Wahrheit vorgeht. Man muss an der Fassade kratzen, um hinter die Oberfläche zu kommen und zu dem vorzudringen, was wirklich geschieht. [...] Meine und von mir übernommenen Artikel sind einzig und allein aus ernstem Erkenntnisringen um die Wahrheit hervorgegangen. Wer mich inhaltlich auf vermeintliche oder tatsächliche Irrtümer hinweist, unterstützt mich in diesem Streben. Wer mich aber in das politische Links-Rechts-Schema der Parteien einordnet, mit denen ich nichts zu tun habe, zeigt damit nur, dass es ihm nicht um die Wahrheit geht."[754]

Der Verfasser vorliegender Studie hatte sich Gedanken darüber gemacht, welcher Orientierung der Autor des Blogs *Fassadenkratzer* ist. Letzten Endes entschied er sich dazu, ihn in seine Untersuchung aufzunehmen. Es gibt dafür mehrere Ansätze, die in einigen Kategorien des Blogs deutlich werden. In der Kategorie „Antifaschismus" wird auf einen Bericht des Europäischen Polizeiamtes (Europol) verwiesen, wonach es in Europa keinen Rechtsextremismus gebe, stattdessen die eigentliche Gefahr für die öffentliche Sicherheit von muslimischen und linken Extremisten ausgehe[755].

In der Kategorie „Demokratie" findet sich ein Beitrag über ein Interview mit dem libanesisch-deutschen Regisseur, Drehbuchautor und Fernsehjournalisten Imad Karim, der seit 1977 in Deutschland lebt und in einem eindringlichen Kurzfilm mit dem Titel *Ich bitte um Vergebung – Brief an Deutschland* anlässlich der Silvesterkrawalle 2018/2019 über die Terrorisierung aller in Deutschland freiheitsliebenden

---

753 Ebd.
754 https://fassadenkratzer.wordpress.com/ueber-diesen-blog/, Zugriff am 22.7.2023.
755 „Europol: Kein Rechtsextremismus in Europa", 6.3.2020, https://fassadenkratzer.wordpress.com/2020/03/06/europol-kein-rechtsterrorismus-in-europa/#more-6057, Zugriff am 23.2.2023.

Menschen durch „bestimmte Gruppen" spricht. Diesen Gruppen gegenüber wenden die Politiker laut Karim eine „Verschleierungs- und Verharmlosungsstrategie" an, statt ihnen „mit rechtsstaatlichen Mitteln Einhalt zu gebieten"[756]. Ludwig stellt sich auf die Seite der Einwanderungsgegner und kann somit von Befürwortern der Immigration in die rechte Ecke gestellt werden.

In der Kategorie „Diktatur" findet sich ein Beitrag mit dem Titel „Mit dem PCR-Test wurden simpelste medizinische Grundsätze der Diagnostik schlagartig obsolet"[757]. Darin schreibt der Blogger über einen Artikel aus dem „Uckermark-Kurier" über Impfnebenwirkungen und präsentiert sich somit als Impfgegner.

Herbert Ludwigs Haltung gegenüber dem Ukraine-Krieg – er spricht sich gegen die Waffenlieferungen in die Ukraine aus[758] – ist die eines Pazifisten oder – im Wortgebrauch seiner potentiellen Gegner – eines „nützlichen Idioten" Putins oder Putinverstehers.

Der Blog enthält fünf Rubriken (Inhaltsverzeichnis; Erkenntnis; Wichtige Nachrichten; Artikel zum Hören; Hören & Kontakt) und 33 Kategorien. Die Beiträge sind häufig mehreren Kategorien zugeordnet. Der Betreiber baut seine Texte nach einem festen Muster auf: Unterhalb eines jeden Titels, der zugleich seine These bildet, präsentiert er seine Meinung zum jeweiligen Thema. Dem folgt eine Beweisführung anhand der von ihm genutzten Quellen. Diese Vorgehensweise soll hier an dem Artikel „Verbreitung der Corona-Propaganda durch staatlich bezahlte Journalisten und PR-Agenturen"[759] vom 11.7.2023 veranschaulicht werden. Der

---

756 Der Blogbeitrag ist als „*Das deutsche Leben stirbt!* – Ein Weck- und Aufruf von Imad Karim an die Deutschen" überschrieben und erschien am 13.2.2023, https://fassadenkratzer.wordpress.com/2023/02/13/das-deutsche-leben-stirbt-ein-weck-und-aufruf-von-imad-karim-an-die-deutschen/-more-11174, Zugriff am 23.2.2023. Der Film *Ich bitte um Vergebung* ist unter https://www.youtube.com/watch?v=oVMKtk0rUMk abrufbar.
757 20.2.2023, https://fassadenkratzer.wordpress.com/2023/02/20/mit-dem-pcr-test-wurden-simpelste-medizinische-grundsatze-der-diagnostik-schlagartig-obsolet/#more-11297, Zugriff am 23.2.2023. Das Thema Corona und Impfungen ist Gegenstand auch anderer Beiträge des Bloggers, z.B. über den Freispruch des österreichischen Impfgegners Dr. Andreas Sönnichsens durch das Bezirksgericht Salzburg am 9.2.2023. https://fassadenkratzer.wordpress.com/2023/02/21/der-aufrechte-wie-prof-sonnichsen-sich-vor-gericht-verteidigte/#more-11305, Zugriff am 23.2.2023.
758 „Die große Lüge vom Frieden durch Waffenlieferungen", 31.1.2023, https://fassadenkratzer.wordpress.com/category/ukraine/, Der besagte Text steht auch in anderen Kategorien des Blogs: Geschichte, Medien, Parteien, Politik, Russland, Ukraine, US-Imperialismus u.a., Zugriff am 23.2.2023.
759 https://fassadenkratzer.wordpress.com/2023/07/11/verbreitung-der-corona-propaganda-durch-staatlich-bezahlte-journalisten-und-pr-agenturen/#more-12426, Zugriff am 22.7.2023.

Blogger zählt den Text zu den Kategorien Demokratie, Gesundheit, Medien, Politik und Totalitarismus. Daneben verbindet er ihn mit bestimmten Schlagworten. Beim obigen Artikel sind es AUF1, BND, Bundesministerium für Gesundheit, Bundesregierung, Carat Deutschland, Corona-Panik, Mediaplus-Gruppe. Sie alle finden sich im Text des Artikels, der eine Wiedergabe von Worten der Sprecherin und des Sprechers des Fernsehsenders AUF1 im Beitrag „Hunderte Millionen Euro Steuergelder für Journalisten und Corona-Kampagnen"[760] enthält. Die Zugehörigkeit des Beitrags zur Kategorie Demokratie ergibt sich aus der Auffassung des Bloggers, dass die Corona-Politik der Bundesregierung die demokratischen Prinzipien verletzte und somit auch eine Nähe zum Totalitarismus entstand. Dass Corona-Panik, die von Mainstream-Medien geschürt werden sollte, im Interesse der staatlichen Gesundheitspolitik lag, versteht sich von selbst. Die Nennung des Bundesnachrichtendienstes und der Bundesregierung als Finanzierende von „regimetreuen" Journalisten zeigt die Einstellung des Fernsehsenders AUF1 und des Bloggers selber, der sich auf die Rolle des Ansagers und Interpreten des Berichteten beschränkt. So geschieht es auch im Falle seiner anderen Beiträge. Es nimmt deshalb nicht wunder, dass er fast täglich neue Texte postet. Allerdings finden sich in seinem Blog auch Gastbeiträge anderer Autoren.

Kritische Stimmen über den Blogger konnten vom Verfasser im Netz nicht ausfindig gemacht werden.

Jihad Watch Deutschland, https://fredalanmedforth.blogspot.com/

Untertitel des Blogs: „Der heimliche Orientalismus Deutschlands, durchleuchtet von Fred Alan Medforth". Eine Selbstdarstellung des Bochumer Bloggers fehlt. Neben seinem Hauptthema, d.h. Straftaten von Moslems und negative Erscheinungsformen des Islam, findet der Blogleser auch Meldungen zum jeweils aktuellen, nicht nur mit dem Islamismus zusammenhängenden Geschehen, z.B. zu Corona und Impfungen in Deutschland und in anderen Ländern. Der genannte Blog dient der Ankündigung von Themen, die der Blogger dann in Form eines Beitrags auf seiner zweiten Webseite, https://medforth.org/, postet. Die Quellen seiner Beiträge sind Medien und einzelne Autoren, die er auch anführt. Wir beschränken uns auf ausgewählte Beiträge zum Zeitpunkt der Untersuchung.

Der User findet z.B. am 23.2.2023 den Beitrag „Spanien: Zwei junge Frauen ermordet, weil sie sich von ihren pakistanischen Ehemännern trennen wollten"[761].

---

760 https://auf1.tv/nachrichten-auf1/nachrichten-auf1-vom-22-juni-2023/, Zugriff am 22.7.2023.

761 https://medforth.org/spanien-zwei-junge-frauen-ermordet-weil-sie-sich-von-ihren-pakistanischen-ehemannern-trennen-wollten/, Zugriff am 24.2.2023. Quelle des Beitrags war die „Webseite der extremen Rechten" (französische Beurteilung, https://fr.wikipedia.org/wiki/Fdesouche) *Fdesouche,* https://www.fdesouche.com/2023/02/22/espagne-arrestation-dun-pakistanais-pour-un-crime-dhonneur-contre-deux-de-ses-filles-commis-parce-quelles-voulaient-rompre-leurs-mariages-forces/.

Am selben Tag erscheint unter der Überschrift „Corona-Pandemie-Aufarbeitung von unten" eine Einschätzung der staatlichen Corona-Maßnahmen und deren schädlicher Folgen mit einer Meldung über eine Ausstellung am 2.2.2023 in Sondershausen, auf der auf 1.080 Seiten dokumentiert wurde, „was Politik und Medienpropaganda in zwei Jahren Falschinformationen und Fehlentscheidungen produziert haben."[762] Zu dem von einem 19-Jährigen in Berlin-Pankow begangenen Verbrechen an einem fünfjährigen Mädchen postet Medforth den Text „Spielplatz-Kindesmord: ‚Eltern sollten nicht zu viele Details erzählen'. Was gilt es zu vertuschen?"[763] Hier wurde nur auf drei von sechs Beiträgen hingewiesen, die vom Blogger an einem Tag gepostet wurden. Er bringt regelmäßig jeden Tag Meldungen, die mehr oder weniger furchterregend sind und den Antiislamismus anheizen können. Seine Befürworter werden sich in ihren Einstellungen bestätigt fühlen, und seine Gegner werden sich über ihn empören.

Über den Betreiber des Blogs schreibt der die mediale Vernetzung von Rechten aufspürende Blog *RechteMedienInfo* unter anderem, für ihn sei der Islam „böse und Muslime sind Mörder. Akribisch wird jede Untat von Muslimen in Deutschland oder Österreich verlinkt."[764] Nicht mit Islamfeindlichkeit zusammenhängende Themen werden von *RechteMedienInfo* übersehen. Andere Kritiker des Bloggers im Netz konnten nicht ausfindig gemacht werden.

Jürgen Fritz Blog, https://juergenfritz.com

Untertitel: „Politische Beiträge, philosophische Essays und mehr"[765]. Der Blogger hat Philosophie, Erziehungswissenschaft, Mathematik, Physik und Geschichte studiert, wobei er sich in letzter Zeit verstärkt mit Fragen der Ontologie, der Ästhetik, der Philosophie der Emotionen, der Ethik, der Religionsphilosophie und mit politischen Religionen (totalitären Herrschaftsideologien), insbesondere dem Islam beschäftigt. Neben seiner preisgekrönten philosophischen Abhandlung *Das Kartenhaus der Erkenntnis – Warum wir Gründe brauchen und weshalb wir glauben müssen* schreibt Jürgen Fritz über aktuelles politisches und gesellschaftliches

---

762 https://medforth.org/corona-pandemie-aufarbeitung-von-unten/, Zugriff am 24.2.2023. Quelle des Beitrags war der Blog von Vera Lengsfeld, https://vera-lengsfeld.de/2023/02/22/corona-pandemie-aufarbeitung-von-unten/#more-6874.

763 https://medforth.org/spielplatz-kindesmord-eltern-sollten-nicht-zu-viele-details-erzahlen-was-gilt-es-zu-vertuschen/, Zugriff am 24.2.2023. Quelle des Beitrags war *Unser Mitteleuropa,* https://unser-mitteleuropa.com/spielplatz-kindesmord-eltern-sollten-nicht-zu-viele-details-erzaehlen-was-gilt-es-zu-vertuschen/.

764 https://rechtemedieninfo.blogspot.com/2019/10/jihad-watch-deutschland.html, Zugriff am 24.2.2023.

765 http://de.wikimannia.org/Jürgen_Fritz, Zugriff am 22.7.2023.

Geschehen in Deutschland, zuletzt im Sammelband *Wir sind noch mehr – Deutschland in Aufruhr*[766].

Der Blogger versteht sich selbst wie folgt: „Ein Konservativer war ich mein ganzes Leben noch nie. Ich bin viel eher ein Progressiver (Fortschrittsgläubiger und -orientierter), ein Kind der Aufklärung, aber auf keinen Fall ein Sozialist oder Neuer Linker, sondern ein Liberaler, der die Errungenschaften der Aufklärung als etwas sieht, das unbedingt verteidigt werden muss."[767] Zu seinem Selbstverständnis gehören ferner „Achtung der Menschenwürde und -rechte, Individualität und Liberalismus, Solidarität und Realitätssinn statt Wunschdenken [...] Dezidierte Religions-, Ideologie- und vor allem Islamkritik, Selbstbestimmung und Selbstverantwortung [...] Errungenschaften der Aufklärung bewahren und ausbauen [...] Liberaler Nationalist aus Einsicht in die Notwendigkeit"[768].

Der Leser des Jürgen Fritz Blogs wird mit der geistig-politischen Einordnung des Bloggers ein Problem haben, versteht er sich doch weder als Konservativer noch als Rechter. Wir haben uns entschlossen, ihn in die vorliegende Studie aufzunehmen, weil er sich durch Unabhängigkeit und Rationalität seiner Argumentationen und Urteile auszeichnet.

Der Blog ist in folgende Kategorien unterteilt: Geschichte, Literatur, Kultur; In eigener Sache; Islam-, Religions- und Ideologiekritik; Philosophie und Wissenschaft; Politik und Gesellschaft; Satire; Sport, Wahl-O-Matrix, Umfragen; Zensur. Neben eigenen Beiträgen (manchen in Englisch) postet Jürgen Fritz Texte anderer Autoren, z.B. Herwig Schafbergs.

Der Blogger gehört zu denjenigen Autoren, denen die *Wikipedia* bisher gar keinem Eintrag gewidmet hat. In der *WikiMANNia* findet sich über ihn ein separater Artikel, in dem einige seiner Aktivitäten beleuchtet worden sind[769]. Dazu gehört der berüchtigte Beitrag „Warum Sie mit psychisch gestörten grün-linken Gutmenschen nicht diskutieren sollten", weil sie „psychopathologisch gestört", also krank seien[770]. Diese Einstellung von Jürgen Fritz kritisierte ein anderer Blogger, der Münchner Facharzt für Psychiatrie und Psychotherapie Peter Tuschel[771], der schon

---

766 Auf der Webseite des Kopp Verlags wird das im Macht Steuert Wissen Verlag 2018 in 2. Aufl. erschienene Buch als ein „Aufruf zur Verteidigung der Demokratie und Meinungsfreiheit" beworben.
767 https://juergenfritz.com/2019/10/13/wo-ich-politisch-stehe/, Zugriff am 22.7.2023.
768 Ebd.
769 https://at.wikimannia.org/Jürgen_Fritz, Zugriff am 24.2.2023.
770 Der Text erschien als Gastbeitrag auf dem Blog *Tichys Einblick*, dessen Betreiber, Roland Tichy, sich für dessen Veröffentlichung entschuldigte und ihn löschte. *WikiMANNia* druckt ihn fast unverändert nach. Im Blog von Fritz ist der Text unter https://juergenfritz.com/2017/02/23/warum-sie-mit-psychopathologisch-gestoerten-gutmenschen-nicht-diskutieren-sollten/ abrufbar, Zugriff am 24.2.2023.
771 „Sandsäcke gegen pseudo-psychologisches Blabla", https://schraeglage.blog/sandsaecke-gegen-pseudo-psychologisches-blabla/, Zugriff am 24.2.2023.

den Titel des Beitrags von Fritz als falsch bezeichnet und überzeugend beweist, dass es niemanden gebe, „mit dem man ‚lieber nicht reden sollte'". Tuschel wirft Fritz ferner nicht nur psychologische Inkompetenz, sondern auch Ignoranz und Arroganz vor, weil er Menschen auf das Niveau von Kleinkindern reduziere.

Ein zweites Thema, das *WikiMANNia* bei Fritz als erwähnenswert erachtet, ist seine Kritik an Facebook und speziell an den Praktiken dieser Kommunikationsplattform, „auf der man in keiner Weise mehr kommunizieren darf. Eine Verfassung, Recht und Gesetz, an das sich einfach nicht mehr gehalten wird. Absolute Willkür statt Rechtssicherheit. Wer stört, wird einfach entfernt."[772] Gemeint ist vor allem die Sperrung von Benutzern „ohne jeden Rechtsverstoß", deren Einträge als „Hassrede" interpretiert werden.

Zu den Beiträgen von Fritz, die *WikiMANNia* zum rechten Ideengut zählen würde und aus denen sie kurz zitiert, gehören Texte mit folgenden Überschriften: „Sarrazin: Einwanderung war für die einheimische Bevölkerung allermeist sehr nachteilig"[773]; „Was für Leute sind das, die zum ‚Fest für Freiheit und Frieden' in Berlin aufrufen?"[774] – über das Verbot der in Berlin angemeldeten Demonstration der Stuttgarter Initiative „Querdenken 711" gegen die Corona-Maßnahmen der Bundesrepublik; „Iraker fährt in Berlin mehrere Motorradfahrer gezielt um, ruft ‚Allahu Akbar'"[775]; „Warum es bei uns nur linkes, kein konservatives öffentliches Mobbing geben kann"[776] – über die Vormachtstellung der Linken im öffentlichen Diskurs, in welchem die Konservativen, Liberalen und Bürgerlichen weggemobbt werden, „nur weil das Gesagte nicht in ihr [scil. der Linken] verblendetes Weltbild passt"[777]; „Nur die Moral kann uns vor dem Abgrund retten – Marxismus aber ist falsch"[778] – über ein Buch von „Deutschlands weltweit bekanntestem Gegenwartsphilosophen" Markus Gabriel und seinen „Entwurf zu einer neuen Aufklärung gegen den Werterelativismus"[779]. Das sind nur einige Beiträge im Blog von Jürgen Fritz, die auf *WikiMANNia* aufgelistet wurden. Dass die Zuordnung des Bloggers

---

772 https://at.wikimannia.org/Jürgen_Fritz#Facebook, Zugriff am 24.2.2023.
773 https://juergenfritz.com/2020/09/01/sarrazin-einwanderung-war-fuer-die-einheimische-bevoelkerung-allermeist-sehr-nachteilig/, Text vom 1.9.2020.
774 https://juergenfritz.com/2020/08/27/was-fur-leute-sind-das-die-zum-fest-fur-freiheit-und-frieden-in-berlin-aufrufen/, Text vom 27.8.2020.
775 https://juergenfritz.com/2020/08/19/iraker-fahrt-in-berlin-mehrere-motorradfahrer-gezielt-um-ruft-allahu-akbar/, Text vom 19.8.2020.
776 https://juergenfritz.com/2020/08/17/warum-es-bei-uns-nur-linkes-kein-konservatives-oeffentliches-mobbing-geben-kann/, Text vom 17.8.2020.
777 https://juergenfritz.com/2020/08/17/warum-es-bei-uns-nur-linkes-kein-konservatives-oeffentliches-mobbing-geben-kann/, Text vom 17.8.2020.
778 https://juergenfritz.com/2020/08/12/nur-die-moral-kann-uns-vor-dem-abgrund-retten-marxismus-aber-ist-falsch/, Text vom 12.8.2020.
779 Ebd.

zur Rechten zu weit gegriffen ist, davon zeugen seine kritischen Beiträge über den Nationalismus[780] und die „Putinversteher"[781].

Dem Blogger wird auch auf *RechteMedienInfo* kurz Aufmerksamkeit geschenkt. Außer seinem Artikel über die Pathologie des Gutmenschen wird auf seine Tweets verwiesen, dass die AfD sich abschaffen solle, und dass er Max Otte und Hans-Georg Maaßen von der WerteUnion der CDU und CSU beschimpfe[782]. Dem Letzteren schreibt Fritz einen „starke[n] Zug zur Irrationalität und zu Verschwörungsphantasien" zu, weil Maaßen einigen Professoren, die die Gefährlichkeit des Corona-Virus anzweifelten, mehr Vertrauen schenkte als sog. Faktenfindern des öffentlich-rechtlichen Rundfunks. Fritz' Akzeptanz der öffentlichen Berichterstattung über die Pandemie bedeutet zugleich seine Distanzierung zu den Positionen der auf rechten Webseiten überwiegenden sog. Corona-Leugnern.

Michael Mannheimer Blog, https://michael-mannheimer.net/

Der eigentliche Name des am 13.3.2022 verstorbenen Blogbetreibers war Karl-Michael Merkle, und er führte seinen Blog seit 2010. Sein früherer Untertitel war „Islamisierung und Linkstrends stoppen – Grundrechte stützen – Demokratie stärken", zuletzt, im April 2022, lauteten Mannheimer Losungen unterhalb seines Namens auf dem Blog „Lockdown und Impfpflicht abschaffen * Links-Diktatur stoppen * Islamisierung umkehren & NWO/WEF zerschlagen"[783].

Mannheimer galt als „Frontmann der Islamkritiker" und ist auch in Polen als solcher bekannt[784]. Peter Helmes schrieb ein Plädoyer für Mannheimer. Darin heißt es unter anderem: „Der ständige ‚Verriss' durch die Mainstream-Medien, durch viele Politiker und durch die Justiz sowie der damit verbundene tägliche Kampf um unsere wirtschaftliche Existenz haben uns zusammengeschweißt, weil wir wissen, dass wir nur dann Erfolg haben, wenn wir uns im eigenen Lager nicht ‚zerlegen'. Michael Mannheimer hat uns zusammengebracht. Danke!"[785].

---

780 https://juergenfritz.com/2022/06/21/universalistisches-nationalstaatsdenken-und-gruppenegoistischer-nationalismus/, gepostet am 21.1.2022, Zugriff am 22.7.2023.

781 https://juergenfritz.com/2022/03/25/zur-semantik-nicht-putinversteher-sondern-putin-russland-resp-faschisten-sympathisant/, gepostet am 25.3.2022, Zugriff am 22.7.2023.

782 https://rechtemedieninfo.blogspot.com/2019/09/jurgen-fritz.html, Zugriff am 25.2.2023. Der Beitrag über die WerteUnion ist unter https://archive.is/vhy57 abrufbar.

783 https://michael-mannheimer.net/, Zugriff am 24.5.2023.

784 https://www.panstwo.net/autor/michael-mannheimer, Zugriff am 22.8.2023.

785 https://conservo.wordpress.com/2018/05/17/gute-genesung-lieber-michael-mannheimer-wir-stehen-zu-dir-bitte-helfen-sie/, Zugriff am 29.12.2018. Derzeit ist dieser Text nur über die *Wayback Machine* unter https://web.archive.org/web/20181213124044/https://conservo.wordpress.com/2018/05/17/gute-genesung-lieber-michael-mannheimer-wir-stehen-zu-dir-bitte-helfen-sie/ abrufbar.

Anlässlich des 8-jährigen Bestehens seines Blogs, in dem er 5.000 Artikel veröffentlicht hat, schrieb Mannheiter am 17.5.2018 eine Art Resümee seiner publizistischen Arbeit[786]. Er rechnet darin mit der deutschen Nachkriegsgeschichte ab und schreibt unter anderem über eine „verbrecherische Geschichtsschreibung", die nach dem Zweiten Weltkrieg den Deutschen die Allein-Schuld an beiden Weltkriegen zuschreibt. Infolgedessen wurde Deutschland „in eine historisch beispiellose Schuldkultur getrieben, aus der heraus, wie von den Engländern geplant, ein Hass der Deutschen gegen sich selbst entsprang. Dieser Hass führte unter der Federführung der Frankfurter Schule zur Gründung der APO, dann zu ihrem militärischen Arm der Baader-Meinhof-Terroristen, (RAF) die Deutschland Ende der 70 Jahre ff. an den Rand des Abgrunds trieben. [...] Linke besetzen so gut wie alle Bildungseinrichtungen, waren beherrschend in den Schulen und Universitäten, und mit der Gründung der **Grünen** kamen die Deutschlandhasser in die deutschen Parlamente."[787] Seine zweite These zur deutschen Zeitgeschichte lautet: „Der Todesstoß gegen die Deutschen kam mit der Wiedervereinigung, die es sträflich unterließ, die SED und Stasi-Seilschaften nicht zu verbieten."[788] Die Folge war die Entstehung der PDS und dann der Linkspartei. „Mit ihr begann die Erfindung des angeblichen Rassismus und Neonazismus, von der die deutsche Gesellschaft angeblich befallen sei – was ein reines, aber extrem erfolgreiches Ablenkungsmanöver war, um von ihrem eigenen Rassismus (Selbsthass oder Autorassismus) gegen das deutsche Volk abzulenken."[789]

Mannheimers nächste These bezieht sich auf sein eigentliches Interessenfeld, d.h. auf die Islamisierung Deutschlands. Er meint, Deutschland stehe an der Schwelle zum Untergang. Schuld daran sei die demographische Entwicklung: Die Jahrgänge unter 18 Jahren seien bereits mehrheitlich nicht mehr deutsch, sondern moslemisch, Deutschland werde „in spätestens 30 Jahren nicht mehr von Deutschen, sondern von seinen Immigranten, die nichts anders als islamische Invasoren sind, bewohnt sein [...]. Wenn sie über 50 % der Wählerstimmen bilden, so werden sie die Bundesrepublik Deutschland, ohne einen Schuss abzufeuern, in eine **Islamische Republik Deutschland** umbenennen. Das war und ist hundertfach von allen islamischen Verbänden so prophezeit worden. Von da an haben die Deutschen ihr Hausrecht verloren."[790] Mannheimer schreibt die Schuld an dieser Entwicklung der deutschen Regierung und dem „sog. linkspolitischen Establishment" zu, dessen Medien ihr schärfstes Schwert seien, weil sie „zu 99 % auf der Seite der Deutschlandabschaffer sind, anstelle ihrer ursprünglichen Aufgabe nachzukommen, als

---

786 https://michael-mannheimer.net/2018/05/17/hinweis-in-eigener-sache-am-5-mai-2018-erschien-mein-5-000ster-artikel/, Zugriff am 27.2.2023.
787 Ebd., Zugriff am 27.2.2023. Die Schreibung wurde unverändert beibehalten.
788 Ebd.
789 Ebd.
790 Ebd.

vierte Macht eines Staates die Regierung zu kontrollieren und zu kritisieren."[791] Der Blogger prophezeit, in 200 Jahren werde das europäische Erbe ausgelöscht werden: „Niemand wird sich mehr an Beethoven, Mozart, Verdi, Darwin, Einstein, niemand wird sich mehr an die gotischen Kathedralen erinnern. Alles wird entweder zerstört – oder islamisiert sein. Der Kölner Dom, das Münster von Straßburg, die Notre Dame und alle anderen christlichen Gebäude werden dasselbe Schicksal erfahren wie die Hagia Sophia, die einst größte Kirche der Christenheit im damaligen Byzanz, Konstantinopel: Sie werden zu islamischen Moscheen umfunktioniert werden."[792] Diese düstere Prognose wird Menschen mit der Gesinnung des Bloggers in ihrer Angst vor der Islamisierung bestärken, sie wird aber auch seine linken Gegner auf den Plan rufen.

Außer der Kritik an der linksorientierten deutschen Zeitgeschichtsschreibung, den überwiegend linken Medien sowie dem Islamismus findet sich auf dem Blog Mannheimers auch ein Eintrag zur Nato-Osterweiterung und deren Folgen. Der Blogger meint darin am 10.3.2022 (drei Tage vor seinem Ableben), der Angriff Russlands auf die Ukraine sei „militärische Notwehr"[793] gewesen.

Die als rechtsradikal angesehene *Metapedia* beschreibt ihn als „entschiedene[n] Gegner des BRD-Systems", der „in Europa die abrahamitische Religion Christentum" als herrschend forderte und gegen den eindringenden und sich ausbreitenden Mohammedanismus gewesen sei.[794] Das Portal *PI-News* nannte ihn einen „Islamkritiker der ersten Stunde"[795]

Über seinen Tod berichtete die linke Webseite *Endstation Rechts* in einem Artikel mit dem Titel „Fanatischer Islamhasser Michael Mannheimer gestorben"[796]. Darin wird der Blogger als „Redner auf überwiegend radikal islamfeindlichen Versammlungen" bezeichnet, der im Zuge der Corona-Pandemie „auch verschwörungsideologische Inhalte über das Virus und gegen die ‚Corona-Diktatur'" verbreitete[797].

---

791 Ebd.
792 Ebd.
793 https://michael-mannheimer.net/2022/03/10/nato-osterweiterung-russland-wurde-schaendlich-betrogen-belogen-hinters-licht-gefuehrt-nun-schlaegt-es-aus-militaerischer-notwehr-zurueck/, Zugriff am 27.2.2023.
794 https://de.metapedia.org/wiki/Merkle,_Karl-Michael, Zugriff am 27.2.2023.
795 https://www.pi-news.net/2022/03/michael-mannheimer-islamkritiker-der-ersten-stunde-ist-tot/, Zugriff am 27.2.2023.
796 https://www.endstation-rechts.de/news/fanatischer-islamhasser-michael-mannheimer-gestorben, Zugriff am 27.2.2023. Der Text wurde auf dem Israel-freundlichen Portal *Honestly Concerned* unter https://honestlyconcerned.info/links/fanatischer-islamhasser-michael-mannheimer-gestorben-in-der-verschwoerungsideologischen-und-rechtsradikalen-szene-kursiert-die-nachricht-dass-der-blogger-michael-mannheimer-gestorben-ist-angeblich/ wortwörtlich wiedergegeben.
797 Ebd.

Peds Ansichten, https://peds-ansichten.de
Motto unterhalb der Titelzeile: „Glaube denen, die die Wahrheit suchen, und zweifle an denen, die sie gefunden haben." (André Gide). Blog von Peter Frey aus Dresden mit diversen Rubriken, die meisten davon kritisch gegenüber der „veröffentlichten Meinung". In der Selbstdarstellung nennt der Blogger den Frieden als Schwerpunkt seiner Beiträge und stellt eine Reihe von Fragen, z.B.: „Wie wirken Menschen und durch sie gestalteten Systeme friedenserhaltend oder aber auch kriegstreibend? Welche Rolle spielt dabei jeder Einzelne von uns? Wie wirken die verschiedenen natürlichen und von Menschen gemachten Faktoren innerhalb der Gesellschaften? Wie greifen Ideologien, Politik, Wirtschaftstätigkeiten, Geldsysteme ineinander über? Wie beeinflussen menschliche Eigenschaften wie Machtgier, Egoismus, Bequemlichkeit, Angst und Hass gesellschaftliche Systeme? Ist die Welt, wie sie uns in den Medien dargestellt wird tatsächlich so oder unterliegen wir einer gigantischen Täuschung, an der wir auch noch selbst beteiligt sind?"[798]

Der Blogger lädt „zum konstruktiven, positiven Denken" ein und schreibt, „ohne den kleinen Frieden wird auch der große Frieden kaum eine dauerhafte Perspektive haben. Es geht darum, Gräben zuzuschütten, statt diese zu vertiefen. Eine substanzielle, achtungsvolle Kritik kann nur dann gelingen, wenn sie das eigene Handeln einbezieht. So ich ein friedvolles Miteinander fordere, liegt die erste, beste und wirkungsvollste Maßnahme zur erfolgreichen Umsetzung darin, dieses selbst anzustreben und vorzuleben."[799]

Enthalten nun die Beiträge in *Peds Ansichten* wirklich Überlegungen, die das vom Blogger beschworene „friedvolle Miteinander" fördern? Eine Durchsicht seiner Texte vom Ende Februar und Anfang März 2023 offenbart seine Ansichten, die ihn von den gegenüber dem Mainstream kritischen Autoren kaum unterscheiden: In der Kategorie „Nachrichten"[800] finden sich unter anderem folgende Beiträge: „Größenwahn?" über die Rolle Polens im Ukraine-Krieg (Zitat: „Die politischen Eliten Polens ernennen sich zum Nabel der Welt")[801]; „Wölfe im Schafspelz" über „Machtstreben und Machterhalt" als „grundsätzliche Prämissen, welche Washingtoner und Londoner Politik bestimmen", und das Reden vom Frieden diene zur „Täuschung des Publikums"[802]. Der Blogger stellt sich beim Thema Krieg in der Ukraine in mehreren Beiträgen auf die russische Seite. Der dritte Beitrag, „Journalistischer Niedergang bei ARD und ZDF" mit der Hauptthese: „An der sich seit Jahren immer weiter aufheizenden, bellizistischen Medienfront hat echte,

---

798 https://peds-ansichten.de/peds-ansichten/, Zugriff am 3.3.2023. Die Schreibung wurde unverändert beibehalten.
799 Ebd.
800 https://peds-ansichten.de/category/nachrichten/, Zugriff am 3.3.2023.
801 https://peds-ansichten.de/2023/02/polen-ukraine-konflikt-aufruestung-spaltung-europa/, Zugriff am 3.3.2023.
802 https://peds-ansichten.de/2023/02/saboteure-des-friedens/, Zugriff am 3.3.2023.

vermittelnde, moderierende Diplomatie einen schweren Stand"[803], enthält zum einen die Überlegung, die Journalisten der öffentlich-rechtlichen Sender würden tagtäglich die Standards der Trennung von Nachrichten von Kommentaren missachten. Zum anderen fordert der Blogger eine „politische Lösung der Ukraine-Krise", wobei er die Inhalte von der englischsprachigen Webseite des chinesischen Außerministeriums vom 27.2.2023 wiedergibt[804]. Dem Autor scheinen Vorschläge von außerhalb Europas (Chinas, ja sogar ... Russlands) besser als die der USA, der EU und der Nato-Mitgliedsstaaten, eine sonderbare Einstellung, die weder die Ukrainer selber noch ihre westlichen Verbündeten akzeptieren werden.

Der Blogger bringt Kommentare zu diversen Themen, die er in einigen Kategorien mitunter wiederholt. Es sind Politik und Gesellschaft, Psychologie und Philosophie, Geldsystem. Hinzu kommen Analysen und Nachrichten, die im Grunde keine sind, sondern als seine Kommentare gelesen werden müssen. Zum Beispiel stehen alle oben genannten Texte in den Kategorien „Nachrichten", „Analysen" sowie „Politik und Gesellschaft". Die Texte in der Kategorie „Geldsystem" sind nicht jüngsten Datums, der letzte, „Ganoven", über Sanktionen gegen Russland, die der Autor „schäbig" nennt, steht im Blog mit dem Datum 27.7.2022, ein Text davor, überschrieben als „Legenden vom Freihandel", erschien am 8.9.2019. 2018 veröffentlichte der Blogger einen Text, 2017 sieben Texte usw.[805] Er listet auch in der Kategorie Dauerbrenner[806] einige Themen auf: Gesellschaft – Allgemein[807]; Ukraine – mit einem einzigen Beitrag: „Die Ukraine und der Faschismus (2022)"; Plandemie – mit sechs Texten aus den Jahren 2020–2022; Narrative mit drei Texten: „Hama (Syrien) 1982: Die Geschichte vom ‚Massaker in Hama' (2018)", „Peking 1989: Die Geschichte vom ‚Massaker auf dem Platz des himmlischen Friedens' (2019)" und „Berlin 1948: Die Geschichte von der ‚Berlin-Blockade' (2016)" – in allen hier genannten Beiträgen wird dargelegt, wie Ereignisse, die Themen der Zeitgeschichtsschreibung sind, dem Publikum manipuliert vermittelt werden. Der letzte Dauerbrenner ist „Das Narrativ vom UNO-Krieg in Korea" – der Blogger veröffentlichte bislang nur „Teil 1 – 1945: Die Konferenz von Jalta, Operation Unthinkable, das Grand Area Planning und Korea (2018)"[808]. Last but not least führt

---

803 https://peds-ansichten.de/2023/03/ard-tagesschau-china-frieden-initiative/, Zugriff am 3.3.2023.
804 Der englische Text ist unter https://www.mfa.gov.cn/eng/zxxx_662805/202302/t20 230224_11030713.html abrufbar.
805 https://peds-ansichten.de/category/geldsystem/, Zugriff am 6.3.2023.
806 https://peds-ansichten.de/dauerbrenner/, Zugriff am 6.3.2023.
807 Titel der Beiträge: „Der Menschenrechtsrat der Vereinten Nationen (2018)", „Das Konzept der Kreativen Zerstörung (2019)", „Vom Wesen global agierender Stiftungen (2021)".
808 https://peds-ansichten.de/2018/03/koreakrieg-ursachen-vorgeschichte-propaganda-uno/, Zugriff am 6.3.2023.

der Betreiber von *Peds Ansichten* „Binsenweisheiten" an, die sein kritisches Verhältnis zu den gängigen Auffassungen über das Immunsystem, Krankheiten und Tests sowie deren Bekämpfung widerspiegeln.

ScienceFiles, https://sciencefiles.org

Das Portal versteht sich als ein Blog und trägt den Untertitel „Kritische Sozialwissenschaften". Es präsentiert sich in der Kategorie „Grundsatzprogramm". Die Betreiber, Dr. habil. Heike Diefenbach und Michael Klein, verstehen sich als der „kritischen Wissenschaft" verpflichtet, wobei sie den Begriff einer solchen Wissenschaft, die Merkmale der Wissenschaft, das wissenschaftliche Vorgehen hinterfragen und am Schluss die Frage stellen, ob „kritische Wissenschaft" ein Pleonasmus ist. Im Verzeichnis der zu diesem Artikel verwendeten Literatur finden sich Texte zeitgenössischer Autoren zur Kritik und zum kritischen Denken und zur kritischen Wissenschaft. In welchem Verhältnis ihre Überlegungen über die Wissenschaft zu den Inhalten ihres Blogs stehen, lässt sich aus dessen Lektüre nicht sagen. Das scheinen die Autorin und der Autor des Blogs selbst nicht zu wissen, denn sie schreiben: „Obwohl die Inhalte dieses blogs – von Fall zu Fall verschieden – Verbindungen zu all diesen Auffassungen von ‚kritischer Wissenschaft' haben, ist keine von ihnen diejenige, die die Betreiber dieses blogs bei seiner Konzeption zugrunde gelegt haben und die nach wie vor ihre Präsentation des blogs inspiriert."[809] Die zitierte Selbsteinschätzung bezieht sich auf jeden Fall auf die soziologische Orientierung der Betreiber der Webseite, auf der eine Reihe von Texten zu lesen sind: außer Beiträgen der beiden genannten Betreiber unter anderem über Dämonisierung und Häresie, Homosexualität, Rassismus und dessen Kritik, Patriarchat, soziale Ungleichheit zwischen den Geschlechtern, Diktatur der „politischen Kommissare der EU", auch Auseinandersetzungen mit „Klassikern" der Soziologie und Ethnologie: Peter L. Berger, Randall Collins, Auguste Comte, Dame Mary Douglas, Robert K. Merton, Vilfredo F. D. Pareto, Pauline Marie Rosenau, Samuel A. Stouffer, Richard Thurnwald.

Die Nähe des Portals zur Rechten zeigt sich in der Behandlung von einigen seiner Themen: des Genderismus als Gefahr für die Meinungsfreiheit und der Gender Studies als Gefahr für den „wissenschaftlichen Leumund"[810]. Die Betreiber haben ein Gender Trash Ranking deutscher Universitäten erarbeitet, in dem sie die Letzteren im Hinblick auf die Präsenz von Gender Studies und Professoren und Professorinnen dieses Fachgebietes klassifizieren und den Studierenden die Wahl einer Hochschule erleichtern wollen. Sie haben auch ein Forschungsprojekt konzipiert, das „die erste Bestandsaufnahme der Infiltration aller deutscher Universitäten durch Genderista und eine Bewertung des bislang entstandenen Schadens geben wird"[811]. Weitere Anzeichen der Nähe

---

809 https://sciencefiles.org/grundsatzprogramm/, Zugriff am 26.2.2020, die Schreibung wurde unverändert gelassen.
810 https://sciencefiles.org/gender-ideologie/, Zugriff am 26.2.2020.
811 Ebd.

zur Rechten sind neben einigen Rezensionen von Büchern zu den auf dem Blog behandelten Themen Links zu anderen Weblogs. Die Blogroll umfasst etwa alphabetisch angeordnete 60 Links. Die meisten korrespondieren inhaltlich mit den von *sciencefiles. org* behandelten Themen.

Kritiker der Webseite, allen voran Betreiber von *psiram.com*, verbinden *ScienceFiles* mit der „antifeministischen Männerbewegung", die „einer erkennbaren Anti-Geschlechterforschungs- sowie EU-kritischen Agenda" folge[812]. Es wird die Wissenschaftlichkeit des Blogs in Frage gestellt, und den Betreibern wird zur Last gelegt, sie stünden der AfD nahe, seien Autoren des rechts-libertären Magazins *eigentümlich frei* und kooperierten mit anderen Medien der Rechten. Des Weiteren wird *ScienceFiles* vorgeworfen, sie kritisierten den Antirassismus und Antifaschismus der Amadeu Antonio Stiftung, die *Wikipedia*, die vom Staat geführte Kampagne gegen das Rauchen und die Impfpflicht. Auch die Nähe zu Positionen sogenannter Klimawandelleugner wird den Blogbetreibern vorgeworfen. Kurzum, der *Psiram*-Artikel über *ScienceFiles* enthält eine kritische Bestandsaufnahme von Inhalten des Blogs, seinen Ansprüchen auf Wissenschaftlichkeit und seinen (mutmaßlich zweifelhaften) wissenschaftlichen Leistungen und deren Würdigung in der Öffentlichkeit, z.B. durch Annahme von Vanity-Awards.

Eine ähnliche Kritik kommt von linksorientierten Medien, wobei die *Frankfurter Rundschau* unter ihnen hervorsticht. Sie berichtete darüber, dass Heike Diefenbach eine namentlich nicht genannte Wissenschaftlerin wegen der Einstufung der Webseite als „Teil rechtspopulistischer und rechter Netzwerke" verklagt habe und vor Gericht gescheitert sei. Die Zeitung zeigte sich erfreut über das Gerichtsurteil und kommentierte mit Worten, die ihre linke Positionierung gegen die beiden Webseitenbetreiber beweisen: „Zu ihren Hauptfeindbildern gehören neben Klimaaktivist*innen auch Feministinnen und insbesondere die Geschlechterforschung. [...] Es dürfte interessant sein, wie Diefenbach oder ihr Kompagnon Klein ihre juristische Niederlage auf ‚ScienceFiles.org' verarbeiten. Immerhin scheinen Verschwörungserzählungen fester Bestandteil ihrer ‚Wissenschaftlichkeit' zu sein."[813] Die Zeitung hat auch andere Texte über ScienceFiles veröffentlicht, z.B. den Beitrag „Rechte Netzwerke im Kampf gegen weibliche ‚Klima-Hysterie'"[814] oder mit der Überschrift „Antifeminismus und Klimawandel-Leugner – Code der Rechten bei ‚ScienceFiles' und PI-News"[815].

---

812 https://www.psiram.com/de/index.php/ScienceFiles#cite_note-2, Zugriff am 26.2.2020.
813 https://www.fr.de/meinung/diefenbach-sciencefiles-scheitert-gericht-taktischem-verhaeltnis-wahrheit-13304354.html, erschienen am 14.12.2019, Zugriff am 9.3.2023.
814 https://www.fr.de/hessen/klage-gegen-genderforscherin-marburg-zr-13229664.html, erschienen am 20.11.2019 und am 13.12.2019 (aktualisiert), Zugriff am 9.3.2023.
815 https://www.fr.de/politik/sciencefiles-pi-news-antifeminismus-klimawandel-leugner-code-rechten-13242261.html, erschienen am 23.11.2019 und am 14.1.2020 (aktualisiert), Zugriff am 9.3.2023.

Befürworter der Inhalte auf *ScienceFiles* finden sich auf der rechten Seite des Internets, z.B. im Blog *Philosophia Perennis* David Bergers, der beispielsweise in seinem Beitrag „ScienceFiles: Jetzt geht es dem Gender-Sumpf an den Kragen"[816] zum besagten Thema folgendes Zitat anführt: „Unser Ziel ist es, eine komplette Bestandsaufnahme für alle 82 deutschen Universitäten vorzunehmen, und den Grad der Infiltration mit Genderismus zu bestimmen, um am Ende ein Universitätsranking für alle deutschen Universitäten erstellen zu können, das die Qualität ihrer Lehre als Funktion des Ausmaßes der Infiltration mit Genderismus darstellt."[817]

Auch *WikiMANNia* widmet *ScienceFiles* und speziell der Betreiberin dieses Blogs einen Artikel, in dem sich folgendes Zitat von ihr findet: „Der Staatsfeminismus ist fest etabliert mit einer erheblichen Anzahl von staatlich finanzierten Positionen, die ein sich selbst erhaltendes Netzwerk bilden, und zwar auf nationaler wie auf internationaler Ebene. Davon ist die Männerbewegung – gelinde gesagt – sehr, sehr weit entfernt."[818]

Wertewandelblog, http://www.wertewandelblog.de

Der volle Titel der Webseite lautet „Wertewandel, den die Welt nicht braucht". In der Selbstdarstellung des Blogs werden Fragen gestellt, die den konservativen bzw. rechtsorientierten Leser auf die Thematik der Einträge aufmerksam machen: „Denken Sie eher wertkonservativ? Finden Sie im Zeitalter der emanzipierten Frau ist eine Frauenquote überflüssig? Mögen Sie auch kein Weihnachtsgebäck im August? Ist der Euro für Sie eher eine Katastrophe? Lieben Sie den Begriff ‚Entschleunigung'? Gehen Ihnen die Anglizismen und Denglischparlierer gehörig auf den Nerv? Möchten Sie nicht mit „Hei" begrüßt werden, weil Ihnen ‚Hallo' oder ‚Guten Tag' angenehmer in den Ohren klingt? Sind Ihnen die ‚politisch Korrekten' nicht nur ein Dorn im Auge, weil sie ihren Blickwinkel in vorauseilendem Gehorsam jedem mitteilen wollen, der es nicht hören will, sondern…? … Sind Sie begeisterter Selbstdenker? Dann sind Sie hier richtig – auch dann, wenn Sie kontrovers mitdiskutieren möchten!!!"[819]

Als Betreiber des Blogs steht im Impressum Helmut Zilliken aus Rommerskirchen. Das eigentliche Thema des Blogs sind „Flüchtlinge-Asylsuchende", genauer: eine kritische Sicht der Einwanderung nach Deutschland. In dieser einzigen Kategorie wird erläutert, wer in Deutschland asylberechtigt ist, was den Inhalt der Genfer Flüchtlingskonvention von 1951 ausmacht und welche Gesetze die Aufnahme von Asylsuchenden regeln. Weitere Themen sind unter folgenden Schlagworten auffindbar: „Flüchtlinge" (sic, in Anführungszeichen), Allgemein, Armut, Bild des Tages, Erziehung-Bildung,

---

816 https://philosophia-perennis.com/2017/11/16/sciencefiles-genderwahn/, Zugriff am 9.3.2023.
817 Ebd.
818 https://at.wikimannia.org/Heike_Diefenbach, Zugriff am 9.3.2023.
819 https://www.wertewandelblog.de/was-will-uns-dieser-blog-sagen-2/, Zugriff am 23.7.2023.

Gewalt, Gutmensch, Info, Klima-Wetter, Konservative, Kultur, Lustig, Medien, Meinung und Realität, Nazi, Niedriger Blutdruck, Politik, Recht und Gesetz, Religion, Schule, Sprache, Weisheit.

Der Blog enthält von dem Betreiber kommentierte Beiträge aus Medien, die eine ähnlich kritische Einstellung zu der darin präsentierten Problematik haben. Der Zugang zu den Inhalten ist mühsam und vor allem über obige Schlagworte möglich, hinter denen sich Beiträge von Autoren und Autorinnen verbergen, die auf anderen Webseiten publizieren. *Wertewandelblog* beschränkt sich auf Zitate aus den besagten Beiträgen, die den User zum Lesen und Kommentieren anregen sollen. Erst nach Anklicken des zum Beitrag führenden Links unterhalb des Zitats kann auf den Quellentext zugegriffen werden.

Wolfgang Prabel Blog, http://www.prabelsblog.de

Betreiber des seit November 2012 erscheinenden Blogs ist Dr.-Ing. Wolfgang Prabel aus Mechelroda. Im Unterschied etwa zum *Wertewandelblog* von Helmut Zilliken sind die Themen hier vielfältig und in ihrer sarkastisch-ironischen Form mitunter erheiternd. In 15 Kategorien äußert sich der Betreiber über diverse Themen, unter anderem über Kultur und Gesellschaft, Medien und Politik, Energie und Preise, Krieg und Frieden, Asylkrise, Nahen Osten, Griechenland und Zypern, den Freistaat Thüringen, aber auch über die EU (unter der Überschrift „Neues aus Brüssel") und selbstverständlich auch über bundesrepublikanische Politik („Seltsames aus Berlin"). Der Betreiber kommentiert aktuelle Meldungen selbst oder führt in den besagten Rubriken mit kurzen einführenden Bemerkungen Aussagen von Politikern zu aktuellen Problemen an. Seine Kurzmeldungen enden mit „Grüßen an den Inlandsgeheimdienst", in denen er an das jeweils berührte Thema ironisch entweder mit Bonmots bekannter Persönlichkeiten (z.B. Schillers und Goethes) oder auch mit geflügelten Worten anknüpft.

Zur Veranschaulichung der Schreibart des Bloggers sei eine im Prinzip unpolitische Nachricht vom 25.4.2021 unter der Überschrift „Väterchen Frost" in voller Länge angeführt: „Die Süßkirschenblüte ist nach vier Frostnächten am Stück hinüber, die frühen Pflaumen kann man auch vergessen. Schlehen wird es auch nicht geben. Den Klimawandel stelle ich mir anders vor. Vergangenes Jahr waren mir sogar die Aprikosen in Ungarn erfroren. Wenn der Monat vorbei ist, schreiben die Journallenden wieder vom wärmsten April seit hundert Jahren. Normalerweise werden bei uns im Gebirge die Kartoffeln ab Mitte April gelegt. Das kann man dieses Jahr vergessen. Auch die Zwiebeln sind noch nicht gesteckt und die Radieschen noch nicht gesät. Eigentlich hätte der Spinat gesät werden müssen. Wenn das zu spät im Jahr wird, schießt er wegen den zu langen Tagen. Grüße an den Inlandsgeheimdienst. Das Wetter wurde schon in meiner Kinderzeit von den stinkenden Zeitungsheinis missbraucht. Jedesmal wenn in Hessen oder Bayern Überschwemmung war, waren die ‚Bonner Ultras' dran schuld."[820]

---

820 https://www.prabelsblog.de/2021/04/vaeterchen-frost-verschwinde/, Zugriff am 30.1.2022.

4 Webseiten von Gegnern der Rechten

Die Zahl der als links, antinationalistisch, deutschfeindlich, antifaschistisch, rechtsfeindlich u.ä. einzustufenden oder sich als solche verstehenden deutschsprachigen Webseiten ist im Vergleich zu der als nationalistisch, rechts, rechtsradikal, nazistisch, faschistisch usw. verschrienen Webseiten schier unermesslich. Deshalb wird in der nachstehenden Auflistung dieser Seiten das Augenmerk auf diejenigen Betreiber und Institutionen der Gegner der als rechts angesehenen Organisationen und Privatpersonen gerichtet, die mit dem Staat verknüpft sind und/oder von ihm (finanziell) unterstützt werden. Die Dominanz der Linken in der politischen Szene in Deutschland, und dazu gehören nicht nur die Anhänger der traditionell als links angesehen Parteien SPD und der Postkommunisten der Linkspartei, sondern auch der Grünen, die allesamt den Mainstream-Medien Glauben schenken, spiegelt sich auch in den Einstellungen dieses Menschenspektrums wider. Sie vertrauen den „Qualitätsmedien" und den in ihnen arbeitenden „Haltungsjournalisten", die stets darum bemüht sind, die Öffentlichkeit von der Richtigkeit der staatlichen Politik zu überzeugen und deren Gegner zu diskreditieren. Von einem echten Pluralismus der Meinungen kann in der Jetztzeit kaum die Rede sein, denn dieser setzt die Freiheit der Wahl von Informationsquellen und der Meinungsbildung voraus, die unter den heutigen politischen Gegebenheiten in den von Linken dominierten Staaten immer weniger gegeben ist. Es sind Webseiten von Medien und Stiftungen, Watchblogs und Watchs diverser Organisationen, Institutionen und Unternehmen, ferner Recherche-Teams, formeller und informeller Organisationen, Blogs, zahlreiche Netzwerke[821] und Bündnisse[822], die sich „gegen Rechts" oder „gegen

---

821 Einige Links zu diesen Seiten: http://netzwerk-gegen-rechts.org, http://www.netzwerk-gegen-rechts.net, https://www.netzgegenrechts-oberberg.org, http://ka-gegen-rechts.de, https://www.ngrmt.de, https://www.gegenrechts.info/netzwerk.html, https://www.netzwerk-suedheide-gegen-rechtsextremismus.de, https://www.netzwerk-courage.de/web/379.html, Zugriff am 8.4.2023.
822 Zum Beispiel https://buendnis-gegen-rechts-hs.de, https://www.bgr-darmstadt.de, https://www.wir-fuer-braunschweig.org/braunschweiger-initiativen/politische-initiativen/item/87-buendnis-gegen-rechts-braunschweig, http://www.bochumgegenrechts.de, https://aktionsbuendnis-brandenburg.de/buendnis-gegen-rechts-falkensee/, https://www.buendnis-toleranz.de/archiv/themen/demokratie/176475/buendnis-gegen-rechtsextremismus, https://www.hannover.de/Leben-in-der-Region-Hannover/Verwaltungen-Kommunen/Die-Verwaltung-der-Landeshauptstadt-Hannover/Dezernate-und-Fachbereiche-der-LHH/Soziales-und-Integration/Fachbereich-Gesellschaftliche-Teilhabe/Einwanderungsstadt-Hannover/Stelle-für-Demokratie%C2%ADstärkung-und-gegen-Rechts%C2%ADextremismus/Bündnis-gegen-Rechtsextremismus, Zugriff am 8.4.2023.

Rechtsextremismus" bezeichnen, auch Vereine, die sich alle der Aufgabe verschrieben haben, die von ihnen als rechts eingestuften Organisationen, Medien, Informationsseiten, individuellen Blogger und gemeinschaftlichen Blogs zu „entlarven", Aktivitäten gegen die Rechten zu initiieren und durchzuführen, die Öffentlichkeit von der alleinigen Richtigkeit ihrer Einstellungen zu überzeugen und sie für sich zu gewinnen.

Die Webseiten der linken Kritiker der Rechten dokumentieren *nolens volens* die von den Letzteren und ihren Anhängern als Diskriminierung empfundenen und einzustufenden Aktivitäten der Ersteren. Sie zeigen das Hand-in-Hand-Gehen staatlicher und gesellschaftlicher bzw. vom Staat unterstützter Organisationen und Institutionen bei der Einschränkung der Handlungsfreiheit, verstanden als ungehinderte Entfaltung und Umsetzung von Absichten, von als „rechtsextremistisch", „rechtsradikal" oder „faschistisch" bzw. „neonazistisch" bezeichneten Akteuren des öffentlichen Lebens. Die Letzteren werden durch diese Einschränkung bei der Wahrnehmung der politischen und staatsbürgerlichen Freiheiten wie Presse- und Redefreiheit behindert.

Afax, https://web.archive.org/web/20200222082412/http://afax.blogsport.eu/

Aus der Selbstdarstellung des zuletzt 2020 unter http://afax.blogsport.edu abrufbaren Portals: „Das **antifaschistische axiom** (*afax*) ist ein Watchblog zur Dokumentation rechter Aktivitäten mit den regionalen Schwerpunkten Saarland und die angrenzende Pfalz – dort wo es die Zusammenhänge erfordern, auch darüber hinaus. Das *afax*-Autor*innenkollektiv agiert unabhängig politischer Strömungen auf Grundlage eines antifaschistischen Grundkonsenses, dem Axiom, dass eine freie Gesellschaft nur dann möglich ist, wenn sie faschistischen Ausprägungen entschlossen und wehrhaft entgegensteht. Dies schließt Nationalismus und alle Formen gruppenbezogener Menschenfeindlichkeit wie Rassismus, Fremdenfeindlichkeit, Antisemitismus, Antiziganismus, Sexismus, Homophobie u.ä. mit ein. Die Vernichtung des Nazismus mit seinen Wurzeln ist unsere Losung. Der Aufbau einer neuen Welt des Friedens und der Freiheit ist unser Ziel."[823]

Auf der Webseite fanden sich folgende Kategorien: „Ereignisse" mit Informationen über Versammlungen, Demonstrationen, ausländerfeindliche Übergriffe u.a.[824]; „Personen"[825] mit Informationen über Aktivisten der rechten Szene, darunter auch mit Migrationshintergrund, wenn sie gegen Menschen sind, die „zu viel

---

823 http://afax.blogsport.eu/antifaschistisches-axiom, Zugriff am 18.12.2019, derzeit abrufbar mit der *Wayback Machine* unter https://web.archive.org/web/20191224090006/http://afax.blogsport.eu/antifaschistisches-axiom, Zugriff am 22.8.2023.
824 https://web.archive.org/web/20200222114744/http://afax.blogsport.eu/ereignisse, Zugriff am 10.3.2023.
825 https://web.archive.org/web/20200222082918/http://afax.blogsport.eu/archive/category/recherche/personen, Zugriff am 10.3.2023.

Verständnis für den Islam aufbringen"[826]; „Organisationen" – über Aktivitäten solcher Gruppierungen wie Republikaner, Die Rechte, Kameradschaften, Nationaler Widerstand, auch über Bürgerinitiativen, z.B. gegen die geplante Einrichtung einer Moschee u.a.[827]; „Presse" (unter anderem mit Nachrichten über Demonstrationen gegen Rechtsextremismus, aber auch über rechte Politiker, die wegen ihrer Parteiangehörigkeit aus öffentlichen Institutionen entlassen wurden.

Die Webseite funktionierte von 2019 bis Anfang 2020 und ist derzeit nur über die *Wayback Machine* abrufbar. Der letzte Netzauftritt des *Afax* findet sich dort mit dem Datum 22.2.2020.

AfD Watch, https://afd-watch-hamburg.org

AfD-Watchblogs wollen „ein Stachel im Hintern" dieser Partei sein[828] und funktionieren bundesweit in den Sozialen Medien (Facebook, Twitter) und über YouTube. Sie wollen ihren Benutzern, und das sind überwiegend Gegner der Partei, Argumente im Kampf gegen ihr Bestehen und Wirken liefern. Die Zahl dieser Blogs ist sehr groß, daneben funktionieren etliche private Webseiten von AfD-Gegnern[829].

AfD Watch Hamburg gibt als seine Adresse die Bundesvereinigung der Vereinigung der Verfolgten des Naziregimes – Bund der Antifaschistinnen und Antifaschisten[830] in Berlin an, was von der Verbundenheit beider Organisationen zeugt.

---

826 Zum Beispiel über die aus dem Iran stammende Laleh Hadjimohamadvali alias Laleh Walie, die als Kandidatin der AfD Saar für die Landtagswahl 2017 auf die Liste des Wahlkreises Saarbrücken gestellt wurde und für die AfD auf der saarländischen Landeslinste zur Bundestagswahl antrat. https://web.archive.org/web/20201030081545/http://afax.blogsport.eu/archive/1806#more-1806, Zugriff am 10.3.2023.
827 https://web.archive.org/web/20200222153708/http://afax.blogsport.eu/archive/category/recherche/organisationen, Zugriff am 10.3.2023.
828 „Die Beobachter", in: http://www.taz.de/!5285861/, Zugriff am 23.7.2023.
829 Eine davon führte Nathan Mattes unter der Überschrift *Wir sind AFD*. Der Betreiber wurde von der AfD verklagt, weil er seine Webseite als AfD-eigene Seite mit folgenden Worten präsentierte: „Wir sind eine rechtsextreme, rassistische, menschenverachtende Partei und sitzen unter anderem im Deutschen Bundestag". Der Betreiber musste die Domain *wir-sind-afd.de* aufgrund von Urteilen zweier Gerichtsinstanzen in Köln aufgeben und führt sie nun unter *das-ist-afd.de*. https://das-ist-afd.de, Zugriff am 11.3.2023.
830 Der VVN-BdA wurde von Verfassungsschutzbehörden des Bundes und der einzelnen Länder beobachtet und als „linksextremistisch beeinflusste Organisation" eingestuft. Von der prekären Verwandtschaft der Linken kann der Fall der SPD-Politikerin Nancy Faeser zeugen. *Der Spiegel* berichtete darüber, dass sie noch vor ihrem Amtseintritt als Bundesinnenministerin in dem VVN-BdA-Magazin *Antifa* einen Gastbeitrag veröffentlichte, der ihr Beschuldigungen wegen ihrer angeblichen Nähe zu extremen Linken einbrachte. Vgl. https://www.spiegel.de/geschic

Die Webseite ist in einige Kategorien unterteilt: Aktuelles, AfD im Parlament, Themen der AfD, Akteur*innen, Netzwerk und Info. In der zuletzt Genannten finden sich Links gegen die AfD, die wiederum in einige Rubriken unterteilt sind: AfD-Watch bundesweit mit Verweisen auf Reddit, Facebook und Twitter; AfD-Watch länderspezifisch mit Links zu Organisationen in neun Bundesländern; AfD-Watch in einzelnen Städten und Regionen (insgesamt neun). Die letzten Einträge auf der Webseite der AfD Watch Hamburg sind vom September 2019, und nicht alle Seiten der Länder und Städte sind auf dem neuesten Stand.

In der Kategorie „Info" findet der User in der Rubrik „Bibliographie & Hintergründe" einen „Kommentierten Überblick" über Aktivitäten derer, die als „Journalist*innen, Wissenschaftler*innen, zivilgesellschaftliche Initiativen, antifaschistische Recherchegruppen & Netzwerke" über die AfD arbeiten und „zu unterschiedlichen Themen Analysen und Hintergrundinformationen zur Verfügung stellen"[831]. Der besagte „kommentierte Überblick" ist in einige Abschnitte gegliedert und enthält Links und weiterführende Informationen zu folgenden Themen: 1) Who ist who der AfD; 2) Zur parlamentarischen Arbeit der AfD; 3) AfD und Medien; 4) Die Medien der AfD; 5) Handreichungen und Praxistipps; 6) Autoritäre Formierung und extreme Rechte.

Die Kategorie „Aktuelles" enthält Informationen über ausgewählte Aktivisten und Funktionäre der AfD, wobei der letzte Eintrag das Datum 17.9.2021 trägt. Warum die Webseite nicht weiter aktualisiert worden ist, lässt sich nicht ausmachen.

In der Kategorie „AfD im Parlament" findet sich nur ein einziger Eintrag, der diese Partei schlechtmachen soll. Zitat: „Betrachtet mensch das parlamentarische Wirken der AfD wird schnell klar, dass wir es hier mit einer Partei zu tun haben, die ihrer parlamentarischen Instrumente gezielt einsetzt, um Ressentiments zu wecken und Rassismus zu verbreiten. Reißerisch und stigmatisierend sind viele Überschriften der schriftlichen Anfragen. Die AfD setzt auf Schaufensteranfragen, die immer wieder eingereicht werden, obwohl sie schon längst beantwortet wurden."[832]

In der Kategorie „Themen der AfD" stehen gleich drei als rechtsextremistisch angesehene Einstellungen, die der Partei zur Last gelegt werden: antimuslimischer Rassismus, Antisemitismus und Antifeminismus. Den antimuslimischen Rassismus sieht die Autorin des einzigen Beitrags zu diesem Thema auf der hier vorgestellten Webseite in islamkritischen Artikeln auf der Internetseite der AfD

---

hte/nancy-faeser-und-ihr-beitrag-in-antifa-wer-steckt-hinter-der-vvn-bda-a-1716e69a-0ee9-4179-97c6-0d634aeb1abe, Zugriff am 11.3.2023.

831 https://afd-watch-hamburg.org/ueber-uns/bibliografie-hintergruende/, Zugriff am 11.3.2023.

832 https://afd-watch-hamburg.org/afd-im-parlament/, Zugriff am 11.3.2023. Die Schreibung wurde unverändert beibehalten.

Hamburg, wobei sie von einem „imaginierten Westen" schreibt und die „westliche Welt" als Konstrukt darstellt. Damit stellt sie einen für die Identität der westlichen Zivilisation und Kultur selbstverständlichen Grundpfeiler des sozialen Zusammenhalts in Frage. Der Autorin scheinen der Salafismus in Schulen, islamische Fußballclubs, Islamismus in politischen Parteien oder IS-Kämpfer aus Hamburg – alles Phänomene, die sie in Anführungszeichen schreibt – ungefährlich und imaginiert zu sein. Auch scheint die Autorin die „Darstellung des Islams als patriarchal und archaisch" als nicht der Wirklichkeit entsprechend zu betrachten, ungeachtet der auch in den Mainstream-Medien beschriebenen Ehrenmordfälle und anderer Formen der Gewalt gegen Frauen. Sie spielt auch die selbst in linken Medien wie der *taz* thematisierte Hypersexualisierung und Gewalttätigkeit muslimischer Männer herunter[833].

Der Antisemitismus der AfD, der auch nur in einem einzigen Beitrag thematisiert wird, gehöre nach Ansicht eines Autors von Beginn an zur Position der Partei. Die AfD pflege ein instrumentelles Verhältnis zu Israel, allerdings gebe es auch eine innere Uneinigkeit der Hamburger AfD in diesen Fragen[834]. Für antisemitische Positionen in der AfD gebe es vier Ursachen. Erstens versuche die AfD, die Bedeutung der Nazi-Vergangenheit herunterzuspielen; zweitens bagatellisiere sie die Gefahr des militanten Rechtsextremismus in der BRD; drittens habe sie ein biologistisches Menschen- und zum Teil völkisches Weltbild; viertens vertrete sie antisemitische Verschwörungstheorien wie die, dass der US-amerikanische Milliardär George Soros die „angeblich" migrationsfreundliche EU-Politik steuere. Es sind Behauptungen, die der Verfasser des Beitrags lediglich als Thesen aufstellt, ohne sich die Mühe zu geben, sie zu begründen.[835]

---

833 https://afd-watch-hamburg.org/themen-der-afd/antimuslimischer-rassismus/, Zugriff am 12.3.2023.
834 Die besagte Uneinigkeit scheint es auch in Heidelberg zu geben. Auf der Webseite der dortigen AfD steht in dem Beitrag „Was verbindet Juden mit der AfD? Beide brauchen in Deutschland Polizeischutz" ein Bericht über die Jahrestagung der Organisation „Juden in der AfD" (JAfD) und darin ein Satz, der die Linken mit an Sicherheit grenzender Wahrscheinlichkeit empören wird: „Angesichts des unter vielen Linken verbreiteten Antisemitismus und des mit der Masseneinwanderung aus dem islamischen Raum importierten Judenhasses treibe der Überlebenswille die Juden in die AfD. Echte Freunde habe man nur in der AfD gefunden, selten in den etablierten Parteien." Dieser Feststellung folgt das Fazit der JAfD-Chefin, Vera Kosova: „Die Altparteien kümmern sich mehr um tote Juden, anstatt um die lebenden." Sie forderte auch den Rücktritt von Josef Schuster, dem Präsidenten des Zentralrats der Juden. Siehe https://alternative-heidelberg.de/was-verbindet-juden-mit-der-afd-beide-brauchen-in-deutschland-polizeischutz/, Zugriff am 13.10.2023.
835 https://afd-watch-hamburg.org/themen-der-afd/antisemitismus/, Zugriff am 12.3.2023.

Beim Thema Antifeminismus ist die Kritik von AfD-Watch Hamburg an der Partei nicht so scharf wie bei den beiden anderen Themen. Der anonyme Beiträger bescheinigt der AfD Hamburg, „die parlamentarische Arbeit in diesem Themenfeld ist wenig originell und deckt sich in weiten Teilen mit dem, was große Teile der Gesellschaft über ‚Gender-Gaga' denken: Gleichstellungsmaßnahmen und Gender Mainstreaming seien teure, sinnlose Partikularinteressen einer kleinen, ideologisch radikalen Minderheit; die Sichtbarmachung vielfältiger Geschlechtsidentitäten sei Firlefanz."[836] Ja, mehr noch, diese Thematik sei auch in der *FAZ* und *Süddeutschen Zeitung* präsent, nur mit dem Unterschied, „dass die AfD das Thema Gleichstellung gerne mit zwei anderen Bereichen verknüpft: antimuslimischem Rassismus und Angriffen auf die Freiheit von Wissenschaft und Kunst."[837] Der Autor des Beitrags schreibt auch über den „antifeministischen Auftritt" eines AfD-Politikers, der den Antrag der Grünen-Fraktion, eine Geschlechterparität auf den Wahllisten der Partei zur Bürgerschaft einzuführen, ebenso ablehnt wie die Chancengleichheit von Männern und Frauen. Weitere Themen des besagten Beitrags sind „manische Fokussierung auf Gender Studies" und „Kampffeld Kopftuch", wobei der Verfasser ähnliches „Interesse für spezifisch weibliche Kopfbedeckungen"[838] bei AfD und CDU entdeckt.

Andere Themen der hier dargestellten Webseite sind Bildungspolitik, Diskurs um „innere Sicherheit" (die Anführungszeichen sind von den Betreibern gesetzt worden), Kulturpolitik, Sozialpolitik und Umweltpolitik. Zu jedem der genannten Themen findet der User nur jeweils einen Beitrag.

Die Kategorie, „Akteur*innen" enthält Beiträge über Politiker der AfD Hamburg sowie Enthüllungen über die Partei. In der Rubrik „Die AfD-Kandidat*innen zur Bürgerschaftswahl 2020" dominiert die These „Wer bei der Bürgerschaftswahl die AfD wählt, wählt extrem rechts"[839]. In derselben Kategorie findet sich auch ein polnischer Name. Es ist der Bürgerschaftsabgeordnete Krzysztof Walczak, der seit 2020 die Funktion eines stellvertretenden Landesvorsitzenden der AfD Hamburg innehat. Walczak wird vorgeworfen, er hetze gegen Homosexuelle und mache sich für ein Abtreibungsrecht nach polnischem Vorbild stark[840].

---

836 https://afd-watch-hamburg.org/themen-der-afd/antifeminismus/, Zugriff am 12.3.2023.
837 Ebd.
838 Ebd.
839 https://afd-watch-hamburg.org/akteurinnen/kandidatinnen-buergerschaftswahl-2020/, Zugriff am 11.3.2023.
840 https://afd-watch-hamburg.org/akteurinnen/buergerschaftsabgeordnete/krzysztof-walczak/, Zugriff am 11.3.2023. Mehr über die politischen und gesellschaftlichen Auffassungen Walczaks siehe unter https://de.wikipedia.org/wiki/Krzysztof_Walczak_(Politiker).

Die Kategorie „Netzwerk" enthält vier Beiträge. Unter dem Titel „Der Flügel" findet sich ein Artikel über einen vermeintlich faschistischen und verdeckt agierenden Flügel in Hamburg, dem laut Ermittlungen des dortigen Verfassungsschutzes 40 Personen zugerechnet werden. Der Beitrag basiert auf Recherchen des AfD-Watch Hamburg und will interne Auseinandersetzungen zwischen den Mitgliedern der Partei enttarnen.

Amadeu Antonio Stiftung, https://www.amadeu-antonio-stiftung.de
Untertitel der Webseite: „Ermutigen. Beraten. Fördern." Selbstdarstellung: „Seit ihrer Gründung 1998 ist es das Ziel der Amadeu Antonio Stiftung, eine demokratische Zivilgesellschaft zu stärken, die sich konsequent gegen Rechtsextremismus, Rassismus und Antisemitismus wendet. Dafür unterstützt sie Initiativen und Projekte, die sich kontinuierlich für eine demokratische Kultur engagieren und für den Schutz von Minderheiten eintreten. Die Stiftung fördert unkompliziert und verteilt das Geld gezielt dort, wo es am dringendsten benötigt wird. Die wichtigste Aufgabe der Amadeu Antonio Stiftung über eine finanzielle Unterstützung hinaus: Aufmerksamkeit für engagierte Menschen vor Ort zu schaffen und das Thema Rechtsextremismus dauerhaft auf die Tagesordnung zu bringen."[841]

Die Webseite ist in die Kategorien „Themen", „Förderung", „Spenden & Stiften" sowie „Publikationen", „Über uns" und „Presse" aufgeteilt. Bei den Themen sind folgende Bereiche unterteilt: „Demokratisch Handeln"; „Rechtsextremismus & Rechtspopulismus"; „Antisemitismus & Verschwörungsideologien"; „Rassismus"; „Hate Speech & Debattenkultur"; „Gender & Antifeminismus". Die Themen der Webseite sind also sehr vielfältig, deshalb beschränken wir uns nur auf deren ausgewählte Inhalte.

In der Kategorie „Publikationen" findet sich ein Scrollytelling mit der Überschrift „Frauen in der extremen Rechten"[842]. Darin wird diese Form der Darstellung des Themas wie folgt präsentiert: „Es bietet einen Überblick über die verschiedenen Ebenen weiblicher Beteiligung in der extremen Rechten und Hinweise zum Weiterlesen. Dass Stereotype von ‚friedfertigen Frauen', ‚harmlosen sorgenden Müttern' in diesem Kontext die dahinterstehende menschenfeindliche Einstellung kaschieren können und es gerade Frauen ermöglicht unentdeckt zu agieren, wird mit allen Betätigungsebenen auf einen Blick besonders deutlich."[843]

Dass Frauen eben nicht nur „friedfertig" und „harmlos" sein können, hat die Geschichte, besonders die deutsche, mehrfach unter Beweis gestellt. Aufseherinnen in den Konzentrationslagern sind nur ein Beispiel. Dass aber eine sich gegen den Antifeminismus wendende Webseite gerade Frauen das Recht auf die Wahl

---

841 https://www.amadeu-antonio-stiftung.de/ueber-uns/, Zugriff am 12.3.2023.
842 https://www.amadeu-antonio-stiftung.de/publikationen/frauen-in-der-extremen-rechten/, Zugriff am 12.3.2023.
843 Ebd.

ihrer politischen Orientierung abspricht, ist verwunderlich. „Antifeminismus geht uns alle etwas an!" – so die Überschrift des programmatischen Beitrags in der Kategorie „Gender & Antifeminismus". Darin wird auch von Gleichberechtigung geschrieben, die in rechtsextremen und rechtspopulistischen Strömungen eine „Gefahr für eine Ordnung [sehen], die Männer privilegiert und Frauen unterordnet."[844] Weiter werden auf dieser Unterseite einige „Projekte gegen Antifeminismus und für Vielfalt" präsentiert. Dazu gehört die im Februar 2023 gegründete und bereits vielerorts, nicht nur in der rechten Szene kritisierte „Meldestelle Antifeminismus"[845], die vom Bundesministerium für Familie, Senioren, Frauen und Jugend gefördert wird. Die Amadeu Antonio Stiftung veröffentlicht auf ihrer Webseite „Antworten auf Vorwürfe gegen die Meldestelle" und behauptet, die Meldestelle sei „kein Pranger, sondern Anlaufstelle für Betroffene", sie sammle keine Daten von Dritten und wolle „die Einordnung von Antifeminismus als Hasskriminalität verbessern"[846]. Sie führt Beispiele für Antifeminismus an, z.B. die Anfeindung eines lesbischen Paares in der Öffentlichkeit, „weil sie Händchen halten"[847]. Gemeldet werden können unter anderem Fälle, bei denen „Wissenschaftler*innen der Gender Studies [...] diffamiert" werden, indem deren Arbeit „z.B. als ‚unwissenschaftlich', ‚Geldverschwendung' etc." verpönt wird, oder wenn Publikationen „dezidierte Verschwörungserzählungen" verbreiten, z.B. über „eine vermeintliche ‚Homo- und Translobby' oder ‚Gender-Ideologie'"[848]. Damit will diese vom deutschen Staat oder genauer: vom deutschen Steuerzahler finanzierte Stiftung den Wissenschaftlern oder auch Journalisten und Publizisten, die die Wissenschaftlichkeit von Gender-Studies und andere Neuerungen linker Provenienz anzweifeln, verbieten, über bestimmte Themen zu schreiben und damit deren Meinungsfreiheit, ebenso wie die Freiheit von Forschung und Lehre einschränken.

In der Kategorie „Rechtsextremismus & Rechtspopulismus" werden einige Projekte der Stiftung vorgestellt, darunter die bereits mehrere Male in vorliegender Ausarbeitung genannten *Belltower.News*, eine „News-Plattform für digitale Zivilgesellschaft und gegen Menschenfeindlichkeit"[849], auf der etliche kämpferische Beiträge über die auch in vorliegender Studie behandelten Webseiten der Rechten nachzulesen sind. Ein anderes Projekt ist *No World Order*, das sich gegen „Verschwörungsideologien" richtet[850]. Im Projekt *de:hate* „werden menschenverachtende

---

844 https://www.amadeu-antonio-stiftung.de/antifeminismus/, Zugriff am 12.3.2023.
845 https://antifeminismus-melden.de, Zugriff am 12.3.2023.
846 Ebd.
847 Ebd.
848 Ebd.
849 https://www.amadeu-antonio-stiftung.de/projekte/belltower-news/, Zugriff am 13.3.2023. Siehe die ausführlichere Darstellung der Plattform weiter unten.
850 https://www.amadeu-antonio-stiftung.de/projekte/no-world-order/, Zugriff am 13.3.2023.

Phänomene auf Grundlage des Monitorings analysiert."[851] Unter Monitoring versteht die Stiftung „die systematische und fortlaufende Erfassung von rechtsextremistischen und -populistischen Phänomenen online"[852]. Außer den Genannten finden sich auf der Webseite der besagten Stiftung noch zwei institutionalisierte Projekte, d.h. die „Fachstelle Gender, GMF und Rechtsextremismus"[853], wobei die Abkürzung GMF für „gruppenbezogene Menschenfeindlichkeit" steht, worunter „unterschiedliche Formen der Abwertung von konstruierten Menschengruppen" verstanden werden[854]. Der an sich sehr zweifelhafte Begriff „konstruierter Menschengruppen"[855] ist linker Herkunft, ähnlich wie die Vorstellung mancher Linker über die westliche Welt als „Konstrukt", von dem weiter oben die Rede war. Die Verbindung von Gender, GMF und Rechtsextremismus gehört zum festen Bestandteil des ideologischen Repertoires der linken Kritik an den Rechten.

In der Kategorie „Antisemitismus & Verschwörungsideologien" wird auf die Frage „Antisemitismus – Was ist das?" folgende Antwort gegeben: „Der Hass auf Juden und die Ablehnung des Jüdischen drückt sich in Form von Schändungen von jüdischen Friedhöfen, judenfeindlichen Schmierereien, der Leugnung des Holocausts, (Brand-)anschlägen auf Synagogen sowie Beleidigungen und Gewalt gegenüber Jüdinnen:Juden aus."[856] Die Verbindung von „Verschwörungstheorien" mit dem Antisemitismus wird auf der Webseite damit begründet, dass beide eng miteinander verwoben seien. „Jüdinnen und Juden* werden schon seit Jahrhunderten Eigenschaften unterstellt, aufgrund derer sie verachtet und gehasst werden können. Dazu gehören Geldgier und Boshaftigkeit. Anders als bei rassistischer Diskriminierung werden Jüdinnen und Juden* meist als mächtig und überlegen angesehen."[857]

Aber einen Zusammenhang herzustellen zwischen dem Antisemitismus und den „Verschwörungsmythen rund um das Corona-Virus"[858], ist ein ziemlich vages

---

851 https://www.amadeu-antonio-stiftung.de/projekte/dehate/, Zugriff am 13.3.2023.
852 Ebd., Zugriff am 13.3.2023.
853 https://www.amadeu-antonio-stiftung.de/projekte/fachstelle-gender-und-rechtsextremismus/, Zugriff am 13.3.2023.
854 Ebd.
855 https://www.lpb-bw.de/extremismus-kritik, Zugriff am 13.3.2023.
856 https://www.amadeu-antonio-stiftung.de/antisemitismus/, Zugriff am 13.3.2023. Die Betreiber der Webseite haben sich offensichtlich in der Anwendung von „gendergerechter" Ausdrucksweise verirrt. Statt einfach *Jüdinnen und Juden* zu schreiben, haben sie eine völlig sinnlose Verbindung mit einem Doppelpunkt in der Mitte gebildet, der sowohl Frauen als auch Männer mit jüdischer Zugehörigkeit bezeichnen soll. Weiter unten auf dieser Seite findet sich zweimal die Schreibung „Jüdinnen und Juden*". Wofür das Sternchen am zuletzt genannten Wort steht, entzieht sich einer rationalen Erklärung.
857 Ebd.
858 Ebd.

Unterfangen. Dennoch schreiben die Betreiber der Seite: Sie „erreichen ein Millionenpublikum: im Netz, auf der Straße und im Bekanntenkreis. Das Problem: Sie ebnen den Weg in antisemitische und rassistische Weltbilder. Zeit, dagegen aktiv zu werden!"[859] Die Betreiber der Webseite verstehen den Antisemitismus nicht wie die Nationalsozialisten auf der Grundlage der Rassenlehre, sondern stellen die in Teilen der Öffentlichkeit als jüdisch geltenden Charaktereigenschaften der Juden beiderlei Geschlechts und deren Einflüsse in den Vordergrund. Von daher ist es verständlich, dass sie den Rassismus in einer separaten Kategorie betrachten und ihn als „eine Ideologie, die Menschen aufgrund ihres Äußeren, ihres Namens, ihrer (vermeintlichen) Kultur, Herkunft oder Religion abwertet", definieren[860]. Sie schreiben auch von „Ideologien der Ungleichwertigkeit" und prangern unter anderem „rassistische Proteste gegen Asylunterkünfte" sowie „Hass und Gewalt" gegen „Geflüchtete" an. Ein mit der Organisation „Pro Asyl" geführtes Projekt der Stiftung ist die „Chronik flüchtlingsfeindlicher Vorfälle", in der „Übergriffe auf und Demonstrationen gegen Geflüchtete und ihre Unterkünfte" dokumentiert werden[861]. Ein anderes Projekt der Stiftung heißt „ju:an – Praxisstelle", worunter sie „Beratung, Schulung und Coaching für Antisemitismus- und rassismuskritische Jugendarbeit"[862] versteht.

Es wurden hier ausgewählte Kategorien und Themen auf der Webseite der Amadeu Antonio Stiftung vorgestellt. Hinzu kommen mehrere Publikationen und Presseberichte, die über die Aktivitäten dieser linken Organisation im Bereich „Förderung von Demokratie und Menschenrechten" berichten und damit ihren Kampf gegen die weiter oben als rechts eingestuften Erscheinungen im gesellschaftlichen Leben Deutschlands meinen.

Antifa Recherche Team Dresden (ART Dresden),
https://naziwatchdd.noblogs.org

Im Vergleich zu vielen anderen Seite der Linken beschränkt sich der Naziwatch-Blog des ART (Antifa Recherche Team) Dresden auf nur wenige Themen, und deren Aktualität lässt zu wünschen übrig. Zum Zeitpunkt der Untersuchung fanden sich darin zwei Berichte über zyklisch stattfindende Veranstaltungen der Rechten, d.h. den Aufmarsch am 13. Februar zum Andenken an die Opfer des angloamerikanische Luftangriffs 1945 sowie den Montagsspaziergang, der 2023 gerade auf denselben Tag entfiel. Beim Lesen der beiden Berichte, die detaillierte Angaben über den Verlauf, die Veranstalter und Teilnehmer der beiden Events enthalten, kann

---

859 Ebd.
860 https://www.amadeu-antonio-stiftung.de/rassismus/, Zugriff am 13.3.2023.
861 https://www.mut-gegen-rechte-gewalt.de/service/chronik-vorfaelle, Zugriff am 13.3.2023.
862 https://www.amadeu-antonio-stiftung.de/projekte/juan-praxisstelle/, Zugriff am 13.3.2023.

man sich des Eindrucks nicht erwehren, dass nur die Wortwahl der Berichterstatter daran erinnert, dass es sich um einen „Naziaufmarsch" handelt. Wären in dem Bericht die auf die Rechte bezogenen Bezeichnungen wie „geschichtsrevisionistisches Gedenken", „antifaschistische Proteste", „rechter Aufmarsch", „Nazikameradschaft" nicht enthalten, könnte er auch in einer rechten Zeitschrift erscheinen, so detailliert war die Beschreibung der Demonstration. Die Autoren der Webseite scheinen über das relativ beschränkte Ausmaß der Veranstaltung verwundert zu sein, wenn sie unter der Überschrift „Und wie üblich grüßt das jährliche Murmeltier" schreiben: „Derzeit wirkt der Aufmarsch eher wie das Abspulen einer über die Jahre eingeübten Routine[863] – ohne großen Elan und ohne größere Mobilisierungsarbeit. Doch auch wenn die Veranstaltungen rund um den 13. Februar kleiner ausfallen, als noch vor einigen Jahren, besitzt die geschichtsrevisionistische Lesart der Bombardierung Dresden weiterhin eine große Anziehungskraft für unterschiedlichste rechte Milieus."[864]

Zwar hat die Kritik der Dresdner Aufmärsche im bundesdeutschen Mainstream einen festen Platz, und sie wird von staatlichen Organen wie dem Verfassungsschutz gestärkt, wenn es auf dessen Webseite heißt: „Insbesondere die öffentlich inszenierten Gedenken an deutsche Opfer alliierter Luftangriffe eignen sich aus Sicht der Rechtsextremisten, um die Schuld für den Ausbruch des Zweiten Weltkrieges umzudeuten und die Verbrechen des NS-Regimes zu relativieren."[865] Aber ist die Teilnahme an den Erinnerungsmärschen wirklich eine „geschichtsrevisionistische Lesart der Bombardierung Dresdens"? Und kann den Demonstrierenden das Recht auf Gedenken an die genannten Opfer, unter denen sich Zivilisten befanden, genommen werden? Solche Versuche seitens der Linken sind bekannt und werden auch propagiert. So z.B. erschien 2013 im Verbrecher Verlag (sic!) das Buch *Gedenken Abschaffen. Kritik am Diskurs zur Bombardierung Dresdens 1945*, dessen Autorinnen und Autoren (auf der Verlagsseite steht als Herausgeber Autor_innenkollektiv Dissonanz) sich tatsächlich für die Abschaffung dieses Gedenkens ausgesprochen haben[866].

---

863 Dabei knüpfen sie an den Bericht aus dem Vorjahr, der unter dem Titel „Und jährlich grüßt das Murmeltier III" als „Rückblick auf den 13.2.2022" unter https://naziwatchdd.noblogs.org/post/2022/03/17/und-jaehrlich-gruesst-das-murmeltier-iii/ erschien, Zugriff am 18.3.2023.
864 https://naziwatchdd.noblogs.org, Zugriff am 18.3.2023.
865 https://www.verfassungsschutz.bayern.de/rechtsextremismus/definition/aktionsfelder/gedenkkult/index.html, Zugriff am 15.3.2023.
866 Auf der Webseite des Verlags heißt es wörtlich: „Durch die Jahrzehnte war die Stadt (scil. Dresden – Anm. des Verf.) Kulminationspunkt und Ausdruck jeweils aktueller Geschichtspolitik. Sie präsentiert sich als Symbol für Frieden und Versöhnung und inzwischen sogar für wahrhaftiges Erinnern gegen geschichtsrevisionistische Nazis. Nicht zuletzt aufgrund des jährlichen Naziaufmarsches werden nun Mythen hinterfragt, Fakten erforscht und die nationalsozialistische Geschichte Dresdens benannt.

Außer dem ART Dresden wirken in dieser Stadt noch andere Organisationen mit ähnlichen Zielen[867].

Antifaschistisches Pressearchiv und Bildungszentrum Berlin e.V. Apabiz, https://www.apabiz.de

Aus der Selbstbeschreibung: „Das antifaschistische pressearchiv und bildungszentrum berlin e.V. (apabiz) informiert seit 1991 über die extreme Rechte. Unser Archiv zum Thema ist das umfangreichste öffentlich zugängliche Facharchiv zur extremen Rechten nach 1945. Die Informationen stehen allen Personen und Initiativen zur Verfügung."[868]

Die Aktivitäten des Vereins werden wie folgt beschrieben: „Der Fokus der Arbeit des apabiz richtet sich auf die extreme Rechte in Deutschland nach 1945. Wir beobachten und analysieren militante Neonazis und RechtsterroristInnen, extrem rechte Parteien, Kameradschaften, organisierte RassistInnen und AntifeministInnen und etliche kleinere, aber interessante Nischenorganisationen wie völkische Germanengläubige oder die sogenannte ‚Lebensschutz'-Bewegung. Wir betrachten heutige rassistische, antisemitische und neonazistische Ideologien in den Kontinuitäten und Entwicklungen von Akteuren und Ideen."[869]

Der Verein sammelt und bearbeitet Materialien über die extreme Rechte (ihre Publikationen). Die Betreiber verweisen auf ihr Archiv, das allen Interessierten zugänglich sein soll, ferner auf ihre Bildungsarbeit, ihre Publikationen, z.B. Dossiers zu rechten Parteien, Burschenschaften etc., sowie Blogs: „Berlin rechtsaußen" und „Rechtes Land". Andere Aktivitäten von *apabiz* sind seine alle zwei bis drei Monate publizierten Analysen („monitor") und die einmal im Jahr erscheinenden „Berliner Zustände". *Apabiz* ist Gründungsmitglied der „unabhängigen Beobachtungsstelle ‚NSU-Watch'" (siehe weiter unten) und hat mit der Berliner Band ZSK die Kampagne „Kein Bock auf Nazis" gegründet, die sich an Jugendliche wendet und sie zum Thema extreme Rechte unterstützt, vernetzt und informiert.

Aber reicht das? Muss nicht vielmehr das Gedenken selbst abgeschafft werden? Dieser Band sagt: ja!" https://www.verbrecherverlag.de/shop/gedenken-abschaffen-kritik-am-diskurs-zur-bombardierung-dresdens-1945/, Zugriff am 23.7.2023.

867 Es ist unter anderem das „Bündnis Dresden Nazifrei" (https://dresden-nazifrei.com). Über Linksextremisten, die in Dresden Neonazis mit Eisenstangen verprügeln oder in Eisenach mit Schlagstöcken eine Neonazi-Kneipe stürmen, berichtete unter anderem *Der Spiegel* am 28.5.2022. Die Bundesstaatsanwaltschaft wirft ihnen unter anderem die „Mitgliedschaft in einer linksextremen kriminellen Vereinigung" vor. Siehe https://www.spiegel.de/panorama/justiz/linksextremismus-prozess-in-dresden-nazis-kaputt-machen-a-6d83d0ab-8e61-479a-864c-f3816d49809b, Zugriff am 18.3.2023.

868 https://www.apabiz.de/apabiz/, Zugriff am 20.3.2023.

869 https://www.apabiz.de/apabiz/was-wir-machen/, Zugriff am 20.3.2023.

Interessanter als die genannten Aktivitäten scheinen die Themen des sich als Archiv bezeichnenden Vereins zu sein. Ihre Zielscheibe ist an erster Stelle die „Lebensschutz-Bewegung"[870], gefolgt von den Themen „Rechtsterrorismus"[871], „Rechte Medien"[872] und „Rechte Parteien"[873]. Zu manchen Themen findet der Webseitenbesucher mehrere ältere Beiträge, z.B. aus der Rubrik „Rechte Parteien", manche sogar von 2008.

Auf seiner Webseite informiert *apabiz* über seinen Austausch von Material, Erfahrungen und Wissen mit anderen „antifaschistischen Archiven" in Deutschland. Der User findet Namen und Links zu drei Archiven, wobei nur eins davon nach wie vor funktioniert: „a.i.d.a. antifaschistische informations-, dokumentations- und archivstelle münchen e.V."[874] Der letzte Eintrag auf der Webseite des genannten Archivs stammt vom 25.11.2022.

Apabiz bewirbt auch regelmäßig erscheinende „antifaschistische und antirassistische Publikationen" seiner „Freund*innen und Kooperationspartner*innen". Es sind folgende Titel: „Antifaschistisches Info Blatt"[875], „der rechte

---

870 *Apabiz* vermerkt die von ihm als „Aufmärsche" bezeichneten Proteste der Abtreibungsgegner unverhohlen mit Genugtuung, indem es darüber auf seiner Webseite mit folgenden Titeln schreibt: „,Marsch für das Leben' ohne Ausstrahlung" (10.10.2020), „,'Lebensschutz' bleibt klein" (20.10.2021), „Marsch der ‚Lebensschutz'-Bewegung auch 2022 kleiner (5.10.2022)." https://www.apabiz.de/themen/, Zugriff am 21.3.2023. Die Gleichsetzung der Lebensschutz-Bewegung mit dem Rechtsradikalismus, dessen Bekämpfung sich ja das *apabiz* widmet, zeugt vom Linksradikalismus von deren Aktivisten.
871 Mit folgenden drei Beiträgen: „Ein Blick in den monitor" (gemeint ist die o.g. hauseigene Publikationsreihe) vom 31.8.2021, „Terrorgefahr von der NPD in Berlin" (3.6.2022) und „Freisprüche im Neukölln-Komplex" (16.2.2023). https://www.apabiz.de/themen/, Zugriff am 21.3.2023.
872 Mit folgenden Beiträgen zum Zeitpunkt der Untersuchung: „Ökologie von rechts: Das Magazin ‚Die Kehre' – Teil 1" (21.9.2022), „Ökologie von rechts: Das Magazin ‚Die Kehre' – Teil 2" (23.9.2022) und „Rechte Comics – Teil 2" (21.12.2022). https://www.apabiz.de/themen/, Zugriff am 21.3.2023.
873 Titel der von den Betreibern gewählten Beiträge: „Völkisch verwachsen: Der Zustand der Berliner AfD" (29.10.2021), „Terrorgefahr von der NPD in Berlin" (3.6.2022) und „Junge Alternative Berlin wählt neuen Vorstand" (11.7.2022). https://www.apabiz.de/themen/, Zugriff am 21.3.2023.
874 https://www.aida-archiv.de, Zugriff am 20.3.2023.
875 https://www.antifainfoblatt.de, Zugriff am 20.3.2023. Merkwürdiger Weise enthält das Info-Blatt Meldungen vom Vorjahr, die mit aktuellen Daten versehen sind. Der Beitrag „Solidaritätskampagne für inhaftierte Antifaschisten" ist mit den Daten 4.2022 (wahrscheinlich ist damit die Ausgabe des Blattes vom April 2022 gemeint) und 17.3.2023 versehen.

rand"[876] und „Lotta. Antifaschistische Zeitung aus NRW, Rheinland-Pfalz und Hessen"[877].

Apabiz bietet auch einen umfassenden Einblick in Organisationen und Institutionen der linken Szene in Deutschland und in anderen Ländern. Es ist Teil des „Netzwerkes NSU-Watch" und Mitglied im „Verein Argumente – Netzwerk antirassistischer Bildung e.V." Es nimmt an einem bundesweiten und internationalen Netzwerk von „Initiativen gegen Rassismus, Antisemitismus und Neonazismus"[878] teil. Auf seiner Webseite listet es die einzelnen Organisationen und Institutionen in Berlin (26 an der Zahl), bundesweit (19) und im Ausland (14) auf[879]. Allein die Namen dieser linken Akteure verweisen auf deren Wirkungsfelder, z.B.: afrique-europa-interact[880], Bundesarbeitsgemeinschaft Kirche & Rechtsextremismus[881], Initiative Schwarze Menschen in Deutschland e.V.[882], KIgA Politische Bildung für die Migrationsgesellschaft[883], Kontakt- und Beratungsstelle für Flüchtlinge und Migrant_innen e.V.[884], Mobile Beratung gegen Rechtsextremismus Berlin (MBR)[885], ReachOut – Opferberatung und Bildung gegen Rechtsextremismus, Rassismus und Antisemitismus[886], Register zur Erfassung von Diskriminierung und extrem rechten Aktivitäten[887], Recherche- und Informationsstelle Antisemitismus Berlin (RIAS Berlin)[888]. Manche dieser linksorientierten Organisationen und Institutionen

---

876 Das Blatt stellt sich als „Magazin von und für Antifaschist*innen" folgendermaßen vor: „Das Fachmagazin ‚der rechte rand' erscheint seit 1989. Mit journalistischer Sorgfalt berichten wir über die rechte Szene, antidemokratische Strömungen, Neonazis und Schnittstellen zum Konservatismus. Für unser Magazin schreiben aktive AntifaschistInnen, WissenschaftlerInnen und JournalistInnen." https://www.der-rechte-rand.de, Zugriff am 20.3.2023.
877 https://www.lotta-magazin.de. Im Verfassungsschutzbericht Baden-Württemberg wurde die Zeitschrift bis 2007 als linksextremistisch oder als linksextremistisch beeinflusste Publikation eingestuft.
878 https://www.apabiz.de/apabiz/netzwerk/, Zugriff am 20.3.2023.
879 https://www.apabiz.de/apabiz/netzwerk/, Zugriff am 22.3.2023. Manche Webseiten dieser Institutionen und Organisationen funktionieren nicht (mehr). Die Betreiber der *apabiz*-Webseite haben es versäumt, die Liste zu aktualisieren.
880 https://afrique-europe-interact.net/, Zugriff am 22.3.2023.
881 https://bagkr.de, Zugriff am 22.3.2023.
882 https://isdonline.de, Zugriff am 22.3.2023.
883 https://www.kiga-berlin.org/ueber-uns/, Zugriff am 22.3.2023. Die Abkürzung KIgA steht für die Kreuzberger Initiative gegen Antisemitismus e.V.
884 https://www.kub-berlin.org/de/, Zugriff am 22.3.2023.
885 https://mbr-berlin.de, Zugriff am 22.3.2023.
886 https://www.reachoutberlin.de/de/Unsere%20Arbeit/Beratung/, Zugriff am 22.3.2023.
887 https://www.berliner-register.de, Zugriff am 22.3.2023.
888 https://www.facebook.com/AntisemitismusRechercheBerlin/, Zugriff am 22.3.2023.

funktionieren als wissenschaftliche Einrichtungen, z.B. das dissens e.V. – Institut für Bildung und Forschung[889], das IIBSA – Internationales Institut für Bildung, Sozial- und Antisemitismusforschung[890], das Duisburger Institut für Sprach- und Sozialforschung[891], der Forena – Forschungsschwerpunkt Rechtsextremismus und Neonazismus HSD – Hochschule Düsseldorf[892], das Moses Mendelssohn Zentrum für europäisch-jüdische Studien e.V.[893] Unter den ausländischen Teilnehmern des antirassistischen, antisemitischen und antifaschistischen Netzwerks findet sich auch der polnische Verein *NIGDY WIĘCEJ* (dt. „Nie wieder")[894].

Arsch Huh e.V., https://www.arschhuh.de

Hinter dem ziemlich vulgären Namen Arsch huh e.V., steht „die langlebigste und einflussreichste Musiker- und Künstlerinitiative gegen Rechts in der Bundesrepublik Deutschland"[895]. Ihr Motto lautet zum Zeitpunkt ihrer Gründung vor 30 Jahren „Arsch huh, Zäng ussenander!" (in Hochdeutsch: „Aufstehen und den Mund aufmachen!") und ist zugleich der Titel des Protestsongs „Arsch huh", der am 9.11.1992 auf einer Kundgebung in Köln gespielt und gesungen wurde. Damals ging es darum, gegen Brandanschläge auf Flüchtlingsunterkünfte und Übergriffe auf Menschen mit ausländischer Herkunft zu protestieren. Die besagte Musiker- und Künstlerinitiative engagiert sich nach eigener Beschreibung „gegen Neonazis, Rassismus und Ausgrenzung und für eine solidarische Stadtgesellschaft"[896]. Auf der Webseite des Vereins wird unter anderem die CD „30 Jahre Arsch Huh – Wachsam bleiben!" beworben.

Antifa und andere antifaschistische Organisationen, https://autonome-antifa.org (Freiburg), https://antifaparadise.blackblogs.org (Bodensee), https://www.antifa-berlin.info/ (Berlin), http://antifa-aufbau.org (Antifaschistischer Aufbau München), https://ura-dresden.org/category/antifa/ (Undogmatische Radikale Antifa Dresden), https://dresden-nazifrei.com, https://antifa.vvn-bda.de, http://vvn-bda-leipzig.de, http://www.bda-treptow.de

Die Zahl der Antifa-Seiten ist groß, und sie sind im gesamten Bundesgebiet präsent. Die obige Aufzählung umfasst nur ausgewählte Seiten. So gut wie alle

---

889 https://www.dissens.de, Zugriff am 22.3.2023.
890 https://iibsa.org/de/, Zugriff am 22.3.2023.
891 http://www.diss-duisburg.de, Zugriff am 22.3.2023.
892 https://www.forena.de, Zugriff am 22.3.2023.
893 https://www.mmz-potsdam.de, Zugriff am 22.3.2023.
894 https://www.nigdywiecej.org, Zugriff am 22.3.2023. Laut Selbstbeschreibung wirke der Verein dem Rassismus, der Fremdenfeindlichkeit und der Intoleranz entgegen und sei darauf spezialisiert, Erscheinungsformen des Antisemitismus zu beobachten.
895 https://www.arschhuh.de/über-uns, Zugriff am 22.3.2023.
896 https://www.arschhuh.de, Zugriff am 22.3.2023.

Webseiten der Antifa bieten ihren Benutzern Möglichkeiten zur Diskussion, sie agitieren für eine vermeintlich klassenlose, kommunistische Gesellschaft, informieren unter anderem über durchgeführte und geplante Aktivitäten, z.B. über das sog. Outing[897], über Aufmärsche rechter (im breitesten Sinne des Wortes) Organisationen wie Der III. Weg, Neonazis, Identitäre Bewegung und AfD, über Aktivitäten von als rechts eingestuften Personen und Neonaziparteien, über Gerichtsverfahren gegen ihre Gesinnungsgenossen und gegen Rechte. Im Unterschied zu anderen gegen die Rechten gerichteten Webseiten sind die der Antifa von Radikalität und Aggressivität gekennzeichnet. Im „Verfassungsschutzbericht 2021" werden unter anderem zwei Erscheinungen als aktuelle Entwicklungen im Linksextremismus genannt, die sich auf die gegen die Rechten gerichteten Aktivitäten beziehen: „Radikalisierung im gewaltorientierten Linksextremismus" und „Militanter ‚Antifaschismus'"[898]. Eine Webseite, die der „Antifa" und anderen „Antifaschisten" im gesamten Bundesgebiet medialen Raum bietet, also überregional wirkt, ist *de.indymedia.org* (siehe weiter unten).

Belltower News, https://www.belltower.news

Untertitel: „Netz für digitale Zivilgesellschaft", betrieben von der Amadeu Antonio Stiftung und gefördert von der Freudenberg Stiftung. Die Webseite ist in drei inhaltlich relevante Kategorien aufgeteilt: „Themen", „Lexikon" und „Debatte".

Die Kategorie „Themen" ist gegliedert in die Unterkategorien „Rechtsextremismus", „Rechtspopulismus", „Verschwörungsideologien", „Symbole, Codes, Themen", von denen jede zwei Sparten enthält: „Grundlagentexte" und „News". Das Thema „Gruppenbezogene Menschenfeindlichkeit" ist in Unterkategorien gegliedert: „Antifeminismus", „Antisemitismus", „Antiziganismus (Sinti- und Romafeindlichkeit)", „Flüchtlingsfeindlichkeit", „Homo- und Transfeindlichkeit", „Islamfeindlichkeit", „Rassismus", „Obdachlosenfeindlichkeit", „Behindertenfeindlichkeit"; „Internet und Hate Speech", „Rechter Lifestyle", „Was kann ich tun" und „Debatte". Zu jeder Unterkategorie gibt es Einträge aus aktuellem Anlass, z.B. beim Thema „Rechtsextremismus" die Chronik „Rechte und rassistische Gewalt der Woche"; beim Thema „Rechtspopulismus" die Ankündigung der Publikation „‚Eine Waffe im Informationskrieg'. Demokratiefeindliche Narrative in Russlands Angriffskrieg gegen die Ukraine"; beim Thema Verschwörungsideologien den Beitrag „Die Gefahr der rechtsextremen Aufmärsche in Europa"[899].

---

897 Damit ist die Bekanntgabe von Namen und Adressen von Personen gemeint, die faktisch Rechtsextremisten sind oder als solche vermutet werden.
898 https://www.verfassungsschutz.de/SharedDocs/publikationen/DE/verfassungssch utzberichte/2022-06-07-verfassungsschutzbericht-2021.html, S. 125 ff., Zugriff am 26.3.2023.
899 https://www.belltower.news/themen/, Zugriff am 27.3.2023.

Die Kategorie „Lexikon" enthält Schlagwörter aus Politik und Gesellschaft und trägt der linken Perspektive der Weltbetrachtung Rechnung. Von daher wurde beispielsweise auch das Schlagwort „Antifa" in dem besagten Lexikon ausgeklammert. Stattdessen findet der User das Schlagwort „Anti-Antifa" mit folgender Erläuterung: „‚Anti-Antifa'-Arbeit gehört zu den rechtsextremen Strategien, die erstmal mit den ‚Autonomen Nationalst*innen' aufkamen und heute zum Standard gehören. Ziel ist die Einschüchterung von Menschen, die als politische Gegner*innen begriffen werden."[900] Unterhalb der Erläuterung des jeweiligen Schlagwortes steht die Zahl der Artikel, die auf der Webseite mit ihm zusammenhängen. Allerdings erschwert die fehlende Suchfunktion beim Lexikon seine Benutzung erheblich.

In der Kategorie „Debatte" findet der User folgende Unterkategorien: „Argumente" mit Artikeln zu diversen Themen, z.B. ein „Online-Tool mit Argumentationshilfen vorgestellt" im Kontext zunehmender antifeministischer Angriffe[901], „Debatten-Strategien" mit nicht allzu aktuellen Artikeln, z.B. in der Rubrik „Achtung, Reichelt!" vom 2.8.2022 nach der Schlagzeile „Aufmerksamkeitssuche mit Apokalypse" die Ansage: „Fast täglich entzündet Ex-Bild-Chefredakteur Julian Reichelt auf YouTube die Ängste und Sorgen seiner Zuschauer*innen – eine geistige Brandstiftung mit aggressiver Rhetorik."[902] Des Weiteren „Medienkompetenz und Umgang mit Fake News", unter anderem mit einem Plädoyer für mehr Medienkompetenz angesichts „rassistischer Verschwörungserzählungen"[903]; die Unterkategorien „Meinung", „Debattenkultur", „Umgang mit Hate Speech".

Die Durchsicht der auf *Belltower.News* publizierten Inhalte vermittelt einen umfassenden Einblick in die Denkart der heutigen Linken in Deutschland und spiegelt deren Sicht von gesellschaftlichen und politischen Problemen im Zusammenstoß mit dem Denken und Handeln von Rechten wider. Nicht von ungefähr werden die Betreiberin der Webseite, die Amadeu Antonio Stiftung, wie auch ihr Netzauftritt angefeindet. Den Schlagabtausch zwischen Linken und Rechten dokumentieren Artikel beider Gegner auf ihren Webseiten[904].

---

900 https://www.belltower.news/lexikon/?letter=A, Zugriff am 27.3.2023.
901 https://www.belltower.news/antifeministische-angriffe-nehmen-zu-online-tool-mit-argumentationshilfen-vorgestellt-134053/, Zugriff am 27.3.2023.
902 https://www.belltower.news/achtung-reichelt-aufmerksamkeitssuche-mit-apokalypse-136207/, Zugriff am 27.3.2023.
903 https://www.belltower.news/michaela-dudley-fuer-nachrichtenkompetenz-gibt-es-keine-reifepruefung-147595/, Zugriff am 27.3.2023.
904 Über Facebook-Seiten der Rechten: https://www.belltower.news/monitoring-wie-patriotische-facebook-seiten-hass-verbreiten-39638/, 28.5.2015, Zugriff am 23.7.2023. Eine Gegendarstellung vonseiten der Rechten: https://sciencefiles.org/2015/06/01/afd-watch-ist-der-lacherlichkeit-preiszugeben-die-dem-blog-gebuhrt/, 1.6.2015, Zugriff am 23.7.2023.

Endstation Rechts, https://www.endstation-rechts.de

Aus der Selbstdarstellung: „Das aktuelle Portal ist aus einer Fusion der beiden Seiten ‚blick nach rechts' und ENDSTATION RECHTS. hervorgegangen, die Anfang 2022 abgeschlossen wurde. Der ‚blick nach rechts' – kurz BNR – war ein Informationsdienst, der bereits seit 33 Jahren tagesaktuell und hintergründig über die unterschiedlichsten Facetten von Neonazismus, Rechtsextremismus und -populismus berichtete. Anfangs noch per Printausgabe, seit 2010 dann als Online-Variante. [...] Herausgeber und Träger des neuen Portals ist der Verein ‚Institut für Information und Dokumentation e.V.'"[905]

Das komplette *bnr*-Archiv ist nach der Fusionierung des Portals mit dem Informationsportal *Endstation Rechts* nun auch kostenlos einsehbar. Es ist in fünf Bereiche unterteilt: „Parteien", „Rechte Szene", „Braune Kultur", „Gegenaktionen" und „Archiv". Auf seiner Homepage findet der Benutzer unter der Überschrift „blick nach rechts" das jeweils aktuelle Thema. Zum Zeitpunkt der Untersuchung lautete es „Querdenker-Proteste und die juristische Aufarbeitung" und enthielt Berichte über Straftaten in der Szene sowie deren Ahndung durch die Staatsgewalt. Auch wird über interne Angelegenheiten in rechten Organisationen berichtet, z.B. über den Michael Stürzenberger drohenden „Rauswurf" aus der „Bürgerbewegung Pax Europa" (siehe weiter oben).

In der Kategorie „Parteien"[906] finden sich Artikel über rechtliche Probleme bzw. Strafverfolgung von AfD-Politikern sowie über deren politische Misserfolge, ferner Analysen zu aktuellen Entwicklungen dieser Partei. Auch über andere rechte oder rechtsradikale Parteien wie die NPD und „Die Rechte" wird berichtet.

In der Kategorie „Rechte Szene"[907] finden sich mitunter Texte, die bereits in anderen Kategorien veröffentlicht wurden.

Die Beiträge in der Kategorie „Braune Kultur" sind den mit Kultur im traditionellen Sinn des Wortes verbundenen Aktivitäten in der rechten Szene gewidmet. Zum Zeitpunkt der Untersuchung waren es z.B. Rechtsrock und Rechtsrockkonzerte, das Gedenken an den „Klassiker" der Neuen Rechten Ernst Jünger und ein Text über die Vordenker der „konservativen Revolution" aus der Sicht der rechtsorientierten Wochenzeitung *Junge Freiheit*.

In der Kategorie „Gegenaktionen"[908] finden sich Texte über aktuelle Vorgänge in der rechten Szene, Rezensionen von Publikationen über die von den Rechten ausgehenden Gefahren und über deren Aktivisten, auch historische Essays. Zum Zeitpunkt der Untersuchung fanden sich auf der Webseite unter anderem Artikel über den „Rassismus gegen Weiße", den es nicht gebe, eine Auseinandersetzung mit Sahra Wagenknecht und Alice Schwarzer, die mit ihrem „Manifest für Frieden"

---

905 https://www.endstation-rechts.de/ueber-uns, Zugriff am 27.3.2023.
906 https://www.endstation-rechts.de/parteien, Zugriff am 27.3.2023.
907 https://www.endstation-rechts.de/rechte-szene, Zugriff am 27.3.2023.
908 https://www.endstation-rechts.de/gegenaktionen, Zugriff am 27.3.2023.

eine Rechtsaußen-Fraktion beflügeln und denen die Nähe zur Querdenker-Szene nachgesagt wird. Ein Beitrag galt dem Herausgeber des Compact-Magazins Jürgen Elsässer und zeichnete anhand seiner Autobiographie *Ich bin Deutscher. Wie ein Linker zum Patrioten wird* nach, wie er von Linksextremisten zu den Rechten überwechselte.

In der letzten Kategorie, „Archiv"[909], findet der User unter dem Loge des mit *Endstation Rechts* fusionierten Portals *Blick nach Rechts* mehr als 2.100 Seiten vom 10.1.1996 bis zum 8.12.2021 mit Meldungen über diverse historische Jahrestage und aktuelle Ereignisse, die mit dem Nationalsozialismus, Neonazismus, Rechtsradikalismus sowie seinen Anhängern zusammenhängen.

chronik, https://chronik.blackblogs.org

Untertitel „widerständische momente festgehalten"[910]. Im „Selbstverständnis" der Betreiber heißt es: „Diese Seite will jenseits der Massenmedien in verschiedenen Sprachen über direkte Aktionen in der BRD berichten beziehungsweise Berichte zusammentragen. Sie soll eine offene Datenbank zur Verfügung stellen, Ressource sein für alle konfrontativen direkten Aktionen gegen Staat und Kapital, gegen alle seine Vertreter und Vertreterinnen. Überflüssig zu sagen, dass wir die Aktionen derjenigen dokumentieren wollen, die im andauernden sozialen Krieg beginnen zu handeln, die aktiv dafür kämpfen, die kapitalistischen Beziehungen zu überwinden, um zu einer Welt zu kommen, die befreit ist von Ausbeutung, Geschlechterrollenscheiß, Religion, Klassen und Nationen.[...]."[911]

Aus obiger Selbstbeschreibung geht hervor, dass die Betreiber der linksradikalen Szene zugeordnet werden können, zu deren Programm die Überwindung der Klassen-, Rassen-, Nationalitäten- und Geschlechterunterschiede sowie der kapitalistischen Ordnung gehören. Betrachtet man die einzelnen Einträge, werden diese Anliegen deutlich. Die Betreiber verweisen auch auf die vor einigen Jahren abgeschaltete und nun allein mit der Wayback Machine abrufbare Webseite *directactionde.ucrony.net*[912], die sich im Untertitel „action news aus deutschland – textbeiträge zur sozialen revolte" nannte und ähnliche Informationen wie die *chronik* brachte.

Was sind das nun für „widerständige Momente", die die Betreiber ihren Lesern und Gesinnungsgenossen vermitteln? Sie umfassen den Zeitraum vom Januar 2015 bis heute. Es sind Meldungen über politisch motivierte Straftaten gegen den Staat, z.B. über die Anzündung von Streifenwagen in Leipzig (15.3.2023) oder Sabotage am Strommast in Garzweiler (13.3.2023), auch über Attacken gegen die Rechten. Zum

---

909 https://www.endstation-rechts.de/archiv, Zugriff am 27.3.2023.
910 Schreibung unverändert beibehalten.
911 https://chronik.blackblogs.org/?page_id=199, Zugriff am 31.3.2023.
912 https://web.archive.org/web/20120828045417/https://directactionde.ucrony.net/de/, Zugriff am 31.3.2023.

Beispiel handelt der Eintrag vom 23.2.2023 über einen Angriff auf die Nibelungen-Buchhandlung in Frankfurt am Main. Der Bericht beginnt mit der Beschreibung des Tathergangs: „In der vergangen Nacht vom 22.2 auf den 23.2.2023 haben wir die Scheiben der Nibelungen Buchhandlung eingeschlagen, die Fassade und einen kleinen Teil der Bücherauslage mit Farbe bedeckt und die Botschaft ‚Ffm Nazi-frei' hinterlassen!"[913] Dieser Einführung folgt dann eine Rechtfertigung des Delikts, deren Sprache weitgehend der in den Mainstream-Medien und auf jeden Fall der in linken Portalen ähnelt, die als weniger radikal angesehen werden[914]. Die Quelle der obigen Nachricht war das Portal *indymedia.de* (siehe weiter unten).

Manche Wendungen auf der Webseite ähneln nationalsozialistischer Rhetorik. Zum Beispiel wird im Bericht über die Anzündung eines Porsche-SUV die von Goebbels in seiner sog. „Feuerrede" benutzte Formel benutzt[915]: „deshalb haben

---

913 https://chronik.blackblogs.org/?p=16053, Zugriff am 31.3.2023. Die Schreibung wurde unverändert beibehalten.

914 Wir zitieren sie in voller Länge, um die Gemeinsamkeiten der linken Rhetorik zu verdeutlichen: „Die Buchhandlung in der Sphorstraße 41 wird von Arno und Anette Juhre betrieben und ist seit Jahrzehnten bekannt für extrem Rechte Kontakte, Veranstaltungen und Literatur. Die Nähe zur Fachhochschule, Fachliteratur und schlechte Romane, sollen das extrem Rechte, antisemitische, verschwörungsideologische, antifeministische und evangelikale Sortiment verschleiern. Dazu zählen zum Beispiel einschlägige Bücher zu Corona-Pandemie, die Erzählungen zu einer ‚Gesundheitsdiktatur' oder einer ‚neuen Weltordnung' verbreiten. Daneben finden sich Bücher des Neonazis Claus Nordbrandt (‚der Verfassungsschutz'), des AfD und Querdenker-nahen Thorsten Schulte (‚fremdbestimmt') und des Vorsitzenden der AfD-Stiftung Karl-Heinz Weißmann (‚Deutsche Geschichte'/'Martin Luther').

Rechte Orte müssen aus der Deckung geholt werden und dürfen nicht entspannt ihrem Rechten treiben nachgehen, so wie seit Jahrzenten die Nibelungen Buchhandlung und seit neustem der Reichsbürger Laden „Lebensglück e.V." im Riederwald. Also macht mit zeigt den Nazis die Konsequenzen und den Preis wenn sie sich hier niederlassen. Immer wieder! Denn Antifa bleibt Handarbeit!

Die evangelikalen Fundamentalist*innen und Nazis gehen Hand in Hand, wie man nicht zuletzt an Arno und Anette beobachten kann.

Also kommt am 26.2 um 11 Uhr nach Offenbach um die Fundis bei ihrer Messe zu stören und zeigt ihnen was ihr von ihrer Ideologie haltet.

Solidarität und Freiheit für alle inhaftierten Antifas und von repression betroffen Komplitz*innen. Wir denken an euch!

Für eine befreite Gesellschaft ohne Nazis und das gute Leben!" https://chronik.blackblogs.org/?p=16053, Zugriff am 31.3.2023. Die sprachlichen Fehler im obigen Text sind vom Verfasser nicht korrigiert worden.

915 Bei der Bücherverbrennung in Berlin am 10.3.1933 rief Goebbels: „Übergebt alles Undeutsche dem Feuer. Gegen Klassenkampf und Materialismus. Für Volksgemeinschaft und idealistische Lebensauffassung: Ich übergebe dem Feuer die Schriften

wir in am morgen des 22.2.2023 einen porsche der oberklasse **den flammen übergeben.**"⁹¹⁶

Die hier präsentierte Seite enthält neben mehr als 3.300 Einträgen in Deutsch auch solche in einigen anderen Sprachen: in Englisch (263), Spanisch (54), Französisch (178) und Italienisch (917). Außerdem finden sich auf der Webseite auch Videos, die linksextreme Aktionen dokumentieren. Viele von ihnen, die gegen die Rechte gerichteten, sind sehr brutal. Eines davon zeigt einen Angriff am 28.4.2022 auf einen der Thor-Steinar-Läden, in denen von Rechtsextremen getragene Kleidung verkauft wird⁹¹⁷. Den linken Benutzer der Webseite werden deren Inhalte sicherlich positiv stimmen, ihren rechtsorientierten Besucher dagegen mit Widerwillen erfüllen.

Correctiv, https://correctiv.org

Untertitel: „Recherchen für die Gesellschaft." Auf ihrer Homepage stellt sich *Correctiv* als „eine gemeinnützige und unabhängige Redaktion" vor: „Wir bringen systematische Missstände ans Licht und stärken eine demokratische und offene Zivilgesellschaft. Wir stehen für investigativen Journalismus."⁹¹⁸ In der Selbstdarstellung heißt es über diese Institution weiter, es sei „das erste spendenfinanzierte Recherchezentrum in Deutschland", ein vielfach ausgezeichnetes Medium. „Wir lösen öffentliche Debatten aus, beteiligen Bürgerinnen und Bürger an unseren Recherchen und fördern Medienkompetenz mit unseren Bildungsprogrammen."⁹¹⁹ Allerdings gehören zu den Geldgebern von *Correctiv* die Open Society Foundations des Milliardärs G. Soros, die bekanntermaßen nur bestimmte Projekte finanzieren. Zu seinen Erfolgen rechnet das Zentrum seine Recherche zum CumEx-Steuerskandal, die Aufdeckung der AfD-Spendenaffäre und Recherchen zu steigenden Mieten auf dem Wohnungsmarkt.

de.indymedia, https://de.indymedia.org

Im „Verfassungsschutzbericht 2020" wird nur eine Webseite der Linksextremisten genannt, die Internetplattform *de.indymedia*⁹²⁰, die sich als das „multimediale Netzwerk unabhängiger und alternativer Medien, MedienmacherInnen,

---

von Karl Marx und Kautsky. [...]", https://www.spiegel.de/geschichte/buecherverbrennungen-vor-75-jahren-a-946942.html, Zugriff am 31.3.2023.
916 https://chronik.blackblogs.org/?p=16051, Zugriff am 31.3.2023, Hervorhebung von T.G.P. Zitat unverändert beibehalten.
917 https://chronik.blackblogs.org/?p=15657, Zugriff am 31.3.2023.
918 https://correctiv.org, Zugriff am 22.8.2023.
919 https://correctiv.org/ueber-uns/, Zugriff am 22.8.2023.
920 https://www.bmi.bund.de/SharedDocs/downloads/DE/publikationen/themen/sicherheit/vsb-2020-gesamt.pdf?__blob=publicationFile&v=2, S. 163 ff., Zugriff am 24.7.2023.

engagierter Einzelpersonen und Gruppen" versteht und „offene, nichtkommerzielle Berichterstattung sowie Hintergrundinformationen zu aktuellen sozialen und politischen Themen" bieten will[921]. Der Untertitel der Webseite steckt die Bestrebungen ihrer Betreiber ab: *dont hate the media, become the media*[922].

Die Themen der Webseite sind vielfältig. Neben anarchistischen finden sich darauf auch antifaschistische und die Rechten betreffende Inhalte wie „Antifa", „Antirassismus", „Feminismus", „Gender", „Militarismus". Die Webseite umfasst Aktivitäten der Linksradikalen in Regionen und Großstädten der Bundesrepublik, aber auch im Ausland, z.B. in Österreich. Sowohl die Themen als auch die Regionen sind über eine Linkliste aufzufinden[923].

Was die gegen die Rechte gerichteten Aktivitäten anbetrifft, werden auf der Webseite in der Kategorie „Openposting" „antifaschistische" Demonstrationen, Projekte, nächtliche „Besuche" bei fundamentalistischen Bewegungen, verübte Brandanschläge, Erklärungen bei Anhörungen, das „Outing" von „Faschisten" und „Abtreibungsgegnern", Briefe von Inhaftierten u.dgl.m. beschrieben[924]. Auch wird für bevorstehende Ereignisse agitiert, z.B. in Form einer „Einladung zum großen Tanz- und Kampffestival im und um das Autonome Zentrum Wuppertal vom 28.4. bis zum 1.5.2023"[925]. Im „Terminkalender" findet der User Infos über Versammlungen, diverse Veranstaltungen und Debatten[926], darunter z.B. „Knastgespräche" in Zeiten „staatlicher Repression"[927]. Die meisten Informationen gelten Aktivitäten gegen die bestehende gesellschaftliche und politische Ordnung, es gibt aber auch Infos über Aktionen gegen die Rechten, z.B. über eine „Farbattacke auf Naziburschenschaft" in der Region Bonn. Die Meldung, in der das „Verbindungshaus der alten breslauer Naziburschenschaft der Raczeks zu Bonn" mit schwarzer Farbe beschmiert worden ist und dadurch die „Faschoschweine von Revolte Rheinland" finanziellen Schaden erlitten haben, endet mit dem Schlagwort „Antifa heisst Angriff!" und mit der Erklärung: „Die Vernichtung des Nazismus mit seinen Wurzeln ist unsere Losung. Der Aufbau einer neuen Welt des Friedens und der Freiheit ist unser Ziel."[928] Das sind nur einige ausgewählte Beispiele für Meldungen über mehr oder weniger aggressive

---

921 https://de.indymedia.org/mission-statement, Zugriff am 25.3.2023.
922 https://de.indymedia.org, die englische Schreibung wie im Original, Zugriff am 25.3.2023.
923 https://de.indymedia.org/linkliste, Zugriff am 26.3.2023.
924 https://de.indymedia.org/openposting, Zugriff am 26.3.2023.
925 Ebd.
926 https://de.indymedia.org/flugblattstaender, Zugriff am 26.3.2023.
927 https://de.indymedia.org/node/268825, Zugriff am 26.3.2023.
928 https://de.indymedia.org/node/257449, Zugriff am 26.3.2023. Die Schreibung wie im Original.

Aktivitäten der Linken, denen die besagte Webseite ein Informations- und Agitationsforum bietet.

Der Volksverpetzer, https://www.volksverpetzer.de
Untertitel der Webseite: „Keine Demokratie ohne Fakten". Internetblog, auch Factchecking-Blog[929], gegründet von Thomas Laschyk[930] und Freunden.

Die Webseite präsentiert sich wie folgt: „Wir verpetzen Volksverhetzer! – Wir zeigen die Strategien der Volksverhetzer auf, wir ‚verpetzen' bzw. entlarven ihre Lügen. Wir klären über diejenigen auf, die behaupten, das ‚Volk' auf ihrer Seite zu haben und die eine völkische Weltanschauung besitzen. Die auch in unserem Namen steckende Satire soll auch zeigen, das [sic! statt dass – Anm. d. Verf.] wir unsere Arbeit angriffslustig, aber auch (selbst-)ironisch angehen [...] Wir versuchen, mehr als nur trockene Faktenchecks zu liefern, sondern eher, auch mal emotional, mal satirisch, mal sachlich die Narrative und Behauptungen von Extremist:innen und Verschwörungsideolog:innen zu entlarven und zu zeigen, wie man über Social Media mit Framing und Lügen deine Meinung manipulieren will."[931]
In der Rubrik „Credits" findet der User Stimmen von Befürwortern des Blogs, darunter eine auf Twitter von der CDU Deutschland, die ihren „Kampf gegen Verschwörungsmythen" gewürdigt habe[932].

Die Aufnahme des hier vorgestellten Blogs in die Liste von Webseiten, die gegen Rechte gerichtet sind, ist damit zu begründen, dass die Fakten-Checker im Grunde mit dem Mainstream übereinstimmen. Es werden Fakten gecheckt, die bereits Bestandteil der veröffentlichten Meinung sind. Somit kann der Blog als eine Ergänzung der staatlichen Propaganda angesehen werden. Der Angriff auf Verschwörungstheoretiker und Corona-Impfgegner wie auch die Gegnerschaft zu Russland als Aggressor und die Unterstützung der Ukraine gehören zu den gängigen Narrativen auf der linken Seite des politischen und medialen Spektrums.

Ein Nachteil der Webseite ist ihre Unübersichtlichkeit. Sie ist nicht nach Themen gegliedert, so dass das Auffinden von gesuchten Inhalten recht schwierig ist. Dennoch genügt schon etwas Geduld, um auf Inhalte zu stoßen, die das oben Gesagte bestätigen. Unter der Überschrift „Euer Protest wirkt: Doch keine RTL2 Soap mit Hetz-Wendler" erschien am 15.3.2023 eine Information, dass der „rechtsextreme Michael Hetzer Wendler", der auch als „rechtsextremer Lügner"

---

929 https://www.pr-agent.media/news/2020/deutschlands-blog-des-jahres-heisst-volksverpetzer-de/12592, Zugriff am 1.4.2023.
930 Blogger und Mitarbeiter zuerst bei der österreichischen Faktencheck-Seite *Mimikama*. Seit 2018 Geschäftsführer von *Volksverpetzer* https://www.volksverpetzer.de/ueber-uns/, Zugriff am 1.4.2023.
931 https://www.volksverpetzer.de/ueber-uns/, Zugriff am 1.4.2023.
932 https://www.volksverpetzer.de/credits/, Zugriff am 1.4.2023.

bezeichnet wird, ein im besagten Fernsehsender geplantes Programm nicht führen wird[933]. Auch eine andere Nachricht unter mehreren zeugt von der Parteilichkeit des Portals. Gemeint ist die Nachricht vom 26.2.2023 unter der Überschrift „Diese Nazis & Querdenker sind mit Wagenknecht in Berlin marschiert"[934]. Die Nachricht beginnt mit Worten, die die Einstellung des sich als Faktencheckin-Blog präsentierenden Mainstream-Mediums widerspiegeln: „Am Samstag, den 25.2. demonstrierten viele Gruppen für den Frieden, eine Demonstration von Frau Wagenknecht und Frau Schwarzer in Berlin marschierte gemeinsam mit jeder Menge dokumentierter Rechtsextremist:innen, ‚Querdenker:innen' und anderer Verfassungsfeinde de facto für einen schnelleren Sieg Putins über die Ukraine."[935]

Mit Faktenchecks haben solche Nachrichten nicht das Geringste zu tun, vielmehr offenbart sich *Volksverpetzer* als ein „auf richtiger Seite" stehendes Meinungsbildungsinstrument der linken Öffentlichkeit und ein dem Staat treu zur Seite stehendes Organ. Auch die Werbung für Publikationen der Linken hat mit Faktenchecking nichts zu tun. Unter anderem wird ein „Student und Aktivist – für Klimagerechtigkeit, gegen Rechts" vorgestellt: Jakob Springfeld, geboren 2002 in Zwickau, „studiert in Halle Politikwissenschaft und Soziologie. Aktuell ist Jakob mit seinem Buch *Unter Nazis. Jung, ostdeutsch, gegen Rechts* auf Lesungstour. Termine zu den Lesungen und weitere Updates findet ihr auf seinen Social Media-Kanälen (Twitter, Instagram). Wenn ihr euch für Jakobs Arbeit interessiert und ihn unterstützen wollt, könnt ihr unter diesem Link sein Buch kaufen."[936]

Die hier angeführten, keineswegs vereinzelten Beispiele für Nachrichten und Werbung auf der vorgestellten Webseite zeugen von fehlender Objektivität und vom Engagement ihrer Betreiber und Autoren in nur eine Seite der politischen Szene in Deutschland, nämlich in die linke.

Gegneranalyse, https://gegneranalyse.de

Nach Öffnen der Webseite erscheint statt ihres Titels „Gegneranalyse" die Beschreibung „Gegenmedien als Radikalisierungsmaschine", die zugleich die Hauptthese von deren Betreibern ist. Sie besagt, dass die alternativen Medien, die als „Gegenmedien" bezeichnet werden, ein „grundlegendes Misstrauen bis hin zu einer fundamentalen Opposition gegen demokratische Institutionen, Parteien, Repräsentantinnen und Akteure, Wissenschaft und etablierten Qualitätsmedien" an den Tag legen und eine „besorgniserregende Distanz von Teilen der Bevölkerung zur

---

933 https://www.volksverpetzer.de/aktuelles/protest-wirkt-rtl2-hetz-wendler/, Zugriff am 1.4.2023.
934 https://www.volksverpetzer.de/aktuelles/nazis-querdenker-wagenknecht-berlin/, Zugriff am 1.4.2023.
935 Ebd.
936 https://www.volksverpetzer.de/aktuelles/springfeld-unter-nazis-nicht-allein/, Zugriff am 1.4.2023.

repräsentativen Demokratie und ihren Institutionen"[937] zeigen. Es ist der Netzauftritt eines Projekts vom Zentrum Liberale Moderne, das sich gegen „Desinformation" und „Verschwörungsmythen" der alternativen Medien richtet und darüber aufzuklären versucht, „wie die systemoppositionellen Gegenmedien zu einer Radikalisierungsmaschine werden"[938] Das Projekt wird vom Bundesministerium für Familie, Senioren, Frauen und Jugend im Rahmen des Bundesprogramms „Demokratie leben!" gefördert und von der Bundeszentrale für Politische Bildung mitgetragen.

In vorliegender Auflistung von Webseiten, die sich dem „Kampf gegen Rechts" verpflichtet haben, findet *Gegneranalyse* nur deshalb Erwähnung, um den an der Auseinandersetzung zwischen Linken und Rechten interessierten Personen zu zeigen, dass der deutsche Staat statt seiner vom Altliberalismus angestrebten Nachtwächterfunktion durchaus aktiv und offensiv gegen etwaige Gefahren für sein Bestehen eintritt, die von seinen Gegnern, im konkreten Fall den alternativen Medien und der Gegenöffentlichkeit, ausgehen (können). Das Projekt lief nach öffentlicher Verlautbarung auf seiner Webseite bis Ende 2022 und enthielt die Rubriken „Monitorings", „Fallstudien", „Über uns" und „Archiv: antiliberales Denken". Übrigens: Im zuletzt Genannten finden sich recht willkürlich nebeneinander gestellte Persönlichkeiten, denen nur unter Umständen antiliberales Denken vorgeworfen werden kann. Gemeint sind hier unter anderem neben Arthur Moeller van den Bruck als „Prophet des Dritten Reiches" und Oswald Spengler als Vertreter der „Konservativen Revolution" überraschend auch Konrad Lorenz als Anhänger der „Nicht-Fortpflanzung der Schwachen" und … Thomas Mann, zuerst als „unpolitischer Betrachter" und später als „Wanderredner der Demokratie"[939]. Da es sich im Falle der *Gegneranalyse* um ein zeitlich begrenztes Projekt handelte, wurde es hier nur kurz vermerkt.

haGalil.com, http://www.hagalil.com

Untertitel: „Jüdisches Leben online". In der Selbstdarstellung der Webseite steht neben ihren Zielen, über das jüdische Leben und die jüdische Kultur sowie über Israel und seine Einbindung im Nahen Osten zu berichten, nur ein Absatz, der sich auf Deutschland bezieht: „Das jüdische Leben in Deutschland spielt sich in der Hauptsache im privaten Bereich, oder aber in abgeschirmten und abgesicherten Gemeindehäusern ab. Von Unbefangenheit kann keine Rede sein. Die Angst ist da und oft auch berechtigt. Ausmaß und Folgen der Furcht liegen noch immer und zu oft im Unbewussten. Wir werden niemals vergessen – und wir müssen davon reden. Nicht um irgendjemandem ein schlechtes Gewissen zu bereiten, nicht um irgendjemandem Vorwürfe zu machen, sondern weil es unser Inneres bewegt.

---

937 https://gegneranalyse.de/ueber-uns/, Zugriff am 1.4.2023.
938 https://gegneranalyse.de, Zugriff am 1.4.2023.
939 https://gegneranalyse.de/personen/, Zugriff am 1.4.2023.

Weniger um der Vergangenheit, sondern um der Gegenwart und der Zukunft willen."[940]

Für die vorliegende Ausarbeitung sind vor allem zwei Kategorien der Webseite wichtig: „Themen" mit den Unterkategorien „Antisemitismus" und „Antisemitismus ist (k)eine Meinung" sowie „Interaktiv" mit der Unterkategorie „Antisemitismus melden". Beim Anklicken der erstgenannten Unterkategorie wird der Benutzer auf die Webseite *Antisemitismus.Net* geleitet, auf der der Begriff definiert und an Beispielen erläutert wird. Es finden sich darin auch sechs „Grundlagentexte", von denen fünf einige fundamentale Fragen zum besagten Thema aufwerfen und von verschiedenen Autoren beantwortet werden: Gibt es eine allgemeingültige Definition für Antisemitismus? Ist Kritik an Israel antisemitisch? Was ist wichtiger für den Rechtsextremismus – der Antisemitismus oder der Rassismus? Hat Intersektionalität ein Problem mit Antisemitismus? Der letzte Text ist ein Beitrag zum Thema „Der moderne Antisemitismus in kapitalistischen Zeiten". Die Betreiber der Webseite geben den Usern außerdem in fünf Beiträgen einen historischen Überblick über den Judenhass und Antisemitismus in Geschichte und Gegenwart[941]. In der dritten, für die vorliegenden Betrachtungen wichtigen Kategorie „Aktuelles" wird vor allem der Antisemitismus in Deutschland thematisiert. Es seien hier einige Texte zum Zeitpunkt der Untersuchung genannt: „Zahl antisemitischer Vorfälle in Bayern auf hohem Niveau" (26.3.2023)[942] – eine Auswertung der einschlägigen Untersuchungsergebnisse der Recherche- und Informationsstelle Antisemitismus (RIAS) Bayern; „Schlag ins Gesicht" (23.3.2023)[943] über die Stellungnahme der Präsidentin der Israelitischen Kultusgemeinde München und Oberbayern, Charlotte Knobloch, zur Entscheidung der Münchner Behörden, das für den 21.5.2023 geplante Konzert von Roger Waters[944] nicht abzusagen; „Dann gehen Sie doch nach Israel…" (16.3.2023)[945] über die Shoah-Relativierungen im Zusammenhang mit der Corona-Pandemie durch Querdenker; „Antisemitismus prägt den Alltag deutscher Jüdinnen_Juden" (1.3.2023)[946] – eine Auswertung der vom Bundesverband der Recherche- und Informationsstellen Antisemitismus e.V.

---

940 https://www.hagalil.com/editorial/, Zugriff am 2.4.2023.
941 http://www.antisemitismus.net, Zugriff am 2.4.2023.
942 https://www.hagalil.com/2023/03/antisemitismus-bayern/, Zugriff am 2.4.2023.
943 https://www.hagalil.com/2023/03/waters/, Zugriff am 2.4.2023.
944 Die deutsche *Wikipedia* führt die Israelkritik des britischen Musikers und gegen ihn erhobene Antisemitismusvorwürfe als „Kontroversen" an, die wahrscheinlich auch für die Präsidentin Knobloch Argumente gegen seinen Auftritt in München gewesen sein konnten. https://de.wikipedia.org/wiki/Roger_Waters, Zugriff am 2.4.2023. In der polnischen *Wikipedia* fehlen diese Informationen gänzlich.
945 https://www.hagalil.com/2023/03/dann-gehen-sie-doch-nach-israel/, Zugriff am 2.4.2023.
946 https://www.hagalil.com/2023/03/antisemitismus-29/, Zugriff am 2.4.2023.

(Bundesverband RIAS) durchgeführten 150 Interviews mit jüdischen Gemeinden und Einzelpersonen in Deutschland, in denen sie über antisemitische Vorfälle in ihrem Umfeld berichteten. Das sind nur einige Beispiele für Informationen und Berichte auf *hagalil.com* über den Antisemitismus, wobei sie bis Anfang 2009 zurückreichen. Alle als antisemitisch empfundenen oder vermuteten Vorfälle können auf der Webseite in der Kategorie „Interaktiv – Antisemitismus melden"[947] angezeigt werden. Der Benutzer findet darauf die entsprechenden Stellen sowohl bundesweit als auch in den Ländern.

Igstoppmissbrauch, https://igstoppmissbrauch.wordpress.com, auch https://igstoppmissbrauch.wordpress.com/2015/05/21/netzplanet-kopp-verlag-michael-mannheimer-honigmann-deutsche-wirtschafts-nachrichten-co/

Oberhalb des Webseitennamens stehen Namen von Webseiten, auf die die Betreiber ihr Augenmerk richten: „Netzplanet, Kopp-Verlag, Michael Mannheimer, Honigmann, Deutsche Wirtschafts Nachrichten & Co." Hinter jedem dieser Namen stehen Personen und Institutionen, die die Betreiber als rechts klassifiziert haben. Dass diese kurze Aufzählung längst überholt ist, ist verwunderlich, bringt doch *Igstoppmissbrauch* aktuelle Meldungen. Die Webseite *Netzplanet* bestehen nicht mehr[948]; Ernst Köwing, der den Blog *Der Honigmann* betrieb und in der *Wikipedia* als „Verschwörungstheoretiker und Holocaustleugner" bezeichnet wird, verstarb 2018; und der Blogger Michael Mannheimer (siehe weiter oben) folgte ihm 2022. Nur der Kopp-Verlag und die „Deutschen Wirtschafts Nachrichten" funktionieren und florieren seit Jahren. Allerdings ist es eine grobe Übertreibung, diese beiden Firmen auf eine Ebene zu stellen, denn sie sind nicht vergleichbar: Der Kopp-Verlag betreibt einen Versandhandel mit Büchern „die Ihnen die Augen öffnen" (so der Untertitel des monatlich erscheinenden Katalogs „Kopp Aktuell"), und damit sind unter anderem gegenüber der in Deutschland geführten Politik sehr kritische Publikationen gemeint[949]. Aber nicht der Kopp-Verlag sollte dem linken

---

947 https://www.hagalil.com/antisemitismus-melden/, Zugriff am 2.4.2023.
948 *Netzplanet.net* hat ungefähr 2016 aufgehört zu existieren. Es war ein Portal, das über Ausländerkriminalität (Überfälle, Sexualdelikte), illegale Einwanderung, Islamismus, aber auch über andere innen- und außenpolitische Probleme in Deutschland und weltweit berichtete. Die Seite ist nur noch über die *Wayback Machine* abrufbar. https://web.archive.org/web/20160320120807/http://netzplanet.net/, Zugriff am 3.4.2023.
949 In „Kopp Aktuell" erscheinen sehr reißerische Titel auf der ersten Umschlagsseite des Katalogs, z.B. in der Märzausgabe 2023 „Die Plünderung Deutschlands geht weiter" unterhalb der Abbildung des Titelblatts von Bruno Bandulets Buch *Rückkehr nach Beuteland. Deutschland und das Spiel um Macht, Geld und Schuld*, das übrigens ein Spiegel-Bestseller ist. Der Katalog April 2023 enthält folgende Rubriken: „Medizin & Gesundheit", „Wohlbefinden", „Ambiente", „Lebenskunst", „Kinder", „Mystery", „Enthüllungen", „Selbstversorgung", „Krisenvorsorge", wobei neben Büchern

Igstoppmissbrauch ein Dorn im Auge sein, sondern vielmehr das Portal *Kopp Report*, in dem für Bücher aus dem besagten Katalog sowie für politische und historische Publikationen Werbung gemacht wird.

Ganz anders verhält es sich mit den „Deutschen Wirtschafts Nachrichten" (DWN). Auf der Webseite des Magazins *Vice* schreibt Matern Boeselager, „die kleine Webseite mit dem langweiligen Namen ‚Deutsche Wirtschafts Nachrichten' wird mehr geteilt als die Süddeutsche oder die FAZ."[950] Das linke Portal *Psiram* erklärt den Erfolg der DWN damit, dass sie „in panikmachender Art von verschiedenen Ereignissen berichten", „Verschwörungstheorien" verbreiten und „EU-Kritik" betreiben, auch „Falschmeldungen" und „Artikel mit rein spekulativen Inhalten"[951] publizieren – alles negative Einschätzungen, die den an den DWN interessierten Leser abschrecken sollen. In der für ihre linken Sympathien bekannten deutschen *Wikipedia* fehlt das Schlagwort „Deutsche Wirtschafts Nachrichten" vielleicht deshalb, weil das Portal trotz genannter kritischer und alarmistischer Töne nicht eindeutig als rechts eingestuft werden kann.

Der Untertitel von *Igstoppmissbrauch* suggeriert, dass sich deren Betreiber auf den Schutz von Kindern vor sexuellem Missbrauch oder auf dessen Instrumentalisierung durch die extremen Rechten konzentrieren: „Interessengemeinschaft rechte ‚Kinderschutz'-Seiten aufdecken – gegen den Missbrauch mit dem Missbrauch!"[952], lautet der Untertitel der Webseite. Ihre Betreiber scheinen mit ihren Beiträgen zu suggerieren, dass die Rechtsextremisten den „Kinderschutz" auf die Radikalisierung der Anhänger von härteren Strafen, bis hin zur Todesstrafe, hinarbeiten, etwa über Facebook, wo sie die Seite „Deutschland gegen Kindesmissbrauch", eine „Partner-Seite der verfassungsfeindlichen und rechtsextremen Partei NPD" fanden, auf der unter anderem die Todesstrafe für „Kinderschänder" befürwortet und gegen Flüchtlinge und Ausländer gehetzt werde[953]. Unterhalb dieser Meldung voller Empörung sollte sich ein „Informations- und Videomaterial über die NPD Partner-Seite ‚Deutschland gegen Kindesmissbrauch!'" finden, aber die beide Videos zum besagten Thema sind nicht mehr zugänglich. Lediglich ein

---

auch Nahrungsergänzungsmittel, Küchengeräte, Uhren, Satelliten-Wetterstationen, Pflanzensamen und Selbstverteidigungsutensilien u.dgl.m. beworben werden. Es fehlen die Rubriken „Geschichte" und „Politik", die in früheren Ausgaben des Katalogs fester Bestandteil des Angebots von Kopp waren.

950 https://www.vice.com/de/article/8gb7dk/wie-serioes-sind-die-deutschen-wirtschafts-nachrichten-283, 27.11.2015, Zugriff am 3.4.2023.
951 https://www.psiram.com/de/index.php/Deutsche_Wirtschafts_Nachrichten, Zugriff am 3.4.2023.
952 https://igstoppmissbrauch.wordpress.com, Zugriff am 3.4.2023.
953 https://igstoppmissbrauch.wordpress.com/2017/06/20/die-widerlichste-schlimmste-seite-auf-facebook/, Zugriff am 3.4.2023.

Mitschnitt des ZDF-Magazins „Mona Lisa" zum Thema Missbrauch kann angeschaut und 21 hauseigene Infomaterialien können gelesen werden.
Außerdem enthält die Seite Links zu Seiten über Neonazis und Rechtsextreme im Netz (aus zwei deutschen Mainstream-Zeitungen) sowie „Weitere Seiten und Blogs, die sich mit der Facebook-Seite ‚Deutschland gegen Kindesmissbrauch' beschäftigen"[954], wobei einige von ihnen nur mit Facebook-Account einsehbar sind. Die Seite endet mit dem Aufruf „Finde heraus, welcher deiner Freunde die Nazi Seite ‚Deutschland gegen Kindesmissbrauch' geliked hat"[955].
Neben der Auseinandersetzung mit dem „Missbrauch des Kindermissbrauchs" durch die Rechtsextremisten ist noch ein anderes Thema im Blickfeld der Betreiber: die Obdachlosenhilfe in Dresden, die von den Rechtsextremen, konkret von der Bürgerinitiative „Ein Prozent" (siehe weiter oben) für ihre Zwecke vereinnahmt wird. Die Titel der Meldungen aus dem Jahre 2022 verraten schon die Tendenz der Betreiber: „Rechtsextreme Obdachlosenhilfe Dresden und AfD hetzen wieder gegen die Diakonie Dresden!"[956]; „AfD Dresden missbraucht Obdachlose für rechte Initiative & ‚Gunnars Kochshow'!"[957]; „Der braune Kältebus der braunen Obdachlosenhilfe Dresden!"[958]; „Rechtsradikale & Querdenker unterstützen braune Obdachlosenhilfe aus Dresden!"[959]
In der Rubrik „Archiv" sind Meldungen aus der Zeit vom Juni 2014 bis November 2022 abrufbar. Die Webseite enthält auch Dutzende Kategorien zu den Rechten, darunter zu Parteien, Organisationen, Medien, Persönlichkeiten, Initiativen. Ausgewählte Themen: Alternative für Deutschland; Arbeitskreis Frühsexualisierung stoppen; Blood & Honour; Burschenschaften; COMPACT Magazin; Heim ins Reich – Souveränität statt BRD; Hells Angels; Holocaust Leugnung; Identitäre Bewegung Deutschland; Nazis; NPD; PEGIDA; ProDeutschland; rechtsextreme Lieder; Todesstrafe; Zukunftskinder.org.
Die Aktualität der Webseite *Igstoppmissbrauch* lässt zu wünschen übrig, zum Zeitpunkt ihrer Durchsicht (April 2023) ist deren letzte Meldung auf den 14.11.2022 datiert.

---

954 Ebd.
955 Ebd.
956 https://igstoppmissbrauch.wordpress.com/2022/11/14/rechtsextreme-obdachlosenhilfe-dresden-und-afd-hetzen-wieder-gegen-die-diakonie-dresden/, Zugriff am 3.4.2023.
957 https://igstoppmissbrauch.wordpress.com/2022/02/26/afd-dresden-missbraucht-obdachlose-fuer-rechte-initiative-gunnars-kochshow/, Zugriff am 3.4.2023.
958 https://igstoppmissbrauch.wordpress.com/2022/02/20/der-braune-kaeltebus-der-braunen-obdachlosenhilfe-dresden/, Zugriff am 3.4.2023.
959 https://igstoppmissbrauch.wordpress.com/2022/02/08/rechtsradikale-querdenker-unterstuetzen-braune-obdachlosenhilfe-aus-dresden/, Zugriff am 3.4.2023.

Infoportal für antifaschistische Kultur und Politik aus Mecklenburg-Vorpommern, https://www.infonordost.de/tag/afd-watch/

Aus der Selbstbeschreibung der Webseite: „Als Infoportal für antifaschistische Kultur und Politik aus Mecklenburg-Vorpommern berichten wir über gesellschaftliche Missstände im Nordosten der Bundesrepublik und dem Rest der Welt. Wir zeigen Möglichkeiten des Widerstandes und Alternativen zum bürgerlichen System auf, um der kapitalistischen Verwertungslogik – die soziale Ungleichheit, den ökologischen Kollaps und nicht zuletzt das Erstarken von rassistischen, sexistischen, antisemitischen und anderen reaktionären Einstellungen mit sich bringt – entgegenzutreten. Antifaschismus bedeutet für uns mehr als nur ‚Gegen Nazis' zu sein. Die Untersuchung der Ursachen für faschistische Regime der Vergangenheit und der Gegenwart sind genauso Aufgaben einer emanzipatorischen Linken, wie die Bekämpfung des weiter erstarkenden Rechtspopulismus, der seine islamophoben Ansichten in bürgerlich-rechtsstaatlichen Meinungen zu verbergen sucht."[960]

Zum Zeitpunkt einer erneuten Durchsicht der Seite (24.7.2023) stehen darauf Informationen, die mit Antifaschismus gar nichts oder kaum etwas zu tun haben, z.B. die Ankündigung eines Vortrags über China und die neue Seidenstraße[961] oder über die Oberbürgermeister-Wahl (im Genderdeutsch auf der Webseite: Oberbürgermeister:innenwahl) in Rostock[962]. Es steht darin auch ein Aufruf zur Demonstration „Für Frieden und Zusammenhalt – Gegen die Angst" am 21.11.2022 in Schwerin[963]. Mehrere Beiträge gelten der AfD (z.B. „AfD Politiker in Hamburg angegriffen", „‚Geld stinkt nicht': Afd-nahe Stiftung will Steuergelder in Millionenhöhe", „AFD Bundeszentrale durchsucht"), Demonstrationen gegen fremdenfeindliche Übergriffe (im Original: „Pogrome"), Aktivitäten der Rechten und Maßnahmen gegen Rechtsradikale; ein Text handelt über die Verurteilung eines Rechtsterroristen. Die Meldungen in der Rubrik „Aktuelles" sind ziemlich spärlich, als gäbe es in Mecklenburg-Vorpommern wenige rechtsextremistische Vorfälle, über die berichtet werden könnte. Die Rubrik „Texte" sollte laut Ansage der Betreiber „einige grundsätzliche Texte" enthalten, sie ist aber leer. Demgegenüber findet der Benutzer in der Rubrik „Material" „Downloads für aktuelle Flyer, Zeitungen, Broschüren und anderen Stuff", wobei die Aktualität mancher von ihnen auch zu wünschen übriglässt.

---

960 https://www.infonordost.de/ueber-uns/, Zugriff am 5.4.2023.
961 https://www.infonordost.de/greifswald-infoveranstaltung-umbau-der-welt-die-neue-seidenstrasse-und-die-rolle-chinas-am-23-02-2023/, 21.2.2023, Zugriff am 5.4.2023.
962 https://www.infonordost.de/niemand-muss-ebert-waehlen-oberbuergermeisterinnenwahl-in-rostock/, 12.1.2023, Zugriff am 5.4.2023.
963 https://www.infonordost.de/aufruf-zur-demonstration-fuer-frieden-und-zusammenhalt-gegen-die-angst/, 17.11.2022, Zugriff am 5.4.2023.

Bemerkenswert ist die Heftreihe „Eine andere Welt ist möglich", die aus sechs Heften mit folgenden Titeln besteht: „Extremismustheorie", „Schlacht um Stalingrad", „Refugees Welcome", „Das Dritte Reich", „Zapatistische Bewegung in Mexiko", „Neofaschismus in M-V". Wir beschränken uns in vorliegender Durchsicht auf das erste Heft der besagten Reihe. Darin werden im 2. Kapitel die „Totalitarismus"-Doktrin und die „Extremismus-Diskussion" thematisiert, wobei die Begriffe in der Publikation durchgehend in Anführungsstrichen geschrieben werden. Das ist ein Hinweis auf die Einstellung der Autoren zum „Totalitarismus und dem von ihm abgeleiteten Extremismus", die für sie „politische Kampfbegriffe"[964] seien und zum Narrativ des Antikommunismus gehören. Ohne auf die Einzelheiten der Darstellung dieser sich hinter beiden Begriffen verbergenden Theorien einzugehen, sollte darauf hingewiesen werden, dass die Autoren mit den Auffassungen der „bürgerlichen" und denen der Rechten nahen Theoretiker polemisieren. Sie unterstellen Extremismus-Forschern „rechte Tendenzen" (S. 6 ff.) und werfen dem Verfassungsschutz vor, „Gewalt und Extremismus von rechts" neben „Gewalt und Extremismus von links" zu stellen (S. 9). Sie wehren auch „Angriffe auf den Antifaschismus" ab und beschwören eine „unleugbare Ausweitung des neofaschistischen und rassistischen Terrors im Zuge des Anschlusses der DDR" (S. 10) herauf, als gäbe es in Deutschland nach der Wiedervereinigung tatsächlich neofaschistische und rassistische Schlägertrupps.

In der hier vorgestellten Publikation werden nicht nur anerkannte Totalitarismus- und Extremismusforscher diskreditiert. Einer von ihnen ist der bereits weiter oben zitierte Hans-Helmut Knütter, dem vorgeworfen wird, einst Beiträge gegen linke und antifaschistische Politik verfasst zu haben und nun „Referent bei Burschenschaften und auch bei der neofaschistischen ‚Gesellschaft für freie Publizistik'" (S. 11) tätig sei. In der Einleitung zum besagten Heft werden aber auch vom Mainstream angesehene Autoren wie Eckhard Jesse („seines Zeichens selbsternannter Extremismusforscher") und Hannah Arendt „mit ihrer ‚philosophischen Totalitarismustheorie'" (S. 1) in einem Zuge genannt, als gäbe es zwischen ihren Auffassungen keine relevanten Unterschiede. Dass die Autoren des Heftes ihren Lesern „viel Vergnügen bei der Lektüre" wünschen, scheint bei der Ernsthaftigkeit des Themas wohl eine Ironie gewesen zu sein.

Die Readerreihe „Niemand hat die Absicht eine Mauer zu errichten" handelt keineswegs von den lügenhaften Versprechungen eines Walter Ulbricht. Im Gegenteil: ihre drei Themen sind: „Drogenlegalisierung", „Nein zur AfD" und „Identitäre Bewegung". Die dritte Gruppe von „Material" bilden die Nummern 1–13 der „Outline Hefte", deren Untertitel, „News, Facts & Events aus MV", auf den Inhalt der Zeitschrift verweist. Die letzte, dem Verfasser zugängliche 13. Ausgabe vom Winter & Frühling 2021 gilt dem 76. „Jahrestag der Befreiung von der

---

964 https://www.infonordost.de/wp-content/uploads/2016/09/Heft_Extremismustheo rie.pdf, Zugriff am 5.4.2023.

nationalsozialistischen Terrorherrschaft"⁹⁶⁵ und beinhaltet außer einem Vorwort aus aktuellem Anlass und einem Beitrag mit der Begründung der Wichtigkeit des Erinnerns an die „Befreiung vom deutschen Faschismus" und einem Beitrag über den „Mythos Demmin"⁹⁶⁶ auch Werbung für Verkaufsgegenstände eines „roten Shops", der Roten Hilfe e.V. und die Broschüre „Aussageverweigerung", herausgegeben von der Letztgenannten.

InRuR, https://inrur.is/wiki/Hauptseite

Die Abkürzung InRuR steht für die „Initiative Recherche und Reflexion" und wird von den Webseitenbetreibern als „ein wiki für Aufklärung und Emanzipation" bezeichnet, „in dem Wissen, in erster Linie über anti-emanzipatorische Personen, Organisationen, Medien... gesammelt wird – als Ausgangsbasis, für eine emanzipatorische Gesellschaftsveränderung ebenso wie Wissen über aufklärerisch emanzipatorische Personen, Organisationen Medien..."⁹⁶⁷. Die Webseite versteht sich auch als eine „‚Materialsammlung' mit dem Anspruch, der gesellschaftlichen Komplexität durch möglichst fundierte und vielfältige Hintergrund- und Zusammenhangs-Informationen aus Herrschafts- und Macht-kritischer Perspektive gerecht zu werden"⁹⁶⁸.

In ihrer Selbstdarstellung verweisen die Betreiber auf ihre über fünfunddreißigjährige Recherche und ihr über zehnjähriges Bestehen. Sie begründen ihr Dasein mit „Akteuren der Braunzone sowie der unter RECHTSstaat dokumentierten Realität", in der sie „AntisemitInnen jeglicher couleur" sowie „AnhängerInnen des Irrationalismus etc." ausgemacht zu haben glauben. Ferner benennen sie „GegnerInnen einer radikalen Aufklärung und Emanzipation": die „gesellschaftliche Mehrheit", die „bürgerlich reaktionären Strukturkonservativen", „Libertären", „Anhänger hierarchischer, reformistischer, kapitalismuskonformer Parteien", denen sie „ein Dorn im Auge, ein Stachel im Fleisch, ein Sandkorn im Getriebe" seien, „den / das es zu bekämpfen gilt."⁹⁶⁹

Die obige Selbstdarstellung und Benennung der Gegner sind eindeutig mit den Linken zu verbinden, die eine Durchsicht der Unterseite „Alle Seiten" bestätigen wird. Darauf findet der User etliche Einträge über rechte Portale, Organisationen

---

965 https://www.infonordost.de/wp-content/uploads/2021/03/OL_No.13_druck.pdf, Zugriff am 5.4.2023.
966 Es handelt sich um den „Endkampf" um die Stadt Demmin Ende April 1945, den die Autorin Janin Krude auf S. 6 als ein „Symbol für die Idiotie des 'Durchhaltens' der deutschen Bevölkerung und des ganzen Zweiten Weltkrieges überhaupt" bezeichnete. https://www.infonordost.de/wp-content/uploads/2021/03/OL_No.13_druck.pdf, Zugriff am 5.4.2023.
967 https://inrur.is/wiki/Hauptseite, Zugriff am 24.7.2023.
968 Ebd.
969 https://inrur.is/wiki/InRuR:Über_InRuR, Zugriff am 24.7.2023.

und Personen. Wir wollen die Funktionsweise der Webseite an einem Beispiel erläutern. Nach Eingeben des Suchwortes „Ulfkotte" öffnet sich eine dieser Person geltende Unterseite mit folgender Beschreibung: „rassistisch, völkisch, nationalistisch, klerikalfaschistische Islam/-ismus Dramatisierer", „Salonfaschist", „Verschwörungsideologe", „Kopp Verlag", „Bürgerbewegung Pax Europa", „Politically Incorrect"[970]. Diesen Zuordnungen Udo Ulfkottes, die zugleich Schlagworte auf InRuR sind, von denen jedes separat erläutert wird, folgt ein „Inhaltsverzeichnis", das die Präsenz in den Medien und zugleich die verschiedenen Wirkungsbereiche des von den Linken geschmähten Autors darstellt: in der deutschsprachigen „Wikipedia"; in verschiedenen politischen Kontexten wie PAX Europa, Bürger in Wut, Deutsche Zentrumspartei; in Zeitschriften (z.B. *Der Spiegel* vom 7.3.2015 im Beitrag von Jan Fleischhauer „Karrieren im Wald"; „Schweizerzeit"); auf einer Seite des Netzes gegen Nazis; Ulfkottes Webseite. Allein die Zuordnung des Verfassers des *Spiegel*-Bestsellers *Gekaufte Journalisten* zu Rassisten, Völkischen, Klerikalfaschisten usw. trotz seiner in seinen Büchern mehrfach bewiesenen Treue gegenüber liberalen und demokratischen Grundsätzen durch die Betreiber von InRuR zeugt von Boshaftigkeit und hat mit der von ihnen gepriesenen „Differenziertheit", „Ehrlichkeit" mit dem wohl nicht zufällig einschränkenden Zusatz „wo möglich" und mit „Gerechtigkeit"[971], kurzum in einem Medium mit Anspruch auf Redlichkeit nicht im Geringsten zu tun. Vielmehr manipulieren sie Fakten, um ihrem Weltbild gerecht zu werden.

Jüdisches Forum für Demokratie und gegen Antisemitismus (JFDA), https://jfda.de

Im Unterschied zum jüdischen Portal *hagalil.com*, dessen Schwerpunkt jüdisches Leben in Deutschland ist (siehe weiter oben), widmen die Betreiber des JFDA ihr Augenmerk jüdisch-deutschen Positionen[972]. In der Selbstdarstellung ist das Forum „ein gemeinnütziger Verein, der sich dem Kampf gegen Antisemitismus und jegliche anderen Formen der gruppenbezogenen Menschenfeindlichkeit verschrieben hat. Dafür betreiben wir Recherchen, erstellen Analysen und führen Feldbeobachtungen sowie politische Bildungsarbeit zu den Themen Antisemitismus, Rassismus, Rechtsextremismus, Demokratiefeindlichkeit und Verschwörungsideologien durch."[973]

Die Rubrik „Alle Beiträge" enthält aktuelle und ältere „Beiträge, Artikel, Berichte und Analysen des JFDA in chronologischer Reihenfolge"[974] vom 6.8.2013 an bis

---

970 https://inrur.is/wiki/Udo_Ulfkotte, Zugriff am 24.7.2023.
971 All diese Eigenschaften schreiben die Betreiber auf ihrer Seite sich selber zu. Siehe https://inrur.is/wiki/Hauptseite, Zugriff am 24.7.2023.
972 https://www.jfda.de/grundsatzerklärung, Zugriff am 5.4.2023.
973 https://www.jfda.de, Zugriff am 5.4.2023.
974 https://www.jfda.de/allebeitraege, Zugriff am 5.4.2023.

heute. Sie sind in vier Sparten aufgeteilt: Verschwörungsmythen, Rechtsextremismus, Israelbezogener Antisemitismus und Gedenken.

Auf der Webseite des JFDA werden laufende Projekte des Forums vorgestellt. Das erste ist das „Jüdische Recherche-, Feldbeobachtungs-, Informations- und Bildungszentrum", dessen „Kerntätigkeit" „die kontinuierliche Feldbeobachtung und das Monitoring aktueller antisemitischer Vorfälle, Ereignisse und Vorgänge sowie wissenschaftlich fundierte Recherche"[975] bildet. Das zweite Projekt heißt „Dialog und Aufklärung – Antisemitismus 2.0", das antisemitischen Straftaten und Vorfällen insbesondere im Web 2.0 gewidmet war und in dessen Rahmen von Prof. Monika Schwarz-Friesel an der Technischen Universität Berlin die von der DFG geförderte Langzeitstudie „Antisemitismus im www" durchgeführt wurde. Die Ergebnisse dieser Studie sind unter dem Titel „Antisemitismus 2.0 und die Netzkultur des Hasses" veröffentlicht worden[976]. Auch bereits abgeschlossene Projekte werden präsentiert[977].

Außerdem enthält die Webseite Bildungsangebote, „Lernwerkstätten" zur Geschichte des Antisemitismus, zum Antisemitismus im Internet, zu Verschwörungsmythen in der Covid-19-Pandemie u.a. Zu den Bildungsangeboten gehören auch Publikationen, die heruntergeladen werden können: Broschüren, Handreichungen und Padlets, des Weiteren Bildungsmaterialien online und Lernvideos zu Themen wie Antisemitismus, Rassismus, Einwanderungsfeindlichkeit, gruppenbezogene Menschenfeindlichkeit, Verschwörungstheorien.

Köln gegen Rechts – Antifaschistisches Aktionsbündnis,
https://www.koelngegenrechts.org

Aus der Selbstdarstellung: „‚Köln gegen Rechts – Antifaschistisches Aktionsbündnis' hat sich im Herbst 2014 nach den HOGESA[978]-Ausschreitungen gegründet. Damals konnte und/oder wollte die Kölner Polizei Übergriffe der extremen Rechten gegen Migrant*innen und Kritiker*innen ihrer menschenverachtenden Propaganda nicht verhindern. Im Aktionsbündnis sind verschiedene Strukturen, Gruppen und Einzelpersonen zusammengeschlossen. Viele von ihnen waren

---

975 https://www.jfda.de/feldbeobachtung, Zugriff am 5.4.2023.
976 https://www.kulturrat.de/themen/demokratie-kultur/juedischer-alltag/antisemitis mus-2-0-und-die-netzkultur-des-hasses/?print=pdf, Zugriff am 5.4.2023.
977 https://www.jfda.de/archiv, Zugriff am 5.4.2023.
978 Die Abkürzung HoGeSa steht für „Hooligans gegen Salafisten", eine „aus der Hooligan-Szene stammende Aktionsgruppe, die sich nach eigenen Angaben gegen den Salafismus in Deutschland wendet." https://de.wikipedia.org/wiki/Hooligans_ gegen_Salafisten, Zugriff am 24.7.2023. Bei den Ausschreitungen, von denen die *Wikipedia* berichtet, handelte es sich um eine Demonstration von 700 Hooligans in Köln am 25.10.2015, denen mehr als 15.000 Menschen in einer Gegenkundgebung gegenüberstanden.

bereits im ‚Bündnis gegen Pro Köln' und in der Kampagne ‚Kein Veedel für Rassismus' aktiv. Neue Gruppen sind hinzugekommen. Das Aktionsbündnis hat die KÖGIDA Aufmärsche in Köln erfolgreich bekämpft, bis diese Anfang 2015 beendet wurden. Auch in Zukunft wollen wir rassistischen, faschistischen und rechtspopulistischen Parteien und Gruppen keinen Platz in Köln und in der Region für ihre menschenverachtende Propaganda und Angriffe lassen. Wir werden nicht dulden, dass die extreme Rechte wie bei den HOGESA- und Kögida-Aufmärschen ungestört in Köln Migrant*innen und Antifaschist*innen anpöbeln und körperlich angreifen."[979] Der Selbstdarstellung folgen die Namen der am Aktionsbündnis beteiligten Gruppen und Organisationen.

Der User wird auf der „Startseite" über vorbereitete und bereits organisierte Aktionen des Bündnisses informiert. Es sind Proteste gegen die Aktivitäten der Rechten, z.B. der AfD (den Parteitag und Veranstaltungen dieser Partei), der Identitären Bewegung, der Organisation „Deutsche Patrioten". Es sind 71 Seiten, auf denen diese Aktionen von Anfang 2015 bis zum Zeitpunkt der Untersuchung (April 2023) festgehalten werden. Die Rubrik „Termine" enthält Inhalte, die schon auf der „Startseite" stehen. Etwas spärlich fällt die Rubrik „Presse" aus, in der als letzte Meldung vom 22.10.2021 eine Information mit dem Titel „ANTIFA bringt Polizeipräsident Jakob vor Gericht"[980] zu lesen ist. Auseinandersetzungen mit der Polizei gehören auch zu den Aktivitäten des Aktionsbündnisses.

Ein Stichwortverzeichnis erleichtert dem Benutzer das Auffinden von Themen, die auf der Webseite behandelt werden. Ihre Sprache ist von typisch linker Rhetorik geprägt: „gewaltbereite Nazis", „gewaltbereite rechte Hooligans", „Gegendemonstration", „Pöbeldemo", „Hetzkampagne", „sogenannte Patriotische Europäer", „drohende Islamisierung des Abendlandes" in Anführungszeichen stehen hier als Exempel.

Koppverlag-Watch, http://koppverlagwatch.blogsport.eu

Die Webseite ist derzeit nur über die *Wayback Machine* abrufbar. Bis Ende 2019 lautete ihr Untertitel: „Watchblog zur kritischen Begleitung des Kopp-Verlags". In der Selbstdarstellung des Watchblogs hieß es: „Der Mitte 2016 gestartete Blog ‚Koppverlag-Watch' hat es sich nun zur Aufgabe gemacht, kontinuierlich den Kopp-Verlag zu beobachten. Wir wollen den Kritiker*innen des Verlags Argumente an die Hand geben und Menschen auf der Suche nach Informationen zum Kopp-Verlag bei einer kritischen Einschätzung helfen."[981]

Der Blog funktionierte eigenständig bis Ende 2019 und ist dann zum Watchblog *Tübingen Rechtsaußen*[982] umgezogen, in welchem neue Meldungen über den in

---

979 https://www.koelngegenrechts.org/gruppen/, Zugriff am 7.4.2023.
980 https://www.koelngegenrechts.org/category/presse/, Zugriff am 7.4.2023.
981 http://koppverlagwatch.blogsport.eu/ueber-uns/, Zugriff am 7.2.2022.
982 Mehr über diesen Blog – siehe weiter unten.

Rottenburg ansässigen Verlag veröffentlicht werden[983]. In dem zuletzt genannten Blog wird über Aktivitäten des besagten Verlags informiert. Obwohl der Grundtenor dieser Informationen kritisch ist, kann nicht verleugnet werden, dass der User über Publikationen des Kopp-Verlags redlich informiert wird, indem sogar Scans der kritisierten Bücher von der Webseite des Verlags abgebildet werden. Das beweist z.B. die Meldung über ein Buch des Pandemie-leugnenden Arztes Heiko Schöning aus Hamburg[984]. Die Information über Platz 5 auf der *Spiegel*-Bestseller-Liste des im Kopp-Verlag erschienenen Buches von Gerhard Wisnewski *Verheimlicht – vertuscht – vergessen 2023. Was 2022 nicht in der Zeitung stand* wird nur mit dem Attribut „verschwörungsideologisch" erwähnt, aber auch mit einer Abbildung der einschlägigen *Spiegel*-Rubrik mit dem Titel der Publikation versehen[985].

Mut gegen rechte Gewalt, kurz: MUT,
https://www.mut-gegen-rechte-gewalt.de

Nebentitel: „Das Portal für Engagement". MUT ist ein Gemeinschaftsprojekt der Amadeu Antonio Stiftung und des Magazins *stern*. In der Selbstdarstellung wird über die Entstehung des Portals berichtet. Initiatorin der Aktion „Mut gegen rechte Gewalt" war im Jahr 2000 die Zeitschrift *stern*, die bei ihren Leserinnen und Lesern um Spenden für „friedliche und kreative Initiativen gegen Rassismus und Rechtsextremismus in Deutschland" warb. „Die Spendengelder fließen an die Amadeu Antonio Stiftung zur Weitergabe an kleine Initiativen gegen Rechtsextremismus und für demokratische Kultur. Eine besonders intensive Förderung erhält das Aussteigerprojekt für Neonazis ‚EXIT', das bislang mehr als 300 Rechtsextremisten half, aus ihrer sektenähnlich organisierten Szene herauszukommen."[986]

Eine Durchsicht der Webseite bringt folgende Ergebnisse: Von ihren vier Rubriken – „News" mit Meldungen und Reportagen, „Debatte" mit Interviews und Kommentaren, „Praxistipps" und „Service" mit einer Chronik flüchtlingsfeindlicher Vorfälle, Links gegen Rechts und Literatur ist nur die letzte up to date. Die Einträge in den drei ersten Rubriken enthalten Informationen bis Mitte bzw. Ende 2020, und der User der Webseite wird sich enttäuscht fühlen, wenn er unter der Überschrift „Überblick: Rechter Terror aktuell" einen Text vom 18.11.2020 findet[987]. Lediglich die besagte Chronik, erstellt von der Amadeu Antonio Stiftung und PRO ASYL, in der „Übergriffe auf und Demonstrationen gegen Geflüchtete und ihre Unterkünfte"

---

983 https://tuebingenrechtsaussen.wordpress.com/?s=Kopp, Zugriff am 7.2.2022.
984 https://tuebingenrechtsaussen.wordpress.com/2022/10/03/neues-buch-von-pandemie-leugner-erschienen/, Zugriff am 7.4.2023.
985 https://tuebingenrechtsaussen.wordpress.com/2023/02/06/kopp-verlag-wisnewski-werk-auf-spiegel-bestseller-liste/, Zugriff am 7.4.2023.
986 https://www.mut-gegen-rechte-gewalt.de/ueber-uns, Zugriff am 7.4.2023.
987 https://www.mut-gegen-rechte-gewalt.de/news/meldung/ueberblick-rechter-terror-aktuell-2020-11, Zugriff am 24.7.2023.

anhand von öffentlich zugänglichen Berichten in den Medien, Pressemitteilungen der Polizei sowie „Meldungen lokaler und regionaler Beratungsstellen für Betroffene rechter, rassistischer und antisemitischer Gewalt" dokumentiert werden, sind auf dem aktuellen Stand[988]. Die Dokumentation ist unterteilt in Angriffe auf Asylsuchende und ihre Unterkünfte, Opfer der Angriffe (durch Brandanschläge, tätliche Übergriffe etc.), Demonstrationen/Kundgebungen und enthält genaue Zahlenangaben zu den besagten Vorfällen. Des Weiteren findet der Webseitenbenutzer Informationen über Formen der Übergriffe („Sonstige Angriffe", „Verdachtsfall", „Brandanschlag", „Tätlicher Übergriff/Körperverletzung") mit Datum, Ort, Quellenangabe und Beschreibung des Vorfalls. Die Suchfunktion ermöglicht das Filtern der Angaben nach Jahren und Bundesländern, und die Deutschlandkarte[989] zeigt die Vorfälle in grafischer Form. Der interessierte Benutzer findet auch Links zu Webseiten[990], die sich dem Thema „Kampf gegen Rechts" widmen. Die Links führen zu Webseiten, die thematisch in folgende Sparten unterteilt sind: Beratung und Service, Hintergründe und Fakten, Projekte und Initiativen, Presse zum Thema. Die Webseite wird durch ein Lexikon relevanter Schlagwörter ergänzt (von A wie Apabiz e.V. bis Z wie Zahlencodex)[991].

NSU-Watch, https://www.nsu-watch.info

Die in drei Sprachversionen (deutsch, türkisch und englisch) betriebene und mit dem Untertitel „Aufklären & Einmischen" versehene Webseite enthält neben der Beschreibung von Aktivitäten einer Initiative, die sich aus einer Reihe von antifaschistischen und antirassistischen Organisationen, Netzwerken und Zeitungen mit ähnlichen Zielsetzungen zusammensetzt, Links zu den regionalen Ablegern von NSU-Watch in Sachsen, Brandenburg, Hessen, Nordrhein-Westfalen und Baden-Württemberg[992]. In der Kategorie „Untersuchungsausschüsse" finden sich außerdem Verweise auf Bayern und Thüringen sowie auf den Bundestag. Dabei geht es um Dokumentation und kritische Begleitung der Untersuchungsausschüsse in den genannten Ländern[993]. Es handelt sich nicht nur um schriftliche Berichte, sondern auch um Podcasts, in denen die Erscheinungsformen des Rechtsradikalismus thematisiert werden. In der Kategorie „Analyse & Recherche" findet der User folgende

---

988 https://www.mut-gegen-rechte-gewalt.de/service/chronik-vorfaelle, Zugriff am 24.7.2023.
989 https://www.mut-gegen-rechte-gewalt.de/chronik-karte, Zugriff am 24.7.2023.
990 https://www.mut-gegen-rechte-gewalt.de/service/links-gegen-rechts, Zugriff am 8.4.2023.
991 https://www.mut-gegen-rechte-gewalt.de/service/lexikon, Zugriff am 8.4.2023.
992 https://www.nsu-watch.info/nsu-watch/, Zugriff am 22.3.2023.
993 Es handelt sich um den 2. Bundestags-Untersuchungsausschuss. Letzter Eintrag, mit dem Bericht von der Sitzung des UA des BT am 19.1.2017, ist mit dem Datum 21.2.2017 versehen. https://www.nsu-watch.info/bundestag/, Zugriff am 22.3.2023.

Rubriken: NSU & Netzwerke, Rassismus, Rechtsterrorismus, Behörden, Halle-Prozess, Prozess Lübcke/Ahmed I., Prozess gegen Franco O., Fretterode-Prozess. Die Betreiber der Webseite behandeln die Arbeit der Untersuchungsausschüsse und deren Ergebnisse kritisch, was in ihrer Losung „Aufklären & Einmischen" zum Ausdruck kommt. Für ihre Aktivitäten ist die Initiative *NSU Watch* mehrmals ausgezeichnet worden.

Omas gegen Rechts Deutschland, https://omasgegenrechts-deutschland.org

Von Anna Ohnweiler in Nagold im Januar 2018 gegründete überparteiliche zivilgesellschaftliche Initiative/Facebook Gruppe „gegen den wachsenden Rechtspopulismus und Rechtsradikalismus in Deutschland"[994]. Auf der Webseite findet der interessierte Benutzer Stellungnahmen zum aktuellen und historischen politischen und gesellschaftlichen Geschehen, z.B. zum Antifeminismus, Holocaust-Gedenktag sowie Informationen zu diversen Veranstaltungen gegen Rechts, z.B. Kundgebungen, Vorträgen, Podiumsgesprächen. Der „Kalender der Mahn- und Gedenktage" umfasst lediglich das Jahr 2021. Außerdem findet man in der Rubrik „Netzwerk" Links zu einigen internationalen Organisationen mit ähnlichen Zielsetzungen[995], darunter zur polnischen Facebook-Gruppe *Polskie Babcie GRUPA*[996].

PlusPedia, http://de.pluspedia.org

Online-Enzyklopädien können je nach ihren Zielgruppen und ihrer Orientierung die gleichen Objekte sehr unterschiedlich darstellen. Die *Wikipedia* ist in vorliegender Untersuchung mehrmals als linksorientiert bezeichnet worden, weil sie tatsächlich der politischen Ideologie der Linken am nächsten ist. Es gibt aber auch Online-Lexika, die den Rechten oder sogar den extrem Rechten zugeordnet werden können, wie z.B. die ebenfalls schon erwähnte *Metapedia*, aber auch sich von den Linken distanzierende oder dem Relativismus frönende Nachschlagewerke. Dazu gehört die *PlusPedia*, die sich auf ihrer Hauptseite mit folgenden Losungen präsentiert: „PlusPedia – Jedes seriöse Wissen ist willkommen. Das freundliche Lexikon als inklusionistische Alternative zu Wikipedia. Made in Germany."[997] Unterhalb dieses Werbeslogans findet sich folgende Einladung an den Benutzer: „Herzlich willkommen bei PlusPedia, der freien Enzyklopädie ohne diskriminierende ‚Relevanzkriterien'. Jeder kann mitmachen und Wissen einbringen. Wikipedia braucht eine freundliche und nette Alternative. Wir sind sie!"[998]

---

994 https://omasgegenrechts-deutschland.org/startseite/ueber-uns/, Zugriff am 8.4.2023.
995 https://omasgegenrechts-deutschland.org/startseite/netzwerk/omas-international/, Zugriff am 8.4.2023.
996 https://www.facebook.com/groups/PolskieBabcieGRUPA/, Zugriff am 8.4.2023.
997 http://de.pluspedia.org, Zugriff am 25.7.2023.
998 Ebd.

Im Artikel „PlusPedia: Über PlusPedia" schreiben deren Autoren, worin sie sich von der *Wikipedia* unterscheiden: „Die PlusPedia wurde mit dem Ziel gegründet, jene Artikel zu präsentieren, die von Wikipedia gelöscht werden oder nicht relevant genug für die Wikipedia sind. Dies war PlusPedias Geburtsstunde."[999] Und im Hauptartikel wird der Gegensatz zwischen PlusPedia und Wikipedia wie folgt beschrieben: „Die PlusPedia ist freiheitlich und vermeidet nach Kräften jene Fehler von der Wikipedia, die diese zunehmend unglaubwürdig machen, z.B. linksextremem Gedankengut oder angeblich wissenschaftlichen Theorien eine Plattform zu bieten. Ebenso kämpft die PlusPedia dezidiert gegen jede Erscheinung von Rechtsextremismus, Antisemitismus, Israelfeindlichkeit, religiöse Intoleranz, Fremdenfeindlichkeit und Homophobie. Wikipedia pflegt dennoch die realitätsfremde Tradition, PlusPedia genau das Gegenteil zu unterstellen."[1000] Verblüffend ist, dass die Betreiber der PlusPedia die deutschsprachige Wikipedia als „teilweise antisemitisch positioniert" bezeichnen[1001]. Ein Anlass zu solch einer Einschätzung könnte die Nichtaufnahme des jüdischen Sängers Beri Weber in die besagte Enzyklopädie sein. Auf der Hauptseite wird der als „lesenswert" bezeichnete Artikel über den genannten Popsänger mit noch härteren Worten angekündigt: „PlusPedia-Artikel über den von der antisemitischen Wikipedia ignorierten Sänger Beri Weber"[1002].

In einer früheren Fassung, die derzeit nur über die *Wayback Machine* nachzulesen ist, verstand sich die Alternative zur Wikipedia als „Das Multi-Kulti-Universal-Gutmenschen-Lexikon von guten Menschen für gute Menschen! Gegen Faschismus, Volksverhetzung, Antisemitismus, Fremdenfeindlichkeit, Rechtsradikalismus, Menschenverachtung, Islamophobie und Gewaltverherrlichung."[1003] In der aktuellen Fassung werden mehrere Eigenschaften der Webseite, aufgeteilt in drei Sparten, aufgelistet: „Die PlusPedia ist ...", „Die PlusPedia steht für ...", und „Die PlusPedia lehnt ab ...", wobei unter anderem die Eigenschaften aus der früheren Selbstdarstellung wiederholt und etliche neue hinzugefügt worden sind. Die PlusPedia versteht sich als alternative sowohl zur „inzwischen von ihren Idealen abgefallenen Wikipedia" als auch „kein Metapedia-Abklatsch", „keine Fake-News Schleuder"[1004].

In der bereits weiter oben vorgestellten WikiMANNia wird PlusPedia mit Ironie, aber auch recht boshaft behandelt. Sie wird als „ein Kindergarten-Wiki auf Schülerzeitungsniveau" und „ein selbst erklärtes Gutmenschen-Lexikon für Multikulti" bezeichnet, das seit seiner Gründung im Oktober 2009 absolut irrelevant sei, „und

---

999 http://de.pluspedia.org/wiki/PlusPedia:Über_PlusPedia, Zugriff am 23.3.2023.
1000 http://de.pluspedia.org/wiki/PlusPedia, Zugriff am 23.3.2023.
1001 http://de.pluspedia.org/wiki/Beri_Weber, Zugriff am 23.3.2023.
1002 http://de.pluspedia.org, Zugriff am 23.3.2023.
1003 https://web.archive.org/web/20190513125506/http://de.pluspedia.org/, Zugriff am 25.7.2023.
1004 http://de.pluspedia.org/, Zugriff am 25.7.2023.

es gibt (leider) keinerlei Anzeichen dafür, dass sich daran noch mal was ändert. Die Administratoren handeln völlig unprofessionell und haben keinen Plan, wie man aus PlusPedia ein ernstzunehmendes Wiki machen könnte."[1005] Die Seriosität beider Online-Enzyklopädien scheint indes unter solchen Vorwürfen zu leiden. Die WikiMANNia schätzt die PlusPedia letzten Ende „ebenso wie die Wikipedia" als „ein konzeptionell gescheitertes Projekt"[1006] ein.

Beim Anklicken des Schlagworts „Rechte Hetze" in der Sparte „Die PlusPedia lehnt ab ..." findet der Benutzer keine Erläuterung dieses Grundbegriffes der linken Szene im Kampf mit deren rechten Gegnern, stattdessen wird er gleich zum Schlagwort „AfD (Partei)" weitergeleitet. Allerdings enthält dieser letztere Artikel keinen einzigen Hinweis auf die als Schlagwort gesuchte „rechte Hetze", sondern es wird die Partei charakterisiert: „Die Alternative für Deutschland (AfD) ist eine EU-skeptische Partei im nationalkonservativen, nationalliberalen und auch nationalistischen Lager der Bundesrepublik Deutschland. Sie ist die bedeutendste Partei rechts von CDU und CSU."[1007]

Dieser emotionslosen Darstellung folgen Abschnitte über Parteistruktur, Geschichte, finanzielle Mittel, Wahlergebnisse u.a. Dass PlusPedia in ihrer distanzierten Einstellung gegenüber der als links geltenden *Wikipedia* in ihrer Einschätzung mit der Letzteren ähnlich ist und ihre Objektivität einbüßt, davon zeugt ihre Anknüpfung an die Rhetorik der Linken: „Die Alternative für Deutschland (abgekürzt AfD) ist eine islamophobe und rechtspopulistische – teilweise auch antisemitische – politische Partei in der Bundesrepublik Deutschland mit rechtsextremen Tendenzen. (...). Anhänger der AfD hassen das real existierende Deutschland."[1008] Diese eindeutig dem linken Spektrum zuzuordnende Beschreibung wird allerdings im weiteren Teil des Artikels, vielleicht aus dem Bestreben nach Objektivität, relativiert, wo in Punkt 3.3. „Selbstbild der AfD" sich eine Beschreibung findet, die die Rechtsorientierung der Partei in Abrede stellt: „Die AfD ist, obwohl dies von Seiten ihrer politischen Gegner immer betont wird, nach objektiver Computeranalyse keine rechte Partei. Sie weist ebenso wie CDU, FDP und SPD ein U-förmiges Profil auf, d.h. es sind gleichermaßen Aussagen enthalten, die dem linken Spektrum als auch dem rechten Spektrum zuzuordnen sind. Das Parteiprogramm der AfD ähnelt also grundsätzlich dem Profil der klassischen Volksparteien. (...) Die AfD des Jahres 2017 hat programmatisch starke Ähnlichkeiten mit der nationalliberalen FPÖ in Österreich, zu der die AfD freundschaftliche Beziehungen pflegt."[1009] Die Widersprüche in der Einschätzung sowohl der AfD als auch der Wikipedia in der alternativen PlusPedia zeugen von Unausgegorenheit der zuletzt Genannten.

1005 https://at.wikimannia.org/PlusPedia, Zugriff am 25.7.2023.
1006 Ebd.
1007 http://de.pluspedia.org/wiki/AfD_(Partei), Zugriff am 24.3.2023.
1008 http://de.pluspedia.org/wiki/Alternative_für_Deutschland, Zugriff am 8.2.2022.
1009 http://de.pluspedia.org/wiki/Alternative_für_Deutschland, Zugriff am 8.2.2022.

In einer anderen Online-Quelle, der „freien Humor- und Satire-Enzyklopädie *Stupidedia*", wird PlusPedia ironisch als „Portal für Genies" mit dem Zusatz „schai's wep'saitt" in Klammern und auch als „Pupspedia" bezeichnet. Die Seite wird auch lächerlich gemacht als eine „sinnfreie Ansammlung von Buchstaben", deren Ziel es sei, das gesamte Internet zu vernichten[1010]. Der *Stupidedia*-Eintrag über die AfD zeigt, wie unterschiedlich diese Partei in den linken Medien dargestellt wird. Der Ernst, mit dem die *Wikipedia* an das Thema herangeht, wird von der Ironie der *Stupidedia* relativiert. In der Letzteren steht folgende Darstellung der AfD: „Die Alternative für Deutschland ist eine ~~rechtspopulistische faschistoide~~ konservativ-liberal-bürgerliche Partei, die sich vom billigen Rechtspopulismus unmissverständlich distanziert. Anfangs angeführt von einem Professor für Wirtschaftswissenschaft, wandte sie sich zur großen Freude besorgter Bürger zugänglicheren Themen, wie den Fortpflanzungs-Strategien von Afrikanern zu, was ihr zu beeindruckenden Wahlergebnissen in der preußischen Provinz verhalf. Seitdem ist die Alternative für Deutschland, von der Lügenpresse als AfD verballhornt, ein nicht wegzudenkender, möglicherweise gar einziger Bestandteil unserer demokratischen Diskussionskultur über den Sanierungsfall Deutschland."[1011]

Zieht man noch die *Metapedia* heran, werden die Unterschiede in der Darstellung der AfD je nach politischer Orientierung (*Wikipedia* und *PlusPedia*) bzw. nach Einstellung gegenüber den politischen Realitäten in Deutschland (die *Metapedia* selbst) noch deutlicher. Die *Metapedia* stellt die wichtigsten Fakten über die Partei zusammen und offenbart ihre kritische Einstellung zu Deutschland nach dem Zweiten Weltkrieg: Die „Alternative für Deutschland (auch kurz AfD) ist eine Partei im Besatzungskonstrukt BRD, die am 6.2.2013 in Oberursel bei Frankfurt am Main (Hessen) gegründet wurde. [...] In ihrem Auftreten stellt sich die Partei vorwiegend als konservativ dar. Sie befürwortete im Wahlprogramm zur Bundestagswahl 2021 den Austritt der BRD aus der EU als politisches Ziel. In den BRD-Bundestag zog die Partei 2017 und 2021 jeweils mit über 80 Abgeordneten ein. Seit dem 30.9.2021 sind Tino Chrupalla und Alice Weidel in einer Doppelspitze [...] Vorsitzende der AfD-Bundestagsfraktion, seit 17.6.2022 auch gemeinsame Bundessprecher (Parteivorsitzende)."[1012]

Wir haben uns hier auf die unterschiedliche Darstellung und Einschätzung der von den Mainstream-Medien und der Mehrheit der politischen Parteien in Deutschland marginalisierten Partei in einigen deutschsprachigen Online-Enzyklopädien konzentriert, um an ihrem Beispiel zu zeigen, wie verschieden der geistige Umgang mit ihr sein kann. Ein linksorientierter Betrachter wird in ihr ein

---

1010 https://www.stupidedia.org/stupi/Pluspedia, Zugriff am 24.3.2023.
1011 https://www.stupidedia.org/stupi/Alternative_für_Deutschland, Zugriff am 24.3.2023. Die zwei durchgestrichenen Wörter stehen so im Original.
1012 https://de.metapedia.org/wiki/Alternative_für_Deutschland, Zugriff am 25.3.2023.

Übel an sich sehen, die radikalen Konservativen scheinen sie geringzuschätzen oder sind ihr gegenüber gleichgültig.

Psiram, https://www.psiram.com/
Untertitel: Realismus als Chance. Die Betreiber der bereits an einigen Stellen dieser Studie genannten Seite werben für sie wie folgt: „Psiram (früher EsoWatch) versorgt Sie mit dem notwendigen Realismus zu den Themen Esoterik, Religion, Gesundheit, und hilft Ihnen dabei, Ihren Geldbeutel zu schonen. Psiram präsentiert falsche Prediger, Ideologen, Scharlatane und Betrüger. Psiram versteht sich als kritischer Verbraucherschutz vor scheinheiligen, nutzlosen und wirkungslosen Produkten, Therapien und Ideologien."[1013]

Im Unterschied zu vielen Anti-Rechts-Portalen findet der User auf dieser Webseite ohne Impressum[1014] weder antifaschistische, gegen den Antisemitismus, Antifeminismus und die Fremdenfeindlichkeit gerichtete Aufrufe oder Meldungen, noch Berichte über Aktivitäten gegen die Rechten u.dgl.m. Die eindeutig als links einzuordnende Webseite ist in drei Kategorien unterteilt, von denen nur eine, „Psiram Wiki", in vorliegender Untersuchung berücksichtigt wird, weil sie inhaltlich „informative Artikel zur Aufklärung über irrationale Glaubenssysteme"[1015] enthalte, die sich in die Auseinandersetzung der Linken mit den Rechten fügen. Auf der Hauptseite, die in ihrer Aufmachung der *Wikipedia* ähnelt, ist von „Glaubenssystemen" die Rede. Dazu gehört der auch für die Linken relevante Begriff „Braune Esoterik", der als Schlagwort wie folgt erläutert wird: „Der Begriff **braune Esoterik** (oder rechte Esoterik) bezeichnet esoterische, häufig völkisch-kultische Lehren und deren Exponenten, die im politisch rechten Milieu angesiedelt sind oder rechte Ideologien fördern. Esoterik findet zwar auch seit Ende der 1980er Jahre eine Anhängerschaft in linken oder alternativen Kreisen, ist jedoch bei Anhängern rechtsextremistischer Bewegungen und Organisationen weitaus populärer."[1016]

1013 https://www.psiram.com/, Zugriff am 11.4.2023.
1014 Das Fehlen eines Impressums begründen die *Psiram*-Betreiber ziemlich kurios: „... die Aufklärungsarbeit von Psiram hat zwangsläufig zur Folge, dass viele Dinge, Namen und Methoden der Quacksalberei, Täuschung und Scharlatanerie konkret und ungeschönt benannt werden. Das ist Betroffenen nicht immer recht, ganz im Gegenteil. Darum agiert Psiram anonym, um die Autoren vor Belästigungen und Schlimmerem zu schützen. [...] Es ist uns klar, dass Anonymität erstmal der Glaubwürdigkeit nicht dienlich ist. Aber sie sollen uns ja nicht glauben. Sie sollen sich ein eigenes Urteil bilden. Entsprechend ist Psiram bemüht, zu allen Beiträgen genügend Quellenmaterial anzugeben, damit dies möglich ist." https://www.psiram.com/de/index.php/Psiram:Impressum, Zugriff am 11.4.2023.
1015 Ebd., Zugriff am 11.4.2023.
1016 https://www.psiram.com/de/index.php/Braune_Esoterik, Zugriff am 11.4.2023.

Das zweite Thema auf *Psiram* sind „Verschwörungstheorien", die die Linken bei den Rechten häufig aufgespürt zu haben glauben, wobei der Erläuterungsspagat, den die Betreiber der Seite machen, um die vermeintlichen Anhänger solcher Theorien zu verunglimpfen, im nachstehenden Zitat deutlich wird: „Als Reaktion auf die Verwendung des Begriffs Verschwörungstheorie und Verschwörungstheoretiker wurde im 21. Jahrhundert der Kampfbegriff der Verschwörungsleugnung und Verschwörungsleugner (*conspiracy-denier*) eingeführt. Mit Stand von 2021 wird der Begriff nur in der Trutherszene und von Verbreitern von Verschwörungstheorien benutzt. [...] Eine genaue Definition der Verschwörungsleugnung lässt sich dabei im Jahre 2021 nicht ausmachen. Teilweise wird die Ablehnung so genannter ‚falscher Verschwörungstheorien' als Verschwörungsleugnung bezeichnet, ohne jedoch den Unterschied zu ‚richtigen Verschwörungstheorien' zu erklären."[1017] Sie schreiben von „falschen Verschwörungstheorien", als gäbe es auch echte Verschwörungstheorien, ohne zu bedenken, dass sog. Verschwörungstheorien mitunter sich im Nachhinein als richtig erwiesen haben, wovon weiter oben bereits die Rede war. Die Berufung auf die „Truther" und die Unterstellung, es sei eine „Bewegung", ist ein erprobtes Kampfmittel in der Auseinandersetzung mit dem politischen, religiösen und/oder weltanschaulichen Gegner. Es gibt doch auch Individuen, die sich nicht in Bewegungen engagieren und ähnlich denken, aber diesen Umstand scheinen die *Psiram*-Betreiber zu verkennen. In der Erläuterung des Truther-Begriffs stehen Ungenauigkeiten, die die eigentliche Tendenz der Betreiber der Webseite „entlarven", um ein bei den Linken beliebtes Wort zu gebrauchen: „Als Truther (von engl. truth: die Wahrheit, auch Trutherbewegung) bezeichnen sich im deutschen Raum diverse Gruppen und Einzelpersonen, die – von einem Dogma enttäuscht oder einer Verschwörungstheorie inspiriert – glauben, von Regierungen, Behörden oder Massenmedien systematisch fehlinformiert oder belogen zu werden. [...]"[1018] Aus diesem Teil der Erläuterung kann der Schluss gezogen werden, dass es den Betreibern von *Psiram* nicht denkbar ist, dass Staatsbürger gegenüber den Massenmedien und den Regierenden skeptisch sein können und ihnen sogar nicht trauen dürfen, genau nach dem Prinzip: Wer nicht mit uns ist, der ist gegen uns.

Zuletzt gehen die Betreiber von *Psiram* auf das vorwiegend eher in der Presse beschriebene als in der breiten Öffentlichkeit bekannte Phänomen des nur kurzlebigen „Kirchenstaats" Fürstentum Germania und sein ideologisches Umfeld[1019] ein, und sie tun es sehr ausführlich, wenn nicht gar übergenau. Auf sage und schreibe etwa 30 Seiten wird diese Ausnahmeerscheinung auf der politischen Bühne Deutschlands, der *Wikipedia* knapp eine Seite widmet, zum Politikum

---

1017 https://www.psiram.com/de/index.php/Verschwörungstheorie, Zugriff am 11.4.2023.
1018 https://www.psiram.com/de/index.php/Truther, Zugriff am 11.4.2023.
1019 https://www.psiram.com/de/index.php/Hauptseite, Zugriff am 11.4.2023.

stilisiert. Die etwas über 200-köpfige Vereinigung, die von Februar bis Mai 2009 in einigen Medien präsent war, wird in 23 Abschnitten vorgestellt. Ihre Titel verweisen auf die Inhalte: „Staatsgründung", „Die Zeitperiode bis zur polizeilichen Räumung", „Die Räumung und die Zeit danach", „Rezeption und Medienecho", „Fürstentum Germania", „Kommerzielle Aktivitäten", „Hymne", „Hintermänner und Hinterfrauen", „Der Fürst", „Stellvertretender Fürst Jessie Marsson-Dumanch", „Kirchenstaat Schöpfungskirche", „Schloss Klampfer", „Ritter als Avantgarde und Machtzentrum des Fürstentums", „Die Staatsfeinde", „Germania", „Bezüge zur Kinderpornographie-Szene", „Geschichtsrevisionismus", „Nachahmer-Projekt", „Zitate", „Weblinks", „Weblinks zu Zeitungsartikeln und Fachartikeln", „Video", „Quellennachweis"[1020]. Es fragt sich, welchen Zweck eine so detaillierte Bearbeitung des Themas hat. Die Erklärung dafür findet der Benutzer der *Psiram*-Webseite im zweiten Absatz des Einführungstextes zum Artikel „Fürstentum Germania". Die Betreiber nehmen eine bestimmte Menschengruppe ins Visier, die ihrer Auffassung nach die öffentliche Ordnung gefährden und der Mehrheit der Gesellschaft Schäden zufügen können: „Personen aus dem Dunstkreis dieses Fürstentums Germania sind als Staatsvolk dem KRR[1021]-Spektrum, den ChemTrails-Anhängern, den Selbstversorgern, der homosexuellen Pädophilenszene und wolkigen Esoterikern zuzuordnen. Bei einigen der Personen sind antisemitische Äußerungen nicht überhörbar [...]. Es bestehen Bezüge zu einer NU-ERA-Bewegung, eines reichsbürgerlichen Runden Tisches Berlin, einer Gruppe Autarkes Leben sowie dem Verein lnc-2010 von Uwe Behnken. Beziehungen existieren auch zum Neue Impulse Treff und den Anhängern der Germanischen Neuen Medizin sowie Anhängern des Kreationismus."[1022] Das besagte „Fürstentum" wird also in die Nähe der Reichsbürgerbewegung, homosexuellen Pädophilen, Antisemiten, kurzum (Rechts-)Extremisten und Irren gestellt.

Die Betreiber von *Psiram* entpuppen sich mit ihrem Portal als Teil der linken Szene. Sie grenzen einen Teil von Menschen, die ihren Vorstellungen nicht entsprechen, aus, verfestigen Feindbilder, maßen sich allein Glaubwürdigkeit an. Das brachte der weiter oben bereits vorgestellte Peter Frey in seinem Blog *Peds Ansichten* ans Tageslicht, der über den Mainstream unter anderem Folgendes schrieb: „Die Meinungsführerschaft wird von Politik und Massenmedien als alternativlos verteidigt gegen Kritiker, Skeptiker und Zweifler, gegen Menschen und Menschengruppen, die eigene Vorstellungen von einer friedlichen, kooperierenden Gesellschaft vertreten. Nachdem sich die deutsche Wikipedia auf

---

1020 https://www.psiram.com/de/index.php/Fürstentum_Germania, Zugriff am 12.4.2023.
1021 Die Abkürzung steht für Kommissarische Reichsregierung, eine Bezeichnung aus dem Kreis der Reichsbürger.
1022 https://www.psiram.com/de/index.php/Fürstentum_Germania, Zugriff am 12.4.2023.

gesellschaftspolitischer Ebene zunehmend dieser Führerschaft unterworfen hat, erfolgen von dort auffällige Bestrebungen, eine Diffamierungs-Plattform hoffähig zu machen."[1023] Die Diffamierungs-Plattform in diesem Zitat ist *Psiram*. Peter Frey knüpft an einen Pfeiler der anonym betriebenen Webseite an, und zwar an die Esoterik, die hier weiter oben nur im Kontext ihrer Farbe (braun) erwähnt wurde, und enttarnt die Intoleranz und Menschenfeindlichkeit der Betreiber: „Über Jahre hat man Menschen, die anders denken, handeln, Geld verdienen, betrügen, belügen und tricksen, unentwegt (auch) mit Esoterikern in Verbindung gebracht. Alles ist ein und derselbe Sumpf, aus dem die schmutzige Brühe wahlweise über die zu Stigmatisierenden ausgeschüttet wird. Dafür sind sie da, die Wortschöpfungen denen konnotierte Bedeutung durch die Meinungsführer eingebrannt wird: Verschwörungstheoretiker, Rechtspopulisten, Antisemiten, Klimaskeptiker, Putin-Versteher, Truthern ... – und die zusammengebracht mit Esoterikern, idealerweise Rechtsesoterikern."[1024] Diese Einschätzung werden Gleichgesinnte des Autors teilen, seine Gegner aber ablehnen, so dass sich ein weiterer Kommentar dazu erübrigt.

Zuletzt sei noch auf die Seite *Antipsiram* verwiesen, auf der als letzter der Beitrag „Psiram – moderne Hexenjagd im 21. Jahrhundert"[1025] erschien. Die Seite galt auch der *Wikipedia* und deren Verbindungen zu *Psiram*. Darauf wird *Psiram* als „Internetpranger" bezeichnet, seine Betreiber kooperieren mit *Wikipedia*, seien wie „Blockwarte" und „Kings bei Wikipedia und haben auch bei Psiram ihre dreckigen Denunziations-Hände im Spiel. Alles anonym natürlich. Anonym denunziert's sich besser."[1026]

Rechte Orte in Sachsen, https://www.runtervonderkarte.jetzt

Im Editorial mit dem Datum 13.12.2021 schrieben die Betreiber der Webseite mit der Überschrift „Runter von der Karte – Rechte Orte in Sachsen", zu den Kernthemen antifaschistischer Arbeit gehöre es, „den Nazis ihre Räume streitig zu machen"[1027]. Damit sind Aktivitäten gemeint, die auf die Aufdeckung von Immobilien und Räumlichkeiten ausgerichtet sind, die von rechten Organisationen für deren Wirken genutzt werden. Es werden konkrete Adressen von „Rechten Orten in Sachsen", aufgeteilt nach Regionen (Landkreisen und kreisfreien Städten), mit folgenden Angaben aufgelistet: Ortsname mit Verwendungszweck des Objekts (z.B. Clubraum, Verlagssitz),

---

1023 https://peds-ansichten.de/2017/11/psiram-und-der-tiefe-staat/, Zugriff am 12.4.2023.
1024 Ebd.
1025 https://antipsiram.wordpress.com, 11.8.2018, Zugriff am 12.4.2023. Der Betreiber führt die Webseite nicht mehr, sie ist aber nach wie vor zugänglich.
1026 https://antipsiram.wordpress.com/2015/10/25/philipp-heyde-gerhard-sattler-stefan-laurin-sebastian-bartoschek-blockwarte-von-psiram-und-wikipedia/comment-page-1/#comment-556, Zugriff am 12.4.2023.
1027 https://www.runtervonderkarte.jetzt/runter-von-der-karte-rechte-orte-in-sachsen/, Zugriff am 15.3.2023.

Datum des Eintrags, Region, Adresse, Struktur (z.B. NPD, Burschenschafter), Nutzung (z.B. Kneipe, Partys), Beschreibung des Objekts und der Aktivitäten der Nutzer[1028].

Sonnenstaatland, https://www.sonnenstaatland.com
Untertitel: „Sonnenstaatland-Blog satirisch, kritisch, unabhängig, westdeutsch!", auch „Anti-Kommissarische Reichsregierung". Wikipedia bezeichnet den Blog als „ein Satire- und Aufklärungsprojekt über die Szene der Reichsbürger und Selbstverwalter."[1029] So gut wie alle bereits vorgestellten Webseiten sind weit davon entfernt, die von ihnen aufgegriffenen Probleme und deren Thematisierung auf die leichte Schulter zu nehmen. Die hier präsentierte Webseite ist in dieser Hinsicht eine Ausnahme. Satire assoziiert man mit Lachen und Erheiterung, und sie wendet sich an konkrete Abnehmer, die einen mit den Satirikern vergleichbaren Sinn für Humor haben. Wen nun *Sonnenstaatland* zum Lachen bringt, bleibt dahingestellt. Aus der Selbstdarstellung der Betreiber sprudelt indes statt Humor ein wenig erheiternder Ernst: „Egal, was wir machen, ob wir nun in den Krieg ziehen oder den Krieg erklären oder tolle Preise versprechen oder euch irgendwo hinschicken, wo es was umsonst gibt: Das alles ist genauso irreal wie das, was die Spinner machen, vor denen wir warnen, nur: deren Spinnereien werden geglaubt, unsere sollen zeigen, wie das gemacht wird und sollen zeigen, dass das alles zum Beispiel bei ‚Staatlicher Selbstverwaltung' oder irgendwelchen selbstbekrönten Königreichen genau so unwirksam ist, wie das, was wir hier veranstalten."[1030]

Die „Spinner" aus dem obigen Zitat sollen die Reichsbürger sein, die anderswo auch als „Reichsdeppen" bezeichnet werden. Die Betreiber der Webseite wollen die von dieser Gruppierung verwendeten Argumente widerlegen. Eine Plattform für die Lächerlichmachung der Reichsbürger bildet auf der hier vorgestellten Seite „Das offizielle Sonnenstaatlandforum"[1031] alias „Anti-Reichsdeppenforum", in dem „Reichsbürgerthemen" diskutiert werden. Der an diesen Themen interessierte Webseitenbenutzer kann auch ein von den Betreibern empfohlenes Buch von Gerhard Schumacher, *Vorwärts in die Vergangenheit – Durchblick durch einige reichsideologische Nebelwände*[1032], kostenlos herunterladen.

Auch auf Facebook, Twitter und YouTube ist *Sonnenstaatland* präsent. Ähnlich wie *Psiram* führt die Webseite auch ein Wiki[1033], das wie folgt beschrieben wird: „Das Sonnenstaatland ist ein Internet-Projekt, das auf satirische Weise die Anhänger und Themen diverser Verschwörungstheorien in unterschiedlichen

---

1028 https://www.runtervonderkarte.jetzt, Zugriff am 15.3.2023.
1029 https://de.wikipedia.org/wiki/Sonnenstaatland, Zugriff am 12.4.2023.
1030 https://www.sonnenstaatland.com/impressum/ueber-uns/, Zugriff am 12.4.2023.
1031 https://www.sonnenstaatland.com/forum/, Zugriff am 14.4.2023.
1032 https://www.sonnenstaatland.com/aufklaerung/vorwaerts-in-die-vergangenheit-buch/, Zugriff am 14.4.2023.
1033 https://wiki.sonnenstaatland.com/wiki/Hauptseite, Zugriff am 14.4.2023.

Formen thematisiert. Ziel dieses Wikis ist das Bündeln von Informationen, die im Zusammenhang mit der Reichsbürger- und Staatsleugnerszene stehen. Dabei greifen wir nicht nur die Lügen und wirren Theorien auf, die im Internet verbreitet werden (z.B. BRD GmbH), sondern durchleuchten auch die Personen, die hinter diesen Ideen stehen. Das Wiki umfasst derzeit 614 Artikel."[1034]

Eine Durchsicht der Webseite führt zu dem Schluss, dass deren Betreiber nicht nur zur bestehenden politischen Ordnung in Deutschland stehen, sondern sie auch vor Menschen und Gruppierungen, die sie als staatsfeindlich ansehen (ohne an irgendeiner Stelle diese Bezeichnung zu benutzen), verteidigen. Das wird z.B. im Biogramm des „Reichsideologen", „Esoterikers" und „Gründers des Fantasiestaates Königreich Deutschland"[1035] Peter Fitzek sichtbar, der nicht nur im *Sonnenstaatland*, sondern auch in der *Wikipedia* und bei *Psiram* umfangreiche Einträge hat. Welchen anderen Sinn hätte die Verunglimpfung dieses Mannes? Zum Beispiel verweisen die Betreiber von *Sonnenstaatland* auf seinen Schimpfnamen „Fotzek" aus seiner Schulzeit und auf seine Straftaten, die sie tabellarisch dokumentieren.

Im *Sonnenstaatland*-Wiki werden in der Kategorie „Reichsbürger" zum Zeitpunkt der Untersuchung 98 Personen präsentiert, außerdem in der Kategorie „Rechtsextremisten" 29 „Verschwörungstheoretiker", „Antisemiten", „Rechtspopulisten" und andere mit ähnlichen Etiketten bedachte Individuen. Es ist schon auffällig, dass sich nicht nur staatliche Organe wie der Verfassungsschutz, sondern auch sich als unabhängig wähnende Webseitenbetreiber solcher marginalen Gruppierungen annehmen und User anziehen, die sich dazu berufen fühlen, sich über sie zu informieren oder sogar darüber zu diskutieren.

Tübingen Rechtsaußen, https://tuebingenrechtsaussen.wordpress.com

Der Watchblog *Tübingen Rechtsaußen* versteht sich selbst als „ein Bewegungsmelder für rechte Aktivitäten im Raum Tübingen, Reutlingen und Rottenburg" und wendet sich „gegen rechte und reaktionäre Umtriebe" in Tübingen, Reutlingen und Rottenburg, die er kritisch dokumentiere[1036]. Als Ziel der Aktivitäten der Betreiber werden „rechtslastige Psychosekten, homophobe FundamentalchristInnen, türkische NationalistInnen, reaktionäre Männerbünde, die RechtspopulistInnen von der AfD oder Neonazis" genannt, und „keine anti-emanzipatorische Gruppe" werde von ihnen ausgelassen[1037]. Die Autoren des Watchblogs schreiben über Aktivitäten

---

1034 Ebd.
1035 Die in Anführungszeichen stehenden Bezeichnungen sind dem Eintrag im *Sonnenstaatland* entnommen. Siehe https://wiki.sonnenstaatland.com/wiki/Peter_Fitzek, Zugriff am 14.4.2023.
1036 https://tuebingenrechtsaussen.wordpress.com/wir-ueber-uns/, Zugriff am 14.4.2023.
1037 https://tuebingenrechtsaussen.wordpress.com/author/tuebingenrechtsaussen/, Zugriff am 7.4.2023.

der genannten Gruppen und über Gegenaktionen der Linken ab September 2016 bis heute (letzte Einträge zum Zeitpunkt der Untersuchung: März 2023). Meistens sind es ganz kurze Informationen, z.B. unter der Überschrift „Rottenburg: extrem rechte Wandertour" am 26.3.2023: „Am 25.2.2023 fand im ‚Raum Rottenburg' eine Wanderung der extrem rechten ‚Wanderjungend Schwaben' (sic! – Anm. d. Verf.) statt"[1038], darunter ein Foto von dieser Wanderung vom offiziellen Twitter Account der patriotischen Aktionsgruppe „Wackre Schwaben"[1039]. Die Zahl der monatlichen Meldungen ist gering. Der Benutzer kann die Suche nach Themen über die Rubrik „Kategorien" starten und findet Einträge von A wie „AfD/JA" bis T wie „türkischer Nationalismus", die für die Auseinandersetzung zwischen Linken und Rechten von Belang sind. Was die Webseite von anderen unterscheidet, ist, dass sie regelmäßig geführt wird und der an ihrer Problematik interessierte User über Ereignisse und Personen im Umkreis der Rechten und deren Gegner in der Region auf dem Laufenden gehalten wird.

[1038] https://tuebingenrechtsaussen.wordpress.com/2023/03/26/rottenburg-extrem-rechte-wandertour/, Zugriff am 7.4.2023.
[1039] https://twitter.com/Wackre_Schwaben, Zugriff am 7.4.2023.

Teil V: Kommentiertes Verzeichnis ausgewählter polnischer Webseiten der Rechten

Im Unterschied zu den deutschen Webseiten der Rechten haben die polnischen so gut wie keine Gegner. Weder die polnische *Wikipedia* noch irgendwelche seriösen Webseiten der Linken setzen sich mit ihnen auseinander, sie funktionieren unbehelligt und verbreiten echte oder falsche oder auch manipulierte Informationen ähnlicher Art wie die einstigen, von der rechtskonservativen Regierung abhängigen Mainstream-Medien. Sie verstehen sich zwar als eine Alternative zu ihnen, aber manche von ihnen unterstützen die PiS-Partei und ihre Verbündeten, andere sind radikaler. Einige dieser Seiten sind über den russischen Messenger-Dienst *Telegram* erreichbar, wodurch ihre Verbindungen zu Russland deutlich werden. Da Impressumspflicht für Webseiten in Polen eigentlich nicht gilt, werden sehr viele Seiten anonym betrieben. Unter den Themen der von polnischen Rechten betriebenen Seiten stechen die nationale Idee, die Feindschaft gegenüber den beiden „Erbfeinden" Russland und Deutschland, Antisemitismus, LGBT-Feindlichkeit u.a. hervor. Neuerdings kommen Ukraine-feindliche Ressentiments im Zusammenhang mit der massenweisen Einwanderung von Flüchtlingen aus der Ukraine und den an Polen von Ukrainern begangenen Verbrechen in Wolhynien 1943–1944 hinzu.

3Droga.pl, http://3droga.pl

3Droga.pl (dt. Der Dritte Weg). Webseite des gleichnamigen Vereins mit den Rubriken Kultur, Idee, Aktivismus, Feuilletons. Aus der Selbstdarstellung: „Wir sind Nationalisten. Wir bilden eine wahrhafte Familie. Alle zusammen gestalten wir unsere tägliche Wirklichkeit, indem wir für uns und unsere Nächsten kämpfen. Der Dritte Weg ist eine wahrhafte Veränderung auf jedem möglichen und für uns erreichbaren Feld."[1040]

In der Rubrik „Fundament", in der auch Artikel und Interviews des Vereins gesammelt sind, wird auf die geistige Bildung der Aktivisten und die schöpferische Weiterentwicklung der Ideen des polnischen Nationalismus hingewiesen[1041]. Unter den Autoren der veröffentlichten Texte finden sich neben polnischen auch ausländische Nationalisten wie der italienische Rechtsradikale und Gründer der Bewegung *Terza Posizione* Gabriele Adinolfi, der französische Aktivist des *Mouvement d'action social* Arnaud de Robert und der französische rechtsradikale Denker und Schriftsteller Guillaume Faye. Die Lektüre der auf der Webseite gesammelten

---

1040 https://3droga.pl/dolacz-do-nas/, Zugriff am 17.4.2023.
1041 https://3droga.pl/fundament/, Zugriff am 17.4.2023.

Texte gibt einen Einblick in das politische Denken der polnischen Nationalisten und ihrer ausländischen Gesinnungsgenossen. Die Webseite präsentiert auch das Publikationsorgan des Vereins, die Zeitschrift *W pół drogi. Pismo idei nacjonalistycznej* (dt. Auf halbem Wege. Zeitschrift der nationalistischen Idee)[1042]. Die Betreiber nehmen auch Stellung zu aktuellen Ereignissen, darunter zum Überfall Russlands auf die Ukraine, den sie als offensichtliche Verletzung der Grundfeste des Völkerrechts und der Vorschriften der UNO-Charta (Art. 2.4 und Art. 30) verurteilen und andere nationalistische Organisationen dazu aufrufen, eine gegen Putin und den Imperialismus gerichtete Einstellung anzunehmen und sich von Personen zu distanzieren, „die die Rolle russischer Einflussagenten im breit verstandenen Umfeld unseres Milieus spielen"[1043].

3obieg.pl, https://3obieg.pl

Untertitel: Informations-Gegenkultur. *3obieg.pl* (wörtlich übersetzt: Der dritte Umlauf) versteht sich selbst als „Gegenkultur der von Bürgerjournalisten bereitgestellten Informationen". Das Portal basiert auf Wissen, das dank Internetusern und Benutzern von Sozialen Medien zusammengetragen und vermittelt wird. Die Webseite will ein Forum einer freien, unzensierten und von politischen und finanziellen Abhängigkeiten sowie von der politischen Korrektheit unabhängigen Diskussion sein. Die Redaktionslinie wird von Werten wie Freiheit, Wahrheit, Liebe und Schönheit bestimmt. „Wir sind Polen und werden alles fördern, was polnisch ist und Polen nützen kann."[1044] Die Sparten: News, Polen, Business, Gesellschaft, Recht, Wissen, Sie und er, Kultur, Sport, Preisgünstige Reisen. Die Texte sind trotz der Bekundungen der Webseitenbetreiber, Polen zu dienen, mitunter gegen rechte Organisationen und die Partei *Konfederacja* (Konföderation) gerichtet, die sich der polnischen Sache besonders verpflichtet fühlt, wobei die von dieser Partei unterstützten Corona-Skeptiker angegriffen werden[1045]. Es gibt aber auch als antisemitisch einzuschätzende Beiträge wie den über den linksorientierten Professor Jan Hartman, dessen jüdische Abstammung und Angriffe auf die katholische Kirche einem Autor als Vorwand dienen, auch andere als Juden bekannte Persönlichkeiten des öffentlichen Lebens in Polen anzugreifen[1046]. Bemerkenswert ist auch der Beitrag über eine Neuaufteilung der Slawen, der außer in Polnisch auch in Russisch

---

1042 https://3droga.pl/w-pol-drogi/, Zugriff am 17.4.2023.
1043 https://3droga.pl/aktywizm/oswiadczenie-zarzadu-stowarzyszenia-trzecia-droga-ws-rosyjskiej-inwazji-na-ukraine/, Zugriff am 12.3.2022. Im zitierten Satz wird indirekt zugegeben, dass manche nationalistischen polnischen Organisationen Verbindungen zu Russland haben.
1044 https://3obieg.pl/o-nas/, Zugriff am 17.4.2023.
1045 https://3obieg.pl/homeopatyczni-patrioci/, 22.4.2021, Zugriff am 17.4.2023.
1046 https://3obieg.pl/twoj-ruch-jana-hartmana-gender-widmo-krazy-widmo-zaglady-ludzkosci/, 12.4.2023, Zugriff am 17.4.2023.

und Englisch erschienen ist. Darin wird behauptet, angesichts der von Russen an Ukrainern begangenen Verbrechen habe die bisher geltende Einteilung der Slawen als Stamm an ihrer Aktualität verloren, und sie teilen sich nun ein in „Europäische Slawen" und „Asiatische Slawen". Zu den ersteren gehören die westeuropäischen Sorben, Polen, Tschechen und Slowaken, die osteuropäischen Ukrainer und Weißrussen, die südeuropäischen Bulgaren, Serben, Kroaten, Montenegriner, Makedonier, Slowenen und Bosnier, und zu den Letzteren die Russen[1047]. Die Webseite ist trotz ihrer Einteilung in Rubriken wenig übersichtlich, die Suchfunktion ist inaktiv, manche Texte sind in schlechtem Polnisch verfasst oder sind automatische, nicht einmal überprüfte Übersetzungen aus Fremdsprachen[1048]. Ältere Beiträge, die vor drei Jahren erschienen sind, stehen neben neuen.

Antydotum Realna Polska, http://antydotum.pl

Dt.: Antidotum Reales Polen. Ein antiliberales und antikommunistisches Portal mit patriotisch-rechter Orientierung. Im November 2019 erschien aus aktuellem Anlass unterhalb der Überschrift der Webseite der Untertitel „Unabhängiges Informationsportal/Der andere Gesichtspunkt/Schalte den Fernsehsender TVN aus und den Verstand ein / #Stop 447, #stop 1066"[1049]. Der erste von den beiden Hashtags ist ein Aufruf zum Sammeln von 100.000 Unterschriften gegen das im Mai 2018 in den USA beschlossene Gesetz Nr. 447 über den unverzüglichen Ausgleich von unterlassenen Zahlungen an Holocaust-Opfer in Höhe von 300 Milliarden Dollar. Als „Tagesthemen" finden sich unter anderem weitere „jüdische Themen" wie „Reaktivierung der Judeopolonia"[1050], d.h. des Konzepts der Schaffung eines jüdischen Staates auf polnischem Boden, „Eine antipolnische Aggression" – über die jüdischen Sympathien der Partei PiS[1051], „Ohne Sabbatkerzen"[1052] – Bericht über eine Diskussion zwischen zwei russischen Juden im russischen Fernsehen, die die jüdische Gefahr auch für Polen deutlich machen sollte, sowie Überlegungen darüber, „was es heißt, Jude zu sein"[1053]. Insgesamt überwogen in dem Portal antisemitische

---

1047 https://3obieg.pl/nowy-podzial-slowian-новое-деление-славян-a-new-division-of-the-slavs/, 26.3.2023, Zugriff am 17.4.2023.

1048 Zum Beispiel Auszüge aus dem *Zeitalter der Vernunft* von Thomas Paine, https://3obieg.pl/wiek-rozumu-thomas-paine/, Zugriff am 17.4.2023.

1049 https://web.archive.org/web/20191103214642/http://antydotum.pl/, Zugriff am 19.2.2022.

1050 https://web.archive.org/web/20200810082648/http://antydotum.pl/Anty/wbpanty/News/Swiat/Judeo.php, Zugriff am 19.2.2022.

1051 https://web.archive.org/web/20201001145250/http://antydotum.pl/Anty/wbpanty/News/kraj/agresja.php, Zugriff am 19.2.2022.

1052 https://web.archive.org/web/20200806122843/http://antydotum.pl/Anty/wbpanty/News/Swiat/debata.php, Zugriff am 19.2.2022.

1053 https://web.archive.org/web/20200930064939/http://antydotum.pl/Anty/wbpanty/Krucjata/Organizacje/zyd.php, Zugriff am 19.2.2022.

Texte, im Mittelpunkt der Betreiber der Webseite stand das Interesse eines von fremden Nationalitäten unberührten Polens.

2022 sind judenfeindliche Texte kaum auffindbar, der Benutzer bekommt stattdessen äußerst kritische Beiträge über die Politik der rechtskonservativen Regierung zu lesen, z.B. über die Inflation. Die Schuldigen, darunter der Premierminister Morawiecki, werden als unverschämt, eine Bande von antipolnischen Betrügern beschimpft[1054]. Morawiecki wird übrigens als „Statthalter der Globalisten für Polen"[1055] (*namiestnik globalistów na Polskę*) oder als deren „Söldner" (*najemnik*) bezeichnet. Kritisiert werden in den Beiträgen auf der Webseite gleichermaßen Postkommunisten und antikommunistische Oppositionelle in der Volksrepublik, die 1989 gemeinsam am Runden Tisch die Aufteilung ihrer Einflüsse beschlossen haben, ferner Machenschaften der Mainstream-Propaganda, der manipulative Charakter von Meinungsforschungen, die Ukraine-Hilfe, die Vergleichbarkeit Taiwans mit der Ukraine, die bedrohte Meinungsfreiheit. Morawiecki und der Vorsitzende der PiS-Partei Jarosław Kaczyński sind als „Lügner" (*łgarze*) besonderer Kritik ausgesetzt. Sie seien insbesondere für folgende Entwicklungen verantwortlich: Abschaffung der Souveränität Polens; Veränderung der Position Polens gegenüber Brüssel von „auf den Knien" in die „im Liegen"; Übergabe der Gerichtsbarkeit in Brüsseler Hände; eine ungeheure Verschuldung, die mehrere Generationen belasten wird; der Unterhalt der Ukraine und die Finanzierung des ukrainischen Krieges gegen Russland (sic!); die Banderisierung Polens; die Deklassierung der Polen zu Bürgern 2. und 3. Klasse; die Entwaffnung der polnischen Armee; die Verursachung einer ungewöhnlichen Inflation, die das Leben der Ärmsten ruiniert; der Entzug der bürgerlichen Freiheiten; Verstöße gegen die Verfassung; Bestrafung für die Nutzung verfassungsmäßigen Rechts auf Redefreiheit; eine repressive Straßenverkehrsordnung; räuberische Steuererhebung von Polen und Vergeudung von Steuern durch die Finanzierung von Feinden; eine insgeheime Förderung von linken Ideologien einschließlich der Demoralisierung der jüngsten Generation; die Zerstörung der kleinen und mittleren Unternehmen in Polen; die allgegenwärtige Korruption und Vetternwirtschaft; der Kollaps des Gesundheitswesens und die Gefährdung des Menschenlebens der Polen durch Einschränkungen im Zusammenhang mit Impfungen; die linke Ideologisierung der Jugendlichen, die auf die völlige Demoralisierung der jungen Generationen hinzielt; der totale Verfall der Rechtsstaatlichkeit, über die niemand mehr die Kontrolle hat; der lawinenhafte Zuwachs von Verurteilungen, die den Tatsachen widersprechen, und eine willkürliche Anwendung des geltenden Rechts; die kastenmäßige Differenzierung der Gesellschaft je nach dem Machtbesitz und dem Wohlstandsgefälle[1056].

1054 https://antydotum.pl/Anty/wbpanty/Wydarzenia/ustawa.php, Zugriff am 19.2.2022.
1055 https://antydotum.pl/Anty/wbpanty/Kraj/T/tumany.php, Zugriff am 17.4.2023.
1056 https://antydotum.pl/Anty/wbpanty/Swiat/N/namiestnicy.php, Zugriff am 17.4.2023.

Artykuły Aryjskie, https://artykulyaryjskie.wordpress.com/
Dt. Titelübersetzung: Arische Artikel. Untertitel: „Wiedergewinnung arischer Wurzeln der slawischen Völker"[1057]. Die mittlerweile nicht mehr funktionierende Seite will gegenüber der „konventionellen und politisch korrekten Geschichtsschreibung" kritisch sein und präsentiert unter anderem eine Reihe von Beiträgen über Hitlers Verhältnis zu Polen sowie über den Nationalsozialismus in Polen[1058], Texte von namhaften Geschichtsrevisionisten zum Holocaust-Revisionismus, über den „Mythos Seife aus menschlichem Fett" sowie über Juden und Nationalsozialisten, des Weiteren über Savitri Devi (1905–1982), eine Ikone des Faschismus und Nationalsozialismus, mit einem Ausschnitt aus ihren Buch *The Lightning and the Sun* in polnischer Übersetzung. Mehrere Texte zur gleichen Thematik sind in Englisch.

Die Webseite enthält einige Kategorien. Auf der Hauptseite finden sich unter anderem Texte zu folgenden Themen: das „angebliche" Massaker von Nanking; der Holocaust-Revisionismus von David Irving und Dawid Ratajczak; zweiter und dritter Teil der Übersicht über die Literatur zum Holocaust-Revisionismus mit Namen und Lebensläufen der einschlägigen Autoren; Fakten versus Lügen über die Befreiung von Konzentrationslagern in der Darstellung von Theodore J. O'Keefe; Leon Degrelles biografische Aufzeichnungen zu Hitler; „Ich bin Antijudaist" – Abdruck eines Beitrags eines Autors mit dem Pseudonym Monio von dessen Blog[1059].

Die Kategorien „Galerie" und „Videos" funktionieren nicht. Die nächste Kategorie, „Kleines Wörterbuch", enthält Erläuterungen von für die Betreiber relevanten Begriffen. Das Wörterbuch beginnt mit einem Zitat von Alfred Rosenberg: „Wir sind der Übergang von einer Wissenschaft in die andere. Wir haben eine Epoche besiegt und schaffen eine weitere, die auch religiös ist. Wir haben ein schweres und zugleich ein großes Schicksal zu tragen."[1060] Anschließend begründen die

---

1057 https://web.archive.org/web/20170425202731/https://artykulyaryjskie.wordpress.com/zrodla-informacji/, Zugriff am 19.2.2022.
1058 Auf der Webseite findet sich eine Abbildung der Titelseite der Zeitschrift *Swastyka* (Die Swastika), die ein Organ der Polnischen Nationalsozialistischen Partei war und in Krakau erschien. Die Partei entstand im Dezember 1918, ist also älter als die der italienischen Faschisten und der deutschen Nazis. Allerdings lässt die Lektüre der ersten Nummer der Zeitschrift neben deutschlandfreundlichen auch kritische Töne gegenüber den Deutschen erkennen. Mehr noch: In dem Artikel „Hitler griff eine polnische Idee auf" wollte sein Verfasser beweisen, dass der Naziführer seine „Eingebung" zur Entwicklung des Nationalsozialismus in der polnischen nationalsozialistischen Bewegung, die noch unter der österreichischen Fremdherrschaft in Lemberg wirkte, gefunden habe. Siehe https://jbc.bj.uj.edu.pl/dlibra/doccontent?id=159401.
1059 https://web.archive.org/web/20161027180048/https://artykulyaryjskie.wordpress.com/, Zugriff am 21.4.2023.
1060 https://web.archive.org/web/20170426085751/https://artykulyaryjskie.wordpress.com/slowniczek/, Zugriff am 21.4.2023.

Betreiber ihr Vorhaben: „Ein wichtiger Bestandteil einer jeden Bewegung ist der gemeinsame Wortschatz. Die Schaffung einer gemeinsamen Front gegen den Zionismus – wie auch das Streben nach Arianismus – erfordert eine wirksame und präzise Verbalisierung unserer Positionen. Besonderer Nachdruck sollte auf den Gebrauch eines gemeinsamen Wortschatzes durch alle Anhänger und Verbündeten unserer Bewegung gelegt werden."[1061] Neben der Liste der einschlägigen Begriffe enthält das Wörterverzeichnis auch Hinweise, wie das jeweilige Wort zu gebrauchen ist. Zum Beispiel steht beim ersten Wort, *Arhat* folgende Erläuterung: „Vernichter von Feinden; ein vervollkommneter Arier, frei von jeglichen natürlichen Bedingtheiten" mit dem Hinweis „Gebrauch nur in Maßen"[1062]. Beim Begriff *Arianista* (Arianist) findet sich folgende Beschreibung: „Anhänger des Arianismus (insbesondere ein in unserer Bewegung tätiger Aktivist); jemand, der mit anderen eine auf Edelmut (poln. *szlachetność*) und nicht auf überkommene Teilungen basierende Gemeinschaft schafft. Nicht mit *Aryjczyk* (Arier) zu verwechseln (obwohl wir hoffen, dass beide Begriffe sich letzten Endes decken werden)"[1063].

Die letzte Kategorie bilden „Informationsquellen". Sie beginnt mit einem Zitat aus Hitlers *Tischgesprächen* über die Bedeutung der (wissenschaftlichen) Forschungen, die vom Staat zu unterstützen sind. Die genannte Kategorie enthält eine Übersicht über die auf der Webseite publizierten Texte, die wie folgt gegliedert sind: „Kritik der konventionellen und politisch korrekten Geschichtsschreibung", aufgeteilt in polnischsprachige Artikel zu folgenden Themen: „Adolf Hitlers Einstellung gegenüber den Polen und der Nationalsozialismus in Polen" (fünf Texte); „Bekannte Revisionisten und deren Arbeiten" (fünfzehn Beiträge); „Der Holocaust-Revisionismus" (drei Beiträge); „Wie die Wissenschaft einen Mythus widerlegt und die politische Korrektheit ihn sowieso aufrechterhalten hat" (drei Texte); „Geschichte" (sechs Texte); „Literatur" (fünf Texte). Die Übersicht endet mit Links zu acht englischsprachigen Webseiten mit ähnlicher Thematik[1064].

Die Webseite *Artykuły Aryjskie* ist derzeit nur über die *Wayback Machine* abrufbar. Der letzte Text ist auf den 29.9.2019 datiert und gilt den „Machern von der Wall Street und dem Wirtschaftswunder des III. Reiches"[1065].

1061 Ebd.
1062 https://web.archive.org/web/20170426085751/https://artykulyaryjskie.wordpress.com/slowniczek/, Zugriff am 21.4.2023.
1063 Ebd.
1064 https://web.archive.org/web/20170425202731/https://artykulyaryjskie.wordpress.com/zrodla-informacji/, Zugriff am 21.4.2023.
1065 https://web.archive.org/web/20190929171958/https://artykulyaryjskie.wordpress.com/, Zugriff am 21.4.2023. Es ist ein Abdruck eines Artikels, der zuerst auf der Webseite *neon24.pl* (siehe weiter unten) erschien und von einem Autor mit dem Pseudonym Arjanek unterschrieben wurde. Der genannte Autor hat darauf mehrere Beiträge zum Dritten Reich veröffentlicht.

Autonom.pl – Portal niezależnych nacjonalistów, http://autonom.pl/
Untertitel der Webseite: „Portal unabhängiger oder autonomer Nationalisten". Aus der Selbstdarstellung: „Wir sind eine kleine Gruppe von Heißspornen, die mit einer sehr breit verstandenen nationalistischen Bewegung verbunden sind. Wahrscheinlich unterscheidet uns mehr als uns verbindet, angefangen beim Lebensstil und bei der Religion endend. Wir schauen aber in erster Linie darauf, was uns gemeinsam ist – die **Affirmation des Aktivismus**, der **Antikapitalismus und Antikonsumptionismus**, die Sorge um die Zukunft des Vaterlandes, der Nation und des Kontinents, aber auch der **Umwelt**. Hinzu kommt der Wille ständiger körperlicher und intellektueller Entwicklung, die Bewahrung einer nüchternen Einschätzung der Welt und die **Abneigung gegenüber nihilistisch-materialistischen Trends**, die derzeit unter jungen Menschen in ganz Europa und in der Welt lanciert werden. Wir möchten unserem Widerstand Ausdruck verleihen, ihn mit einem kleinen Beitrag in Form unserer bescheidenen Propagandaarbeit betonen, und jeder, der dank uns seine Augen öffnet, wird ein Beweis dafür sein, dass es sich lohnt, sich Mühe zu geben. In der Niederkunft einer neuen Welle europäischer Nationalismen, **die Chauvinismus und Xenophobie ablehnen und offen sind für Zusammenarbeit**, sehen wir eine Chance, das SYSTEM zu durchbrechen, das unseren Kontinent würgt und unvermeidbar zum Ende unserer Zivilisation führt."[1066] Die obige Selbstdarstellung enthält einige für die rechte Szene typische Merkmale, die von den Autoren mit Fettdruck markiert worden sind. Sie präsentieren sich als Europäer, die um ihren Kontinent und seine Zivilisation besorgt sind, die aber nicht den Aktionismus, die Durchführung von konkreten Handlungen, sondern eher einen neuen Idealismus ohne den Materialismus von heute propagieren.

Im Unterschied zu deutschen Autonomen sind die denselben Namen tragenden polnischen Autonomen keine linke, sondern eine rechtskonservative Gruppierung, die auf ihrer Webseite nationale Positionen vertritt. Davon zeugen Beiträge, in denen über den Aufenthalt und die Verhaltensweisen z.B. ukrainischer und georgischer Migranten in Polen die Rede ist. Kritisiert werden z.B. massenhafte Wohnungskäufe durch Ausländer, sexuelle Übergriffe von ausländischen Taxifahrern, Schleusungskriminalität bzw. Beihilfe zur illegalen Einwanderung u.a. Das Portal vermeidet es allerdings, über die negativen Erscheinungen emotional zu berichten.

Die Aktualität der Beiträge lässt zu wünschen übrig. So stehen z.B. in der Rubrik „Aktuelles" zum Zeitpunkt der Untersuchung im April 2023 nur drei Nachrichten: „Ausländer kaufen immer mehr Wohnungen in Polen" (20.4.2023), „Diplomatenchef Saudi Arabiens traf sich mit Präsident Syriens" (18.4.2023) und „Hamas verurteilt gegen Christen gerichtete Einschränkung Israels" (14.4.2023), als gäbe es keine anderen wichtigen Ereignisse, über die berichtet werden könnte[1067].

1066 http://autonom.pl/sample-page/, Zugriff am 25.7.2023.
1067 http://autonom.pl/category/aktualnosci/, Zugriff am 21.4.2023.

Nach erneuter Durchsicht der Webseite im Juli 2023 finden sich darauf mehrere kritische Meldungen aus dem In- und Ausland mit folgenden Überschriften: „Die *Konfederacja* hat sich an den Tisch gesetzt" (21.7.2023), worin bemängelt wird, dass die als systemkritisch geltende Partei zu Gesprächen mit Vertretern des politischen Establishments bereit ist[1068]; „Der Premierminister der Ukraine wirft Polen eine feindselige Handlung vor und bittet Brüssel um Hilfe" (20.7.2023) – über die Ankündigung des polnischen Premiers, die Einfuhr des ukrainischen Getreides, die durch die EU verboten wurde, auch nach der Aufhebung dieses Verbots zu blockieren[1069], und „Die Polizei befasst sich mit Erziehungsgesprächen von Fans des FC Lech mit Ukrainern" (26.7.2023), wobei es um Auseinandersetzungen zwischen jungen Polen und Ukrainern in Posen ging, die von den Behörden im Hinblick auf etwaige „Aufrufe zum Hass" geprüft werden[1070].

In der Kategorie „Berichte" findet der User als letzten Beitrag zum Zeitpunkt der Untersuchung drei Berichte zu folgenden Themen: die Fortress-Europe-Conference vom 21. bis 23.4.2023 in Budapest[1071] (24.6.2023); „Die Nationalistische Kolonne beim Unabhängigkeitsmarsch 2022"[1072] (19.11.2022); über den Lukow-Marsch 2023 in Bulgarien[1073] (2.3.2023).

Die Kategorien „Artikel" und „Die Idee" enthalten zum Teil dieselben Texte, unter anderem den Beitrag „Der Einfluss der Straight-Edge-Subkultur auf die Bewegung autonomer Nationalisten"[1074], in dem das Gedankengut der besagten Subkultur und dessen Übernahme durch junge Nationalisten thematisiert werden. Es ist quasi ein programmatischer Text unter mehreren, die auf der Webseite *autonom.pl* präsentiert werden. Außerdem gehören in die besagte Kategorie Rezensionen von Büchern polnischer und ausländischer Autoren, Interviews mit ausländischen und polnischen Nationalisten, auch Politikern, Künstlern, Veranstaltern von diversen nationalistischen Events u.a.; ferner die Rubrik „Lebensstil" mit einigen Beiträgen unter der Überschrift „Nationalismus auf sportliche Art"[1075].

1068 http://autonom.pl/konfederacja-zasiadla-przy-stoliku/, Zugriff am 25.7.2023.
1069 http://autonom.pl/premier-ukrainy-zarzuca-polsce-nieprzyjazne-dzialanie-i-prosi-o-pomoc-bruksele/, Zugriff am 26.7.2023.
1070 http://autonom.pl/policja-zajmuje-sie-rozmowami-wychowawczymi-kibicow-lecha-z-ukraincami/, Zugriff am 26.7.2023.
1071 http://autonom.pl/wegry-fortress-europe-2023/, Zugriff am 26.7.2023.
1072 http://autonom.pl/kolumna-nacjonalistyczna-na-marszu-niepodleglosci-2022/, Zugriff am 26.7.2023.
1073 http://autonom.pl/bulgaria-marsz-lukowa-2023-relacja-autonom-pl/, Zugriff am 26.7.2023.
1074 http://autonom.pl/wplyw-subkultury-straight-edge-na-ruch-autonomicznych-nacjonalistow/, 23.2.2023, Zugriff am 26.7.2023.
1075 http://autonom.pl/category/artykuly/artykuly-styl-zycia/, Zugriff am 21.4.2023.

In der Rubrik „Ratgeber" findet der User unter anderem Propagandamaterialien sowie Anleitungen zu deren Herstellung.[1076]

Dakowski.pl, http://dakowski.pl

Der Seitenbetreiber ist Mirosław Dakowski. Das Portal „Liste patriotischer Seiten"[1077] macht für ihn Werbung mit den Schlagworten „Das Verbrechen um Smolensk[1078] herum, Agenten in der Kirche, katholische Tradition, globale Erwärmung, Neo-Darwinismus, Kernenergetik, billige Energie"[1079]. Die Webseite steht auf Platz sieben der genannten Liste und besteht aus mehreren Rubriken mit unterschiedlicher Thematik. Außer zu den eigentlichen Themen wie Polen und die Welt äußert sich der Betreiber über die Gesundheit (z.B. mit Beiträgen über Impfungen gegen Corona, die er kritisch betrachtet), Energetik, Religion (er ist Anhänger des katholischen Traditionalismus, wie ihn die Bruderschaft Pius X. vertritt), Satanismus und Neue Weltordnung. Im Unterschied zu manchen anderen patriotischen Webseiten ist die von Dakowski ausgewogen und lässt ihre Benutzer sich auch ihre eigene Meinung bilden, ohne ihnen den Standpunkt des Betreibers aufzuzwingen.

Dla Polski.pl, https://www.dlapolski.pl

Dt. Titelübersetzung: Für Polen.pl, Untertitel: „Jeden Tag rund um die Uhr". Die Webseite versteht sich selbst als ein (Video-)Blog verschiedener Autoren und ist als alternatives Medium gegenüber dem polnischen medialen und politischen Mainstream zu betrachten, denn es finden sich darin Beiträge, die selbst die rechtskonservative Regierung und mitunter den Präsidenten Andrzej Duda kritisieren. Die Autoren sind prominente Publizisten rechter Medien und Politiker, die mitunter zur extremen Rechten gerechnet werden, denen die Politik der polnischen rechtskonservativen PiS-Regierung nicht rechts genug ist, und die dieser ihrer kritischen Einstellung zu aktuellen Entwicklungen in der polnischen Politik vielfach Ausdruck verleihen. Es sind zum großen Teil Mitglieder der Partei „Konföderation

---

1076 http://autonom.pl/category/artykuly/poradniki/, Zugriff am 21.4.2023.
1077 http://patriotyczna.listastron.pl, Zugriff 27.4.2023.
1078 Es gibt in Polen Anhänger der These, unter anderen auch im Netz, dass der Flugzeugabsturz vom 10.4.2010 bei Smolensk, bei dem 96 führende Persönlichkeiten Polens, darunter der Staatspräsident Lech Kaczyński, ums Leben kamen, Folge eines Anschlags, also eines Verbrechens war. Diese als „Verschwörungstheorie" in Polen funktionierende Überzeugung wird nicht von irgendwelchen rechten Phantasten, wie sie auf deutschen Webseiten häufig ausgemacht werden, sondern von hohen staatlichen Stellen lanciert, allen voran vom Vorsitzenden des 98-köpfigen Parlamentarischen Teams zur Untersuchung von Ursachen der Katastrophe der TU-154 M am 10.4.2010, dem ehemaligen Verteidigungsminister Antoni Macierewicz.
1079 http://patriotyczna.listastron.pl/szczegoly.php?id=dakowski, Zugriff am 13.3.2022.

Freiheit und Unabhängigkeit" wie Sławomir Mentzen, Krzysztof Bosak, Janusz Korwin-Mikke, Artur Dziambor, Grzegorz Braun; auch Publizisten wie Stanisław Michalkiewicz, Rafał Ziemkiewicz, Stanisław Krajski, Witold Gadowski, Jan Pospieszalski, Łukasz Warzecha u.a.

Die Webseite enthält überwiegend Videos, die in Überschriften und einer Abbildung angekündigt werden und nach Anklicken des jeweiligen Titels abrufbar sind. Sie sind in folgende Kategorien aufgeteilt: „Meinungen" (*Opinie*)[1080], „Gespräche" (*Rozmowy*)[1081] „Feuilleton" (*Felieton*)[1082], „Woche" (*Tydzień*)[1083] und „EU" (*UE*)[1084]. Bei den Videos handelt es sich meistens um Aufzeichnungen von Aussagen, Interviews, Stellungnahmen und Kommentaren der besagten Publizisten und Politiker zu aktuellen Ereignissen in der polnischen und internationalen Politik, wobei der nationale Standpunkt die Schlüsselrolle spielt. Ihr Verhältnis zur Politik der EU ist kritischer als das der rechtskonservativen Regierung, die Autoren stellen das Interesse Polens über die offiziell mit der EU-Politik übereinstimmende Politik, ihre Forderungen sind radikaler, sie wollen das „Diktat Brüssels" verwerfen. Die Rubriken „Treffen" (*Spotkanie*)[1085], „Vorlesung" (*Wykład*)[1086], „Geschichte" (*Historia*)[1087], „Reportage" (*Reportaż*)[1088] und „Glaube" (*Wiara*)[1089] enthalten Videos, die die erstgenannten Rubriken ergänzen.

[1080] Die Rubrik wird wie folgt vorgestellt: „Bekannte, angesehene und populäre Persönlichkeiten stellen ihre Ansichten über die uns umgebende Wirklichkeit dar." https://www.dlapolski.pl/kategoria/komentarz, Zugriff am 28.4.2023.

[1081] Untertitel: „Du wirst kein wichtiges Gespräch übersehen." https://rozmowy.eu, Zugriff am 28.4.2023.

[1082] Untertitel: „Zyklische Feuilletons über gesellschaftliche und politische Fragen", https://www.dlapolski.pl/kategoria/felieton, Zugriff am 28.4.2023.

[1083] Untertitel: „Zusammenfassung laufender Ereignisse im Lande, in der EU und in der Welt", https://www.dlapolski.pl/kategoria/tydzien, Zugriff am 28.4.2023.

[1084] Untertitel: „Gespräche, Meinungen, Kommentare", https://www.dlapolski.pl/kategoria/ue, Zugriff am 28.4.2023.

[1085] Untertitel: „Verstehen und nachdenken", https://www.dlapolski.pl/kategoria/spotkanie, Zugriff am 28.4.2023.

[1086] Untertitel: „Wissenshungrig? Wissenschaft, Geschichte, Glaube, Kultur, Gesellschaft ...", https://www.dlapolski.pl/kategoria/wyklad, Zugriff am 28.4.2023.

[1087] Untertitel: „Immer interessant und überraschend", https://www.dlapolski.pl/kategoria/historia, Zugriff am 28.4.2023.

[1088] Untertitel: „Interessante Reportagen über gesellschaftliche, politische und historische Fragen", https://www.dlapolski.pl/kategoria/reportaz, Zugriff am 28.4.2023.

[1089] Nach Anklicken der Kategorie erscheint der Titel „Kirche" (*Kościół*) und der Untertitel „Für alle, die an Gott glauben. Die katholische Weltsicht", https://www.dlapolski.pl/kategoria/wiara, Zugriff am 28.4.2023.

Ein besonderer Makel der Webseite ist, dass die Beiträge undatiert sind, so dass nur aus dem Inhalt auf den Zeitpunkt ihrer Entstehung geschlossen werden kann. Ein anderer Nachteil ist, dass die Seite mit Werbung überladen ist.

Dziennik gajowego Maruchy, https://marucha.wordpress.com

Dt. Titelübersetzung: Tagebuch des Wildhüters Marucha. Laut „Liste patriotischer Seiten" ein „Blog und Diskussionsforum mit national-patriotischem Charakter, getreu der katholischen Tradition"[1090], Platz 2 auf der besagten Liste. Der Betreiber gibt seinen bürgerlichen Namen nicht preis. Sein Blogname knüpft an eine literarische Gestalt aus dem polnischen Hörfunk an. Der Blogger schreibt teils scherzhaft, teils ernsthaft; Ironie und Sarkasmus sind in seinen Einträgen stets präsent. Das wird in seiner Selbstdarstellung deutlich: „Als habilitierter Wildhüter mit Diplom Wacław Marucha habe ich viel zu sagen und noch mehr zu verschweigen. Ich verbrachte den größten Teil meines Lebens in Wäldern und Hainen, denn mir war es lieber, Wildschweinen statt Schweinen zu begegnen. Ich weiß, wie man Gummistiefel mit Schaft bindet und Tee aus Klettenblättern zubereitet. Ich kann aus 1.500 Meter Entfernung auf einen Hirsch schießen: fast nie treffe ich ihn, aber die Entfernung hat es ja an sich! Ich unterscheide essbare und Giftpilze von Blaubeeren, kann mit einer Lötlampe und einem Benzinkanister Feuer machen und angreifende wilde Bienen verscheuchen. Sogenannte intelligente und gebildete Menschen aus Großstädten machen auf mich keinen großen Eindruck. Der einfache Mensch kann dumm sein, aber in seiner Dummheit fällt er nur selten so tief wie ein dummer Einviertelintelligenzler."[1091]

Marucha präsentiert seine konservativen Anschauungen, die hier in Stichpunkten zusammengefasst werden: Er glaubt an Gott, der die Welt erschaffen hat; er ist Gegner von Familiengründungen durch Devianten (gemeint sind Homosexuelle); er ist der Tradition treu; er liebt sein Land, obwohl er in ihm auch viele Fehler sieht[1092]; er findet eine Zivilisation, die die Menschen ständig kontrolliert und sie durch Strafen in Schach hält, dem Untergang geweiht; er meint, dass alle Nationen gleich zu behandeln seien und chauvinistischer Ethnozentrismus anderen nicht zur Last werden darf; er verachtet die politische Korrektheit, die er als ein Anzeichen des Konformismus, der Feigheit und eines herdenweisen „Denkens" sieht, und deshalb der gedankenlosen Anpassung seiner Anschauungen an die von den Medien aktuell aufgeworfenen Trends eine Absage erteilt; jeder Mensch sei als ein von Gott geschaffenes Wesen von Geburt an vom Schöpfer mit der ihm eigenen Würde ausgestattet, also sei es nicht

---

1090 http://patriotyczna.listastron.pl, Zugriff 14.4.2019.
1091 https://marucha.wordpress.com/about/, Zugriff am 28.4.2023. Einviertelintelligenzler (poln. *ćwierćinteligent*) ist eine verächtliche Bezeichnung für einen ungebildeten Menschen, der aber den Eindruck machen will, gebildet zu sein.
1092 Etwas rätselhaft klingt in diesem Zusammenhang sein Satz: „Geistig ist mir ein deutscher Patriot näher als ein polnischer Kosmopolit." https://marucha.wordpress.com/poglady-maruchy-na-swiat-i-zycie/, Zugriff am 28.4.2023.

nötig, ihm irgendwelche „Rechte" zu geben, „denn derjenige, der Rechte verleiht, kann versuchen, sie zu nehmen – das Naturrecht aber unterliegt keinen Diskussionen."[1093]

Marucha zeigt sich also als ein an Gott glaubender Anhänger des Naturrechts, zugleich als freiheitsliebender Patriot. Auf seiner Hauptseite finden sich Bezüge zur Religion: ein Gebet für die Bekehrung der Juden zum Christentum, Äußerungen der Heiligen Teresa von Avila, des Seligen Johannes Pauls II. und des Papstes Franziskus, ferner Links zu empfohlenen Texten mit kirchlicher Thematik, die gegen die Modernisierung der katholischen Kirche gerichtet sind und der Wiederherstellung der Tradition gelten, des Weiteren Links zu rechtsorientierten Webseiten (katholischen und nationalistischen Zeitungen, Blogs, Portalen von Einzelpersonen und Organisationen).

Marucha postet jeden Tag einige Texte aus dem Internet, die seiner Weltauffassung entsprechen. Ihre Durchsicht lässt den Schluss zu, dass er mit den Standpunkten ihrer Autoren sympathisiert, wobei es sich meistens um Kritik folgender Inhalte handelt: Weltherrschaft der USA, Juden, Polenfeindschaft, vermeintlicher Antisemitismus der Polen, Linke, Grüne, Zensur im Internet, Mainstream-Medien, unnötige Steuerbelastungen u.a.

Dziennik Narodowy, https://dzienniknarodowy.pl/

Dt. Titelübersetzung: Nationalzeitung. Selbstdarstellung fehlt. Rubriken: Hauptseite, Thematische Sparten mit den Unterrubriken Wirtschaft, Politische Essays, Aufnahmen, Gesellschaft; Ereignisse; Nationale Fragen; Geschichte des Nationalen Gedankens.

Die Webseite vereinigt historische mit Gegenwartsthemen. Der an der nationalen Thematik interessierte User lernt über die Webseite die wichtigsten Vertreter des polnischen Nationalismus und seine Grundideen kennen. Aber auch internationale Themen im nationalistischen Kontext kommen zur Sprache, z.B. über das Regime Salazars in Portugal[1094] oder Betrachtungen über den Staat Francos in Spanien[1095]. Die Seite vermittelt auch Informationen über aktuelle Ereignisse und Entwicklungen in Politik, Wirtschaft und Gesellschaft, wobei der polnische, nationale Standpunkt im Vordergrund steht. Im Unterschied zu vielen anderen Seiten sticht der *Dziennik Narodowy* durch seine Sachlichkeit und Objektivität hervor.

Euroislam.pl, https://euroislam.pl

Gründer des Portals ist Jan Wójcik, „Mitglied des Vorstands der Stiftung Institut für Europäische Fragen, Koordinator der internationalen Initiative gegen die Mitgliedschaft der Türkei in der EU, Verfasser von Artikeln und wissenschaftlichen Publikationen über den Islam, den Terrorismus und die internationalen Beziehungen,

---

1093 Ebd.
1094 https://dzienniknarodowy.pl/rewolucja-gozdzikow-upadek-autorytarnej-wladzy-w-portugalii/, 30.12.2022, Zugriff am 29.4.2023.
1095 https://dzienniknarodowy.pl/hiszpania-generala-franco-panstwo-faszystowskie-czy-frankistowskie/, 2.12.2022, Zugriff am 29.4.2023.

Kommentator von Ereignissen in den Medien"[1096]. Den seit 2009 bestehenden „Informationsservice *euroislam.pl* bilden unabhängige Graswurzeljournalisten, deren Ziel es ist, Nachrichten über die breit verstandenen, mit der Integration der moslemischen Gemeinschaft in Europa zusammenhängenden Probleme zu übermitteln. Wir wollen offen, frei vom Druck der politischen Korrektheit, die für die modernen europäischen Gesellschaften wichtigsten Probleme berühren – den Multikulturalismus, die europäische Integration, Menschenrechte, die Religionsfreiheit, die Gleichheit der Geschlechter und den Terrorismus. Wir sind uns der Komplexität jeder der genannten Fragen bewusst, deshalb erlauben wir uns, sie aus der Perspektive der wachsenden Bedeutung des Islams im gesellschaftlichen und kulturellen Leben der westlichen Kultur zu betrachten. Wir erkennen zwei Erscheinungen, die uns tief beunruhigen. Einerseits weichen die Menschenrechte der kompromittierten Ideologie des Multikulturalismus, andererseits verschaffen sich Gruppierungen Gehör, die faschistischen Ideologien Vorschub leisten. Gleichzeitig freuen wir uns über die Entstehung von muslimischen Bewegungen, die an der Integration ehrlich interessiert sind und die europäischen Werte akzeptieren wie die Demokratischen Muslime in Dänemark und *Ni Putes Ni Soumises* in Frankreich. Wir hoffen, dass es uns gelingt, einen übermäßig emotionalen Ton zu vermeiden, und dass unsere Kraft auf Argumenten basieren wird, denen Fakten zugrunde liegen, woran es nach unserem Empfinden mangelt, wenn man die Entwicklung ähnlicher Webseiten beobachtet."[1097]

In den Rubriken Islamisierung, Extremismus, Einwanderung, Reformatoren des Islams, Menschenrechte, Politik, Regionen, Übersicht über die Ereignisse, Empfohlene Texte, Interviews und Fact check finden sich Beiträge zu den einzelnen Themen, wobei darin die kritische Einstellung gegenüber dem Islam und der Einwanderung von außerhalb Europas dominiert, ja diese Einstellung deckt sich mitunter mit der offiziellen Politik der polnischen Behörden, z.B. in einem längeren Kommentar zur „Information über Personen, die vor dem Krieg aus der Ukraine fliehen" des Ministeriums für Inneres und Verwaltung[1098].

Die Webseite ist in Rubriken aufgeteilt: „Islamisierung"; „Extremismus"; „Einwanderung"; „Reformer des Islams"; „Menschenrechte"; „Politik"; „Regionen". Nicht alle Rubriken sind auf dem neuesten Stand. Das gilt vor allem für folgende Rubriken: „Übersicht über die Ereignisse" (letzter Beitrag: „In Wien wohnen 200.000 Muslime"[1099] vom 21.12.2021); „Empfohlene Texte" (letzter Beitrag vom 20.10.2020 über einen in Frankreich ermordeten Lehrer, der von einem Imam als

---

1096 https://euroislam.pl/segregacja-na-ukrainsko-polskiej-granicy, Zugriff am 26.7.2023.
1097 https://euroislam.pl/portal/, Zugriff 29.4.2023.
1098 https://euroislam.pl/segregacja-na-ukrainsko-polskiej-granicy/, 1.3.2022, Zugriff am 15.3.2022.
1099 https://euroislam.pl/w-wiedniu-mieszka-200-000-muzulmanow/, Zugriff am 29.4.2023.

Märtyrer geehrt wird[1100]; „Interviews" (das letzte wurde am 12.12.2020 gepostet), einführender Text zu einem Video mit dem Titel „Mosambik: eine neue Front des globalen Jihads"[1101]; und „Fact check" – die Betreiber decken zuletzt auf, wie ein linksorientiertes Portal eine „islamophobe Verschwörung" enthüllt, ohne vorher die Fakten geprüft zu haben[1102].

Eine Durchsicht der Seite zeigt, dass die Betreiber sich an ihre Selbstdarstellung halten und die Einwanderung sowie die aus ihr resultierenden Probleme sachlich und emotionslos darlegen.

Europejskie nacjonalizmy, https://nacjonalizm.wordpress.com

Dt. Titelübersetzung: Europäische Nationalismen. Ein ohne Kennzeichnung des Urhebers geführter Blog über nationalistische Bewegungen in Europa. Der oder die Betreiber wollen über den heutigen Nationalismus und die Geschichte der nationalen Bewegungen informieren und sowohl auf positive als auch negative Trends in den nationalen Organisationen des europäischen Kontinents hinweisen[1103]. Eine Durchsicht der Seite bestätigt, dass der Blog als Informationsquelle über Aktivitäten von Rechten in verschiedenen europäischen Ländern dienen kann. Die Beiträge sind ab Mai 2013 chronologisch geordnet.

Der Blog scheint mit den Gedanken der polnischen autonomen Nationalisten zu korrespondieren, wenn er über diverse Aktivitäten ihrer Gesinnungsgenossen in verschiedenen Ländern Europas berichtet. Die Seite dient der „Information und Formation" und „soll sowohl Wissen über den heutigen Nationalismus und die Geschichte der nationalen Bewegungen verbreiten, als auch auf positive und negative Trends in den nationalen Organisationen auf unserem Kontinent verweisen."[1104] Die Betreiber der Seite scheuen sich nicht, auch über polenfeindliche Nationalisten zu schreiben, wobei sie einschränken, sich mit deren Anschauungen nicht zu identifizieren. Ihr Ziel scheint darin zu bestehen, und das ist wohl auch der Sinn der „Formation" von nationalistischen Einstellungen, wie sie in der Eigendarstellung angekündigt wurde, die Solidarität der Nationalisten in Europa zu wecken, ein Unterfangen, das wohl von vornherein zum Scheitern verurteilt sein wird, wie seiner Zeit die Idee des proletarischen Internationalismus.

1100 https://euroislam.pl/francuski-imam-zamordowany-nauczyciel-meczennikiem-za-wolnosc-slowa/, Zugriff am 29.4.2023.
1101 https://euroislam.pl/mozambik-nowy-front-globalnego-dzihadu/, Zugriff am 29.4.2023.
1102 https://euroislam.pl/oko-press-ujawnia-megagate-i-nie-sprawdza-faktow/, 28.8.2020, Zugriff am 29.4.2023.
1103 https://nacjonalizm.wordpress.com/about/, Zugriff am 4.5.2023.
1104 https://nacjonalizm.wordpress.com/about/, Zugriff am 23.7.2019.

Gazeta Warszawska, https://mail.gazetawarszawska.com
Dt. Titelübersetzung: Warschauer Zeitung. Untertitel: „Laudetur+Iesus+Christus".
Unter den Rubriken der Internetausgabe der *Gazeta Warszawska* stechen neben Videos (Media – Video) erzkatholische, die Neuerungen in der katholischen Kirche kritisierende Beiträge in den Rubriken Sancta Missa, Sancta Ecclesia und Antieccelsia hervor (manche auch in Englisch), des Weiteren Geschichte, Judaismus & Islam, Bioterrorismus, sowie aktuelle politische Themen und die Rubriken Attentat und Warschauer Attentat mit israelkritischen Anspielungen, die von linken Lesern als antisemitisch empfunden werden können. Die Rubrik Liste plötzlicher Todesfälle kann von Kritikern der Seite als verschwörungstheoretisch abgetan werden, während die Rubrik Jüdische Okkupation in Polen neben Bezügen zum im Titel genannten Thema auch ukrainekritische Beiträge enthält.

Rechts im Bild auf der Homepage findet der Leser ein Foto der drei wichtigsten polnischen Politiker: Kaczyńskis, Dudas und Morawieckis mit der Aufschrift „Der jüdische Staatsstreich in Polen!"[1105] Nach Anklicken des Fotos wird man zum Beitrag mit der gleichen Überschrift weitergeleitet, der 11.1.2018 von einem Krzysztof Cierpisz gepostet wurde. Der Beitrag beginnt mit der katholischen Begrüßungsformel „Laudetur Jesus Christus", aber schon der erste Satz ist mit christlicher Nächstenliebe keineswegs vereinbar: „Der Pächter von Karussells im saisonalen Freizeitpark, der Bezwinger und Dompteur von Hauskatzen, der große Stratege Jarosław Kaczyński hat durch die Ernennung des Juden Morawiecki zum Premier Polens sich selbst aus dem politischen Spiel ausgeschaltet. Darüber hinaus legte er einen weiteren Meilenstein auf dem Wege zur Ermordung unseres Vaterlandes und zum Völkermord an Polen. Und am Ende dieses Marsches steht die unaufhaltsame Degradierung und endgültige Vernichtung des Staates und der Nation am Horizont."[1106] Der Verfasser obiger Zeilen und des folgenden Textes prangert die seiner Ansicht nach allgegenwärtige Präsenz von Fremden in der polnischen Politik und ihren übermäßigen Einfluss darauf an, allen voran der Juden, wobei er auf historische Parallelen hinweist.

Auch die Darstellung eines anderen, aktuellen Themas, nämlich einer die Menschenwürde verletzenden Behandlung einer Patientin nach Schwangerschaftsabbruch durch eine Frauenärztin und Polizeibeamte, verdient es nicht, als mit dem Christentum vereinbar bezeichnet zu werden. Der von einer Anna Piotrowska verfasste Beitrag vom 22.7.2023 u.d.T. „Wer ist Joanna aus Krakau und womit beschäftigt sie sich? Neue Fakten über die Heldin der TVN-Sendung" beginnt mit sehr harten Worten: „In einer Atmosphäre des Schluchzens, des Mitgefühls von Idiotinnen, der Schreie der Empörung von Agenten Soros', der Anheizung der Stimmungen durch Oppositionsführer, des Stotterns von Politoffizieren der PiS-Partei,

---

1105 https://www.gazetawarszawska.com, Zugriff am 26.7.2023.
1106 https://www.gazetawarszawska.com/index.php/okupacja-zydowska-w-polsce/50-zydowski-zamach-stanu, Zugriff am 26.7.2023.

des Schweigens von Resten des katholischen Klerus in Polen und der Nichterkennung des Problems durch ‚Autoritäten' der alternativen Medien, bleibt das Wichtigste: das Polnische Kind, unbemerkt. Das Polnische Kind ist eine PERSON, die wie niemand anders in diesem irren Land an der Weichsel der Menschen-, Bürger- und formellen Rechte total beraubt ist. Dabei ist das Polnische Kind eine Person! Eine von den Polen in den Rinnstein der jüdischen Kloake geworfene Person."[1107]

Die beiden Zitate veranschaulichen die judenfeindliche Rhetorik der Webseite, die ihr markantestes Merkmal ist. Die Autoren der Beiträge nutzen jeden möglichen Anlass, um für die nationalen Belange, die in extrem Nationalismus ausufern, Partei zu ergreifen und dessen Gegner zu verübeln.

Jacek Międlar, https://jacekmiedlar.pl

Untertitel: „Gott, Ehre, Vaterland". Offizieller Blog des ehemaligen katholischen Priesters, derzeit Vlogers und Bloggers Jacek Międlar, Betreiber des Portals *wPrawo. pl*[1108], Verfasser des Buches „Mein Kampf um Wahrheit. Enthüllungen eines ehemaligen Pfarrers"[1109]. Was der Betreiber der beiden Webseiten im besagten Buch nicht ausführlicher behandeln konnte, ist Gegenstand seines zweiten Buches, „Polen im Schatten des Judentums. Große Polen über Juden"[1110]. Neuerdings erscheint ein drittes Buch von Międlar, „Die Nachbarn. Die letzten Zeugen des ukrainischen Völkermordes an Polen"[1111]. Seine Lebensdevise lautet „Deo et Patriae semper fidelis".

Auf seinem Blog nimmt Międlar zu aktuellen Ereignissen und Vorgängen Stellung, wobei ein Thema derzeit im Vordergrund steht: die Ukraine. Hierzu einige Titel seiner Einträge: „Die Banderisierung der Ukraine schreitet voran, die polnischen Behörden schlafen"[1112]; „Die russische Invasion als Vorwand zur Ukrainisierung Polens? Die massenweise Welle ukrainischer Migranten oder die Aktion

---

1107 https://www.gazetawarszawska.com/index.php/politics/9133-kim-jest-joanna-z-krakowa, Zugriff am 26.7.2023.
1108 https://wprawo.pl, Zugriff am 26.7.2023.
1109 https://jacekmiedlar.pl/o-mnie, Zugriff am 4.5.2023. Das Buch *Moja walka o prawdę. Wyznania byłego księdza* ist eine Art Abrechnung mit den Missständen, die die katholische Kirche und die polnische Bevölkerung plagen. Es ist ein Angriff auf die „homosexuelle Lobby" in der Kirche und auf den die Kirche destabilisierenden Liberalismus. Międlar zeichnet seine Sicht der Massenmedien und der Drahtzieher der Weltpolitik auf. Er enthüllt die Machenschaften der Politiker und ihre Entscheidungen, was ihm früher als Kleriker verwehrt war.
1110 *Polska w cieniu żydostwa. Wielcy Polacy o Żydach*, Verlag *wPrawo.pl*, o.O., 2020.
1111 *Sąsiedzi. Ostatni Świadkowie ukraińskiego ludobójstwa na Polakach*, Verlag *wPrawo.pl*, o.O., 2023.
1112 https://jacekmiedlar.pl/2022/01/13/banderyzacja-ukrainy-postepuje-polska-wladza-spi-wideo/, 13.1.2022, Zugriff am 4.5.2023.

'Wisła' ist begraben"[1113]; „Katarzyna Sokołowska wird wegen ihres Gedenkens an ukrainischem Völkermord an Polen von der Staatsanwaltschaft und der NASK schikaniert. Jacek Międlar für Verurteilung des chauvinistischen Banderismus"[1114].

Der hier vorgestellte Blogger, Vlogger und Buchautor ist bereits einige Male wegen seiner antisemitischen und fremdenfeindlichen Äußerungen strafrechtlich verfolgt worden und hat auch einigen Anschuldigungen standgehalten. Er gilt in den linken Medien in Polen (z.B. in der Tageszeitung *Gazeta Wyborcza* und dem Fernsehsender *TVN*) als rechtsextrem.

Jednodniówka Narodowa, http://www.jednodniowka.pl/news.php

Dt. Titelübersetzung: Nationaler Tagesbrief, Untertitel: Nationales Internetmagazin. Die ohne Betreibernamen funktionierende Seite enthält neben der Hauptseite die Rubriken „Aktuelles" und „Artikel", wobei viele Artikel einer anderen Seite, *Myśl Polska*[1115] (Polnisches Ideengut), entnommen sind und die Beiträger, unter anderem der Chefredakteur der zuletzt genannten Zeitschrift Jan Engelgard, mitunter dieselben sind. Da es sich um eine Zeitschrift handelt, beinhaltet die Seite überwiegend Kommentare zu wichtigen Ereignissen, zuletzt über den russisch-ukrainischen Krieg. Die letzte abrufbare Ausgabe des Magazins ist auf den 14.4.2021 datiert und über die *Wayback Machine* zugänglich[1116].

Justice4Poland.com, https://justice4poland.com

Das anonym betriebene englischsprachige und in den USA registrierte Portal ist auch in Polnisch und in anderen Sprachen, unter anderem in Deutsch abrufbar.

1113 https://jacekmiedlar.pl/2022/01/21/rosyjska-inwazja-pretekstem-do-ukrainizacji-polski-zmasowana-fala-ukrainskich-migrantow-czyli-akcja-wisla-pogrzebana/, 21.1.2022, Zugriff am 4.5.2023.

1114 https://jacekmiedlar.pl/2022/05/05/katarzyna-sokolowska-nekana-przez-prokurature-i-nask-za-pamiec-o-ukrainskim-ludobojstwie-na-polakach-jacek-miedlar-za-potepienie-szowinistycznego-banderyzmu/, 5.5.2022, Zugriff am 4.5.2023. Katarzyna Sokołowska ist eine polnische Nationalistin und leitet die Stiftung „Wir gedenken Wolhyniens". NASK steht für das Wissenschaftliche und Akademische Computernetz, ein staatliches Forschungsinstitut, das als Registerstelle von Internet-Domains funktioniert.

1115 https://myslpolska.info/. Es handelt sich um die Internetausgabe einer seit 1941 erscheinenden polnischen Wochenschrift. Zum Zeitpunkt der Untersuchung war die Seite nicht verfügbar. Ein Grund dafür ist, dass eine ganze Reihe von Webseiten, denen prorussische und antiukrainische Tendenzen zur Last gelegt werden, von der Agentur für Innere Sicherheit, d.h. vom polnischen Staatsschutz blockiert worden sind.

1116 https://web.archive.org/web/20210412145342/http://www.jednodniowka.pl/news.php, Zugriff am 4.5.2023.

Die darin veröffentlichten Materialien sollen laut Betreibern ausschließlich Bildungszwecken dienen. Sein Hauptthema ist „das Verbinden der wahren Geographie mit detaillierter Darstellung breitgefächerter Verbrechen, die von deutschen/ukrainischen Nazis und jüdischen Bolschewisten der Sowjetunion an der polnischen Nation begangen wurden. [...] Wir kämpfen gegen Manifestationen des Antipolonismus."[1117]

Auf der Webseite erscheinen täglich Beiträge und Kommentare zum aktuellen Geschehen in Polen und in der Welt, viele davon aus anderen Quellen. Seit dem Ausbruch des russischen Angriffskrieges gegen die Ukraine stehen die Aufnahme ukrainischer Flüchtlinge und deren Finanzierung sowie die Angst von Gegnern der Ukrainer vor der Ukrainisierung Polens im Mittelpunkt des Portals. Die mit recht großem Aufwand betriebene Webseite, auf der sich neben Texten auch Videos finden, unterstützt die polnischen Nationalisten und kann als ihr Sprachrohr betrachtet werden. Der russische Angriff auf die Ukraine hindert die Betreiber der Seite nicht daran, ganz nach russischem Vorbild von der „Ukraine als einem internationalen Sammelbecken für Neonazis und Söldner"[1118] zu sprechen, so der Titel eines von Peter Schwarz, dem Herausgeber der deutschsprachigen Ausgabe der *World Socialist Web Site* unterschriebenen und auf der hier vorgestellten Seite wiedergegebenen Beitrags[1119]. Auch eine „Erklärung der Botschaft Russlands in Kanada über den Konflikt in der Ukraine"[1120], wohlgemerkt ganz im Sinne der offiziellen russischen Auslegung, fand auf das Portal Eingang. Unterhalb dieser Erklärung finden sich Hinweise auf andere russische Stellungnahmen, darunter Putins, dass Russen und Ukrainer eine Nation seien und dass die Ukrainer bedroht und einer Gehirnwäsche unterzogen würden; ferner eine Meldung über den ukrainischen Präsidenten Selenskyj, der „Waffen an Kriminelle ausgegeben hat, was die Russen nicht stoppen und einfach sehr viele Menschen das Leben kosten und ein riesiges Chaos verursachen wird"[1121].

Auch längere historische Beiträge wird der an der rechtsorientierten Weltsicht interessierte Webseitenbenutzer finden. Als Beispiel sei der Text eines mit den Initialen HKW publizierenden Autors. In dem Beitrag „Versuche der Umkehrung

---

1117 https://justice4poland.com, Zugriff am 4.5.2023.
1118 So der Titel eines Beitrags vom 11.3.2022. https://justice4poland.com/2022/03/15/ukraine-becomes-an-international-rallying-point-for-neo-nazis-and-mercenaries/, Zugriff am 26.7.2023.
1119 Der Quellentext ist unter https://www.wsws.org/en/articles/2022/03/12/ukra-m12.html abrufbar, Zugriff am 4.5.2023.
1120 https://justice4poland.com/2022/03/06/a-statement-by-the-russian-embassy-in-canada-regarding-the-conflict-in-ukraine/, Zugriff am 16.3.2022.
1121 Die besagten Meldungen stammen vom Videoportal Rumble, das von einem kanadischen Technologieunternehmer gegründet wurde. Nach den Inhalten des Portals zu schätzen, steht es ganz auf der Seite Russlands.

polnischer Geschichte und die Verunglimpfung von Polen – es ist Zeit, das Wort zu ergreifen"[1122] werden die Kernfragen der polnischen Nation thematisiert: die Nazibesatzung des Landes und das Schicksal seiner Einwohner in der Hitlerzeit; antipolnische bzw. polenfeindliche Einstellungen in der Politik Russlands und Preußens während der Unfreiheit Polens vom ausgehenden 18. Jahrhundert bis zur Wiederherstellung des polnischen Staates nach dem Ersten Weltkrieg; die deutschsowjetische Annäherung und die Aufteilung Polens zwischen Deutschland und Sowjetrussland zu Beginn des Zweiten Weltkrieg. Dem etwas chaotischen, weil die Chronologie durcheinander bringenden Beitrag folgen über 130 Kommentare, in denen deutschland- bzw. deutschenfeindliche Stimmen überwiegen, aber auch deutschlandfreundliche und antijüdische Standpunkte zum Ausdruck kommen. Der Ton dieser Kommentare ist mitunter weit von den Standards einer zivilisierten Streitkultur entfernt, Emotionen nehmen darin oft die Oberhand.

Es werden auch gesellschaftliche Themen behandelt, z.B. in dem Beitrag „Wer wagt es, die Kinder zu verteidigen"[1123] über die Sexualisierung von Kindern, der die Weltgesundheitsorganisation und die UNO samt „internationalen Gerichtsorganisationen" Vorschub leisten, indem sie behaupten, „Sex zwischen kleinen Kindern und Erwachsenen sollte legalisiert werden, und die Medien rufen dazu auf, die Pädophilie als normale sexuelle Orientierung anzuerkennen"[1124]. Inwieweit die in dem Beitrag vorgebrachten Thesen den Tatsachen entsprechen, sei dahingestellt. Auf jeden Fall ist das Thema Sexualisierung seit einiger Zeit fester Bestandteil der Auseinandersetzungen zwischen Politikern linker und rechter Prägung und der ihnen nahestehenden Medien. Das Portal *Justice4Poland.com* steht eindeutig auf der rechten Seite.

Marsz Niepodległości, https://marszniepodleglosci.pl

Dt. Titelübersetzung: Der Unabhängigkeitsmarsch. Webseite eines im Jahre 2011 gegründeten gleichnamigen Vereins, der den alljährlichen gesamtpolnischen Unabhängigkeitsmarsch am 11.11. veranstaltet. Der Verein ist auch Betreiber des Webportals *medianarodowe.com* (Nationale Medien, siehe weiter unten).

In der Selbstdarstellung wird zuerst das Aktionsprogramm der Organisation umrissen: „Der Verein Unabhängigkeitsmarsch ist eine Bottom-up-Organisation, deren Hauptziel in der Gestaltung von gesellschaftlichen Säulen der Unabhängigkeit und Souveränität Polens besteht. Dieses Ziel werden wir verwirklichen, indem wir die übergeordnete Bedeutung des katholischen Glaubens im gesellschaftlichen Leben aufzeigen, das Wissen über Polens Geschichte verbreiten, die nationale,

---

1122 https://justice4poland.com/2014/05/21/attempts-at-twisting-the-history-lessons-slander-of-poles/, 21.5.2014, Zugriff am 4.5.2023.
1123 https://justice4poland.com/2023/05/01/who-has-the-courage-to-stand-up-for-the-children/, 1.5.2023, Zugriff am 4.5.2023.
1124 Ebd.

staatsbürgerliche und kulturelle Tradition aufrechterhalten und popularisieren, das Gefühl der nationalen Gemeinschaft entfachen, kulturelle und patriotische Veranstaltungen initiieren und fördern, Konferenzen und Schulungen organisieren, die Publikations- und Informationstätigkeit führen."[1125] Seine „Mission" beschreiben die Seitenbetreiber wie folgt: „Unsere Mission ist die Erziehung junger Menschen im Geiste der Liebe zum dreieinigen allmächtigen Gott und zum Vaterland, so dass sie unbeugsam ihre Ehre und die der höchstgeliebten Republik Polen beschützen. Die im Kreuz, dem Zeichen des Martyriums und der Erlösung symbolisierte Wahrheit wird für uns alle das Haus sein, in das wir wiederkehren wollen."[1126]

Sowohl die Ziele als auch die Mission des Vereins wären im Grunde akzeptabel, wenn die Unabhängigkeitsmärsche jedes Mal friedlich und ohne unliebsame Vorkommnisse verlaufen würden. Dass dem so nicht ist, ist weiter oben beschrieben worden. Das Kreuz und auch den Rosenkranz sahen die Passanten in Warschau in den Händen durchtrainierter Männer, die sich als Verteidiger vor einige Kirchen gestellt haben, um sie vor linken Aktivisten beiderlei Geschlechts, darunter Feministinnen und Menschen, die die Abtreibung gesetzlich zulassen würden, vor vermeintlichen Angriffen zu beschützen[1127].

Aus dem Verein Unabhängigkeitsmarsch ist der Verein Nationale Garde (poln. *Straż Narodowa*)[1128] hervorgegangen, dessen Entstehung der Vorstand des Unabhängigkeitsmarsches Robert Bąkiewicz[1129] mit folgenden Worten begründete: „... wir befinden uns mitten in einer neobolschewistischen Revolution. – Wir wollen nicht, dass Gruppierungen, die gegen die Zivilisation gerichtet sind, uns Katholiken attackieren, deshalb rufen wir eine Art katholische, zivilisatorische Selbstverteidigung ins Leben"[1130]. Die Gegner solcher Aktivitäten schreiben von „rechten

---

1125 https://marszniepodleglosci.pl/cel/, Zugriff am 22.3.2022.
1126 https://marszniepodleglosci.pl/misja/, Zugriff am 22.3.2022. Das zitierte Ziel und die „Mission" der Organisation fehlen in der Neufassung der Webseite 2023, was mit dem Wechsel an der Führungsspitze des Vereins zusammenhängen mag.
1127 Artikel in der Zeitung *Wyborcza* vom 2.10.2020 mit dem Titel „Chef des Unabhängigkeitsmarsches ruft Fußballfans zur ‚Verteidigung der Kirchen' auf", https://warszawa.wyborcza.pl/warszawa/7,54420,26469807,szef-marszu-niepodleglosci-wzywal-kibicow-do-obrony-kosciolow.html, Zugriff am 22.3.2022. Die Seite ist nicht mehr abrufbar.
1128 Sie ist mit der Garde des Unabhängigkeitsmarsches nicht zu verwechseln, die allein zur Sicherung der Veranstaltung berufen ist. https://smn.org.pl, Zugriff am 27.7.2023.
1129 Nach mehreren internen Unstimmigkeiten ist Bąkiewicz als Vorstand des Unabhängigkeitsmarsches abgewählt worden. Seit 2023 steht Bartosz Malewski an seiner Stelle. https://marszniepodleglosci.pl/o-nas/, Zugriff am 5.5.2023.
1130 Der Vorsitzende der Polizeigewerkschaft Rafał Jankowski schrieb auf der Webseite dieser Gewerkschaft zu dieser Äußerung von Bąkiewicz, „zur Aufrechterhaltung von Ordnung und zum Rechtsvollzug ist die Polizei berufen. Die Schaffung von

Schlägertrupps", wie es sie vor dem Zweiten Weltkrieg in Polen gegeben hat[1131], „die Nationale Garde von Bąkiewicz wird es uns noch zeigen"[1132]. Ein Mitglied der besagten Organisation berichtete im Fernsehsender TVN24 über eine Jagd auf einen Antifa-Aktivisten sowie über geheime Schulungen und Schießausbildung[1133].

Auf der aktuellen Webseite des Unabhängigkeitsmarsches, auf der die oben zitierte katholisch-nationalistische Rhetorik fehlt, wird beklagt, dass die Organisation durch ausländische Soziale Medien in ihrer Öffentlichkeitsarbeit immer mehr eingeschränkt werde. „Es wurden bereits Hunderte Webseiten mit nationaler Thematik gelöscht, und die Seite der legal registrierten Redaktion der *Media Narodowe* wird von den Admins des Portals Facebook automatisch gelöscht. Beschnitten werden auch Seiten, die wir verwalten. Das verursacht, dass unsere Inhalte zur halb so großen Anzahl von Abnehmern gelangen als in den vergangenen Jahren."[1134] Als Abhilfe in dieser Lage bieten die Betreiber den Benutzern an, sich ins elektronische Informationssystem einzutragen.

Media Narodowe, https://medianarodowe.com/

Dt. Titelübersetzung: Nationale Medien. Bevor die Seite auf YouTube im Februar 2023 gesperrt wurde, war sie mit dem Zusatz „ohne politische Korrektheit"[1135] versehen. Auf der Seite *website.informer.com*, die über die Betreiber und Inhalte der Webseiten informiert, findet sich folgende aus der Selbstdarstellung der *medianarodowe* stammende Beschreibung: „Informationen aus Polen und der Welt, über die du in den Mainstream-Medien nicht lesen wirst. Wir stehen immer auf der Seite der Wahrheit."[1136]

Das Portal stellt sich wie folgt vor: „Die Nationalen Medien sind ein Projekt, das das patriotische Milieu konsolidieren soll. In Anwendung dieses Denkansatzes haben wir im Rahmen einer Initiative mehrere Partner vereinigt, die ihre Kräfte bündeln und gemeinsam agieren wollen, um unabhängige Medien in einem

---

,Schlägertrupps' ist ein gefährliches und unverantwortliches Handeln." https://nszzp.pl/aktualnosci/powstaje-straz-narodowa-ma-byc-odpowiedzia-na-wtargniecia-demonstrantow-do-kosciolow/, Zugriff am 27.7.2023.

1131 https://oko.press/straz-narodowa-reaktywacja-przedwojennych-bojowek/, 30.10.2022, Zugriff am 27.7.2023.
1132 https://www.polityka.pl/tygodnikpolityka/spoleczenstwo/2017269,1,straz-narodowa-bakiewicza-jeszcze-nam-pokaze.read, 21.12.2020, Zugriff am 27.7.2023.
1133 https://tvn24.pl/premium/straz-narodowa-co-to-jest-jak-broni-kosciolow-w-czasie-protestow-relacja-jednego-z-czlonkow-4753275. 18.11.2020, Zugriff am 27.7.2023.
1134 https://marszniepodleglosci.pl/biuletyn/, Zugriff am 27.7.2023.
1135 https://www.youtube.com/c/MediaNarodoweInfo/about, Zugriff am 23.3.2022. Die Seite ist nicht mehr abrufbar.
1136 https://website.informer.com/medianarodowe.com, Zugriff am 27.7.2023.

neuartigen Format zu kreieren. Die Nationalen Medien sind ein volksnahes Projekt. Hast du eine Idee, verfügst du über Wissen, Fertigkeiten? Dann lasst uns zusammenarbeiten!"[1137]

Das Portal enthält folgende Rubriken: Polen, Warschau, Welt, Interviews, Meinungen, Kirche, Geschichte, Ökonomie, Unterhaltung und einen Button zum eigenen TV-Kanal auf YouTube, der zwischenzeitlich nicht mehr funktioniert. Die Benutzung der Seite war noch 2023 durch übermäßige Werbung erschwert, jetzt ist diese Erschwernis entfallen.

Eine Durchsicht der Inhalte der einzelnen Rubriken führt den Benutzer zu dem Schluss, dass das Portal so gut wie bei allen Themen mit den vom Staat betriebenen und mit der PiS-Regierung sympathisierenden Medien übereinstimmt. Es kann als ein elektronisches Sprachrohr der polnischen Staatsmedien betrachtet werden. Den Betreibern, die der Partei *Konfederacja* nahe stehen, ist die PiS-Partei nicht rechts genug, so dass sie sich dementsprechend profilieren wollen. Ein „echter" Nationalist und Rechter wird sich von den wenig radikalen Inhalten des Portals enttäuscht fühlen.

Miziaforum, https://miziaforum.com

Das M-Forum soll zu 100 % eine Bottom-up-Initiative sein. Die Betreiber der Seite sind anonym, es lassen sich nur einige von ihnen ermitteln, z.B. ein Jack Caleib[1138], der Jacek Bielak heißen und inoffizieller Mitarbeiter der Polnischen Grenztruppen gewesen sein soll[1139]. Neben (gebührenpflichtigen) Premium-Materialien bietet das Portal tagtäglich „mehr als einhundert Informationen, Info News, darunter solche, die in anderen, politisch korrekten Portalen zensiert werden oder verboten sind"[1140], die meisten davon als Videos. Außerdem finden die User zahlreiche Spielfilme, die auch auf YouTube zugänglich sind.

Eine flüchtige Durchsicht der im Portal veröffentlichten Texte und Videos lässt die Vermutung zu, dass es sich um eine USA- und ukrainefeindliche und zugleich

---

1137 https://medianarodowe.com/redakcja/, Zugriff am 27.7.2023.
1138 https://miziaforum.com/2018/12/13/film-pul-piotr-wronski-mowi-wiem-kim-jest-jack-caleib-i-dla-kogo-pracuje-odkrywamy-karty/, Zugriff am 29.3.2022.
1139 https://gloria.tv/post/F27MYv7x9kNm1AW4ENsmbpE9o, Zugriff am 27.7.2023.
1140 https://miziaforum.com, Zugriff am 29.3.2022. Die Selbstbeschreibung des Portals beschränkt sich zum Zeitpunkt der Untersuchung (27.7.2023) auf folgende Schlagwörter: Presseinformationen, Video Stream, Podcast, Reportage, Audiobook, Spielfilm, Dokumentarfilm, Berichte, Übertragungen, Publikationen, Übersetzungen ins Polnische, Instant-Messaging-Dienste, das größte Archiv mit Videos und Presseartikeln in Polen, die aus dem Internet entfernt wurden, tägliche neueste unzensierte Informationen, die im polnischen Internet unzugänglich sind, tägliche Stream-live-Sendungen um 20.00 Uhr außer freitags und sonnabends. Die Seite kann auch in anderen Sprachen benutzt werden, darunter in Deutsch.

um eine russlandfreundliche Webseite handelt. Unter den Videos stechen solche hervor, die von der *Soldatskaja Prawda, Russia Today* (RT) und *Telekanal Union* der DNR (Donezker Volksrepublik) signiert sind[1141]. Es finden sich auch Videos englischsprachiger Journalisten (z.B. Patrick Lancaster von News Today) aus Donezk, die z.B. Folgen des Beschusses der Stadt durch Ukrainer zeigen und die dort wohnhaften Menschen als unschuldige Opfer darstellen[1142]. Viele verstörende Videos zeigen Misshandlungen von Festgenommenen und schockieren durch die Brutalität der Aufnahmen. In der Tat scheut das Portal vor unzensierten Inhalten nicht zurück und verlangt dessen Benutzern starke Nerven ab.

Des Weiteren findet der Benutzer Meldungen über aktuelle Ereignisse in Polen und im Ausland, z.B. über den Personenschutz für den deutschen Gesundheitsministers Karl Lauterbach im Zusammenhang mit seiner Anti-Covid-Politik[1143] oder über ein Denkmal für Opfer des „Corona-Impfexperiments" in Sachsen[1144], ja sogar die Auswertung einer Umfrage der Friedrich Ebert-Stiftung zum Thema „Demokratievertrauen in Krisenzeiten"[1145]. Alles in allem besteht das Portal aus querbeet durchmischten Materialien zu aktuellen Ereignissen.

Monitor Postępu, https://monitorpostepu.pl/

Dt. Titelübersetzung: Fortschrittsmonitor. Untertitel: Zentrum für Monitoring des wiedererstehenden Faschismus und Rassismus gegen Weiße. Aus der Selbstdarstellung: „Die Webseite http://monitorpostepu.pl wurde am 22.8.2013 erstellt. Sie ist gänzlich antirassistisch und antifaschistisch, und ihr Ziel ist, über Erscheinungen des ‚Rassismus gegen Weiße' oder anders gesagt, des ‚weißenfeindlichen Rassismus' zu wachen und zu informieren und zu versuchen, dass das Aussterben der weißen Rasse in Zukunft verhindert wird. Alle antirassistischen Organisationen

---

1141 Aus dem Programm des Letztgenannten sei auf das Video „Donezk: Kinder in der Schusslinie" hingewiesen, abrufbar ab 31.3.2022 unter https://miziaforum.com/aiovg_videos/doniec-dzieci-na-linii-ognia-nemezis-w-szarej-strefie-swieto-mikolaja-pod-salwa-ukrainskich-sil-zbrojnych/, Zugriff am 27.7.2023.
1142 https://miziaforum.com/aiovg_videos/patryk-lancaster-doniec/, abrufbar ab 21.6.2022, Zugriff am 27.7.2023; https://miziaforum.com/aiovg_videos/artyleria-obstrzeliwuje-doniec/, gepostet am 29.3.2022, Zugriff am 27.7.2023.
1143 https://miziaforum.com/2023/05/niemcy-minister-zdrowia-karl-lauterbach-pod-calodobowa-ochrona-policji-sprawa-ma-zwiazek-z-szczepieniami-covid/, Zugriff am 5.5.2023, derzeit Bezahlschranke.
1144 https://miziaforum.com/2023/05/niemcy-odslonieto-pomnik-upamietniajacy-ofiary-szczepionek-przeciwko-covid-19-policja-prowadzi-dochodzenie/, Zugriff am 5.5.2023, derzeit Bezahlschranke.
1145 https://miziaforum.com/2023/05/demokracja-wiekszosc-niemcow-nie-ufa-system owi-i-chce-bardziej-bezposredniej-demokracji/, Zugriff am 5.5.2023, derzeit Bezahlschranke.

in Polen konzentrieren sich lediglich auf das Aufspüren von Erscheinungen des Rassismus gegen Personen einer anderen Rasse als der weißen (also nur auf einen Teil aller rassistischen Fälle). Es fehlt aber eine Organisation, die den Rassismus als ‚globales' Problem betrachten würde, und daraus entstand das Bedürfnis, die vorliegende Webseite zu erstellen."[1146]

Die in der Selbstdarstellung angesprochene „Organisation" ist bislang nicht entstanden, es kann angenommen werden, dass sie ein Wunschgedanke der Webseitenbetreiber ist. Die Webseite ist in folgende Kategorien aufgeteilt: Hauptseite, Laufende Artikel, Wissenschaftliche Feuilletons, Übersetzungen, Presseschau, Humor.

Eine Durchsicht der Inhalte der Webseite zeigt, dass sie dem Thema „Antirassismus" kaum Rechnung trägt. Die in sechs Kategorien eingeteilten Beiträge handeln von Russen, Russenfeinden und Russenfreunden[1147], vom russisch-ukrainischen Krieg[1148], von aktuellen Kulturereignissen (z.B. dem kontroversen Spielfilm *Wesele*, dt. Titel: „Eine Hochzeit und andere Kuriositäten" von Wojciech Smarzowski)[1149], von der polnischen und internationalen Politik. Es gibt nur vereinzelte Texte über den Rassismus, aber nicht gegen Weiße, sondern Schwarze in den USA[1150].

Die anonymen Betreiber und vielleicht zugleich auch Autoren sind genauso kritisch gegenüber der Regierungskoalition wie auch der Opposition. Es überwiegt darin allerdings die Kritik an den Linken. Die Texte sind zum Teil recht ausführliche Analysen konkreter Entwicklungen und Probleme auf einem sprachlich und sachlich hohen Niveau. Hier eine Textprobe aus dem Artikel „Russische Agenten und russische Fußlappen": „Schon seit über 12 Jahren hält in Polen das kuriose Phänomen der gegenseitigen Beschimpfungen ‚russische Agenten' oder ‚russische Fußlappen'[1151] an. Dieses Phänomen evolviert im Laufe der Zeit. […] Seinen Höhenpunkt erreichte es nach dem Überfall des putinschen Russlands auf die Ukraine Anfang 2022. Die Streitlinie verläuft standardmäßig, also nach politischen und weltanschaulichen Kriterien. Beide Lager beschimpfen ihre Gegner als ‚russische Fußlappen', wobei sie ihre (mehr oder weniger logischen) Argumente anführen. Im vorliegenden Text möchte ich dieses bizarre Phänomen analysieren. Russland (und die UdSSR) ist ein Land, das seit mittelalterlicher Zeit das beste Agentennetz

---

1146 https://monitorpostepu.pl/o-stronie/, Zugriff 27.7.2023.
1147 https://monitorpostepu.pl/ruscy-agenci-onuce/, Zugriff am 27.7.2023.
1148 https://monitorpostepu.pl/napad-putinowskiej-rosji-na-ukraine/, Zugriff am 27.7.2023.
1149 https://monitorpostepu.pl/wesele-smarzowskiego/, Zugriff am 30.3.2022.
1150 https://monitorpostepu.pl/napiecia-rasowe-minneapolis/, Zugriff am 30.3.2022.
1151 Der Begriff *ruska onuca* wird im „Polnischen Großwörterbuch" als verächtliche Bezeichnung für eine Person erläutert, von der ihr Benutzer meint, sie würde für die Propaganda Russlands arbeiten oder ihm auf andere Weise förderlich sein. https://wsjp.pl/haslo/podglad/108245/ruska-onuca, Zugriff am 27.7.2023.

in der Welt hatte, und das wird wohl jeder zugeben. Dieses Land hat dank seinen Agenten im Laufe von Jahrhunderten viel gewonnen, und ohne sie wäre es nicht so groß geworden. Sabotagen, Stürze von unliebsamen und Installierung von wohlgesinnten Regierungen, Entwendung von Technologien, Operationen unter falscher Flagge, Intrigen, Morde, Waffenhandel, Fake News und Desinformation sind für russische Agenten ein natürliches Umfeld, in dem sie riesige Erfahrungen haben."[1152] Der Beiträger analysiert gegenseitige Beschuldigungen von politischen Gegnern in Polen, den Russen und Russland gefällig zu sein, wobei er sie sowohl den Rechten als auch den Linken bescheinigt, ohne die einen oder die anderen in seinen kritischen Einschätzungen zu begünstigen. Mehr noch, er führt Argumente beider Seiten in ausgewogenem kritischem Verhältnis zu ihnen an und beweist damit seine Objektivität.

nacjonalista.pl – Dziennik Narodowo-Radykalny, www.nacjonalista.pl

Dt. Titelübersetzung: Der Nationalist.pl – National-Radikale Tageszeitung. Untertitel: „Wir schreiben über Sachen, die anderen Angst einflößen, sie zu denken". Das seit 2005 betriebene Portal beschreibt seine Ziele wie folgt: „Zur Mission des Portals NACJONALISTA.PL gehört das Informieren und Unterrichten aller, die mit dem Terror der Neuen Weltordnung nicht einverstanden sind – mit der Verwandlung von Menschen in verstandslose Wesen, die von den eigenen Kulturen, nationalen Traditionen losgelöst sind und für die das Menschsein auf den Konsum beschränkt ist, und die im Grunde mentale Sklaven der politischen Klasse der Welt sind. (...) Das Portal NACJONALISTA.PL steht fest auf der Linie des (kulturellen und wirtschaftlichen) **Antiglobalismus** und **Antikapitalismus.** [...] Die letzten -zig Jahre sind auch eine Zeit der allgegenwärtigen Präsenz des amerikanischen Imperialismus, der nach dem Untergang der konkurrierenden Großmacht jegliche Hemmungen verloren hat. Der **Antiimperialismus** steht im Zusammenhang mit dem Recht der Völker, ihren eigenen Entwicklungsweg zu gehen, der ihren eigenen, angeborenen Traditionen entspricht. [...] Als Nationalisten unterstützen wir jede Bewegung, die auf die Schaffung einer multipolaren internationalen Ordnung ausgerichtet ist, die von der nationalen Gemeinschaft, in der sie funktioniert, nicht losgelöst bleibt. [...] Wir vertreten die Positionen des rassisch-kulturellen Separatismus und Ethnopluralismus als einer Einstellung zwischen dem Rassismus, Chauvinismus und Kosmopolitismus. Wir sind der Meinung, dass jeder das Recht hat, sich in Übereinstimmung mit den Werten der Gemeinschaft zu entwickeln, in der er sich befindet. Das wahrhaft Schöne erkennen wir in der natürlichen Vielfalt, die sich im Zuge der Geschichte herausgebildet hat, und nicht im Prozess erzwungener Integrationen völlig unterschiedlicher Gemeinwesen."[1153]

1152 https://monitorpostepu.pl/ruscy-agenci-onuce/, Zugriff am 27.7.2023.
1153 https://www.nacjonalista.pl/nasze-poglady/, Zugriff am 6.5.2023.

Die in der Selbstdarstellung dargelegten Standpunkte finden sich auf den Seiten des Portals in einigen Rubriken wieder. Auf der Hauptseite finden sich aktuelle Beiträge zu diversen in- und ausländischen Ereignissen und Entwicklungen, die zumeist mit dem nationalistischen Denken oder mit der Verteidigung der nationalen Interessen in Zusammenhang stehen. So wird z.B. in einem Beitrag über die Hospize in Polen bemängelt, dass sie infolge übermäßiger Unterstützung der Ukrainer nicht ausreichend finanziert werden[1154]. Ein anderes Thema sind zwei Einstellungen der polnischen Nationalisten zur Religion. Ihre überwiegende Mehrheit sind Katholiken, es gibt aber unter ihnen auch Anhänger des Rodismus, d.h. des slawischen Neuheidentums (poln. *rodzimowiercy*), die für die katholische Mehrheit nicht akzeptabel sind, aber wegen ihres Nationalismus toleriert werden müssen[1155].

In der Rubrik „Ereignisse" findet der User unter anderem einen Beitrag, dessen Titel in den rechtsorientierten polnischen Medien recht ungewöhnlich ist: „Nationalisten in Dresden. Gedenken für die Opfer der anglo-amerikanischen Verbrechen!"[1156] Der Autor informiert über die vom „Aktionsbündnis gegen das Vergessen" organisierte und realisierte Initiative „Dresden-Gedenken", an der Nationalisten aus mehreren europäischen Ländern teilnahmen. Auffallend ist, dass der Beiträger die Bombardierung Dresdens in eine Reihe stellt mit Bombardements Wieluńs (der ersten Stadt in Polen, auf die 1939 deutsche Bomben fielen), Warschaus und anderer polnischer Städte. Er schreibt: „Dresden 1945 hatte den Status einer offenen Stadt und war voll von Frauen und Kindern, die vor der Roten Armee flohen. In der Stadt selbst hielten sich auch Zwangsarbeiter aus Polen auf, und einige Tausend von ihnen fanden im Feuersturm den Tod."[1157] Unterhalb dieses Beitrags finden sich drei Fotos und zwei Videos zur Veranschaulichung der Dresdner Gedenkveranstaltung.

In der Rubrik „Gestalten" finden sich Informationen über polnische und ausländische Nationalisten, darunter den Österreicher Engelbert Dollfuß[1158].

In der Rubrik „Auf dem Pfad der Idee" fällt ein Interview unter dem Titel „Nie wieder Bruderkriege – Gespräch mit dem Vorstandsmitglied der deutschen NPD" Claus Cremer ins Auge[1159]. Das Interview wird durch einige Erläuterungen

---

1154 https://www.nacjonalista.pl/2023/03/14/hospicja-w-polsce-na-krawedzi-miliardy-dla-rzadu-kijowskiego/, 14.3.2023, Zugriff am 6.5.2023.
1155 https://www.nacjonalista.pl/2023/02/23/nacjonalisci-w-polsce-katolicy-i-rodzimowiercy/, 23.2.2023, Zugriff am 6.5.2023.
1156 https://www.nacjonalista.pl/2023/02/25/nacjonalisci-w-dreznie-pamiec-dla-ofiar-anglo-amerykanskich-zbrodni/, 25.2.2023, Zugriff am 6.5.2023.
1157 Ebd.
1158 https://www.nacjonalista.pl/2020/07/30/engelbert-dollfuss-nacjonalista-wierny-bogu-i-austrii/, 30.7.2020, Zugriff am 6.5.2023.
1159 https://www.nacjonalista.pl/2023/03/21/nigdy-wiecej-bratnich-wojen-rozmowa-z-czlonkiem-zarzadu-niemieckiej-npd/, 21.3.2023, Zugriff am 6.5.2023.

eingeleitet, die als eine Art Entschuldigung dafür gelesen werden können, dass polnische Nationalisten mit den in Polen in der rechten Szene als Prügelknaben dienenden Deutschen zusammenarbeiten. Aus diesem Text wird nachstehend etwas ausführlicher zitiert, weil er als eine Art Absichtserklärung für die Schaffung gutnachbarschaftlicher Beziehungen auch zwischen polnischen und benachbarten Nationalisten gelesen werden kann: „Die Kontakte polnischer mit deutschen, russischen und ukrainischen Nationalisten rufen stets Kontroversen und Wehklagen von geistigen Amöben hervor, die gleich ‚Zusammenarbeit' oder ‚Verrat' schreien, was wir in der Vergangenheit oft beobachteten. Für einen ‚antifaschistischen' oder ähnlichen Lügner ist es unverständlich, dass man mit jemandem reden kann, ohne seine Meinungen zu vielen Fragen zu teilen. [...] Die gegenwärtigen Kontakte polnischer und deutscher Nationalisten reichen in die 90er Jahre des 20. Jahrhunderts zurück, als eine Delegation aus dem Kreis der Zeitschrift ‚Vorderste Front' beim Kongress der NOP (Nationalen Wiedergeburt Polens – Anm. d. Verf.) zu Gast war. Es sei auch angemerkt, dass das erste und bisher das einzige Interview ein Mitglied des Exekutivrates der NOP 2008 den deutschen Nationalisten gegeben hat. Es erschien auf den Seiten der Initiative ‚Freies Netz' und wurde später von einigen nationalistischen Portalen übernommen, darunter von dem populärsten, *Altermedia Deutschland* (letztendlich von den Behörden verboten, seine Gründer erhielten Haftstrafen). Darin fielen Worte über die entschlossene Verteidigung des polnischen Charakters der Wiedergewonnenen Gebiete (scil. die ehemaligen deutschen Ostgebiete – Anm. d. Verf.), aber auch des Willens zur christlichen Versöhnung. Manche Chauvinisten verlangten damals, den Interviewer (einen Aktivisten mit mehreren Jahren Mitgliedschaft) und die ganze Gruppe aus der deutschen nationalistischen Bewegung auszuschließen. Lob äußerte dagegen der unlängst verstorbene Ideologe Jürgen Schwab, und über das Gespräch selbst berichtet das bekannte ‚antifaschistische' Projekt ‚Endstation Rechts'. Trotz der schwierigen und tragischen Geschichte, obwohl es auch in ihr schöne Seiten gab, waren und sind die Deutschen unsere Nachbarn. Wir haben uns über ihren moralischen Niedergang und den die ethnische Geschlossenheit zerstörenden Prozess der Massenmigration nie gefreut, weil wir wussten, dass diese Plagen früher oder später auch Polen treffen werden. Nur haben wir es nicht vorausgesehen, dass dies so schnell erfolgt. Diese Bemerkungen betreffen nicht nur Deutsche, sondern auch Russen, Ukrainer, Weißrussen, Tschechen, Slowaken. Wir glauben an ein Europa Freier Nationen, ein Europa, das auf die christlichen Werte und das griechisch-römische Erbe gestützt ist. Wir sind polnische Nationalisten, aber auch Katholiken, und allein das schließt die Freude über die Degeneration in Ländern aus, die einst die Christianitas bildeten."[1160]

1160 https://www.nacjonalista.pl/2023/03/21/nigdy-wiecej-bratnich-wojen-rozmowa-z-czlonkiem-zarzadu-niemieckiej-npd/, 21.3.2023, Zugriff am 6.5.2023.

Die Rubrik Artikel ist in einige Sparten aufgeteilt: Geschichte, Ideen, Nationalismus, Religion, Wirtschaft, Politik – Geopolitik – Geostrategie. Sie beinhaltet Texte zeitgenössischer und bereits verstorbener polnischer und ausländischer Autoren zu diversen Themen, die für Rechtskonservative und Nationalisten interessant sein können, z.B. über die Aufgaben der Polinnen und Katholikinnen als Verteidigerinnen von Religion, Familie und Eigentum[1161]; Dale Ahlquists Beitrag über G. K. Chestertons Konzept des Distributismus[1162], Hilaire Bellocs Betrachtungen über Alternativen des Kapitalismus und Sozialismus[1163], Feliks Konecznys Überlegungen über die Einstellung zur Wahrheit in verschiedenen Zivilisationen[1164], Leos XII. Enzyklika *Quo graviora* (über das Freimaurertum)[1165] u.a. Eine Durchsicht der Beiträge zeigt, dass es sich mehr oder weniger um ideengeschichtliche, gesellschaftliche sowie politisch- und wirtschaftsphilosophische Texte aus der Gedankenwelt der Konservativen handelt.

Dasselbe geistig-ideologische Spektrum findet sich in der Rubrik Kultur, aufgeteilt in Bücher, Musik, Zeitschriften, Poesie, in der der User Beiträge über Kulturphänomene aus der konservativen und nationalen Szene findet.

Die Rubrik Lokaler Aktivismus beinhaltet Beiträge über polnische und ausländische Ereignisse in der nationalistischen Szene, die im Unterschied zu Texten aus den hier vorher besprochenen Rubriken in ihrem Ton als aggressiv und politisch inkorrekt klassifiziert werden können. So werden im Bericht über Feierlichkeiten am 25.4. im „demoliberalen und verfallenen Italien" von heute „antifaschistische Blödians und andere Sklaven, die die Wiederkehr der Mafia, massenhafte Abtreibungen, die Herrschaft der Freimaurer, die Anerkennung von Schwuchteln und anderen Perversionen als Normalität, den ethnischem Bevölkerungsaustausch und andere ‚Wohltaten' der Zeit nach 1945 zelebrieren", italienischen Nationalisten gegenübergestellt, „die an diesem Tag denjenigen die Ehre erweisen, die keinen Verrat begangen und bis zum Schluss gegen kommunistische Agenten und Lakaie der angloamerikanischen Plutokratie gekämpft haben"[1166]. Auch wird über

---

1161 https://www.nacjonalista.pl/2023/05/05/wojciech-korfanty-zadania-polek-i-katolizek-obrona-religii-rodziny-i-wlasnosci/, 5.5.2023, Zugriff am 8.5.2023.
1162 https://www.nacjonalista.pl/2023/05/04/dale-ahlquist-dystrybutyzm-g-k-chestertona/, 4.5.2023, Zugriff am 8.5.2023.
1163 https://www.nacjonalista.pl/2023/04/17/hilaire-belloc-ani-kapitalizm-ani-socjalizm/, 17.4.2023, Zugriff am 8.5.2023.
1164 https://www.nacjonalista.pl/2023/03/31/prof-feliks-koneczny-stosunek-do-prawdy-w-roznych-cywilizacjach/, 31.3.2023, Zugriff am 8.5.2023.
1165 https://www.nacjonalista.pl/2023/03/14/leon-xii-encyklika-quo-graviora-o-wolnomularstwie/, 14.3.2023, Zugriff am 8.5.2023.
1166 https://www.nacjonalista.pl/2023/04/30/wloscy-nacjonalisci-uczcili-swieto-wyzwolenia/, 30.42023, Zugriff am 8.5.2023.

nationalistische Aktivitäten in Frankreich[1167], Serbien[1168], Ungarn[1169], Deutschland[1170], Spanien[1171] und in anderen Ländern berichtet.

Die Webseite enthält außer den an dieser Stelle nicht weiter zu besprechenden Rubriken Nachrichten, Filme und Publizistik einen „Katalog von politisch inkorrekten Seiten" mit Links zu polnischen und ausländischen Webseiten, „die interessant, inspirierend und vom Standpunkt des modernen Nationalismus, der Prinzipien der Dritten Position und der ideologischen Formation" beachtenswert sind[1172]. Die Liste dieser Seiten ist gegliedert in: Parteien, ideologisch-politische Bewegungen, Vereine; Personen; Zeitschriften; Informationen, Formierung, Ideen; Religion; gesellschaftliche Kampagnen, Stiftungen, wiederkehrende Ereignisse und Initiativen, Ökologismus; identitätsstiftende Musik, Vertriebe, Hersteller; Buchhandlungen, Geschäfte; städtische Dienste, Internetradios, ehemalige polnische Ostgebiete, Sport, Lebensstil, andere, wobei in der letzten Gruppe acht Posten stehen, in dieser Zahl vier Internetradios.

Narodowa Łódź, http://www.narodowalodz.pl

Dt. Titelübersetzung: Das Nationale Lodz. Aus der Selbstbeschreibung: „Das Nationale Lodz ist ein eigenständiges Informations- und Publizistikportal und besteht ununterbrochen seit neun Jahren. Am Anfang versammelte seine Redaktion die Vertreter der größten nationalistischen Organisationen in der Wojewodschaft Lodz. [...] Derzeit finden sich unter den ständigen Mitarbeitern nicht nur Aktivisten nationaler und patriotischer Organisationen, sondern auch keinen Organisationen angehörende Einwohner von Lodz und seiner Umgebung, die ein gemeinsames Ziel verbindet – Polen. [...] Wir schreiben über alles, ohne Bereinigungen. Wir scheuen keine Kontroversen. Wir sind offen für die Polemik, denken selbständig, handeln gemeinsam. Wir verschließen uns vor niemandem, dem die Ideen Unabhängigkeit, Souveränität und Polen als gemeinsames Wohl nahe sind. Hass? Ja, gegen Heuchelei und Passivität. Bedrohung? Für den monopolisierten Mainstream auf jeden Fall. Mit einem Arsenal voller Ideen und mit Energie sind wir eine Herausforderung für die politische Korrektheit."[1173] Zum Zeitpunkt der

---

1167 https://www.nacjonalista.pl/2023/04/01/tenesoun-nacjonalisci-w-walce-o-tozsamosc-i-kulture/, 1.4.2023, Zugriff am 8.5.2023.
1168 https://www.nacjonalista.pl/2023/03/29/serbscy-nacjonalisci-hanba-bandytom-z-nato/, 29.3.2023, Zugriff am 8.5.2023.
1169 https://www.nacjonalista.pl/2023/03/29/wegierscy-nacjonalisci-upamietnili-ofiary-aborcyjnego-holocaustu/, 29.3.2023, Zugriff am 8.5.2023.
1170 https://www.nacjonalista.pl/2023/03/28/niemieccy-nacjonalisci-na-szlaku-idei/, 28.3.2023, Zugriff am 8.5.2023.
1171 https://www.nacjonalista.pl/2023/03/16/movimiento-pueblo-projekt-polityczny-hiszpanskich-nr/, 16.3.2023, Zugriff am 8.5.2023.
1172 https://www.nacjonalista.pl/katalog-stron/, Zugriff am 27.7.2023.
1173 http://www.narodowalodz.pl/o_nas/, Zugriff am 5.4.2022.

ersten Durchsicht der Seite – im April 2022 – konnten die letzten Einträge vom November 2021 gesichtet werden. Mittlerweile funktioniert die Webseite nicht mehr, und ihre Inhalte sind lediglich mithilfe der *Wayback Machine* einsehbar.

Narodowcy.Net, https://narodowcy.net
Dt. Titelübersetzung: Nationalisten.Net. Die Betreiber der Webseite bezeichnen sie als ein Portal der jungen Generation polnischer Nationalisten und stellten sich im April 2022 wie folgt vor: „In einer von Ideen des Multikulturalismus und Liberalismus durchsetzten Welt wollen wir an Werte erinnern, für die Polen seit immer kämpften und starben: Gott, Ehre, Vaterland."[1174] Im Mai 2023 klingt ihr Credo anders: „Wir sind die Stimme der Auflehnung der jungen Generation der Polen. Gegen Nihilismus, Konsumptionismus und Hedonismus der heutigen liberal-kapitalistischen Welt. Wir sind gegen die Zerstörung all dessen, was wir lieben: der Schönheit, des Guten und der Wahrheit. Das Böse werden wir immer böse und das Abscheuliche abscheulich nennen. Wir wünschen uns ein großes und katholisches Polen, verankert in einem durch unumstößlichen Glauben an Gott verwurzelten Europa."[1175]

Das Portal ist mit den Organisationen Allpolnische Jugend (*Młodzież Wschechpolska*) und Nationale Bewegung (*Ruch Narodowy*) liiert, wovon Berichte über deren Initiativen zeugen, z.B. über den beabsichtigten Versand des „Dankbarkeitsdenkmals der Roten Armee" nach Moskau[1176].

Das Portal enthält die üblichen Rubriken Hauptseite, Ereignisse, Publizistik, Interviews und Kategorien, wobei die Letzteren in Sicherheit, Wirtschaft, Geschichte, Kultur, Religion, Politik, Welt und Gesellschaft aufgeteilt sind. Die Aktualität der Einträge lässt bisweilen zu wünschen übrig. Zum Zeitpunkt der Untersuchung (10.5.2023) fand der User in der Kategorie Ereignisse unter anderem eine Information über die Exhumation José Antonio Primo de Riveras (24.4.2023), in der Kategorie Wirtschaft einen Beitrag über Forderungen der Gewerkschaften nach Steigerung der Löhne und Gehälter (19.3.2023), in der Kategorie Sicherheit eine Nachricht über die Bestechung von privaten Journalisten durch die deutsche Bundesregierung (18.3.2023). Bei den Informationen handelt er sich um Einträge über aktuelle Ereignisse im In- und Ausland, wobei nationale Belange im Vordergrund stehen. So steht z.B. unter der Überschrift „Gesichter der Propaganda"[1177] unterhalb eines Großflächenplakats mit der Losung „Das ist nicht unser Krieg", die an den russisch-ukrainischen Krieg anspielt, ein Kommentar zu einer Auseinandersetzung zwischen dem Bevollmächtigten der polnischen Regierung für Fragen

---

1174 https://narodowcy.net/o-nas/, Zugriff am 5.4.2022.
1175 https://narodowcy.net/o-nas/, Zugriff am 8.5.2023.
1176 https://narodowcy.net/narodowcy-z-rzeszowa-chca-odeslac-do-moskwy-pomnik-wdziecznosci-armii-czerwonej/, Beitrag vom 31.3.2022, Zugriff am 8.5.2023.
1177 https://narodowcy.net/oblicza-propagandy/, 17.3.2023, Zugriff am 10.5.2023.

der Informationssicherheit Stanisław Żaryn und dem Kommentator des politischen Geschehens Leszek Sykulski. Żaryn wirft Sykulski vor, prorussische Propaganda zu betreiben oder Thesen zu vertreten, die mit der russischen Propaganda gegen Polen gerichtet sind. Der Kommentator des Portals, Amadeusz Putzlacher, versucht dagegen die Argumente beider Polemisten zu hinterfragen und stellt fest, dass die Diffamierung von Gegnern der Regierungspropaganda als Agenten des Feindes der Stigmatisierung von Andersdenkenden diene. Im Grunde kann jeder, dem die Meinungsfreiheit am Herzen liegt, den Ausführungen des Autors zustimmen. Die angespannten Zeiten, in denen solche Diskussionen geführt werden, scheinen eine Rechtfertigung für derartige Anschuldigungen gegen die Verfechter der freien Rede zu sein.

Ähnlich wie viele andere rechte und nationalistische Portale wird auch das hier vorgestellte auf Facebook zensuriert, so dass die Betreiber ihre Inhalte auch auf *Telegram* posten müssen.

Narodowe Odrodzenie Polski, http://www.nop.org.pl
Titel in Englisch: National Rebirth of Poland. Dt. Titelübersetzung: Nationale Wiedergeburt Polens, poln. Abk.: NOP. Untertitel: Die am längsten bestehende polnische nationale Formation der Nachkriegszeit. Die NOP ist eine „nationalistische (nationalrevolutionäre) politische Partei in Polen"[1178].

In der Rubrik „Rekrutierung" findet der User die ideologische Ausrichtung und Werteorientierung der NOP. Die Betreiber der Webseite gehen davon aus, dass sich in Polen ein freiheitsfeindliches politisches System verfestige, das das Recht der polnischen Nation, über ihre Geschicke zu bestimmen, einschränke. Deshalb sprechen sie sich für und gegen bestimmte Ideen und Institutionen aus: „für eine Regierung, an der die ganze Nation teilhat, und gegen eine falsche Demokratie, für Selbstverwaltung und gegen staatlichen Zentralismus, für polnischen Korporationismus und gegen Kommunisierung und Liberalisierung, für gesellschaftlichen Solidarismus und gegen Klassenkampf, für allgemeine Privatisierung und gegen Ausverkauf der Wirtschaft, für Arbeit für Polen und gegen Einwanderer, für Unantastbarkeit der westlichen Grenze und gegen deutsche fünfte Kolonne, für Verteidigung der Östlichen Gebiete und gegen postsowjetische Barbarei, für ein Europa Freier Nationen und gegen die Europäische Union, für eine starke Armee und gegen die Hegemonie der Nato, für ein effektives Rechtssystem und gegen die Straflosigkeit der Verbrecher, für den Schutz des ungeborenen Lebens und gegen den Genozid, für den Wiederaufbau lokaler Gemeinschaften und gegen die Atomisierung der Gesellschaft, für Vielfalt und Individualismus und gegen die Uniformierung, für eine radikale Umweltpolitik und gegen die Umweltzerstörung."[1179]

1178 https://www.nop.org.pl/category/international/, Zugriff am 10.5.2023.
1179 https://www.nop.org.pl/rekrutacja/, Zugriff am 10.5.2023.

Auf der Webseite findet sich unter anderem eine Stellungnahme des Exekutivrates der NOP vom 15.3.2022 zum Krieg in der Ukraine, in der die Behauptung aufgestellt wird, es sei kein Krieg Russlands mit der Ukraine, sondern eine Auseinandersetzung „zwischen dem untergehenden russischen Reich und dem seine Einflusssphären erweiternden amerikanischen Imperium, das von einem neuen Subjekt der Nach-Jalta-Ordnung gestützt wird, nämlich dem zentralistischen Moloch Europäische Union. In diesem Krieg sind Ukrainer die Opfer, die **gegen ihren Willen** als Testelement der imperialen Politik der USA ausgewählt worden sind. **Sie wurden zur Zielscheibe, auf die der russische Scharfschütze schießt.**"[1180]

Der deutschsprachige User kann sich auf der Webseite der NOP über „Richtlinien der NOP", „Ideelle Grundsätze des Nationalismus" und im Abschnitt „Vorstellung der NOP" über deren Geschichte und Gegenwart auch in Deutsch informieren[1181]. Vielleicht sind die ausführlicheren Beschreibungen der Partei in deutscher Sprache im Vergleich mit denen in englischer Sprache kein Zufall. Auffallend ist auch, dass in Englisch eine andere Version der ideellen Grundsätze gepostet wurde. Sie trägt den Titel *Third Position – 10 Point Declaration*.

Da sich die vorliegende Studie nicht auf Aktivitäten von Parteien bezieht, das Portal der NOP aber unter anderem Werbezwecken der Partei und der Gewinnung von Mitgliedern dient, beschränken wir uns wie bei anderen Webseiten auf Inhalte, die dieses Portal als rechtskonservativ und nationalistisch ausweisen.

Im NOP-Portal wurde auf das bereits auf der Webseite *nacjonalista.pl* gepostete Interview mit dem Aktivisten der NPD Claus Cremer hingewiesen[1182]. Unterhalb dieses Einführungstextes, in dem auf die wechselvollen Beziehungen zwischen Polen und Deutschen in der Geschichte hingewiesen und die Notwendigkeit der Zusammenarbeit zwischen beiden Nationen angesichts der Bedrohungen durch den „Demoliberalismus" gefordert wird, werden den Benutzern auch andere Interviews mit deutschen Nationalisten sowie Texte von NPD-Funktionären empfohlen, die im Portal *Nationalista.pl* erschienen sind: „Polen sind unsere Brüder – Gespräch mit dem Vizevorsitzenden der deutschen NPD" Thorsten Heise, „Wir müssen gemeinsam gegen gemeinsame Feinde kämpfen – Frank Franz, der Vorsitzende der NPD im Interview für *Nacjonalista.pl*", „Ein bekannter deutscher Nationalist sagt: Wir wollen mit den Polen zusammenarbeiten" (Sascha Roßmüller), „Alexander von Webenau: Deutsche und polnische Nationalisten müssen gemeinsam kämpfen!" und „Axel Michaelis: Die Achse Berlin – Warschau – Moskau"[1183]. Diese

---

1180 https://www.nop.org.pl/2022/03/16/wobec-wojny-na-ukrainie-stanowisko-narodowego-odrodzenia-polski/, Hervorhebungen im Originaltext. Der Text kann auch in englischer Übersetzung gelesen werden, Zugriff am 10.5.2023.
1181 https://www.nop.org.pl/category/international/, Zugriff am 10.5.2023.
1182 https://www.nop.org.pl/2023/04/14/wywiad-z-czolowym-niemieckim-nacjonalista-z-npd/, 14.4.2023, Zugriff am 10.5.2023.
1183 Ebd.

in den genannten Texten anvisierte und von beiden Seiten angestrebte „Aktionseinheit" polnischer und deutscher Nationalisten relativiert die vielerorts in der polnischen rechtskonservativen und nationalen Szene fest verankerten antideutschen Stimmungen oder gar Ressentiments. In der besagten Einführung zu den genannten Interviews und Texten schreiben die Betreiber unter anderem: „Die Kontakte polnischer mit den deutschen Nationalisten riefen immer heftige Diskussionen hervor. Wir sind jedoch der Meinung, dass selbst ungeachtet solcher historischen Belastungen miteinander gesprochen werden muss, besonders wenn die andere Seite einen solchen Willen äußert. Wir drängen uns niemandem auf, aber wir weisen auch keine ausgestreckte Hand zurück. Wir stehen zur Wahrheit und werden sie immer verteidigen. Schon in den 90er Jahren des 20. Jahrhunderts hatten wir auf unserem Kongress und im Sommerlager der Dritten Position ‚Kreuz und Schwert' Delegationen deutscher Nationalisten zu Gast. Wir tauschten unsere Meinungen aus, aber die Divergenzen waren zu groß. Dies hinderte aber linksliberale Medien, ‚Antifaschisten' und verschiedene bemitleidenswerte ‚Nationale' nicht daran, von einer sagenumwobenen ‚Zusammenarbeit' oder sogar vom ‚Verrat' zu lügen."[1184]

Neon24.pl, http://www.neon24.pl

Dt. Titelübersetzung: Leuchtreklame 24.pl. Die Webseite hat zwei verschiedene Aufmachungen. Bis Ende 2022 trug sie den Untertitel „Forum der Polen", heute lautet er „Fakten. Eine beleuchtete Schrift". Als Herausgeber des Portals fungierte die Stiftung *Fundacja Nowy Ekran* (Stiftung Neuer Bildschirm) in Warschau. Chefredakteur des Portals ist Ryszard Zbigniew Opara, ein polnischer Unternehmer, der in der Verlagsbranche tätig ist und als Herausgeber rechtsorientierter Medien fungiert; seine Stellvertreterin ist Anna Słupianek.

Aus der Selbstdarstellung von April 2022, die als „Mission" überschrieben war: „Ziel des Portals ist die Suche nach einem Standpunkt zu verschiedenen Fragen, der den Interessen Polens am besten dienen wird; das Portal lässt sich weder von einem Parteiinteresse noch von einer bestimmten Ideologie leiten; die Aufgabe des Service besteht in der Wahrheitsfindung, in der sachlichen Förderung von Diskussionen und in der medialen Kontrolle der Regierenden."[1185]

Ende Februar 2022 fanden sich auf der Webseite unter anderem Beiträge mit folgenden Titeln, die über ihr Profil Aufschluss geben: „Ich habe Angst vor der Niederlage Russlands" (Krzysztof J. Wojtas); „Für den Überfall Putins auf die Ukraine ist der Westen verantwortlich" (Marek Ciesielczyk); „Der Kanzler wurde zum Clown" (elig), „Wien – die Corona-Demo – Live 26.2.2022"; „Warum funktioniert die Domäne neon24.pl nicht?" (dżon); „Für die banderistische Ukraine begehen wir

---

1184 Ebd.
1185 https://web.archive.org/web/20220104085707/https://neon24.pl/o-nas, Zugriff am 9.4.2022.

einen kollektiven Selbstmord" (Jacek Boki)[1186]. Es überwogen Beiträge über den Krieg in der Ukraine, aber das Augenmerk der Autoren lag auch auf der Corona-Krise, die aber vom besagten Krieg überschattet wurde. Gegner bezichtigten das Portal, es sei prorussisch, und seine Autoren seien die fünfte Kolonne Russlands[1187].

2023 lautet der Untertitel des Portals „Klar beleuchtete Fakten", und es stellt sich wie folgt vor: „Eine Zeitschrift für Polen, in der redliche Informationen von höchster Qualität präsentiert werden. Unsere Mission ist Wahrheit und Unabhängigkeit."[1188] Die Namen der Betreiber fehlen ähnlich wie in den meisten polnischen Portalen. Inhaltlich unterscheidet sich die neue Version von der einstigen deutlich. Die Rubriken versprechen mehr als sie leisten. Die erste, Lokale Nachrichten, beschränkt sich auf kurze historische Beschreibungen ausgewählter polnischer Städte, jegliche Informationen über örtliche Geschehnisse fehlen. Weitere Rubriken sind Welt, Religion, Wirtschaft, Medizin mit Unterrubrik Psychologie, Recht, Sport mit Unterrubrik Fußball und Technik. Mehrere Einträge finden sich in mehr als einer Rubrik.

Als die populärsten werden auf der Hauptseite Beiträge zu folgenden Themen angeboten: Die beliebtesten Motive auf Bildern, die bei der Taufe verschenkt werden; Die Wahl von Providern des mobilen Internets; Wer sind die Freimaurer? Ehrliche Antworten auf Fragen; Was sollte man einer Freundin zum Geburtstag kaufen?[1189] Neben diesen wenig politischen Themen findet der User ein ganzes Sammelsurium von inhaltlich sehr unterschiedlichen Beiträgen, angefangen mit Steuern, über das Arbeitsrecht, das Alter Marias, als sie Jesus gebar, die Auflösung von Nierensteinen mit Zitronensaft, Frauenfußball, Akupunktur bis hin zu kulinarischen Ratschlägen. Kurzum, die Neufassung des Portals *Neon24.pl* wird alle an rechtsorientierten Webseiten Interessierten enttäuschen.

Nie dla islamizacji Europy, https://ndie.pl

Dt. Titelübersetzung: Gegen die Islamisierung Europas. Aus der Selbstbeschreibung: „Sorgfältig ausgewählte Informationen und Analysen aus den Kategorien Geopolitik, Islamisierung, Einwanderung, Terrorismus"[1190]. Zum Zeitpunkt der Untersuchung 2022 war das Portal nicht zugänglich, es ist Anfang 2023 wieder abrufbar, wobei lediglich Beiträge vom Zeitraum März 2013 bis Dezember 2019 eingesehen werden können. Neue Beiträge fehlen.

Die Rubrik Polen enthält Einträge über die im Lande aktiven Anhänger des Islam sowie über die von ihnen verursachten Probleme. In den Rubriken Europa,

---

1186 https://web.archive.org/web/20220228002947/https://neon24.pl/, Zugriff am 9.4.2022.
1187 https://niepoprawni.pl/tagi-z-blogow/neon24, Zugriff am 9.4.2022.
1188 https://neon24.pl, Zugriff am 29.7.2023.
1189 https://neon24.pl, Zugriff am 10.5.2023.
1190 https://web.archive.org/web/20210511230711/https://ndie.pl/, Zugriff am 9.4.2022.

Welt, Meinungen, Analysen und Statistiken werden vorwiegend Fakten und Zahlen zur Asylpolitik und zu islamistischen Vorfällen in Deutschland behandelt.

Niepoprawni.pl, http://niepoprawni.pl

Dt. Titelübersetzung: Die Inkorrekten.pl. Selbstdarstellung: „Der Webservice *niepoprawni.pl* entstand im Juli 2008. Was uns vorschwebte, war die Schaffung eines unabhängigen Ortes des freien Austausches von Ideen, Anschauungen, Meinungen und Informationen, der von der die polnischen Informationsmedien des Mainstreams allumfassenden Manipulation, Falschheit, Lüge und Zensur nicht erfasst worden wäre. Wir reagieren auf den fortschreitenden Niedergang von Politik, Journalismus, Eliten sowie auf den Schwund von patriotischen und Bürgereinstellungen. Wir wollen die Tradition, den Patriotismus, das Engagement der Bürger in die Politik fördern, die Wahrheit von Informationen, die historische Wahrheit über Polen verbreiten und somit das Bewusstsein und die Weltanschauung der Polen prägen. Es liegt uns daran, dass sie sich dazu berufen fühlen, für unser gemeinsames Vaterland zu sorgen."[1191]

Das Portal ist ein Forum für Blogger, die zu aktuellen Ereignissen Stellung nehmen. Eine flüchtige Übersicht über die Themen der Einträge veranschaulicht die dominierende Einstellung der Blogger: „Der Mainstream der EU wird mit russischem Sold finanziert"; „Eine erschreckend traurige Diagnose: ‚Manche Länder des Westens wollen, dass die Ukraine nachgibt'"; „Das Netz von Einflussagenten Putins in Europa"; „Die Sprösslinge ‚unserer Brüder', erzogen auf der Grundlage von Ideen Stepan Banderas"; „Der ratlose, lächerlich-schreckliche, unschön alternde D. Tusk"; „Die Konföderation Putins" (über die im polnischen Parlament vertretene Partei *Konfederacja*, der eine prorussische Haltung nachgesagt wird)[1192]. Im Mai 2023 liest der User unter anderem folgende Einträge, die mit dem Beiwort „empfohlen" versehen sind: „Olaf Scholz – ein unverschämtes sozialistisches ‚Männlein mit Glatze und ohne Schnurrbart'"[1193]; „Swexit! Schweden außerhalb der EU?"[1194]; „Ohne Stalin gäbe es keinen Hitler und keine Gestapo"[1195]; „Der Siegesmarsch in Moskau AD 2023"[1196]; „Diese ersehnte Union mit ihrer Zentrale in

---

1191 https://niepoprawni.pl/strona/misja, Zugriff am 12.5.2023.
1192 https://niepoprawni.pl, Zugriff am 9.4.2022.
1193 https://niepoprawni.pl/blog/krzysztofjaw/olaf-scholz-bezczelny-socjalistyczny-czlowieczek-z-lysina-i-bez-wasa, 10.5.2023, Zugriff am 12.5.2023.
1194 https://niepoprawni.pl/blog/krzysztofjaw/swexit-szwecja-poza-ue, 11.5.2023, Zugriff am 12.5.2023.
1195 https://niepoprawni.pl/blog/humpty-dumpty/bez-stalina-nie-byloby-hitlera-i-gestapo, 8.5.2023, Zugriff am 12.5.2023.
1196 https://niepoprawni.pl/blog/maciej1965/marsz-zwyciestwa-w-moskwie-ad-2023, 8.5.2023, Zugriff am 12.5.2023.

Brüssel erwies sich als ..."[1197]; „Mafioso Tusk von der PO[1198] ein bolschewisierter Schizo-Faschist"[1199]; „Russland – das Land des ‚Doktors' Opara"[1200].

Die meisten Einträge im hier vorgestellten Blogger-Portal gelten zum Zeitpunkt ihrer Untersuchung Russland (168), gefolgt von Polen (116), der Ukraine (105), Putin (94), Deutschland (49), EU (43) und PO (42). Andere politisch relevante Tags sind Donald Tusk, PiS, Covid-19, Hitler, Krieg, die Partei *Konfederacja*, Islam, Nato, Belarus, Linke, LGBT+.

Niezależne Media Podlasia, http://niezaleznemediapodlasia.pl

Dt. Titelübersetzung: Unabhängige Medien Podlachiens. Das ohne Namensnennung der Betreiber und ohne Selbstdarstellung funktionierende Portal ist in folgende Rubriken aufgeteilt: „Seidene Geschäfte"[1201] mit jüdischen, de facto antisemitischen Themen („Hört auf zu lügen, Juden!" – über angebliche jüdische Verbrechen im Polen der Zwischenkriegszeit und die Pläne der Juden, Polen für den Holocaust zahlen zu lassen); „Der Antisemitismus auf jüdische Art" – über den vermeintlichen Rassismus der Juden, der ihrem Antisemitismus zugrunde liegt; „Sie weihte Hunderte von Juden dem Tode. Sie kassierte Geld dafür. Sie selbst war Jüdin" – ein Bericht über die deutsch-jüdische Gestapodenunziantin Stella Goldschlag; „Katyn" – mit einem Artikel, in dem die These aufgestellt wurde, dass nicht die Russen, sondern die Juden für den Massenmord in Katyn verantwortlich gewesen seien; „Das Konzentrationslager Warschau" mit einem Artikel über ein weitgehend in Vergessenheit geratenes KZ für die Warschauer Bevölkerung in der Zeit der Nazibesatzung Polens; „Opfer der Kommunisten in Białystok"; „Impfungen" mit Beiträgen über die geltenden Vorschriften und Gefahren bei diversen Impfungen; „Agenten des Sicherheitsdienstes" – ein Rückblick auf die Aufdeckung von Listen mit polnischen Geheimdienstagenten, ferner ein Artikel über die Ehefrau

---

1197 https://niepoprawni.pl/blog/michael-abakus/ta-wymarzona-unia-z-centrala-w-brukseli-okazala-sie-byc-zwyklym, 8.5.2023, Zugriff am 12.5.2023. Die Fortsetzung des Titels lautet: „... ein gewöhnlicher linker Saustall, der von Orwellschen Schweinen verwaltet wird, die sich ihre Mäuler mit Phrasen abwischen wie Demokratie, Redefreiheit, Rechtsstaatlichkeit und europäische Werte, aus denen das Christentum gänzlich ausradiert worden ist."
1198 Die Abkürzung steht für die polnische Partei *Platforma Obywatelska* (Bürgerplattform), die als Oppositionspartei eine Alternative zur PiS-Partei sein will.
1199 https://niepoprawni.pl/blog/andy-aandy/mafiozo-tusk-z-po-zbolszewizowanym-schizo-faszysta, 7.5.2023, Zugriff am 12.5.2023.
1200 https://niepoprawni.pl/blog/humpty-dumpty/rosja-kraj-doktora-opary, 7.5.2023, Zugriff am 12.5.2023. Der im Titel genannte Dr. Opara ist Betreiber des weiter oben vorgestellten Portals *Neon 24.pl*.
1201 Im polnischen Titel der Rubrik wird das aus dem Deutschen übernommene Wort *geszefty* benutzt, das meistens in der Bedeutung „unlautere Geschäfte" steht.

des damaligen Staatspräsidenten Bronisław Komorowski und ein weiterer über seine Vorfahren – beide Texte handeln von der nichtpolnischen Abstammung des Ehepaares und dem Dienst ihrer Angehörigen bei den Sicherheitsorganen der VR Polen; „Die erste Solidarność in Białystok" – das Bulletin *Pierwsza Solidarność* vom Dezember 2019 im PDF-Format; „Die Widerstandsbewegung" – eine Präsentation von Büchern des Autors Tomasz Nocuń, die im Lubliner Verlag Natura 2011 und 2013 erschienen sind. Der Autor wirft darin unter anderem die folgende Frage auf: „Wie kann man sich effektiv der Staatsgewalt entgegenstellen?" Seine Hauptthese ist, dass Polen kein Rechtsstaat, sondern ein Unrechtsstaat sei und dass der Widerstand gegen die Staatsgewalt berechtigt ist. In der besagten Rubrik finden sich außerdem Texte über die Geschichte der Nationalen Streitkräfte (NSZ) in Krzemieniec Podlaski sowie über die polnischen Opfer ukrainischer Nationalisten aus der Zwischenkriegszeit.

Bei der Durchsicht des Portals im Mai 2023 findet der Unser eine neue Rubrik, „OMZRiK[1202] (Facebook) ist Pathologie und Rechtlosigkeit", in der die Aktivitäten dieser linken Organisation und deren Unterstützer angeprangert werden. Die Betreiber rufen zur strafrechtlichen Verfolgung von Professor Jan Hartman auf, der in seinen Tweets katholische Würdenträger und die Kirche angreift und beleidigt[1203]. Andere „negative Helden" der Rubrik sind der Journalist, Regisseur, Dramatiker und künstlerische Leiter des Theaters *TrzyRzecze* Konrad Andrzej Dulkowski, der dem OMZRiK vorsteht, sowie der Journalist Rafał Gaweł, der das besagte Zentrum gestiftet hat. Ihnen wird vorgeworfen, konkrete Personen als „Xenophobe", „Anstifter zu kriminellen Delikten", „Rassisten" und „Homophobe" zu beschimpfen, ohne dass dafür Gründe bestünden. Gaweł hat den hier bereits vorgestellten ehemaligen katholischen Priester und Autor als antisemitisch verschriener Bücher Jacek Międlar verklagt, weil Letzterer ihn einen „Juden" und „Polenfeind" nannte. Außerdem bestritt der Beklagte die Echtheit der Bescheinigung über Gawełs Unzurechnungsfähigkeit. Międlar wurde freigesprochen, und Gaweł erhielt eine zweijährige Haftstrafe, vor der er nach Norwegen floh, wo er Asyl bekam[1204].

Eine Durchsicht der Beiträge auf der Webseite zeigt, dass ihre anonymen Betreiber sich als polnische Patrioten verstehen und um die Pflege des Andenkens an Polen bemüht sind, die von jüdischen und ukrainischen Tätern bedroht, verfolgt

---

1202 Die Abkürzung steht für das im Abschnitt 2.2 vorliegender Untersuchung genannte Zentrum für Monitoring von rassistischen und fremdenfeindlichen Verhaltensweisen.

1203 https://niezaleznemediapodlasia.pl/zawiadomienie-o-podejrzeniu-popelnienia-przestepstwa-przez-prof-jana-hartmana/, Zugriff am 12.5.2023.

1204 Merkwürdigerweise findet nur der User der englischsprachigen *Wikipedia* einen Eintrag über Rafał Gaweł. Siehe https://en.wikipedia.org/wiki/Rafał_Gaweł, Zugriff am 12.5.2023.

und gemordet wurden. Die Betreiber der Seite arbeiten überwiegend zeitgeschichtliche Themen auf und diese nur unter dem Blickwinkel der polnisch-jüdischen und polnisch-ukrainischen Beziehungen. Auf ihrer Hauptseite, die auch nicht auf dem neuesten Stand ist – der jüngste Beitrag ist zum Zeitpunkt der Untersuchung (29.7.2023) mit dem Datum 10.3.2022 versehen – findet sich eine „Analyse jetziger Situation"[1205]. Es ist ein sehr kurzer Text über die Propaganda der am russisch-ukrainischen Krieg beteiligten Parteien, versehen mit einer Zeichnung, die aller Wahrscheinlichkeit nach aus russischen Beständen stammt. Darauf sind Russland als ein Bär, die Ukraine als ein kleiner Mann mit einem Speer und die USA, Nato und Briten als amüsierte Zuschauer des Kampfes beider Gegner des Konflikts abgebildet. Die Form der Webseite kann darauf hindeuten, dass sie entweder von unbeholfenen Laien oder von ausländischen Betreibern geführt wird.

Niezłomni.com, https://niezlomni.com

Dt. Titelübersetzung: Die Standhaften. Untertitel: Historisches und Informationsportal. Selbstdarstellung: „Wir erinnern an Helden, an diejenigen, die mit der Waffe in der Hand kämpften, und an solche, die zur Feder griffen. Wofür kämpften sie? Dafür, dass Polen frei sei. Wir beschreiben Helden, von denen alle gehört haben, aber auch solche, an die sich zu erinnern geächtet wird. Wir zeigen Geschichten auf, die die Welt veränderten, auch solche, an die sich nur wenige Bewohner kleiner Städte erinnern. Setzen wir alles daran, dass sie es schaffen, alle ihre Geschichten zu erzählen!"[1206]

Die Seite besteht aus mehreren Rubriken: Polen, Welt, Geschichte, Kalendarium, Humor, Bücher, TV, Ideen, Kunst, Laden. Die Themen der Posts sind polnische Geschichte, insbesondere ihre politisch inkorrekte Variante, nationale Helden, Landkarten Polens. Auch andere Themen findet der User der Seite, z.B. einen Beitrag über Exorzismen an einer Deutschen, Anneliese Michel[1207], die infolgedessen verstorben ist, oder eine Karte der Prostitution in Europa, auf der die Pönalisierung des horizontalen Gewerbes illustriert wird[1208].

Die Webseite verzeichnet keine aktuellen Ereignisse, die Beiträge sind nicht chronologisch angeordnet, aber die Themen können nach Eingabe von Suchbegriffen ermittelt werden. So ergibt die Suche nach dem Schlagwort *Niemcy* (Deutschland) 1.185 Treffer[1209]. Im Folgenden einige Titel von Beiträgen zum besagten

---

1205 https://niezaleznemediapodlasia.pl/analiza-obecnej-sytuacji/, Zugriff am 12.5.2023.
1206 https://niezlomni.com, Zugriff am 15.5.2023.
1207 https://niezlomni.com/historia-najslynniejszych-egzorcyzmow-jakie-kiedykolwiek-przeprowadzono-co-naprawde-dzialo-sie-z-mloda-kobieta-wideo/, Zugriff am 15.5.2023.
1208 https://niezlomni.com/europejska-mapa-prostytucji-polska-a-reszta-europy/, Zugriff am 15.5.2023.
1209 https://niezlomni.com/?s=Niemcy, Zugriff am 15.5.2023.

Schlagwort: „Die Deutschen haben den Menschen dieses schreckliche Schicksal bereitet. Ein geheimes Tagebuch des Holocaust"[1210] (Kurzinfo über ein Buch mit Aufzeichnungen von Nonna Bannister, einer aus Russland stammenden und nach dem Zweiten Weltkrieg mit einem Amerikaner verheirateten Jüdin, die über ihren Aufenthalt in einem nazideutschen Arbeitslager berichtet); „Nicht nur Deutschland und Russland. 10 Staaten, die Polen bestohlen haben. (Video)"[1211] – über Diebstahl polnischen Eigentums im Laufe von Jahrhunderten; „Der 75. Jahrestag der Befreiung des Konzentrationslagers in Sachsenhausen. Unweit von Berlin schufen die Deutschen eine Hölle auf Erden. (Video)"[1212]; „Deutschland und Österreich wollen daran nicht erinnert werden! Pflegeheime, die als Euthanasiezentren dienten. (Video)"[1213]; „Was ist mit der ‚Schönen Madonna' von Thorn geschehen? Darüber, wie Deutsche mit Russen Polen gehörende Kunstwerke raubten. (Video)"[1214]; „Prof. Kucharczyk: Die Deutschen bereiteten sich auf die Verbrechen an Polen über 20 Jahre lang vor (Video)"[1215]. Die genannten Titel von Text- und Videobeiträgen veranschaulichen das Interesse der Betreiber der Seite an einer solchen Sicht der Geschichte, in der die Polen ein Volk von Opfern und die Deutschen eine Verbrechernation sind, der übrigens auch Russen zur Seite standen. Eine solche Einstellung gegenüber den beiden Nachbarvölkern nimmt auf Webseiten der polnischen Nationalisten nicht wunder, sie spiegelt gänzlich ihre Denkart wider.

Was die Einstellung zum Nationalismus anbetrifft, findet der User auf der untersuchten Webseite etwa 140 Beiträge, die das Thema sachlich und emotionslos angehen. Unter anderem wird der Literaturnobelpreisträger von 1905 Henryk Sienkiewicz zitiert, der sich darüber wie folgt äußerte: „Nur niederträchtige und böswillige Individuen und absolute Dummköpfe können den polnischen Nationalismus mit dem charakteristischen deutschen Nationalismus oder dem Nationalismus der russischen Schwarzhunderter vergleichen. Der polnische Nationalismus

---

1210 https://niezlomni.com/niemcy-ludziom-zgotowali-ten-straszny-los-sekretny-dziennik-holokaustu/, Zugriff am 15.5.2023.

1211 https://niezlomni.com/nie-tylko-niemcy-i-rosja-10-panstw-ktore-okradly-polske-wideo/, Zugriff am 15.5.2023.

1212 https://niezlomni.com/75-rocznica-oswobodzenia-obozu-koncentracyjnego-w-sachsenhausen-pod-berlinem-niemcy-stworzyli-pieklo-na-ziemi-wideo/, Zugriff am 15.5.2023.

1213 https://niezlomni.com/niemcy-i-austria-nie-chca-pamietac-o-tej-niewygodnej-prawdzie-zaklady-opiekuncze-ktore-sluzyly-nazistom-jako-centra-eutanazji-wideo/, Zugriff am 15.5.2023.

1214 https://niezlomni.com/co-stalo-sie-z-piekna-madonna-z-torunia-o-tym-jak-niemcy-z-rosjanami-rabowali-nalezace-do-polski-dziela-sztuki-cwideo/, Zugriff am 15.5.2023.

1215 https://niezlomni.com/prof-kucharczyk-niemcy-przygotowywali-sie-do-zbrodni-na-polakach-przez-ponad-20-lat-wideo/, Zugriff am 15.5.2023.

nährte sich niemals von fremdem Blut und Tränen, er peitschte keine Schulkinder, stellte Henkern keine Denkmäler auf. Er entsprang aus Schmerz, der größten historischen Tragödie. Er vergoss Blut auf familiären und allen anderen Schlachtfeldern, auf denen es nur um die Freiheit ging."[1216]

Der deutsche Nationalismus ist unter anderem Gegenstand des Beitrags „Ein Plan der Nazis von 1942 zur Erhaltung ihrer Kontrolle: ein vereintes Europa ohne Nationalismen, jeder arbeitet aus eigenem Willen für das Reich"[1217]. Darin wird aus Walter Schellenbergs „Memoiren" ausführlich zitiert und sein dem Reichsführer SS Heinrich Himmler unterbreitetes Konzept hervorgehoben, ein neues Europa zu schaffen, in dem nationalistische Tendenzen der europäischen Völker unterbunden würden. Der Text enthält den Link zu einem anderen, thematisch verwandten Beitrag mit dem Titel „Die europäische Föderation ist ein Werkzeug des deutschen Revisionismus. Solche Pläne gab es schon lange … (Video)"[1218]. Aus den beiden angeführten Beiträgen wird die Skepsis der Webseitenbetreiber gegenüber einem europäischen Staatenbund ersichtlich, die ein Markenzeichen vieler polnischer Nationalisten ist. Ein föderatives Europa wird in ihren Kreisen häufig als ein deutsches Konzept gesehen, das die Unterordnung Polens wie auch anderer kleinerer Staaten unter deutsche Dominanz nach sich ziehen würde. Auch zentrifugale Tendenzen in Polen wie die Bewegung für die Autonomie Schlesiens ist den polnischen Nationalisten ein Dorn im Auge. Deshalb nahmen sie die Absage des polnischen Sejms im Herbst 2016, die Schlesier als ethnische Gruppe anzuerkennen, mit Genugtuung entgegen. Das Portal *Niezłomni.com* berichtete darüber in dem Beitrag „Die Abgeordneten haben abgestimmt: Die Schlesier sind keine ethnische Gruppe […]"[1219].

Stowarzyszenie na Rzecz Tradycji i Kultury Niklot, http://www.niklot.org.pl
Dt. Titelübersetzung: Verein für Tradition und Kultur Niklot. Webseite eines an die Ideen der Bewegung „Zadruga"[1220] anknüpfenden Vereins. Die seit 1998 bestehende

---

1216 https://niezlomni.com/henryk-sienkiewicz-nikczemne-zlosliwe-indywidua-lub-absolutni-glupcy-moga-porownywac-nacjonalizm-polski-nacjonalizmem-niemieckim-lub-rosyjskim/, Zugriff am 15.5.2023.

1217 https://niezlomni.com/plan-nazistow-w-1942-by-zachowac-kontrole-zjednoczona-europa-bez-nacjonalizmow-kazdy-pracuje-dla-rzeszy-z-wlasnej-woli/, Zugriff am 15.5.2023.

1218 https://niezlomni.com/federacja-europejska-to-narzedzie-rewizjonizmu-niemieckiego-takie-plany-byly-juz-dawno-wideo/, Zugriff am 15.5.2023.

1219 https://niezlomni.com/poslowie-zaglosowali-slazacy-sa-grupa-etniczna-zmieliono-140-tys-glosow-twarz-polskiego-nacjonalizmu-kobiece-rysy/, Zugriff am 15.5.2023.

1220 „Zadruga" war eine nationalistische neuheidnische Bewegung, begründet 1937 von Jan Stachniuk „Stoigniew" (1905–1963), dem Idee der Wiedergeburt und Vereinigung aller slawischen Völker vorschwebte. In seinem Denken verband

Organisation führt in ihrer Bezeichnung den Namen des Abodritenfürsten Niklot, der „zeit seines Lebens gegen Deutsche und Dänen für die Freiheit seines Volkes kämpfte. Als einziger von allen slawischen Herrschern hielt er einem Kreuzzug stand und setzte sich einer zwangsweisen deutschen Christianisierungsaktion entgegen. Er starb den Heldentod im Kampf bei Orle (heute Wurle) 1160."[1221]

Der Verein umreißt seine Zielsetzung wie folgt: „Erhaltung und Entwicklung der ethnischen, slawischen Identität und der kulturellen Eigenständigkeit Polens. Wir haben auch die Absicht, anderen slawischen Staaten und Nationen beim Wiederaufbau ihrer Identität zu helfen. Um dies zu erreichen, haben wir die Absicht, mit allen slawischen Staaten und Organisationen die Bande zu festigen. Wir haben auch die Absicht, die auf der heimischen Tradition gestützten Kulturmuster aktiv zu kreieren. Wir widersetzen uns dem negativen Einfluss der Europäischen Union und der Globalisierung auf unser Land und unseren zivilisatorischen Kreis. Die **Tradition** im Namen des Vereins soll die Kontinuität des indoeuropäischen und slawischen Erbes symbolisieren, auf die wir eine neue Zivilisation aufbauen wollen. Die **Kultur** ist Produkt einer bestimmten Ethnie, ihre jahrhundertelange Leistung, zu der wir als Polen auch einen Beitrag leisten möchten. Nach unserer Überzeugung muss allen Aktivitäten, die Anzeichen einer politischen und gesellschaftlichen Revolution tragen, eine in die Tiefe der Menschenseelen reichende Kulturrevolution vorausgehen. Daraus resultiert der Vorrang der Kultur im entscheidenden Kampf um unser Überleben und unsere Entwicklung."[1222]

Auf der Webseite des Vereins finden sich Informationen über die von ihm organisierten Veranstaltungen, vor allem über Vorträge mit aktueller politischer und historischer Thematik, z.B.: „Der Krieg in der Ukraine oder um die Ukraine 2014–2022" (Prof. M. Klimecki, 29.4.2022), „Piłsudski und Dmowski – ihre Rolle in der Geschichte Polens und der Polen im 20. Jahrhundert. Fakten und Mythen" (Prof. P. Wajngertner, 10.2.2022), „Die kroatische nationale Bewegung an der Macht 1941–1945" (Dr. Ł. Nowok, 29.12.2021), „Die politische Evolution von Belarus nach den Wahlen im August 2020" (W. Bujwal, 19.11.2021), „Der Tengrismus – das Neuheidentum türkischer Völker" (Dr. M. Pędracki, 1.10.2021), „Die Polen in Belarus – Bürger oder Geiseln?" (P. Kazanecki, 9.7.2021), „War ein Pakt zwischen Polen und Deutschland 1939 möglich?" (P. Gursztyn, 11.6.2021), „Die Lausitzer Sorben in der DDR 1949–1990" (Dr. habil. P. Pałys, 18.9.2021), „Die Diktatur N. Ceausescu in Rumänien (1965–1989) – kann es einen ‚nationalen Kommunismus' geben?" (Prof. A. Dubicki, 7.6.2021), „Die Ursachen für die Expansion der Slawen im Frühmittelalter" (Dr. habil. A. Sołtysiak, 24.4.2021) u.v.a.

Stachniuk Ideen von Friedrich Nietzsche (Kritik des Christentums), Stanisław Brzozowski (proletarischer Nationalismus), Max Weber (Zusammenhang zwischen der protestantischen Ethik und der Entwicklung des Kapitalismus) u.a.
1221 http://www.niklot.org.pl/stowarzyszenie.html, Zugriff am 16.5.2023.
1222 Ebd.

Der Verein wird bezichtigt, prorussisch zu sein. Diesen Vorwurf wies sein Vorsitzender, Dr. Tomasz Szczepański, in einem Schreiben an die Nachrichtenredaktion des Polnischen Fernsehens vom 5.12.2017 vehement zurück und forderte von dem Sender die folgende Richtigstellung: „In der ‚Nachrichten'-Sendung am 5.12.2017 haben wir den Verein für Tradition und Kultur ‚Niklot' fälschlicherweise eine prorussische Organisation genannt und haben auch fälschlicherweise suggeriert, dass angeblich der ehemalige Abgeordnete Mateusz Piskorski mit diesem Verein weiterhin verbunden sei. Diese Informationen sind gänzlich falsch, und deren Verbreitung war Irreführung der Öffentlichkeit."[1223]

Obóz Narodowo-Radykalny, https://www.onr.com.pl

Dt. Titelübersetzung: National-Radikales Lager, poln. Abk.: ONR. Aus der Selbstdarstellung: „Das National-Radikale Lager ist eine soziale Bewegung, die junge Polen sammelt, denen Werte wie Gott, Ehre, Vaterland, Familie, Tradition und Freundschaft wichtig sind. Wir sind keine politische Partei, denn wir sind an der Teilnahme an oligarchischen Spielen im Parlament nicht interessiert. Statt dem Tauziehen zwischen den Parteien und leeren Versprechungen für die Wähler bevorzugen wir einen nationalen Aktivismus. [...] Wir veranstalten patriotische Kundgebungen [...], widersetzen uns der linken Propaganda, arbeiten mit alten Kämpfern zusammen, organisieren Vorlesungen, führen eine karitative Tätigkeit [...] und propagieren die nationale Idee mit verschiedenen Methoden. [...] Wir sind Nationalisten des 21. Jahrhunderts, also ist unser Ziel nicht der Historismus oder die Sentimentalität, sondern die stetige Entwicklung und Arbeit an der Wiedererweckung der nationalen und katholischen Werte. [...]"[1224]

Auf der Webseite der Organisation findet der User folgende Rubriken: „Aktualitäten" mit Meldungen über die Tätigkeit der „Brigaden"[1225], in die der Verein eingeteilt ist; „Was ist das ONR?"; „Ideologische Erklärung"; „Brigaden"; „Publizistik". Aus der „Ideologischen Erklärung" seien nur ihre einzelnen Punkte vorgestellt, die zugleich als Thesen dieser nationalistischen Bewegung gelesen werden können: 1. Erlösung in Gott als Endziel des Menschen; 2. Nation als höchster Wert auf Erden; 3. Familie als Fundament der Nation; 4. Staat als politische Organisation der Nation; 5. Die Ordnung Großpolens als Gewähr für Gerechtigkeit und Solidarismus der Nation; 6. Bildung als Schmiede der Eliten der Nation; 7. Die Polnische Armee als Beschützerin der Interessen der Nation; 8. Wirtschaft im Dienste der ganzen Nation; 9. Kultur als Fundament der Identität der Nation; 10. Die ehemaligen polnischen Ostgebiete als Zentrum des Polentums und Erbschaft der Nation; 11.

1223 http://www.niklot.org.pl/?start=30, Zugriff am 16.5.2023.
1224 https://www.onr.com.pl/czym-jest-onr/, Zugriff am 16.5.2023.
1225 Die Aufteilung in 16 Brigaden entspricht der territorialen Gliederung Polens in 16 Wojewodschaften.

Außenpolitik als Ausdruck der Interessen der Nation; 12. Föderation der Staaten Mittelosteuropas als Zukunft der Lateinischen Zivilisation.[1226]

Nach Anklicken der Rubrik „Publizistik" wird der User auf die Webseite des gesellschaftlich-kulturellen Portals *kierunki.info.pl* weitergeleitet und kann Beiträge aus der aktuellen Ausgabe der gleichnamigen Monatsschrift lesen.

Pobudka, https://www.pobudka.org

Dt. Titelübersetzung: Der Weckruf. Untertitel: Wir wecken schlafende Ritter. Webseite einer 2015 vom Abgeordneten der Partei Konföderation Freiheit und Unabhängigkeit Grzegorz Braun initiierten Organisation. Ihre Parole lautet: „Kirche – Schule – Schießplatz – Münze"[1227]. Sie setzt sich ein für eine die katholische Tradition pflegende Kirche, darunter für die Tridentinische Messe, die an möglichst vielen Orten gefeiert werden sollte; für die Entstehung neuer und die Förderung bestehender katholischer Schulen; für die Popularisierung und das Üben der Schießkunst; für die Verbreitung des ökonomischen Bewusstseins der materiellen Grundlagen im öffentlichen und Privatleben sowie für die Sicherung realer materieller Grundlagen der Tätigkeit der Organisation[1228]. Ihr Ziel ist die Verwirklichung eines „Programms organischer Arbeit für die Freiheit, Sicherheit, geistige, intellektuelle und materielle Emanzipation der Polen"[1229].

Auf der Webseite wird für Publikationen geworben, die den oben genannten programmatischen Leitsätzen der Organisation Rechnung tragen. Dazu gehören z.B. zwei Bücher: eines von Hugh Ross Williamson über die Zerstörung der traditionellen Heiligen Messe[1230] und „Die polnischen Freimaurer 2022. Polen in den Zangen der Freimaurerei" von Stanisław Krajski[1231]; ferner die vierteilige Publikation mit dem Titel „Die falsche Pandemie"[1232] sowie die „Nürnberger Hefte"[1233], deren Titel an die historischen Auschwitzer Hefte anknüpft und der Abrechnung mit der „Covid-Politik" und der Vorbereitung eines als Nürnberg 2.0 bezeichneten

---

1226 https://www.onr.com.pl/deklaracja-ideowa/, Zugriff am 16.5.2023.
1227 https://www.pobudka.org/o-nas/, Zugriff am 17.5.2023.
1228 Ebd.
1229 Ebd.
1230 https://www.pobudka.org/2022/05/23/publikacja-objeta-patronatem-fundacji-osuchowa-i-pobudki/, Zugriff am 29.7.2023.
1231 https://sklep.osuchowa.org/produkt/stanislaw-krajski-masoneria-polska-2022-polska-w-kleszczach-masonerii/. Das Buch erschien im „Verlag des Hl. Thomas von Aquin", der mit der rechtskonservativen FRONDA PL GmbH Warschau liiert zu sein scheint. Siehe https://xlm.pl/kontakt, Zugriff am 29.7.2023.
1232 https://www.pobudka.org/2022/06/01/majowa-roznorodnosc-w-sklepiku-fundacji-osuchowa/, Zugriff am 29.7.2023.
1233 Ebd.

Prozesses gegen die Urheber dieser Politik dienen soll[1234]; die polnische Übersetzung von Roger Mcnamees Buch *Zucked: Waking Up to the Facebook Catastrophe* über die Gefahren der Sozialen Medien, dargestellt am Beispiel Facebooks[1235].

Die Webseite unterstützt die vom Abgeordneten Braun 2015 gegründete Stiftung Osuchowa[1236], welche Publikationen mit religiöser Thematik, Bücher über Naturheilverfahren, auch Ratgeber und gesellschaftlich-politische Literatur zum Verkauf anbietet.

Polonia Christiana, https://www.pch24.pl

Betreiber dieses katholischen Portals ist der Pfr.-Piotr-Skarga-Verein für Christliche Kultur[1237]. Das Portal stellt sich wie folgt vor: „Wir existieren, um zu kämpfen. Unser Kampf hebt sich von den laufenden politischen Fehden ab und überbrückt die aktuellen parteipolitischen Differenzen. Er hat eine zivilisatorische, ja sogar eine eschatologische Dimension. Wir kämpfen gegen die hundertköpfige Hydra der Revolution, die ein Prozess der Destruktion von allem ist, was wir lieben, was uns im Leben wichtig ist und was uns konstituiert. Der Name unseres Portals ist die Abkürzung der Worte Polonia Christiana. In ihnen ist unser ganzes Programm enthalten, und es ist … ein christliches Polen […]."[1238]

Die Verteidigung des (katholischen) Christentums, besonders seiner polnischen Variante, ist auch auf anderen polnischen Webseiten der Rechten präsent, wobei im Falle dieses sich als christlich bezeichnenden Portals seine Inhalte der katholischen Soziallehre entsprechen. In der Rubrik „Nachrichten" finden sich deshalb Meldungen vom 22.6.2022 wie „Das kindertötende Projekt wird nicht durchgehen? Der Regierungssprecher kündigt die Ablehnung der Abtreibungsliberalisierung in erster Lesung

---

1234 Im Untertitel zum besagten Buch steht der Name Dr. Reiner Fuellmichs, der in den linken Medien als „Verschwörungsideologe" bezeichnet wird (z.B. im *Tagesspiegel*, https://www.tagesspiegel.de/themen/reportage/reiner-fuellmich-von-die-basis-der-verschwoerungsideologe-der-kanzler-werden-will/27626022.html), und in den rechten Medien als deutscher Jurist vorgestellt wird, der an der Spitze von über 1000 Juristen und 10.000 Medizinern stehen und eine Klage gegen die CDC, WHO und Davos Group wegen Verbrechen gegen die Menschlichkeit erhoben haben soll. (https://norymberga2.pl/news/view/23/inauguracyjna-poselska-komisja-sledcza.html). Seine Rechtsanwaltskanzlei ist auf den Verbraucherschutz spezialisiert. Siehe https://www.fuellmich.com, Zugriff am 29.7.2023.
1235 https://sklep.osuchowa.org/produkt/roger-mcnamee-nabici-w-facebooka-przestroga-przed-katastrofa/, Zugriff am 29.7.2023.
1236 https://sklep.osuchowa.org, Zugriff am 29.7.2023.
1237 Polnischer Name der Organisation: *Stowarzyszenie Kultury Chrześcijańskiej im. ks. Piotra Skargi*. Piotr Skarga (1536–1612) war Jesuitenpater und führender geistiger Vertreter der Gegenreformation in Polen.
1238 https://pch24.pl/o-nas/, Zugriff am 17.5.2023.

ab"[1239]; „Der Bischof von Danzig sollte Tusk ermahnen! [...]"[1240]; eine äußerst kritische Polemik mit einem Beitrag des Jesuitenpaters Wacław Oszajca über Fronleichnamsprozessionen, deren Autoren dem Geistlichen einen Angriff auf Jesus Christus vorwerfen[1241].

In der Rubrik „Religion" finden sich am 21.6.2022 unter anderem folgende Beiträge: über die Hintergründe der Hinrichtung von Thomas Morus[1242]; über den Aufruf von Papst Franziskus zum Waffenstillstand[1243]; ein Kommentar zu Meldungen über die angebliche Abdankung des Papstes[1244]; über die Seligsprechung von mit der Kirche verbundenen Opfern des spanischen Bürgerkriegs[1245]; über ein Gymnasium in Worcester (USA), dem der örtliche Bischof den Status einer katholischen Einrichtung entzogen hat, weil es seiner Aufforderung zur Beseitigung von Flaggen der LGBT- und Black Lives Matter-Bewegungen nicht nachgekommen ist[1246].

Texte, die zum nationalistischen Gedankengut gerechnet werden könnten, sind im Portal eher selten. Vielmehr findet der User Beiträge über die katholische Kirche in Polen und in der Welt, über gesellschaftliche Probleme, die aus der Nichtbeachtung der katholischen Soziallehre entstehen, auch über politische Ereignisse im In- und Ausland sowie über internationale und zwischenstaatliche Beziehungen. Die Einstellung der Webseitenbetreiber gegenüber bestimmten Vorgängen kommt gleich in Überschriften zum Ausdruck. In dem Beitrag „Wie geht es weiter mit den jüdischen Hassmanifestationen in Polen? Der Premier hat einen Gesetzentwurf über Reisegruppen aus Israel

---

1239 https://pch24.pl/dzieciobojczy-projekt-nie-przejdzie-rzecznik-rzadu-zapowiada-odrzucenie-liberalizacji-aborcji-w-pierwszym-czytaniu/, Zugriff am 29.7.2023.

1240 In der Meldung wird Donald Tusk die Absicht der Legalisierung der Abtreibung vorgeworfen, wörtlich: „die Tötung ungeborener Kinder; alles deutet darauf hin, dass Tusk das Szenario einer grundsätzlichen Umgestaltung der Christdemokratie in eine linke Orientierung anstrebt." https://pch24.pl/biskup-gdanska-powinien-upomniec-tuska-gorny-i-lisicki-w-pch24-tv/, Zugriff am 29.7.2023.

1241 https://pch24.pl/lisicki-i-gorny-ostro-o-tekscie-o-oszajcy-szalenstwo-atak-na-sam ego-chrystusa/, Zugriff am 29.7.2023.

1242 https://pch24.pl/jerzy-wolak-swiety-tomasz-morus-na-smierc-szedl-na-luzie/, Zugriff am 29.7.2023.

1243 https://pch24.pl/papiez-franciszek-z-cala-moca-ponawiam-moj-apel-o-uciszenie-wszelkiej-broni/, Zugriff am 29.7.2023.

1244 https://pch24.pl/prefekt-watykanskiej-kongregacji-komentuje-doniesienia-o-rez ygnacji-papieza-roosvelt-na-wozku-cztery-razy-byl-prezydentem/, Zugriff am 29.7.2023.

1245 https://pch24.pl/kolejni-meczennicy-hiszpanskich-rewolucjonistow-blogoslawion ymi-beatyfikacja-juz-w-najblizsza-sobote/, Zugriff am 29.7.2023.

1246 https://pch24.pl/jezuicka-szkola-straci-status-placowki-katolickiej-powodem-propagowanie-lewicowych-ideologii/, Zugriff am 22.6.2022.

eingereicht"[1247] wird darüber berichtet, dass bei jungen Israelis nach ihrer Rückkehr von Reisen nach Polen bisher negative Empfindungen gegenüber Polen und seinen Einwohnern zugenommen haben. Die israelischen Jugendlichen sehen Polen als das Land der Vernichtungs- und Konzentrationslager, sie werden auch mit dem Wiederaufbau des jüdischen Lebens in Polen nicht bekannt gemacht und von Kontakten mit polnischen Menschen isoliert. Der Beitrag basiert auf einer Meldung der Polnischen Presseagentur PAP, wurde aber von einem Mitarbeiter des Portals bearbeitet, der wohl auch deren Überschrift konzipierte.

Der Benutzer findet außerdem die Rubrik „Meinungen" und den Fernsehkanal „PCh24TV", in dem die mit der Programmlinie des Portals korrespondierenden Personen und Organisationen zu Wort kommen, z.B. die ultrakonservative Stiftung für Rechtskultur Ordo Iuris.

Pro Kapitalizm, http://www.prokapitalizm.pl

Dt. Titelübersetzung: Pro Kapitalismus. Hauptthemen des Portals sind Wirtschaft, Politik, Geschichte und Kultur. In der Selbstdarstellung schreiben seine Betreiber: „Wir unterstützen den freien Markt, das freie Unternehmertum, niedrige Steuern. Wir stehen für einen Minimalstaat, der unsere innere und äußere Sicherheit beschützt, sich aber in die Wirtschaft und in das Familienleben nicht einmischt. Wir mögen die ‚politische Korrektheit' nicht, die die Meinungsfreiheit einschränkt und die ‚einzig richtige' Denkrichtung vorzuschreiben versucht [...]"[1248] Zu dieser Selbstdarstellung kann noch die Abneigung gegen den Mainstream und seine Propaganda hinzugefügt werden, unter anderem beim Thema Corona und Impfungen gegen Covid-19.

Unter den Publizisten des Portals finden sich Kritiker sowohl der Bürgerplattform als auch der Partei Recht und Gerechtigkeit: Janusz-Korwin Mikke, Grzegorz Braun, Pater Jacek Gniadek, Rafał Ziemkiewicz, Robert Gwiazdowski, Sławomir Mentzen – mit einer oder zwei Ausnahmen alle Vertreter rechten Gedankengutes, denen radikale Äußerungen, z.B. Korwin-Mikkes über Russland und Frauen oder Ziemkiewiczs über Juden, in der breiten Öffentlichkeit auf Empörung stießen. Braun sorgt im polnischen Parlament immer wieder für Aufsehen, indem er Politiker sowohl der linken als auch der rechten Parteien mit unparlamentarischen Worten beschimpft und vom Sejm-Marschall mit der Ausschaltung des Mikrofons und anschließend mit Geldstrafen diszipliniert wird. Die Autoren des Portals, z.B. Andrzej Szlęzak, scheuen sich nicht, über politische Aktivitäten der höchsten Vertreter des Staates kritisch zu schreiben, ein Grund mehr, die rechte Szene in Polen differenziert zu betrachten. Das Wohlergehen der Polinnen und Polen ist ihnen

---

1247 https://pch24.pl/co-dalej-z-zydowskimi-seansami-nienawisci-w-polsce-premier-wniosl-projekt-ustawy-ws-wycieczek-z-izraela/, Zugriff am 171.5.2023.
1248 https://www.prokapitalizm.pl, Zugriff am 17.5.2023.

wichtiger als zweifelhafte Bündnisse (neuerdings mit Großbritannien gegen Russland), selbst wenn sie objektiv gesehen im Interesse Polens liegen[1249].

Die Rubriken des Portals sind: Top (Themen des Tages), Covid-19 – Wichtig, Polen, Europa, Welt, Bücher, Geschichte, Interview, Publizistik und Videos sowie Meme. Viele Beiträge haben satirisch-ironischen Charakter. Befürworter der Covid-Impfungen werden so manchen Beitrag anstößig finden, gehören die Beiträger doch zu Gegnern der Impfungen.

Top-Themen des Portals im Mai 2023 sind unter anderem die Gefahr eines zufälligen Atomschlags Russlands gegen die Nato[1250]; der Sozialismus als gefährlichste von allen Zivilisationskrankheiten[1251], wobei nicht die einst in den Ostblockländern herrschende sozialökonomische Ordnung, sondern der immer mehr um sich greifende Herdeninstinkt und die zunehmende Einschränkung der individuellen Freiheiten gemeint sind; die fortschreitende Entwicklung des Selbsthasses der Menschen von der Französischen Revolution bis zum „grünen Kommunismus"[1252]; ungeklärte, wahrscheinlich auf Corona-Impfungen zurückgehende 89 Todesfälle von Wissenschaftlern der Adam-Mickiewicz-Universität in Posen[1253].

ProstoPoPolsku, http://pppolsku.blogspot.com/?wref=bif

Dt. Titelübersetzung: Einfach auf Polnisch. Motto des Blogs ist „YANKEE GO HOME!" Dem folgt ein Zitat von John Swinton, einem US-amerikanischen Journalisten, der als Vorkämpfer der Meinungsfreiheit gilt: „So etwas wie eine unabhängige Presse gibt es [...] nicht [...] Das Geschäft der Journalisten [...] ist es, die Wahrheit zu verdrehen, unverblümt zu lügen, sie zu pervertieren, zu schmähen, zu Füßen des Mammon zu katzbuckeln und das eigene Land und sein Volk für sein tägliches Brot zu verkaufen [...] Wir sind Werkzeuge und Dienstleute reicher Männer hinter der Bühne. [...] **Wir sind intellektuelle Prostituierte.**"[1254]

Der Name des Blogs ist irreführend, denn er enthält auch zahlreiche Einträge in Englisch, z.B. die Biogramme der Young Global Leaders des World Economic

---

[1249] https://www.prokapitalizm.pl/morawiecki-i-duda-cudaki-jakich-malo/, 2.6.2022, Zugriff am 29.7.2023.

[1250] https://www.prokapitalizm.pl/kto-daje-i-odbiera-ten-czeka-na-ruska-bombe-atomowa/, Zugriff am 17.5.2023.

[1251] https://www.prokapitalizm.pl/socjalizm-najgrozniejsza-z-cywilizacyjnych-chorob/m, Zugriff am 17.5.2023.

[1252] https://www.prokapitalizm.pl/od-rewolucji-francuskiej-do-zielonego-komunizmu-zbiorowe-samobojstwo-o-charakterze-przewleklym/, Zugriff am 17.5.2023.

[1253] https://www.prokapitalizm.pl/od-stycznia-2021-do-11-maja-2023-roku-zmarlo-89-pracownikow-naukowych-uam-w-poznaniu/, Zugriff am 17.5.2023.

[1254] http://pppolsku.blogspot.com/?wref=bif, Zitat in deutscher Übersetzung nach https://de.wikipedia.org/wiki/John_Swinton, Zugriff am 29.7.2023. Hervorhebung durch den Blogbetreiber.

Forums (WEF), das mit dem „Great Reset" im Rahmen der „Plandemie" in Zusammenhang gebracht wird. Außer Angela Merkel, Sarkozy, Kill (sic!) Gates, Tony Blair, Gordon Brown, Viktor Orbán und José Maria Aznar, die bereits in den 90er Jahren zu Global Leaders gekürt wurden, werden darin auch Macron, Zuckerberger (sic! mit dem Zusatz „der vom Peiesbook") und Jens Spahn genannt, der als Bundesgesundheitsminister für die Durchführung der „Plandemie" speziell in Deutschland verantwortlich gemacht wird, während alle genannten Männer und die Bundeskanzlerin für die „Aktion der globalen Verseuchung der Menschheit mit genetischen Präparaten" Pate stehen. Auf der Liste der Young Global Leaders der Webseite finden sich auch Namen von Deutschen, z.B. die Grünen-Politikerin Annalena Baerbock, die N-TV-Moderatorin Carola Ferstl, Vorstand (oder in Genderdeutsch Vorständin) Finanzen bei der Allianz Versicherungs-AG Laura Gersch, Peter Würtenberger von der Axel Springer SE u.a. Polen sind auch vertreten, z.B. Jacek Olechowski von der MEDIACAP Kapitalgruppe, Katarzyna Pisarska, Vorsitzende des Rats der Kasimir-Pulawski-Stiftung, Paweł Surówka, ehemaliger Vorstand der Versicherungsanstalt PZU. Auch Jimmy Wales, der ebenfalls vom WEF zu den besagten Leadern ausgebildet worden sei, steht auf der Liste, und seine *Wikipedia* wird eine globale Propaganda- und Hetzenzyklopädie genannt[1255]. Die Idee der Global Leaders wird von den Betreibern des Blogs als Teil einer die Welt beherrschenden Equipe vermutet. Der Begriff Neue Weltordnung wird zwar nicht verwendet, aber er liegt nahe.

Der Betreiber bezeichnet seine Texte als „von der Linie der Propaganda in Polen abweichend", wobei „es um gar keine polnische, sondern fremde Propaganda, hauptsächlich USRaels für die Polen"[1256] gehe.

Der Blog wird wie so viele polnische Webseiten der Rechten anonym geführt. Die ersten Einträge stammen aus dem Jahr 2011 (es waren 44 an der Zahl), in manchen Jahren waren es nur einige (2013 zwei, 2014 und 2021 jeweils drei, 2022 sieben). Interessant ist der nur einen Eintrag enthaltende Blog von 2017, der über Deutschland oder genauer: über die BRD handelt. Er enthält im Grunde eine landeskundliche Darstellung der Bundesrepublik und wird wie folgt eingeleitet: „Über die Deutschen kursieren unzählige Märchen, Vorurteile und sogar Dummheiten, ähnlich sieht übrigens auch die Einstellung der Deutschen zu den Polen aus. Da die Probleme der Deutschen nicht zum Thema unserer Bemerkungen gehören, beschäftigen wir uns mit dem Bewusstsein der Polen."[1257] Der Blogger beginnt mit der Erläuterung dessen, was der Karneval für die Deutschen bedeutet und

---

1255 Im poln. Original: *gadzinówka*, eine Bezeichnung, die während der Nazibesatzung Polens für die deutsche Propaganda- und Hetzpresse in polnischer Sprache verwendet wurde.
1256 https://pppolsku.wordpress.com/2022/03/18/teksty-odbiegajace-od-linii-propagandy-w-polsce/#Putin0316, Zugriff am 15.5.2023.
1257 http://pppolsku.blogspot.com/2017/, Zugriff am 15.5.2023.

schreibt im Unterschied zu vielen anderen Blogs der Rechten mit Sympathie über die westlichen Nachbarn Polens: „Eines der größten Missverständnisse über die Deutschen ist die Überzeugung, sie seien alle Nazis und besonders dazu geneigt, Kriegsverbrechen, Verbrechen gegen die Menschlichkeit und insbesondere Verbrechen in der Art des Holocaust zu begehen. [...] Die Karnevalszeit deckt eine weniger bekannte, ungemeine, aber sympathische Seite der deutschen Gesellschaft auf. Eines bleibt aber unverändert, die Vorbereitung der Veranstaltungen für die wenigen Karnevalstage erfordert ganzjährige Vorarbeiten, und diese werden von den Veranstaltern und Mitgliedern sehr ernst genommen. Die Karnevalsgruppen sind ein wichtiger Bestandteil des gesellschaftlichen, aber auch des politischen Lebens. [...] In der BRD besteht schon seit Jahrhunderten die Tradition, die Politiker vor ein Narrengericht zu stellen. Zu den bekanntesten gehören die in Stockach und Aachen."[1258]

Unter den seriöseren Beiträgen stechen ukrainekritische Texte hervor, z.B. unterhalb der Selbstdarstellung des Blogs der Link zu einer Publikation der Konföderation der Polnischen Krone vom Juli 2022 unter der Überschrift „Stopp für die Ukrainisierung Polens"[1259], in der zur „Schließung eines schnellen Weges zur Entpolnischung Polens" aufgerufen wird. Die Kritiker dieser Publikation werden mit an Sicherheit grenzender Wahrscheinlichkeit an deren Inhalten Anstoß nehmen. Die Autoren unterbreiten darin in Teil I Vorschläge bezüglich der Ziele, Prinzipien und Prioritäten der Einwanderungspolitik und der Politik gegenüber Flüchtlingen; in Teil II setzen sie sich mit Flüchtlingen und Arbeitsmigranten im Kontext der Politik gegenüber den Ukrainern auseinander; in Teil III umreißen sie die aus der Einwanderung resultierenden Bedrohungen, darunter im wirtschaftlichen und Steuerbereich, in der öffentlichen Sicherheit, die Verdrängung der Polen aus dem Arbeits- und Wohnungsmarkt, Belastungen in den Bereichen Gesundheitswesen (hoher Anteil von HIV/Aids- und Tuberkulosefällen) und Bildung, gesundheitliche Gefährdungen, die Auflösung der ethnisch-kulturellen Struktur, die Ukrainisierung des öffentlichen Raums und das Modell eines Zweinationen-Staates. Teil IV der Veröffentlichung enthält einen Handlungsplan mit Vorschlägen für die Gesetzgebung mit folgenden Punkten: ein neues Gesetz über die Hilfe für Flüchtlinge aus der Ukraine; Rechtsschutz für Personen, die Flüchtlinge aufnehmen; Antidiskriminierungsgesetz „Es lohnt sich, ein Pole zu sein"; Novellierung der Vorschriften über die Staatsbürgerschaft; Novellierung des Gesetzes über nationale Minderheiten.

1258 http://pppolsku.blogspot.com/2017/02/rf.html#Karna, Zugriff am 15.5.2023.
1259 https://konfederacjakoronypolskiej.pl/wp-content/uploads/2022/07/SUP-luz.pdf, Zugriff am 15.5.2023. Der Link funktioniert manchmal nicht. Alternativ ist der Text unter https://web.archive.org/web/20230506014053/https://konfederacjakoronypolskiej.pl/wp-content/uploads/2022/07/SUP-luz.pdf abrufbar.

Da die Webseite nicht aktualisiert wird, ist ihre Benutzung auf Inhalte beschränkt, die zum Zeitpunkt der jeweiligen Ereignisse und Entwicklungen von Bedeutung waren.

PrzemexBlog, https://przemex.wordpress.com

Im Untertitel des bis Ende 2020 frei zugänglichen und danach als privat nicht mehr verfügbaren Blogs findet sich die weltanschauliche Orientierung seines Betreibers: „Gegen die neue Weltordnung, das von Banditen geführte Finanzsystem, den Globalismus, Zionismus und Imperialismus der westlichen Welt, für ein freies, souveränes und slawisches Polen und ein auf freien und freundschaftlichen Prinzipien gestütztes Bündnis mit einem souveränen, unabhängigen und slawischen Russland sowie mit anderen freien und souveränen slawischen Ländern und Völkern."[1260]

Die Rubriken der Webseite sind je nach Ausgabe verschieden, deshalb hier nur einige Titel: Die Krim. Heimkehr – eine Verklärung der Eroberung der Krim durch Russland; Slawische Lieder – filmische Aufzeichnungen von Liedern, die das Slawentum, vor allem das russische, verherrlichen; Kaz Dziamka[1261] – Ehrerbietung für die Slawen; Josef Stalin: für und wider; UdSSR/Russland; Kommunistische Partei Polens; Nationale Linke; Plaudereien also Gespräche über alles und nichts. Der Betreiber des Blogs erweist sich als ein slawophiler Verehrer der Sowjetunion, Russlands und des russischen Präsidenten Putin ebenso wie des einstigen Sozialismus in den Ostblockländern. Die Inhalte der Webseite sind ab 2022 nur mittels der *Wayback Machine* einsehbar.

Redwach Poland http://www.redwatch.info/sites/redwatch.htm

Selbstdarstellung: „Die Initiative Redwatch ist eine geradlinige Fortsetzung erfolgreicher Aktionen, wie sie in Großbritannien und Deutschland stattfinden. *Redwatch Poland* ist ein Hinweis, dass die patriotischen Kreise existieren und dass es ihnen gut geht. Das ist auch eine Antwort auf Initiativen unter dem Namen ‚Nie wieder' sowie von deren Freunden in den Medien und jeglichen Gruppierungen,

---

1260 https://web.archive.org/web/20211123030438/https://przemex.wordpress.com/, Zugriff am 30.7.2023.

1261 Kaz Dziamka ist ein seit über 40 Jahren in den USA lebender polnischer Hochschullehrer, Kritiker des Katholizismus und anscheinend Anhänger des Neuheidentums, speziell slawischer Prägung, der auch in Portalen der Rechten publiziert, z.B. in *Myśl Polska* und *Racjonalista*. Die Betreiber des Letztgenannten stellen ihn wie folgt vor: „Hauptredakteur der englischen Sektion des *Racjonalista*. Chefredakteur des Magazins *The American Rationalist*. Doktor der Amerikanistik (University of New Mexico). Verfasser des Buches *Meine Slawische Freiheit*." http://www.racjonalista.pl/kk.php/s,2321/q,Kochani.agenci, Zugriff am 29.7.2023. Kaz Dziamkas Webseite https://kazdziamka.com gibt Aufschluss über seine slawophilen, den Russlandverstehern nahen Anschauungen.

die sich als Antifa bezeichnen, auf Lügen, die über uns geschrieben werden. Ziel von *Redwatch Poland* ist es, jedwede möglichen Informationen (Bilder, Adressen, Telefonnummern, Autokennzeichen etc.) über Personen zu sammeln, die in antifaschistische, antirassistische Aktivitäten eingebunden sind, über farbige Immigranten, Funktionäre linksorientierter Vereine und alle möglichen Sympathisanten und Aktivisten einer breit verstandenen Lobby von Homosexuellen und Pädophilen. Mit Hilfe von *Redwatch* wollen wir Kreisen, die gegen uns gerichtet sind, bewusst machen, dass ihr Wissen über uns im Vergleich mit dem, das wir über sie besitzen, nichts ist."[1262] Unterhalb dieser Erklärung findet sich der Aufruf, „Erkennst du irgendeine Person auf dem Foto und kennst du ihre Adresse, Telefonnummer oder Autokennzeichen, dann maile an info@redwatch.info", gefolgt von zwei Sprüchen: dem des britischen Rechtsrocksängers Ian Stuart Donaldsons „Merke dir Orte, Gesichter der Verräter der Rasse, sie werden alle für ihre Verbrechen zahlen" und dem von Allesandra Mussolini „Besser Faschist sein als Schwuchtel"[1263].

Die Selbstdarstellung und die beiden Zitate von Idolen der Betreiber der Seite spiegeln deren Ausrichtung wider. Sie stehen für Rassismus und Antisemitismus, aber auch für Homophobie. Eine Durchsicht der Rubriken der Webseite zeigt, dass sie nicht aktuell ist und auch nicht aktualisiert wird. Der letzte Eintrag in der Rubrik „Aktuelles" stammt vom 6.10.2018. In der Rubrik „Wissen ist Macht" findet der User unter anderem eine antisemitische Karikatur, Dokumentarfilmauszüge aus Reden Hitlers und Goebbels' über Juden, einen kurzen Beitrag mit dem Titel „Europa wieder in Gefahr" über die Dominanz linker Eliten in der EU und die Überfremdung infolge massenweiser Einwanderung aus nichteuropäischen Ländern[1264]. Es überwiegen Bilder mit suggestiven Überschriften[1265]. Zum Beispiel zeigt eine Grafik zum 10. Jahrestag von *Redwatch* Polen einen SA-Mann, der zwei Messer schleift und von Juden und Schwarzen umzingelt ist. Unter der Überschrift „Der entartete Westen, Slawisches Europa als einzige Hoffnung für Europa" findet sich ein Bild mit Wolkenkratzern in New York, rechts davon ein Pluszeichen und ein Foto junger Afroamerikaner, dem das Gleichheitszeichen folgt, hinter dem ein Bild mit zerfallenden Hütten zu sehen ist. Eine andere Grafik mit der Überschrift „Verjagt die Linken aus den Schulen" zeigt einen als Juden erkennbaren Lehrer und einen Schüler mit Che-Guevara-T-Shirt, der vom Ersteren angekettet ist. Kommentar zum besagten Bild: „Anstelle der Erziehung ist linke Indoktrination getreten".

1262 Die ziemlich verwobene Selbstdarstellung ist auch in ihrer Übersetzung hier nicht verbessert worden. http://www.redwatch.info/sites/redwatch.htm, Zugriff am 29.7.2023.
1263 Ebd.
1264 http://redwatch.info/strony/multikulti.htm, Zugriff am 17.8.2022. Der Beitrag ist mit zwei Abbildungen aus der Ausgabe vom 15.–21.2.2016 der rechtskonservativen Zeitschrift *wSieci* versehen.
1265 Die Bilder sind unter http://redwatch.info abrufbar.

Die Zahl der Bildmaterialien und Texte ist auf der Webseite gering und nicht auf dem neuesten Stand. Nichtsdestotrotz wurde sie in die vorliegende Aufstellung aufgenommen, da sie nach wie vor abrufbar ist.

Rodakpress, http://www.rodaknet.com

Rodakpress versteht sich als ein politisch inkorrektes Magazin und Organ einer als „Bewegung der Landsleute" (poln. *Ruch Rodaków*, Abk. RR)[1266] bezeichneten sozialen Bewegung, die sowohl in Polen als auch im Ausland lebende Polen umfassen soll und Ziele verwirklichen will, die von den jetzigen politischen „Eliten" im Lande blockiert werden. Gemeint sind kommunistische Reformer und führende Vertreter der „Solidarność", die sich ab September 1988 bis Anfang 1989 zu Gesprächen in Magdalenka trafen, um über die künftige Ordnung in Polen zu beraten, was radikalen Gegnern des Kommunismus in Polen missfiel und unter anderem auch im Portal *Rodakpress* kritisiert wird. Es nimmt auch nicht Wunder, dass die Betreiber des Portals, allen voran Aleksander Ścios, sogar die rechtskonservative PiS-Regierung angreifen. Der Publizist schreibt unter anderem, die Worte Jarosław Kaczyńskis, dass die EU-Mitgliedschaft ein Erfordernis des polnischen Patriotismus sei, einen Geisteszustand widerspiegele, für den es keine Rettung mehr gebe. Die „Versenkung" des Polentums im „Sumpf der EU-Pathologie" sei der Mehrheit seiner Landsleute völlig gleichgültig, es sei eine unsichtbare Entwicklung für Menschen, die mit Propaganda gefüttert, für EU-Silberlinge gekauft und durch mediale Anti-Kultur verdummt werden. Auch die Lage an der polnisch-belorussischen Grenze, die Aggression Russlands und der Hochmut Lukaschenkos seien Folge erschreckender Fehler und Unterlassungen, die die PiS-Leute auf sich geladen haben. Es seien ihre Schwäche, Unterwürfigkeit und sinnlose „Strategien", die dazu geführt haben, dass die III. Republik Polen als Prügelknabe behandelt werde. Indem sie die unter ihnen beliebte Pose eines „Opfers" annehmen, verspotten sie die Polen, deren Amnesie und Dummheit sie voraussetzen.[1267]

Das Portal ist mit einem Videoportal auf YouTube verwoben[1268], es verweist auch auf Radiosendungen, Musik und andere Audiodateien.

Eine Rubrik ist Erinnerungen von Auslandspolen gewidmet. Die Zahl der Beiträge in dieser Rubrik ist allerdings gering.

1266 *Rodak* heißt auf Deutsch Landsmann.
1267 http://www.rodaknet.com/rp_scios_338_sciana.htm, 28.11.2021. Der Autor dieser Gedanken, Aleksander Ścios, führt einen eigenen Blog mit dem Titel „Ohne Dekret" (poln. *Bez dekretu*). Sein Motto: „Ich erkenne weder Autoritäten noch geoffenbarte Wahrheiten der III. Republik an." https://bezdekretu.blogspot.com, Zugriff am 30.7.2023.
1268 http://www.rodaknet.com/rp_rodakvision.htm und https://www.youtube.com/user/rodakvision1, Zugriff am 30.7.2023.

Die Rubrik „Aktualitäten", in der der User Stellungnahmen zu aktuellen Ereignissen erwarten könnte, ist nicht up to date. Der User findet darin Beiträge von 2014, z.B. „Wir mobilisieren PiS"[1269], einen Aufruf an die Wähler in einer Zeit, als die Partei in der Opposition war; oder den Aufruf vom 3.4.2014 „To all freedom-loving people: Putin invaded Ukraine"[1270], also aus der Zeit der Einnahme der Krim durch Russland.

Die am Thema „Nationalismus" interessierten User werden in der Rubrik *Czytelnia RR* (dt. Leseraum RR)[1271] mehrere Beiträge finden. Ein Autor, Marek Jan Chodakiewicz, schreibt unter anderem über den „modernen" polnischen Nationalismus in der Zeit zwischen den beiden Weltkriegen und hängt seinem Text eine Liste einschlägiger Publikationen in Polnisch an[1272]. Derselbe Autor präsentiert auch Betrachtungen des „liberalen litauischen Nationalisten" Vejas Gabriel Liulevicius' über den litauischen Nationalismus oder genauer gesagt, dessen Verteidigung[1273].

Ein anderes, breite Kreise der polnischen Öffentlichkeit bewegendes Thema sind auf *Rodakpress* die massenhaften Morde ukrainischer Nationalisten an Bewohnern Wolhyniens und des Östlichen Kleinpolens vom Februar 1943 bis Februar 1944: an Polen, Juden, Armeniern, ja selbst an Ukrainern, die sich diesen Verbrechen widersetzten. Die Betreiber haben eine Auswahl von Publikationen zum besagten Thema zusammengetragen. Am Ende dieser Sammlung von Text- und Filmbeiträgen steht ein Redaktionskommentar: „Hast du gelesen, Landsmann? Na, dann weißt du, dass man Ukrainer massenweise einladen und mit ihnen bedingungslos zusammenarbeiten kann. Acha, dann weißt du auch, dass du der Souverän bist, ohne dessen Willen in der demokratischen III. Republik Polen nichts geschieht. Also? Du bist und wirst verantwortlich sein für die Entscheidungen deiner Erwählten" (scil. Parlamentarier – Anm. d. Verf. T.G.P.)[1274].

Die vom Portal *PCh24.pl* (siehe weiter oben) von Betreibern des Magazins *Rodakpress* übernommene Liste mit Links zu den Texten und Videos mit ukrainischer Thematik erschien am 11.7.2018. Im Jahre 2023 leben in Polen einige Millionen ukrainischer Kriegsflüchtlinge und frühere Arbeitsmigranten, die auf die Unterstützung ihrer polnischen Gastgeber angewiesen sind. Viele Polen haben

---

[1269] http://www.rodaknet.com/rp_aktualnosci_2014_mobilizujemy_pis.htm, Zugriff am 17.5.2023.
[1270] http://www.rodaknet.com/rp_aktualnosci_2014_putin_invaded_ukraine.htm, Zugriff am 17.5.2023.
[1271] http://www.rodaknet.com/rr_o%20ruchu_teksty.htm, Zugriff am 17.5.2023.
[1272] http://www.rodaknet.com/rp_art_7246_chodakiewicz_nacjonalizm_nowoczesny.html, Zugriff am 17.5.2023.
[1273] http://www.rodaknet.com/rp_art_7220_chodakiewicz_jak_bronic_nacjonalizmu.html, Zugriff am 17.5.2023.
[1274] http://www.rodaknet.com/rp_art_7093_czytelnia_wstrzasajaca_prawda_o_rzezi_wolynskiej.html, Zugriff am 17.5.2023.

in der Zeit der ukrainischen Morde ihre Angehörigen verloren, es leben noch Menschen, denen es gelungen ist, diesen Massakern zu entgehen. Die Erinnerung an die von Ukrainern aus nationalistischen Motiven begangenen Verbrechen ist nach wie vor lebendig. Um so verständlicher ist die Unzufriedenheit von Teilen der polnischen Öffentlichkeit wegen der staatlichen Unterstützungsmaßnahmen für die Einwanderer aus dem Osten, die in Mainstream-Medien aus Gründen der Staatsräson (die Verteidigung der Ukraine sei zugleich die Verteidigung Polens vor einem möglichen Angriff Russlands) und bei Linken wegen ihres Gutmenschentums gutgeheißen werden.

Szturmowcy, http://szturmowcy.org.pl

Dt. Titelübersetzung: Sturmmänner. Die Webseite existierte bis Anfang 2020 und ist derzeit nur über die *Wayback Machine* abrufbar. Aus der Selbstbeschreibung: „Wer sind die Sturmmänner? Zuerst gab es den *Szturm* (dt. Sturm), eine national-radikale Monatsschrift. Wir lasen sie alle, von der ersten Nummer an, fasziniert von einer anderen Vision des Nationalismus und Radikalismus als derjenigen, die wir von früher kannten. Eines bewussten, fürwahr tiefgreifenden, traditionsverbundenen und zugleich den Herausforderungen der Zukunft zugewandten Nationalismus. Einige von uns begannen bald selbst für den *Szturm* zu schreiben. Und als der *Szturm* eine anerkannte Marke geworden ist, sind einige seiner Redakteure zu der Einsicht gekommen, dass es an der Zeit ist, unsere Publizistik in etwas mehr zu verwandeln: in eine Struktur, die de facto etwas mehr verwirklichen wird, was bald als Sturmnationalismus bezeichnet wurde. So entstanden die Sturmmänner, eine vom *Szturm* unabhängige, aber mit ihm ideologisch verbundene Initiative. Die Aufgabe, die wir uns vor einem Jahr gestellt haben und die wir seitdem verwirklichen, ist die Entwicklung und Propagierung des Sturmnationalismus sowie dessen praktische Umsetzung, Derzeit sind die Sturmmänner samt der brüderlichen Equipe des Radikalen Südens in vielen Städten Polens präsent, wo sie tagtäglich für ein Großpolen und ein Großeuropa kämpfen."[1275]

Obwohl die Webseite nicht mehr funktioniert, erscheint nach wie vor die Monatsschrift *Szturm*, und ihre einzelnen Ausgaben sind unter https://www.szturm.com.pl einsehbar. Auf der besagten Webseite findet sich eine Selbstdarstellung nicht nur der Zeitschrift, sondern auch das Programm der Betreiber, worin sich unter anderem folgende Formulierungen finden: „Sturm! Mit allem uns zugänglichen Rüstzeug geistiger Energie, intellektuellen Ehrgeizes und unerschütterlichen Willens jagen wir vorwärts, um eben im Sturm – und nicht anders – die auf Demütigung europäischer Nationen und dem Leid von Millionen aufgebaute Zitadelle der Lüge und Heuchelei sowie der Langeweile und Ausdruckslosigkeit zu erobern und zu zerstören. Ohne Angst oder Komplexe stellen wir uns der falschen Gegenwart entgegen, denn wir sind die echte Gegenwart – mit unserer nationalistischen

---

1275 http://szturmowcy.org.pl/kim-sa-szturmowcy-2/m, Zugriff am 16.4.2019.

Brust atmen wir die Realität in vollen Zügen, um sie wirklich zu verstehen und tatsächlich zu verändern. Wir sind Nationalradikale! Das bedeutet, dass wir den endgültigen Sturm auf der Grundlage der reichhaltigen Tradition der polnischen und europäischen Ideen des nationalen Radikalismus durchführen werden. Sie verleiht uns intellektuelle Energie und Mut, ist aber auch eine große Verpflichtung, deren wir uns bewusst sind und die wir mit aller Kraft auf uns nehmen, fortsetzen und mit neuem Leben füllen wollen."[1276] Dieses Zitat veranschaulicht das in den rechten Medien häufig verwendete Pathos des Ausdrucks, das stellenweise in Schwulst umschlägt. Im weiteren Text ist von der „Tyrannei elender, unnützer und schädlicher Parteien" die Rede. Neomarxismus, Neokonservatismus und Neoliberalismus seien „verschiedene Schattierungen derselben antinationalen Entartung unserer Zeit"[1277]. Der besagten „Entartung" wird der „Radikalismus" gegenübergestellt, verstanden als „Kompromisslosigkeit bei der Schaffung mutiger Visionen der Veränderung der vorgefundenen Realität und der Umsetzung unserer Ideen"[1278]. Weitere Schlüsselworte der Selbstdarstellung sind „der entmenschlichte Kapitalismus", der als „Krankheit" bezeichnete Neoliberalismus, „Paradigmen des sozialen und nationalen Solidarismus", die Verabscheuung jeglicher Imperialismen, „Europa als gemeinsames Erbe", Unterstützung der „nationalistischen Bewegungen in anderen europäischen Nationen" im Kampf gegen die „übernationale Ordnung, die heute Europa und die Welt okkupiert". Die Autoren dieses Quasi-Manifestes bezeichnen sich als „Idealisten", die sich höheren Sachen widmen, anstatt ihrem eigenen Interesse nachzugehen, sie verstehen sich als „Frühling des polnischen Nationalismus des 21. Jahrhunderts. Wir sind die Avantgarde, der Umsturz."[1279]

Tajne Archiwum Watykańskie, czyli Wielka Pobudka Słowian,
https://tajnearchiwumwatykanskie.wordpress.com
Dt. Titelübersetzung: Geheimes Vatikanisches Archiv oder das Große Aufwachen der Slawen. Ein Blog, „der die Präsentation von Wissen zum Ziel hat, das seit Jahrhunderten vom Vatikan und von den mit ihm liierten Geheimbünden vor den Menschen streng geheim gehalten wurde. Er hängt mit dem bevorstehenden Großen Umbruch zusammen und ist als ein Leitfaden gedacht, der die polnischen Katholiken schrittweise auf den jedes Jahr näher rückenden ... großen Erkenntnisschock vorbereiten soll."[1280] In dem Blog finden sich unter anderem Beiträge von namhaften Persönlichkeiten, die keineswegs dem Nationalismus oder den slawischen Religionen anhängen, sondern eher eine kritische Einstellung zum

---

1276 https://www.szturm.com.pl/index.php, Zugriff am 18.5.2023.
1277 Ebd.
1278 Ebd.
1279 Ebd.
1280 https://tajnearchiwumwatykanskie.wordpress.com/about/, Zugriff 18.5.2023.

Christentum haben. Der Blog zeigt auch keine Affinität zum Panslawismus, der für bestimmte rechte Gruppierungen eine Alternative zum Okzidentalismus[1281] ist.

Towarzystwo Patriotyczne, http://www.towarzystwopatriotyczne.org

Dt. Titelübersetzung: Patriotische Gesellschaft. Die Webseite ist mit der Stiftung Jan Pietrzaks liiert und dient offiziell der Förderung patriotischer Werte im öffentlichen Leben, insbesondere in der Kultur. In der Selbstdarstellung bedauern die Betreiber der Seite, „dass es im vom Kommunismus befreiten Polen mächtige mediale und politische Kräfte gibt, die die polnische Identität hart bekämpfen. Sie hassen unsere Helden, unsere Denkmäler, beseitigen die Geschichte Polens aus den Schulen, fördern eine antinationale Literatur und nihilistische Kunst. Das Polentum ist für sie Abnormität. Der Glaube unserer Väter ist ihr Feind. Sie wünschen sich nicht, ‚dass Polen Polen wird'[1282] und arbeiten tagtäglich daran, dass es in Polen so wenig wie möglich Polen gibt."[1283]

Die Webseite dient auch der Promotion des Stiftungspatrons Pietrzaks selbst, der sich als Sänger zu einem Vorzeigepatrioten stilisiert hat. So enthält die Rubrik „Preise für ‚Dass Polen Polen wird'" eine Liste von Preisträgern, die sich von 2012 an um die patriotischen Werte verdient gemacht haben. Die nächste Rubrik, „Es lebe Polen!" führt zu Videoaufzeichnungen von einigen Konzerten mit dem Sänger.

Warszawska Gazeta, https://warszawskagazeta.pl

Dt. Titelübersetzung: Warschauer Zeitung. Die Wochenschrift erscheint als Printmedium, hat aber auch ihre Webseite, die 2022 und Anfang 2023 noch frei zugängliche Posts enthielt, zum Zeitpunkt ihrer abermaligen Durchsicht aber nur mit der *Wayback Machine* einsehbar ist.

Herausgeber der Zeitschrift und zweier mit ihr verbundenen Medien, d.h. der Fernsehplattform *PL1.TV* sowie der Monatsschriften *Polska Niepodległa* (dt. Unabhängiges Polen) und *Zakazana Historia* (dt. Verbotene Geschichte) ist die FreeDom-Media GmbH, deren Betreiber sich als „polnische, unabhängige und konservative Mediengruppe"[1284] bezeichnen. Das Motto der Mediengruppe lautet: „Uns gehen Parteien, diese oder jene Programme nichts an. Wir wollen ein souveränes Polen, ein christliches Polen, ein polnisches Polen."[1285] Der Zugang zu den genannten

---

1281 Gemeint ist ein Ethnozentrismus, der die westlichen Kulturen und Werte höher stellt als die östlichen.
1282 *Żeby Polska była Polską* (dt. Titel: Damit Polen Polen wird) ist der Titel eines Liedes von Jan Pietrzak, das zuerst ab 1980 als Hymne der unabhängigen Gesellschaft „Solidarność" und nach 1989 bei vielen Kundgebungen und Versammlungen der Rechten quasi als Ergänzung der polnischen Nationalhymne gesungen wird.
1283 http://towarzystwopatriotyczne.org/o-nas/, Zugriff am 18.5.2023.
1284 https://pl1.tv/o-nas-4/, Zugriff am 27.7.2023.
1285 Ebd.

Medien ist nun gebührenpflichtig, und nur die älteren Inhalte können auch ohne Bezahlschranke eingesehen werden. Frei zugänglich sind zum Teil Beiträge der zur besagten Mediengruppe gehörenden Zentralen Informationsagentur CAI24, die dem Benutzer auf der Webseite https://cai24.pl zahlreiche EU-, russland- und deutschlandkritische, häufig ironische Beiträge zu diversen Themen bietet. Deren Aktualität lässt zwar zu wünschen übrig, aber die Seite basiert außer auf eigenen auch auf fremden Quellen.

Wierni Polsce Suwerennej, https://wiernipolsce1.wordpress.com)
Dt. Titelübersetzung: Dem souveränen Polen treu. Abk.: WPS. Die Betreiber der Webseite des gleichnamigen Vereins verstehen sich als nationalistisch und knüpfen an das Gedankengut Roman Dmowskis an. Ihr Leitspruch lautet: „Wenn die Nation auf den Nationalismus verzichtet, wird sie zum Kampf mit den Kräften der Kosmopoliten wehrlos antreten und diesen Kampf mit Sicherheit verlieren."[1286]

Im Programm des Vereins erläutern die Betreiber, was sie unter dem Nationalismus verstehen. Sie erörtern zunächst den Unterschied zwischen dem Nationalismus und dem Patriotismus, wobei der Erstere den Letzteren in sich enthält und dabei auf Rationalität basiert, während der Patriotismus mehr eine gefühlsmäßige Einstellung ist. Ein Abschnitt des Programms gilt dem Verhältnis zwischen dem Nationalismus und der Religion, wobei die in Polen dominierende katholische Kirche und ihre Hierarchen von den Nationalisten angesichts ihrer eigensinnigen Interessen und ihres internationalen, nicht nationalen Charakters, kritisiert werden müssen.

In dem Abschnitt „Warum bin ich ein Nationalist?" werden zwei Nationalismen in Polen gegenübergestellt: der jüdische und der polnische. Die Autoren des Programms sprechen sich für einen einheimischen, starken polnischen Nationalismus aus, der aber seit 1926 in Polen ununterbrochen blockiert und heftig bekämpft wird[1287]. Im letzten Abschnitt ihres Programms stellen sie die Frage „Nationalismus oder Kosmopolitismus?" und gehen der medialen Abneigung gegenüber dem Nationalismus auf den Grund. Es seien „Vertreter fremder Nationalismen und Chauvinismen: des unionseuropäischen, des breit verstandenen inländischen sog. polnischer Juden, der berufsmäßigen Philosemiten und des deutschen. Wir haben in Polen auch Vertreter anderer antipolnischer Kräfte, der amerikanischen (USA), britischen, französischen (mit jedem dieser Nationalismen ist der jüdische Chauvinismus verknüpft), die ihre Interessen auch ausspielen, und Polen, das sich

---

1286 Aus dem Programm des Vereins WPS, https://wiernipolsce1.wordpress.com/program-wps/, Zugriff am 14.4.2019.
1287 Im Mai 1926 kam es in Polen zu einem Staatsstreich, infolge dessen der Führer der Nationaldemokraten und ihre Partei, die als Anhänger einer Annäherung an Russland betrachtet wurden, nicht nur in Opposition gingen, sondern auch verfolgt wurden.

im Interesse seiner eigenen Bürger ausspricht, ist für sie ein ernstzunehmendes (wirtschaftliches und politisches) Hindernis."[1288] Auch werden Anhänger des russischen Nationalismus in Polen erwähnt, wobei die Teilnahme an der Schwächung Russlands den polnischen nationalen Interessen zuwiderlaufe, genau so wie die antirussische Politik in Polen nach 1990, die sämtliche Regierungen und die „allgemeinen Medien" betreiben, darunter das Radio Maryja[1289], das zur Evangelisierung Russlands aufrief. Der Kosmopolitismus wiederum sei eine gegen den Nationalismus gerichtete und mit ihm konkurrierende, mit dem Liberalismus und der Globalisierung verbundene Weltanschauung, die auf den Kampf der Egoismen ausgerichtet sei, in dessen Folge die Stärksten gewinnen würden. Ganz im Geiste Roman Dmowskis stellen die Autoren im Fazit des Programms des WPS-Vereins fest: „Wenn die Nation auf den Nationalismus verzichtet, wird sie zum Kampf mit den Kräften der Kosmopoliten wehrlos antreten und diesen Kampf mit Sicherheit verlieren."[1290]

Das Vereinsprogramm geht in keinem Punkt auf die Webseite des Vereins ein, die ja das eigentliche Interesse des Verfassers dieser Untersuchung bilden sollte; sie wird nicht einmal genannt. Doch die Betreiber wenden sich an die User in der Rubrik „Spende für mediale Zwecke des WPS" um finanzielle Unterstützung, deren Notwendigkeit sie wie folgt begründen: „Wir vertreten konsequent die Auffassung von der Übergeordnetheit des polnischen Nationalinteresses bei der Gestaltung der inländischen und internationalen Politik. Und als das Hauptziel der politischen Aktivitäten erkennen wir die Wiedererlangung der Souveränität Polens in jedem Beriech des nationalen und staatlichen Lebens der Polen. Da wir uns zum politischen Realismus und zur rationellen sowie historischen Herangehensweise an die Analyse der Phänomene aus unserem Umkreis bekennen, sind wir uns dessen bewusst, dass wir, die Wiedererlangung der Souveränität Polens anstrebend, dies nur mittels eines Bündnisses mit Russland unter Beachtung gegenseitiger Interessen und beiderseitiger Vorteile erreichen können, allerdings bei der Anerkennung dessen, dass dabei das politische, militärische und ökonomische Potential Russlands die führende Rolle spielt und dass es Russland war, das es gewagt hat, zum Kampf gegen den unmenschlichen, verbrecherischen, angelsächsischen Neokonservatismus und zionistischen Chauvinismus anzutreten. Die Erfolge Russlands wecken unsere Hoffnung, dass die Perspektive eines totalitären Globalismus keine Chance hat, in Erfüllung zu gehen."[1291]

Die Webseite enthält relativ wenige Beiträge, die aber die politische und ideologische Orientierung der Betreiber widerspiegeln. Hervorstechend ist ihre

---

1288 https://wiernipolsce1.wordpress.com/program-wps/, Zugriff am 19.5.2023.
1289 Ein von dem Redemptoristenpater Tadeusz Rydzyk gegründetes und geleitetes Medienunternehmen.
1290 https://wiernipolsce1.wordpress.com/program-wps/, Zugriff am 19.5.2023.
1291 Ebd.

Russophilie, die paradoxerweise mit dem polnischen Nationalismus sonst nicht zu vereinbaren ist. So findet sich auf der Homepage des Vereins ein Beitrag mit dem Titel „Der ‚polnische Faschismus' aus der Sicht der russischen Propaganda"[1292], dessen Autor einen Film über die polnische Variante dieser Ideologie bespricht, ohne sich von den Auffassungen der russischen Filmemacher zu distanzieren. Unterhalb dieses Artikels steht der Nachruf auf die bei einem Anschlag verstorbene Daria Dugina, Tochter des kremlnahen Ideologen Alexander Dugin. Der Verfasser des Nachrufs schreibt unter anderem: „Der Krieg dauert an. Niemand erwartet also Mitleid, vor allem seitens der Feinde und schon gar nicht von Dummköpfen. Daria starb auf dem Feld der Ehre, mit ihrem Denken, ihrer Sprache und ihrem ganzen Leben kämpfend. [...] Der Krieg wird gewonnen, den Helden und Opfern werden Denkmäler aufgestellt, die Idee bleibt für Begabte, um sie zu verstehen. Und für Daria Alexandrowna lasst uns beten. Das Himmlische Zarenreich sei das Ihrige!"[1293]

Russlandfreundlichkeit muss notgedrungen EU- und USA/Großbritannien-Feindschaft nach sich ziehen, die auch in antiisraelischen Positionen in mehreren Beiträgen zum Ausdruck kommt, z.B. in dem Text „Kriegszustand in der III. Republik/Polin – ist das möglich?"[1294]. Fast jeden Tag erscheint im Portal des Vereins ein judenfeindlicher, russlandfreundlicher und scheinbar den polnischen Nationalinteressen dienender Beitrag. Zwar wird den rechten Organisationen, Parteien und deren Medien, darunter deren Webseiten, von polnischen Mainstream-Medien häufig Russlandfreundlichkeit zur Last gelegt. Aber die Webseite des WPS-Vereins ist ein Sonderfall, was die Art und Weise der Ehrerbietung an Russland anbetrifft, und das besonders in Zeiten des russisch-ukrainischen Krieges. Viele polnische rechte Webseiten sind nationalistisch, antisemitisch, antiamerikanisch, aber die WPS-Seite ist in ihrer so offenen Unterstützung Russlands nicht zu überbieten. Kritiker könnten den Betreibern dieser Webseite vorwerfen, sie seien nicht polnisch, sondern polnischsprachig wie seinerzeit der Sender *Radio Free Europe*, der für polnische Hörer sendete, bezeichnet wurde.

W Sercu Polska, http://wsercupolska.org/wsp1/

Dt. Titelübersetzung: Polen im Herzen. Die ziemlich unübersichtliche Seite beginnt mit Zitaten zu diversen Themen, allen voran ein Ausspruch der berühmten

---

1292 https://wiernipolsce1.wordpress.com/2022/08/24/polski-faszyzm-oczami-rosyjskiej-propagandy/, Zugriff am 25.8.2022.

1293 https://wiernipolsce1.wordpress.com/2022/08/22/daria-dugina-platonowa-1992-2022/, Zugriff am 25.8.2022.

1294 https://wiernipolsce1.wordpress.com/2022/08/18/stan-wojenny-w-iiirp-polin-czy-mozliwy/, Zugriff am 25.8.2022. *Polin* ist die jüdische und hebräische Bezeichnung für Polen und wird in rechtsradikalen Medien als Ausdruck für Bestrebungen der Juden benutzt, Polen zu unterwerfen.

Schauspielerin Irena Kwiatkowska: „Heute gibt es keine Staatsmänner vom Schlage eines Dmowski, Witos, Starzyński – nur kleine Politiker, die vergessen haben, was Polen ist. Es gibt keine patriotischen Politiker. Polen braucht einen klugen Patriotismus, und zwar sofort! Bevor sie alles Fremden abgeben."[1295]

Einige Zitate beziehen sich auf die Pandemie, z.B.: „Es sollte ein Kampf mit der Pandemie zur Verteidigung der Menschen sein. Es ist ein Kampf mit Menschen zur Verteidigung der Pandemie. Es ist Zeit für einen Great Reset bei der Toleranz gegenüber den Aktivitäten der PiS und NWO."[1296] Es wird auch eine Expertin zum Thema Impfungen gegen Covid-19 zitiert: „Dr. Swaminathan (WHO): Derzeit haben wir keine Beweise bezüglich keines der Impfstoffe, dass sie den Ansteckungen und den Übertragungen vorbeugen. Die geimpften Personen müssen die gleichen Vorsichtsmaßnahmen einhalten."[1297]

2022 findet sich auf der ersten Seite auch ein Twitter-Eintrag des Sejm-Abgeordneten und Vizevorsitzenden der Nationalen Bewegung Krzysztof Bosak, dass „in der Zeit der PiS-Regierung unsere Diplomatie bereits mehr als 7.000 Pässe in Israel ausgestellt hat, und das ist das rasanteste Tempo seit 15 Jahren!"[1298] Der Eintrag enthält eine verhüllte Kritik an der anscheinend israelfreundlichen Politik der rechtskonservativen polnischen Regierung. Ein ausgesprochen israelfeindliches, wenn nicht gar antisemitisches Zitat stammt vom ehemaligen polnischen Botschafter in Syrien und zugleich Autor der weiter oben genannten rechtsorientierten *Gazeta Warszawska*, Krzysztof Baliński: „Sie machen sich über uns her, die heimischen Verräter jauchzen vor Freude, die polnischen Gesetze schreibt der Mossad, und die polnischen Minister werden von der Knesset bestätigt. [...] Muss die Regierung, von der jüdischen angegriffen, jüdische Vermittler anheuern, die vorsagen, wie sie sich während des Angriffs zu verhalten hat? Müssen die polnisch-amerikanischen Beziehungen polnisch-jüdische Beziehungen sein?"[1299]

Der nationale Gedanke kommt auch in einem Zitat Roman Dmowskis zur Sprache: „Bei all ihren schwachen Seiten hat unsere Gesellschaft ein riesiges Kapital, das unermessliche nationale Profite bringen kann, wenn es richtig eingesetzt wird. Dieses Kapital ist **die nationale Idee**."[1300]

Die Webseite ist in einige Rubriken aufgeteilt: Hauptseite, Nation, Staat, Politischer Kommentar, Nationaler Gedanke, Erinnerung, Kampf und Märtyrertum, Glaube, Lesenswertes, Video – Sehenswertes, Nachrichten, Leseraum, Siehe auch. Allerdings sind die Inhalte nicht chronologisch angeordnet und auch nicht up to date, so dass die Suche nach konkreten Inhalten mühsam ist.

1295 http://wsercupolska.org/wsp1/, Zugriff am 18.5.2023.
1296 Ebd., Zugriff am 18.5.2023.
1297 Ebd.
1298 Ebd.
1299 Ebd.
1300 Ebd.

Wirtualna Polonia Bis im. Włodka Kulińskiego,
https://wirtualnapolonia2.wordpress.com/?wref=bif
Dt. Titelübersetzung: Virtuelle Polonia 2 „Włodek Kuliński". Untertitel: „Wegen des unmodischen Patriotismus ausgelacht, Gott und dem Vaterland treu, erhoben wir unsere Häupter." Das Portal knüpft an seinen Vorgänger *Wirtualna Polonia* an, das von Włodzimierz Kuliński (1951–2016), einem in Schweden lebenden Polen gegründet und redigiert wurde und vertritt nach eigener Auffassung die im In- und Ausland lebenden Polen. Das mit anderen rechtskonservativen Webseiten verlinkte Portal wird auf einem als liberal geltenden Portal[1301] als bedeutungslos bezeichnet. Dem scheinen seine zahlreichen Besucher und deren Kommentare zu widersprechen.

Neben historischen Texten zur polnischen Geschichte (in der Rubrik *Zasoby*, dt. Bestände, in digitalisierter Form als PDF-Dateien herunterladbare Texte polnischer Historiker[1302]) findet der User in der Rubrik *Wojna o Polskę* (Kampf um Polen) zahlreiche Beiträge über finanzielle Forderungen von Juden an Polen, die Anfang 2018 durch polnische Medien gingen und zu israelfeindlichen und antisemitischen Äußerungen Anlass boten. Diese fremdenfeindlichen Auslassungen nicht nur auf dem besagten Portal, sondern auch in rechten Kreisen der polnischen Öffentlichkeit, sind eine Folge der damaligen Krise in den polnisch-israelischen Beziehungen, aber auch der Anschuldigungen seitens linksliberaler Kreise in Polen, dass die Polen bestimmte dunkle Seiten der Geschichte der Nazibesatzung, z.B. unterlassene Hilfeleistung für Juden oder deren Denunziation verschweigen. Es entstehen Filme, Fernsehserien und Dokumentarproduktionen, es werden wissenschaftliche Forschungen gefördert, die diese eher seltenen Praktiken „entlarven". „Es kann der Eindruck entstehen, worauf viele Kommentatoren hinweisen, dass das endgültige Ziel (der Juden) der Erhalt von 65 Milliarden Dollar für die Deckung von jüdischen Forderungen bezüglich des auf dem Territorium Polens nach dem Krieg zurückgelassenen Eigentums sein soll."[1303] Der rechtskonservative Politiker und Regisseur Grzegorz Braun spricht in diesem Zusammenhang von einem „Versuch

---

1301 https://natemat.pl/169479,skad-sie-wziela-lista-zdrajcow-narodu-z-tego-portalu-w-szwecji, Zugriff am 3.8.2023.

1302 Es sind im Einzelnen: die *Polnische Chronik* eines angeblichen Chronisten Prokosz (10. Jahrhundert, in Wirklichkeit eine Fälschung entweder aus dem 18. oder 19. Jahrhundert); *Jahrbücher* des Jan Długosz (1415–1480); *Polnische Geschichte* in Latein und in Polnisch von Wincenty Kadłubek (1150–1223); mittelalterliche ruthenische Chroniken; der historische Roman *Alte Mär* von Józef Ignacy Kraszewski (1812–1887); ausgewählte Werke von Feliks Koneczny, darunter die *Charakteristik der sieben Zivilisationen*; einige Bücher über die Geschichte Polens, Russlands, Schlesiens sowie die katholische Kirche u.a.

1303 https://wirtualnapolonia2.wordpress.com/2018/03/01/a-wiec-wojna/, Zugriff am 31.8.2022.

der Endlösung der polnischen Frage". Linksorientierte Benutzer der besagten Seite werden ihr antisemitische Rhetorik, Stereotypisierung der Juden, Schüren von Vorurteilen u.dgl.m. vorwerfen, nationale Rechte dagegen werden sich in ihren Auffassungen über Israel und Juden bestätigt fühlen.

Die Webseite ist nicht up to date, außerdem wird der User durch kommerzielle Einträge, die mit der eigentlichen Thematik des Portals nichts zu tun haben, z.B. „Verlängerte Zahlungsfrist"[1304], vom Lesen abgelenkt.

Wolni Słowianie, https://wolnislowianie.wordpress.com/?wref=bif

Dt. Titelübersetzung: Freie Slawen. Unterhalb des Titels steht das Ziel des Blogs: „Erweckung der polnischen Slawen, damit wir unser Vaterland wiedergewinnen"[1305]. Der Betreiber knüpft an einen anderen Blog an, das weiter oben vorgestellte Geheime Vatikanische Archiv (*Tajne Archiwum Watykańskie*), das sich seiner Meinung nach mit „außerirdischen Angelegenheiten" beschäftige, er dagegen wolle sich „irdischen Gegenständen" zuwenden und durch seinen Blog das Nationalbewusstsein der Polinnen und Polen steigern.

Neben eher unpolitischen Kategorien wie Chemtrails, Impfungen, GMO, Geheimgehaltenes Wissen, Prophezeiungen und einigen der Gesundheit gewidmeten Sparten finden sich im Blog durchaus politische Rubriken, wie Geschichte Europas und der Welt, Geschichte Polens, Politik, Slawen. Die zuletzt genannte Rubrik könnte die wichtigste im besagten Blog sein, ist er doch den Slawen gewidmet. In der Tat finden sich darin mehrere Einträge über Polen, die sich zum Slawentum und zu slawischen Religionen (auch aus dem Altertum) bekennen und sich von der katholischen Kirche als einer fremden Macht distanzieren.

Jedoch sind die historischen und politischen Themen des Blogs weit von slawischer Problematik entfernt. Allein die Überschriften der einzelnen Postings geben einen Einblick in die Denkart des Bloggers. Drei Beiträge, nämlich „Die Khasaren-Mafia – mit ihnen führt Russland den Krieg in der Ukraine"[1306], „Die Rückkehr nach Jedwabne' – Gegengift gegen Lügen über angebliche Verbrechen der Polen an Juden"[1307] und „Wahrheit ist nicht Antisemitismus"[1308] – haben eindeutig antijüdische Tendenz. Im zuletzt genannten Text, den ein Filmbeitrag ergänzt, finden

---

1304 https://wirtualnapolonia2.wordpress.com/2023/05/16/wydluzenie-terminu-platno sci/, gepostet am 16.5.2023, Zugriff am 19.5.2023.
1305 https://wolnislowianie.wordpress.com, Zugriff am 1.9.2022.
1306 https://wolnislowianie.wordpress.com/2022/04/19/chazarska-mafia-to-z-nimi-rosja-toczy-wojne-na-ukrainie/, Eintrag vom 19.4.2022, Zugriff am 19.5.2023.
1307 https://wolnislowianie.wordpress.com/2021/10/05/powrot-do-jedwabnego-film-odtrutka-na-klamstwa-o-rzekomej-zbrodni-polakow-na-zydach/, Eintrag vom 5.10.2021, Zugriff am 19.5.2023.
1308 https://wolnislowianie.wordpress.com/2022/08/16/prawda-to-nie-antysemityzm/, Eintrag vom 16.8.2022, Zugriff am 19.5.2023.

sich folgende Formulierungen: „Wir selbst müssen als Nation den zionistischen polnisch sprechenden Marionetten in Polen die Macht entreißen. Andernfalls wird jenes seit über dreißig Jahren andauernde politische Theater für perplex gewordene polnische Schwule noch sonst wie lange dauern. Vielleicht bis Polen zu Polin oder Ukropolin wird?"[1309] Die Kritik des Bloggers an den polnischen Zuständen nach dem Untergang des Realsozialismus gilt dem sozialökonomischen und politischen System der Dritten Republik, z.B. in dem Beitrag „Selbstbestimmungserklärung oder wie man sich vom korporativen, sklavischen System der III. Republik Polen befreien kann"[1310].

wPrawo.PL, https://wprawo.pl

Dt. Titelübersetzung: Nach rechts.PL. Das Portal setzt sich zum Ziel, die Polen wahrheitsgetreu zu informieren, aufzuklären und zu erziehen. „Wir berühren Themen, die oft das Vorstellungsvermögen von Journalisten der abhängigen Medien überschreiten."[1311] Chefredakteur des Portals ist der bereits genannte ehemalige katholische Priester Jacek Międlar, der von den linken Medien in Polen wegen seiner nationalistischen und antijüdischen Äußerungen, unter anderem in seinen Büchern „Polen im Schatten des Judentums"[1312] und „Mein Kampf um die Wahrheit", in den linken Medien mehrmals angegriffen wurde.

Die Webseite *wPrawo.PL* hat einige Rubriken. In der Rubrik Nachrichten[1313] findet der User aktuelle Meldungen aus dem In- und Ausland, wobei vor allem die dem Portalbetreiber genehmen Informationen publik gemacht werden, z.B. über Aktivitäten von Abgeordneten der Partei Konföderation, kritikwürdige Handlungen von Politikern anderer Parteien und des Präsidenten Polens, Korruption in der Ukraine u.a.

Bei den Feuilletons[1314] handelt es sich um publizistische Texte von Autoren, die aktuelle, historische und kulturelle Ereignisse unter die Lupe nehmen. Unterhalb ihres Artikels „Einziehung von Vermögenswerten und Verteidigungsangelegenheiten der Republik Polen als Propagandaknüppel vor den Wahlen" schreibt eine ständige Feuilletonistin des Portals, Katarzyna Treter-Sierpińska, über sich

---

1309 Ebd. Während *Polin* die jiddische und hebräische Bezeichnung für Polen ist, steht *Ukropolin* im Vokabular der ukraineskeptischen Polen für ein gemeinsames ukrainisch-polnisches Staatsgebilde, vor dem sie warnen.
1310 https://wolnislowianie.wordpress.com/2022/04/07/deklaracja-samostanowienia-czyli-jak-sie-uwolnic-od-korporacyjnego-niewolniczego-systemu-iii-rp/, Eintrag vom 7.4.2022, Zugriff am 19.5.2023.
1311 https://wprawo.pl/wsparcie/, Zugriff am 19.5.2023.
1312 Jacek Międlar, *Polska w cieniu żydostwa. Wielcy Polacy o Żydach*, Verlag wPrawo.pl, Rzeszów 2020.
1313 https://wprawo.pl/category/wiadomosci/, Zugriff am 19.5.2023.
1314 https://wprawo.pl/category/felietony/, Zugriff am 19.5.2023

selbst: „Ich kann den linken Neusprech und die politische Korrektheit, die den Menschen ihre Gehirne waschen, nicht ausstehen. Mich ekelt der von Adam Michnik salonfähig gemachte Postkommunismus an."[1315] Die dominierenden Themen von Feuilletons im Mai 2023 sind der Krieg in der Ukraine und die ukrainischen Ansprüche auf unverzollten Export von Agrarprodukten; die Kritik der Politik der polnischen Regierung gegenüber der Ukraine, unter anderem die Vernachlässigung von historischen Belastungen wie der Massenmorde in Wolhynien; der Twitter-Eintrag von Olaf Scholz zum 78. Jahrestag der Kapitulation Hitlerdeutschlands, die der Bundeskanzler als „Befreiung von der Tyrannei des Nationalsozialismus"[1316] bezeichnet hat.

In der Rubrik Geschichte[1317] finden sich Beiträge mit politischer, gesellschaftlicher und religiöser Thematik, darunter über den Militärputsch Piłsudskis im Mai 1926; über polnische Aktivisten der national-radikalen Bewegung, die in kommunistischen Gefängnissen zu Tode gequält wurden; Überlegungen über Ursachen des Untergangs des Römischen Reiches; Betrachtungen über das Mittelalter im Zusammenhang mit dem Leben und Wirken des Hl. Bernhard von Clairvaux; über ukrainische Verbrechen im Karpatenvorland; über die Zerstörung Chinas durch Großbritannien im 19. Jahrhundert; über Drahtzieher der bolschewistischen Revolution u.a.

In der Rubrik Zeugen des Schlachtens von Wolhynien finden sich Erinnerungen von Augenzeugen und Familienangehörigen der ukrainischen Verbrechen im Südosten Polens 1943/1944. Zum Zeitpunkt der Untersuchung finden sich auf der Webseite Berichte, die vom 11.7. 2019 bis zum 22.6.2022 von Jacek Międlar aufgezeichnet und ins Netz gestellt wurden. Die Texte werden von Videos mit den interviewten Personen begleitet. Es sind Schilderungen schrecklicher Grausamkeiten, die Ukrainer an ihren polnischen, jüdischen und armenischen Mitbürgern, häufig ihren Nachbarn, begangen und sich bis heute für diese Verbrechen nicht entschuldigt haben.

In der Rubrik Musik, Kultur und Rezensionen finden sich unter anderem Besprechungen von Büchern, die für die aktuelle offizielle Politik unbequeme historische

---

[1315] https://wprawo.pl/katarzyna-ts-konfiskata-majatkow-i-obronnosc-rp-jako-przedwyborcza-palka-propagandowa/, Zugriff am 19.5.2023. Die Autorin veröffentlichte im Verlag wPrawo ihr Buch „Juden, Gender, Multikulti oder Betrug und Spinnerei" (poln. Titel: *Żydzi, gender, multikulti, czyli oszustwo i szajba*), dass der Linie des Portal- und Verlagsbetreibers vollumfänglich entspricht.

[1316] Übrigens finden sich ähnliche Formulierung auch auf deutschen Webseiten, z.B. der Konrad Adenauer Stiftung, https://www.kas.de/de/web/geschichte-der-cdu/kalender/kalender-detail/-/content/tag-der-befreiung-2, oder auch schon 2020 auf der Webseite https://www.hallo-borken.de/stunde-null-im-westmuensterland/, Zugriff am 19.5.2023.

[1317] https://wprawo.pl/category/historia/, Zugriff am 19.5.2023.

Ereignisse thematisieren, z.b. den ukrainischen Völkermord nicht erst von 1943/ 1944, sondern bereits zwei Jahrhunderte früher. Das Buch „Der Kolijiwschtschyna-Aufstand und die Steppen"[1318] von Michał Grabowski (1804–1863) wird von Miedlar auf Twitter als „der Völkermord an Polen im 18. Jahrhundert und ‚die erste Tradition des ukrainischen Volkes'"[1319] angekündigt. Es hat dem Autor des Twitter-Eintrags bereits mehrere Anfeindungen eingebracht, über die das Portal *wPrawo.PL* auch berichtet[1320]. Neben „historisch inkorrekten" Büchern werden in der besagten Rubrik auch kulinarische Ratgeber, ethnographische Publikationen sowie Dokumentarfilme besprochen, die in Mainstream-Medien wenig Beachtung finden.

In der Rubrik Filme können Videos zu aktuellen Themen gesehen werden, die für die rechtsorientierten Benutzer des Portals interessant sein können. Die Videobeiträge können auch kommentiert werden.

Y-Elita PL, https://web.archive.org/web/20200930070157/http://yelita.pl/

Ein Portal über politische Eliten im Polen nach 1989, assoziiert mit dem Rundem Tisch, an dem Gespräche zwischen den kommunistischen Machthabern und der antikommunistischen Opposition in der Phase des Übergangs vom kommunistischen Regime zur demokratischen Ordnung geführt wurden. Das Y im Namen der Webseite deformiert die Bedeutung des Wortes *Elity* (Eliten), wenn es ausgesprochen wird, zum verhöhnenden Wort in der Bedeutung „Därme" (*jelita*).

Auf der Hauptseite des Portals steht sein Motto: „... Wer auf den Boden des Vaterlands, selbst wenn es sündhaft und böse ist, den alten Feind hingeführt hat, es zertreten, geplündert, verbrannt, mit fremdländischen Söldnerhänden erbeutet hat, der hat sich von ihm losgesagt. Es kann für ihn nie mehr sein Haus noch seine Ruhestätte sein. Auf polnischem Boden gibt es für diese Menschen weder soviel Raum, wieviel die Füße eines Menschen einnehmen, noch den ein Grab einnimmt..."[1321]

Unter dem Motto finden sich Charakteristiken der bisherigen Eliten in Polen. Über die Elite der II. Republik (1918–1945) schreiben die Autoren in kurzen

---

1318 Poln. Titel: *Koliszczyzna i stepy*.
1319 https://twitter.com/jacekmiedlar/status/1646148703722393603?ref_src= twsrc%5Etfw%7Ctwcamp%5Etweetembed%7Ctwterm%5E1646148703722393603% 7Ctwgr%5E5b8a165313c032aab74e845d775635cd28cbcb1f%7Ctwcon%5Es1_&ref_ url=https%3A%2F%2Fwprawo.pl%2Ffala-nienawisci-po-wydaniu-ksiazki-o-hajda mackich-zbrodniach-na-polakach-chca-cenzurowac-historie%2F, Zugriff am 19.5. 2023.
1320 https://wprawo.pl/fala-nienawisci-po-wydaniu-ksiazki-o-hajdamackich-zbrodni ach-na-polakach-chca-cenzurowac-historie/, Zugriff am 19.5.2023.
1321 https://web.archive.org/web/20210304030845/http://www.yelita.pl/, Zugriff am 22.5.2023.

eindringlichen Worten: „Polen, das nationale und katholische, ermordet von Sowjets, deutschen Nazis, ukrainischen Nationalisten und Kommunisten der VRP. Seine Devise: Gott – Ehre – Vaterland"[1322]. Dieser Elite wird die „Yelite der VRP (1945–1989)" gegenübergestellt: „Auf Bajonetten der Roten Armee nach Polen befördert, verräterisch, verbrecherisch, antinational und antipolnisch, verantwortlich für die Festigung der 4. Teilung Polens von 1939 (Ribbentrop-Molotow-Pakt). Ihre Devise: Stalin – Verrat – Sowjetunion (UdSSR)"[1323].

Die „Yelite der III. Republik Polen – fast die Wiederkehr der VRP", entstand „nach dem Runden Tisch von 1989 aus dem schmutzigen Deal von Kommunisten, linker Opposition, Sicherheitsdienst und seinen Mitarbeitern. Sie ist für den Verrat der nationalen Interessen Polens und seiner Bürger, für Korruption, Affären, Vetternwirtschaft, die nicht durchgeführte Abrechnung mit den kommunistischen Verbrechen (der sog. dicke Strich Mazowieckis), Verstöße gegen die Meinungsfreiheit, Geschichtsfälschungen (die Wolhynien-Kleinpolen-Lüge) und für die gänzliche Unterordnung Polens unter die EU (nach dem Vorbild der Beziehungen zwischen der VRP und der UdSSR) verantwortlich. Ihre Devise: Knete – Korruption – UE (Jewropäische Union)"[1324]. Die auf der Webseite dargebotenen Kurzcharakteristiken der polnischen Eliten im 20. und 21. Jahrhundert zeugen von der Verklärung der Eliten in der II. Republik und von der Verdammung aller nach dem Zweiten Weltkrieg entstandenen führenden Kräfte in Polen.

Das Portal ist in folgende Kategorien aufgeteilt: Affären[1325]; Die für Affären Verantwortlichen[1326]; Führende Köpfe der Eliten[1327]; Eliten zweiten Ranges[1328]; Die Wirtschaftselite[1329]; Promis der Elite[1330]; Spitzel der Eliten[1331]; Die Unantastbaren

---

1322 Ebd.
1323 Ebd.
1324 Ebd. Das Wort „jewropäisch" ist eine Anknüpfung an das russische Substantiv еврей (*jewrej*), deutsch: Jude und suggeriert die jüdische Beherrschung Europas.
1325 https://web.archive.org/web/20201031073013/http://yelita.pl/artykuly/dzial/afery-yelity, Zugriff am 22.5.2023.
1326 https://web.archive.org/web/20201104194631/http://yelita.pl/artykuly/dzial/aferzysci-yelitym, Zugriff am 22.5.2023.
1327 https://web.archive.org/web/20201030232734/http://yelita.pl/artykuly/dzial/tuzy-yelity, Zugriff am 22.5.2023.
1328 https://web.archive.org/web/20201102015859/http://yelita.pl/artykuly/dzial/yelita-2-garnitur, Zugriff am 22.5.2023.
1329 https://web.archive.org/web/20201031130308/http://yelita.pl/artykuly/dzial/yelita-gospodarcza, Zugriff am 22.5.2023.
1330 https://web.archive.org/web/20201030151611/http://yelita.pl/artykuly/dzial/celebryci-yelity, Zugriff am 22.5.2023.
1331 https://web.archive.org/web/20201101011745/http://yelita.pl/artykuly/dzial/konfidenci-yelity, Zugriff am 22.5.2023.

der Elite[1332]; Die Elite für sich[1333] (darüber, wie sich die Elite selbst versorgt); Listen (Verzeichnisse von Abgeordneten, korrupten Politikern, Agenten, Verrätern, Intellektuellen, rituellen Schlachthäusern, Politikern jüdischer Abstammung u.a.)[1334]; Die Polenfeindlichkeit der Eliten[1335]. Die Besagten werden durch einige andere ergänzt: Unter „Elite der II. RP" findet man 32 Namen von namhaften Persönlichkeiten des politischen, wirtschaftlichen, kulturellen und militärischen Lebens aus der Zwischenkriegszeit. Die Kategorie „Opfer der Yelite" enthält 36 Namen von Persönlichkeiten, von denen einige unter mysteriösen Umständen ums Leben kamen. Unter „Ehrliche Worte über die Yelite" findet der User eine Liste mit Namen von Personen und Institutionen, die sich über die heutigen Eliten kritisch äußern. Ein „Index von Webseiten, die von der Yelite verboten sind", enthält Links zu alternativen Medien und Portalen, von denen mehrere in vorliegender Untersuchung vorgestellt wurden. Der Name der Kategorie „Die Yelite für uns" ist irreführend, denn darunter verbergen sich von den Betreibern angeprangerte soziale und ökonomische Erscheinungen (z.B. Armut, Arbeitslosigkeit, Teuerung, fehlende Kindergarten- und Kinderkrippenplätze, mangelnde gesundheitliche Fürsorge u.a.).

Unter den von den Betreibern der Seite Angeprangerten finden sich Namen führender Politiker, Journalisten und anderer Medienmacher sowie Künstler, Schriftsteller, Wissenschaftler und andere Persönlichkeiten des öffentlichen Lebens. Neben ehemaligen Funktionären in Zeiten der VR Polen sind es auch Vertreter der antikommunistischen Opposition, die laut Seitenbetreibern unzulässige Kompromisse eingegangen seien. Dass manche Namen in die Liste der „Eliten" aufgenommen wurden, mag verwundern, handelt es sich doch häufig um Menschen, denen mangelnder Patriotismus nicht vorgeworfen werden kann.

Die Webseite ist über die *Wayback Machine* zuletzt unter dem Datum 4.3.2021[1336] abrufbar. Früher funktionierte sie unter dem Link https://yelita.pl. Heute findet der User unter dieser Seitenadresse kurze Biogramme einiger Persönlichkeiten, die überaus positiv bewertet werden. Die neuen Betreiber der alten Seite *yelita.pl* haben sich anscheinend einer Manipulation der Inhalte zugunsten der ursprünglich kritisierten Personen bedient. Unter dem genannten Link erscheinen nun durchaus positive Einschätzungen von Vertretern der alten, vor allem postkommunistischen, Eliten.

1332 https://web.archive.org/web/20201102001749/http://yelita.pl/artykuly/dzial/nietykalni-yelity, Zugriff am 22.5.2023.
1333 https://web.archive.org/web/20201030052850/http://yelita.pl/artykuly/dzial/yelita-dla-siebie, Zugriff am 22.5.2023.
1334 https://web.archive.org/web/20200929100840/http://yelita.pl/artykuly/dzial/listy, Zugriff am 22.5.2023.
1335 https://web.archive.org/web/20201031043539/http://yelita.pl/artykuly/dzial/antypolonizm-yelity, Zugriff am 22.5.2023.
1336 https://web.archive.org/web/20210228145357/http://yelita.pl/, Zugriff am 11.9.2022.

Bibliographie

Antoszewski, Andrzej/Herbut Ryszard (Red.), *Leksykon politologii* (Lexikon der Politologie), 2., verb. Aufl. Wrocław 1996.

Ateş, Seyran, *Wahlheimat – Warum ich Deutschland lieben möchte,* Berlin 2013.

Bauch, Jost, *Abschied von Deutschland. Eine politische Grabschrift,* 2. Aufl. Rottenburg 2018.

Brückner, Michael, *Die Akte Wikipedia,* Rottenburg 2014.

Der Weg in den Mainstream. Wie linke Journalisten den Ton angeben, hrsg. vom Verein für Staatspolitik, erweiterte und aktualisierte Neuausgabe, Institut für Staatspolitik, Rittergut Schnellroda 2021.

Dittrich, Miro/Jäger Lukas/Meyer, Claire-Friederike/Rafael, Simone, *Alternative Wirklichkeiten: Monitoring rechts-alternativer Medienstrategien,* Berlin 2020.

Duchlińska-Naruszewicz, Alina, *Nienawiść w czasach Internetu* (Hass im Zeitalter des Internets), Gdynia 2015.

Duden. Deutsches Universalwörterbuch, 7. überarb. u. erw. Aufl., Berlin–Mannheim–Zürich 2011.

Greiffenhagen, Martin (Hg.), *Kampf um Wörter. Politische Begriffe im Meinungsstreit,* München–Wien 1980.

Großes Fremdwörterbuch, Leipzig 1977.

Hebel, Stephan, *Mutter Blamage. Warum die Nation Angela Merkel und ihre Politik nicht braucht,* Frankfurt am Main 2013.

Herman, Eva, *Die Wahrheit und ihr Preis. Meinung, Macht und Medien,* Rottenburg 2010.

Hoff, Klaus, *Rechts und Links – zwei Schlagworte auf dem Prüfstand,* Krefeld 1992.

Hoffmann, Arne, *Der Fall Eva Herman. Hexenjagd in den Medien,* Grevenbroich 2007.

Knütter, Hans-Helmuth, *Deutschfeindlichkeit. Gestern, heute und morgen ...?,* Asendorf 1991.

Knütter, Hans-Helmuth, *Wanderungsbewegungen – ein Faktum, multikulturelle Gesellschaften – eine Fiktion,* St. Augustin 1993.

Knütter, Hans-Helmuth, *Die linke Gefahr. Das Leichengift der gescheiterten Linken,* Die Deutschen Konservativen e.V. (Hrsg.), Sonderausgabe des Deutschland-Magazin, 1. Aufl. April 2019.

Knütter, Hans-Helmuth, *Deutschland als Feindstaat. Deutschfeindlichkeit gestern und heute,* Hamburg 2020.

Kotowski, Albert S., *Zwischen Staatsräson und Vaterlandsliebe. Die Polnische Fraktion im Deutschen Reichstag 1871–1918,* Düsseldorf 2007.

Kowalsky, Wolfgang, *Rechtsaußen ... und die verfehlten Strategien der deutschen Linken*, 2. Aufl., Frankfurt a.M.–Berlin 1992.

Kunkel, Thor, *Das Wörterbuch der Lügenpresse*, 2. Aufl. Rottenburg 2020.

Landgraf, Wolfgang, *Martin Luther. Reformator und Rebell*, 2. Aufl. Berlin 1982.

Meyers Kleines Lexikon Geschichte, hrsg. von Meyers Lexikonredaktion, Mannheim u.a. 1987.

Nohlen, Dieter (Hrsg.), *Kleines Lexikon der Politik*, München 2001.

Nyder, E. E., *16 Jahre Angela Merkel. Die Bilanz eines Zerstörungswerks*, Rottenburg 2021.

Pflister, René, *Ein falsches Wort. Wie eine neue linke Ideologie aus Amerika unsere Meinungsfreiheit bedroht*, 2. Aufl. München 2022.

Pirinçci, Akif, *Deutschland von Sinnen. Der irre Kult um Frauen, Homosexuelle und Zuwanderer*, 5. Aufl. Waltrop und Leipzig 2014.

Pirinçci, Akif, *Die große Verschwulung. Wenn aus Männern Frauen werden und aus Frauen keine Männer*, Waltrop und Leipzig 2015.

Pszczółkowski, Tomasz G., *Ordoliberalizm. Społeczno-polityczna i gospodarcza doktryna neoliberalizmu w RFN* (Der Ordoliberalismus. Die gesellschaftlich-politische und Wirtschaftsdoktrin des Neoliberalismus in der BRD), Warszawa–Kraków 1990.

Pszczółkowski, Tomasz G., *Zur Methodologie der Interpretation des Politischen bei Friedrich Nietzsche*, Frankfurt a.M. u.a. 1996.

Pszczółkowski, Tomasz G., *Berlin 1961–1989–2010. Rückblick eines polnischen Wissenschaftlers auf eine einst geteilte Stadt*, in: „Jahrbuch der Berliner Wissenschaftlichen Gesellschaft 2010/2011", Hrsg.: Berliner Wissenschaftliche Gesellschaft e.V., Berlin 2012, S. 35–49.

Pszczółkowski, Tomasz G., *Deutschland–Polen: Eine kulturkomparatistische Untersuchung*, Bielefeld 2015.

Pszczółkowski, Tomasz G., *Der Totalitarismusbegriff in der öffentlichen Debatte in Deutschland und in Polen nach 2000. Zur politischen Streitkultur in beiden Ländern aus vergleichender Sicht*, in: „Studia Niemcoznawcze * Studien zur Deutschkunde", Bd. LXI, 2018 S. 89–108.

Pszczółkowski, Tomasz G., *Der Verein Deutsche Sprache als Beschützer des Deutschen und Zielscheibe seiner Gegner*, in: „Studia Niemcoznawcze * Studien zur Deutschkunde", Bd. LXVII, 2022, S. 261–274.

Röhl, Klaus Rainer, *Linke Lebenslügen. Eine überfällige Abrechnung*, 1. Aufl. Frankfurt a.M.–Berlin 1994.

Schneider, Wolf, *Speak German! Warum Deutsch manchmal besser ist*, Reinbek bei Hamburg 2009.

Schrenck-Notzing, Caspar von, *Charakterwäsche. Die Re-education der Deutschen und ihre bleibenden Auswirkungen*, Graz 2004.

Słownik języka polskiego (Wörterbuch der polnischen Sprache), Bd. 2, Warszawa 1978.

Stephan, Cora, *Der Betroffenheitskult. Eine politische Sittengeschichte*, Reinbek 1993.

Stern, Leo/Gericke, Horst, *Deutschland von der Mitte des 11. bis zur Mitte des 13. Jahrhunderts*, Berlin 1983.

Strauß, Gerhard/Haß, Ulrike/Harras, Gisela, *Brisante Wörter von Agitation bis Zeitgeist. Ein Lexikon zum öffentlichen Sprachgebrauch*, Berlin–New York 1989.

Teusch, Ulrich, *Lückenpresse. Das Ende des Journalismus, wie wir ihn kannten*, Frankfurt 2016.

Ulfkotte, Udo, *Gekaufte Journalisten. Wie Politiker, Geheimdienste und Hochfinanz Deutschlands Massenmedien lenken*, Rottenburg 2014.

Uniwersalny słownik języka polskiego (Universalwörterbuch der polnischen Sprache), Bde. 2 u. 3, Warszawa 2003.

Wörterbuch der Geschichte, Dietz Verlag Berlin 1983.

Liste deutschsprachiger Webseiten

1 Webseiten von Organisationen

Abgeordnetencheck, https://www.abgeordneten-check.de/
Anti-Zensur-Koalition, https://www.anti-zensur.info
Bürgerbewegung Pax Europa e.V., http://paxeuropa.de/
Bürgerforum Altenburger Land, https://bürgerforum-altenburg.de
Crime Kalender, https://crimekalender.wordpress.com
Deutsche Burschenschaft, https://www.burschenschaft.de
Deutschland braucht uns, http://deutschlandbrauchtuns.org/
Ehrenmord.de, http://www.ehrenmord.de
Ein Prozent e.V., https://www.einprozent.de/
Facebook-Sperre – Wall of shame, https://facebook-sperre.steinhoefel.de
Freiheit für Deutschland, https://www.freiheit-fuer-deutschland.de
Geschichten aus Wikihausen, http://wikihausen.de
Gesellschaft für freie Publizistik e.V., http://www.gfp-netz.de/
Identitäre Bewegung, https://www.identitaere-bewegung.de
Institut für Staatspolitik, https://staatspolitik.de
Islam*nixgut, https://nixgut.wordpress.com
Nürnberg 2.0 Deutschland, http://wiki.artikel20.com
PatriotPetition.org, https://www.patriotpetition.org
PEGIDA, https://www.pegida.de
Refcrime, http://www.refcrime.info/de/Home/Index
Staats- und Wirtschaftspolitische Gesellschaft e.V./SWG, http://www.swg-hamburg.de/

2 Webseiten von Zeitungen und Magazinen sowie Informationsportale

Alternative Presseschau, https://alternative-presseschau.com
Anonymous News, früher https://www.anonymousnews.ru, jetzt https://www.anonymousnews.org
Anti-Spiegel, https://www.anti-spiegel.ru
Apolut net, https://apolut.net, früher KenFM, https://kenfm.de

Blaue Narzisse, https://www.blauenarzisse.de
Bundesdeutsche Zeitung, https://bundesdeutsche-zeitung.de
Burschenschaftliche Blätter, https://burschenschaft.de/b_blaetter
COMPACT Magazin, https://www.compact-online.de
Der Eckart, http://www.dereckart.at
Deutsche Lobby, https://deutschelobbyinfo.com
Deutschland-Kurier, https://www.deutschlandkurier.de
Die Unbestechlichen, https://dieunbestechlichen.com, auch als Blog
Die Freie Welt, https://www.freiewelt.net
eigentümlich frei, https://ef-magazin.de
Eingeschenkt TV, https://eingeschenkt.tv/
Epoch Times Deutsch, https://www.epochtimes.de
ExpressZeitung, https://www.expresszeitung.com/
Extrem News, https://www.extremnews.com
Gute Nacht Deutschland, https://gutenachtdeutschland.com
Info direkt, https://www.info-direkt.eu
Journalistenwatch/JouWatch, https://www.journalistenwatch.com
Klagemauer TV, https://www.kla.tv/
Kommunikationsstelle Demokratischer Widerstand e.V. Berlin, https://www.nicht ohneuns.de/
Kopp Report, https://kopp-report.de
Metapedia, https://de.metapedia.org/wiki/Hauptseite
PI-News Politically Incorrect, http://www.pi-news.net
Politikversagen, http://www.politikversagen.net
Preußische Allgemeine, https://www.preussische-allgemeine.de/
Reitschuster.de, https://reitschuster.de/
Signal, https://www.signal-online.de
Unser Mitteleuropa, http://unser-mitteleuropa.com
Unzensuriert, https://www.unzensuriert.de/german
WikiMANNia, https://at.wikimannia.org/WikiMANNia:Hauptseite
Zuerst!, http://zuerst.de

3 Blogs

Akif Pirinçci, https://der-kleine-akif.de
Aktive Patrioten, http://www.aktive-patrioten.de

Alles Schall und Rauch, https://alles-schallundrauch.blogspot.com
Ansage!, https://ansage.org/
Conservo, https://conservo.wordpress.com/
Deutsche Lobby, https://deutschelobbyinfo.com
Die Heimkehr, http://die-heimkehr.info/
Die Unbestechlichen, https://dieunbestechlichen.com
Eva Herman, https://www.eva-herman.net/offiziell/
Fassadenkratzer, https://fassadenkratzer.wordpress.com
Jihad Watch Deutschland, https://fredalanmedforth.blogspot.com/
Jürgen Fritz Blog, https://juergenfritz.com
Kopten ohne Grenzen, https://koptisch.wordpress.com/
Michael Mannheimer Blog, https://michael-mannheimer.net/
Peds Ansichten, https://peds-ansichten.de
ScienceFiles, https://sciencefiles.org
Wertewandelblog, http://www.wertewandelblog.de
Wolfgang Prabel Blog, http://www.prabelsblog.de

4 Webseiten von Gegnern der Rechten

Afax, http://afax.blogsport.eu/

AfD Watch, https://afd-watch-hamburg.org

Amadeu Antonio Stiftung, https://www.amadeu-antonio-stiftung.de

Antifa Recherche Team Dresden (ART Dresden), https://naziwatchdd.noblogs.org

Antifaschistisches Pressearchiv und Bildungszentrum Berlin e.V. Apabiz, https://www.apabiz.de

Arsch Huh e.V., https://www.arschhuh.de

Antifa u.a. Antifaschisten, https://autonome-antifa.org (Freiburg), https://antifa-paradise.blackblogs.org (Bodensee), https://www.antifa-berlin.info/ (Berlin), http://antifa-aufbau.org (Antifaschistischer Aufbau München), https://ura-dresden.org/category/antifa/ (Undogmatische Radikale Antifa Dresden), https://dresden-nazifrei.com, https://antifa.vvn-bda.de, http://vvn-bda-leipzig.de, http://www.bda-treptow.de

Belltower News, https://www.belltower.news

Endstation Rechts, https://www.endstation-rechts.de

chronik, https://chronik.blackblogs.org

Correctiv, https://correctiv.org

de.indymedia, https://de.indymedia.org

Der Volksverpetzer, https://www.volksverpetzer.de

Gegneranalyse, https://gegneranalyse.de

haGalil.com, http://www.hagalil.com

Igstoppmissbrauch, https://igstoppmissbrauch.wordpress.com, auch https://igstoppmissbrauch.wordpress.com/2015/05/21/netzplanet-kopp-verlag-michael-mannheimer-honigmann-deutsche-wirtschafts-nachrichten-co/

Infoportal für antifaschistische Kultur und Politik aus Mecklenburg-Vorpommern, https://www.infonordost.de/tag/afd-watch/

Jüdisches Forum für Demokratie und gegen Antisemitismus (JFDA), https://jfda.de

Köln gegen Rechts – Antifaschistisches Aktionsbündnis, https://www.koelngegenrechts.org

Koppverlag-Watch, http://koppverlagwatch.blogsport.eu

Mut gegen rechte Gewalt, kurz: MUT, https://www.mut-gegen-rechte-gewalt.de

NSU-Watch, https://www.nsu-watch.info

Omas gegen Rechts Deutschland, https://omasgegenrechts-deutschland.org

PlusPedia, http://de.pluspedia.org

Psiram, https://www.psiram.com/

Rechte Orte in Sachsen, https://www.runtervonderkarte.jetzt

Sonnenstaatland, https://www.sonnenstaatland.com

Tübingen Rechtsaußen, https://tuebingenrechtsaussen.wordpress.com

Liste polnischsprachiger Webseiten der Rechten

3Droga.pl, http://3droga.pl
3obieg.pl, https://3obieg.pl
Antydotum Realna Polska, http://antydotum.pl
Artykuły Aryjskie, https://artykulyaryjskie.wordpress.com/
Autonom.pl – Portal niezależnych nacjonalistów, http://autonom.pl/
Centralna Agencja Informacyjna, https://cai24.pl
Dakowski.pl, http://dakowski.pl
Dla Polski.pl, https://www.dlapolski.pl
Dziennik gajowego Maruchy, https://marucha.wordpress.com
Dziennik Narodowy, https://dzienniknarodowy.pl/
Euroislam.pl, https://euroislam.pl
Europejskie nacjonalizmy, https://nacjonalizm.wordpress.com
Gazeta Warszawska, https://warszawskagazeta.pl
Jacek Międlar, https://jacekmiedlar.pl
Jednodniówka Narodowa, http://www.jednodniowka.pl/news.php
Justice4Poland.com, https://justice4poland.com
Marsz Niepodległości, https://marszniepodleglosci.pl
Media Narodowe, https://medianarodowe.com/
Miziaforum, https://miziaforum.com
Monitor Postępu, https://monitorpostepu.pl/
nacjonalista.pl – Dziennik Narodowo-Radykalny, www.nacjonalista.pl
Narodowa Łódź, http://www.narodowalodz.pl
Narodowcy.Net, https://narodowcy.net
Narodowe Odrodzenie Polski, http://www.nop.org.pl
Neon24.pl, http://www.neon24.pl
Nie dla islamizacji Europy, https://ndie.pl
Niepoprawni.pl, http://niepoprawni.pl
Niezależne Media Podlasia, http://niezaleznemediapodlasia.pl
Niezłomni.com, https://niezlomni.com
Stowarzyszenie na Rzecz Tradycji i Kultury Niklot, http://www.niklot.org.pl

Obóz Narodowo-Radykalny, https://www.onr.com.pl

Pobudka, https://www.pobudka.org

Polonia Christiana, https://www.pch24.pl

Pro Kapitalizm, http://www.prokapitalizm.pl

ProstoPoPolsku, http://pppolsku.blogspot.com/?wref=bif

PrzemexBlog, https://przemex.wordpress.com

Redwach Poland http://www.redwatch.info/sites/redwatch.htm

Rodakpress, http://www.rodaknet.com

Szturmowcy, http://szturmowcy.org.pl

Tajne Archiwum Watykańskie, czyli Wielka Pobudka Słowian, https://tajnearchiwumwatykanskie.wordpress.com

Towarzystwo Patriotyczne, http://www.towarzystwopatriotyczne.org

Wierni Polsce Suwerennej, https://wiernipolsce1.wordpress.com

W Sercu Polska, http://wsercupolska.org/wsp1/

Wirtualna Polonia Bis im. Włodka Kulińskiego, https://wirtualnapolonia2.wordpress.com/?wref=bif

Wolni Słowianie, https://wolnislowianie.wordpress.com/?wref=bif

wPrawo.PL, https://wprawo.pl

Y-Elita PL, http://yelita.pl https://web.archive.org/web/20200930070157/http://yelita.pl/

Personenverzeichnis

A
Adinolfi, Gabriele 307
Adorno, Theodor 96
Ahlquist, Dale 334
Althaus, Gerold 172
Amri, Anis 229
Antoszewski, Andrzej 73
Arendt, Hannah 74, 289
Arndt, Ernst Moritz 82
Ateş, Seryan 29, 30
Aust, Stefan 222
Aznar, José Maria 354

B
Baab, Patrik 168
Baberowski, Jörg 120
Bachmann, Monika 153
Backerra, Manfred 162, 163
Baerbock, Annalena 186, 195, 234, 354
Bąkiewicz, Robert 92, 326
Balcer, Adamą 92
Balcerowicz, Leszek 124
Baliński, Krzysztof 366
Bandera, Stepan 217, 341
Bandulet, Bruno 285
Bannister, Nonna 345
Bartyzel, Jacek 89
Bathelt, Christoph 181
Bauch, Jost 38, 120–123
Bauer, Stefan 165, 206
Bebel, August 31
Belloc, Hilaire 334
Bendels, David 181
Berendt, Michael 185
Berger, Peter L. 255
Bergers, David 257
Bernert, Jens 193

Best, Heinrich 135
Bielak, Jacek 328
Bierut, Bolesław 88
Binding, Rudolf G. 173
Bismarcks, Otto von 96
Blair, Tony 354
Boeselager, Matern 286
Böhm, Franz 12, 100
Boki, Jacek 340
Borgmann, Frank 229
Bosak, Krzysztof 77, 316, 366
Brandt, Willy 223
Braun, Grzegorz 316, 349, 352, 367
Brecht, Bertolt 188
Breuers, Gereon 173
Breuilly, John 74
Broder, Henryk M. 46, 160, 196, 236
Brown, Gordon 354
Brückner, Michael 118
Brudziński, Joachim 68
Brzozowski, Stanisław 347
Burchardt, Matthias 193
Burggraf, Rocco 234
Burke, Edmund 96

C
Caleib, Jack 328
Chesterton, Gilbert Keith 334
Chodakiewicz, Marek Jan 359
Chrupalla, Tino 299
Cierpisz, Krzysztof 321
Ciesielczyk, Marek 339
Cohn-Bendit, Daniel 150, 151, 182
Collins, Randall 255
Comte, Auguste 255
Constantin, Johannes R. 172
Cremer, Claus 332, 338

Czarnek, Przemysław 212
Czisch, Gunter 109

D
Dagen, Susanne 181
Dakowski, Mirosław 315
Davies, Franziska 213
Davies, Nicolas J. S. 193
Degrelles, Leon 311
Deschner, Günther 222
Devi, Savitri 311
Diefenbach, Heike 255, 256
Dieter, Hans-Heinrich 33, 56
Dittrich, Miro 42
Dmowski, Roman 84, 347, 363, 364, 366
Dollfuß, Engelbert 332
Dönitz, Karl 237
Douglas, Dame Mary 255
Dregger, Alfred 96
Drewermann, Eugen 193
Dubicki, Andrzej 347
Duda, Andrzej 68, 92, 315
Dugin, Alexander 365
Dugina, Daria 365
Dulkowski, Konrad Andrzej 343
Dziambor, Artur 316
Dziamka, Kaz 356
Dzierżyński, Feliks 31
Dziubka, Kazimierz 73

E
Elsässer, Jürgen 176, 277
Engelgard, Jan 323
Engels, Friedrich 31
Erdinger, Max 231
Erdoğan, Recep Tayyip 184
Erhard, Ludwig 12, 100, 190
Eucken, Walter 12

F
Faeser, Nancy 240, 261
Faye, Guillaume 307

Fegebank, Katharina 166
Feldgiebel, Marko 173
Ferstl, Carola 354
Fiala, Christian 153
Fichte, Johann Gottlieb 78, 82, 232
Fickentscher, Anneliese 193
Fiedler, Markus 145, 146
Fitzek, Peter 305
Fleischhauer, Jan 27, 291
Ford, Jason 233
Franco, Francisco 296
Franz, Frank 338
Franziskus 77, 184, 318, 351
Frey, Peter 253, 302
Fritz, Jürgen 170, 247, 248–250
Fromm, Erich 74, 97
Frühbrodt, Lutz 188
Fuellmichs, Reiner 350
Fügmann, Thomas 185

G
Gabriel, Markus 249
Gabriel, Sigmar 209
Gadowski, Witold 316
Gastmann, Jörg 231
Gates, Bill 167, 235, 243, 354
Gaweł, Rafał 343
Gellner, Ernest 74
Georg, Friedrich 168
Gericke, Horst 80
Gersch, Laura 354
Gide, André 253
Giegold, Sven 186
Glaubitz, Uta 139
Gniadek, Jacek 352
Goebbels, Joseph 278, 357
Goethe, Johann Wolfgang von 227, 258
Gomułka, Władysław 88
Görlich, Dominique 192
Grabowski, Michał 371
Grandt, Guido 240
Gräser, Tilo 193

Greiffenhagen, Martin 43, 96
Große, Thorsten 167
Grosz, Gerald 165, 183
Groth, Annette 193
Gursztyn, Piotr 347
Gustav Adolf 181
Gwiazdowski, Robert 352

H
Habeck, Robert 186, 196, 238
Hadjimohamadvali, Laleh 261
Hahnkamp, Uwe 212, 213
Haider, Jörg 237
Haisenko, Peter 171, 233
Halatschek, Erich 153
Halatschek, Peter 153
Haldenwang, Thomas 176
Haller, Michael 26
Hammans, Johannes 133
Harkavy, Robert E. 168
Harra, Gisela 43
Hartman, Jan 308, 343
Haß, Ulrike 43
Häusler, Alexander 175
Hayali, Dunja 186
Hayek, Friedrich August von 12, 96
Hebel, Stephan 66
Hebold, Wolfgang 190
Hedges, Chris 193
Heise, Thorsten 338
Heisig, Kirsten 237
Helbig, Friedrich 180
Heller, Hermann 172
Helmes, Peter 232, 235, 250
Herbut, Ryszard 73
Herder, Johann Gottfried 78
Herman, Eva 33, 99, 103, 119, 193, 241–244
Heß, Rudolf 238
Heyse, Paul 173
Hildegard von Bingen 243
Himmler, Heinrich 346

Hinrich, Per 222
Hitler, Adolf 168, 238, 311, 341, 342
Hochberg, Daisy von Pless 213
Hofbauer, Hannes 193
Hoff, Klaus 42, 96–98
Hoffmann, Arne 33
Holey, Jan Udo 238
Horkheimer, Max 96
Horn, Marion 241

I
Irving, David 311

J
Jacyniak, Aleksander 86
Jäger, Lukas 42
Jahn, Friedrich Ludwig 82
Janich, Oliver 165
Jankowski, Rafał 326
Jebsen, Ken 170, 171
Jesse, Eckhard 289
Jessen, Jens 108
Jestrzemski, Dagmar 213
Johann II. Kasimir Wasa 86
Johannes Pauls II. 318
Johnson, Boris 184
Johnstone, Caitlin 193
Juhre, Anette 278
Juhre, Arno 278
Jung, Christian 167
Jünger, Ernst 178, 276
Jungk, Robert 161

K
Kaczyński, Jarosław 84, 310, 321, 358
Kadłubek, Wincenty 367
Kadyrow, Ramsan 190
Kaiser, Benedikt 181
Kallina, Bernd 162
Kandil, Mario 181
Karim, Imad 244, 245
Kaufmann, Wolfgang 236

Kautsky, Karl 279
Kazanecki, Paweł 347
Kazanski, Dawid 211, 212
Kedourie, Elie 74
Kelek, Necla 29, 209
Kellner, Tim 165
Kerner, Johannes B. 241
Khani, Behzad K. 227
Kiefer, Michael 208
Klause, Klaus Peter 190
Kleber, Claus 186
Klein, Angelika 76, 77
Klein, Michael 255
Kleist, Heinrich von 12
Klimecki, Michał 347
Klonovsky, Michael 63
Knobloch, Charlotte 284
Knütter, Hans-Helmuth 44, 56, 57, 120, 289
Kohl, Helmut 96, 181
Komorowski, Bronisław 343
Koneczny, Feliks 334, 367
Kopp, Jochen 37, 93, 118, 203, 204, 226, 243, 248, 285, 286, 291, 293, 294
Korwin-Mikke, Janusz 316, 352
Kosova, Vera 263
Kotowski, Albert S. 83
Kowalsky, Wolfgang 43, 44
Köwing, Ernst 285
Krajski, Stanisław 316, 349
Krall, Markus 185
Kramer, Brooke 162, 163
Kranz, Uwe G. 232
Kraszewski, Józef Ignacy 367
Krude, Janin 290
Kuban, Tilman 186
Kubizek, August 168
Kucharczyk, Grzegorz 345
Kühnelt-Leddihn, Erik von 58
Kuliński, Włodzimierz 367
Kunkel, Thor 64, 185
Künstle, Albrecht 231

Kwiatkowska, Irena 366

L
Lambsdorff, Alexander Graf 186
Lambsdorff, Otto Graf 186
Landgraf, Wolfgang 81
Langer, Anette 175
Laschyk, Thomas 281
Lau, Karlheinz 213
Lauer, Stefan 215, 220, 221
Lauterbach, Karl 186, 188, 217, 329
Lautischer, Christian 180
Lemberg, Eugen 78
Lengsfeld, Vera 60, 163, 165, 247
Leos XII. 334
Leyen, Ursula von der 184, 196, 218, 219, 243
Lichtschlag, André F. 192
Liebknecht, Karl 31
Limberg, Joseph 180
Limonow, Eduard 178
Lindner, Christian 187
Liulevicius, Vejas Gabriel 359
Liwski, Mateusz 86
Locke, Jeremy 168
Löpfe, Philipp 61
Lorenz, Konrad 97, 283
Louis, Chantal 197
Löw, Joachim 186
Löwengrub, Theo-Paul 233
Lübke, Mirjam 231
Ludwig, Herbert 244, 245
Lukaschenka, Aljaksandr 206
Luther, Martin 81, 278
Luxemburg, Rosa 31, 33, 126

M
Maaßen, Hans-Georg 250
Maas, Heiko 152
Makhotina, Katja 213
Malewski, Bartosz 326
Mann, Thomas 283

Mannheimer, Michael 250-252, 285
Marchlewski, Julian 31
Marcuse, Herbert 96
Marsson-Dumanch, Jessie 302
Marx, Karl 96, 133, 279
Mathias, Herrmann 195
Mathiaschitz, Marie-Luise 154
Matissek, Daniel 230, 231, 233
May, Karl 181
Mcnamee, Roger 350
Mechow, Karl Benno von 173
Medforth, Fred Alan 246, 247
Medwedew, Dmitri 194
Meinecke, Friedrich 78
Meinhof, Ulrike 51, 251
Melnyk, Andriy 217
Mendel, Johann Gregor 181
Mengele, Josef 124
Mentzen, Sławomir 316, 352
Merkel, Angela 14, 15, 27, 37, 45, 60, 62, 64-66, 109, 135, 162, 166, 180, 184, 185, 201, 237, 354
Merkle, Karl-Michael 250
Merton, Robert K. 255
Meyer, Claire-Friederike 42, 82
Michaelis, Axel 338
Michalkiewicz, Stanisław 316
Michel, Anneliese 344
Michnik, Adam 370
Miedlar, Jacek 322, 323, 343, 369-371
Miehlke, Marius 135
Mies, Ullrich 192, 193
Misch, Rochus 168
Moczar, Mieczysław 88
Moeller van den Bruck, Arthur 283
Moraczewski, Jędrzej 87
Morawiecki, Mateusz 92, 217, 218, 310, 321
Müller-Armack, Alfred 12, 13, 100
Müller-Mertens, Martin 41
Müller, Hermann 212
Munier, Dietmar 221

Münkler, Herfried 120
Muschg, Adolf 159
Mussolini, Allesandra 357

N
Nahles, Andrea 209
Naruszewicz-Duchlińska, Alina 67
Nietzsche, Friedrich 10, 347
Niggemeier, Stefan 208
Nikel, Rolf 213
Niklot 346, 348
Nocuń, Tomasz 343
Nohlen, Dieter 73
Nordbrandt, Claus 278
Nowok, Łukasz 347
Nuding, Thomas 151
Nüsslein Volhard, Christiane 197
Nyder, E.E. 27

O
O'Keefe, Theodore J. 311
Oberkofler, Joseph Georg 173
Ogilvie, Uta 183
Ohnweiler, Anna 296
Olechowski, Jacek 354
Opara, Ryszard Zbigniew 339, 342
Orbán, Viktor 201, 239, 354
Orwell, George 64
Osrainik, Flo 192
Oszajca, Wacław 351
Otte, Max 250
Otto. I. der Große 80
Ozdyk, Sławomir 206

P
Pałys, Piotr 347
Pareto, Vilfredo F.D. 255
Pędracki, Michał 347
Peretiatkowicz, Antoni 85
Pflister, René 37
Phoenix, Joaquin 173
Pietrzak, Jan 362

Piłsudski, Józef 84
Piotrowska, Anna 321
Pirinçci, Akif 29, 30, 46, 60, 225–229
Pisarska, Katarzyna 354
Piskorski, Mateusz 348
Pius IX. 90
Pius X. 315
Pohlmann, Dirk 145, 146
Popp, Andreas 243
Popper, Karl 96
Pospieszalski, Jan 316
Prabel, Wolfgang 258
Preuß, Paul 234
Primo de Rivera, José Antonio 336
Pszczółkowski, Tomasz G. 9, 10, 115
Putin, Wladimir 180, 201, 237
Putzlacher, Amadeusz 337

Q
Quint, Alex 192, 193

R
Raabe, Max 184
Radtke, Tom 178
Rafael, Simone 42
Reichelt, Julian 240, 241, 275
Reitschuster, Boris 214, 215, 236
Ries, Elmar 74
Riescher, Gisela 73
Rietzschel, Antonie 175
Ritter, Manfred 162
Robert, Arnaud de 307
Robespierre, Maximilien de 96
Röhl, Klaus Rainer 51
Röper, Thomas 168–170
Röpke, Andrea 142
Röpke, Wilhelm 12, 100
Roßmüller, Sascha 338
Rosenau, Pauline Marie 255
Rosenberg, Alfred 311
Rosenkranz, Boris 27, 326
Rostworowski, Jan 86

Rouhs, Manfred 215
Rousseau, Jean Jacques 96, 121
Rupp, Rainer 171
Rüstow, Alexander 12, 100
Rybak, Piotr 93
Rydzyk, Tadeusz 364

S
Salazar, Antonio de Oliveira 318
Salheiser, Alex 135
Sarandos, Ted 153
Sarkozy, Nicolas 354
Sarrazin, Thilo 162, 228, 249
Sasek, Ivo 132, 201
Schafberg, Herwig 248
Schellenberg, Walter 346
Schenk, Thomas 192
Schiller, Friedrich 135, 258
Schmid, Thomas 182
Schmidt, Helmut 187
Schneider, Maria 232, 235
Schneider, Wolf 10, 11
Scholdt, Günter 162
Scholz, Olaf 186, 187, 196, 201, 341, 370
Schönhuber, Franz 222
Schrenck-Notzing, Caspar von 93
Schröder, Kristina 242
Schubert, Stefan 167
Schüller, Johannes 182
Schultze-Rhonhof, Gerd 162
Schüßlburner, Josef 162
Schuster, Josef 263
Schwab, Klaus 235
Schwarz-Friesel, Monika 292
Schwarz, Alexander 233
Schwarz, Peter 324
Schwarzer, Alice 276
Ścios, Aleksander 358
Selenskyj, Wolodymyr 243, 324
Sellner, Martin 162, 165, 178
Sienkiewicz, Henryk 345
Skarga, Piotr 86, 350

Personenverzeichnis

Słupianek, Anna 339
Smarzowski, Wojciech 330
Söder, Markus 185
Sokołowska, Katarzyna 323
Solga, Simone 241
Sołtysiak, Arkadiusz 347
Sommer, Jochen 233
Sommerfeld, Caroline 181
Sönnichsen, Andreas 245
Soros, George 112, 202, 235, 263, 279
Speer, Franz-Michael 145, 146, 344
Speidel, Hubert 122
Spengler, Oswald 283
Spickermann, Frank 138
Springfeld, Jakob 282
Stachniuk, Jan 346, 347
Stalin, Josef 90, 356
Stark, Jürgen 231
Starzyński, Stefan 366
Steinbach, Erika 163
Steinhöfel, Joachim 196
Steinhöfel, Johann Nikolaus 142
Steinmeier, Frank-Walter 166, 186
Steinmetz, Beate 232, 233
Stephan, Cora 120, 121
Stern, Leo 80
Stolz, Rolf 162
Stolz, Sylvia 202
Storch, Beatrix von 131
Storch, Sven von 131, 190
Stouffer, Samuel A. 255
Strache, Heinz-Christian 29
Strauß, Gerhard 43
Strehlow, Wighard 243
Stumpf, Sören 175
Stürzenberger, Michael 133, 200, 276
Surówka, Paweł 354
Swinton, John 353
Sykulski, Leszek 337
Szczepański, Tomasz 348
Szlęzak, Andrzej 352

T
Teresa von Avila 318
Teusch, Ulrich 41
Thunberg, Greta 186
Thurnwald, Richard 255
Tibi, Basam 209
Tichy, Roland 236, 248
Tocqueville, Alexis de 96
Treter-Sierpińska, Katarzyna 369
Trump, Donald 166, 179, 184, 186, 220, 230
Tuschel, Peter 248
Tusk, Donald 341, 342, 351
Twain, Mark 34
Tzschoppe, Tilman 222

U
Ulbricht, Walter 289
Ulfkotte, Udo 37, 41, 103, 134, 291

V
van Ackeren, Margarete 184
van Hüllen, Rudolf 76
Venner, Dominique 172
Vogt, Nicki 241
Vollenweider, Hanno (Ps.) 238
von der Vogelweide, Walter 81

W
Wagner, Chris W. 212, 213
Wajngertner, Przemysław 347
Walczak, Krzysztof 264
Wales, Jimmy 354
Walie, Laleh 261
Warzecha, Łukasz 316
Webenau, Alexander von 338
Weber, Beri 297
Weber, Max 347
Weidel, Alice 299
Weißmann, Karl-Heinz 278
Wendler, Michael 281
Will, Anne 186

Williamson, Hugh Ross 349
Winnicki, Robert 77
Winterbauer, Stefan 188
Wisnewski, Gerhard 294
Witos, Wincenty 366
Woitas, Jens 232
Wójcik, Jan 318
Wojtas, Krzysztof J. 339
Woroniecki, Jacek 85
Würtenberger, Peter 354

Wyszyński, Stefan 86, 90

Z
Zaimoğlu, Feridun 237
Żaryn, Stanisław 337
Ziemkiewicz, Rafał 316, 352
Zilliken, Helmut 257, 258
Zimniok, Bernhard 183
Ziobro, Zbigniew 77, 125

STUDIES IN THE NEW HUMANITIES /
STUDIEN ZU NEUEN GEISTESWISSENSCHAFTEN

Edited by / Herausgegeben von
Robert Małecki, Anna Górajek & Florian Radvan

Vol. 1   Julia Anderlé de Sylor: The Heimatklänge and the Danube Swabians in Milwaukee. A Model of Holistic Integration for a Displaced German Community. 2021.

Vol. 2   Beata Ptaszyńska / Paulina Stanik / Stanisław Świtlik (eds.): Inter-/Trans-/Unidisciplinary Methods – Techniques. 2021.

Vol. 3   Beata Ptaszyńska / Daria Długosz / Jadwiga Pecko (eds.): Inter-/Trans-/Unidisciplinary Methods – Techniques – Structures. 2021.

Vol. 4   Agnieszka Bagińska: Literature, Music, Theatre? The Performative Aspect of Rammstein's Musical Activity. 2022.

Vol. 5   Ewelina Prawda: Jenseits von Entweder-Oder: Eine Betrachtung deutsch-polnischer Kulturtexte nach 1989. 2023.

Vol. 6   Przemysław Wolski: Kooperation und Autonomie. Fremdsprachen Lernen und Lehren in einer digitalen Welt. 2023.

Vol. 7   Emilia Wojtczak: Die Auswirkung der Vaterlosigkeit auf das Werk Wolfgang Koeppens und Thomas Bernhards. Eine literaturpsychologische Studie. 2024.

Vol. 8   Tomasz G. Pszczółkowski: Kampfarena Internet. Webseiten der Rechten und Linken aus deutscher und polnischer Perspektive. 2024.

www.peterlang.com